赵馥洁文集

第六卷

赵馥洁 著

中华文化的价值观念（上）

中国社会科学出版社

图书在版编目(CIP)数据

赵馥洁文集. 第六卷,中华文化的价值观念：全2册/赵馥洁著. —北京：中国社会科学出版社,2022.5
ISBN 978-7-5203-8982-2

Ⅰ.①赵… Ⅱ.①赵… Ⅲ.①中华文化—文集 Ⅳ.①B2-53 ②K203-53

中国版本图书馆 CIP 数据核字(2021)第 172796 号

出 版 人	赵剑英
责任编辑	郝玉明
责任校对	谢　静
责任印制	张雪娇

出　　版	中国社会科学出版社
社　　址	北京鼓楼西大街甲 158 号
邮　　编	100720
网　　址	http://www.csspw.cn
发 行 部	010-84083685
门 市 部	010-84029450
经　　销	新华书店及其他书店

印刷装订	北京市十月印刷有限公司
版　　次	2022 年 5 月第 1 版
印　　次	2022 年 5 月第 1 次印刷

开　　本	710×1000　1/16
印　　张	53.25
插　　页	4
字　　数	765 千字
定　　价	318.00 元(全 2 册)

凡购买中国社会科学出版社图书,如有质量问题请与本社营销中心联系调换
电话：010-84083683
版权所有　侵权必究

前　　言

　　这部文集是我平生从事哲学教学和研究的记录。我与哲学结缘始于1960年，这一年夏天，我高中毕业报考大学时选择了哲学专业。当时，考哲学专业必须加试数学，而我的数学学得并不好，尽管如此，我还是报考了哲学。

　　那一年，在我的家乡富平县招收哲学专业学生的大学只有西北政法学院，于是我毫不犹豫地报考了这所院校。入学后，适逢大学贯彻落实"高教六十条"，教学秩序良好，读书气氛浓郁，师生关系融洽，同学关系和谐，总之，学习环境非常好。1964年毕业后，我留校从事教学工作。这时，社会主义教育运动（"四清运动"）开始，我被抽调到农村参加"社教"，直到1966年8月下旬即"文化大革命"已开始两个多月才回到学校。回校后因为学校已停课"闹革命"，所以，我未从事任何教学工作。直到1972年5月，西北政法学院遵照上级指示停办、解散。解散时，学校的教职人员被分配到陕西多所高校和机关单位，我被分配到陕西师范大学。到师大后我先在宣传部工作数月，9月师大开始招收工农兵大学生，我即到政教系哲学教研室教学。当时由于旧教材不能用，又无新教材，政教系的马克思主义哲学课主要是辅导学生选读马克思主义经典著作，我先后辅导学生读的著作有：马克思的《关于费尔巴哈的提纲》、恩格斯的《反杜林论》、列宁的《哲学笔记》（选）和《国家与革命》、毛泽东的《实践论》《矛盾论》。收入本文集第七卷的哲学讲义，有的就是当时为教学而写的。

在师大工作七年后，适逢"文化大革命"结束，西北政法学院复校，我又于1979年5月被调回。复校后的西北政法学院设置了法律系和政治理论系，政治理论系又设立了哲学和经济学两个专业，我被安排在哲学专业从事教学工作。此年9月政法学院招收了复校后的首届大学生，我即给这一年级哲学专业的学生讲授马克思主义哲学课。1980年9月我由教研室派往武汉大学哲学系进修，有幸跟萧萐父、唐明邦、李德永等先生学习中国哲学史，期满归来后我就专心从事中国哲学史的教学和研究。开设的课程主要有"中国哲学（史）原著选读""中国哲学史研究法"（包括史料学）等。20世纪80年代初，价值哲学在中国蔚然兴起，我即将自己的治学重点确定为中国传统哲学价值论研究，我给哲学专业的硕士研究生开设了"价值哲学研究""中国传统哲学价值论研究"等课程，撰写关于中国传统哲学价值论的论文，参加有关价值哲学的学术会议，特别是申报了1989年的国家社会科学基金课题：中国传统哲学价值论研究。1991年由陕西人民出版社出版了该课题的最终成果——《中国传统哲学价值论》。该书出版后受到了学术界的关注和鼓励，1994年12月该书获陕西省社会科学优秀成果一等奖，1995年9月荣获国家教委全国高等学校人文社会科学研究优秀成果二等奖。此后，我继续在这一领域进行探索和拓展：一是深化对中国传统哲学价值论之思维特征的研究，发表了一系列探讨中国哲学中价值论与本体论、认识论、历史观、人性论相融通的论文，这些论文合编为《中华智慧的价值意蕴》一书，该书由中国政法大学出版社于2002年出版。二是探索了中国传统价值观的历史演变，并以此报批了陕西省社会科学基金项目，其最终成果为《价值的历程——中国传统价值观的历史演变》一书，该书由中国社会科学出版社于2006年出版。

作为陕西的学者，我十分关注陕西历史上的哲学遗产，因此在研究中国传统哲学价值论的过程中，我把张载及其关学作为自己治学的重要内容，既将关学研究作为一门课程给哲学专业的研究生开设，又撰写发表了不少学术论文，这些论文运用的仍然是价值论方法，其主题则聚焦于关学的基本精神，在此基础上撰成《关学精神论》一书，该书2015年由西北大学出版社出版。其后，我又编著了《关学哲人诗传》一书，于2020年1月由陕西人民出版社出版，在这次汇编文集时我对上述两部著作进行了增订、修改和充实，取名"关学研究"。

在从事教学和研究的同时，我还参与了诸多社会性学术活动和学术组织工作，兼任了一些学会的职务，参加了多次学术会议，举办过多场学术讲座，撰写了不少有关学术发展和社会发展的论文、评论、发言、讲话，这方面的成果汇集成了《哲苑耘言》和《中华文化的价值观念》两个论文集。

阅读和吟咏诗词是我平生的爱好，也是我业余调剂精神生活的重要方式，我的诗词习作曾编为《静致斋诗》，于2015年由上海中西书局出版，今又增入新作，辑成《静致斋诗稿》收入文集。静致斋是我的书斋名，此文集中冠以"静致斋"的著述还有《静致斋哲话》，这是我多年来写的哲理性札记，因记述的所感所思为零散无主线、零碎无体系、零杂无统摄的随时心得，类似古代的诗话、词话、文话之属，故名曰"哲话"。与上述著作一起编入文集第八卷的还有我为《中国儒学辞典》《中国儒学百科全书》所写的辞条的汇总，因为所撰写的条目都是按主编所分派的任务而定的，亦属于无系统之作，故以"静致斋释辞"名之。

需要说明的是，在将上述著述收录本文集时，我尽量按照现在的出版要求进行了修改，特别是修改了一些现在看来不合时宜的内容，补充完善了脚注的版本信息，改用最新的版本等。同时，一些原来常用的词语包括一些地名等专有名词，则保留了原著的用法，未做更改，这样更能体现时代感。

从进入大学算起，我在哲学这片园地里已经耕耘了整整60年，从留校任教到现在，也已度过56年。回顾半个多世纪的治学历程，回望自己在教学和科研方面所留下的雪泥鸿爪，真可谓浮想联翩，感慨良多！而凝结到一点就是：虽然逝者如斯夫，人生的时光已进入桑榆晚景，然而对我来说，思想和学业都还行进在漫漫的长路上！书籍在阅读的路上，文章在撰写的路上，著作在修改的路上，讲义在充实的路上，诗词在推敲的路上……既有的一切，都还没有达到自己所期望的高标准，还未进入自己所追求的高境界。自己已经形成的学术观点和治学成果，都还有待深化、拓展和完善。学术研究只有无限绵延的进路和不断升高的阶梯，但却没有顶峰，永远都不能达到"会当凌绝顶"的境地。所谓的至善之域、至美之境，其实都是学人们持续努力的志向和不懈追求的理想。既然人生和治学永远都处在一个不断追求、不断提升的过程中，那么，自己几十年来所感所思所写而形成的这些著作，只可放在思想认识和学术探索的历史过程中去阅读，只能当作一道在旅途中未臻至境的风景去观赏。在这个意义上，方可引用李白"却顾所来径，苍苍横翠微"之诗句，来表达自己的自慰之情和自觉之识！

本文集的编辑出版是西北政法大学和西北政法大学哲学与社会发展学院的无量功德。学校和学院为了推进学科建设，弘扬学术创新，积累学术成果，延续学脉传承，在经费十分困难的情况下，决定筹措资金，编辑出版这部文集，实在令人感戴无既。学校的孙国华书记、杨宗科校长及其他各位领导十分关心、大力支持文集的编辑出版，并尽力帮助解决困难；哲学与社会发展学院的周忠社书记、寇汉军书记、山小琪院长，亲自领导文集的编辑出版工作，郭明俊副院长负责各项具体事务包括落实手稿录入、清样校对、联系出版等诸多繁重而琐细的事宜。在此，我首先对西北政法大学各位领导和哲学与社会发展学院各位领导表示诚挚的感谢！博士生朱凤翔为收集论文、择取编排、校勘文字、编订目录，付出了巨大辛劳；博士生张雪侠为哲学讲义的文稿修正、文字校对等做了大量工作；博士生李伟弟为《静致斋诗稿》的编目和繁简字体的转换和统一，反复编排核对；我的硕士生刘亚玲研究员，多年前就认真仔细地阅读和校对了《静致斋哲话》；哲学与社会发展学院的不少硕士研究生也参加了繁重的手稿录入和清样校对工作。对这些为文集付出过辛勤劳动和珍贵汗水的青年学子们，我特表衷心谢意！而文集所凝结的中国社会科学出版社大力支持的珍贵情义和责任编辑朱华彬先生精心编校的辛勤劳绩，更值得铭记、致谢和赞佩！

最后，我为能给中国哲学的学术发展尽一点绵薄之力而由衷地感到高兴，也诚恳欢迎读者不吝批评指正！

赵馥洁

2021 年 11 月 27 日

于西北政法大学静致斋

目 录

治学感言 …………………………………………………（1）

上 册

1991 年 ………………………………………………（3）
　论荀子 ……………………………………………（3）
　论《易传》 ………………………………………（46）
　论先秦儒学 ………………………………………（58）
2001 年 ………………………………………………（63）
　培育和弘扬中华民族精神 ………………………（63）
2002 年 ………………………………………………（67）
　论中国哲学认识论与价值论的融通及其意义 …（67）
　论当代中国价值观念的整合 ……………………（79）
2003 年 ………………………………………………（89）
　中国传统"节欲"修养观的价值论意义 ………（89）
　哲学社会科学的生命力在于理论创新 …………（99）
　李宗阳哲学思想和治学精神的特点 ……………（103）
　在张载与曹南冥学术思想国际研讨会上的致辞 …（108）
2004 年 ………………………………………………（110）
　一个观察人类文明演进的新视角
　　——《产业塔论》序 …………………………（110）

论中国价值主体观念的起源 …………………………………………（113）
茶文化的价值意蕴 ……………………………………………………（129）
大学之道与"大人之学" ………………………………………………（134）
论曹南冥文化人格的主体性特征 ……………………………………（143）
论场有哲学的价值观 …………………………………………………（149）
以求真务实的精神推动哲学社会科学繁荣发展 ……………………（160）
中国哲学人本思想的价值论意蕴及其特征 …………………………（162）
茶之为"道"
　　——论中国茶文化的哲学精神 …………………………………（171）

2005 年 ……………………………………………………………………（187）

论全祖望的关学观 ……………………………………………………（187）
论关学的基本精神 ……………………………………………………（196）
传统文化精神与构建和谐社会 ………………………………………（213）
大学教师应成为知识的思想者 ………………………………………（221）
《美和自由的人生：庄子寓言新解》序 ………………………………（227）
弘扬"盛世"文化精神 …………………………………………………（229）

2006 年 ……………………………………………………………………（234）

震动心弦的雷电
　　——王夫之道器论的哲学精神 …………………………………（234）
中国价值哲学创造性特色的理论展示
　　——评《当代中国价值哲学》 ……………………………………（239）
用哲学培植人生的形上姿态
　　——关于哲学与人生的随想 ……………………………………（243）
赵吉惠教授二周年祭 …………………………………………………（246）
今天我们怎样研究孔子
　　——在陕西省孔子研究会成立大会上的讲话 …………………（257）

2007 年 ……………………………………………………………………（259）

轩辕黄帝与中国传统价值观 …………………………………………（259）

天心民命铸人文
　　——祝贺《人文杂志》创刊五十周年 …………………（263）
黄帝文化的基本特征与中国历史哲学的思维方式 …………（267）
在文化张力中构筑民族共有精神家园 ………………………（275）
董健桥《知行集》序 …………………………………………（278）

2008 年 …………………………………………………………（281）

在西安大唐茶文化研究中心成立大会上的致辞 ……………（281）
价值哲学的当代使命是提升人们的价值智慧
　　——在世界价值哲学论坛西安峰会暨第十届
　　中国价值哲学研讨会上的致辞 ………………………（284）
盛世文化精神是长安文化的核心价值 ………………………（286）
弘扬中华文化　建设中华民族共有精神家园
　　（讲座实录）……………………………………………（292）
进一步繁荣发展我省哲学社会科学的思路 …………………（314）

2009 年 …………………………………………………………（319）

生命的礼赞
　　——清明文化的价值意蕴 ………………………………（319）
敬畏大学
　　——关于大学理念的思考 ………………………………（329）
科学发展观的核心价值理念及其依据 ………………………（338）
不断激发学术创新的活力
　　——祝贺《西北人文科学评论》出版发行 ……………（352）
陕西省茶文化研究会成立贺词 ………………………………（356）
价值论：中国传统哲学的核心 ………………………………（359）
中国传统价值观与地方志编写的关系 ………………………（369）
终南文化与关学精神 …………………………………………（371）
终南何有　有纪有堂
　　——祝贺终南学社成立 …………………………………（378）

满园硕果耀金秋
　——庆祝西北政法大学恢复招生30周年 …………………… (381)
在西方哲学史年会开幕式上的祝词 ………………………………… (384)
祝贺西北政法大学马克思主义教育研究院成立 ………………… (386)
骊山文化的五大特征 ………………………………………………… (388)
哲学的坚守精神 ……………………………………………………… (394)

下　册

2010 年 ……………………………………………………………… (399)

长安学研究的优秀奠基工程
　——热烈祝贺"长安学丛书"首批图书出版发行 ………… (399)
简论张载的和谐思想 ………………………………………………… (402)
培育和弘扬敬业精神 ………………………………………………… (408)
培育和提升中华民族的价值智慧 …………………………………… (418)
从场有哲学看中国传统哲学的价值论特征 ………………………… (422)
佛教价值观在隋唐价值综合中的重要地位 ………………………… (436)
师道自觉与师德自觉 ………………………………………………… (451)
中国学术思想的历史"长河" ……………………………………… (454)

2011 年 ……………………………………………………………… (458)

论汉儒对主导价值观的建构和强化 ………………………………… (458)
核心价值体系与传统价值智慧 ……………………………………… (482)
天下为公：孙中山先生的价值理想 ………………………………… (495)
"黄帝旗帜·辛亥革命与民族复兴学术研讨会"
　小结 ……………………………………………………………… (503)

《乾县民国史稿》序 …………………………………………（511）

李勇《生命的容颜》序 ………………………………………（514）

2012 年 …………………………………………………………（515）

老子价值观念的现代意义 ……………………………………（515）

儒家的道德价值自觉论探析 …………………………………（525）

龙文化的价值隐喻和精神象征 ………………………………（537）

中国哲学普遍价值的内涵及其意义 …………………………（544）

2013 年 …………………………………………………………（549）

苏武精神研究的新开拓

　　——评《苏武精神与儒家伦理》 …………………………（549）

苏武精神与关学精神 …………………………………………（553）

论张载"民胞物与"价值观的普适性 …………………………（560）

论先秦法家的价值体系 ………………………………………（570）

孔子与三秦文化 ………………………………………………（588）

2014 年 …………………………………………………………（594）

中国传统哲学的特质及其形成 ………………………………（594）

永远不能离别的精神家园 ……………………………………（607）

2015 年 …………………………………………………………（609）

中国传统哲学的修养智慧 ……………………………………（609）

论儒家"义"价值观的现代意义 ………………………………（622）

仁者乐山，智者乐水

　　——中华传统旅游观的现代启示 …………………………（631）

吕氏《乡约》的价值观及其影响 ……………………………（640）

孔子的周公梦（学术报告记录稿） …………………………（643）

2016 年 …………………………………………………………… (658)

传统文化：构建中国特色哲学社会科学的宝贵资源 ………… (658)

融通诗心的《波斯短歌行》 …………………………………… (672)

永教北斗耀千秋

——张克忍先生《人生绿洲》读后 ………………………… (675)

经典阅读的意义 ………………………………………………… (679)

2017 年 …………………………………………………………… (690)

论关学经世致用的实学价值观 ………………………………… (690)

先秦"尚新"说的价值观意蕴及其现代意义 ………………… (703)

构建中国特色哲学社会科学应从传统文化中

汲取智慧 …………………………………………………… (710)

文化自信的传统根基 …………………………………………… (714)

近代经学的历史借鉴答问 ……………………………………… (718)

人类命运共同体与中华传统智慧源 …………………………… (722)

在"立心书屋"揭牌仪式上的讲话 …………………………… (728)

2018 年 …………………………………………………………… (731)

孔子"君子之道"的人文精神意蕴 …………………………… (731)

从"古今无两"到"勇于造道"

——论关学宗师张载的创新精神 ………………………… (740)

和谐价值的追求与人权模式的建构 …………………………… (752)

万紫千红总是春

——改革开放中西北政法大学的多学科发展 …………… (762)

《周礼村落》序 ………………………………………………… (769)

2019 年 …………………………………………………………… (772)

不忘初心　创造辉煌 …………………………………………… (772)

学问的自得
　　——在中国传统哲学价值论学术研讨会上的发言 …………（774）
孔子的弘道思想及其对培育中华民族精神的意义 …………（778）
立人：中华文化轴心时代的价值主题 ………………………（787）
画道的自觉
　　——刘亚谏的《中国画道论》和《画道纵横》
　　　读后 …………………………………………………（799）
在"道通八荒——刘亚谏秦岭诗书画巡展"开幕式上的
　　发言 ……………………………………………………（801）
从自觉到自信的文化心路 ……………………………………（803）
价值论是中国传统哲学的核心
　　——赵馥洁教授访谈 …………………………………（805）

治学感言

一　为人民

学海精气凝雨云，洒向花木作甘霖；
乐为春色消溶尽，只缘大地是母亲。

二　去私心

文章句句奏清音，妙手挥毫如有神；
烟云草树生奇色，总由心境无点尘。

三　要谦虚

大树必有深根藏，勤培沃土花更芳；
学到若愚方为巧，谦和原不碍锋芒。

（注：老子曰："大智若愚"）

四　贵独创

文章应于世有益，见解敢与人不同；
知海无涯须勇进，莫将才气付东风。

五　走新路

学者贵有日新功，高音一奏陈言空。
熟路轻车固省力，焉能险处登奇峰！

六　探实质

读书功力贵精通，探出奥义乐无穷；
透过满纸绚烂色，问它花儿缘底红？

七　抓特征

华山险峻泰山雄，四海峰峦景不同；
一法岂能穷造化，善绘殊象是良工。

八　重博览

碧波浩淼远连天，巨浪高于岸边山；
雄浑千古力无限，敞开胸怀纳百川。

九　精于一

林海茫茫绿参差，鹪鹩为巢仅一枝；
十年磨就一柄剑，凛冽寒光映天池。

（注：《庄子》有言："鹪鹩巢于深林，不过一枝。"）

十　善运用

学问如药可医心，庸医误用必伤人；
练就精术神妙手，触处天地皆回春。

（原载《西北政法学院学报》1985年12月15日）

1991年

论荀子

一 荀子生平及《荀子》一书

荀子（约公元前325年—约前235年），名况，字卿，又称孙卿，战国时赵国人。他的政治、学术活动年代约在周赧王十七年（前298）到秦王政六年（前235）。

据史书关于荀况事迹的记载，他的一生大致可划为三个阶段。

（一）在赵

荀子约十五岁之前，生活在自己的故乡赵国。其间是否到过别的国家，不得而知。《韩非子·难三》有言："燕子哙贤子之而非孙卿，故身死为僇。"燕王哙让国于相子之，系公元前316年，时荀子九岁左右，不可能在燕国有相当地位。因此，荀子入燕之说，无据可证，《韩非子·难三》的说法，可能是误载，也可能有错字。

（二）游齐

荀子游学于齐国的稷下学宫，史书上有两种说法。《史记·孟荀列传》载："荀卿赵人，年五十始来游学于齐。"后汉应劭《风俗通义·穷通》有言："齐威、宣王之时，孙卿有秀才……年十五，始来游学。"齐国的稷下学宫设立于威王初年（前357），至宣王时，再次兴盛，学者云集,淳于髡、田骈、慎到、环渊等著名学人都在稷下讲学。时当荀况六岁左右。十五岁时,少年荀况闻稷下学术之盛,慕先贤学者之名,负笈入齐,游学于稷下,比较符合荀子的经历。《史记》所谓"年五十"可能是"年十五"之误。荀况以稷下学宫为中心活动了五十多年,七十岁左右离齐至楚。这是荀况学术生涯中最重要的时期。这期间的主要行迹有三。(1)四十岁左右时由齐入楚。公元前286年,齐闵王吞并了宋国,骄傲自大,"百姓不堪,诸儒谏不从,各分散,慎到、接子亡去,田骈如薛,而孙卿适楚"(《盐铁论·论儒》)。荀卿由齐到楚,当在公元前286—前285年,其年四十岁左右。《荀子·强国》记述了荀子与齐相田文(即孟尝君)的一段对话,荀子说:"处胜人之势,行胜人之道,天下莫忿,汤、武是也;处胜人之势,不以胜人之道,厚于有天下之势,索为匹夫不可得也,桀、纣是也。然则得胜人之势者,其不如胜人之道远矣。"又说:"今巨楚县吾前,大燕鳅吾后,劲魏钩吾右,西壤之不绝若绳,楚人则乃有襄贲。开阳以临吾左,是一国作谋,则三国必起而乘我;如是则齐必断而为四三,国若假城然耳,必为天下大笑。"这些分析齐国形势的话,符合齐闵王末年的实情,可能是荀况离齐前所讲。(2)五十岁左右回到齐稷下。公元前284年,燕将乐毅联合秦、魏、韩、赵伐齐,攻入齐都临淄,齐闵王死。稷下学宫由于学者离散,国家危亡而停止。后来,齐田单反攻燕军,收复齐城七十余座,齐襄王回到临淄,稷下学宫开始恢复,"知命"之年的荀况又到稷下,此时"田骈之属皆已死。齐襄王时,而荀卿最为老师"(《史记·孟荀列传》)。当时稷下学者称为列大夫,其中领袖称为祭酒。由于荀况德高望重,学问渊博,在稷下三次被推为祭酒。荀子再次游学稷下,大约持续了十四、五到二十年的时间。(3)六十五岁左右游秦。荀子游秦的年代,没有确切记载,据《荀子·儒效》记载秦昭王和荀子的问答和《荀子·强国》记述荀子见应侯范雎的情况来推算,荀况游秦的较大可能是在公元前260至前255年。在秦国,荀子与秦昭王讨论了大儒对于国家的作用问题,澄清了昭王"儒无益于人之国"的怀疑。荀子说,大儒具有"志意定乎内，礼节修乎朝，法则度量正乎官，忠信爱利形乎下"的品质，怀抱"法先王，隆礼义"的宗旨，因此"势在人上，则王公之罗材也；在人下，则社稷之臣、国君之宝也"。"在本朝则美政，在下位则美俗。"（《荀子·儒效》）他还回答了秦相范雎向他提出的"入秦何见？"的问题，表明了他对秦国形势、民俗、官吏、朝政的优势和弱点的看法。他说，秦国的客观形势是"其固塞险，形势便，山林川谷美，天材之利多"；世俗民风是"其百姓朴，其声乐不流污，其服不挑，甚畏有司而顺"；官吏作风是"百吏肃然，莫不恭俭敦敬忠信而不楛"，"无有私事也"，"不比周，不朋党，倜然莫不明通而公也"；朝廷政治是"其朝闲，听决百事不留，恬然如无治者"。总之，秦国已达到"佚而治，约而祥，不烦而功，治之至也"这种最佳的政治局面。同时，荀子也指出了"秦之所短"，这就是"无儒"。因此与"王者之功名"还相差甚远。（《荀子·强国》）从荀子对秦国的评论中可以看出他所追求的理想政治和理想的统治者。荀子游秦后，又回到了齐国，一直到他七十岁左右时才离开。

（三）居楚

荀况晚年大部分时间是在楚国度过的。他离齐至楚约在公元前255年，七十岁左右之时。《史记·孟荀列传》说："齐人或谗荀卿，荀卿乃适楚，而春申君以为兰陵令。"又《史记·春申君列传》："春申君相楚八年，为楚北伐灭鲁，以荀卿为兰陵令。"

据《战国策·楚策》记载：荀子至楚为兰陵令不久，有人对春申君说，汤在亳，武王在鄗，地方都不过百里，后来都成为天子。今孙卿是个贤人，你给他百里的根据地，恐怕不好吧！于是春申君辞谢孙卿。荀况离楚归赵，赵国以他为上卿。荀子在赵，与临武君议兵于赵孝成王前。他提出了"兵要在乎善附民"，并在治军问题上强调把礼义作为军队建设的"本统"。他认为在军事斗争中首先要着眼于政治策略，再辅之以军事手段，才能夺取天下。（《荀子·议兵》）

荀子在赵国大约居住了两三年的时间,当七十四岁左右,又离开故国返回楚国,再任兰陵令。《战国策·楚策》记载:有人对春申君说:贤人所在的国家,君主没有不尊贵,国家没有不兴旺的。以前伊尹离夏到商,结果商灭了夏;管仲离鲁到齐,结果齐强于鲁。今孙卿乃天下贤人,你为何让他离开楚国呢?于是春申君又派人到赵国请荀子返楚。当时可能荀况对春申君辞谢他深感不快,写信表示不愿回去,但因春申君坚请,荀子"不得已,乃行,复兰陵令焉"(《风俗通义·穷通》)。

从此,年老的荀子就一直在楚国居住,直到去世为止,他的兰陵令职务在春申君死后被免去。春申君于公元前238年被李园杀害,此时荀况已八十七岁左右。《史记·孟荀列传》说,"春申君死而荀卿废,因家兰陵"。荀况去世时,大约九十岁,可能死于公元前235年前后。

《盐铁论·毁学》说:"李斯之相秦也,始皇任之,人臣无二,然而孙卿为之不食,睹其罹不测之祸也。"据记载,李斯入秦时在公元前247年,离楚前曾向年已八十左右的老师荀子辞行说,他得到时机就不必懈怠,时当万乘之国相互争战之际,游说的人可以主治大事。今秦王想统一天下,他要西往秦国游说秦王。李斯离楚后二十余年秦始皇初并天下,时李斯任廷尉,以后过了数年才升任丞相。此时如果荀子还在世,就年当一百一十多岁了。因此,《盐铁论》记荀子为李斯相秦所担忧之事,恐不足凭。但荀子活到如此高龄并非完全不可能,故附述之。

综观荀子一生,先后到过齐、秦、赵、楚等国从事政治、学术活动,而且在齐稷下学宫讲学甚久,三为"祭酒",晚年长期居楚,著书于兰陵。这位儒学大师的一生,是学者的一生。

荀况的儒学思想凝结在《荀子》一书中。《荀子》一书在汉代抄录流传有三百余篇,其中大多数是重复的,经过刘向校雠定为三十二篇。刘向《叙录》说:"所校雠中孙卿书凡三百二十二篇,以相较,除重复二百九十篇,定著三十二篇。"经刘向校定的《荀子》三十二篇中,据唐代杨倞考证,《大略》《宥坐》《子道》《法行》《哀公》《尧问》诸篇系荀况弟子记述,其余多数著作为荀子本人所作。

《荀子》一书为何而作呢？一方面是他对当时重法术、轻礼义的形势表示不能容忍，于是针对时世发表他的儒学主张。弟子们说："孙卿迫于乱世，鳋于严刑，上无贤主，下遇暴秦，礼义不行，教化不成，仁者绌约，天下冥冥，行全刺之，诸侯大倾。当是时也，知者不得虑，能者不得治，贤者不得使，故君上蔽而无睹，贤人距而不受。然则孙卿怀将圣之心，蒙佯狂之色，视天下以愚。"（《荀子·尧问》）这一段话很确切地表明了《荀子》一书的写作宗旨。另一方面，他不满意当时学术思想界的混乱，于是通过对诸子的批判总结，以申明他的儒学立场。《史记·孟荀列传》说："荀卿嫉浊世之政，亡国乱君相属，不遂大道而营巫祝，信禨祥；鄙儒小拘，如庄周等人又滑稽乱俗，于是推儒墨道德之行事兴坏序列，著数万言而卒。"

《荀子》书成之后，在封建社会中长期不受重视，直到唐代才有杨倞第一个为《荀子》作注。杨注之后，迟至清代才有人继续注荀，先是谢墉、卢文弨撰《荀子篇释》，后有王先谦作《荀子集解》，这是在训诂、考订和注释方面都较前完备的著作。近代又有梁启雄的《荀子简释》，体例简明扼要，通俗易懂，甚便初学。1979 年中华书局出版了北京大学《荀子》注释组的《荀子新注》，对现存三十二篇全部进行了注释，每篇包括说明和注释两部分。说明是对该篇内容做简要的介绍和分析；注释除词义解释、校勘说明、句子串讲外，还包括对部分旧注的评论。全书后有四个附录，甚便研究时参考。

荀子活动于战国末期，当时的各国都先后确立了封建制，结束诸侯国的割据局面，建立统一的中央集权，已成为历史发展的迫切课题。荀子作为新兴地主阶级的思想家，在他的著作中为实现统一的中央集权政治提出了完整的理论。他师承孔子的儒家思想，按照儒家思想的基本思路，适应当时社会发展的要求，研究、批判、吸收、总结了春秋战国以来的各派学说，成为先秦儒学的最后一位大师。当时，荀学和孟学同具有显学的地位，荀子的后学曾说："今之学者，得孙卿之遗言余教，足以为天下法式表仪。"（《荀子·尧问》）司马迁在《史记》中将荀子与孟子合传,也足以说明荀子在儒学史上的地位。

二 独具特色的荀子思想

荀子作为战国末期的儒学大师,他以继承仲尼、子弓的学说为己任。先秦儒家中,子弓有二位:一是孔子的弟子仲弓,姓冉名雍;一是传《易》的馯臂子弓。唐人杨倞认为荀子所说的子弓为孔子的弟子仲弓;近人郭沫若则认为荀子所师承的子弓指馯臂子弓。学者多以杨倞之说为是。然而,无论何指,荀子的学术渊源于儒家则可以肯定。

作为儒家学者,荀子思想的基点依然是言"仁"、说"义"、论"礼"。可是由于时代的发展和战国末期各派学说的影响,他的儒学思想和孔、孟有很大的不同。特别是对于孟子一派儒家思想,他明确地持批判态度。可以说,荀子根据时代发展的要求和地主阶级利益的需要,在坚持儒家立场的前提下,批判地吸收了道家和墨家的思想要素,建立了他自己独具特色的思想体系。这一思想体系涉及哲学、政治、经济、军事、教育、道德、文艺等诸多领域。几乎在每个领域,荀子都提出了自己的见解,堪称是一位百科全书式的儒家思想家。这里仅从几个主要方面进行评述。

(一)"天人相分"的天人关系说

天人关系是儒家哲学的基本问题,孔、孟、荀都对这一问题做过探讨,提出了自己的见解。孔子认为天命是支配自然宇宙和人类社会的必然性,主张"畏天命""知天命",但也继承了西周以来"以德配天"的思想,赋予"天命"以伦理意义,强调尽人事的作用,提出"人能弘道"。孟子继承了孔子的天命思想,把天作为人世的重要支配力量,并进一步赋予天以道德属性;同时他也肯定甚至夸大了人们的主观能动性。认为人的心、性与天原为一体,天人相互贯通,二者在道德属性上合而为一,因此"尽心"就能"知性","知性"就能"知人"。可见,孔、孟都认为天道有"命",人道有为,天人在道德上是合一的,这是正统儒家对天人关系的基本观点。

荀子与孟子的天人关系说有所不同,他认为自然界和人类社会各有自己的职分和规律,主张"明于天人之分"(《天论》)。其天人相分说包括四个要点。

1. 天是物质性的自然,其运行规律是客观的

荀子对天有三方面规定。一是物质性。他说:"列星随旋,日月递炤,四时代御,阴阳大化,风雨博施,万物各得其和以生,各得其养以成,不见其事而见其功,夫是之谓神;皆知其所以成,莫知其无形,夫是之谓天。"(《天论》)又说:"天地合而万物生,阴阳接而变化起。"(《礼论》)这就把天视为有运行变化、产生万物的机能而又"不事""无形"的自然物质世界。世界上的一切现象都是"天地之变,阴阳之化"的自然结果。明确地将孔、孟道德化了的"天命",给以唯物主义的解释。二是规律性。荀况指出:"天有常道矣,地有常数矣。"(《天论》)并说:"天行有常,不为尧存,不为桀亡。应之以治则吉,应之以乱则凶。"(《天论》)就是说,自然之天不但是物质性的存在,而且在有规律地运行。这种规律性是天自身固有的,它既不因人间统治者的好坏、善恶而改变,也与社会的治乱、吉凶无关。人事的吉凶是人是否遵循自然规律的结果,天不为其负责。荀况还指出自然界的"星坠木鸣""日月之蚀""风雨不时""怪星党见"等怪异现象都是自然界的物质性变化,人们既不必"畏",也不必"恐",它对人间的政局既"无伤"也"无益"。三是客观性。天是物质性的自然,天在有规律地运行,因之它的存在和运动都是不以人的意志为转移的。荀况说:"天不为人之恶寒也,辍冬;地不为人之恶辽远也,辍广。"(《天论》)天地的固有属性,不会由于人的好恶而发生改变,说明自然界的特征和规律都是客观性的,这就与那种认为天可以有意识地感应人事的神学目的论划清了界限。这三点规定,就是荀况的"天道自然观"的基本内容。

2. 人具有社会群体性和主观能动性，可以胜过自然

荀子不但认识了天的物质性、客观性和规律性，而且充分肯定了人的群体性和能动性。他说，人之所以"力不若牛，走不若马，而牛马为用"就是因为"人能群"，即能组成社会。人之所以能结成群体、组成社会，又是由于人有不同的等级和不同的社会分工（"分"），并且有一定的道德规范（"义"）维护这种等级和分工。人正是通过"群""分""义"而处于和谐的统一体中，所以才发挥出了强有力的能动性，以战胜自然。所以"义以分则和，和则一，一则多力，多力则强，强则胜物"（《王制》）。在荀子看来，人的社会性（"群"）是人具有主体能动性（"强"）的条件，而主体能动性则是胜过自然的根据。

在充分肯定人的社会群体性和主体能动性的基础上，荀子还深刻地认识到了人在宇宙中的价值地位。他说："水火有气而无生，草木有生而无知，禽兽有知而无义；人有气、有生、有知亦且有义，故最为天下贵也。"（《王制》）这就是说，人既是自然界的一部分，但又高于自然物，人高于自然物的特征标志是"义"。"义"是人类维护群体、组成社会的道德条件，因而也是人具有主体能动性的重要条件。荀况把"义"作为人的价值所在和他肯定人的主体能动性是统一的。总之，肯定人的社会群体性和主体能动性，是荀子对于人的基本规定，是他对于人的价值意义的充分认识。

3. 天和人有着各自不同的职能

荀子在规定了天的自然物质性和肯定了人的主体能动性的基础上，提出了他的"天人相分"思想，认为天和人、自然和社会各有不同的职分。荀子说：

> 不为而成，不求而得，夫是之谓天职。如是者，虽深，其人不加虑焉；虽大，不加能焉；虽精，不加察焉；夫是之谓不与天争职。天有其时，地有其财，人有其治，夫是之谓能参，舍其所以参而愿其所参，则惑矣。（《天论》）

>天能生物，不能辨物；地能载人，不能治人。(《礼论》)

天的职能是通过无意识的"不为而成""不求而得"的自然过程生成万物；人的职能是对自然和社会"有其治"，即治理自然和社会。对于天的职能，人应该"不加虑""不加能""不加察"，即"不与天争职"。对于人的职能，人则不应该放弃。如果人放弃了自己的职能，而一心向往与天争职，这就叫"舍其所以参而愿其所参"。这是一种不懂天人相分道理的糊涂表现（"惑"）。

荀子对天人职能的明确划分是以对天的自然性和人的能动性的规定为前提的。也就是说，他的"天人相分"的天人关系说，是建立在对自然的唯物主义解释和对人的主体能动性的认识的基础之上的。"天人相分说"是荀子的天道自然观和人道有为说所必然得出的逻辑结论。

尽管荀子主张"天人相分"，认为天、人各有自己的职能范围，反对人"与天争职"，但他并没有把天和人的关系绝对割裂开来，他认为天为人发挥自己的职能提供了自然的和物质的客观条件，而人则以其治理自然和社会的能动性与天地相配合，所谓"天有其时，地有其财，人有其治，夫是之谓能参"。可见，荀子对天人关系的理解包含着深刻的辩证法的因素。

4. 人能够而且应该控制自然、利用自然、改造自然，以求自己的进步

阐明天人有不同职能并不是荀子天人关系说的宗旨和逻辑归宿。荀子的着眼点在于为人类在自然界不断提高自身的价值地位，不断促进自身进步和发展指出一条坦荡之路。为此，他提出了"制天命而用之"的光辉思想。荀子说：

>大天而思之，孰与物畜而制之！从天而颂之，孰与制天命而用之！，望时而侍之，孰与应时而使之，因物而多之，孰与骋能而化之！思物而物之，孰与理物而勿失之也！愿与物之所以生，孰与有

物之所以成！故错人而思天，则失万物之情。(《天论》)

这里，荀况比较了对待天和自然物的两种不同的态度和观点。一种是仰慕天意、赞颂天德、期待天时，听任万物、思念万物、仰慕万物的迷信而消极的态度和观点；一种是控制自然、利用自然，变革万物、治理万物的理智而积极的态度和观点。他明确地否定了前者而赞扬后者。并且深刻地指出前者的错误实质在于"错人而思天，则失万物之情"，即丢掉人的主观能动性而指望天的恩赐，脱离了自然界的客观实际。荀子认为，空泛不实的"尊德性""畏天命"思想，既否定了人的能动性的价值，又违背了自然界的属性和规律。

荀子"制天命而用之"的思想，对于人的能动性的基本方面皆有所肯定。包括：（1）"物蓄而制"——把天当作物来蓄养而控制它；（2）"制天而用"——掌握天的变化而利用它；（3）"应时而使"——顺应时节变化使自然为人服务；（4）"骋能而化"——施展人的才能使万物变化；（5）"理物而勿失"——治理万物而使万物得到充分利用；（6）"有物之所以成"——促进万物更好成长。控制、利用、顺应、变革、促成都是人对自然所发挥的作用，都是人的能动性的表现。因此，荀况"制天命而用之"的思想，并不是只指人对自然的简单利用，更不是仅指人对自然的消极适应。和道家倡导的"人法天"的消极无为态度，不可同日而语。

在高扬人的积极能动性的前提下，荀况进而指出，人只有通过发挥主体能动性才会不断促进自己的进步和发展。他说："君子敬其在己者，而不慕其在天者"，"敬其在己者，而不慕其在天者，是以日进也"。(《天论》)"敬己"而"日进"充分表现了荀子作为上升时期地主阶级思想家的自信和进取精神，也充分表现了他的"天人相分说"的进步实质。

总之，荀子关于天人关系的基本理论观点就是"天道自然""人道有为""天人相分""制天而用"。这种"天人关系说"，继承了孔、孟儒学肯定人的能动性的积极成分而克服了其"尊天""知命"观点中的消极成分；吸取了老、庄道家主张天道自然的合理因素而扬弃了其人道"无为"的消极思想，使先秦的天人关系论达到了一个新的理论水平，比较合理地解决了先秦哲学中这一基本问题。然而，荀况的天人观仍有其固有的缺陷。一是他为了批判"尊天""崇命"的天命观而否定了人对自然界进行认识和探索的必要性，提出"唯圣人为不求知天"（《天论》）的主张，这就矫枉过正了。二是他把人类"制天命而用之"的能动性，看作圣人"制礼作乐""化性起伪"的结果，忽视了人民群众改造自然的实践意义。这就不能指出"制天命"的正确途径。

（二）"化性起伪"的人性论

如果说天道观是荀子理论大厦的第一块基石的话，那么人性论则是这座大厦的第二块基石。荀况的人性论与孔子不同，更与孟子相反。孔子只说"性相近，习相远"，孟子明言性本"善"，荀子却提出"人之性恶，其善者伪也"（《性恶》）的命题。他批评孟子的性善说是"不及知人之性而不察乎性伪之分"（《性恶》）。因此，荀子的人性论先从区分"性"（本性）、"伪"（人为）入手，进而论述"性恶"的特征和"伪"的作用，最后落脚到通过"化性起伪"的途径而达到"涂之人可以为禹"的目标。

1. "性伪之分"

荀子指出人的本性和人通过学习得到（人为）的品德能力是有区别的。他称这种区分为"性伪之分"。在他看来，"性伪之分"是认识人性的前提，孟子正是不知"性伪之分"，将先天的本性和后天学得的东西混淆了，才得出人性善的错误结论。

那么，什么是"性伪之分"呢？荀况说："凡性者，天之就也，不可学，不可事。礼义者，圣人之所生也，人之所学而能，所事而成者也。不可学，不可事而在天者，谓之性；可学而能，可事而成之在人者，谓之伪；是性伪之分也。"（《性恶》）就是说，自然生成的（"天之就也"）

是"性";经过人的学习得到的和由人的努力做成的是"伪"。或者简要地说,"在天者"谓之"性","在人者"谓之"伪"。

由此看来,荀子所说的人性仅指人的自然本能,不包括人的社会属性。凡是人在社会生活中获得的属性,他不称之为"性",而名之为"伪"。这种理解和孟子关于"性"的规定,含义是不同的。孟子将人从学习修养中获得的仁、义、礼、智等道德品质统归之为"性"。此外,还可看出,荀子所强调的重点是"伪"而不是"性",他讲"性伪之分"的意向在于指明人后天的学习修养和主观努力对于形成理想人格的重要意义。这种观点显然和孔子"性相近,习相远"的说法有着内在的思想联系。

2. "人之性恶"

在规定了"性"的含义和说明"性伪之分"的基础上,荀子进而分析了人性善恶问题,他针对孟子"人之性善"的主张,明确提出了"人之性恶"的观点。

荀子"人性恶"论断的根据是:"今人之性,生而有好利焉,顺是,故争夺生而辞让亡焉;生而有疾恶焉,顺是,故残贼生而忠信亡焉;生而有耳目之欲,有好声色焉,顺是,故淫乱生而礼义文理亡焉。"(《性恶》)又说:"若夫目好色,耳好声,口好味,心好利,骨体肤理好愉佚,是皆生于人之性情者也。"(《性恶》)又说:"今人之性,饥而欲饱,寒而欲暖,劳而欲休,此人之情性也。"(《性恶》)

这些内容包括人的生理欲求和物质生活欲求两个方面。荀子认为这两个方面的欲求"必出于争夺,合于犯分乱理而归于暴"(《性恶》)。因此,人性是恶,不是善。从这里可以看出,荀子是以是否符合封建的道德礼义规范作为区分善恶的标准的。他把人的一切生理欲求和物质生活欲求都看作产生"争夺",导致"犯分""乱理""暴乱"的根源,因而,断定人性为恶。

人性之恶既然是天生的,当然也就是带普遍意义的,圣人与众人,君子与小人,生性皆恶,毫无例外,在人性上本无区别。对此,荀子也是明言不讳的。他说:"圣人之所以同于众其不异于众者,性也。"(《性恶》)又说:"凡人之性者,尧、舜之与桀、跖,其性一也;君子之与小人,其性一也。"(《性恶》)他指出,圣人与众人,君子与小人的区别并不在"性"而在于"伪",如果按孟子人性皆善的观点,即在先天的"性善"上把圣人与众人、君子与小人等同起来,这不但不能提高圣人、君子的价值反而贬低了他们的价值。"今将以礼义积伪为人之性邪?然则有曷贵尧、禹,曷贵君子矣哉?"(《性恶》)荀子企图以人之性恶为逻辑前提,建立他的人性平等说,进而在人性平等的支点上来提高圣人、君子的人格价值。这就与孔、孟赞颂圣人、君子的思路有了很大的不同。

3. "化性起伪"

先天赋予的人性是恶的,那么善是怎么形成的呢?具有至善人格的圣人、君子何以有别于众人呢?荀子认为,"其善者伪也",善是人为的结果。由于后天环境的积染和主观上的努力学习修养,可以化恶性为善德,形成高尚的道德人格,这就是"化性起伪"。

荀子所说的"伪"——人为包括三个方面。一是习俗和环境的熏陶。《儒效》篇说:"注错习俗,所以化性也","习俗移志,安久移质"。不同的文化社会环境对改变人性有重大作用,"居楚而楚,居越而越,居夏而夏,是非天性也,积靡使然也"(《儒效》);"蓬生麻中,不扶而直;白沙在涅,与之俱黑。……所渐者然也"(《劝学》)。二是知识和经验的学习。荀子说:"可学而能,可事而成之在人者谓之伪。"(《性恶》)他指出,学习时必须接受老师的教育,重视知识的积累,着眼于本性的改造。所谓"必将有师法之化"(《性恶》),"有师法则隆积矣"(《儒效》),"积圣而全尽,谓之圣人"(《儒效》)。三是修养和思虑的作用,强调以理智控制情欲,节制本性。他说:"欲虽不可去,求可节也"(《正名》),"虑者欲节求也"(《正名》)。又说:"不事而自然谓之性。性之好恶,喜怒,哀乐谓之情。情然而心为之择谓之虑。心虑而能为之动谓之伪。虑积焉、能习焉而后成谓之伪。"(《正名》)。

这三个方面就是荀子"伪"的主要途径,这些途径中所贯彻的中心内容则是封建地主阶级的"礼义法度"。荀子说:"伪者,文理隆盛也。"(《礼论》)就是说,礼法的条理是人为的内容,也是人为的指导原则。

那么,"礼义法度"为何人所制呢?荀子认为"起礼义、制法度"的是圣人。他说:"古者圣人以人之性恶,以为偏险而不正,悖乱而不治,故为之立君上之势以临之,明礼义以化之,起法正以治之,重刑罚以禁之,使天下皆出于治,合于善也;是圣王之治而礼义之化也。"(《性恶》)这就把"化性起伪"的主体归之为圣人了。荀子在讲"天人之分"的时候,曾提出"制天命"的主体是圣人;在论"性伪之分"时,又肯定道德观念和规范起于"圣人之伪",说明他的主体能动性理论并没有超出唯心史观的范围。

4."涂之人可以为禹"

"化性起伪"不但是圣人的职能,而且也是成为圣人的根本途径。从"化性起伪"的实际效果来说,普通的人都有可能成为禹那样的人。这是荀子对"化性起伪"重大意义的基本认识。

荀子认为,普通人与圣人、小人与君子在天赋的人性上本无区别,要使人们达到圣人、君子的境界,绝不能依靠人性的自然发展,必须通过主观努力,不断地进行知识经验的积累和道德的修养。圣人、君子的高贵之处,并不在于人性与常人有异,而在于能"化性起伪"。他说:"凡所贵尧、禹、君子者,能化性,能起伪,伪起而生礼义;然则圣人之于礼义积伪也,亦犹陶埏而生之也。"(《性恶》)

荀子还指出,通过"化性起伪"而成为圣人、君子,这种可能性对于任何人都是存在的。"凡禹之所以为禹者,以其为仁义法正也。然则仁义法正有可知可能之理,然而涂之人也,皆有可以知仁义法正之质,皆有可以能仁义法正之具;然则其可以为禹明矣。"(《性恶》)他们既然都有懂得和做到"仁义法正",那么当然就都有可能成为尧、禹。但问题的关键在于,他是否善于利用这种可能性,发挥主体能动性,去达到圣人、君子的境界。如果他能够持续不断、日积月累地努力,就会使可能性变为现实性。荀子说:"今使涂之人伏术为学,专心一志,思索孰

察，加日县久，积善而不息，则通于神明，参于天地矣。故圣人者，人之所积而致也。"(《性恶》)

"圣可积而致"，但并非所有的人都能达到这一点。"化性起伪"可以成圣人，但并不是必然成圣人，人人成圣人。为什么呢？荀子说："可以而不可使也。"(《性恶》) 就是说，有可能达到，但不能强使人人达到，因为有些人"不肯为"，自己不愿意发挥能动性去成为圣贤。于是，"涂之人可以为禹，则然；涂之人能为禹，未必然也"(《性恶》)。由此，荀子强调，要把"为禹"的可能性与必然性区分开来，可能性不等于必然性，没有必然性不等于取消可能性。他说："然则可以为，未必能也；虽不能，无害可以为。然则能不能之与可不可，其不同远矣，其不可以相为明矣。"(《性恶》)

由此看来，荀子虽然在人性善恶问题上和孟子观点相反，但在人皆可以经过主观努力成为圣人这一点上，持论却有相同之处。孟子"人皆可以为尧舜"(《孟子·告子下》)的理由除了人人皆有先天的善性而外，其要点也是强调在道德修养方面积极有为，他曾引用颜渊的话："舜何人也，予何人也，有为者亦若是。"(《孟子·滕文公上》) 说明圣贤是可以经过学习做到的。这样，人能否成为尧舜，在孟子看来，也是做或不做的问题，不是能或不能的问题。可见，肯定人通过发挥主体能动性，努力学习和修养以成为圣贤是儒家学者追求的共同目标，这也就是儒家尊师重道、提倡教育的认识基础。

(三) "明分使群"的社会观

从"天人之辨"的天道观和"性伪之辨"的人性论出发，荀子在社会观上提出了"明分使群"的命题。所谓"明分使群"就是确定上下职分和等级差别来组成社会。它包括三个基本观点。

1. "群"是人类能够战胜自然的基本条件

荀子认为，人之所以异于禽兽，战胜自然，根本原因在于人能组成社会。他说："(人)力不若牛，走不若马，而牛马为用，何也？曰：人能群，彼不能群也。"（《王制》）荀子所说的"群"，固然还不同于我们所说的"社会"，但已透露出他对人的社会性的认识。的确，人"制天命而用之"的能动性，使"牛马为用"的能力，都离不开人结成社会统一体这一根本条件。社会性是人高于动物、贵于动物的根本标志。荀子意识到这一点，无疑是在社会历史观上的重大贡献。

2. "分"是人类能组成社会的根本法则

荀子说："人何以能群？曰：分。"（《王制》）他所说的"分"，指的是封建的等级名分，即人"有贫、富、贵、贱之等"（《王制》）。这里的"分"实质就是指等级关系。

在荀子看来，封建等级名分对于人组成社会有着重要意义。（1）"去争"。"明分"的首要作用就是避免和消除争夺。由于社会上"欲多而物寡"，个人"能不能兼技"，就会产生矛盾，出现争夺，争夺必然引起"患""祸"。只有"明分使群"才能"救患除祸"。（2）"兼是"。"明分"的另一作用就是使整个天下富足。荀子认为，自然和社会有各自的职分，社会上的各类人也有各自的职分。使人们的职分划分明确，各自都完成自己职分内的职责，整个天下就会富足。他指出：耕作种植是"农夫众庶之事"；督促人民努力劳动是"将率之事"；普遍地管理百姓是"圣君贤相之事"。几类人各事职分，整个天下就会富足，所以"兼足天下之道在明分"（《富国》）。（3）"达治"。"明分"的最大效果在于使天下长治久安。荀子说："圣王衍财以明辨异，上以饰贤良而明贵贱，下以饰长幼而明亲疏；上在王公之朝，下在百姓之家，天下晓然皆知其所非以为异也，将以明分达治而保万世也。"（《君道》）就是说，圣王以财富、地位使贵贱的等级分明，亲疏的关系明确，人人通晓名分之别，社会秩序井然有秩，天下就会达到治理，万世永存。

由此看来，"明分"的确是人类组成社会的根本原则，治理国家的根本方法。所谓"无分者，人之大害也；有分者，天下之本利也"（《富国》）。

3. "礼义"是确定等级职分的标准规范

"分"作为等级职分的原则，对于人们构成社会群体至关重要，然而这一原则必然依靠道德规范和制度规范来保证。为此，荀子提出"制礼义以分之"(《礼论》)。他说："人何以能群？曰：分。""分何以能行？曰：义。"(《王制》) 又说："分莫大于礼。"(《非相》)

为什么"明分"必须依靠礼义来贯彻呢？首先，从礼义的本质来看。荀子认为："义"是人们日常言行必须遵循的道德标准。凡符合封建地主阶级利益的言行就是合适的，就是"义"。而"礼"则是封建地主阶级的等级制度、道德规范和礼节仪式的总称。在荀子那里，"义"着重从道德方面言，"礼"着重从制度方面言，二者虽有区分，但从实质上看又是统一的。循"礼"的言行就是"义"，合"义"的言行必守"礼"。而且从"礼"的广义上看，它包括"义"。

其次，从礼义的作用来看。荀子指出礼义的重要作用就是以规范、标准和制度的形式确定人们的等级职分的界限。他说："礼者，贵贱有等，长幼有差，贫富轻重皆有称者也。"(《贵国》) 又说："礼别异"(《乐礼》)，"以贵贱为文，以多少为异"(《礼论》)。还说："贵贵、尊尊、贤贤、老老、长长，义之伦也"(《大略》)；"少事长，贱事贵，不肖事贤，是天下之通义也"(《仲尼》)。礼义的共同作用就是区分等级，明确职分，借以维系和谐、稳定的社会秩序。

因此，荀子认为"制礼义以分之，使有贫、富、贵、贱之等，足以相兼临者，是养天下之本也"(《王制》)。

总之，荀子社会观的核心是"明分使群"，而"明分使群"的实质目标是建立封建的等级制度。群体性和等级制的统一，就是荀子所主张的理想的和谐社会结构。其中包含着他对人以具有社会性为"贵"的深刻认识，也表现了他的"群"以等级制为"本"的重要局限。然而，无论贡献还是局限，如果以历史发展为参照系，在当时都是进步的。建立统一的封建等级制正是当时亟待解决的时代课题。

(四) "法后王"的历史观

在历史观上，荀子针对孟子"法先王"的思想，提出了"法后王"

的主张。他批判孟轲"法先王"的复古主义是"呼先王以欺愚者"(《儒效》),认为"舍后王而道上古,譬之是犹舍己之君而事人之君也"(《非相》)。

荀子所说的"后王",历来解释不一。概而言之,约有四说。一是唐代杨倞的解释,认为"后王,当今之王","后王,近时之王也"(《荀子集解·非相注》)。近代刘师培、梁启雄的说法与此相似。二是清代刘台拱和王念孙的看达,认为"后王"即指周文王、周武王(见《荀子集解·非相注》)。三是章太炎的观点,认为"后王"仅指孔子而言。四是郭沫若的见解,他认为荀子"法后王"与孟轲"尊先王"毫无区别。[①] 侯外庐等所著的《中国思想通史》亦持此论,认为荀子所谓的"后王",就是孟子所说的"先王"。[②]

荀子虽未明言"后王"何指,但从他对"先王""后王"的许多论述来看,他所说的"后王"指的是能够实现封建统一的地主阶级的统治者。因为第一,荀况明确地说过"先王之道,则尧舜已"(《大略》)。可以断定,"后王"非指尧舜言。第二,荀子认为"王者之制,道不过三代,法不贰后王。遭过三代谓之荡,法贰后王谓之不雅"(《王制》),以"后王"与夏、商、周三代相对而言,可见"后王"指的是近时君主。第三,荀子"法后王"的目的是"一制度",他理想的统治者是能够"法后王,统礼义,一制度,以浅持博,以今持古,以一持万"(《儒效》)。有这种作为的"后王"正是战国以来几个大国君主的形象。第四,荀子反复说明"后王"的精神是"以近知远","欲观千古,则数今日"(《非相》),"善言古者必有节于今"(《性恶》)。这种历史现实主义精神主要体现在当时新兴地主阶级的君主身上。由此不难看出,荀子说的"后王"主要指当时的封建君主。

荀子所以主张效法"后王",是因为在他看来,历史是不断发展的,"先王"之道是渺茫的,古代的事情是很难考察的,只有"后王"的制

[①] 参见郭沫若《十批判书》,人民出版社1954年版。
[②] 侯外庐:《中国思想通史》,人民出版社1963年版,第577页。

度、事迹明白可见，便于效法。他说："百王之道，后王是也。"（《不苟》）又说："圣王有百，吾孰法焉？故曰：文久而息，节族（节奏）久而绝，守法数之有司极（久远）而褫（废弛）。故曰：欲观圣王之迹，则于其粲然者矣，后王是也。"（《非相》）就是说，只有"后王"才"粲然"地体现"圣王"之道。同时，荀况还认为在历史发展过程中，必然存在新旧交替，人们应根据现实的需要去对待历史，不要泥古不化，一味复古。而"法后王"就能"应当世之变"（《不苟》），适应这种更新过程。他说："善言古者，必有节于今。"（《性恶》）要"处于今而论久远"（《解蔽》）。又说："若有王者起，必将有循于旧名，有作于新名。"（《正名》）因此，荀子反对"舍后王而道上古"（《非相》），主张"审后王之道"（《不苟》），"百家之说，不及后王，则不听也"（《儒效》）。

"法后王"的主张，反映了荀子厚今薄古的进步思想，表现了他的历史进化论观点。

然而，荀子在承认历史进化、新旧更替的现实时，并不否认历史的继承性。他认为在历史的变革中仍然存在着某种不变的原则、永恒的道理。他说："古今一度也，类不悖，虽久同理。"（《非相》）又说："千岁必反，古之常也。"（《赋篇》）"常""度""理"就是万古不变的原则。从这一点出发，荀子对古代的"先王"不但不否定，而且还十分尊崇。他称颂"先王"的仁爱之德："先王之道，仁之隆也。"（《儒效》）他称颂"先王"的治世才能："古者先王审礼以方皇周浃于天下，动无不当也。"（《君道》）"夫尚贤使能，赏有功、罚有罪……彼先王之道也。"（《强国》）更重要的是，他认为"先王"坚持了"礼义法度"的治国原则。他说："先王之道，礼乐正其盛者也。"（《乐论》）"先王贵礼乐以贱邪音"，"导之以礼乐而民和睦"（《乐论》）。又说："先王以礼表天下之乱。"（《大略》）"百姓不一。故先王明礼义以壹之。"（《富国》）这就是说，先王的治世原则符合于古今不变、永恒有效的"常""度""理"。

那么，这和孟子主张的"法先王"是不是毫无区别呢？还是有区别的。荀子称颂"先王"并不是要效法"先王"的一切，而只是主张继承"先王之道"中对加强封建地主阶级统治和封建制度有益的基本原则。而对"先王"的具体经验则要进行分析总结，考察其成败得失。他明确指出：要"明于先王之所以得之，所以失之"（《君道》），"观往事，以自戒"（《成相》）。这显然和孟子"祖述尧舜，宪章文武"的复古路线不同。

由上可见，荀况的"法后王"历史观中既有强调革新的一面，又有坚持继承的一面，包含继往开来的意思。然而，无论革新还是继承，继往还是开来，其中贯穿着一条不变的原则，就是封建礼义。荀子颂"先王"是要说明封建礼义是"古已有之"，"与万世同久"的东西；荀子"法后王"就是要按照礼义建立统一的封建制度。荀子说："天地者，生之始也；礼义者，治之始也；君子者，礼义之始也……君臣、父子、兄弟、夫妇，始则终，终则始，与天地同理，与万世同久，夫是之谓大本。"（《王制》）这说明荀子的历史现实主义精神和革新意识并不彻底，存在着封建礼义"与天地同理，与万世同久"的形而上学观点和人类历史"若环之无端"的循环论色彩。

（五）"隆礼""重法"的政治观

荀子在社会观上主张以"礼"结"群"，在历史观上认为以"礼"为"常"，这种观点贯彻在政治观中就是"隆礼""明法"。荀子是先秦儒学中也是中国儒学史中第一个系统论述礼治主义的思想家，他的主要观点有四个方面。

1. "礼者，政之挽也"——礼是处理政事的指导原则

在儒家思想中，"礼"是指社会的等级制度、道德规范和礼节仪式。孔孟都讲礼治，但他们的礼都没有从旧贵族的世袭制度中摆脱出来，孔子反对僭越，孟子提倡"周室班爵禄"（《孟子·万章下》），都有维护旧世袭制度的意思。荀子在继承儒家礼治的基本精神的同时，为了适应

统一的中央集权封建制即将形成的趋势，对礼治思想做了较大的改造与发展。

关于"礼"的起源。荀子认为"欲多物少"的社会矛盾是"礼"产生的基本原因。他说："人生而有欲，欲而不得，则不能无求；求而无度量分界，则不能不争。争则乱，乱则穷。先王恶其乱也，故制礼义以分之，以养人之欲，给人之求；使欲必不穷乎物，物必不屈于欲，两者相持而长，是礼之所以起也。"（《礼论》）就是说，人的欲求的无限性与物质生活资料的有限性之间的矛盾如果不予以解决和调整，就会引起争夺，导致动乱和穷困。先王为了解决这一矛盾，防止动乱，于是制作礼义。荀子对礼的起源的论述着眼于社会上客观存在的基本矛盾。他从物与欲的矛盾入手，进而分析了由于这一矛盾而引起的人与人的矛盾（"争"）。这就将"礼"这一上层建筑形成的根源追溯到了人的经济生活。其中包含着重视现实生活的深刻见解。

关于"礼"的本质。荀子认为"礼"是一种区别等级、划分名分和职分的标准。他说："礼者，表也。"（《天论》）"礼者，节之准也。"（《致士》）又说："礼者，治辨之极也。"（《议兵》）"礼者，人主之所以为群臣寸尺寻丈检式也。"（《儒效》）他还以"衡""绳墨""规矩"来比喻"礼"，说："礼之所以正国也，譬之犹衡之于轻重也，犹绳墨之于曲直也，犹规矩之于方圆也。"（《王霸》）礼作为标准贯彻于道德、制度、仪式等几个方面，并通过这几个方面发挥其对人的制约作用，使人的思想、言论、行为、活动都遵循"礼"的规定。

关于"礼"的作用。荀子指出"礼"的根本作用就是"明分"。他说："分莫大于礼"（《非相》），"礼别异"（《乐论》），先王"制礼义以分之"（《礼论》）。"礼"的"明分"作用包括：（1）财物多寡之分。荀子认为人们的欲求无限，而社会财富有限，为了处理好欲和物的矛盾，使"两者相持而长"，达到"养人之欲，给人之求"的目的，就必须用"礼"规定各类人对物质财富占有之多寡。因此，他说："礼者，贵贱有等，长幼有差，贫富轻重皆有称者也。"（《富国》）"礼"在经济关系上的这种作用，荀子称之为"养"，他说："故礼者，养也。"(《礼论》)(2) 等级贵贱之分。经济上对物质生活资料占有多寡的区分，是与政治上的等级差别紧密联系的。荀子说："君子既得其养，又好其别。曷谓别？曰贵贱有等，长幼有差。"(《礼论》) 又说："贵贵、尊尊、贤贤、老老、长长，义之伦也。行之得其节，礼之序也。"(《大略》) 他认为，只有以"礼"来区分社会等级，使贵贱有别，人们才能安分，社会才能安宁。他引用《尚书》中的话，称此为"维齐不齐"，即把"齐"寓于"不齐"的等级之中。(3) 行业职责之分。荀子认为"礼"之分还包括人们的职业分工。即使农、士、工、商各守其业，劳心、劳力者各尽其职。他认为一个人的能力不能兼通各种技艺，也不可能兼管各种事务，所以必须实行分工合作，不然就会"高居不相待则穷"(《富国》)。荀子提出的职业分工是"农农、士士、工工、商商"(《王制》)，即"农分田而耕，贾分货而贩，百工分事而劝，士大夫分职而听"(《王霸》)。还有"君子以德，小人以力"(《富国》)的分工。(4) 道德要求之分。与经济生活中的贫富之分和政治地位中的贵贱之分相适应，荀子对不同名分、职分的人提出了不同的道德要求。这些要求也属于"礼"的内容。他说："礼也者，贵者敬焉，老者孝焉，长者弟焉，幼者慈焉，贱者惠焉。"(《大略》) 各种仪式就是不同道德规范的外在表现。

总之，"礼"之分的内容概括而言如荀子说的："礼者，以财物为用，以贵贱为文，以多少为异，以隆杀为要。"(《礼论》) 它的适用对象"为贤人以下至庶民也"(《大略》)。它的实际效果是"断长续短，损有余，益不足，达爱敬之文，而滋成行义之美者也"(《礼论》)。因此，"隆礼"对于治国有重大的意义："人无礼则不生，事无礼则不成，国家无礼则不宁。"(《修身》)"礼者，政之挽也。为政不以礼，政不行矣。"(《大略》)

2."法者，治之端也"——法是治理国家的根本

荀子不但"隆礼"，而且还"重法"。荀子所说的法有统治经验、社会制度、国家政策和法律法令多重含义。而法律、政令则是他"重法"

的主要内容。

荀子认为法同礼一样，都是治理国家的根本所在，是衡量曲直、判断是非的准绳。他说："法者，治之端也。"（《君道》）"隆礼至法则国有常。"（《君道》）法律政令的作用在于：齐百官（"正法以齐官"），制百姓（"众庶百姓则必以法数制之"），强国家（"刑威者强"），霸诸侯（"重法爱民而霸"）。

那么，怎样"重法"呢？荀子提出了三条重要原则：（1）以法胜私，不能以私乱法。荀子主张法律法令一旦确立，公之于众，就是人们都应遵守的准则。特别是执法的人，更不应从一己之私利和个人的情感出发，徇私枉法，而应该以"法胜私"。他说："怒不过夺，喜不过予，是法胜私也。"（《修身》）就是说，不以个人的喜怒为依据而"过予""过夺"；"予""夺"皆以法律为准绳，就是"法胜私"的表现。在《成相》篇中，他反复申述这一原则。如"君法明，论有常，表仪既设民知方。进退有律，莫得贵贱孰私王？""刑称陈，守其银，下不得用轻私门。罪祸有律，莫得轻重威不分。"又如："君教出，行有律，吏谨将之无铍滑。下不私请，各以所宜舍巧拙。"这些原则，与其说是儒家的，毋宁说是法家的。

（1）刑罚应与罪行相称，不能"失称"。荀子认为制定法律，用刑罚处治犯人的目的，就在于禁止暴行，反对作恶，并且警戒以后发生类似的罪行。而要达到这一目的，就要求刑罚与罪行相称。如果刑罪不称，"罪至重而刑至轻"，"杀人者不死，而伤人者不刑，是谓惠暴而宽贼也，非恶恶也"（《正论》）。因此，他指出"罚不当罪，不祥莫大焉"，"刑称罪则治，不称罪则乱"（《正论》）。根据这一原则，荀子竭力反对血缘株连，以族论罪。他说"一人有罪而三族皆夷"是乱世的暴政，是刑罚"过罪"的表现。提出"刑称罪""刑当罪"的原则是荀子十分可贵的法治思想。

（2）义、数、类三者并举。荀子为了明法，特别提出了"法义""法数""法类"三个概念，并说明了三者的关系。他认为，只有义、数、类三者兼通并举，才会使法治实行。"法义"指立法的指导原则，"法数"即具体的法律条文，"法类"指关于同类事情的法律规定。他说只有首先懂得立法原则才能确定法律条文，"不知法之义而正法之数者，虽博，临事必乱"（《君道》）。"法数"即使再多，也不可能包纳一切，必然还会有一些事情没有具体的条文规定。对此，荀子提出"有法者以法行，无法者以类举"，使"庆赏刑罚，通类而后应"（《大略》）。所谓"以类举"就是参照有关同类事情的规定来处理。为了使"以类举"运用得妥当，他指出对如何运用法律要进行议论，如果对法令的运用范围没有进行很好的讨论，那么，在法令没有明确规定的问题上，就会出现偏颇。他说："法而不议，则法之所不至者必废。"（《王制》）荀子关于"法义""法数""法类"兼通并举和"法而议"的观点在儒家法律思想史上的确是比较精到的。

3. "礼者，法之大分，类之纲纪也"——礼是确定法和类的纲要

荀子既"隆礼"又"重法"，但礼与法在他的政治论中并不是并列的。二者的关系是：礼是法的总纲、枢要和指导原则；法和类从属于礼，是按照礼的原则制定的具体条例。因此，礼比法更根本、更重要。在荀子的理论结构中礼是高于法的。这表明了荀子是在儒家立场上吸收了法家的某些观念来提出法治问题的，他以法治充实礼治，以礼治统摄法治的政治思想，是对战国末期以来地主阶级发展封建制和建立中央集权专政的自觉适应，又是对他继承和坚守儒家基本立场的自觉表现。

荀子关于礼支配法，礼统摄法的主要具体观点包括四个方面。第一，礼是制定法律的依据："礼义生而制法度。"（《性恶》）第二，对上层统治者着重以礼调节，对下层老百姓重在依法治理："由士以上则必以礼乐节之，众庶百姓则必以法数制之。"（《富国》）第三，为政在人，人治重于法治："有治人，无治法。……故法不能独立，类不能自行，得其人则存，失其人则亡。法者，治之端也；君子者，法之原也。"（《君道》）第四，施行法律前的礼义教育具有首要意义："礼义教化，是齐之也。"（《议兵》）"故不教而诛，则刑繁而邪不胜；教而不诛，则奸民不

惩；诛而不赏，则勤励之民不劝；诛赏而不类，则下疑俗俭而百姓不一。故先王明礼义以壹之；致忠信以爱之。"(《富国》)

荀子关于礼治与法治、人治与法治、教化与刑罚等关系的看法，从思想渊源上看，显然继承了孔子"道之以政，齐之以刑，民免而无耻；道之以德，齐之以礼，有耻且格"(《论语·为政》)的观点。但其在"隆礼"原则指导下，重视法的作用却已超出了孔子的思想范围。荀子作为儒家学者的立场是鲜明的，吸取法家思想的意愿也是强烈的。了解了他的政治理论的这种特色，就不难理解，这位战国末年的儒学大师何以能教育出韩非、李斯这样的法家巨子。

三　荀子对先秦各家学说的批判与综合

春秋末年以来的百家争鸣学术运动，发展到战国后期，又出现了新的综合趋势，这种综合趋势是由两方面因素促成的。一是由于在生产力发展的基础上封建的生产关系和上层建筑意识形态日益成熟、完善。新兴的地主阶级需要建立中央集权的专制政权和大一统的政治局面，为封建社会的发展开拓更广阔的道路。这一要求是合潮流、应人心的，因而具有历史的必然性。权力集中、政治统一必然要求学术思想也与之相适应。二是经过二百多年的百家争鸣运动，各派各家的学术思想经自身的发展和相互间的诘难，都较完整地形成了各自的体系。纵的历史源流，线索清晰；横的学派分野，界限明确。学术发展的这种客观态势，为综合提供了丰富的资料和条件。荀子长期从事学术活动的稷下学宫，正是各家学者名流会聚之地；荀子本人识力超拔、学问渊博、态度谨严、气度恢宏，足以担负这一综合的任务。这就是说，对百家诸子之学这时也具有综合的可能性了。

综合的必要性和综合的可能性两个方面统一起来，形成了学术综合的必然趋势。在战国末期，几乎各家都企图以自己的观点批评并总结先秦学术。先于荀子的《庄子·天下》篇和后于荀子的《韩非子·显学》

篇都是综合批判先秦百家之学的专著。而荀子则是这一综合批判思潮中体系完整、内容广阔、规模宏大的学者。他在《非十二子》《不苟》《儒效》《富国》《王霸》《天论》《正论》《乐论》《解蔽》等篇中都对诸子思想有所批判。

荀子指出，百家之学各有其所"见"，亦各有其所"蔽"。他们"有见于此，无见于彼"（《天论》）；"蔽于此而不知彼"（《解蔽》）。各家学者这种理论上的片面性如果和不正的学风结合起来，就会扰乱天下，混淆是非。他说："假今之世，饰邪说，文奸言，以枭乱天下，欺惑愚众，矞宇嵬琐，使天下混然不知是非治乱之所存者有人矣。"（《非十二子》）针对学术界的混乱局面，荀子对各家学说的"见"与"蔽"，"是"与"非"做出了自己的评判。

对儒家，荀子除仲尼、子弓而外，几乎都进行了批判。他称子张、子夏、子游为"贱儒"，说子思、孟轲有"罪"。他认为子思、孟轲的错误有三个方面。（1）法先王。"略法先王而不知其统，然而犹材剧志大，闻见杂博。"（《非十二子》）（2）说五行。"案往旧造说，谓之五行，甚僻违而无类，幽隐而无说，闭约而无解。"（《非十二子》）（3）言性善。"孟子曰：'人之学者，其性善。'曰：是不然！是不及知人之性，而不察乎人之性伪之分者也。"（《性恶》）荀子认为，思孟学派的这些观点是违背孔子思想的。因此，他提出"法后王""性恶论"与孟子的观点相对立，其内容在关于荀子的思想一节中已经论述过了。至于荀子为什么激烈抨击思孟的"五行说"，章炳麟在《子思孟轲五行说》一文中有所分析，他说：

> 寻子思作《中庸》，其发端曰天命之谓性。注曰，木神则仁，金神则义，火神则礼，水神则智，土神则信。《孝经》说略同此。（《王制正义引》）是子思之遗说也。……古者《洪范》九畴，举五行傅人事，义未彰著，子思始善傅会。旁有燕、齐迂怪之士，侈搪其说以为神奇耀世诬人，自子思始，宜哉荀卿以为讥也。

可见，子思、孟轲举五行傅人事，以天命说人性的"天人合一"，在荀子看来是"僻违而无类，幽隐而无说，闭约而无解"（《非十二子》）的谬论，因此予以批驳。

对墨家，荀子着重批判了墨子的"兼爱""节用""非乐"和崇尚功用的观点。他说墨翟和宋钘"不知一天下，建国家之权称，上功用，大俭约，而僈差等，曾不足以容辨异，县君臣"（《非十二子》）。崇尚功用、重视节俭、反对等级正是墨子学说的基本精神。荀子认为，墨子的错误有四个方面。第一，反对等级差别是"有见于齐，无见于畸。……有齐而无畸，则政令不施"（《天论》）。第二，崇尚功用是"蔽于用而不知文。……由用谓之道，尽利也"（《解蔽》）。第三，重视节用是"私忧过计也"。节用会使人们生活待遇菲薄，欲望得不到满足，"不足欲则赏不行"；统治者节用，"与百姓均事业，齐功劳。若是则不威，不威则罚不行"。赏不行会使贤者不得进，罚不行会使不肖者不得退，结果造成天下贫困、混乱。所以，"节用说"会导致"伐其本，竭其源，而焦天下"（《富国》）的危害。第四，否定音乐更是"瞽""聋"之论，因为音乐是治世的重要方面，它可以调整君臣上下、父子兄弟、乡里族人之间的关系，具有"入人也深""化人也速""移风易俗"的力量。"墨子之非乐也，则使天下乱。"（《富国》）荀子对墨子的批判表现了儒、墨两家在政治原则（等级问题）上的根本分歧。

对道家，荀子虽然有所吸取，但也做了一定的批判。首先，他批判了老子在屈与伸即无为与有为关系上的观点。老子认为人们在自然和社会面前是无能为力的。人应该消极地顺应自然，无为而治；不要去制服自然，积极进取。为此，他提出了"曲则全，枉则直"（《老子》第二十二章），"大直若屈，大巧若拙"（《老子》第四十五章）等观点。荀子指出老子的看法是片面的，"老子有见于诎，无见于信（伸）"（《天论》）。如果按这种"有诎而无信"的态度处事，人人都委曲求全、不思进取，那么处于重要社会地位的贵者也不想有所作为，结果"有诎而无信，则贵贱不分"（《天论》）。尽管荀子在这里只从区分贵贱的意义上强调有所作为（"伸"）的重要性，但实际上已经触及老子消极顺应自然，否定人"制天命而用之"的能动性这一思想实质。其次，荀子批判了庄子在天人关系上的错误观点。庄子把老子的"无为论"向更消极的方向发展，认为自然是人所不能干预的，也不需要去干预，人对自然只能俯首听命，若不唯命是从，就是自然的逆子。他明确主张"无以人灭天，无以故灭命"（《秋水》）。针对这种无为主义，荀子批判说："庄子蔽于天而不知人"，"由天谓之道，尽因矣"（《解蔽》）。就是说，庄子局限于顺应自然，而看不到人的力量。如果只从自然性方面来讲道，那就在一切问题上都得听天由命了。荀子对老、庄"有见于诎，无见于信""蔽于天而不知人"的消极顺应，自然的无为思想的批评，充分表现了他主张改造自然，充分肯定人的主观能动作用的积极有为思想。也说明荀子对人的能动性价值有着深刻的认识。

对法家，荀子着重批判了慎到、田骈和申不害的观点。他指出了这些法家人物在三个问题上的错误。(1) 在法与情的关系上，慎到一方面尚法，另一方面又不抹杀"人之情"。他说："法非从天下，非从地出，发于人间，合乎人心而已。"（《慎子·佚文》）又说："因也者，因人之情也。人莫不自为也，化而使之为我，则莫可得而用矣。"（《慎子·因循》）荀子认为这种既要尚法而又主张"合人心""因人情"的主张是"尚法而无法，下修而好作，上则取听于上，下则取从于俗，终日言，成文典，反纠察之则倜然无所归宿，不可以经国定分"（《非十二子》）。(2) 在法与贤的关系上，慎到提出"尚法不尚贤"的主张，他告诫君主们说："立君而尊贤，是贤与君争，其乱甚于无君。"（《慎子·佚文》）他还认为如果提倡尚贤势必影响法的地位，把政治命运系在贤者的身上。对此，荀子批评说："慎子蔽于法而不知贤。……由法谓之道，尽数矣。"（《解蔽》）就是说，慎子把治道只视作法律条文，而忽视了治道中贤人的作用。(3) 在先与后的问题上，慎子采取了道家的态度，主张人们"弃知去己"，"推而后行，曳而后往，若飘风之还，若羽之旋，若磨石之隧"（《庄子·天下》）。这种被动跟在事物后面的消极态度，当然为荀子所不取，他说"慎子有见于后，无见于先"，"有后而无先，则群众无门"（《天论》）。就是说，如果没有一个人敢为天下先来引导群众，广大群众就会失去前进的方向。（4）在势与智的关系上，荀子批评了申不害，"蔽于势而不知知（智）"的观点，指出如果只从权势方面来讲道，那就会使人们都去根据权势的意图，方便从事，"由势谓之道，尽便矣"（《解蔽》）。申不害在政治思想上，重视势、讲究术。他的术治思想的重要论点之一就是讲"静因无为"，主张君主治理国家不要依靠自己的智慧，只靠权势、权术就足够了。他说："至智弃智，至仁忘仁，至德不德"，"去听无以闻则聪，去视无以见则明，去智无以知则公"。（《吕氏春秋·任教》）荀子的批评针对的就是这种观点。荀子对法家的上述几点批判，是和他隆礼、尚贤、重智的人治思想密切联系的，是他坚持儒家立场的鲜明表现。

对名家，荀子列举了他们的辩题，批判了惠施、邓析"好治怪说，玩琦辞"（《非十二子》）的辩术。荀子虽没有对这些命题具体进行分析，但在总体上指出了其错误。他认为惠施、邓析之说，一是不合礼义："山渊平，天地比，齐秦袭，入乎耳，出乎口，钩有须，卵有毛，是说之难持者也，而惠施、邓析能之，然而君子不贵者，非礼义之中也。"（《不苟》）二是不知实际："惠子蔽于辞而不知实。……由辞谓之道，尽论矣。"（《解蔽》）三是没有功用："甚察而不急，辩而无用，多事而寡功，不可以为治纲纪。"（《非十二子》）这些批评，只是原则性的指责、危害性的揭示，与其说是批评名家的错误，倒不如是批评他们的学风和宗旨。这种大而不当的批评表明了荀子对名家的基本态度。然而，正由于批评得过于笼统，致使他不能深入揭示出名家逻辑命题中所包含的合理因素。

此外，荀子还批评了其他几位学者。他非难它嚣、魏牟违背礼仪，"纵情性，安恣睢，禽兽行，不足以合文通治"（《非十二子》）。他非难陈仲、史䲡不明贵贱，"忍情性，綦谿利跂，苟以分异人为高，不足以合大众、明大分"（《非十二子》）。对于宋钘，荀子除在《非十二子》

篇里将其和墨翟联在一起进行批判之外，还在别的篇章中多次做了评论。宋钘的主要观点是"见侮不辱"和"人情欲寡"。针对"见侮不辱"，荀子指出宋子以为如果人们明白了受欺侮并不是耻辱的道理，就不会发生争斗了，这是不懂得争斗的原因。凡人争斗与否，不在于是否感到耻辱，而在于是否感到憎恶。因之，宋钘的"见侮不辱"论并不能达到消除争斗的目的，只会使人蒙受欺骗、得辱而退。他还指出，宋钘的论点是不懂得义荣、势荣、义辱、势辱的分别，违背了圣王关于荣辱的总纲，必定会造成人们荣辱观的混乱。针对"人情欲寡"，荀子认为这种观点不符合事实，事实上人的本性是欲望多而不是欲望少。正由于人情欲多，历代君主都采取有功则"赏以厚富"，有过则"罚以杂损"的办法。由此，荀子指出"宋子有见于少，无见于多。……有少而无多，则群众不化"（《天论》）；"宋子蔽于欲而不知得。……由欲谓之道，尽嗛矣"（《解蔽》）。荀子对宋钘的批判，显然是以他的性恶论为根据的。

荀子在批判各家学说之"蔽"的同时，对他们的所"见"则予以肯定或吸取。他吸取了道家天道自然、无为的思想，并将其改造为"天行有常，不为尧存，不为桀亡"（《天论》）的唯物主义规律观，主张"明于天人之分"，人"不与天争职"，反对"倍（背）道而妄行"。

他一方面批判了思孟学派"天命之谓性"和"人性善"的观点，另一方面他又吸取了思孟学派"成己成物"的能动性思想，提出"制天命而用之""人有其治而能参"的光辉命题。

他从儒家立场出发，非难法家"蔽于法而不知贤""蔽于势而不知知（智）"的片面性，而却在"隆礼"的原则下吸取了法家许多重要论点，引法入礼。认为"治之经，礼与刑"（《成相》），"隆礼至法则国常有"（《君道》），主张"礼义生而制法度"（《性恶》）。甚至把法提到了"治之端"（《君道》）的重要地位，还教出了韩非、李斯两位法家学者。

他对墨家学说，实际上也并非全盘否定。他提出的"多力则强，强则胜物"（《王制》）的论点，显然来自墨子"赖其力则生，不赖其力则不生"（《非乐上》），"强必治，不强必乱；强必宁，不强必危"，"强必富,不强必贫"(《非命下》)的"尚力论"。他的"制天命""裁万物""骋能而化之"的思想,无疑继承了墨子"岂可谓有命哉"的"非命论"。他的"义与利者,人之所两者有也"(《大略》)的义利观,肯定与墨子和后期墨家主张义利兼顾、义利统一的思想有内在的源流关系。在逻辑思想上,他也吸取了墨家"取实予名"的基本立场,提出了"制名以指实"(《正名》)的唯物主义逻辑原则。

他对名家学派的辩术抨击甚烈,然而他关于"同实同名""异实异名"和"稽实定数"的制名原则以及"辨同异"的主张,不能说没有受到惠施等人"合同异"的启发。

由此看来,荀子对先秦学术比较全面地进行了批判综合,做了理论上的总结,堪称先秦学术思想的集大成者。

荀子对百家之学的批判、综合所遵循的原则和方法是什么呢?这是一个很值得探讨的问题。从《非十二子》《天论》《解蔽》《不苟》等篇中比较集中的论述来看,荀子运用的批判、综合原则主要是"知道""解蔽"和"中礼"。

(1)以"知道"为真理标准。荀子认为认识的目的是"知道",只有把握了道,才会有客观的是非标准。他所谓道是指整个宇宙的普遍规律,包括自然规律和治世规律。他说:"道者,古今之正权。离道而内自择,则不知祸福之所托。"(《正名》)又说:"何为衡?曰:道。故心不可以不知道,心不知道,则不可道而可非道。……心知道然后可道。可道然后能守道以禁非道。"(《解蔽》)这就是说,道是是非的标准,"知道"就能掌握标准以区分是非。根据这一原则,他指出百家之学的错误在于不能全面地掌握道,或以"一隅"举道,或"离道而内自择",于是陷入了片面性。荀子说:"万物为道一偏,一物为万物一偏。愚者为一物一偏,而自以为知道,无知也。慎子有见于后,无见于先;老子有见于诎,无见于信(伸);墨子有见于齐,无见于畸;宋子有见于少,无见于多。"(《天论》)这些学者的共同错误就是"蔽于一曲,而暗于大理"(《解蔽》),也就是不"知道"。荀子正是以道为标准来衡量各家学说并进行评价和批判的。

(2) 以"解蔽"为认识方法。不"知道"的表现和原因就是认识上有局限性,受到蔽塞。因此,揭示各家学者的"蔽",并通过"解蔽"的方法,对他们进行批判和扬弃,是荀子坚持的第二个重要原则。他指出:"墨子蔽于用而不知文;宋子蔽于欲而不知得;慎子蔽于法而不知贤;申子蔽于势而不知知;惠子蔽于辞而不知实;庄子蔽于天而不知人。"(《解蔽》)这些学者的主张"皆道之一隅也"(《解蔽》)。而"道者,体常而尽变,一隅不足以举之"(《解蔽》),因此他们就成了"曲知之人"。不仅如此,他们还把片面性的认识当作全面性的认识加以炫耀,"故以为足,而饰之,内以自乱,外以惑人"(《解蔽》)。这就给社会带来了"蔽塞之祸"。荀子认为,只有通过"解蔽"才能克服这种学术思想上的祸患,达到真理性的认识。"解蔽"的方法就是"兼陈万物而中县衡"(《解蔽》),即把各种不同的事物都列举出来,在中间建立一个正确的标准,去加以判别。显然,荀子对百家之学的批判和综合,正是这种方法的运用。

(3) 以"中礼"为价值尺度。如果说,以上两点是认识论原则的话,那么这一点就是荀子在批判综合时所应用的价值原则。荀子扬弃诸子学说,虽然遵循全面性的真理标准(道)和辩证性的认识方法("解蔽"),但是他并非完全以客观态度对待百家学者。他自己有一个衡量诸子之学利害得失的价值尺度,就是"礼"。他以是否"中礼"为价值标准,决定对各家学说的取舍和扬弃。例如,他批判邓析、惠施的观点"不是礼义","不可以为治纲纪"(《非十二子》),"非礼义之中也"(《不苟》)。他指责它嚣、魏牟的主张"不足以合文通治"(《非十二子》);陈仲、史鰌的理论"不足以合大众、明大分"(《非十二子》)。这里的"纲纪""文""分",都是指不同层次的礼。再如,他非难慎到、田骈的学说"不可以经国定分"(《非十二子》),"经国定分"正是荀子所谓礼的作用。对于墨子、宋钘,荀子虽然没有直接明确地以礼作为标准进行批评,但说他们的主张"不足以容辨异、县君臣"(《非十二子》)。而"容辨异、县君臣"是礼的基本内容,荀子曾说:"礼者,贵贱有等,长幼有差,贫富轻重皆有称者也。"(《富国》)孟子言人之性善,荀子批评他"不察乎人之性伪之分"(《性恶》),也就是说他不懂得礼义在"化性"中的重大作用。因为,人性由恶变善是"明礼义以化之"(《性恶》)的结果。孟子作为儒学大师固然也大谈仁义礼智,甚至将其视为人的本性,但在荀子看来,这不但没有提高礼义的价值,而恰恰是贬低了礼义的价值。"凡礼义者,是生于圣人之伪,非故生于人之性也。"(《性恶》)生于"伪"而能"化性"正是礼义价值的所在。由此看来,荀子对孟子的批判也运用了礼这一价值尺度。

"知道""解蔽""中礼"这三条原则是荀子批判综合诸子学说的指导思想。这里,"知道""解蔽"原则中所贯彻的是认识判断,而"中礼"则是价值判断。荀子把认识判断和价值判断结合起来,结果就使他的批判呈现出一种复杂状况。就是说,他的批判有些是符合实际、符合规律的,而有些则是主观主义的偏见。因为价值观念一旦渗透到认识领域,就有可能使认识背离客观真理,这其实也是一"蔽"。荀子本人就说过:"欲为蔽,恶为蔽"(《解蔽》),人们的价值观念都是与欲、恶紧密相关的。他要解人之"蔽",而却以"中礼"为尺度,结果自己也难免于为其所"蔽"了。

四　荀子在中国儒学史上的特殊地位

荀子是先秦时期最后一位儒学大师。他通过对各家各派学术思想的批判总结,建立了自己独具一格的思想体系;他通过毕生的学术活动,为儒学的发展作出了巨大贡献,确立了他在中国儒学史上的特殊地位。

(一) 继承和改造了儒家学说

荀子讲仁义,说道德,尊孔子,重经书。他的政治、伦理思想的基调,是属于儒家的,本人也以"大儒"自命。然而,在继承儒家创始人孔子思想的同时，他以开创新风的气魄，批判地改造了正统儒家，派内立宗，自标新意，形成了自己的成体系的思想特色。在《儒效》篇中，他以"大儒"与"俗儒"对立，说明了他要划清与孟子为代表的"俗儒"的界限。

荀子对正统儒学的改造，主要表现在两个方面。一是在天人关系上，他摒弃了孔孟"知天命""畏天命"的天命观中的消极因素，提出了"制天命而用之"和"化性起伪"两个光辉命题，强化了人的主体性。天人关系包括两个层次：一个层次是人与外界自然的关系，另一层次是人的社会属性与先天自然属性的关系。在第一层次上，孔孟虽然也肯定了人的地位和作用，但都承认人受客观的必然性——天命的制约，因此主张人应知天命、畏天命。这容易导致用天命来限制、束缚人的主体性。而荀子则将其予以改造，认为"天行有常"，不存在神秘性的天命，主张人制天命。以"制"代替"畏"，并非个别词语的差异，而是大大强化了人的主体性，提高了人在宇宙中的价值地位。在第二个层次上，孔子认为人的天赋的自然属性"相近"，只是通过后来的"习"，才出现了善恶的悬殊，即所谓"性相近也，习相远也"（《论语·阳货》）。因此他主张通过"传而习之""学而时习之"来使人性向善。而孟子将孔子的"性相近"发展为人性本善，主张"存其心，养其性"（《孟子·尽心上》），企图通过"养"来巩固和发展人的自然天赋的善性。如果说，孔子的"习"还包含向外学习知识以向善的话，孟子的"养"则主要要人向内心用力，培养发挥其固有的善端。荀子针对孟子的观点，认为人的自然属性是恶的，善完全是后天"伪"（人为）的结果，他说："不可学不可事而在天者，谓之性；可学而能，可事而成之在人者，谓之伪。"（《性恶》）这就把自然生成的"性"（天）和在后天社会生活中通过努力达到的善（人）明显分别开来了。他指出孟子的错误就在于"不察乎人之性伪之分"（《性恶》）。可见，荀子在人性问题上也是主张"天人相分"的。他通过"性伪之分"和"天人相分"，突出了人在改造自身天生恶性上的主体能动性。他的"伪"，不但比孟子的"养"，而且比孔子的"习",都更为积极。荀子正是在天人关系的两个层次上,改造了孔孟儒学,强化了人的主体性。人的主体性的强化也就是人的价值地位的提高。由此可以说,荀子比孔孟更重视人的价值。

二是在人际关系上,改造了孔孟贵仁崇义的道德观,提出了"礼者,人道之极"(《礼论》)和"法者,治之端"(《君道》)两个重要命题,加强了外在规范对人的强制性。孔子贵仁,重视人的道德情感的浓厚,孟子崇义,强调人的道德行为的适当。他们都想通过道德来调节人际关系,达到社会的安定和国家的治理。他们反对甚至谴责采取外在的强制手段,解决人际矛盾,实现社会安定。孔孟虽然也言"礼",但其义着重指辞让恭敬之心和节文仪式,至于"法"则持之漠然。可是,荀子却在重视仁义道德的同时,更突出了"礼""法"的地位和作用。而且,他所谓"礼"已着重指社会制度和社会秩序而言,他所说的"法"已明确指法律、法令而言。二者所指的对象固然有别,但都具有等级性、强制性的特征。"法"不必说,且看他的"礼"。"礼者……威行之道也"(《议兵》),"礼者……以隆杀为要"(《礼论》)。他把这种强制性的"礼""法",提到"治之始""治之端""治之经""政之轨""治辨之极""强固之本""人道之极"的崇高地位,还认为"礼也者,理之不可易者也"(《乐论》)。因此,他竭力主张"隆礼""明法"。荀子赋予"礼"以强制性,并使"礼"制度化,是对孔孟正统儒学的重大改造。

荀子强化人的主体性和主张加强对人的强制性,这两大方面并不矛盾。因为强化人的主体性指的是强化圣人的主体性,"制天命而用之""化性起伪"的主体都是圣人,"礼义法度者,是圣人之所生也"(《性恶》)。而对人的强制性,是指对臣民的强制,他说"礼之生,为贤人以下至庶民也"(《大略》);"众庶百姓则必以法数制之"(《富国》)。这表明,荀子对儒家思想的改造是从封建地主阶级利益出发,是为建立封建专制制度做论证的。然而,他的改造却适应了当时历史发展的潮流和需要,所以是进步的。

对于儒学本身来说,荀子的改造成果是儒家思想从孔子重视内心情感（仁）到孟子重视意志力量和道德行为（义），再到重视社会制度（"礼""法"）的发展历程的表现。是先秦儒学由着重于"内圣"之道到着重于"外王"之道的演变的标志。正是在这个意义上，可以把荀子视为早期儒家向战国后期法家过渡的中间环节。被他赋予新义的"礼"就是标志这一过渡的中心范畴。从孔孟的"德治"主义经过荀子的"礼治"主义，到韩非子的"法治"主义，是战国时期新兴地主阶级选择统治思想的历史逻辑。正是在这一思想历程中，荀子确立了自己作为儒学大师的特殊地位。

（二）对传授儒家经典作出了巨大贡献

作为儒家学者，荀子十分重视儒家经典。他认为儒家的经典把天地间的道理都穷尽了，是人不能须臾离开的。人如果不学习儒家经典，就如同禽兽。他说："故《书》者，政事之纪也；《诗》者，中声之所止也；《礼》者，法之大分，群类之纲纪也，故学至乎《礼》而止矣。夫是之谓道德之极。《礼》之敬文也，《乐》之中和也，《诗》《书》之博也，《春秋》之微也，在天地之间者毕矣。"（《劝学》）还指出"学恶乎始？恶乎终？曰：其数则始乎诵经，终乎读礼……故学数有终，若其义则不可须臾舍也。为之，人也；舍之，禽兽也"（《劝学》）。关于儒家经典的学习，荀子提出了许多颇有特色的主张。

1. "学为圣人"

荀子认为学习儒家经典的目的是成为圣人，他说学习的程序是"始乎诵经，终乎读礼"，而学习的目的是"始乎为士，终乎为圣人"。（《劝学》）又说："故学者，固学为圣人也，非特学为无方之民也。"（《礼论》）他还指出了古之学者与今之学者，君子与小人在学习目的上的差别，"古之学者为己，今之学者为人。君子之学也，以美其身；小人之学也，以为禽犊"（《劝学》）。荀子所说的圣人，不仅就其道德品质高尚、智慧知识高超而言，还包括其治国才能的卓越。他说："圣也者，尽伦者也；王也者，尽制者也。"（《解蔽》）又说："修百王之法，若辨白黑；应当世之变，若数一二；行礼要节而安之，若生四枝；要时应功之巧，若诏四时；平正和民之善，亿万之众而博若一人；如是，则可谓圣人矣。"(《儒效》)由此看来，荀子要用儒家经典培养一批具备完成封建统一事业能力的地主阶级政治家。他认为只有这种人才能实现地主阶级的统治，所谓"非圣人莫之能王"(《正论》)。荀子为学习儒家典籍而提出的培养目标和孔孟有着明显差别。

2. 尊崇礼义

荀子认为学习儒家经典必须提纲挈领、抓住根本，这个纲领和根本就是礼义、礼法。他说"故学也者，礼法也"(《修身》)。"学至乎《礼》而止矣。"(《劝学》)如果学习不以尊崇礼义为宗旨，就不能掌握儒家经典的精神实质，就达不到预期的目的，最终不过成为"陋儒""散儒"而已。荀子说："上不能好其人，下不能隆礼，安特将学杂识志，顺《诗》《书》而已耳，则末世穷年，不免为陋儒而已！将原先王，本仁义，则礼正其经纬、蹊径也。若挈裘领，诎五指而顿之，顺者不可胜数也。不道礼、宪，以《诗》《书》为之，譬之犹以指测河也，以戈舂黍也，以锥餐壶也，不可以得之矣。故隆礼，虽未明，法士也；不隆礼，虽察辩，散儒也。"(《劝学》)学习儒家经典要以崇礼义、隆礼法为宗旨，和他的社会政治思想是一致的。治世之道和儒家经典的精神都汇总于礼义法度，"天下之道管是矣，百王之道一是矣；故《诗》《书》《礼》《乐》之道归是矣"(《儒效》)。在荀子的思想体系里，治世之道和为学之道二者宗旨的同一性充分表明，荀子对儒家经典的教学、传授，是为其政治主张服务的，并非以纯学术兴趣为旨归。

3. 融会贯通

要把崇礼义、隆礼法的宗旨贯彻到学习过程中去，荀子强调在学习中要善于融会贯通。他认为只有融会贯通才会区分利害，集中精力，完全彻底地掌握儒家经典的精粹，形成坚定的德操。他说："君子知夫不全不粹之不足以为美也，故诵数以贯之，思索以通之，为其人以处之，除其害者以持养之。……是故权利不能倾也，群众不能移也，天下不能荡也。生乎由是，死乎由是，夫是之谓德操。"(《劝学》)又说："伦类不通，仁义不一，不足为善学。学也者，固学一之也。……全之尽之，然后学者也。"(《劝学》)融会贯通的学习主张，是荀子根据掌握儒家经典的精神实质和综合总结百家之学的需要而提出的，也是荀子熔铸"六经"，旁通百家之恢宏气度在学风上的表现。

4. 请教师友

荀子说："学莫便乎近其人"，"学之经莫速乎好其人"(《劝学》)。就是说请教良师益友是收效快的学习途径。何以为如此呢？第一，这是人际交往环境对人学习的重要作用决定的。荀子非常重视外在环境对人道德培养和人格形成的熏陶、影响。好的环境会起好的作用，坏的环境会产生不良的后果，在学习上也是如此。他说："蓬生麻中，不扶而直；白沙在涅，与之俱黑。兰槐之根是为芷，其渐之滫，君子不近，庶人不服。其质非不美也，所渐者然也。故君子居必择乡，游必就士，所以防邪僻而近中正也。"(《劝学》)第二，这是儒家经典的特点和理解的困难所要求的。荀子说："《礼》《乐》法而不说，《诗》《书》故而不切，《春秋》约而不速。方其人之习君子之说，则尊以遍矣，周于世矣。故曰，学莫便乎近其人。"(《劝学》)经典中，道理的简约不详、内容的久远不切、文风的隐晦不明，都需要同师友相互切磋、相互启发，才会较快、较深地理解，才能全面、通达地掌握。荀子的学"近其人""好其人"的主张，是对孔子尊师重友思想的发展，也是他对自己的治学经验，特别是在稷下学宫治学经验的总结。

5. 学以致用

荀子反对儒家经典的教条式态度，他认为学习理论要重征验、贵实行。"善言古者必有节于今，善言天者必有征于人。凡论者贵其有辨合，有符验。故坐而言之，起而可设，张而可施行。"(《性恶》)这种看法，与他在认识论上的行高于知的观点相一致。荀子认识论的重要观点之一是认为理性之知高于闻见，而实行则高于理性之知，他说"不闻不若闻之，闻之不若见之，见之不若知之，知之不若行之。学至于行而止矣。……知之而不行，虽敦必困"(《儒效》)。这种观点，贯彻到学习中去就是强调学以致用。他说能达到学以致用就会成为圣人，"行之，明也，明之为圣人。圣人也者，本仁义，当是非，齐言行，不失毫厘，无它道焉，已乎行之矣"(《儒效》)。

荀子不但在学习儒家经典方面提出了上述见解，而且在传授儒家经典方面作出了重大贡献。儒家经典是"先王之陈迹"，相传春秋末年经孔子删定，后由孔子的弟子传授。《诗》《书》《礼》《春秋》，由卜商（子贡）传授，《易》由商瞿（子木）传授。战国时传授不绝。《史记·儒林传》曰："孟子、荀卿之列，咸遵夫子之业而润色之，以学显于当世。"赵岐谓孟子通"五经"，尤长于《诗》《书》。其实孟子于《春秋》之学尤深。可是孟子《春秋》之学不传。真正对传经作出贡献的是荀子。

传《诗》。唐代陆德明《经典释文·序录》中关于《毛诗》的传授说："孙卿子传鲁人大毛公。"可见，《毛诗》为荀子所传。《汉书·楚元王交传》云："少时尝与鲁穆生、白生、申公同受《诗》于浮丘伯。伯者，孙卿之门人。"《鲁诗》出于申公，这说明，鲁诗也是荀子所传。《韩诗外传》引《荀子》以说《诗》者，44处，可见《韩诗》也与荀子有关。据此可知，毛、鲁、韩三家之《诗》皆由荀子所传。

传《春秋》。陆德明《经典释文·序录》云："左丘明作传以授曾申，申传卫人吴起。起传其子期。期传楚人铎椒。椒传赵人虞卿。卿传同郡荀卿。"可见，左氏《春秋》传于荀子。《史记·儒林传》载："瑕丘江公受《穀梁春秋》及《诗》于鲁申公。"申公乃荀子再传弟子，则《穀梁春秋》亦荀子所传。又《荀子》一书《大略》篇言："《春秋》贤穆公""《春秋》善胥命"。《王制》篇言："桓公劫于鲁庄"，又言周公述职事。这些都与《公羊春秋》符合。这说明，荀子于《春秋》兼通"三传"。

传《礼》。《大戴礼记》中的《曾子主事》篇载《荀子》中的《修身》《大略》两篇之文；《小戴礼记》的《乐记》《三年问》《乡饮酒》

载《荀子》书中《礼论》《乐论》两篇之文。这说明，二戴之《礼》皆荀子所传。

传《易》。汉刘向《校荀子叙录》称，荀卿善为《易》，其义略见《非相》《大略》两篇。可为荀子传《易》之例证。

由此可见，荀子兼善诸经，可谓信而有征。清代汪中《荀卿子通论》说："荀卿之学出于孔氏，而尤有功于诸经。"又说："自七十子之徒既殁，汉诸儒未兴，中更战国暴秦之乱，六艺之传，赖以不绝者，荀卿也。周公作之，孔子述之，荀卿之传之，其揆一也。盖深于经学，孟、荀所同。然孟子虽醇乎其醇，而身没之后，大道遂绌，徒党旋尽，传经之功，宜莫能与荀卿比隆矣。"这是对荀子传授儒家经典的高度评价。正由于荀子的传授，汉代经学才赖以极盛。就此而言，可以说没有荀子的传授，就没有汉代经学。传授儒学经典对于确立荀况在儒学史上的地位，有着重要意义。

（三）对后代思想的深远影响

荀子综合百家，改造儒学，闳约深美，自成体系，其学说对后代学术思想影响深远。

韩非之学，出于荀子。这位先秦法家的集大成者，在许多思想上和其师是一脉相承的。荀子主张"制天命而用之"，韩非则提出"用万物之能而获利其上"（《喻老》）；荀子否定迷信鬼神，反对"营巫祝，信讥祥"，韩非则说："用时日，信卜筮，而好祭祀者，可亡也"（《亡征》）；荀子在认识论上强调"辨合""符验"，韩非也提出"参验"的认识方法；荀子言人性恶，韩非亦认为人与人之间只是赤裸裸的利害关系，各自为了自身的利益而互相计算。至于重视法治，韩非则比荀子更为突出了。尽管韩非还吸取了道家，尤其是法家的思想，以建立他的法、术、势相结合的理论体系，但他对荀学的继承和发展还是十分明显的。

汉桓谭论形神，提出著名的"烛火"之喻，说："精神居形体，犹火之燃烛矣……烛无，火亦不能独行于虚空。"（《新论·形神》）此见解无疑受到荀子"形具而神生"(《荀子·天论》)的启发。

东汉的唯物主义者王充,自言其学是"依道家"立论,其实他对先秦各家学说都有所批判、吸取。他的"天道自然"观念,破除鬼神迷信的思想,注意效验、反对"生而知之"的论点,都是对荀况等先辈学者思想的继承、发展。

唐代柳宗元论国家制度的产生,不但引用了荀子"必将假物以为用"的论点,而且其基本思路也与荀子略同。都认为是因为人生而有欲,欲而不得则争,为了制止争夺而建立社会制度和国家政权。虽然荀子说的是"礼"的起源,柳宗元论的是封建制的起源,但都以人性恶立论,都从"假物者必争"说起,这绝非偶合,而是柳宗元自觉地继承荀子思想的表现。

唐代刘禹锡写《天论》三篇以"极其辩"的精神讨论天人关系,创立了"天与人交相胜,还相用"的系统学说,其中关于"天之所能"与"人之所能"有区别的观点;关于天与人"交相胜,还相用",二者相互斗争又相互依存的观点;关于"人能胜乎天者,法也"的观点,莫不是对荀子"天人相分""制天命而用之""在人者莫明于礼义"(《天论》)等思想的进一步发展。当然,刘禹锡的思维水平远远超过了荀子,但从其思想渊源来说,刘子的《天论》的确是对荀子《天论》的承流扬波之作。

宋明时期在关于"天理""人欲"的争论中,反对"去人欲,存天理"的学者们如王夫之、戴震等人,莫不注意从荀子思想中寻找理论依据。荀子认为"饥而欲饱,寒而欲暖,劳而欲休"是人的本性,是"君子小人之所同也"。由此,他指出"欲不可去,求可节也"(《正名》)。礼义和情欲不是绝对对立的,"礼"的作用就是为了"养人之欲,给人之求"(《礼论》)。这些重要观点,就是王夫之"天理即在人欲中"(《读四书大全说》卷八),戴震"理者存于欲者也"(《孟子字义疏证》)这些命题的理论来源。

近现代资产阶级学者,如严复、章炳麟等也十分注意从《荀子》中汲取理论营养，为构筑新的哲学体系收集资料。严复肯定荀况以来人定胜天的思想传统，以荀子的"制天命而用之"与达尔文的进化论相对照。章炳麟赞赏荀子的逻辑学和认识论，以荀子的"正名说"与苏格拉底、亚里士多德相比美。

荀子对后代思想的影响虽然深远，但荀学的历史命运却甚为坎坷。荀子本人的主观愿望是从理论上为封建大一统的建立提供理论依据，因此，他把"法后王，统礼义，一制度，以浅持博，以今持古，以一持万"（《儒效》）作为自己学说的基本宗旨。这是符合处于进步和革命时期的地主阶级的需要的。他的理论对于封建上层建筑的建立和封建基础的巩固产生了重要的作用。荀况在齐稷下学宫三为祭酒，被尊为"最为老师"，足以说明当时的封建君主对他的学说是重视的。但是，荀学并没有成为秦统一六国的思想武器，秦始皇称赞韩非，以法家思想为指导，说明他对崇礼义、重道德的荀学并不满意。随着地主阶级统治地位的稳固，荀子的否定天命、排斥鬼神的无神论思想和主张"养人之欲，给人之求"的礼治思想，便更不适合统治者的口味。因此，荀学在汉以后的长期封建社会中就自然会受到排斥，遭到冷遇。尽管有些学者对荀子在儒学史上的重要地位有过肯定，如司马迁在《史记》中将孟、荀合传，认为二人都是孔子的重要继承者；董仲舒也曾作书赞美荀卿（董著已佚）；唐代韩愈在《读荀》中也给荀子以"大醇而小疵"的较高评价，但都没有在总体上改变荀学的历史命运。

特别到了宋代，荀况遭到理学家们的强烈攻击，甚至要把他排除于儒家之外，对他的学说的学派归属都发生了争执。二程攻击荀学"极偏驳"，朱熹则将其视为"异端"。他说："荀卿全是申韩，观《成相》一篇可见。其要卒归于明法制，执赏罚。"（《朱子语类》卷一三七），他甚至认为荀学的危害如同"焚书之祸"，"观他无所观籍，敢为异论，则其末流，便有焚坑之理"（《朱子语类》卷一三七）。他认为荀学的最大缺陷是"粗"，"如吃糙米饭相似"（《朱子语类》卷一三七）。特别是性恶论，在朱熹看来是从根本上犯了错误，因此无法实行。"今于头段处既错,又如何践履。"(《朱子语类》卷一三七)他要求弟子"不须理会荀卿,且理会孟子性善"(《朱子语类》卷一三七)。朱熹对于韩愈给予荀子"大醇小疵"的评价极不满意,他说这种评价并不是程颐说的"责人恕"的问题,而是"看人不破"。如果荀学还有什么"好处"的话,只可说"胜似扬子"(指扬雄)。(《朱子语类》卷一三七)程、朱对荀学的否定、诋毁,表明每况愈下的封建社会中的保守思想家越来越容不得荀学的进步思想。

直到近现代,学术界一些学者才从比较客观的立场上给了荀学以公正的评价,科学地肯定了他在儒学史上独树一帜的重要地位。

(原载《中国儒学史》,中州古籍出版社1991年版)

论《易传》

一 《易传》的作者和时代

儒家的重要典籍《周易》包括《易经》和《易传》两部分。"经"记述了六十四卦的卦辞和爻辞，大体是属于周初人的卜筮资料；"传"是后人对经文的解释，并对"经"的思想加以阐发。《易传》（或称"易大传"）共十篇，称为"十翼"，是辅助"经"的意思。

《易传》中的《彖辞》（上、下）是解释卦辞内容的，《象辞》（上、下）是解释各卦的基本思想和爻辞内容的，《文言》是专门论述乾、坤两卦基本思想的，《系辞》（上、下）是总论《易》的基本思想的，《说卦》《序卦》《杂卦》是对卦的象数、卦的排列顺序和卦的意义等的解释。

《易传》本来是独立成篇，到晋王弼作《周易注》时，才将《彖辞》《象辞》《文言》与经文混合编排，其余几篇仍单独附于经后。我们今天所见《周易》一书，即是王弼编成的规模。

关于《易传》的作者和著作年代，传统的说法认为是孔子所作，这种说法源于《史记》。《史记·孔子世家》云："孔子晚而喜《易》，序《彖》《系》《象》《说卦》《文言》。"宋以前的学者均承此说。首先对《易传》出于孔子之手提出疑问的是宋人欧阳修。欧阳修在《易童子问》中从文字、内容和行文口气上进行分析，指出："众说淆乱，亦非一人之言也。""遂以圣人之作，则又大缪矣！"但他仍相信《彖》《象》为孔子所作。随后，宋人赵汝楳、元人王申子亦云《说卦》《杂卦》《序卦》非孔子手笔。至清代,崔述于《洙泗考信录》中以有力的证据,断定《彖》《象》亦非孔子所作,"必曾子以后之人之所为"。在这些探讨的基础上,今人又进行了多方面的研究考证,基本上推翻了古人关于"十翼"为孔子所作的传统说法。

那么,《易传》究竟出自何人之手,作于何时呢?近代以来,学者们提出了以下几种不同的观点。

郭沫若在《周易之制作时代》一文中说:"我相信《说卦》以下三篇应是秦以前作品,但是,《彖》《象》《系辞》《文言》,则不能出于秦前,大抵《彖》《系辞》《文言》的三种是荀子的门徒在秦的统治期间所写出来的东西,《象》在《彖》之后。"

李镜池在《周易探源》中以为:"《彖传》与《象传》——其年代当在秦汉间;《系辞》与《文言》——年代当在史迁之后,昭宣之间。《说卦》《序卦》《杂卦》——在昭宣后。"还以为《彖传》与《象传》的《大象》写于秦朝,《彖》《象》二传是秦汉间作品,《系辞》《文言》是经师传《易》的语录遗说的辑录,即从田何到田王孙的口传《易》说,《说卦》以下三篇,约在宣元之间。

高亨在《周易大传今注·周易大传通说》中说:"关于《易传》之作者与时代问题,我以为有两点可以论定:(一)《易传》七种大都作于战国时代;(二)《易传》七种不出于一人之手。"又说:"《易传》七种非一人所作,写成之时间有早有晚,《彖传》《象传》《文言》《系辞》当写于魏襄王之前,《说卦》《序卦》《杂卦》可能写于魏襄王之后。"

至今,学术界多数学者认为,《易大传》成书于战国时代。至于各篇的具体写作时间,张岱年在《论〈易大传〉的著作年代与哲学思想》一文中做了考证:

《易大传》的年代应在老子之后,庄子之前。

《系辞》的基本部分是战国中期的作品,著作年代在老子以后,惠子、庄子以前。《彖传》应在荀子以前。关于《文言》和《象传》，没有直接材料。《文言》与《系辞》相类，《象传》与《彖传》相类，应当是战国中后期的作品。从《象传》的内容看，可能较《彖传》晚些。总之，《易大传》的基本部分是战国中期至战国晚期的著作。①

我们同意张岱年先生的考证。他把《易传》的范畴、命题、概念、用词、语言的特点同先秦典籍进行比较，从它与这些著作的思想关系上说明它的时代，尤属切当。

从《易经》到《易传》的形成，其间经历了大约六七百年时间。在这段漫长的时间里，随着人们理性思维水平的提高，人们对作为卜筮记录的《易经》不断进行解释。春秋时期，人们用卦象解释《易经》的符号，到战国时期，人们就发展到从哲学思想的深层做解释，并将《易经》所蕴含的哲学思想升华为基本的哲学范畴。这种理性化的解释，虽然在形式上还不能摆脱《易经》作为卜筮之书的框架结构，但在内容上却包含着相当系统的思想观点。这就是《易传》之所以形成的认识基础，也是《易传》的重要特征。

《易传》的形成是儒家学者的功绩，孔子读《易》"韦编三绝"，他说："加我数年，五十以学《易》，可以无大过矣！"（《论语·述而》）他既然晚年潜心于《周易》，当然也对春秋以来的《易》注比较熟悉。不仅如此，孔子可能还在前人说《易》的基础上，对《易经》做过一些口头阐释，他的弟子和后学把这些阐释记录下来，并加工补充，到战国初期至中晚期，就形成了《易传》。由此看来，《易传》的作者，显然是儒家学者。至于其某一篇究竟为何人所作，现在很难确定，学术界也有种种看法。我们认为，非成于一时的《易传》，也不会出于一人之手，可以视为几代儒家学者的集体著作。

---

① 张岱年：《中国哲学发微》，山西人民出版社1981年版，第370—371页。

二 《易传》的儒学思想

《易传》利用《易经》的框架结构，创立了一个完整的思想体系。这个体系是由天道、地道和人道组成的，也就是由自然规律和社会规律组成的。《易传》说："《易》与天地准，故能弥纶天地之道。"(《系辞上》)又说："《易》之为书也，广大悉备，有天道焉，有人道焉，有地道焉。"(《系辞下》)这就概括地说明了其思想体系的内容。《易传》的这个体系就使其成为儒家经典中最富有哲理性的著作。《周易》在汉代以后之所以被尊为"六经"之首，除了《易传》相传为孔子所作之外，内容的哲理性无疑是重要原因。《易传》所阐述的天人之道，其基本观点和主要精神是什么呢？

(一) 阴阳观念

阴阳观念是《易传》的核心观念，是贯穿天道、地道和人道的总规律。庄子说"《易》以道阴阳"(《庄子·天下》)，这句话抓住了《周易》的思想本质。《系辞上》说："一阴一阳之谓道"，高度概括了《易传》的哲学总纲。我们知道，《易传》中有两个基本符号"– –""—"，由这两个符号排列组合而成八卦，再重叠为六十四卦，所有卦象的变化都是由这两个基本符号的变化而决定的。但这两个符号所具有的意义，直到《易传》以前没有给以明确的解释。正是《易传》的作者才用阴阳的范畴解释了这一对基本符号。并以这一范畴为基础建立起一个完整的哲学体系。

《易传》认为，阴阳是相反相成的两种气，也是相反相成的两种势力和属性；阳性事物是刚健的，阴性事物是柔顺的。宇宙间的事物都可以根据其属性特点，区分阴阳两类。天地、雷风、水火，山泽等自然事物，男女、君臣、父子、夫妇等人际关系，刚柔、动静、进退、屈伸等属性，都是阳阴的表现。而且每一个事物内部也都包含着阴阳两个方面。

天地间的事物就是阴阳两两相对相应而联系在一起的。阴阳两种势力或属性，相互对立又相互联系，相互感应又相互作用，形成了宇宙万物的运动和变化。六十四卦中的乾坤、否泰、屯蒙、损益、既济、未济等相互对立的卦象，就是宇宙中阴阳之道的象征。

《易传》指出，阴阳规律的总特点是"弥纶天地之道"（《系辞上》）的普遍性和"形而上者之谓道"（《系辞下》）的抽象性。"弥纶天地之道"就是说它贯穿于天道、地道、人道等各个领域，一切复杂而变化的事物都受它的制约和支配；"形而上者之谓道"是指它和标志实物、现象的"器"不同；"器"是有形的、具体的，所谓"形而下者谓之器"（《系辞下》）。而"道"则是无形的、抽象的。《易传》把"道"和"器"的关系看作"无形"和"有形"的关系，的确揭示了规律的基本特征。

（二）"日新"精神

《易传》从包含对立统一辩证法的阴阳观念出发，说明了宇宙万物的运动和变化。它指出阴阳对立面的相互作用是万物运动变化的源泉。《系辞上》说："刚柔相推而生变化。"具体地说就是"刚柔相摩，八卦相荡，鼓之以雷霆，润之以风雨，日月运行，一寒一暑，乾道成男，坤道成女"（《系辞上》）。事物运动变化的总过程包括两个阶段。第一阶段是"积"或"渐"，即量的积累阶段。《系辞下》说："善不积不足以成名，恶不积不足以灭身。"《文言》中说："臣弑其君，子弑其父，非一朝一夕之故，其所由来者渐矣。""积""渐"达到一定程度，就进入第二阶段"变"的阶段，即发生质的飞跃。《系辞下》说："穷则变，变则通，通则久。""穷"指量变的极点，这也就是质变的开始。

《易传》十分重视质变的意义，认为质变是旧事物灭亡、新事物产生的关键点，也是变化的实质。它说《周易》之道，就是新生之道，"天地之大德曰生"（《系辞下》），"日新之谓盛德，生生之谓易"（《系辞上》）。整个宇宙都处在生生不息的变易过程中，如一条奔流不息的长河。把这种生生变易、从旧趋新的观念应用于人类社会，《易传》主张对社会进行适时的变革，它说："天地革而四时成，汤武革命，顺乎天而应乎人。革之时大矣哉！"（《革卦·彖传》）把这种生生变易、从旧趋新的观念应用于个人的道德修养，《易传》主张人应该"日新其德"。它释大畜卦说："刚健笃实辉光，日新其德。"（《象》）大畜卦的下卦为乾，上卦为艮，乾为天，艮为山。天之道刚健，山之道厚实。《易传》认为人要像天光山色相映生辉那样使自己的德行日日更新。"日新其德"的正确途径就是"君子多识前言往行，以畜其德"（《象》），就是要多多学习古代贤哲的言行，以充实自己的道德修养。《易传》倡导的"革去故""鼎取新"（《杂卦》）的"日新"精神是从阴阳观念、变易之道得出的必然结论，是中华民族宝贵的精神财富，它激励中华民族不断地进行社会和自我的革新。然而，儒家学者把"日新"精神过分从道德修养方面进行强调，这就存在着严重的片面性，从而也产生了消极影响。

（三）刚健气质

为了创建"富有大业"，发扬"日新盛德"，《易传》积极倡导一种刚健有为的气质。它认为，刚与柔、健与顺构成一对矛盾，乾、坤两卦就是这一矛盾的象征。"夫乾，天下之至健也"；"夫坤，天下之至顺也"。（《系辞下》）乾卦六画都是阳，阳是刚；坤卦六画都是阴，阴是柔。乾坤两卦中蕴含着刚柔、阳阴、健顺这些基本的矛盾范畴，所以《系辞上》说："乾坤，其《易》之蕴邪？乾坤成列，而《易》立乎其中矣。"又说："乾，阳物也。坤，阴物也。阴阳合德，而刚柔有体。以体天地之撰，以通神明之德。"然而，《易传》并非将刚与柔、健与顺置于并列地位，而是把刚健视为宇宙间的一种主导力量，努力使其处于支配地位。它以这种观点释卦，认为凡是刚健力量居于支配地位的卦皆吉，如泰、复等卦；反之，凡是柔顺力量处于主导地位的卦皆凶，如否、剥等卦。因此《易传》大力赞扬"刚健中正"之道，鼓励人发扬自强不息的精神和气质。它说："天行健，君子以自强不息。"（《乾卦·象传》）

"刚健而文明，应乎天而时行，是以元亨。"(《大有卦·象传》)《易传》的这种思想和"贵柔""守雌"的道家观念形成了鲜明的对照，充分表现了早期儒家积极进取的人生态度。《易传》倡导的这种精神气质不但在当时适应了新兴地主阶级的创业需要，也对中华民族在以后漫长历史过程中的奋发图强，产生了深远的、积极的影响。

（四）忧患意识

《易传》在强调主体刚健自强、积极进取的同时，还深刻认识到客观事物的复杂性和改革社会的艰巨性。因此，它要求人们在任何情况下都要谦虚谨慎、警惕自危，保持一种忧患意识。《系辞下》说："《易》之兴也，其于中古乎！作《易》者，其有忧患乎！"又说："《易》之兴也，其当殷之末世，周之盛德邪？当文王与纣之事邪？是故其词危，危者使平，易者使倾。其道甚大，百物不废，惧以终始，其要无咎，此之谓《易》之道也。"《易传》不但把忧患意识与《易经》产生的时代背景联系起来，还把它看作天地之道对人的必然要求。《系辞下》说："夫乾，天下之至健也，德行恒易，以知险；夫坤，天下之至顺也，德行恒简，以知阻。"就是说，乾坤不但有易、简的德性，而且还有险阻的德性。因而人们在行事时就应居安思危、处易虑难，怀有忧患意识。只有这样，才会努力进取，认真做事，去化险为夷，排难达易。通过"山重水复疑无路"的艰难险阻而走向"柳暗花明又一村"的光明前程。因此《易传》肯定了忧患意识的积极意义，就是"君子安而不忘危，存而不忘亡，治而不忘乱，是以身安而国家可保也。"(《系辞下》)《易传》所主张的忧患意识，是儒家精神的重要组成部分，经过长期的历史积淀，至今仍然生存于中华民族的文化心理结构中，发挥着积极的作用。

（五）尊卑制度

《易传》把尊阳、贵刚的观念应用于社会政治领域，主张建立一种明确区分尊卑上下的等级制度。它认为这种等级制度是由宇宙法则先验地确定了的,"天尊地卑,乾坤定矣,卑高以陈,贵贱位矣"(《系辞上》)。在这种等级制中,君尊臣卑、父尊子卑、夫尊妻卑、贵尊贱卑的地位如同天尊地卑一样,不可移易。它指出君子应该辨别上下之分,使人民安分守己满足于自己的社会地位而不存在非分之想。此之谓"辨上下,定民志"(《履卦·象传》)。它还要求君子遵循礼的规范,时时处处事事不违背礼,所谓"君子非礼弗履"(《大壮卦·象传》)。

《易传》的礼治思想在两个方面发展了春秋以来的儒家学说。一是为礼提供了以家长为统治地位的家族制基础。它说:"有天地然后有万物,有万物然后有男女,有男女然后有夫妇,有夫妇然后有父子,有父子然后有君臣,有君臣然后有上下,有上下然后礼义有所错。"(《序卦》)又说:"父父、子子、兄兄、弟弟、夫夫、妇妇而家道正,正家而天下定矣。"(《家人卦·彖传》)尊卑上下的礼治是以家长对家族的统治为基础的,这种礼是适应小农经济的要求和适应封建制度的需要的。二是以法治思想补充礼治。《象传》在对许多卦的解释中多次提出"先王以明罚敕法","君子以制数度,议德行",要求统治者"折狱致刑""赦过宥罪""明慎用刑""议狱缓死"。就是说要在坚持礼治的原则下,在实行德治的同时,适当地用法治来维护统治。这显然也是同封建制度的发展相一致的。由此看来,《易传》的政治思想反映了战国时期一些为新兴地主阶级建立和发展封建制度而摇旗呐喊的儒家学者的立场。他们在坚持儒家礼治原则的前提下,根据历史的发展和新兴地主阶级的需要对以孔子为代表的原生儒学进行了一定程度的改造和发展。在孔子时代,礼和法是对立的,《易传》则调和了礼和法的关系。在这一点上,它和儒学中的荀子学派有一定的思想趋同。

以上是《易传》所阐发的儒学的基本内容和主要精神,这些内容都是以阴阳观点为基石建立起来的。宇宙中的太极分为阴阳两种势力;阴阳两方面相互作用而引起万物的运动、变化和发展,推动事物的新陈代谢,日日更新;在这个过程中,刚健的力量发挥着主导作用;由于客观事物的复杂性和革故鼎新的艰难性,主体的人只有具备忧患意识,谦虚谨慎、警惕自危,才会转危为安,化险为夷,永远处于不败之地;由于在刚与柔、阳与阴的矛盾中阳刚的一面处于主导地位,因之在社会制度中就应区别尊卑上下的等级次序,使君、父、夫处于统治地位。这就是《易传》理论体系的总体框架。虽然这一体系的内在逻辑结构还不很严密,但是其基本的逻辑环节还是层次分明、联结有序的。战国时期,儒学在发展中能够形成这样一个比较完整、比较成熟的理论体系的确难能可贵。

除了上述《易传》体系的五个基本逻辑环节之外,《易传》还提出了其他一些意义重大、影响深远的观点。例如:"保合太和,乃利贞"(《乾卦·彖传》)的和谐论,"反复其道"(《复卦·彖传》)的循环论,"观象制器"的先验论,"一阴一阳之谓道,继之者善也,成之者性也"(《系辞上》)的性善论,"圣人以神道设教而天下服"(《观卦·彖传》)的神道设教论,等等,都是构成儒学思想的重要内容。

三 《易传》对后世儒家的影响

《周易》是儒家的重要典籍,其中的《易传》又是具有完整的理论体系的著作。它成书以后,在漫长的儒学发展史中产生过极其深远的影响。

就《易》史来看,虽然在两汉之前,知识分子学习的经典主要是《诗》《书》《礼》《乐》,《周易》没有很高的学术地位,但不少学者已经引用《周易》经文和发挥传文来阐明自己的理论观点。《庄子·天下》篇用"《易》以道阴阳"来概括《易》的基本观点,荀子在《非相》《大略》等篇中都引《易》说理。到了两汉,《周易》的学术地位扶摇直上,凌驾于《诗》《书》《礼》《乐》《春秋》而成为"六经"之首。班固誉之为"大道之原",扬雄称之为"六经之大莫如《易》"。在《周易》学术地位日益高涨的情况下,儒者们纷纷传《易》、解《易》、说《易》。学派纷立,著作迭出,家法日严,门户之争日剧。和整个经学一样,《易》学有今文、古文之分。今文《易》以施仇、孟喜、梁丘、京房为代表,盛于西汉;古文《易》以费直、马融、郑玄、荀爽、虞翻为代表,流行于东汉。汉代《易》学,以象数为重点,以训释为方法,不免有牵强、烦琐之弊。于是,到了魏晋,出现了以王弼为代表的重义理的《易》学。王弼言《易》主张"得意忘象,得象忘言"(《周易略例·明象》),认为"象"是存"意"的一种方式和手段。一反汉人的琐碎、牵强。但他常以老、庄之意释《易》,玄风甚浓,亦是一弊。然而,王弼注《易》对后代儒者的影响很大。自唐至宋,王注成了官方取士的标准。唐代《易》学,固然无大发明,但孔颖达撰《周易正义》、李鼎祚撰《周易集解》,对整理编辑汉魏以来的《易》学资料,其功甚巨。宋代《易》学重振,著作丰富,所有著名理学家,如程颐、张载、陆象山、朱熹都为《周易》作过传注。他们的突出特点是以"理"讲"易",从《易经》《易传》中揭示其天道之"理"和人事之"理"。使《易》真正成为儒家的哲理性经典,成为建构新儒学的重要根据。元、明儒者的《易》学研究,大都拾宋儒牙慧,无多创见,是《易》学衰微时期。清代《易》学又一次复兴,并发生了汉《易》、宋《易》之争。清初康熙提出"兼收并采,不病异同"的治《易》方针,为儒者们集历代《易》学研究之大成提供了条件,但随后由于文字狱的消极影响而使思想受到压制,汉《易》研究遂占了上风。于是在这一历史过程中,出现了一批辑录、整理和考证两汉及魏晋、南北朝时期著名学者谈《易》的著作,特别是对汉《易》的校勘、辑录,贡献尤大。由此可见,一部中国儒学史,几乎始终都与《周易》的研究密不可分,儒家学者继孔子"韦编三绝"的精神,研习《周易》,或言其"象",或说其"理",无论是汉儒、宋儒,经学、理学,莫不以注《易》释《易》为其立论,扬其学说,使《易经》和《易传》在儒学史上产生了深刻的影响。

就《易》理而言,《易传》对于儒学理论的形成和演变也起了重要作用。首先,《易传》增强了儒学的哲理性。由孔子创立的儒家学派一开始就把自己的思想重点放在社会、政治、人伦问题上,着眼于探索人道,寻求治世和修身的真理。而对天道——宇宙的本质和规律等哲理问题则用力甚少。几乎所有宇宙观的重要范畴在孔子、孟子的言论中都未明确提出。因此,就造成了早期儒学哲理性严重薄弱的局限。但当《易传》形成后,儒学的这种先天性不足则大为改观。《易传》提出的太极、阴阳、道器、理事、理气、象数、形而上和形而下、变化、神化、天人、言意等范畴,和以这些范畴为环节而构造的宇宙论体系,使儒学的哲学基础大为增强;它所阐发的朴素辩证法思想,也丰富于儒学的哲学内容。西汉以后的儒学,特别是宋代,莫不把《易传》作为阐释和论证儒学思想的重要根据,这就大大增强了儒学理论的逻辑体系力量和说服力。宋代朱熹深刻地看到了这一点,他以《春秋》与《周易》比较,指出《周易》的哲理性特征:"《易》与《春秋》,天人之道也。《易》以形而上者说出在那形而下者上。《春秋》以形而下者说到那形而上者去。"(《朱子语类》卷六七)《易》讲形而上的哲理,是它与儒学其他经典的最大区别,也是它对儒家学说的重要阐释之所在。

其次,《易传》增强了儒学与其他学派的融通性。中国学术在先秦形成的过程中,尽管各家各派间都相互影响、彼此吸收,在争论中已包含融合,但直到西汉,学派之间的界限和对垒依然十分鲜明。后来,随着儒学的独尊和学术的进一步交流,儒家与道、法、阴阳、佛学等家的融通过程日益显著。在这种过程中,《易传》发扬了它独特的作用。《易传》重天道言变化通于道家,谈阴阳说象数通于阴阳家,重事功明礼法通于法家,重形上用思辨通于释家。于是,《易传》成了贯通儒家与其他学派的重要桥梁。因此,在汉代以后的中国学术文化史上,不只是儒家学者,几乎其他学派的名家都很重视《周易》,并从中汲取对他们有利的思想。例如,魏晋玄学以《周易》《老子》《庄子》并称"三玄",道教也把《周易》作为其炼丹的理论基础。其他各家对儒学发生影响,也往往以《周易》为媒介。《易传》这种融通作用,是由其有强烈的哲理性所决定的,朱熹说:"洁净精微谓之《易》,《易》自是不惹着事,只悬空说一种道理。不似他书,便各着事上说。所以后来道家取之,与老子为类。"(《朱子语类》卷六七)深刻地看到了《周易》能够融通各家的原因。

最后,《易传》强化了儒家思想向中国文化各领域的渗透性。《易传》是对《易经》所做的理论解释,它是儒家的世界观,因而它长期以来成为在各文化领域内进行探索和研究的知识分子解释世界的工具,从而使儒家思想渗透到中国文化的各大领域。天文、地理、历算、军事,农学、医学、政治、伦理、艺术、工艺、建筑等领域都贯彻渗透着阴阳变异的原则;哲学家、科学家、史学家、政治家、医学家、艺术家,几乎都想通过探索《易》的奥秘来启迪自己的智慧。这样,儒学思想就随着《易》的哲理之舟,荡漾于中国文化的海洋,而成为传统文化的主导意识。如果说儒家的政治伦理思想对中国社会生活的影响属于较浅层次的话,那么它的世界观则对中国文化发生了深层次的影响,而《易传》就是儒家世界观的结晶体。

总之,无论从《易》史看,还是从《易》理看,《易传》对儒学的形成和演变、内容和作用都具有重要意义和深远影响。《易》为"六经之首""大道之原"的赞誉正是对《周易》在儒学中的学术地位的高度概括。

(原载《中国儒学史》,中州古籍出版社1991年版)

论先秦儒学

春秋战国是儒学形成和初步发展的时期。在这个时期，中国社会经历了巨大而深刻的社会变革。这场变革的社会性质是由奴隶制向封建制转变，阶级结构是由奴隶主阶级统治向封建地主阶级统治过渡，文化内容是从西周以来的"礼乐"文化向"法治"文化更替，政治形势是诸侯割据称雄的局面被统一的封建国家所取代。从孔子哀叹"礼崩乐坏"到荀子追求"统礼义，一制度"，其间两个半世纪，就处于这场大变革的历史过程中。早期儒学正是在这种历史条件下形成和发展的。

巨大的社会变革造成了矛盾的后果。一方面，新兴地主阶级反对氏族贵族的"礼治"，建立无情的"法治"，推动了社会的前进和文明的发展；但另一方面，原始礼仪体制中包含的氏族内部的仁爱、协调、情感、秩序日渐淡漠，而代之以频繁的兼并战争、残酷的经济剥削和露骨的政治压迫。面对这种社会现实，孔子提出"克己复礼为仁"的理论纲领，主张通过主体的道德修养（"克己"），恢复西周的礼治秩序（"复礼"），实现仁爱的和谐关系（"为仁"）。这固然有违背历史潮流的保守性和落后性，但却有突出强调人道原则的进步性和民主性。孔学以至整个早期儒学都具有这种矛盾性的品格。

孔子建立的以仁、礼为基本结构的理论体系标志着儒学的形成。此后，随着社会历史的变化和学术派别的争鸣，儒学在保持自己基本理论原则的同时，也不断地发展、演变。

以孟子为代表的思孟学派，从内在心性方面发展了孔子的学说。他从"仁义礼智根于心"(《孟子·尽心上》)的性善论出发，认为只要统治者有"不忍人之心"，就可以"行不忍人之政"，建立"仁政王道"的理想社会。在高尚人格的培养上，他主张"存其心，养其性"(《孟子·尽心上》)，即"善养吾浩然之气"(《孟子·公孙丑上》)，以实现其个体的人格价值，并担负起"平治天下"的历史使命。他把理想社会和高尚人格都建立在内在的心理感情原则之上，遵循的是一条由"内圣"到"外王"的路线。孟子学说中的"制民之产"，虽然适应了新兴地主阶级建立新的生产关系的要求，但他在王霸之辨、义利之辨、德力之辨等价值观问题上明确坚持了儒家的价值取向，并与墨家的"兼爱说"、道家杨朱的"为我说"和法家的"暴力论"划清了界限，大大丰富了孔子的学说。

荀子学派则是从外在规范方面发展了孔学。他讲"群"、谈"分"、说"礼""法"，把"礼"提到"法之大分，类之纲纪"的高度。对于群体社会来说，"礼"是区分贵贱、长幼的标准，息争止乱的原则，"群居和一"的规范；对于个体修养来说，"礼"是节制私欲的规矩，改造"恶性"的工具，道德修养的目标。总之，无论是治世之道而言，还是修身之道而言，"礼"都是最高的准则，所谓"礼者，人道之极也"(《荀子·礼论》)。因此，他强调整体的礼法纲纪，重视个体的人为实践。这就使孔学中重人为、重社会的传统得到了很大的充实。如果说，孟子对孔子的发展主要在仁学，主要在"内圣"方面，那么荀子则主要发扬了礼学，主要突出了"外王"方面。早期儒学提出了一个重伦理的社会理想，至孟、荀时期已经明显地成为新兴地主阶级的意识形态，与社会发展息息相关。

《易传》的作者们对孔学的发展比孟、荀更有其特殊的意义。他们着重在世界观上为孔子的仁、义、礼、智提供哲理根据。《易传》抓住了"道"的概念，展开了它的哲学体系。而孔子则很少从世界观的高度运用"道"的概念，子贡说："夫子之言性与天道，不可得而闻也。"(《论语·公冶长》)《易传》认为《易》是"弥纶天地之道"的，这个

"道"包括天、地、人三大领域，所谓"立天之道曰阴与阳，立地之道曰柔与刚，立人之道曰仁与义"（《说卦》）。而其实质则是一阴一阳（"一阴一阳之谓道"）的相互作用。这个"道"是形而上者，但却支配着形而下的"器"。天地万物、君臣父子、仁义道德，"道"以贯之。而且它还赋予道以"生生"功能和"刚健"气质。《易传》的这一特色是通过综合儒家各派和道、法、阴阳各家的因素而形成的。可以说，《易传》是儒学在先秦发展的最高成果，它为儒学建构了一个初步的世界观基础。

经过孟、荀、易（《易传》）三个环节的发展，由孔子创立的儒学就基本上体系化了。后来的汉儒学术主要由荀子一派所传授，宋儒主要接续了孟子所疏导的源流，而他们都以阐释《易传》哲学作为世界观的前提。由此可见，先秦儒学乃中国儒学之源，整个中国儒学史的圣泉都是从这个源头流淌而出的。

先秦时代儒学的形成和发展，一方面是与世推移的结果，另一方面是同别的学派论战的产物。儒学从它形成之日起，经历了漫长历程后陷于困境，遇到了其他学派的挑战。在先秦，儒学所迎战的主要对象是墨家、道家和法家。儒学正是在不断地同它们的辩论中调整其理论框架、充实其思想内容和强化其学说根基的。

首先，儒家同墨家辩论，批判了墨家的平等原则。儒墨之争是战国时百家争鸣的先声。墨家学者提出了反映平民意识的"兼相爱，交相利"的基本命题，反对儒家"爱有差等"的观点；主张实现以物质功利为根基的普遍而平等的爱。对此，儒家进行了激烈的批评，认为兼爱主义"无父，是禽兽也"（《孟子·滕文公上》），并指出墨子错误的认识根源在于"蔽于用而不知文"（《荀子·解蔽》）。这就维护了建立在氏族血缘宗法基础上的"仁""礼"原则，使有差等的"仁爱"主义和定尊卑的"礼治"主义更加鲜明而坚定地成为儒学的理论支柱。

其次，儒家与法家争鸣，批评了法家的暴力原则和功利原则。战国初期和中期新兴地主阶级实行变法革新,反映这种要求的法家学者们对儒家中一些主张法古循礼的人十分反感,批驳他们说:"前世不同教,何古之法?帝王不相复,何礼之循?"(《商君书·更法》)认为"反古者未必可非,循礼者未足多是也"(《商君书·更法》)。主张"当时而立法,因事而制礼"(《商君书·更法》)。对此,子思、孟轲一派儒者和其进行了激烈的争论。他们批评法家奉行的是"以力假仁"的"霸道",并针对法家的功利主义,提出"去利,怀仁义以相接"(《孟子·告子下》)。思孟学派以"礼"与"法"相对,以"德"与"力"相峙,以"义"与"利"相违,划清了儒家与法家的界限,坚持和发展了儒学的人道主义原则。

再次,儒家与道家论战,扬弃了道家的自然主义原则。以老庄为代表的道家,把"人法地,地法天,天法道,道法自然"(《老子》第二十五章)作为自己的理论纲领,认为"自然无为"是最高的宇宙和人生价值。对于儒家倡导的仁义礼智,他们持坚决的否定态度,说仁义是"非人情""易其性"(《庄子》)的东西,"礼"是"忠信之薄而乱之首"(《老子》)。因此,他们竭力反对人为,主张"无以人灭天,无以故灭命,无以得殉名"(《庄子·秋水》),要求"绝仁弃义""绝圣弃智"。对这种自然主义,儒家中的荀子学派和《易传》作者们给予了尖锐的批判和合理的扬弃。他们指出,道家认为天道无为是对的,但否定人为则是错误的,是"蔽于天而不知人"(《荀子·解蔽》)的表现。如果完全放弃人力而冥想天道,就不会把握万物的实情,"错人而思天,则失万物之情"(《荀子·天论》)。于是,他们主张,一方面顺天之道,循阴阳之理;另一方面立人之道,与天地相参。此即所谓"天有其时,地有其财,人有其治,夫是之谓能参"(《荀子·天论》);"天行健,君子以自强不息"(《乾卦·象传》)。这就在理论上进一步突出了人能主宰万物而与天地并立的儒学精神。

由此可见,先秦儒学的形成和发展是在与其他学派的争鸣辩论中实现的。通过辩论,既划清了与其他学派的界限,维护和坚持了儒学的人道原则、德治主义、实践理性和情感色彩，又汲取了其他学派积极的理论因素，充实和强化了儒学的理论体系、思想内容和形式结构。这样，就为它在秦汉以后的发展、演变奠定了基础。

（原载《中国儒学史》，中州古籍出版社1991年版）

2001 年

培育和弘扬中华民族精神

人是要有一点精神的,一个民族也是要有一点精神的。中华民族是世界上一个历史悠久、文化丰厚、特征鲜明、贡献杰出的伟大民族,在漫长的历史岁月中形成了内涵丰富、品格优秀的民族精神,近现代以来这种精神又有了新的发展。在我国进入全面建设小康社会,加快推进社会主义现代化的新的发展阶段,培育和弘扬中华民族精神具有十分重大的意义。为此,江泽民同志在"5·31"讲话中强调:"发展和繁荣先进文化的一项极为重要的任务,就是使我们的民族和人民在建设有中国特色社会主义事业的征程上,始终保持奋发有为、昂扬向上的精神状态。"[①]

(1) 培育和弘扬民族精神的重大意义。民族精神是一个民族在其长期的生存和发展中形成的思想、观念、意识和心理的总和,其中思想观念是主导的部分。思想观念包括世界观、社会观、人生观、价值观等,而价值观又是其中的核心。民族精神是民族的灵魂,它对于一个民族具有十分重要的意义。首先,民族精神是民族生存和发展的强大精神动力。一个民族要生存、发展,必须从事物质生产实践和其他社会实践,并且要不断在实践中取得成效,这就要求它善于处理人与自然、人与人、人与工具、人与历史等多重关系,而这些关系的处理总是在一定的思想认

[①] 《江泽民文选》第3卷,人民出版社2006年版,第400页。

识、价值观念和心理因素的指导和支配下进行的。于是，由这些要素融合、凝结、积淀而成的民族精神，就必然成为推动民族生存和发展的强大精神力量。人类历史上一切勇于生存和善于发展的民族都有自己的民族精神作为动力。其次，民族精神是民族凝聚和团结的精神纽带。一个民族共同体的形成和稳定，是漫长的历史上诸多因素发生作用的结果，而在这些因素中，民族成员一致认同的生存意识、思维方式、价值观念和审美情趣等起着十分重要的作用。正是由这些因素所构成的民族精神如同一条坚韧的纽带把民族成员联结在一起、凝聚在一起，维系着民族的生存。再次，民族精神也是民族主体性和独立性的精神支柱。一个民族维护自己生存权利、保持自己文化特色、延续自己文化传统和更新自我发展能力的自觉性和能动性就是它的民族主体性。只有具备主体性的民族才能独立于世，才能自立于世界民族之林，而民族主体性的保持和增强既要有物质力量的保障，又要靠精神力量的支撑。民族精神正是民族主体性的力量源泉。当今，世界多极化和经济全球化的趋势在迅速发展，综合国力竞争日趋激烈，我国已进入全面建设小康社会，加快推进社会主义现代化的新的发展阶段，正处于实现中华民族伟大复兴的历史时期。在这种时代环境和历史条件下，培育和弘扬中华民族精神，对于我们国家、我们民族的生存和发展、团结和凝聚、自立和自主意义尤为重大。

（2）中华民族精神的丰富内涵。中华民族在数千年的漫漫征途中形成了自己独特而伟大的民族精神。中华民族精神不但内涵丰富，而且随着历史的发展不断充实和更新。以传统言之，"天下为公"的社会理想、"崇德广业"的价值目标、"自强不息"的奋进精神、"厚德载物"的宽宏态度、"中和辩证"的思维方式，长期以来是中华民族的精神动力。以近代言之，在传统精神的基础上，奋发图强、独立自主、变革求新、团结奋斗的精神得到了充分发扬，成为中华民族抵御列强侵略，维护国家主权，推动社会改革，增进民族团结的精神支柱。"五四"以后，民主观念、科学思想、艰苦奋斗精神、自力更生意识，经过民主运动浪潮的洗礼和民主革命烽火的陶铸，又为中华民族精神赋予了新的内容。新中国成立以后，尤其是改革开放以来，随着社会转型和时代变迁，中华民族的精神状态在新的历史条件下又有了前所未有的改变。不但历史上积淀的优秀传统精神和近现代孕育的革命传统精神得到了继承和发扬，还培育和弘扬了与社会发展、历史进步和时代潮流相适应的精神因素，如自立意识、竞争意识、效率意识、民主法制意识，求知精神、科学精神、服务精神、开拓创新精神等。这些精神素质既使中华民族精神的蕴涵更加丰厚，又使中华民族精神在保持优秀传统的同时更具有现代气息、时代风貌。中华民族精神的丰富内涵和历史发展充分表明，中华民族有着培育和发展民族精神的高度自觉性，中华文化具有培育和弘扬民族精神的强大能动性。

（3）建设先进文化是培育和弘扬民族精神的基本途径。文化的本质是"人化"，文化的功能是"化人"。人们改造自然和社会的方式及成果，反映并积存在人们的观念与心理之中形成文化，而文化形成之后又发挥着陶冶人、培育人、塑造人的巨大功能。中华民族创造了灿烂的中华文化，中华文化又培育了伟大的民族精神。在当代中国，要使中华民族精神在新的历史条件下得到进一步的培育和弘扬，就必须大力推进先进文化的建设。当代中国先进文化的主体就是"面向现代化、面向世界、面向未来的，民族的科学的大众的社会主义文化"[①]。建设好这一先进文化对于培育和弘扬中华民族精神，具有重大意义。其一，"三个面向"的确定，会推动我们去积极学习和借鉴世界各国的文明成果，从而使中华民族精神更富有现代意蕴、世界眼光和未来意识，充分体现时代精神和创造精神。其二，民族特性的保持，要求我们自觉继承和发扬中华民族的优秀文化传统以及从"五四"以来形成的革命文化传统，从而使中华民族精神的历史底蕴更为坚实，传统优势更能发挥，民族风格更加鲜明。其三，科学内涵的贯彻，要求文化着力承载宣传科学知识、科

---

① 《江泽民文选》第 2 卷，人民出版社 2006 年版，第 63 页。

学方法、科学思想、科学精神的使命，并着眼于世界科学文化发展的前沿，从而使中华民族的科学精神得到进一步的培育和快速度的发展，并不断增强对迷信、愚昧、腐朽等落后意识的抵御能力。其四，大众主体的确立，会使中国文化真正成为广大人民的活动领域，成为满足人民群众日益增长的精神需求的丰富食粮，从而不断强化民族精神的基础性、优化民族精神的主体性、扩展民族精神的广泛性。其五，社会主义方向的坚持，会使中国文化遵循正确的理论指导，保持正确的发展道路，发挥推动现代化建设的巨大作用，从而使中华民族精神能以正确的世界观、人生观、价值观作为灵魂，并始终保持健康向上、积极进取、开拓创新的精神品格。总之，中国特色社会主义文化是培育民族精神的沃土，是弘扬民族精神的旗帜，只要在文化建设中自觉地把培育和弘扬民族精神作为极其重要的任务，并切实地做好工作，就一定能使中华民族精神在现代化建设的伟大实践中得到优化和提升，得到振奋和弘扬，以实现中华民族的伟大复兴。

（原载《中华传统文化与新世纪国际学术研讨会论文集》，2001年10月；又发表于2002年10月16日《西安日报》）

2002 年

论中国哲学认识论与价值论的融通及其意义

认识活动是主体对客观事物现象和本质的反映，其目的是求得主观与客观相符合，获得真理。价值活动是实现客体对主体需要的满足，其目的是求得客体与主体相一致，使主体健康发展。认识活动是主体走向客体，是主体的客体化过程；价值活动是客体走向主体，是客体的主体化过程。按照西方哲学的传统观念，在认识活动中不能把主体的需要和利益以及情感、兴趣、道德等价值因素掺杂到认识的过程和认识的成果之中，也就是说，要竭力排除价值因素对认识的干扰，以保证认识的客观性。然而，对于中国传统哲学来说，这种纯粹的不包含价值因素的认识是不可能的，也是没有意义的。中国古代哲人，总是把致知与崇德、穷理与尽性、求真与闻道，视为不可分的统一过程。认为认识活动与价值活动、真理追求与价值追求是相互渗透、相互贯通，融为一体的。这种融通的基本特征是以价值统率认识、以价值统摄真理，即"以善统真"。其具体形式可以概括为四个方面。

一 认识主体的价值规定

中国哲学认为并非任何人都能成为进行认识、掌握知识的主体，认识主体只是那些具有特定价值属性的人。据此，他们对认识主体提出了明确的价值要求,做出了明确的价值规定。这种要求和规定包括三个方面:一是认识主体必须具有良好的道德修养;二是认识主体必须养成高尚的价值人格;三是认识主体必须具备特定的社会资格。

关于认识主体的社会资格,孔子曾经提出:"民可使由之,不可使知之"(《论语·泰伯》);又说:"困而不学,民斯为下矣"(《论语·季氏》)。就是说,民是没有资格成为认识主体的,认识主体只能是那些圣人、治者和君子。这种规定,完全出于一种等级观念,即出于"唯上智与下愚不移"(《论语·阳货》)的价值意识。后来孟子从人性善出发,认为人生来都具有仁、义、礼、智四端,所以"人皆可以为尧舜"(《孟子·告子下》)。按照这一思路,人人都可以成为认识主体。然而,这只是一种可能性而已,就其现实性而言,由于"劳心者治人,劳力者治于人"(《孟子·滕文公上》)的社会等级差别,成为认识主体的也只能是"劳心者"。孔孟对认识主体的社会资格规定,对后代产生了深远的影响,从汉唐迄至宋明,儒家哲人大都把认识活动视为统治者和圣贤们的专利,所谓"如古之无圣人,人之类灭久矣"(韩愈《原道》);所谓"天不生仲尼,万古如长夜"(朱熹)。

关于认识主体的道德修养要求,早在西周初年《尚书·洪范》就提出了"敬用五事"的命题:"貌曰恭,言曰从,视曰明,听曰聪,思曰睿。恭作肃,从作乂,明作哲,聪作谋,睿作圣。"这些要求包括了能力和道德两个方面,《洪范》认为达到了这些修养要求,才会成为一个好的认识主体。后来,孔子提出,要成为智者,认识主体首先要成为仁者,"择不处仁,焉得智"(《论语·里仁》);"智及之,仁不能守之,虽得之,必失之"(《论语·卫灵公》)。孟子也说"不仁是不智也"(《孟子·公孙丑上》)。荀子则提出认识主体应该有"虚壹而静"的修养,才能把握真理。他说:"何以知道?曰:心,心何以知?曰:虚壹而静。"(《荀子·解蔽》)宋明理学时代,儒家对认识主体道德修养的要求更加重视,也更为严格,张载有"崇德"之说,曰:"崇德而外,君子未或致知也。"(《正蒙·神化》)程颐有"主敬"之论,曰:"未有致知而不在敬者。"(《伊川语录》)不仅儒家如此,道家对认识主体的修养也颇为重视,虽然他们提出的修养内容与儒家有异,但也认为认识主体的修养是取得真知的前提。老子认为要取得对道的认识,把握道的真理,认识主体必须"损之又损,以至于无为"(《老子》第四十八章),损的对象是"前识"和"物欲"。因为"前识"是邪伪愚钝的表现,所谓"前识者,道之华而愚之首"。而"物欲"会使感官产生病态,所谓"五色令人目盲,五音令人耳聋"(《老子》第十二章)。所以只有对二者不断损减,才会使心灵达到"致虚极、守静笃"的本然状态。而这种状态正是认识道的先决条件。庄子与老子的观点基本一致,认为要获得对道的认识,主体必须超越自我,破除"成心",达到"以明"的境界。这实际上就是老子所说的"涤除玄鉴"。可见儒道两家都对主体提出了明确的修养要求。

关于认识主体的价值人格,儒家提出了君子、圣人的人格要求。孔子说,君子"博学于文",而圣人则可以"知天命",并且能"生而知之"。在他看来,具有圣人人格的人,可以"生知";具有君子人格的人,可以"学知";其他的人,既不学,也不知,即不具有认识主体资格。孟子虽然说人人都有"良知""良能",都有成为认识主体的可能性,但实际上他认为仅仅运用"耳目之官"的小人是不能充当认识主体的,只有那些发挥"心之官则思"的大人才符合认识主体的人格要求。大人即圣人,他说"大而化之之谓圣"(《孟子·尽心下》)。道家与儒家的人格标准不同,但对认识主体也有明确的人格规定,老子说百姓皆"注其耳目"(《老子》第四十九章),而"无欲无为"的圣人却保持着"虚极静笃"的心态,具有质朴自然的人格特征。因此只有他们才能做到"不出户,知天下,不窥牖,见天道",成为认识主体。所以,老子说:"圣人不行而知,不见而名,不为而成。"(《老子》第四十章)庄子也提出"有真人而后有真知"(《庄子·大宗师》)。所谓"真人",就是无好恶爱憎之情感、忘生死善恶之区别的人。他认为具有"真人"人格才能成为认识主体,获得真知。

中国古代哲人关于认识主体的价值规定说明，中国哲学主张：作为认识主体的人，不应该是自在的而应该是自为的，不应该是自发的而应该是自觉的，不应该是自然的而应该是使然的。这种自为性、自觉性和使然性，正是人的主体性的表现，也是人之所以为人的标志。

二　认识对象的价值选择

在以探求真理为认识目的的西方认识论中，客观事物对于人来说都具有同等的认识意义，都可以作为认识对象。因此，对于西方哲学家来说，认识什么并不是认识论中的重要问题。然而，对于把求真作为得道手段的中国哲人来说，选择认识对象却是至关重要的问题。从孔子、老子开始，哲人们就主张对认识对象进行选择。

孔子指出认识的主要对象应是古代的礼乐和天命、现实的人伦和治道，而神秘的鬼神问题、玄虚的本体问题、自然界的现象和生产技术，都不应属于认识的对象和范围。《论语》云："君子博学于文，约之以礼"（《雍也》），"不知命无以为君子也"（《尧曰》）。又云："务民之义，敬鬼神而远之，可谓知也。"（《雍也》）又云："子不语怪力乱神。"（《述而》）充分表明了孔子以天命、礼乐、人事、民务、治道为认识对象的价值取向。孟子认为"万物皆备于我"（《孟子·尽心上》），无须外求，只要"尽心、知性、知天"就可以穷尽真理。他把认识对象转向人的心性，由于心性的内涵是仁、义、礼、智四端，因此孟子的认识对象选择是一种道德选择。

老子则反对一切对象性认识，认为通过感官门户去认识现象界的事物，只能给人带来危害。他主张把道作为唯一的认识目标，要人们通过"涤除玄鉴""致虚守静"的方式，去"为道""得道""同于道""从事于道"。这也是对认识对象的价值选择。在庄子看来，一切对象性认识都没有是非之分，都是人们从一己"成心"出发所形成的观念，因而都是没有意义的。只有去"知道""得道"才有价值。这和老子的选择是一致的。

墨子以是否"中国家百姓人民之利"(《墨子·非命上》)为选择认识对象的标准,因此他最关注的是国计民生问题。他对兼爱、非攻、节用、节葬、尚同、尚贤等问题的讨论,充分表现了他所选取的认识范围。

法家从君主专制和以法治国的价值追求出发,把自己的认识领域确定在社会政治和政权法律方面,而关于自然知识和思辨哲理,则涉及较少。

这些关于认识对象的选择意识,既表现在哲人们的认识活动之中,也体现于他们的认识理论之中。孔子说:"多闻择其善者而从之,多见而识之"(《论语·述而》),主张对认识对象要"择善而从"。荀子则明确指出凡是未选为认识对象的事物,人就不会去注意、去认识,即使遇到了这些事物,也会视而不见、充耳不闻。他说:"心不使焉,则白黑在前而目不见,雷鼓在侧而耳不闻。"(《荀子·解蔽》)又说:"情然而心为之择,谓之虑"(《荀子·正名》),通过心的选择,"是之则受""非之则辞"(《荀子·解蔽》),从而确定认识对象。这是对认识对象进行价值选择的高度理论概括。

三 认识过程的价值参与

中国哲学认为,人的认识活动并非纯粹的主观反映客观的超情感、超利益的过程,而是受人的情感、心态、动机、欲利等价值意识参与的过程。不同的价值意识会对认识产生不同的影响。

关于情感心态因素对认识的影响,孔子曾有较明确的认识,他说:"知之者不如好之者,好之者不如乐之者。"(《论语·雍也》)就是说,要深入地认识对象,仅仅客观地去了解它不如对它产生喜好之情;对它产生喜好之情,不如从它那里获得快乐。"好之""乐之"都是价值意识,但在孔子看来"乐之"是进行认识的最好心境。以这种心境进行认识，才会深化认识程度，提高认识水平，获得最佳效果。朱熹在阐释这种价值意识对于认识的积极效应时说："乐之是好之已至，此理已得之于己。凡天地万物之理，虽具足于吾身，则乐莫大焉。"① 后来，孟子提出要以"自得"的态度深造求道，他说："君子深造之以道，欲其自得之也。自得之则居之安，居之安则资之深，资之深则取之左右逢其源。故君子欲其自得之也。"（《孟子·离娄下》）"自得"是指一种优游愉悦的心态，孟子认为，这种超然功利、不受强制的自得心态，才能深化认识。《学记》也指出人们要获得知识，必须心情舒畅，而不能拘谨、窘迫。它说："君子之于学也，藏焉修焉，息焉游焉。"这里虽然说的是学习心理，但也包含着对认识过程中情感心态作用的体认。不仅儒家认识到情感因素对认识的影响，法家韩非也看到了积极的情感对认识的促进作用。他说，母亲对幼子的慈爱之情，不仅是致福致祸的动力，还会推进对事理的深刻认识，"母之慈于弱子也，务致其福，务致其福则事除其祸，事除其祸则思虑熟，思虑熟则得事理"（《韩非子·解老》）。汉初的《淮南子》也认为，愉悦的情态，对认识有积极促进作用，所谓"同师而超群者，必其乐之者也"（《缪称训》）。

关于动机在认识中的作用，孔子更为重视，他反复强调要激发认识动机、坚定致学志向。他说："三军可夺帅也，匹夫不可夺志也。"（《论语·子罕》）只要"志于学""志于道"，那么，即使生活困难、环境艰苦，也会为追求真理勇往直前，"不改其乐"。孟子继承和发展了孔子的思想，着力阐发"专心致志"在认识中的重大作用，他说："不专心致志，则不得也。"（《孟子·告子上》）所谓"专心致志"不仅是强调在认知过程中要集中注意力，更重要的是要求为实现自己认识的价值目标（"志"）而努力奋斗。荀子也提出："无冥冥之志者，无昭昭之明；无昏昏之事者，无赫赫之功。"（《荀子·劝学》）相较于儒家而言，墨家对认识过程中价值意识参与的认识，似乎更加具体、更为深刻。《墨辩》的

---

① 《朱子语类》，转引自程树德《论语集释》（二），中华书局1997年版，第404页。

作者提出认识和知识由"闻、说、亲、名、实、合、为"七种因素构成，其中的"为"指的是认识的目的、动机和行为。它又根据目的、动机的不同，把"为"分为六种，即"存、亡、易、荡、治、化"（《经上》）。"存"是指使某种对象存在的目的，"亡"是指使某种对象消亡的目的，"易"是指交换商品的目的，"荡"是指荡平某种现象的目的，"治"是指治理事物的目的，"化"是促使事物改变的目的。墨家认为，这种价值动机和价值目的意识，是认识的构成要素，都会在认识过程中发挥作用，不同的目的、动机，对认识会产生不同的影响效果。这种观点显然是对古代认识论的突出贡献。

关于利欲对认识的影响，中国哲人们论述最多。春秋时的宋钘、尹文学派较早地看到了私欲对认识的干扰作用，认为利欲熏心的人不可能取得对事物的正确认识。他们说："嗜俗充溢，目不见色，耳不闻声"，又说"夫心有欲者，物过而目不见，声至而耳不闻也"（《管子·心术上》）。为此，他们主张在认识过程中要去掉私欲，达到心思纯一，认为只有心思纯一了，心情才会平静；心情平静了，注意力才会专一，从而也才能对所认识的客体明察秋毫，获得正确的认识和最高的智慧。所谓"世人之所职者精也，去欲则宣，寡则静矣。静则精，精则独立矣；独则明，明则神矣"（《管子·心术上》）。而为了"去欲"，他们提出要进行有目的的道德修养（"修此"），只有进行道德修养，才会正确、深刻地认识客观事物（"知彼"），"人皆欲知而莫索之。其所知，彼也；其所以知，此也。不修之此，焉能知彼？修之此，莫能（如）虚矣。虚者，无藏也"（《管子·心术上》）。宋钘、尹文对私欲这种价值意识在认识过程中消极作用的认识无疑是颇为深刻的，它对后代哲人颇多启迪。荀子提出必须从"公心"出发去认识事物，认为"公心""私心"两种不同的价值意识会导致不同的认识结果，所谓"公生明，偏生暗"（《荀子·不苟》）。为什么"公生明"而"偏生暗"呢？荀子指出，偏私之心会造成认识的片面性，因为从私意出发，就会只看到事物"可欲"的一面，而不考虑事物"可恶"的一面；只看到事物"可利"的一面，而不顾及事物"可害"的一面。荀子把这种认识的片面性称为"蔽",他指出,只有消除私欲干扰,使心处于"虚壹而静"的"大清明"状态,才能"解蔽"。至宋明时代,哲人们更是普遍地强调正确的利欲观念对认识的重要意义,张载有"大其心则能体天下物"的名言,苏洵有"为一身谋则愚,而为天下谋则智"的警语,程朱以"灭欲"为"穷理"之本,王守仁反对"只求其聪明而不知养之以善",这些观念明确地认识到了价值意识在认识中的重大影响,着力主张用端正的、积极的利欲意识去促进认识。

正由于认识过程中有情感、动机、利欲等价值因素的参与,所以中国古代的哲人,尤其是儒家哲人,总是把认识活动与价值活动(特别是道德修养活动),视为统一的整体。先秦时期,孔孟以"仁智"并举,《中庸》主"诚明"互动,《大学》将"格物致知"与"诚意正心"贯通,荀子把"为学"与"隆礼"结合。迄至宋明,程朱视"穷理"与"灭欲"为一体,王阳明倡"知"与"行"相合一,都充分表现了认识与价值互渗、相融的思想。这种思想对中华民族的价值思维和认识观念有广泛深远的影响,"利令智昏""当局者迷,旁观者清""不识庐山真面目,只缘身在此山中"等成语、谚语、诗句,都体现着价值意识会参与、影响人们的认识活动这种哲理。

四 认识目标中的价值意蕴

中国古代哲学关于认识目标的实现,也不仅仅局限于对客观事物本质和规律的把握,而是把事实认识和价值评价、把真理获得与价值实现、把求真与求善都融通于认识目标之内。而且认为真理是从属于价值的。关于认识目标中的价值意蕴,儒、墨、道、法都按照自己的哲学立场,做了阐发。

(一)儒家认识目标中的道德价值内涵

孔子把认识的最高目标确立为"闻道",曰:"朝闻道夕死可矣。"

他所谓道虽然包含宇宙法则的内容，但主要指治世之道和为人之道。作为治世之道，他主张"德政"（"为政以德"）；作为为人之道，他追求仁义道德和君子人格。孟子和孔子的思路基本一致，但他将认识的制高点置于内在的心性上，认为"知性知天""养性事天"是认识的最高目标。他所谓性、天，其内涵仍是儒家的仁、义、礼、智道德，这种道德扩充于政治领域即"仁政"。《大学》通过对"为学次弟"的论述，提出认识的目标在于通过"格物致知"最终达到"明德""亲民""至善"的价值理想。《中庸》以"修道"为认识活动的内容，而道的本质是性，性的来源是天，其思路与孟子略同。荀子明确提出"学止于礼"的命题，把认识的意义统摄于价值。《易经》大力弘扬"探赜索隐"的认识和"崇德广业"的价值的内在统一，认为《易经》具有追求真理和实现价值的双重功能。先秦儒家关于认识目标的设定，为汉儒、宋儒所继承和发展，董仲舒认为，认识的目的主要不是"察物"而是"知天"，认识事物本身只是认识"天意"的中介和手段。而所谓察"天意"的实质内容是"察仁义"。他说："察物之异以求天意"，"察于天之意，无穷极之仁也"。（《春秋繁露·王道通三》）程朱理学认为，认识的最高目的是"穷于理"，"格物致知"不过是"穷理"的途径和手段，而"天理"是"仁义礼智信"的总名。王阳明讲"知行合一""致良知"，把认识活动和道德自觉、道德实践完全融合一体。不难看出，儒家的认识目标内在地包含着真理内容和道德价值的统一，而且是以道德价值的实现为最终目的的。

（二）墨家认识目标中的实用价值追求

墨家虽然也重视道德，宣扬"兼爱"，但从认识目的的角度考察，墨家具有鲜明的功用意识。墨家认为，人们认识的价值，主要不在于形成一种理论观点进行言谈论辩，而在于指导人们的实际行为。他说："言足以迁行者常之，不足以迁行者勿常；不足以迁行而常之，是荡口也。"（《墨子·贵义》）又说："务言而缓行，虽辩而不听。"（《墨子·

修身》)就是说,一种认识、言论,只有及之于行、见之于行、归之于行,才有意义,不然,只是一种毫无价值的空谈("荡口")。正是在这种意义上,他指出实行比认识更根本,所谓"士虽有学而行为本"(《墨子·修身》)。不仅如此,墨子还指出,对于人们的行为来说,其根本意义并不在于行为的动机,而在于行为的效果。所以,他主张考察人们的行为是否具有价值,应该"合其志功而观焉"(《墨子·鲁问》)。即把动机("志")和效果("功")结合起来观察、评定。这就是说,对于"言"的价值要以"行"为标准,对于"行"的意义要以"用"(功用)为尺度,反对重言轻行、重志轻功的倾向。为了把认识目标中的认知价值和实用价值统一起来,墨子提出了检验和判断认识的是非、利害的三大标准——"三表法"。即"上本之于古者圣王之事""下原察百姓耳目之实""发以为刑政,观其中国家百姓人民之利"。(《墨子·非命上》)这三条标准体现了真理标准和价值标准的统一。由此可见,墨子的认识目标中蕴含着鲜明的实用价值内容,而"实用"的宗旨是"中国家百姓人民之利"。

(三)道家认识目标中的自然价值理想

道家的认识目标是道。"从道""从事于道""同于道",既然是人的全部精神归宿,当然也是认识的最终目的和最高目标。道家的道是宇宙之体、普遍规律和崇高理想的统一。作为规律而言,对道的认识具有追求客观真理的意义,作为理想而言,认识道就是对价值的追求。道的价值意蕴,在道家哲学中包括诸多内涵,"自然"状态、"无为"态度、"虚静"品格、"大美"境界都是道的价值含义,而其核心是"自然",其他都是"自然"的展开,由"自然"来统摄。在道家看来,认识道以获得客观真理和体现道以实现"自然"价值,是统一的认识过程中的两个方面。庄子以"庖丁解牛"的寓言,深刻地表达了这种思想。庖丁为文惠君解牛,一方面"依乎天理,批大郤,导大窾,因其固然",这是对牛有深刻认识的表现;另一方面"手之所触,肩之所倚,足以所履,膝之所踦，砉然响然，奏刀騞然，莫不中音，合于桑林之舞，乃中经首之会"，这是"解牛"所体现的"自然"境界。而这两个方面，都融通于庖丁"以神遇而不以目视，官知止而神欲行"的对道的体悟和与道同一的过程之中。正由于"解牛"的活动中包含着对客观对象的正确认识，所以文惠君曰："嘻，善哉！技盖至此乎？"然而，"解牛"又不单纯是一种基于认识的技术完成，还是一种价值实现，所以，庖丁说："臣之所好者道也，进乎技矣。"（《庄子·养生主》）"道"体现了价值和智慧，"技"体现了认识和技能，深刻地表明了道家把认识目标和价值目标合二为一的致思趋向，更表明了其以价值统摄认识的鲜明特征。

（四）法家认识目标中的功利价值意识

法家是中国古代的功利主义者，强烈的功利价值意识，内在地渗透在他们的认识目标论中。韩非明确指出："夫言行者，以功用为之的彀者也"，"今听言观行，不以功用为之的彀，言虽至察，行虽至贤，则妄发之说也"。（《韩非子·问辩》）这就是说，认识的目标仅仅在于"功用"，离开"功用"目的的认识活动是毫无意义的。为此，韩非明确提出"息文学""不听学者之言""无书简之文"的主张，认为这些不以"功用"为目的认识、知识，是"多费"的、"杂反"的，甚至是"愚诬"的。为了实现认识的"功用"价值目标，韩非提倡"知道理""服从道理"。他所谓"道理"指的是客观事物的规律。在他看来，人如果认识了客观事物的规律，就可以避免精神的浪费，"夫能啬也，是从于道而服于理者也"（《韩非子·观行》），就能够摆脱自我的迷惑，"智短于自知，故以道正己。……身失道则无以知迷惑"（《韩非子·观行》），而节省精神、以道正己正是实现功用目的的条件。所以，他说："动弃理则无成功""弃道理而举动者"必"离（罹）于患，陷于祸"，而"得事理则必成功"，"夫缘道理以从事者，无不能成"（《韩非子·解老》）。由此可见，"知道理""得事理"的认识活动完全是服务于功利目的的；认识的价值标准与认识的真理标准完全合二为一了。

由此可见，儒、墨、道、法都不把认识的目标确立在单纯的知识追求和真理把握上，而是赋予认识目标以深厚的价值意蕴。这与西方哲学为知识而认识、为真理而认识的致思趋向大相径庭。

综观中国哲学认识论与价值论的融通，我们可以获得深刻的启示。首先，这种融通表现了中国哲学从不把实然与应然、真理与价值，割裂开来，对立起来。长期困扰西方哲学家的事实与价值分属两个不同领域的所谓"休谟问题"，在中国传统哲学中是根本不存在的。中国哲学中的综合整体思维，始终以"合真善"的方式，思考认识问题和价值问题。从而，使实然与应然、真理与价值的互渗、相融、贯通，成为中国哲学的突出特征。其次，认识与价值的融通过程及其所形成的成果，体现了科学精神与人文精神、工具理性与价值理性的统一。当代社会存在的科技与人文的矛盾、工具理性与价值理性的冲突，都可以从中国哲学中找到解决问题的智慧资源。中国哲学中"观乎天文以察时变，观乎人文以化成天下"的兼容、"格物致知"与"诚意正心"的贯通、"因诚致明"与"因明致诚"的互动，这些认识与价值融通的具体表现形式，对于协调科学与人文、工具理性与价值理性的关系，都有宝贵的启迪意义。最后，中国哲学关于认识与价值相融通的思想，在思想方式上具有直观性、笼统性、模糊性的特征，在价值取向上具有以善摄真、以德统智的倾向。因而，它对哲学认识论的发展和科学知识的发展，都具有一定的制约性。在继承发扬其优点的同时，应该对其局限性进行克服。通过现代认识论的洗礼和吸取西方近现代哲学的积极成果，使它在新的哲学思维水平上，焕发生机，助益人类。"无可奈何花落去，似曾相识燕归来"，中国传统哲学的辉煌时代虽已过去，但它所蕴藏的智慧之光，必将在新的世纪中以新的形式重放异彩！

（原载《人文杂志》2002 年第 4 期）

论当代中国价值观念的整合

当代中国正处于社会转型的过程之中，这种社会转型的主题是实现现代化。在这一转型过程中，人们的价值观念必然会发生深刻的变化。这种变化的内容集中到一点，就是原有价值观念的解体和新的价值观念的重建。而要重建新的价值观念体系，就必须对因变化而造成的纷乱、分散、无序、冲突的诸多价值观念进行整合。所谓整合，就是将多样的、散乱的诸多价值观念结合成一个有序的动态的功能性结构整体。"在整个历史上，整合与分化的动态相互影响伴随着生长与发展的过程"，但是，"在发展的各个阶段，一种趋势或另一种趋势往往会占上风"。[①] 如果说，改革开放初期即20世纪80年代，价值观念在改革开放中发生分化是主要倾向的话，那么，到了90年代，随着市场经济的建立和法治社会的追求，价值观念的整合则成为主要趋向，因之，也成为我们自觉地建设有中国特色社会主义的价值观念体系的必然要求。

一 价值观念整合的必要

要对当代中国的价值观念进行整合，首先必须认识当代中国价值观念的现实态势。从总体上说，中国社会目前正处于由传统农业文明向现代工业文明的转型时期。在这一大的时代背景下，分析中国当前的价值观念因素及其相互关系，可以看出当前中国的价值观念存在着一种新旧

---

① ［美］拉兹洛：《决定命运的选择》，生活·读书·新知三联书店1997年版，第137页。

交织、中外杂陈、共殊重叠、主次冲撞的复杂面貌和散乱状态。

(一) 历时性价值观念的并存

从历史发展的视角看，中国长期处于农业文明时期，在世界历史的现代化进程中属于后发展国家，并且是在西方工业文明发展的刺激下、挤压下，才开始向现代工业文明过渡的。这种历史的落差，使原本以历时形态依次更替的农业经济、工业经济和信息经济以及农业文明、工业文明和后工业文明，在中国社会中共时并存。与此相适应，那种以伦理本位为内涵的传统价值观、以科学为标志的近现代文明价值观和以消解主体、超越理性为特征的后现代文化价值观，同时存在于中国当代的观念世界中。不但它们之间相互碰撞，而且在发挥社会功能的过程中又异向拉扯。

(二) 异源性价值观念的交织

从理论来源和文化渊源上看，当代中国的价值观念分别来源于三大源头：一是本土固有的历史悠久、积淀深厚的中国的传统文化；二是近代以来相继传入中国的西方文化；三是五四运动以后传入中国的马克思主义文化。源于中国传统文化的价值观念虽然经过五四运动及其以后的多次批判，但仍然在中国人的观念深处有重大的影响，至今仍发挥着重要作用；源于西方文化的价值观念虽然从近代以来，经过中国人用自己的思维方式和价值意识多次阐释，但依然以其特有的个性特征融入中国人的精神世界；源于马克思主义文化的价值观念，虽然经过以毛泽东为代表的中国政治家和理论家在与中国实际相结合的过程中，创造性地发展和转化，使其具有了鲜明的中国特色，但是与中国传统价值观和传入中国的西方非马克思主义价值观相比，仍有着自己的鲜明特点。这三大异源性价值观在当代中国的同在和交织、融合和分立，使价值观念的内容既丰富又复杂。

(三) 异位性价值观念的碰撞

从中国社会主义社会意识形态的结构来看，马克思主义、毛泽东思想、邓小平理论是中国特色社会主义的指导思想，是当代中国意识形态的核心。但是，除了以马克思主义为指导的社会主义意识形态之外，还存在着非社会主义的意识形态，包括资产阶级意识形态、小资产阶级意识形态和从旧社会遗留下来的封建传统意识形态的残余。这些意识形态所包含的价值观念、价值取向是不同的。尽管社会主义意识形态在总体结构中占有主导地位，但是其他非社会主义意识也有其重大影响和作用，于是就形成了异位性价值观念之间的矛盾和斗争。此外，由于价值观念的内容丰富、层次和方面繁多，并非人们所有的价值观念都属于意识形态。除了意识形态领域的价值观念之外，还有大量的非意识形态价值观念。而非意识形态价值观念总是要受到意识形态价值观念的支配和制约。于是，在意识形态价值观念与非意识形态价值观念之间，也存在着异位性的矛盾。

(四) 共殊性价值观念的矛盾

从对价值观念的认同程度来看，当代中国社会既存在着人们普遍认同的价值观念，也存在着大量的只是由部分人甚至各个人持有的价值观念。人们普遍认同的价值观念是共同性的价值观念，而部分人、各个人持有的价值观念是特殊性价值观念。属于共性价值观念范围的有，基于人类共同利益的全球性价值观念、源于中华文化共同传统的民族性价值观念和反映中国人民根本利益的社会主义价值观念；属于殊性价值观念范围的有以不同地域、不同民族的文化传统为渊源的价值观念和以部分人或个别人的利益为基础的价值观念。而由于共性、殊性的区分是相对的，二者在一定条件下是可以转化的，所以，某类价值观念在此一范围中属于共性观念而在另一范围内则属于殊性观念。例如，源于中华文化传统的价值观念，在相对于每个中国人的范围内而言是共性观念，而在相对于全人类的价值观念而言则又是殊性观念。这种共性观念和殊性观念的差别（尽管是相对的），形成了二者之间的矛盾。

当代中国价值观念上的上述差异和矛盾，使价值观念领域存在着分散、纷乱和震荡的现象，从而在价值取向上就出现了某种程度的混乱。如果不进行整合，就不能建构一个有序的、和谐的中国特色社会主义的价值观念体系。从而，也难以使价值观念对社会的和谐稳定和协调发展发挥积极的有效作用。

二 价值观念整合的目标

当代中国价值观念整合的总体目标就是建构有中国特色的社会主义价值观念体系。这种价值观念体系的基本内涵和逻辑结构包括六个方面。

（一）以人民群众为价值主体的观念

价值主体是价值的元点，价值主体的确定是价值观念确立的前提。因此，在任何一种价值观念体系中，主体观念都处于逻辑起点的地位。马克思主义价值观与非马克思主义价值观的根本分歧就在于认为人民群众是社会和历史的价值主体，人民群众的利益和需要是一切价值的根本标准。社会主义社会解放生产力和发展生产力的目的就是满足人民群众日益增长的物质、文化需要。在邓小平同志提出的"三个有利于"的评价标准中，"有利于提高人民生活水平"是核心；在江泽民同志提出的"三个代表"的要求中，代表人民群众的根本利益是归宿；邓小平同志总是把"人民拥护不拥护""人民赞成不赞成""人民高兴不高兴""人民答应不答应"作为评判一切工作的出发点和归宿。这充分表明了人民群众是价值主体的重要思想，也充分阐明了社会主义价值观念中主体观念的基本特征。它既不同于阶级社会中以剥削者、统治者为主体的观念，也不同于西方社会中流行的个人主义的主体观念。

（二）以劳动为价值本位的观念

劳动是社会主义价值主体的基本活动，在具备了相应的劳动对象和劳动资料的前提条件下，劳动是一切价值的源泉，社会所需要的一切物质财富和精神财富，归根到底要靠人的劳动来创造。因之，社会主义社会的一切价值都可通约为劳动的价值。劳动既包括体力劳动也包括智力劳动，随着生产力的发展和劳动资料的复杂化，智力在劳动过程中的作用越来越重要，体力与智力的融合程度也越来越高。由于社会主义的本质是"解放生产力，发展生产力，消灭剥削，消除两极分化，最终达到共同富裕"，所以劳动就成为社会主义社会一切人的共同价值标准，成为社会主义社会的本位价值。以劳动为价值本位不但是对封建主义社会"官本位"价值观的破除，也是对资本主义"钱本位"价值观的超越，更是对马克思主义价值观念的坚持。在当代中国，只有大力弘扬劳动价值，重提"劳动光荣"的口号，才能实现现代化的目标，也才能克服"官本位"和"钱本位"等价值观的流毒，消除"权力至上""金钱万能""享乐主义"等价值观的恶劣影响。

（三）以科技理性与人文精神的统一为工具价值的观念

劳动价值的优化和劳动创造价值的功能的强化，都需要劳动者素质的提高，而劳动者的素质构成包括两方面的要素，一方面是智能性要素，包括经验、知识、技术、能力等；另一方面是品德性要素，包括情感、意志、道德、思想、积极性等。前者要通过科技理性去提高，后者要通过人文精神去教化。因此，科技理性和人文精神的结合，就成为当代中国工具层面的基本价值。固然，在科技和人文二者的关系中，可以把科技称为工具理性，把人文称为价值理性，然而相对于人自身的价值而言，相对于社会文明的目标而言，二者都属于工具价值的范围，因为，它们都是支撑人的价值的两大支柱。

（四）以和谐为关系价值的观念

价值主体是关系性存在，主体的劳动也是在关系中进行的，在不同的关系模式中，主体及其劳动的价值所发挥和达到的程度是不同的，因之，"关系"对于主体就成了一种价值。社会主义社会的价值主体——人民和价值本位——劳动，处于两重关系之中，一是人与自然的关系，二是个体与群体的关系。在社会主义条件下，这两重关系的基本特征应是和谐，即人与自然的和谐以及个体与群体的和谐。因为，社会主义已经超越了资本主义条件下人以自然为征服对象和少数人把多数人作为剥削对象的关系模式。在实施可持续发展战略的今天，建立人与自然的和谐关系尤为必要；在以"消灭剥削"为社会主义的本质规定的要求下，建立个体与群体以及人与人之间的平等、和谐关系，势在必行。当然，和谐并非不要竞争，也并非否定一切矛盾，而是让差异、竞争、矛盾在和谐状态下存在和进行。在社会生活领域中，和谐的社会关系是建立良好的社会秩序的基础，而社会主义的道德、法律、纪律、公约等规范的价值功能就在于形成和谐的社会关系和建立良好的社会秩序。这必然要求在治国方略上，把"依法治国"与"以德治国"结合起来。

（五）以现代文明为价值目标的观念

中国特色社会主义的现实价值目标是实现现代化，建设现代的物质文明、制度文明和精神文明。物质文明的价值内涵是发展经济，消除贫困，实现人民的共同富裕和国家的繁荣昌盛，以满足人民群众不断增长的物质生活和精神生活需要；制度文明的价值核心是进行政治体制改革，建设社会主义的民主政治和法治国家，以满足人民群众当家作主，管理国家，享有各种公民权利的政治生活需要；精神文明的价值内涵是发展科技、发展教育，繁荣文学艺术，端正思想道德，形成良好的社会风气，以满足人民群众日益增长的文化生活和精神生活需要。现代文明的价值目标是一个动态的发展过程，它的三大价值内涵的具体要求，要以社会主义初级阶段为依据，并根据社会发展的进程，逐步提高。

（六）以人的自由而全面的发展为崇高理想的观念

中国特色社会主义的价值目标尽管十分雄伟，但它仍然是我们走向更伟大的宏远理想的一个"桥梁"和"中介"，我们的终极理想是实现共产主义。江泽民同志在党的十五大报告中说："我们现在的努力是朝着最终实现共产主义的最高纲领前进的，忘记远大目标，不是合格的共产党员；不为实现党在社会主义初级阶段的纲领努力奋斗，同样不是合格的共产党员。"[①] 这就把中国特色社会主义的现实价值目标，置于共产主义这个整体价值理想的内在结构之中。因此，共产主义理想应该成为中国特色社会主义价值观念体系的一个重要环节，并应置于崇高理想和终极关怀的位置。共产主义的理想不是一种主观的设想，而是一种"消灭现存状况的现实运动"，不是一种乌托邦式的空想而是人类历史发展的必然趋向。它的价值内涵的核心就是人的全面自由的发展状态。马克思说："代替那存在着阶级和阶级对立的资产阶级旧社会的，将是这样一个联合体，在那里，每个人的自由发展是一切人的自由发展的条件。"[②] 从"人类解放"的视角来看，在共产主义，人终于走出了人类史前的"必然王国"而进入属人历史的"自由王国"。

综上所述，我们可以把中国特色的社会主义价值观念体系，概括为以人民群众为价值主体，以劳动为价值本位，以科技与人文的结合、人与自然的和谐、个体与群体的和谐为价值运行模式，以现代文明为价值目标，以人的自由全面发展为终极价值理想的价值观念体系。而价值观念的整合，就是把现存的各种价值观念中的合理因素统摄、综合、安置在这一有序的结构整体之中。

---

① 《江泽民文选》第2卷，人民出版社2006年版，第46页。
② 《马克思恩格斯选集》第4卷，人民出版社2012年版，第647页。

三　价值观念整合的方式

当代中国社会的价值观念整合既是一种客观的历史进程，更是主体积极参与的自觉设计过程。从主体自觉设计来看，价值观念的整合必须通过四种基本方式来实现。

（一）用人民利益、历史规律和实践效果三者统一的标准，评判和区分价值观念的是非和优劣

当代中国流行的各种价值观念中，有合理的、正确的、积极的，也有不合理的、错误的、消极的。在整合中首先解决的问题是评判和区分是非、优劣。而评判和区分的标准应该是人民利益的主体标准、历史规律的客体标准和实践效果的中介标准三者的统一。就是说，凡是反映人民利益、符合历史规律、能取得良好的实践效果的价值观念，才是正确的、合理的、积极的价值观念，因而也是值得弘扬的价值观念；而不符合"三个统一"标准的观念则是错误的、低劣的、消极的价值观念，因而也是应该摒弃的价值观念。人民利益是"善"的标准，客观历史规律是"真"的标准，在实践中产生良好效果是"真""善"结合的标准。只有三位一体的标准，才是判定价值观念正确与否的全面标准。

（二）在认同和存异的张力中保持普遍性、共同性价值观念与特殊性、个体性价值观念的协调

即使是正确的、合理的价值观念也有共性与殊性的区别。如果一味"求同"虽然呈现了价值观念高度统一的状态，但却扼杀了价值观念的丰富性和活力性；如果一味"求异"虽然展现了价值观念的纷纭多姿、万紫千红的状态，但却消解了价值观念的共同性和凝聚力。在当代中国价值观念的世界中，共性与殊性在三个层面上存在着，因之也应在三个张力中保持其协调态势。一是全球性价值观（例如和平、平等、发展、保护环境等）与本土性价值观之间的张力；二是中华民族性价值观（例如中和、仁民爱物、尊道贵德等）与地域性、个体性价值观之间的张力；三是中国特色社会主义价值观念与个体性的非意识形态性的价值观念（例如个人的个性、兴趣、爱好、艺术风格等）之间的张力。只有在上述共性与殊性价值观念之间保持认同与存异的张力和协调，才会使整体精神与个体精神相成互补，使社会整体既充满活力又不因内部冲突而陷入失序、失范、失衡的混乱状态。

（三）用综合、转化的辩证扬弃方法处理好传统性价值观念与现代性价值观念、现代性价值观念与后现代性价值观念、外源性价值观念与民族性价值观念的关系

中国特色社会主义价值观念与传统性价值观念、外源性价值观念、后现代性价值观念，既不是完全等同的，也不是全部对立的，中国特色社会主义价值观念可以吸取古今中外价值观念中的合理因素和积极成分。但这种吸取并不是现成的拿来和简单的拼接，而是要通过综合、转化的辩证扬弃方式对其进行整合。所谓综合，就是广泛吸取传统的、外来的、后现代的等各种价值观念的合理的、积极的因素，将它们纳入社会主义价值观念的体系之中；所谓转化，就是通过重新阐释、赋予新意，使其具有时代特征和民族特色。对于中国传统价值观念而言，应对其进行现代性转化，对于外来价值观念而言，应对其实行民族性转化。例如，中国传统价值观中的群体本位、道德理想、人文精神、天人合一、自强不息、厚德载物、和谐关系、中和态度等观念，西方的个体自由、功利意识、民主精神、科学理性、法治观念、竞争态度等观念，都可以通过综合、转化而融入中国特色社会主义的价值观念之中。

（四）以高层次的价值观念引导和提升低层次的价值观念，以促使人的价值升华和社会文明的进步

人的需要是有层次的，在第一级层次上可分为物质需要和精神需要两大层次；在第二级层次上，可以把精神需要区分为知识需要（真）、道德需要（善）、审美需要（美）三个层次。因此，人们的价值观念也有层次区分。这就形成了不同层次的价值观念之间的矛盾甚至冲突。这种矛盾和冲突，在中国古代表现为义与利、理与欲之间的矛盾冲突（第一级层次内的矛盾冲突）以及德与智、善与美之间的矛盾冲突（第二级层次内的矛盾冲突）。在中国当代表现为道德与利益、精神与物质以及道德与知识、道德与审美之间的矛盾冲突。为了协调不同层次的价值观念之间的关系，并且通过协调关系来促进和推动人的发展和社会的进步，就必须以高层次的价值观念来引导、提升低层次的价值观念，即以义导利、以理导欲、以德导智、以善导真、以美导善。从而，在日常生活中，使人们做到"见利思义""义然后取"。通过这种整合，才能不断地把人们的价值追求提升到高层次，把人的生活提高到高质量，把人的素质提高到高境界，把社会文明提高到高水平，从而，推动人的全面发展和社会的全面进步。人的发展过程表现在需要上就是高级需要不断超越低级需要的过程，反映在观念上，就是人的价值观念从低层次向高层次不断提升的过程，这实际上也就是人不断超越其动物性的过程。马克思说："吃、喝、生殖等等，固然也是真正的人的机能。但是，如果加以抽象，使这些机能脱离人的其他活动领域并成为最后的和唯一的终极目的，那它们就是动物的机能。"①

[原载《西安科技学院学报》（社会科学版）2002年创刊号]

---

① 《马克思恩格斯选集》第 1 卷，人民出版社 2012 年版，第 54 页。

中国传统"节欲"修养观的价值论意义

"节欲"是中国传统文化中精神修养论的基础,先秦儒、墨、道、法各派哲学都主张"节欲"。孔子曰:"克己复礼为仁"(《论语·颜渊》),又曰:"从心所欲,不逾矩"(《论语·为政》)。孟子曰:"养心莫善于寡欲。"(《孟子·尽心下》)荀子云:"以道制欲,则乐而不乱。"(《荀子·乐论》)墨子云:"去其无用之费。"(《墨子·节用》)老子云:"见素抱朴,少私寡欲。"(《老子》第五十七章)庄子云:"同乎无欲,是谓素朴,素朴而民性得矣。"(《庄子·马蹄》)韩非云:"任理去欲,举事有道。"(《韩非子·南面》)尽管各派哲学关于"节欲"的意义和方式在观点上并不完全一致,但对"节欲""少欲"却是基本认同的。秦汉以后的哲学家,虽然有极少数如《列子·杨朱》篇的作者,宣扬纵欲说,但"节欲"仍然是多数哲人的主张。中国传统"节欲观"对于个人的道德修养具有重要意义,这一点学者们已有较多论述,尤其是从伦理学和人生哲学视角的观照颇多,但对其价值论意义却涉及甚少。从价值论的角度考察,中国传统"节欲观"的意义体现于五个方面。

一 "节欲"是对主体价值需要的调适：将人的需要从低级层次调适到高级层次

需要是人们活动的原动力，因而也是价值的动因。人作为主体，是为了满足其需求而追求价值、创造价值的。在现实世界中，人的需要是广泛的、多样的，马克思说，人以其需要的无限性、广泛性区别于其他一切动物。对人的多样的广泛的需要，可以划分为不同的层次。根据唯物史观的"物质生活的生产方式制约着整个社会生活、政治生活和精神生活的过程"[1]这一基本原理，可以把人的需要划分为物质性需要和精神性需要两个层次，其中物质性需要是首先的最低层次的需要，而精神性需要则是第二性的高层次的需要。从人的发展和解放的角度来看，人为了满足低层次需要而耗费的时间和精力越少，人的发展和解放程度越高。因此，人的发展和人的解放过程，就是从低层次需要的满足向高层次需要的满足即从物质性需要的满足向精神性需要的满足的不断提升的过程，也是不断解决低层次需要与高层次需要的矛盾、调适低层次需要与高层次需要的关系的过程。在中国哲学中"欲"这一概念，就是表达人的生理性、物质性需要的概念，而与这一概念相对应的"理""道""德"等，则是表达人的精神性需要的概念。尽管各派哲学对"理""道"的具体内涵的规定不同，但将其作为与低层次的"欲"相对应的高层次的超越性需要的标志，却是基本相同的。于是"克己复礼""以理制欲""任理去欲"等命题，就内在地蕴含着削弱、限制、调节低层次的物质需要以提倡、强化、弘扬高层次的精神性需要的意义。

在中国古代哲人看来，饮食男女、衣食住行固然是人的基本需要，但是它的过度、过多、放纵必然会妨碍、危害人的精神性需要的发展，从而导致人的价值主体性的失落。所以主张通过"节欲"来保持和提升

---

[1] 《马克思恩格斯选集》第2卷，人民出版社1995年版，第32—33页。

人的价值主体性。老子之所以主张"少私寡欲",原因就在于"私欲"会导致人与道同一的素朴本性的丧失,所谓"五色令人目盲。五音令人耳聋。五味令人口爽。驰骋畋猎,令人心发狂。难得之货,令人行妨"(《老子》第十二章)。总之,"祸莫大于不知足,咎莫大于欲得"(《老子》第四十六章)。孔孟之所以主张"克己""寡欲",原因也在于物欲会妨碍人"欲仁""谋道""复礼""养心",即会妨碍人对仁爱道德等精神价值的追求,从而使人丧失主体性而沦于与动物无别的境地。荀子虽然认为"欲不可去",但也认为,欲若无"度量分界"、过度膨胀,就会使人"以欲忘道",所以也主张"以道制欲"。(《荀子·乐论》)由此可见,古代哲人们的"寡欲观""节欲观"都有调适主体价值需要,提高人的需要层次,保证人的高层次精神需要不被物欲遮蔽、不被物欲拖累的含义。

二 "节欲"是对主体评价标准的矫正：将个体的私利的评价标准矫正为群体的公利的评价标准

价值标准是判定客体是否具有价值的尺度,即判定客体是否符合主体需要的尺度。价值标准反映到人的主观意识上并运用于价值评价活动中,就是评价标准。由于价值主体既可以是作为个体的人,也可以是作为群体的人,所以,评价标准也有个体标准与群体标准之分。从内容上说,个体的评价标准反映的是个人的需要和利益；群体的评价标准反映的是群体的需要和利益。也就是说,个体标准的实质内容是私利；群体标准的实质内容是公利。于是,评价标准形式上的群己之别与评价标准内容上的公私之别,就内在地联系起来了。在中国哲学史上,儒、道、法各家的"节欲观",都蕴含着解决公与私矛盾的内容。道家虽然不讲"公义"(道德)、"公利"(利益),但却主张"公道"。庄子曰:"道者为之公""道不私故无名"(《庄子·则阳》),而与这"公道"对立的就是"私欲"。他们之所以提出"少私寡欲",就是为了把人们的评价标准,转移到道的立场上,要人们在评价价值时,做到"以道观之",而不是"以我观之"。法家的"任理去欲观",则是要求人们"明公私之分""去私心行公义"。他们所说的"公义"既不是儒家所说的道德,也不是道家所说的大道,而是指"公法"。韩非说:"当今之时,能去私曲,就公法者,民安而国治。"(《韩非子·有度》)显然,法家要以"公法"为社会认同的评价标准。儒家认为理欲关系表现在评价标准上就是"公利"与"私利"的关系问题,这种观点在宋明理学家的论述中,最为鲜明。二程明确提出天理是"公心",人欲是"私心",朱熹也认为"循理而公于天下者,圣人之所以尽其性也;纵欲而私于一己者,众人之所以灭其天也"(《孟子集注》卷二)。因此"节欲"的目的,就是要求人们在价值评价时,以群体的公利、天下的公利为标准,凡符合公利标准的则为是、为善,凡违背公利标准的则为非、为恶。

由此看来,中国古代的"节欲观",具有矫正价值评价标准的重要意义。其中尤以儒家最为典型,它要求人们节制私欲、抑制私利、淡化私心,站在公利的立场上评定价值。凡以公利为内容的评价标准,就表现为"公义""公道""公心"。当然,儒家所谓"公",指的是他们所属的那个阶级的整体利益,并非广大人民群众的整体利益,与我们今天所提倡的集体主义原则和人民利益标准不可同日而语。但就矫正评价标准而言,儒家的"节欲观"在漫长的历史时期的确发挥了破私立公的积极作用。

三 "节欲"是对价值取向的引导:将人的价值选择方向引导到超越性的追求上

价值需要决定着价值评价标准,而评价标准指导着人们的价值取向。人们在现实的价值活动中,追求什么、选择什么,是受其价值观念支配的,而评价标准则是价值观念的核心。价值取向实质上是人们内在的观念性的评价标准在实际行为中的表现。因之,评价标准的矫正,必然要通过引导价值取向表现出来。

中国古代儒家的"节欲观",表现在主体需要上,处理的是理与欲的矛盾;表现在价值评价标准上,处理的是公利标准与私利标准的矛盾;而表现在价值取向上则展示为道德追求与物质利益追求的矛盾。这集中凝结在处理义与利的矛盾关系上。儒家主张"节欲",就是要求人们在价值取向上超越利益、追求道德,即"义然后取"。

孔子明确提出"义以为上""义然后取""见利思义"等命题。这些命题中的价值含义就是要人们超越功利、追求道义。虽然孔子并不完全否认利益的价值,也认为适当的利益追求是允许的。所谓"富而可求也,虽执鞭之士,吾亦为之"(《论语·述而》)。但是他认为道德仁义的价值高于利益,主张人把追求道德价值置于最高位置,所谓"富与贵是人之所欲也,不以其道得之,不处也"(《论语·里仁》)。孔子提出的"见利思义""义然后取"的价值取向,是后世儒家义利观的基石。后来,孟子主张"去利怀义""舍生取义";荀子主张"先义后利""重义轻利";董仲舒主张"正其谊(义)不谋其利,明其道不计其功",都是孔子思想的继承和发展。迄至宋明理学,程朱学派明确地以"存理""灭欲"的观念分辨义利,认为"存天理、灭人欲"的价值需要意识,表现为价值取向,就是弃利取义。

道家的"少私寡欲"观念表现在价值取向上也提出"绝巧弃利"。但与儒家不同的是,它超越功利的目的,不是要引导人们追求道德,而是要人们"见素抱朴"、复归自然,与大道合一,达到"无为而无不为"的境界。

由此看来,儒道两家的"节欲观"都具有把价值取向引导到超越性目标的功能。无论这种超越性目标是指道德还是指自然,都是对人生境界的一种提升。

四 "节欲"是对人格价值的升华:通过节欲养成圣人、至人、君子等高尚人格

高尚人格是中国古代哲学所追求的理想目标之一,儒家崇尚"君子""圣人",道家倾慕"至人""真人"。为了达到这种人格境界,哲人们提出了许多修养方法、锻炼途径,"节欲"就是他们设计的重要路径之一。关于"节欲"对于养成君子人格的意义,孔子阐述得非常清楚,他说"君子谋道不谋食,君子忧道不忧贫","君子食无求饱,居无求安;敏于事而慎于言,就有道而正焉,可谓好学也已"。(《论语·颜渊》)又说:"士志于道,而耻恶衣恶食者,未足与议也。"(《论语·里仁》)。他显然认为只有"节欲"(食无求饱,居无求安,不耻恶衣恶食等),才会"谋道",才会成为君子。他还通过对自己"饭蔬食饮水"而"乐在其中"的生活态度的自我表白和对颜回"一箪食,一瓢饮,在陋巷"而"不改其乐"的高尚精神的赞扬,为人们树立一种进行"节欲"修养的人格形象。"节欲谋道"的价值观念,表现在价值追求上必然是"重义轻利",所以孔子又以义利的对立,说明君子与小人两种人格的对立,所谓"君子喻于义,小人喻于利"(《论语·里仁》)。孔子的基本观点,得到了孟子的继承和发展。孟子认为,只有用道德理性节制耳目口腹之欲,才会成为品格高尚的"大人"。他把道德理性称为"大体",而把耳目口腹之欲称为"小体",说"从其大体为大人,从其小体为小人","先立乎大者,则其小者不能夺也。此为大人而已矣"。(《孟子·告子上》)荀子虽然主张性恶论,以物欲为人之本性,认为"好荣恶辱,好利恶害,是君子小人之所同也"(《荀子·荣辱》)。但也不同意让物欲任意发展。因为,在他看来,只有节制自己的欲望,把欲望纳入一定的社会规范之内,才能显现君子人格的高尚,所谓"君子之能以公义胜私欲也"(《荀子·修身》)。汉儒、宋儒尽管对天理、人欲的具体含义以及二者关系的阐发上比先秦儒家较为具体精细,特别是宋儒的程朱学派,

更是把"存天理,灭人欲"提到了最高价值准则的地步,但是在通过节欲以养成君子人格,以达到圣人境界方面,他们与前代儒家的基本思路是一致的。

道家的人格理想,以"至人""真人"为标志,有别于儒家的君子、圣人。然而,在通过"节欲"途径以达到理想人格境界这一点上,二者却是异中有同。南宋陆九渊甚至说,天理、人欲之分"不是圣人之言","其原盖出于老氏"(《陆九渊集》卷三五《语录上》)。纵观老、庄之论,不难看出,他们认为"私欲"深重的人,绝不会达到圣人、"真人"的人格境界。老子曰:"罪莫大于可欲,祸莫大于不知足,咎莫大于欲得"(《老子》第四十六章);庄子曰:"其嗜欲深者,其天机浅"(《庄子·大宗师》),又曰:"恶、欲、喜、怒、哀、乐六者,累德也"(《庄子·庚桑楚》)。因此,他们主张只有"寡欲""节欲",才能成为"至人""真人"。老子说"圣人处无为之事"(《老子》第二章),庄子也说:"至人无为"(《庄子·知北游》)。所谓"无为",就是内无私欲,外无索取;对己无所求,对人无所争,"不从事于务,不就利,不违害,不喜求"(《庄子·齐物论》)。这种"至人"人格境界的基本特征是既自然,又自由,"游心于淡"是自然,"游心无穷"是自由。

可见,儒家和道家都把"节欲""寡欲"作为实现人格价值的基本途径。

五 "节欲"是对理想社会的建构:通过节欲缓和社会矛盾、消除社会争夺,形成和谐有序的美好社会

理想社会是人们价值追求的重要目标,在价值观念体系中处于重要地位。中国哲学的各派,都用浓墨重彩描绘了自己所追求的理想社会的蓝图。儒家的"德化"社会、道家的"至德"之世、墨家的"兼爱"乐园、法家的"法治"理想,就是中国古代哲人所设计的几种有代表性的

理想社会模式。这种种理想社会的建构，尽管各家按自己的运思方式提出了不同的途径，但"节欲"几乎是各家认同的原则。

儒家认为建构德化社会（礼治社会）的关键环节，是统治者要"子帅以正"即成为道德表率，并且"为政以德"即把道德原则贯彻于社会生活的各个领域。为此，他们要求统治者"克己复礼""存心养性"，要求社会成员"杀身成仁""舍生取义"。由于礼与欲、心与欲、义与利具有矛盾对立的性质，所以"寡欲""节欲""去利"就成为达到"以仁存心""以礼存心"的修养境界，进而实现德化社会的必然要求。如果说，孔孟着重从人们的道德修养方面申述"节欲"对德化社会的重要意义的话，那么，荀子则着重从社会群体的和谐和社会秩序的安定方面阐明了"节欲"的重要意义。他说，人皆有欲，但"物不能赡"，如果不予以节制，使人人都"从欲"而行，必然发生争夺，"争则乱，乱则离"，势必导致社会群体的崩解。因此，只有"制礼义以分之"，使人们的欲求各有"度量分界""各得其宜"，才能建构一个"群居和一"的美好社会。（《荀子·荣辱》）虽然，荀子从"为群"的角度提倡"节欲"与孔孟从"为人"的角度主张"节欲"视角有异，但在把"节欲"作为建构理想社会的重要方式上，他们的观点是一致的。

道家追求的社会理想是"至德"之世，这种"至德"社会的重要特征就是"素朴""自然"。具体表现如老子所云："使有什伯之器而不用"，"虽有舟舆，无所乘之，虽有甲兵，无所陈之。使人复结绳而用之"。（《老子》第八十章）如庄子所说："纯朴不残，孰为牺尊；白玉不毁，孰为珪璋；道德不废，安用仁义；性情不离，安用礼乐；五色不乱，孰为文采；五声不乱，孰应六律。"（《庄子·马蹄》）那么，怎样才能实现这种素朴、自然的社会理想呢？老庄提出必须节制人的欲望，减弱人的私求。老子曰："见素抱朴，少私寡欲"（《老子》第十九章），"无欲以静，天下将自定"（《老子》第三十七章）；庄子曰："同乎无欲，是谓素朴"，"同与禽兽居，族与万物并"。（《庄子·马蹄》）道家认为，通过节欲而建构的素朴、自然的至德之世，乃是一个平等、安宁的美好社会，人们"耕而食，织而衣，无有相害之心"（《庄子·盗跖》），"甘其食，美其服，安其居，乐其俗"（《老子》第八十章），无有争夺之事。他们都认为，节欲对于建构社会和谐秩序有重要价值。

墨家崇尚的"兼爱"乐园理想，以满足人民的基本生活欲求、维护人民的生存条件为宗旨。为了保证劳动人民的物质生活，墨家坚决反对超出人的基本生存需要的一切奢侈耗费和华而不实的作为，竭力主张"先质而后文"。所谓"质"即是朴素、实用的意思。墨子认为，人们生活的各个方面，包括衣食、住行、礼仪、器用等，都不应追求奢侈、华美和修饰，而应以朴素、实用为原则。他提出的"节用""节葬""非乐"等主张，都是从"尚质"原则出发的。墨子曰："恶在事夫奢也。长无用，好末淫，非圣人之所急也。"（《墨子闲诂》附录《墨子佚文》）不难看出，"节欲"也是墨家建构理想社会的重要原则。

法家希望建成一个法治社会，明确提出了"以法治国"（《韩非子·有度》）、"循法而治"（《韩非子·用人》）的口号。法治社会的主要特征是"农本"经济、专制制度、"法吏"文化、"缘理"生活。所谓"缘理"生活，就是遵循法律规范的生活。从韩非的论述来看，"缘理"生活的基本要求是"处实"（即重视实际内容，不求浮华）、"好质"（即重视质朴本质，不讲繁文）、"少欲"（即节制利欲之心，反对纵欲）。韩非说："有欲甚，则邪心胜；邪心胜，则事经绝；事经绝，则祸难生。"（《韩非子·解老》）在他看来，人们物欲横流，必然导致社会"失度量""祸害至"，形成社会动乱。法家显然也把"节欲"作为建成理想社会的必要条件。

儒道墨法都认为"节欲"对于建构理想社会具有重要意义，这充分说明了中国古代思想家对"节欲"的社会价值是基本认同的。

以上从五个方面简要论述了中国传统"节欲观"的价值论意义，这五个方面可以概括为一点，就是确立和提升人的价值主体地位。价值需要的调适、价值标准的矫正、价值取向的引导、人格价值的升华和社会价值的建构，都是为了使人超越生物性、远离自然性，由自然的人变为社会的人，由自在的人变为自觉的人，由生存的人变为发展的人，从而保持其"天地之性人为贵"的价值地位。以中国古代哲人的思路，人的生理性需要和物质性追求，尽管是必要的需求，但却不是唯一的，更不是最高的需求。只有道德生活、精神境界、自由意志、美好理想（包括人格理想和社会理想），才是人之所以为人的根本标志。明末清初的王夫之指出，"食色之欲"并不能区分人与动物，只有道德理性才是人异于动物之所在。他说："彻底显出诚仁、诚知、诚勇，以行乎亲、义、敬、别、信之中，而彻乎食色之内，经纬则备，中心不忒，方是人所以异于禽兽。"（《读四书大全说》卷一○）中国古代哲学家通过"节欲"以实现和提高人的价值主体性的思想，无疑有贬低人的生理欲求、压抑人的个性发展，进而阻碍生产发展和市场竞争的消极作用，更有限制劳动人民追求其正当物质利益以满足其生存需要的思想统治功能，特别是到了封建社会后期，"存天理灭人欲"竟演变成了"以理杀人"的残暴工具。然而，这种价值观念也包含着修炼道德品质、提升精神境界、培养高尚人格和协调社会关系的合理因素。特别是在物欲横流、道德沦丧、享乐至上、信仰失落的特定历史条件下，它的积极作用更为明显。因此，对于古代"节欲观"的价值论意义，应该进行辩证的分析，应该结合具体的历史环境和社会问题，做出具体的评价。

（原载《人文杂志》2003年第3期）

哲学社会科学的生命力
在于理论创新

哲学社会科学肩负着认识世界、传承文明、创新理论、咨政育人、服务社会的崇高使命，承担着推进中国特色社会主义经济、政治、文化全面发展和物质文明、政治文明、精神文明全面建设的重大责任。要实现这种责任和使命，哲学社会科学必须与时俱进、勇于开拓，进行理论创新，使自身不断焕发生机、富有活力、洋溢生命。江泽民同志在2002年"7·16"讲话中强调哲学社会科学需要进行理论研究和理论创新。在党的十六大报告中又进一步指出："创新是一个民族进步的灵魂，是一个国家兴旺发达的不竭动力，也是一个政党永葆生机的源泉"；"实践基础上的理论创新是社会发展和变革的先导。通过理论创新推动制度创新、科技创新、文化创新以及其他各方面的创新"。[①]

哲学社会科学理论创新的实质在于追随历史前进和人类实践的步伐，不断认识事物在变化中出现的新性质，探索社会发展的新规律，解答实践前进过程中遇到的新问题，从而形成新的概念、提出新的观点、建构新的理论、创建新的学科。以此突破陈旧的思想观念的束缚和过时的理论框架的制约，实现人们的认识飞跃和思想解放。由此可见，哲学社会科学理论创新的过程是人们对世界和社会的认识的深化和发展过程，也是人们的思想解放过程。

哲学社会科学要实现理论创新，必须首先关注重大的现实问题，深

[①] 江泽民：《全面建设小康社会，开创中国特色社会主义事业新局面》，人民出版社2002年版，第11、12—13页。

入群众的社会实践。科学始于问题,理论源于实践,这是科学发展和理论创新的基本规律。当前,我们正处于风云变幻、错综复杂的大变革时代,正从事着建设中国特色社会主义的宏伟事业,正实现着中华民族的伟大复兴。在这一前所未有的复杂时代和前所未经的艰巨实践中,新变化不断发生,新情况不断出现,新问题层出不穷。只有深入实践,联系实际,敏锐反映新变化,具体分析新情况,正确回答新问题,哲学社会科学才会形成新的观点、新的学说,从而实现理论创新。而新的理论又能指导实践向新的阶段发展。正是在"实践—理论—实践"的循环往复中,理论和实践都实现着各自的飞跃。因此,江泽民同志指出:"要加强对全局性、前瞻性、战略性重大理论和实践问题的研究,在研究和解决重大课题的过程中推动哲学社会科学各学科的发展。"又指出:"要深入实际,深入群众,既立足中国实际,又放眼世界大势,努力从人民群众广阔而丰富的实践中提炼研究题材,汲取思想养分,提出真知灼见,创造学术精品,为国家发展和民族振兴服务。"①

哲学社会科学要实现理论创新,必须不断拓展认识视野,更新知识结构,继承和汲取人类历史上一切优秀的文化成果。科学是人们认识的成果及其结晶,是人类知识的凝聚及其升华,人们认识的广度、深度、高度以及知识结构的更新程度和合理化程度,直接影响着科学理论创新的力度。在当今社会,人们的认识在飞驰式地发展,知识在爆炸式地增长,文化成果在迅速地积淀。因而,拓宽视野、广采博纳、更新知识、优化结构,对于理论创新更具有特别重要的意义。为此,哲学社会科学工作者就要既了解社会,又认知自然;既了解中国,还知道世界;既熟悉历史,更洞察现实。不但对本学科的理论、知识有全面、精深的掌握,而且对相关的学科也要有所涉及,以便在学科的交叉、渗透之处探求新的理论生长点。江泽民同志说:"要推进改革开放和现代化建设,要把建设有中国特色社会主义事业不断推向前进,就必须深入了解社会,不

---

① 《江泽民文选》第 3 卷,人民出版社 2006 年版,第 493 页。

仅要深入了解中国社会，还要全面了解世界这个大社会；不仅要了解社会发展的历史，而且更重要的是要研究当今社会发展的现实问题。"① 这既是对哲学社会科学实行理论创新的重要意义的科学阐明，也是对哲学社会科学实现理论创新的知识条件的重要论述。

哲学社会科学要实现理论创新，必须大力加强学科建设和理论研究。学科建设是科学发展繁荣的基础和依托，也是理论创新的立足点和根据地。而在学科建设中理论研究更是处于基础的地位。它不但是应用研究和对策研究的理论依据，而且是理论创新的前提条件。哲学社会科学中的任何一门学科，都有自己的理论体系和理论问题，对这些理论问题研究的深度、高度和系统性，直接影响着理论创新的力度、强度和合理性。因此，可以说，没有坚实的理论研究基础就不会有强劲的理论创新能力。江泽民同志在"7·16"讲话中强调哲学社会科学要大力加强学科建设和理论研究，提出："要大力加强对各门传统学科的研究，大力加强对各门新兴学科和交叉科学的研究，大力加强各门学科理论和体系的建设。"② 这些要求必将推动哲学社会科学的学科建设和理论研究，从而大大增强理论创新的能力与活力。

哲学社会科学要实现理论创新，还需要更新研究方法，改进研究手段。"工欲善其事，必先利其器"，科学研究工作与其他工作一样，方法和手段对于目的的达到具有非常重要的意义。在哲学社会科学研究中，运用先进的方法和手段，不仅可以提高科研效率，多出、快出学术成果，更为重要的是，它能够使研究者由于转换视角而有新的发现，由于改进手段而获新的认识，由于变更思路而得新的见解，从而，提出新观点，创建新理论。正因为先进方法和手段对于理论创新极其重要，所以，江泽民总书记提出要"大力加强各门学科的方法和手段的建设"，并特别指出，"在科学技术迅速发展的今天，哲学社会科学尤其要加强对信息

---

① 《江泽民文选》第 3 卷，人民出版社 2006 年版，第 491—492 页。
② 《江泽民文选》第 3 卷，人民出版社 2006 年版，第 492 页。

技术等先进手段的运用"。①

　　当前，中国哲学社会科学实现理论创新的关键在于以科学的态度对待马克思主义。一方面，要充分认识马克思主义的基本原理是人类社会发展的普遍规律的科学反映和理论概括，因而也是我们正确认识和运用人类社会发展规律的思想指针和方法指导。所以，它的真理性内容在任何时候都不会过时，都必须坚持。另一方面，要深刻理解马克思主义是发展的科学，是随着时代、实践和科学的发展而不断发展的。它具有实事求是、尊重实践、与时俱进、发展真理的理论品质。这种与时俱进的理论品质是马克思主义150多年来始终保持蓬勃生命力的关键所在。因此，在坚持马克思主义基本原理的同时，又不从书本、词句出发，固守抽象的概念和原则，而是一切从实际出发，通过总结实践的新鲜经验来开拓理论的新境界，推动马克思主义的发展。只有以这种科学的态度对待马克思主义，才能从世界观、认识论和方法论的高度解放思想、更新观念，指引哲学社会科学的健康发展，实现哲学社会科学的理论创新。

　　总之，哲学社会科学的生命力在于理论创新，理论创新的途径在于关注现实问题，扩展认识视野，强化理论基础，优化研究方法。特别是要以科学的态度对待马克思主义。而这几方面的努力，只有以服务于人类进步、社会发展和民族振兴的高度使命意识为宗旨，以积极而科学的创新精神为动力，以严谨而活跃的优良学风为保障，才会取得实效，获得进展。

（原载《"三个代表"与理论创新》，陕西省社会科学界联合会，专题资料汇编，2003年；又发表于《西安日报》）

---

① 《江泽民文选》第3卷，人民出版社2006年版，第492页。

李宗阳哲学思想和治学精神的特点

在陕西省哲学界的历史上，在中国马克思主义哲学的理论队伍中，李宗阳教授都处于重要的地位。他19岁加入中国共产党，投身革命事业以后，从事了半个多世纪的马克思主义哲学的教学和研究工作，主持编写了多部哲学教材，撰写了多种哲学著作，发表了大量哲学论文。他曾任中共陕西省委党校副书记、副校长、顾问，陕西省哲学学会副会长、会长、名誉会长，陕西省社会科学界联合会副主席，全国科学社会主义学会理事，陕西省老年理论工作者协会副会长、会长，教育培养了一大批哲学理论工作者，领导组织了许多重要的哲学学术活动。在马克思主义哲学的理论研究、人才培养、学科建设、学术活动等诸多方面都作出了突出贡献，产生了深远影响，深受陕西省以至于国内哲学工作者的崇敬、爱戴和赞扬。今天我们缅怀和纪念李宗阳教授，就是为了赞扬他的理论业绩，学习他的高尚品格，继承和发扬他的治学精神与优良作风。

综观李宗阳教授毕生的哲学工作和哲学著述，特别是他在党的十一届三中全会以后撰写和发表的哲学论著，李宗阳教授的哲学思想和治学精神的特点包括四个方面。

一 坚定不移的马克思主义哲学信念

李宗阳教授早年投身革命并长期从事马克思主义哲学的教学和研究，因而，对马克思主义哲学的科学性、真理性有着深刻的认识、真切的体会和坚定的信念。他认为,"马克思主义作为社会主义革命和社会主义建设的理论是最完整性的科学体系,它是科学的,尤其是科学地反映了社会发展和历史变革的客观规律,所以才是真正革命、彻底革命的。基于这种认识,他深入分析了历史上极"左"思潮特别是"十年动乱"对马克思主义的歪曲及其恶果,沉痛地指出极"左"思潮"严重地削弱了马列主义的科学性",使马克思主义"在人们心目中丧失了说服力"。并认为党的十一届三中全会以来的党中央和邓小平同志的一系列科学论断,是马克思主义与我国社会主义建设实践相结合的产物,是"唯物史观的新胜利"。苏联"东欧剧变"以后,他深刻地反思了马克思主义的当代历史命运,充满信心地说,社会主义在苏欧的败亡,只能暂时影响马克思主义的光辉,丝毫阻挡不了马克思主义的存在和发展。相反,由于来自这一方面的惨痛经验,吃一堑长一智,它必将成为马克思主义新发展的一种动力。并颇有见地地指出:只有对马克思主义做出重大发展,才能使马克思主义赢得它所应有的万古长青的历史命运。李宗阳教授对马克思主义哲学的坚定信念很值得我们思考和学习。

二 关注重大现实问题的致思取向

李宗阳教授哲学研究的突出特点是理论联系实际,关注中国社会发展中的重大现实问题。早在20世纪60年代初,他主持编写哲学教科书时,就一方面重视理论体系的完整和理论观点的准确;另一方面努力总结中国革命和建设的实践经验。后来,他主持的研究课题和主编的著作也都体现了关注重大现实问题的致思取向。尤其是党的十一届三中全会以后,他主编的著作,发表的论文,大都是对改革开放和中国特色社会主义现代化建设中的重大理论问题和实际问题的哲学思考。例如,解放思想与实事求是问题、改革与社会主义发展规律问题、社会主义初级阶段的基本特征问题、市场经济以及国有企业改革问题、社会主义民主的优越性问题、依法治国问题、人的主体性问题、两个文明建设的关系问题、领导干部的官德问题等。特别值得称道的是，在他年届耄耋，身患重病之时，仍然以极大的热情，关注着"西部大开发"的战略部署，发表了《西部大开发的辩证思维》一文，文章以沉稳的学者器识，用深邃的哲学思维，论述了大开发不是"大跃进"、东部支援西部的关系是支援与互补的关系、发展经济与保护生态的统一、基础设施与发展经济、发展城市与开发山乡、摆脱旧观念开拓新思路等一系列重大问题，提出了许多深刻而精辟的见解。这充分表明，李宗阳教授的哲学学术生涯，总是和半个多世纪中国社会的发展历程息息相关的。他绝不是一个脱离实际的经院式的学者。

三　唯物辩证的思维风格

作为一个马克思主义哲学家，李宗阳教授自觉地坚持唯物辩证法的思维方法。他不但在理论上对唯物辩证法有深入的理解和正确的掌握，而且善于运用唯物辩证法分析研究问题。这一特色在他晚年的著述中表现得尤为鲜明。从李老临终前亲自选定的文集中可以看出两方面。一方面，他通过总结中华人民共和国成立以来唯物辩证法在中国所经历的曲折道路和经验教训，更深化了对唯物辩证法的理解和认识。例如，他说，新中国成立以来，在哲学思想上历来讲人的主观能动性多，讲意识的反作用多，讲生产关系、上层建筑的反作用多，讲矛盾、斗争、阶级斗争多，讲辩证法方面的道理多，讲唯物论却比较少。这是在掌握和运用马克思哲学，正确指导社会主义实践中的一种失误和偏差。据此，他提出，每当讲重视辩证法、应用辩证法的时候，务必同时看它是不是立足于唯物主义的基础上，看讲的是不是唯物辩证法，这样才不致在强调按辩证法办事时，不自觉偏离唯物主义而走向唯心主义。这既是十分真切的体会，也是相当深刻的见解。另一方面，他在研究工作中总是自觉地运用并且善于运用唯物辩证法分析问题、提出观点。这不仅充分体现在《正确认识和处理两个文明建设中几个现实问题的辩证关系》《商品经济新秩序辩证思考》《关于主体性的唯物辩证观》《西部大开发的辩证思维》等明确以"辩证法"为标题的文章中，而且贯穿在他的所有论文、著述以及学术报告、学术发言之中。根据笔者多次在学术研讨会上聆听李老发言的体会，笔者觉得李宗阳教授的思维风格是典型的唯物辩证思维，还具有严谨、细致、高瞻远瞩的突出特征。这种把辩证思维和严谨学风相统一的哲学精神是很值得我们学习的。

四 科学人生观的身体力行

李宗阳教授晚年对人生观问题非常重视，20 世纪 80 年代初，他通过反思以往哲学教学的缺陷，写文章提出"哲学教学要重视人生观的教育"。后来，他专门写了《人生观浅论》的万余字长文，论述了人生观的基本问题、人生观的几对范畴和人生观的实践等重大问题，对共产主义人生观的内容做了比较系统全面的阐发。而且，他对人生观的思考和研究，并未停留在纯学理的层面，而是根据现实中出现的问题，有针对性地进行论述，特别是把干部队伍中出现的腐败现象，提到世界观、人生观的高度，重点做了分析。从理论与实际的结合上，深入阐明了马克思主义的领导观、权力观和公私观。更值得人们敬佩的是，李宗阳教授自己就是共产主义人生观和共产主义道德的身体力行者。他一生献身于党的理论教育事业，关心人民群众疾苦；贡献突出却乐于淡泊处世，身居要职却能够谦和待人；律己严而待人宽，行事谨而作风正；襟怀坦荡，品格高尚。他多次遭受不公正待遇，特别是"文革"中最早被打成"反动学术权威"公开点名批判，饱受折磨，但仍始终不渝地保持着坚定的革命信念和乐观的人生态度。他一贯支持陕西省哲学学会的工作，积极参与学会组织的学术活动，热切关心陕西省哲学学科的发展，在临终前的遗嘱中还着意要把自己勤俭节约的五千元和他亲自编定的文集、诗集捐赠给哲学学会，以资助和推动学会开展学术活动。这种博大宽广的胸怀和无私奉献的精神，使学会的同志们都深受感动、万分敬仰。总之，李宗阳教授是以他自己的人生实践证明和体现着他所信奉的人生观和价值观,他既给我们留下了美好的印象,更是我们学习的榜样。

李宗阳教授是一位杰出的马克思主义理论工作者,也是一位平凡的思想者,他虽然平凡但他的哲学思想和治学精神自有其独特的风格,他的人生境界和人格风范自有其独具的光彩。他的思想成果和精神遗产,也一定会与所有优秀思想者的思维成果一样,融汇于中华民族的智慧长河与精神宝库之中持续地发挥作用。一个民族既需要伟大的思想家,也需要平凡的思想者。只有对所有思想者的优秀思维成果,都予以珍视和弘扬,这个民族的理论思维水平才会不断提高,精神境界才会不断提升。这就是我们纪念李宗阳教授的意义所在。

(原载《理论导刊》2003 年第 7 期)

在张载与曹南冥学术思想
国际研讨会上的致辞

各位先生、各位学者：

由韩国南冥学研究院、国际南冥学研究会、西安交通大学人文学院、陕西关学与实学研究会和陕西传统文化研究院联合发起和举办的张载与曹南冥学术思想国际研讨会乘着盛夏的热风，凭借古城西安的文化底蕴，在气温的热度和学者的热情的交融中隆重地召开了。我谨代表陕西省哲学学会对这次盛会的召开表示热烈的祝贺，对来自韩国的金忠烈先生和各位朋友，对来自省内外的各位学者表示衷心的欢迎。

曹南冥是16世纪韩国的重要思想家、哲学家。这位五百年前的哲人，对中国古代儒家思想尤其是宋明理学有着深入的研究和独到的理解，并结合韩国的实际进行了阐释和发展。因此研讨曹南冥的哲学思想既可以深化和拓展我们对中国儒家思想的研究，也可以增进中韩两国哲学界的学术友谊。更值得我们陕西学者关注和高兴的是，曹南冥先生在他的著述中大量引用和阐发了张载的哲学思想。例如他在《学记类编》中就全文选录了张载的《西铭》。这说明，曹南冥的哲学思想与张载关学有着密切的关系。因此我们研究曹南冥，必定有益于推动对张载和关学的学术研究，也一定能大力增强陕西学者与韩国同人间的学术交流，从而使我们在相互学习和相互启发中，共同为东方哲学的振兴和发展作出贡献。所以，这次盛会也是对陕西哲学界的一次有力推动。

孔子曰："有朋自远方来，不亦乐乎？"今天，我们来自各地的朋友欢聚一堂探讨学术、交流情谊，既是学界盛举，也是赏心乐事。祝愿会议取得圆满成功，祝愿各位学者尤其是远道而来的韩国朋友，身体健康、诸事如意，在西安生活得愉快。

（2003 年 7 月 27 日）

2004 年

一个观察人类文明演进的新视角

——《产业塔论》序

人类文明的演进历程，犹如滚滚江河波澜壮阔、气象万千。从不同的视角去观察，会发现不同的景象；用不同的方法去研究，会形成不同的理论，可谓"横看成岭侧成峰，远近高低各不同"也。古今中外的哲人们，都曾以自己的独特视角去解读人类文明的演进之谜，提出了种种关于文明演进规律和发展趋势的论点。然而，史海浩瀚、理境无涯，未知之域尚多，待解之谜无穷。探赜索隐、追本溯源的研究过程永远不会完结。如果能转换角度、更新方法、执着追求、认真探寻，就会有新的发现、新的认识，进而建构成新的理论体系。焦兴国同志正是以他在秦巴山区进行社会经济考察时所迸发的灵感为契机，发现了一个观察人类文明演进的新视角，进而提出"产业塔"概念和形成"产业塔"理论的。

在中国哲学社会科学界原创性理论和专著比较缺少的今天，我欣喜地看到并坚定地相信焦兴国同志积十数年之功而创立的"产业塔"理论是对人类文明演进规律的新揭示，是具有原创性的研究成果。首先，"产业塔"本身就是一个崭新的原创性的学术概念，这一概念的提出，在学科发展史上有着"范式"转换的重大意义。它是人类文明演进新理论建立的标志。其次，"产业塔"理论以产业中的智能含量为标尺，将人类文明的演进阶段依次排序为农业、工业、科技、教育、艺术、哲学六个产业层级，形成一个塔形结构。从而描绘了一幅人类文明演进历程的逐层垒塔的新景观。这是一个前人从未描绘过的人类文明演进史图式。最后，"产业塔"理论提出了产业形态"不可逆的演变轨迹"和"一以贯之的主体产业确定依据"的观点，概括了"产业塔"中所蕴含的文明演进的"八条原理"，从历史和逻辑统一的高度，为揭示人类文明的演进规律提供了新的认识维度。此外，特别值得重视的是，这一理论把教育、艺术、哲学确立为"产业塔"中的上三级层次，并对这三个层级文明的内涵、特征、意义和人的生存方式进行了深入而独特的探索，提出了新颖而前瞻的预见，可谓妙思独运、新意迭出。洞见不凡。因此，《产业塔论》这部原创性的著作，既具有重要的学术价值，又具有重大的实际意义。它不但对经济学、文化学、历史学、哲学、未来学的研究会产生深刻的启迪作用，而且会为我们以高瞻远瞩的思维去考察和引导人类文明的发展提供宝贵的智力资源。当然，一个新理论的建构，并不能毕其功于一役，而需要不断地从社会发展的实践中汲取营养，从前哲和时贤的思维成果中借鉴智慧，在奔流不息的历史长河中捕捉新意，在反复深入的思考过程中熔炼新知，从而使理论之树成长得更茂盛、更壮美、更趋完善。我们相信，焦兴国同志一定会在"产业塔"理论研究道路上，持续奋进，再入新境。

我和焦兴国同志相识有年，学术交往也始于"产业塔"中。先是他送给我一篇关于哲学会成为"产业塔"最高层级的论文，我读后顿觉清气扑面、新意盎然。尽管我并未完全认同文中的观点，但对其独特见识颇为赞赏。而且由于自己从事的是哲学专业，在哲学甚受冷落的境遇中，竟看到了这种赋予哲学以至高无上地位的宏论，情感上仿佛获得了一份慰藉。故此，我曾请他在陕西省哲学学会的一次年会上发表高见。由于有这样一段学术友谊，所以在读他的这部大著时，既多钦佩之意，又有亲切之感。因此，当焦兴国同志不弃浅陋而索序于我时，虽然自知学力不逮，难通其奥、难绘其神，但还是慨然应允，欣然命笔，写下了上面一些话，以美《产业塔论》大著之成，以赞作者十年探索之功。此亦"平生不解藏人善，到处逢人说项斯"之意也。不知焦兴国同志以为可否，是为序。

（原载《理论导刊》2004年第2期）

论中国价值主体观念的起源

《诗·文王》曰:"周虽旧邦,其命维新",《易·象》云:"汤、武革命,顺乎天而应乎人",都说明,西周初期,发生了一场社会变革。这场社会变革,涉及经济、政治、文化、思想诸多领域,而尤以价值观念的变革最为深刻。可以说它是一切社会变革的凝聚焦点和深层结构。西周的价值观念变革不仅对当时的社会进步有重大意义,而且对中华文化的发展和中国传统价值观的历史演变有深远影响。西周的价值观念变革集中体现在价值主体观念的转变上,其主要内容包括价值主体的换位、价值规范的设立、价值取向的转变和价值评价的自觉四个方面。通过四个方面的变革,为以人为主体的价值主体观念的确立开拓了道路。

一 价值主体的换位

价值是客体与主体之间的一种关系,是作为客体的对象、事物,与作为需要者的主体之间的一种特定关系。在这种关系中,主体是价值形成的动因,是价值的决定者和主导者。因此,价值更新的首要问题是价值主体的变化。随着一种价值主体转变为另一种价值主体,价值的规范、标准、取向、实现方式等也就随之转变。历史上,一切重大的社会变革,从价值论的角度来考察,莫不首先引起价值主体的变化。西周时期的价值变革,也首先表现在价值主体的换位上。

殷商时代,由于社会生产力处于低级发展阶段,人和人之间以及人和自然之间的关系还很狭隘,人的认识的无知领域还极其宽广,因之,殷人有浓厚的鬼神崇拜观念。《礼记·表记》评论殷人的思想特点时说："殷人尊神，率民以事神，先鬼而后礼。"通过祭拜鬼神实现价值，说明殷人并不认为人是价值主体，而将价值主体定位于天神和祖先神灵的身上，神鬼成了一切价值的源泉，崇拜、祭祀鬼神就成为人实现价值目标的唯一途径。

在现实的价值生活中，人是价值的唯一主体，一切价值都是对于人的价值，这是毫无疑问的客观事实。然而，在人们的价值观念中，却并非在任何时代、在任何人的意识中都能认识到这一点，都能正确反映这一客观事实，坚持这一客观真理。殷人以鬼神为价值主体，就是在当时历史条件下对价值主体的虚幻的、歪曲的反映。它表明，价值观念（包括价值主体观念）如其他哲学观念一样，最初也只能在宗教形式中形成。殷人以虚幻的宗教形式表达的价值主体观念所导致的直接误区，就是将价值的享有主体与价值的创造主体分离，价值的享有者是现实的人，而价值的创造者却是虚幻的神。于是，人的占卜、祭祀活动就成为沟通两种主体的桥梁，也成为价值实现的途径。殷墟发掘的甲骨文差不多皆为占卜所用，就充分表明，殷人是以占卜这种形式来追求其价值目标，来实现其价值理想的。价值世界在殷人的观念中是一个神秘的世界。

在周人灭商、推翻殷朝统治的革命过程和周政权建立、巩固的过程中，周人进行的价值革命所解决的首要问题，就是实现价值主体的换位，即将以鬼神为价值主体朝着以人为价值主体的方向转换。周人的价值主体换位，主要包括三方面内容。

（一）对天神价值主体之永恒性的动摇

周人继承殷人观念，也承认天神是重要的价值主体、价值本源，但他们怀疑天神作为价值主体的永恒性，认为天命作为价值主体是可以改变的，这就是《诗经·大雅·文王》所说的"天命靡常"。周人"天命靡常"观念的直接政治意义是为周人夺取政权提供理论根据，但其价值意义却是对天神价值主体地位的动摇。在周人看来，任何人把自己的价值满足唯一地寄托于神灵，以为自己总是"有命在天"，最终是靠不住的，因为"天不可信"（《尚书·君奭》）。

（二）对人的价值主体性的肯定

殷人把价值实现的希望完全寄托于鬼神，周人则在"天命靡常"观念的前提下，为人在价值实现中的作用和功能拓出了一席之地。他们认为，人的主观因素、能动作用，对于价值实现有着重要意义，它是对天命这一价值源的辅助力量。《尚书·蔡仲之命》云："皇天无亲，惟德是辅。"周人认为"德"是承受天命的主观条件，是实现价值的主体因素，因而，反复强调人要"敬德""明德""修德"。如《尚书·君奭》："天不可信，我道惟宁王德延"；《尚书·召诰》："惟王其疾敬德，王其德之用，祈天永命"。他们认为，夏、商之所以"早坠厥命"，其根本原因在于"不敬厥德"（《尚书·召诰》），就是说，不发挥人的积极能动性，必然导致价值失落。由此可见，周人对人在价值实现中的主体地位，已有了比较明确的认识，"惟德是辅""以德配天"思想的提出，是价值主体由"天"向"人"转换的关键环节。

（三）对民在价值实现中的重要作用的承认

与肯定人的价值主体性相联系，周人进而认识到了作为被统治者的普通民众对于价值创造、价值维护的重要作用。周人"以德配天"观念中的"敬德"意识，虽然主要是对统治者提出的要求，目的在于肯定统治者的价值主体性，但由于"德"的内涵之一是施恩于人，所以"敬德"就内在地包含着关怀民众的意义。不仅如此，周人还明确提出，在价值的维系上，民情和天命是一致的，上天对于价值的态度，从民情上可以表现出来，《尚书·康诰》云："天畏棐忱，民情大可见。"并进一步指出，不知民情就不能妄论天命，"弗造哲，迪民康，矧曰其有能格知天命？"（《尚书·大诰》）《左传》《国语》引《尚书·太誓》曰："民之所欲，天必从之。"《孟子·万章》引《太誓》曰："天视自我民视，天听自我民听。"即使《太誓》篇晚出，所引不是周初人的语言，但此种观念，周初人当已有之。由于周人看到了民的作用，所以一方面提出"当于民监"（《尚书·酒诰》），即把民众作为检查自己言行的镜子；另一方面主张"用康保民"（《尚书·康诰》），即通过关心民众疾苦使民众安康来治民。尽管周人"保民"的目的在于"义民"，但其中渗透的价值主体意识的萌芽，仍是十分可贵的。

"天命靡常""惟德是辅""用康保民"，是西周初期进行价值主体转换的三大主要观念，在三大观念中"敬德"是核心。它的根本意义在于重视人在价值实现中的重要作用。尽管西周时的周人在价值主体问题上还没有完全超出以天帝为价值主体的总体系，但已在价值主体由天向人的换位过程中迈出了一大步，为春秋战国时期人的价值主体地位的确立奠定了基础。

二 价值规范的设立

价值规范是关于价值的规定、范型、尺度的总称，它具有价值导向和价值评价的双重作用。一种新的价值规范的制定和设立，是价值观念变革的重要标志，必然引起社会价值取向的变动。西周初年，与价值主体的换位相适应，价值规范也发生了变化，这一变化的内容是以周礼为核心的价值规范的设立。周礼诚然与夏殷之礼有某种继承关系，如孔子所云："殷因于夏礼"，"周因于殷礼"。（《论语·为政》）但周礼的革新意义更为突出，史云周公"制礼作乐"，就是从创制礼乐的意义上说的。柳诒徵先生云："周之文化，以礼为渊海，集前古之大成，开后来之政教。"[1] 也充分肯定了周礼在文化史上的创设意义。那么，从价值规范的视角来观照，周礼的新意何在呢？

---

[1] 柳诒徵：《中国文化史》上，商务印书馆2018年版，第133页。

（一）规范含义的明确性

夏、殷时代都有礼，但时代久远，文献不足，详细内容难以考察。仅可从后人记述中窥其大略，《尚书·君奭》云："殷礼陟配天，多历年所"；《礼记·表记》云：殷人"率民以事神，先鬼而后礼"。这说明，殷礼的基本特征是祭祀性，它主要用于祭祀鬼神和祖先的宗教活动，严格说来，它不过是一种祭祀仪式。而周礼则不同，"周人尊礼尚施，事鬼神而远之，近人而忠焉"（《礼记·表记》）。"尊礼尚施""近人而忠"就是重人事、重人伦、重视人与人的关系。周礼超出了夏殷的祭祀领域，而进入了人们现实的社会生活，成为调节人伦关系、维护社会秩序的典章制度。这就是周礼别于殷礼的根本标志。

作为典章制度的周礼，其实也就是保证各种价值得以实现的规范。周代统治者对礼的价值规范的意义有着明确的认识，他们认为"礼，人之干也，无礼，无以立"（《左传·昭公七年》），以礼为人实现价值、安身立命的根本。由此可见，周礼的创制意味着价值规范的明确化。从殷礼向周礼的转变，是神权向人文的转变，是价值规范由模糊性向明确性的转变。周礼是中国价值演变史上形成的第一个价值规范。

（二）规范对象的普适性

作为价值规范，周礼的制约对象是十分广泛的，贯彻于社会生活的各个领域，"行之以货力、辞让、饮食、冠昏、丧祭、射御、朝聘"（《礼记·礼运》）等社会活动的各方面。周礼在这些领域所起的作用，是通过制约人们的行为而调节人与人的关系，从而使人们的行为和关系具有价值、具有意义的。《礼记·曲礼》云："教训正俗，非礼不备。分争辨讼，非礼不决。君臣上下父子兄弟，非礼不定。官学事师，非礼不亲。班朝治军，官行法，非礼威严不行。祷祠祭祀，供给鬼神，非礼不诚不庄。"就是说，在教化、司法、伦理、教育、政治、宗教等领域，礼都是一种价值准则，是衡量价值有无、大小、程度的尺度。礼引导人们确立价值方向，阻止人们陷入价值误区，帮助人们矫正价值失范。不仅广阔的社会活动领域是礼所规范的对象，即使个人的行为、表现，也不能超越于礼的规范之外，孔子不但主张在治国中"齐之以礼"，而且还强调个人的"言、听、视、动"都要合于礼。德国人夏德说：《周礼》对于"国民之教养，实居重大的位置"，"其关于公共生活及社会生活，详细说明，与陶冶后代之国民，具有非常之势力。因袭之久，世人因此详细之规定，殊不能任意而行，社会万般之生活，无论一言一行，无不依其仪式"。[①] 法国人俾优更深刻地认识到了周礼规范中蕴含的价值意义，他说：周礼种种"详细的规矩，其主要之目的，惟在使人除去公私之生活上放纵粗野之行动，使肉体与道德共具有一定不变之性格"[②]。可见，周礼是政治生活、经济生活、社会生活、家庭生活各种行为规范的准则，其意义在于使社会各领域的活动价值化。

（三）规范功能的秩序性

周礼作为价值规范，包括形式和内容两个方面，其形式为"仪"，即各种礼仪和仪式；其内容是贯彻血缘宗族原则和政治等级原则，即"亲亲"和"尊尊"。

内容和形式统一在功能上就是"别贵贱，序尊卑"，从而形成一种贵贱有别、尊卑有等、亲疏有则、上下有秩的社会秩序。建立稳定的社会秩序是灭商之后，西周统治者努力追求的理想，也是亟待解决的一个社会问题。《尚书·洪范》载：周灭商后，周武王访问商朝的政治家箕子："惟天阴骘下民，相协厥居，我不知其彝伦攸叙。""彝伦攸叙"即次叙（治理）其民的常理大道，箕子即以"洪范九畴"为答。这说明，周初统治者非常重视通过把握治世原则来建立安定的社会秩序。后来，周公制礼，才真正解决了这一问题，实现了这一目标。

---

① 转引自柳诒徵《中国文化史》上，商务印书馆2018年版，第211页。
② 转引自柳诒徵《中国文化史》上，商务印书馆2018年版，第212页。

（四）规范内涵的道德性

周人以礼作为普遍性的价值规范，旨在建立一种等级森严、权力集中的理想社会。然而，礼之所以能够使贵贱有等、尊卑有序、贫富轻重皆有所称，其基本原因在于礼具有明显的道德色彩。礼在本质上是以道德为基础，依道德来确定的。礼的道德性，包含两个方面的含义。一是礼对处于不同社会地位的人有着不同的道德要求，君臣、父子、兄弟、夫妇、长幼、尊卑、贵贱，各有自己的道德准则，言、听、视、动都要严格遵守，《礼记·曲礼》对此做了明确详细的规定，即使连仆人为主人驾车应遵守什么行为方式这样的小事都有详细说明。二是礼以道德品格决定人的社会地位，一个人有什么样的德行就有什么样的社会地位，道德和社会地位是相称的。荀子说："礼者，贵贱有等，尊卑有序，贫富轻重皆有称者也……德必称位，禄必称用。"（《荀子·国富》）就是说，一个人有什么样的德行，就有什么样的地位、俸禄和生活方式。上述两个方面结合起来，充分显示了礼所蕴含的道德价值。王国维说："周之制度典礼，实皆为道德而设。……周之制度典礼，乃道德之器械，而尊尊、亲亲、贤贤、男女有别四者之结体也。"[①] 尽管他把周人的制度典礼笼统说成从属于道德失之偏颇，但他看到了礼的道德内涵，却是符合历史实际的。

总之，价值规范的设立乃是西周价值自觉的重要内容。由于价值规范内在地包含着价值标准，因此，它的设立对人们的价值取向和价值评价，有着极其重大的影响。周礼作为一种新的价值规范，深刻地改变了人们的价值生活，促进了价值观念的演变。

三　价值取向的转变

与价值规范的创立相适应，周人的价值取向也发生了明显的转变。

---

① 王国维：《殷周制度论》，载《观堂集林（外二种）》，河北教育出版社2002年版，第296页。

由于主体需要的多样性、多层次性，所以在任何时代人们的价值选取方向总是多维的，然而，不同的历史时期，在以多种需求为基点的多维取向中，人们的主导取向则是不同的，而价值主导取向的不同，又形成了不同时代的社会本位价值的不同。因此，考察一个时代的价值取向的转变，亦即考察其主导价值取向或本位价值与以前的时代有何区别。

关于殷周价值取向的不同，前人多有论述，其中尤以《礼记·表记》和《汉书·董仲舒传》的观点具有代表性。《礼记·表记》云："夏道尊命……殷人尊神……周人尊礼。"《汉书·董仲舒传》云："夏尚忠，殷尚敬，周尚文。"

"尊命""尊神""尊礼"与"尚忠""尚敬""尚文"，可以说是对夏、殷、周三代价值主导取向的高度概括。前者从尊崇的客体对象言，后者从主体的态度、活动言，二者是统一的。周人"尊礼""尚文"与殷人"尊神""尚敬"，是两种不同的价值取向，它表明了殷周之际价值观念的重大变化。

"礼"是规范，"文"是"礼"的形式，二者的核心内容则是"德"。"尊礼""尚文"的内涵就是崇尚道德价值。在周人看来，道德是最重要、最基本的价值，是其他一切价值的基础。

（一）"敬德"才能"受命"

周代统治者总结殷亡的教训，认为殷人由于"惟不敬厥德乃早坠厥命"（《尚书·召诰》），周公说，殷纣初期，统治者还能重视德行，勤勉为政，可是到了末世，政事荒废，贤人藏匿，百姓流离失所，陷于痛苦的深渊。由此导致了"天既遐终大邦殷之命"（《尚书·梓材》）。而周人由于"敬德"所以才承受了天命。可见，"天不可信""命不于常"，能否"受命"的关键在于是否"敬德"。根据这种认识，周公反复告诫周朝的君臣要"疾敬德""敬所作不可不敬德"；只要"敬德"就能"受命"。他说："其德之用，祈天永命"（《尚书·召诰》）；"文王武王敷大德于天下"，所以，"上帝集厥命于文王"。后继者应该大力发扬文王、武王这种"敬德"的光荣传统。在周初的统治者看来,"德"是贯通天人的中介,因此,"敬德受命"是道德的首要价值。在这种"德命"统一的观念中,已经包含着中国传统哲学将"必然"("命")与"应然"("德")合为一体,并以"应然"作为"必然"的条件的思想萌芽,这就为后世哲人奠定了思考价值问题的基本思路。

(二)"明德"可达"至治"

"德"的兴废既然是夏、商、周更替的历史基因,当然就具有重要的政治价值。虽然"德"在周代之前,已含有政治意义,但周人的贡献在于进一步明确和提高了德的政治价值。依周公之见,"德"是一个综合概念,融信仰、道德、行政、政策、刑罚于一体。从《尚书·康诰》来看,敬天、继祖、尊王、怜民、惠民、保民、新民、勤勉、谨慎、孝友、慎罚等都可包括于"德"之中。周公把这种德政原则称为"明德慎罚""敬德保民"。周公认为,只要"明德""敬德",就会使政权巩固、社会安宁、民众康乐,达到"至治"。所谓"至治馨香,感于神明,黍稷非馨,明德惟馨"(《尚书·君陈》)。周初的"明德"政治观,是由殷代神权政治向政权政治转变的重要标志,是儒家"为政以德"观念的渊源,《大学》的"大学之道,在明明德、在新民、在止于至善"的宗旨目标和格致、诚意、正心、修身、齐家、治国的层次程序正是对西周"明德"可达"至治"的价值观念的发展和总结。

(三)"崇德"能成贤人

周人不仅重视道德的政治价值,而且开始认识到道德的人格意义。西周时期,人们已明确提出了"崇德象贤"(《尚书·微子之命》)的观念。并用这种观念,促使统治阶层中的人们进行个人的道德修养。所谓"德音无良,胡能有定"(《诗经·日月》),"我有嘉宾,德音孔昭"(《诗经·鹿鸣》),"乐只君子,德音是茂"(《诗经·南山》)。具体地说,他们要求统治者在貌、言、视、听、思等方面都要严格修养,做到

"貌曰恭，言曰从，视曰明，听曰聪，思曰睿"（《尚书·洪范》），如果这些方面都达到标准，就会具备"肃"（严肃）、"乂"（善治）、"哲"（明智）、"谋"（多谋），"圣"（成圣）等优秀品格。（《尚书·洪范》）他们要求有作为的人发展才能、提高德行，成为对国家有用的人，所谓"人之有能有为，使羞其行而邦其昌"（《尚书·洪范》）。他们提出，在选拔人才时要把道德品行放在第一位，重视那些有高尚品德的贤人，坚持"所宝惟贤""建官惟贤""任官惟贤材"和"推贤让能"的原则。周人这种"崇德象贤""佑贤辅德"的价值观念，是后世儒家学者崇尚道德人格，赞扬"君子""贤人""圣人"的思想源头。文王、周公之所以受到儒家的高度赞颂，称为"圣人"，其主要原因在于他们有崇高的道德境界。《尚书》《诗经》中颂扬文、武、周公，如"惟文王、武王敷大德于天下"，"文王之德之纯"，"彰周公之德"等，莫不以"德"作为崇高人格的标志，后代儒者对之进一步弘扬光大。

（四）"好德"就是幸福

把"好德"作为幸福的一项重要内容，是周初道德价值观的又一特征。《尚书·洪范》中箕子把"五福""六极"作为"九畴"之一传授给武王，"五福"是"寿""富""康宁""攸好德""考终命"，与"五福"相对立的"六极"是"凶短折""疾""忧""贫""恶""弱"。虽然，"五福""六极"是一项奖励和惩罚的统治方针，但却内含人们的价值取向。它说明在周初，人们已经重视生命、富裕、康宁、道德和长寿善终的人生价值。而尤以"攸好德"作为幸福之一种，充分表明了当时人们对道德的重视。如前所述，幸福乃是主体需要满足后的状态，"五福"中之"寿""富""康宁""考终命"表达的是人的生存需要、安全需要等较低层次的需要，而"攸好德"则表达了人的高层次的精神需要。这说明，随着社会的发展，主体的需要也在发展、提高，周人的"以德为福"观念蕴含着对主体需要的深入认识，也表现了从主体需要角度体认道德价值的高度自觉性，这对后代儒家价值观念的影响是至为深远的。孔子的"仁者静""仁者寿""仁者不忧",孟子的"仁,人之安宅也"等观念,都与西周"以德为福"观念有着内在的联系。

西周时期对道德的"承命""治世""成人""得福"等重大意义的认识,充分说明道德是西周的本位价值,是主导的价值取向。在由殷商时的天命虚幻价值向现实价值观的演变过程中,道德是周人树立的价值支柱。

随着道德主导价值取向的明确,西周时期的价值实现原则也表现了以道德为纲的精神。《周礼·地官》"师氏"条将周人的"德"分为三类:"一曰至德,以为道本;二曰敏德,以为行本;三曰孝德,以知逆恶。"这里的"道",是指人道,人道可以视为人类社会价值系统的总体,它包括社会价值的各个要素,"至德"是实现整个社会价值的基础;这里的"行",指人的一切行为和活动的价值,"敏德"是实现人的行为和活动的价值的基础;这里的"逆恶"指人伦关系的负价值,即违背宗法秩序的人伦关系,而"孝德"则是判别这种负价值并将其转变为正价值的标准和基础。周人以"德"为本,来实现整个社会价值,充分表现了由殷人的主要依靠崇敬"上帝""天命"实现价值,向主要依靠人力以实现价值的转变,这种转变是价值主体换位的又一重要内容。它标志着中华民族已经明确地认识到人的主体的力量,明确地觉悟到在价值实现问题上的主体性原则。后来儒家的创始人孔子提出的"人能弘道,非道弘人"(《论语·卫灵公》);孟子提出的"人也者,仁也,合而言之,道也"(《孟子·尽心下》);荀子提出的"制天命而用之"(《荀子·天论》),以及《中庸》的"道不远人",《易传》的"自强不息",都可以说是周人"至德以为道本"观念的进一步扩充和发展,并从此奠定了中国儒家价值观在价值实现问题上的基本思想。

四 价值评价的自觉

价值评价是价值观念中的重要内容,价值只有通过评价才会被人们认识，才会提高人们价值追求的自觉性和价值取向的明确性。周人的价值更新，在评价上的突出特点是对评价活动、评价标准的高度自觉和一系列评价范畴的建立及其应用。

（一）人物评价的制度化

西周价值评价的自觉，首先表现在对人物的评价上，而人物评价又集中反映在谥法的制定上。《仪礼·士冠礼》说："古者生无爵，死无谥。"《礼记·檀弓》说："死谥，周道也。"所谓"爵"，就是统治阶级内部的等级关系在法律上的规定，诸侯之爵有公、侯、伯、子、男五等，诸侯以下之爵有卿、大夫、士三等。所谓"谥"，就是人死后，以其生时的行为事迹所立的称号，目的在于劝善彰德。西周之前的夏、殷时代，人在生时就有称号，死后沿用。周时才制定谥法，为死者加称。《史记·秦始皇本纪》云："太古有号无谥，中古有号，死而以行为谥。"说明谥法乃周人的新创。西周诸王，从文、武、成、康以至于夷、厉、宣、幽，其中既有号，亦有谥。谥法是周礼的一项内容，其中蕴含的精神则是通过对人物的评价以引导价值追求。《白虎通》云："谥者，别尊卑，彰有德也。"

《礼记·表记》："先王谥以尊名。"陈皓注云："谥以尊名，为美谥以尊显其声名也。"可见，以人的生前行迹为据死后谥以称号，实质是给人物以评价，通过评价，肯定、表扬某种人生价值。从宋苏洵所著《谥法》的解释来看，这种评价的特征十分鲜明，例如"克定祸乱曰武""安民立政曰成""温柔好乐曰康""仪容恭美曰昭""布德执义曰穆""安心好静曰夷""杀戮无辜曰厉""动静乱常曰幽"，等等。这些评价，性质上有善有恶，内容上有事迹、德行、性格、仪表等方面。周代制定谥法，尽管其加谥对象属于统治阶层人物，特别是君主，但人物评价的制度化，在价值观的演变史上具有重要意义，表明了西周时期价值评价的高度自觉性。

（二）人事评价的先验化

周人对人事活动的评价，可以《周易》为代表，《周易》乃占卜之书，其八卦和六十四卦，当在西周以前颇为古老的年代即已创成，但卦爻辞却是殷末周初的学者所撰。《周易》撰成于西周，是最为学者所接受的看法。卦辞、爻辞分别表明各卦各爻的寓意，它的一个突出特色是用占验辞来表示该卦、该爻所寓含的对事物、现象或褒或贬的义理。所以，它本身就是一种价值判断。由于这种价值判断既不是对以往事件的评价，也不是对现实事物的评价，而是通过占筮活动，对未来事件的一种先验性的评价，所以带有浓厚的神秘色彩。周易所占筮的范围相当广泛。据统计，卦爻辞所载人事包括行旅、战争、享祀、饮食、渔猎、牧畜、农业、婚媾、居处及家庭生活、妇女孕育、疾病、赏罚讼狱等，其中关于行旅、战争的最多。周易对这些人事活动做先验性评价，是通过占断辞来表现的。主要的术语是"吉""凶""悔""吝""无咎"等。

"吉"乃事物美善吉祥之称，孔颖达《周易正义》："辞之吉者，是得之象。"卦爻辞言吉，意谓行为美善而有所得。"凶"与"吉"之义相反，意谓行为有所偏失不当而致凶险，孔颖达《周易正义》："凶者，是失之象。""悔"犹言悔恨，事过之后由于未达预期目的而心中有所悔恨，孔颖达《周易正义》："悔者，其事已过，有所追悔也。""吝"犹言憾惜，谓行事有小疵而心生遗憾、忧虞之情，李鼎祚《周易集解》："吝，疵也。""咎"含有灾病、罪过之义，"无咎"犹言弥补过失、免遭咎害。李鼎祚《周易集解》："凡'无咎'者，忧中之喜，善补过者也。"此外，还有"利"——和谐有利，"亨"——亨通顺畅，"厉"——危险有害，等等。这些术语，从人事评价的方式看，约有四个角度：一是事件结果的评价，如"吉""凶"；二是事件过程的评价，如"利""亨""厉"；三是主体行为的评价，如"咎""无咎"；四是主体心理反应的评价，如"悔""吝"。从评价的性质看，约有三种，一是正价值，如"吉"；二是负价值，如"凶"；三是中性价值，如"无咎"。周易所评价的人事活动,是当时社会生活的实际反映,其评价形式虽然是先验的、神秘的,但却充分体现了周人对人事评价的高度重视,表现了当时人们对有价值的人事活动的积极追求。《周易》的趋利避害、求吉免凶观念,是人们价值意识自觉的表现,也是对评价活动的深入认识。

（三）社会评价的普遍化

对社会的自觉评价,在西周时也广泛地展开了,《尚书》中的《周书》,是春秋之前周王朝的历史记录。周初统治者为了巩固统治,对历史的经验教训进行总结,对治国安民之策进行探讨,在总结历史经验和探讨治世方略的过程中,他们对夏、殷、周的政治、君主、大臣等进行了明确的评价。例如,他们以"敬德保民"为标准,批评殷代后期的君主（主要指殷纣王）"从耽乐""纵淫佚""受用妇言""荒腆于酒";"心疾狠,不畏死";"不知稼穑之艰难,不闻小人之劳";"俾暴虐于百姓,以奸宄于商邑",结果导致了殷的灭亡。而赞美周初的文王、武王、周公"明德慎罚""徽柔懿恭";"怀报小民,惠鲜鳏寡";"庶邦享作,兄弟方来"。歌颂西周初年的政治是"穆穆在上,明明在下,灼于四方,罔不惟德之勤,故乃明于刑之中,率乂于民棐彝"（《吕刑》）。由此,他们要求后代的统治者"以觐文王之耿光,以扬武王之大烈"（《立政》）。《尚书》中的这些评价,虽然主要及于政治领域,但评价的标准明确,内容具体,表现了社会评价的高度自觉性。与《尚书》的重在政治评价相比,《诗经》的社会评价就更为广泛了。它通过诗歌艺术的形式,不但如实地反映了西周时期的社会生活的各个方面,而且对社会的经济、政治、军事、外交等活动,劳动、婚姻、爱情、友谊、娱乐等生活,人生、人格、道德等问题,都展开了广泛的价值评价。评价的形式,或歌颂,或表扬,或赞美,或倾慕,或追求;或谴责,或控诉,或批评,或讽刺,或反抗。例如,雅、颂诗中既有对周代君臣文王、武王、成王、宣王、周公等人的才德、治略、政局的颂扬,又有对周厉王、周幽王的荒淫生活、苛政暴虐的尖锐批评，还有对周代先祖政绩的历史评价。《七月》《甫田》《载芟》《良耜》《无羊》《斯干》《伐檀》《硕鼠》等诗中，既有对劳动人民从事农业、牧业、建筑等辛勤劳动的歌颂，也有对贵族阶级残酷的经济剥削的反抗。在大量关于爱情婚姻的诗篇中，既有对诚挚、热烈、纯朴、健康感情的赞美和向往，也有对不幸婚姻和女性悲惨命运的同情和激愤。此外，还有对政治压迫的控诉，对行役困苦的悲叹；对"窈窕淑女"的赞美，对"洵美且武"勇士的颂扬；对"与子同胞"友谊的咏唱，对"有孝有德"道德的称颂；对"淑人君子"人格的赞赏，对"不稼""不猎"贵族的讽刺。这些诗篇虽然是形象的而不是抽象的，是感情的而不是理性的，是艺术的而不是义理的，但其中所蕴含的价值色彩十分鲜明，评价意识相当自觉，评价范围极其广泛。

（四）评价标准的道德化

评价标准是否明确和稳定是价值评价水平高低的重要标志。西周时期价值评价上的一个重大进步，就是评价标准的明确、稳定和统一。从《尚书》《诗经》《周易》来看，西周时价值评价的最新标准是"德"，无论社会评价还是人格、人事评价，区分善恶、好坏、是非、优劣的标准，虽然还沿用殷商时代的"天命"标准，但"德"却是周人提出的新标准。《尚书》的政治评价、《周易》的先验人事评价、《诗经》的社会活动评价，都把"德"作为尺度。《尚书》倡"崇德""好德""慎德""昭德""明德""敬德""怀德""显德""惟德是辅""明德慎罚"；《诗经》赞"德音是茂""怀德维宁""维德之基""顺德之行""敬明其德""克广德心"；《周易》言"食旧德""尚德载""恒其德"充分表明了以"德"为评价标准的普遍性和重要性。价值评价标准和价值取向是一致的，以"德"为统一的评价标准，是周人道德价值取向在评价上的贯彻。将殷商时期的天命标准转向道德标准，是周代价值观革新的重要内容之一，它为后代儒家确立"义以为上"为标准奠定了思想基础，并通过儒家的发展而对中华民族的价值评价，产生了深远的影响。

西周时期是中国社会的第一次大变革，外在的礼乐制度和内在的道德观念是这次变革的最大成果。从价值观来看，价值主体的换位、价值规范的确立、价值取向的转变和价值评价的自觉，标志着中华民族的价值观念已开始由虚幻神秘的天命世界中解脱出来，向确立人的价值主体方向前进，向现实社会的人文世界发展。尽管天命的迷雾还没有被完全扫荡，但人文的精神已经放射出耀眼的光辉，照亮了人们的价值征程。从此，中华民族的价值追求和价值创造，在漫长的历史道路上，虽然在不同时代有着不同的价值取向，但都以人为价值主体，以立足大地、着眼现实为价值基础，主张通过人的现实努力而不是神的虚幻恩赐，去满足自己的需要，实现自己的理想。

（原载《人文杂志》2004 年第 5 期）

茶文化的价值意蕴

中国是茶的故乡,是最早发现茶和饮用茶的国家。中国人何时开始饮茶,说法不一,有云:"茶之为饮,发乎神农氏,闻于鲁周公。"(《茶经》)有云:"自秦取蜀后,始知茗饮。"(《日知录》)据专家考证,饮茶在中国至少已有2000年的历史了。历史上,上自帝王将相,下至贩夫走卒,莫不嗜茶。皇帝曰:"君不可一日无茶"(清乾隆皇帝语),百姓说:"清早开门七件事,柴米油盐酱醋茶。"茶在中国早已谓之"国饮""国粹"。

饮茶始于中国,今已遍及全球,而今全世界有160多个国家有饮茶的习惯。我国茶叶的人均年消费约300克,而英国是2500克,土耳其是2200克,日本是1000克。英国人赞茶为"健康之液,灵魂之饮",法国人称茶为"最温柔、最浪漫、最富有诗意的饮品",日本人视茶为"万寿之药""原子时代的饮料"。茶叶已成为与咖啡、可可并列的世界三大饮料之一。

中华民族不但在茶的培育、制造、品饮、应用等方面积累了丰富的经验,为人类的饮品生产作出了贡献,而且创造了独树一帜、绚丽多彩、意蕴深厚的茶文化,为人类的文明增添了光彩。唐人陆羽写出了世界第一部茶书《茶经》,唐人张又新著有《煎茶水记》,唐人苏庆写有《十六汤品》,宋蔡襄著《茶录》,宋徽宗撰写了《大观茶论》,明许次纾有《茶谱》,明屠隆著《茶事赋》,清人陆廷灿著有《续茶经》。古代的文人、诗人们也写了大量的咏茶诗文。

文化的灵魂是价值观念。茶文化的灵魂也凝聚在其价值意蕴中。茶文化的价值意蕴是什么呢?

(一) 情系自然

"茶者,南方之嘉木也。"(陆羽《茶经》)茶是自然界生长的常绿灌木,适应性极强,茶树的生长、培育受到自然界雨量、温度、海拔、风力、日光等诸多因素的影响。烹茶之水,取之于江、河、泉、井,而且离人的活动越远,其水越佳,陆羽《茶经》云:"其水,用山水上,江水中,井水下。"陆羽在《六羡歌》赞美取自"西江"的煮茶之水云:"不羡黄金罍,不羡白玉杯;不羡朝入省,不羡暮入台;千羡万羡西江水,曾向竟陵城下来。"常语也说:"扬子江中水,蒙山顶上茶"。沈心斋赞茶诗云:"香含玉女峰头露,润带珠帘洞口云。"这些诗文,都高度赞美了茶的自然价值。由于茶采之于自然,水汲之于自然,天地自然是茶之源,因之,饮茶过程是人与自然亲近的过程,饮茶活动体现着人与自然相和谐的关系。饮茶可以使人接近自然、情系自然,形成尊重自然的价值意识,达到"天人合一"的价值境界。

(二) 器尚素朴

饮茶之器具,金属器皿少而陶瓷器皿居多。晋时越州的陶瓷茶器,颇为驰名,晋杜毓《荈赋》云:"器择陶拣,出自东瓯。"唐陆羽《茶经》也崇尚越州的陶瓷茶碗,曰:"碗,越州上","邢瓷类银,越瓷类玉,邢不如越"。明代茶壶流行,把茶文化推到新的高峰,特别是明清以降,饮茶多注重宜兴紫砂壶,紫砂壶本身也成了精美的艺术品。自古以来,饮茶之器,少金属而多陶瓷,这固然与保持茶的性味有关,但从文化角度言之,则蕴含着不尚豪华而尚素朴的价值取向,意味着人的饮茶活动是一种朴素的休闲活动和交际活动,人常说:"清茶一杯,君子之会",很能体现"君子之交淡如水"的素朴、清白风尚。

(三) 境宜清幽

饮茶之境宜清洁幽静,力避污浊,远离喧嚣。在宋代茶有"清友"

之雅名，苏易简《文房四谱》云："清友，谓茶也。"姚合品茗诗云："竹里延清友，迎风坐夕阳。"唐元稹咏茶云："慕诗客，爱僧家。""夜后邀陪明月，晨前命对朝霞。"明人许次纾在《茶疏·饮时》中描绘了品茗的24种境况，大都是清幽雅静之境。以饮茶环境言之，有"风日晴和""轻阴微雨""小桥画舫""茂林修竹""清幽寺院""名泉怪石""明窗净几""洞房阿阁"等；以饮者的情境言之，有"心手闲适""披咏疲倦""听歌拍曲""杜门避事""鼓琴看画""课花责鸟""夜深共语""宾主款狎""佳客小姬""访友初归""荷亭避暑""小院焚香""酒阑人散""歌罢曲终"等。徐文长也列举了16种"宜茶"境界："茶宜精舍，宜云林，宜瓷瓶，宜竹灶，宜幽人雅士，宜纳子仙朋，宜永昼清谈，宜寒宵兀坐，宜松月下，宜花鸟间，宜清流白石，宜绿藓苍苔，宜素手汲泉，宜红妆扫雪，宜船头吹火，宜竹里飘烟。"（《秘集致品》）这种种清幽宁静之境可以引发思维、酝酿诗情、增益智慧，华佗《食伦》云："苦茶久食益意思。"笔者曾有诗云："酒生肝胆茶生慧，花有清香月有阴。"

（四）气贵平和

饮茶可使人去除烦躁之心、消解急迫之气，从而达到心态平和、心情舒畅的状态。如果与亲朋好友共饮、谈心，茶即成为沟通人与人感情的桥梁，使人的情感交流达到诚挚、喜悦、自由的境地，使人与人的关系变得和谐、轻松。总之，无论独品，还是共饮，饮茶都呈现着一种平和之气，所谓"茶热清香，客至最是可喜；鸟啼花落，无人亦自悠然"。所谓"茶茗久服，令人有力，悦志"（《神农食经》）。正由于茶有平心和气、舒心悦志之功，所以古人称茶为"涤烦子"。《唐国史补》载：常鲁公随使西番，烹茶帐中，赞普问："何物？"常鲁公说："涤烦疗渴，所谓茶也。"茶遂有"涤烦子"之称。唐施吾诗云："茶为涤烦子，酒为忘忧君。"

（五）趣求高雅

饮茶之人，无论何种身份、地位，皆有高雅之趣。故可使精神超越。唐朝诗人卢仝在《走笔谢孟谏议寄新茶》一诗中很好地描绘了品茗的高雅之趣、超越之境。诗云："一碗润喉吻；两碗破孤闷；三碗搜枯肠，惟有文字五千卷；四碗发轻汗，平生不平事，尽向毛孔散；五碗肌骨清；六碗通仙灵；七碗吃不得也，惟觉两腋习习清风生。蓬莱山，在何处？玉川乘此清风欲归去。"诗中虽然也写了茶"润喉吻""发轻汗"的保健功能，但更突出描绘了饮茶可使人进入"破孤闷""散不平""助文思""通仙灵""生清风"的超越境界。王复礼《茶说》描绘了品茶与饮酒的不同境界，他说："花晨月夕，贤主嘉宾，纵谈古今，品茶次第，天壤间更有何乐？奚俟脍鲤包羔，金罍玉液，痛饮狂呼，始为得意也？"通过比较，显示了茶境与酒境的高雅、低俗之别。

总之，亲自然、尚素朴、贵平和、重幽静、求高雅是茶文化主要的价值意蕴，古人论茶，对这些价值意蕴也有认识，如斐汶《茶述》云："茶……其性精清，其味淡洁，其用涤烦，其功致和。参百品而不混，越众饮而独高。"宋徽宗《大观茶论》曰："茶之为物，擅瓯闽之秀气，钟山川之灵禀，祛襟涤滞，致清导和，则非俗人孺子可得而知也。冲淡闲洁，韵高致静，则非遑遽之时可得而好尚矣。"

茶文化价值意蕴的核心可以用一个"清"字来概括。常语说茶，多用"清"字，如"清茶一杯""清茶淡饭"；诗词咏茶，常写"清境"，如"茶烟渔火遥堪画，一片人家在水西"，"多应午灶茶烟起，山下看来是白云"，"寒夜客来茶当酒，竹炉汤沸火初红"，"梢影细从茶碗入，叶声轻逐篆烟来"，"洗砚鱼吞墨，烹茶鹤避烟"，"厌读群书寻野径，闲收落叶煮山茶"，"罢定磬敲松罅月，解眠茶煮石根泉"，"身健却缘餐饭少，诗清都为饮茶多"。这些成语和诗句充分表达了茶文化"尚清"的价值精神。历史上唐人尚酒，宋人尚茶；俗人饮酒，僧人饮茶的文化现象，也可以看出茶文化"尚清"的价值特征。若将酒文化与茶文化予以比较，可以说：酒为侠士之饮，而茶乃高士之饮；酒为诗人之饮，而茶乃哲人之饮；酒为豪杰之饮，而茶乃佳人之饮（"自古佳茗似佳人"）；酒为贵族之饮，而茶乃平民之饮。二者的价值意蕴，颇有差异。

　　茶文化的这种价值意蕴，使饮茶不仅具有解渴、消乏、健身、医病之效，而且具有优化心境、美化心灵、提升精神、净化风气之功。茶源于自然，可使人怀天地之情，形成珍爱自然的价值意识；茶器尚素朴，可使人去除豪华奢侈之气，培养清廉高尚之风；茶境贵清幽，可使人消除污浊浮躁之态，启迪思维增益智慧；茶气尚平和，可助人沟通感情，实现人际关系和谐；茶趣求高雅，可助人摆脱庸俗，实现精神超越。由此看来，提倡饮茶，弘扬茶文化，以茶为"国饮"，不但有益健康，而且具有培育民族精神和促进精神文明建设的深远意义。

（2004 年 4 月 20 日于西北政法学院静致斋）

大学之道与"大人之学"

大学之道是指大学教育的根本宗旨和基本理念,"大人之学"是指大学教育的内容实质和大学学习的基本方式。大学之道是"大人之学"的指导,"大人之学"是大学之道的贯彻。

一 大学之道:传授专业知识、培养专业人才诚然是大学的基本任务,却不是大学教育的宗旨

大学教育的宗旨是在知识传授的基础上,在专业教育的过程中,着力提高学生的整体素质,提升学生的精神境界,养成学生的崇高人格。这一宗旨用马克思的话说就是促使"人的自由而全面的发展"[1];用我国著名教育家蔡元培的话说就是大学"不可视为贩卖知识之所"[2],而"尤当养成学问家之人格","教育者,养成人格之事业也";用中国古代教育家、哲学家的话说就是"立人""成人",培育"大人"。

这里所谓"大人",不是指的"伟大人物",更不是指权贵人物(例如封建时代平民称当官者为"大人"),而指的是大写的"人",具有伟大人格的人。也就是《周易》说的"夫大人者,与天地合其德"的"大人",荀子说的"明参日月,大满八极,夫是之为大人"的"大人"。

---

[1] 《马克思恩格斯选集》第 1 卷,人民出版社 1995 年版,第 294 页。
[2] 蔡元培:《北京大学一九一八年开学式演说词》,载《蔡元培教育论著选》,人民教育出版社 2017 年版,第 171 页。

具有伟大人格的人是顶天立地的人，是对人生意义和价值有所自觉的人，是对民族振兴和人民幸福勇于担当的人，是对人类命运和前途热切关怀的人，总之，是有人的良知、人的德性、人的精神、人的主体性的真正的人。

养成人格、培养"大人"，即"成人""立人"是大学之道的真谛。如果仅仅局限于传授知识、学习专业、培养才能、培养人才，而不着力于养成人格，那就违背了大学之道。大学当然要传授知识、训练才能，但这些都是"底线目的"而不是"最终目的"，"养成人格"才是大学的根本宗旨、终极关怀。爱因斯坦说："什么是教育？当你把学校教给你的所有知识都忘掉之后，剩下的就是教育。"因此从根本宗旨上说大学之道不是"成才"之道而是"成人"之道，大学不是"大知"之学而是"大人"之学。从这个意义上说，中国古代的《大学》一书才真正阐明了大学之道的本质："大学之道在明明德，在新民，在至于止善。"

二 "大人之学"：怎样才能通过大学学习，养成自己的崇高人格、提高自己的综合素质，使自己成为"大人"呢？

（一）以人生事业统率学科专业和谋生职业

专业是有关学科分类的概念，其意义在于知识；职业是有关谋生手段的概念，其意义在于生存；事业是有关人生价值的概念，其意义在于人生。学习专业、选择职业虽然也是上大学的目的之一，但却不是大学学习的全部目的，更不是最高目的。大学学习的最高目的是培养学生去创立能实现人生价值的事业。

因此，要以创立事业为制高点来统率、引导专业学习和职业选择。成就事业固然要有专业知识和特长作为工具，要有职业岗位作为依托，但有专业知识和职业位置却不一定能成就事业，因为成就事业不但要有专业知识和特长，更需要人具有德、识、才、学等良好的综合素质。

综合素质好，任何专业、任何职业都可以成就事业，所谓"七十二行，行行出状元"。而综合素质差，即使你学习了多么热门的专业，多么前沿的专业，选择了许多人赞赏、羡慕的职业，也不能成就事业。古今中外有知识而无成就的人，可谓多矣。

（二）把掌握生存的方法与理解生存的意义结合起来

大学要教导学生"学会生存"，而"学会生存"包括两个方面，一是学会掌握生存的工具和方法；二是学会理解生存的价值和意义。即既懂得"何以为生"，又懂得"为何而生"。

如果只懂得生存的价值和意义，而不掌握生存的知识和技能，那就不能生存，只能空想，人生的价值就会落空；反之，如果只掌握生存的知识和技能而不懂得生存的价值和意义，那就会迷失生存方向，陷入盲目，走上错误的人生道路。

而且，在教会人生存的教育活动中，教会人"何以为生"仅仅是外在的、有限的目的，而教会人"为何而生"才是内在的无限的目的。因此，在专业学习的过程中既要学会"如何"获得和运用知识，更要学会"为何"获得和运用知识。"如何"获得、运用是知识的"方法"问题、工具问题，"为何"获得、运用是知识的"方向"问题、价值问题。学会了获得和运用知识的方法，就掌握了生存的技能；确立了获得和运用知识的方向，就能实现生存的价值。

联合国教科文组织的教育报告《学会生存——教育世界的今天和明天》一书中说："很久以来，教育的任务就是为一种刻板的职能、固定的情境、一时的生存、一种特殊的行业或固定的职位做好准备。教育灌输着属于固定范畴的传统知识。这种见解至今仍然十分流行。然而，那种想在早年时期一劳永逸地获得一套终身有用的知识或技术的想法已经过时了。传统教育的这种根本准则正在崩溃。现在不是已经到了寻求完全不同的教育体系的时候了吗？我们要学会生活，学会如何去学习，这样便可以终身吸收新的知识；我们要学会自由地批判和批判地思考。学会热爱世界并使这个世界更有人情味;学会在创新过程中通过创造性工作促进发展。"

其中共提出了五个"学会",包括了学会生存的方法和学会生存的意义两个大的方面。特别值得深思的是它要我们"学会热爱世界并使这个世界更有人情味"。

(三) 把提高科学文化素质和提高思想道德素质统一起来

要培育伟大人格,在大学学习中就要以提高自己的综合素质、整体素质为目标,在综合素质、整体素质中科学文化素质和思想道德素质是两个重要方面,即我们经常说的德与智、德与才两个方面。这两方面对于养成崇高人格,成为"大人"缺一不可。关于科学知识的重要性,人们已言之甚多,耳熟能详。这里重点说说思想道德特别是道德的重大意义。道德的意义不仅在于它是人的行为规范,是处理人与人关系的准则,而更重要的是它对于"做人""治国"("以德治国")具有多方面的重大意义。

就对于"做人"的意义而言:(1) 道德是人的生存条件——人只有生产才能生存,只有结群才能生产,而要结成社会就必须有道德来协调人际关系;(2) 道德是人之为人的标志——道德是人与动物区别的标志之一,儒家以道德为人禽之辨的根据;(3) 道德是人的价值动力——人的价值在于贡献,愿意为社会贡献是道德自觉的表现;(4) 道德是人的才能统率——才能的动力靠道德激发,才能的方向靠道德指导。司马光说:"才者,德之资也;德者,才之帅也。……德胜才,谓之君子;才胜德,谓之小人。……君子挟才以为善,小人挟才以为恶。挟才以为善者,善无不至也;挟才以为恶者,恶亦无不至矣。"(《资治通鉴》卷一《周纪》)

从人的素质结构而言,在诸多素质中,思想道德素质是根本,是核心,是灵魂。爱因斯坦在谈到居里夫人的成就时说:"第一流人物对于时代和历史进程的意义,在其道德品质方面,也许比单纯的才智成就方面还要大。"① 意大利诗人但丁说:"道德常常能填补智慧的缺陷,而智慧却永远填补不了道德的缺陷。"② 所以大学生在学习文化科学知识的同时,一定要自觉地加强思想道德修养,提高思想道德素质。《中庸》云:"尊德性而道问学",就是要求德与智、德与才的全面发展。

还应看到,道德修养比才能学习难度更大。一是因为人们为了生存需要,往往重才能轻道德、重工具轻价值。司马光说:"夫德者人之所严,而才者人之所爱。爱者亦亲,严者有疏,是以察者多蔽于才而遗于德。"(《资治通鉴》卷一《周纪》)特别是当今社会,"知识就是力量""知识就是资本""知识就是金钱"的观念更加强化,淡化了人们的道德意识。二是由于当前中国社会的道德状况不佳,道德失范严重,道德环境不好(大学生的道德水准也不高),因此,为个人保持和提高道德情操增加了一定的难度。所谓"四海尽秋气,一室难为春","受骗多了会使人失去爱心","好人难做","老实人吃亏",反映的就是人的这种道德窘境。在这种情况下,大学就更应特别重视道德教育,大学生就更应强化自己的道德修养。

(四)把知识升华为智慧

杰出人才、崇高人格不但有渊博的知识,而且有卓越的智慧。人生的境界高低,人生事业大小,从根本上并不取决于知识的数量多少,而是取决于智慧的程度高低。在我们看来,智慧是一种基于知识,现于才能,达于彻悟的高、远、深、广的认识能力和认识境界。首先,它是一种认识能力,人的深层次、高境界、创造性的认识能力,即一种高屋建瓴、高瞻远瞩、探赜索隐的洞察能力(包括判断力、辨析力、洞察力、彻悟力、创造力、预见力等)。《现代汉语词典》释"智慧"为"辨析判

---

① [美]爱因斯坦:《悼念玛丽·居里》,参见许良英、李宝恒、赵中立、范岱年编译《爱因斯坦文集》第1卷,商务印书馆2017年版,第475页。
② 转引自李春荣主编《新时期大学生思想道德修养》,哈尔滨工业大学出版社1995年版,第47页。

断、发明创造的能力"。其次，它还是一种通彻事理、了悟世情、洞达人生的精神境界。智慧的重大意义有三个方面。

（1）智慧是知识的升华。知识是智慧的资源，智慧是知识的升华。智慧基于知识但不等于知识，是知识的升华；它现于才能但不等于才能，是才能的升华。它是知识和才能升华而成的结晶。所谓升华就是融会贯通。知识和才能融会贯通之后形成的见识和思想就是智慧。它具有一种洞察力、预见力和创造力，而洞察力是以对本质的把握为根据的，预见力和创造力是以对规律的认识为基础的。知识易言，智慧难说。什么是智慧？浅言之，"举一知一"是知识，"举一反三"是智慧；识"一叶"是知识，"见一叶而知秋"是智慧；"见微知微"是知识，"见微知著"是智慧；感到"风满楼"是知识，见"风满楼"而知"山雨欲来"是智慧；"彰往"是知识，"彰往而知来"是智慧；"由此知此"是知识，"由此而知彼"是智慧；"由表知表"是知识，"由表而知里"是智慧；认得"蚁蝼之穴"是知识，知"蚁蝼之穴可以溃千里之堤"是智慧。刘知几说史家应有"才、学、识三长"（《旧唐书》卷一〇二《刘子玄传》）。章学诚说史家应有"德、识、才、学四长"（《章氏遗书》卷四《文史通义》）。袁枚也认为诗人应有"德、识、才、学四长"（《续诗品·尚识》）。"德"是道德，"才"是能力，"学"是知识，"识"就是智慧。冯契说："意见是以我观之，知识是以物观之，智慧是以道观之。"[1]

（2）智慧是知识和才能的统帅。从智慧的形成而言它是知识和才能的升华，从智慧的功能而言它又是知识和才能的统帅。它不但主导着知识和才能的获得，而且指导着知识和才能的运用。就"获得"而言，智慧对于知识和才能起着方法作用；就"运用"而言，智慧对于知识和才能起着定向作用。袁枚说："学如弓弩，才如箭镞，识以领之，方能中鹄。……我有神灯，独明独知，不取亦取，虽师勿师。"（《续诗品·尚

---

[1] 冯契：《智慧的探索·补编》，载《冯契文集》第9卷，华东师范大学出版社1998年版，第3页。

识》）袁枚将"识"的功能喻为"神灯"，颇有深意。清人叶燮在《原诗》中认为诗人应具备识、才、胆、力四要素，他尤其强调"识"对其他三者的主导作用。他说：没有识的才、胆、力有害无益，"无识而有胆，则为妄、为鲁莽、为无知，其言背理叛道蔑如也。无识而有才，虽议论纵横，思致挥霍，而是非淆乱，黑白颠倒，才反为累矣。无识而有力，则坚僻妄诞之辞，足以误人惑世，为害甚烈"（《原诗·内篇下》四）。因此，清末刘熙载说："文以识为主。审题立意，非识之高卓精审，无以中要。才、学、识三长，识为尤重，岂独作史然耶？"（《艺概·文概》）他们所谓"识"就是智慧。

（3）智慧是个人生存的指针。智慧是对宇宙法则、人的本质和人的价值的深刻洞察和透彻理解，是关于人类生存和发展的"最高支撑点"的把握。因此，对个人来说，它是个人生存的指针。是对于人生在世、人活一世的指导。

因此，要实现事业理想和人格理想，就不但要学习知识、掌握知识，还要转化知识、升华知识，把知识升华为智慧（转识成智）。升华的途径是"化知识为方法""化知识为德性"。我们如果不把知识升华为智慧，知识就会遮蔽智慧。人的知识既可以陶铸智慧、支撑智慧，又可以淹没智慧、遮蔽智慧。当人善于把知识转化、升华为智慧的时候，知识就可以陶铸智慧；当人把知识僵死化、固执化的时候，知识就会遮蔽智慧。

把经验知识僵死化、固执化的经验主义和把文本知识僵死化、固执化的教条主义，是知识遮蔽智慧的两种典型形式。对于知识遮蔽智慧的现象，古人也有清醒的认识，成语云："食古不化""两脚书橱""尽信书不如无书"；李白诗云："鲁叟谈五经，白发死章句；问以经济策，茫如堕烟雾。"就是对这种现象的批评。为了防止知识对智慧的遮蔽，老子主张"为道日损，损之又损，以至于无为"，张载提出"不以见闻梏其心"。王阳明认为对于朱熹"格物致知论"具有的"务外遗内""博而寡要""玩物丧志"等以知识遮蔽智慧的弊病，只有通过心与物、心与理、知与行的合一才能克服。

近代以来,人类处在一个知识愈益遮蔽智慧的时代。自培根提出"知识就是力量"的口号以来,哲学实现了向认识论的转向。这种转向,既是科学知识发展的结果,又是科学知识发展的导引。于是人类的知识飞速发展、迅速增长、快速更迭、大量积累。至20世纪60年代以降,形成了"知识爆炸""信息泛滥"之势。科学知识增长的结果,一方面推动社会经济的发展,另一方面却导致了智慧的萎缩。人类越来越变得有知识而无智慧,有技能而无境界。正如印度政治家卡兰·辛格说的"知识越来越丰富,智慧却日趋枯竭"。在当今这个重知识的时代,人们往往注重知识而轻智慧,甚至认为知识即智慧,这就往往忽视知识对智慧的遮蔽。因此导致了知识泛滥、智慧匮乏。

(五) 通过优化学风来提升人格

学习既要有科学的方法,也要有良好的学风。"学风"指的是对于学习的信念、态度和精神状态。学习方法是智商的表现,学风是情商的表现,二者对于学习缺一不可。

更为重要的是学风不但对于学习质量的提高有巨大作用,而且对于人格的养成也有重大意义。一方面,学风是人格特征的具体表现、人的精神状态的具体表现,有什么样的人格就会有什么样的学风;另一方面,学风的端正和优化也是锻炼人格、陶冶人格的重要途径。因此养成勤奋、扎实、诚实、严谨、独创的学风,防止和克服懒散、浮躁、虚夸、粗疏、因循的学风,不但是学习本身的需要,也是人格提升的必要条件。

无数事实证明:懒而不勤、华而不实、浮而不入、伪而不诚、漫而不谨、袭而无创的不良学风,不但会败坏一代学术,而且会毁坏一代人才。当今中国大学,学德缺失、学风退化,几成危机。主要问题是华而不实、伪而不诚。学生作弊、学者抄袭、学阀受贿、学官弄权的现象,屡见不鲜、屡教不改、屡禁不止。当今之大学,已不是过去所谓"一潭清水""清水衙门",大凡社会上存在的不良风气、不良现象大学里都有不同程度的存在。因此，净化风气、优化学风，不仅是极其重要的，而且是极为紧迫的。这就要求老师和学生共同努力，端正校风，优化学风。通过校风的端正和学风的优化，来促进学校良好的育人环境的形成；来促使学生个人的精神境界的提高。一个人在大学期间，养成优良的学风，一生都会受益无穷，不只是对于治学有好处，而且对于做人、做事，都是一种宝贵的精神力量。

总之，大学之道的实质是"大人之学"，即培养学生丰富的个性、健全的人格、负责的精神、崇高的境界的教育，引导学生理解人生终极依据和终极价值的教育。《中庸》云"修道之谓教"，韩愈云"师者，传道、授业、解惑也"。大学所"修"之"道"、所"传"之"道"，归根到底就是这种"为人""做人"之道。如果离开了这个道，大学就会沦为工具，失落其核心使命。当今的中国大学教育，虽然红火却有世俗化的色彩，虽然繁荣却有功利的倾向，虽然显赫却有工具化的危险。办教育者关注的是学校的经济效益，受教育者追求的是文凭的功利价值。这种对教育中的所谓"含金量"的热衷，会使教育蒙受亵渎，沦落风尘。现在到了拯救教育的时候了！同学们，让我们一起来维护大学之道，来遵循"大人之学"，来拯救中国教育的伟大灵魂，来培育中华民族的崇高精神吧！让我们通过大学学习，真正懂得人生之道，自觉地、努力地去追求真、善、美的人生理想和社会理想。在人生在世、人活一世的历程中，始终有一盏"明灯"作为人生指针，这就是真、善、美：

"真是根本美是花，善作绿叶护新芽；
人生是棵常青树，贵在精神能升华。"

（原载《政法教育研究》2004年第1期）

论曹南冥文化人格的主体性特征

曹南冥（1501—1572）是16世纪韩国的重要思想家、哲学家，是李退溪的同龄人。这位五百年前的哲人，对中国古代儒家思想尤其是宋明理学有着深入的研究和独到的理解，并结合韩国的实际进行了阐释和发展。曹南冥先生在他的著述中大量引用和阐发了张载的哲学思想。例如他在《学记类编》中就全文选录了张载的《西铭》。这说明，曹南冥的哲学思想与张载关学有着密切的关系，可以说曹南冥是张载关学在韩国的承传者。通过研究曹南冥的文化人格，可以从另一种角度认识关学的精神特征。

文化人格是个体对待文化、承载文化、体现文化的人格特征。每个人都生活于特定的文化传统中，都身体力行着某种文化精神，因而，也都有自己的文化人格。然而，一个知识分子，一个学者，一个思想家，一个文学家，他们的文化人格比普通人有着更为鲜明的特征。曹南冥的哲学宗旨是"敬义夹持"，他说："吾家有此（敬义）两个字，如天之日月，洞万古而不易。圣贤千言万语，要其归都不出二字外。"他的文化人格特征是"壁立千仞"，他说："如今时俗，污毁已甚，要须壁立千仞。"（《答仁伯书》）申钦曰："曹南冥植节义，有壁立千仞之气象。""壁立千仞"乃雄伟、高峻、挺拔之象，以形容南冥文化人格的鲜明主体性。南冥文化人格的主体性特征包括五个方面。

一　遗世独立的文化个性

南冥一生的大部时间生活在中宗、明宗在位的时期，当时的李朝朝鲜，党争频繁，士祸迭起，名士蒙冤，民心浇漓。但南冥一生隐居不仕，遗世独立。南冥具有鲜明的遗世独立的文化个性。

首先，他对自己保持个性独立有自觉意识。他说："如今时俗，污毁已甚，要须壁立千仞，头分支解，不为时俗所移，然后方可做成吉人。"（《答仁伯书》）他在文章中自称："余初受气甚薄，又无师友之规，唯以傲物为高。非但于人有所傲，于世亦有所傲。其见富贵货利，蔑如草泥。僄忽骄举，活啸攘臂，常若有遗世之象焉。"（《书圭庵所赠〈大学〉册衣下》）"植于人少许可，磨顶而未尝阿生人，宴坐而岂肯谀死鬼乎？"（《义城金氏墓志》）

其次，他对独立不移的品格有高度的评价。他常在诗文中赞美那种独立不移的崇高品格，讽刺那些阿谀依附的奴性态度。如："请看千石钟，非大扣无声。万古天王峰，天鸣犹不鸣。""千古英雄所可羞，一生筋力在封侯。""区区诸葛成何事，膝就刘郎仅得三。"又曰："人之爱正士，爱虎皮相似。生前欲杀之，死后方称美。"

最后，他的独立个性有充分的表现。曹南冥从年轻时起直到晚年，始终保持尚气任性，不掩锋芒，固守所见，倔强不屈的独立精神和傲岸气象。既不阿世，也不谀人；既不随波逐流，也不朝三暮四。

曹南冥遗世独立的品格在当时就受到人们的高度赞美。其状文赞曰："雪月襟怀，江湖性气，特立万物之表，俯视一世之上。高识远见，出于天资；临机论事，发人意表。而忧时愤世，忠激义形，发于囊封奏对之间者，既可见也。天性伉慨，未尝俯仰于人。"曹南冥遗世独立的品格是他文化人格的主体性的首要标志，因而也是他的其他人格因素的前提条件。

二 批判反思的超越意识

曹南冥生活的时代，李朝统治的社会趋于停滞和衰落，内忧外患交织，天灾人祸频仍，危机此起彼伏。南冥的独立人格使他能清醒地认识当时的政治之弊和时局之危,也能深刻地分析当时的学术之失和学风之非。而他刚正不阿的品质和关心国家前途命运的深情又使他勇于对现实进行批判。《行状》记述说:他"常与学士大夫,语及时政缺失,生灵悃悴,未尝不扼腕哽咽,或至流涕。闻者为之竦听。其拳拳其斯世如此"。

他深刻揭示了国势的危机:说"邦本分崩,沸如焚如;群工荒废,如尸如偶。纪纲荡尽,元气茶尽,礼义扫尽,刑政乱尽,士习毁尽,公道丧尽,用舍混尽,饥馑荐尽,府库竭尽,饗祀渎尽,征贡横尽,边圉虚尽,贿赂极尽,掊克极尽,冤痛极尽,奢侈极尽,饮食极尽"[1](《丁卯辞职呈承政院状》)。总之,"国事已非,邦本已亡,天意已去,人心已离"(《乙卯辞职疏》)。

他尖锐地批评了朝政的失范:说"王灵不举,政多思货,令出惟反,纪纲不立";"小官嬉嬉于下,姑酒色是乐;大官泛泛于上,唯货赂是殖"(《乙卯辞职疏》)。他大胆指出了君主的失误:说当朝的皇帝"好声色""好弓马""好小人","威福在己而不自总揽"。

他明确指责学界风气的浮躁:说当时的学者"徒靠册子上讲明义理而无实得",甚至"利欲胜,义理丧,而外假道学,内实怀利,以趋时取名者,举世同流"。并认为这种学风产生了严重的危害:"坏心术,误世道,岂特洪水异端而已。"(《言行总录》)

曹南冥的批判反思意识,是其独立人格的突出表现,也是他作为一个思想家的崇高的使命意识的鲜明体现。在当时士祸迭起、士气低落、士风萎靡的历史背景下显得尤其难能可贵。

三 "以心守道"的主体精神

独立个性和批判精神,虽然都是主体性的重要表现,然而,二者都

---

[1] 《丁卯辞职呈承政院状》,载《南冥集校注》,上海古籍出版社2014年版,第330页。

还是文化人格的外在方面，是"用"而不是"体"。内在的主体精神才是曹南冥文化人格的深层结构，是其文化人格的哲学基础。而曹南冥的主体精神是由其哲学所锻铸的。南冥的哲学受到宋明心学的影响，非常重视心的主体地位和主宰作用。

第一，他认为心是理的主导，对穷理起支配作用，因而也对善起决定作用。他说："性分之内，万理具备。仁义礼智乃其体也。万善皆从此出。心者，是理所会之主也；身者，是心所盛之器也。"（《戊辰封事》）又说："故非主敬，无从以存此心；非存心，无以穷天下之理；非穷理，无以制物件之变。"① 又说"学者苟能收敛身心，久而不失，则群邪自息而万理自通矣"②。

第二，他认为心是能动性的源泉。他说："究人事之下行，根天理之上达。万理具于性本，混泼泼而活活，随取用而有余，犹窟宅而生出，合川流而敦化，皆大本之充实，配悠久于博厚，归万殊于一极。"（《原泉赋》）就是说，人的心是生机勃发、生动活泼、充实博厚的，具有无限的能动性。因而，是万理之本、万殊之极。

第三，他认为心是人的外在表现的动因。他说："宽而敬，大抵有诸中者必形诸外。故君子心和则气和，心正则气正。"（《经学理窟·气质》）

第四，他认为心是人保持主体性的根本。他说只有以心守道，进而由道守义，才能保持人格的主体性。而他自己正是通过以心守道、由道守义的方式来保持人格的主体性的。《行状》评价说：南冥"由道守义，不肯自小以求用；安贫固穷，未尝自屈以从俗"。

"以心为主""以心为本""以心守道"三者统一起来，就是"以心立人"——以心确立人的主体地位和价值。

---

① 《戊辰封事》，《南冥集校注》，上海古籍出版社2014年版，第320页。
② 《示松坡子》，《南冥集校注》，上海古籍出版社2014年版，第197页。

四 "践实致用"的学术取向

曹南冥既主张"以心立道",又主张"以身行道",由此而倡导在学术取向上"践实致用"。这是他的主体精神在学术思想上的集中表现。《行状》云:"其为学也,略去枝叶,要以得之于心为贵,致用践实为急,而不喜为讲论辨析之言,盖以为徒事空言而无益于躬行也。"曹南冥"践实致用"的学术取向的主要内容有三个方面。

第一,于人事上求天理。他说:"为学要先知识高明,如上东岱,万品皆低。然后惟吾所行自无不利。今之学者舍切近趋高远。为学初不出事亲、敬兄、悌长、慈幼之间。或不勉于此,而遽欲穷探性命之奥,是不于人事实上求天理,终无实地于心,宜深戒之。"①

第二,"穷器理将以致用"。他说:"穷器理将以致用,修其身将以行道。耳目口鼻之欲,亦天理也。流于不善,然后方为之欲。人心道心之别,只是形气理义之间而已。"②他尖锐地批评当时空谈义理的不良学风:"手不知洒扫之节,而口谈天理,计欲盗名而用以欺人,反为人所中伤,害及他人。"③"手不知洒扫之节而口谈天上之理,夷考其行,则反不如无知之人。"④又说:"名不足以救实,犹画饼不足以救饥。"⑤

第三,究下学以救时弊。南冥认为,当时国家政治和社会风气方面存在的痼疾,正是由虚而不实、知而不行的学风所引起的,世风的矫正之难,实缘于学风的扭转之难。他在《致吴子强书》中说:"熟看时尚,痼成麟楦驴鞯,浑世皆然,已急于惑世诬民,虽有大贤,已不可救矣!此实斯文宗匠者,专主上达,不究下学,以成难救之习。曾与之往复论难而不肯回头。公今不可不知此弊之难救矣!"他委婉地批评当时的理

---

① 成大谷撰《墓碑文》,载《南冥集校注》,上海古籍出版社2014年版,第19页。
② 《戊辰封事》,载《南冥集校注》,上海古籍出版社2014年版,第320页。
③ 《与退溪书》,载《南冥集校注》,上海古籍出版社2014年版,第437页。
④ 《与吴御史书》,载《南冥集校注》,上海古籍出版社2014年版,第169页。
⑤ 《丁卯辞职呈承政院状》,载《南冥集校注》,上海古籍出版社2014年版,第437页。

学宗师李退溪未努力"呵止"这种不良学风,并劝他利用"身到上面,固多瞻仰"的学术地位和学术威望"仰规"纠正学风之弊,引导学者在求实践行上下功夫。

五 严笃克己的心性修养

曹南冥十分重视个人的心性修养,在修养过程中严谨笃实、努力克己。对自己要求十分严格。他非常强调"以己心为严师"。他常佩金铃,用以唤醒自警;常以静盏贮水捧之终夜,以为持心之试;画先圣先师遗像于屏风之上,对之肃然侍坐;鸡鸣即起,冠顶带腰,正襟危坐,以养严谨之风。他为学教人,以得之于心为贵,以"践实致用"为急。不喜讲论,反对空言,重在自得,着力躬行。后人赞扬他心性修养的功夫说:"超然自反于性分之内,奋然用力为为己之事。隐居求志,闭门积学,忠信以为本,敬义以为主。佩四字符,建百勿旂……克己之严,则厮杀九窍之邪,而奸声乱色,罔敢或干,保守之密,则闭塞三关之入,闲思杂念,罔敢或萌。"(《状文》)曹南冥的心性修养工夫是建立其主体人格的重要方式,也是其提升人格境界的基本途径。他在修养中所体现的笃实克己特征既贯彻了他求实致用的学术取向,又表现了他"以心守道""以心立道"的自主精神。因此,它不是一种孤立的自我修养问题,而是他的主体人格的有机组成部分,和他的人格系统有着内在的统一性。

总之,曹南冥的文化人格具有强烈而鲜明的主体性特征。在这主体性的构成因素中,独立性是前提条件,批判性是关键环节,主体性是本体根基,求实性是学术取向,克己性是修养途径。从而使他成为特立独行的处士,超然遗世的隐士,愤世嫉俗的名士,直言勇谏的直臣和学以致用、学以修身的哲人等诸多形象综合统一的文化人格形象。这在韩国哲学史上是鲜有其俦的,在中国哲学史上也不多见,因而,很值得我们认真研究和深入思考。

(载《张载关学与南冥学研究》一书,社会科学文献出版社2004年版)

论场有哲学的价值观

唐力权先生创立的场有哲学，是一个融会中西、贯通古今、创意丰盛、含义深邃的哲学体系。在这一哲学学说中，作者以自己的独特思路，对一系列重要的哲学问题提出了别具一格的慧解。其中关于价值问题的论述，就颇具特识，颇多新意。场有哲学的价值观主要包含四个方面的内容。

一 "生生场有"的价值本体论

场有哲学的基本概念是"场有"。"场"是指事物的相对相关性的所在，也同时指此相对相关性之所以为可能的所在。"场有"就是依场而有的意思，即依相对相关性而存有，在相对相关性中存有。场有哲学认为，一切存有都是场的存有，而不是孤立性的实体的存有。因之，所有相对的两极并非各自独立、绝对对立的，而是互为依存的。场和场性可以有种种不同的分类，宇宙作为一大场有，是构成一切事物的相对相关性的无限背景，也就是场有的本体（场体），即《易传》所谓"太极"。作为本体的场有（太极）具有四大基本特性。

一曰"互"。场有的相对相关性本身就表明，场有是互体性的存有。宇宙间所有的事物都是相互依存、相互渗透的，没有绝对独立、绝对纯粹的存在，"一中有多，多中有一；凡超越者也必同时内在，凡内在者也必同时超越；没有绝对的创造者，也没有绝对的被创造者；没有绝对的主体,也没有绝对的客体;没有无物之心,也没有无心之物"①。宇宙场有的这种互体性,为一切价值的产生提供了可能性的根据。唐力权先生说:"事物的相对相关性乃是意义的根源;我们正是以事物之仪的相对相关性而言义。"②又说:"一切意义与价值都来自场有或主客的相对相关性里——都是互体性的实现,而非自体性的独白。在宇宙场有的互体中,氤氲着一切意义与价值的虚机种子。"③

二曰"宜"。宇宙是无限场有的名称,人生存于场有之中并与场有形成一终极性关系。在这终极性关系中,人对宇宙人生所采取的基本态度——对周围世界所采取的回应和裁定方式,就是人的"形上姿态"。它集中体现着人的"主体性格",表现着心的功能和作用(由于心的功能和作用是从人与宇宙场有的终极性关系中产生的,因此,人心的灵明作用实质上是场有的灵明作用)。心不但有明觉性、主宰性,还有终极性,终极性的心即与道相合之道心。道心的根本特性是"宜其宜",也就是以宜为体。道心之宜是道体之宜的呈现,所以,道体也是宜体。宜者,适也。作为宜体的道体是一切存有及其价值的根源。"事物之所以为存有正在其仪之得宜:得宜乃是一切存有之所以为存有的存有性。说得更简洁有力一点:存有就是得宜,得宜就是存有。""一切物事都是得宜而生,得宜而死,得宜而来,得宜而去。此是一得宜,彼也是一得宜。"④

三曰"和"。场有本体是宜体也是和体,所谓"和",就是场作为事物的相对相关性的存在,是一和谐的统一体。《周易》以"太极"称谓宇宙的终极场有,而"太极"的根本规定性就是"太和"。"太和"就是

---

① 唐力权:《周易与怀德海之间——场有哲学序论》,辽宁大学出版社1991年版,第6页。
② 唐力权:《周易与怀德海之间——场有哲学序论》,辽宁大学出版社1991年版,第48页。
③ 唐力权:《自由与自律之间》,载《场与有——中外哲学的比较与融通》(二),中国社会科学出版社1995年版,第26页。
④ 唐力权:《周易与怀德海之间——场有哲学序论》,辽宁大学出版社1991年版,第46—47页。

大和，即最高的和谐。北宋哲学家张载在《正蒙·太和篇》中说："太和所谓道，中涵浮沉、升降、动静相感之性，是生氤氲、相荡、胜负、屈伸之始。"明末王夫之释"太和"云："太和，和之至也。未有形器之先，本无不和。既有形器之后，其和不失，故曰太和。"（《张子正蒙注》）由此看来，"太和"是宇宙场有的本性，它是万物之所以生成的源泉，也是万物之所以具有价值的源泉。唐力权先生在《周易与怀德海之间——场有哲学序论》中说："《易传》以道体为一大和谐体"，"道体是宜体，也是和体。万物之得宜乃是在道体—宜之和体中得来的"，"个体存有在道体中的贞定乃是一个宜的和合"。"贞定"对一个体存有来说就是"利"，因此，《乾文言》曰："利者，义之和也。"① 这是对"和体"作为价值本体的意义的深刻阐明。

四曰"生生"。宜与和虽然是本体场有的重要特性，但还是对场有的存有状态的描绘，而"生生"则是场有本体的"权能"。在场有哲学中，"权能"是一个形而上学概念，它是在事物"得宜"的"得"字上取义的。也就是说，权能是事物内在固有的获得自身本性的能力，具体说来，"权能就是内在于一事物而使其有所得的创造性，就是此事物之所以为此而非彼的主体——也就是它所以表现其仪相的生命"。可见，权能是事物的创造性、主体性、生命性的统一。就场有本体而言，权能就是场有本体的"生生之德"。《系辞》所说的"生生之谓易""天地之大德曰生"，正是对宇宙场有本体的创造权能的精辟概括。"在《周易》的形而上学里，终极存有或实在——《系辞传》称之为'太极'——乃是一生生不已的生命洪流、一个变动不居随时位而转化的创进体。"② 而场有本体的这种生生不已的创造权能，则决定着一切场有者的权能。因而，它就成为一切价值的最终根据。

---

① 唐力权：《周易与怀德海之间——场有哲学序论》，辽宁大学出版社1991年版，第17页。

② 唐力权：《周易与怀德海之间——场有哲学序论》，辽宁大学出版社1991年版，第3页。

宇宙"场有"是互体、宜体、和体、生生之体的统一。就其相对相关性言之它是互体，就其适合适当性言之它是宜体，就其和谐性言之它是和体，就其主体性创造性言之它是生生之体。由此看来，宇宙场有是体与用的统一。互体即相对相关性的场有自身（场体），而"宜""和""生"，皆指场体之用（场用）。"体用之别乃是以场有之创造性而分的。体言此创造性所本之权能，用则言此创造权能之开显。体与用、权能与开显——两者实是二而一、一而二，只不过是场有之两面罢了。"①体与用的统一，蕴含着存在与价值的统一。因此，"生生场有"既是存有的本体又是价值的本体。正是在这一意义上，唐力权先生说："生生的场有乃是道体一心宜无不宜的价值体；即活动事件的权能运作本来就是一实现价值的表现。"②

二 "当下之用"的价值时态论

本体"场有"是构成一切事物的相对相关性的无限背景和环境。在这一"生生之流的场性"背景和环境中，每一事物也都是依场而有的场有者。于是就形成了"场有自身"与"场有者"、"场有者"与"场有者"之间的双重关系。在场有哲学看来，任一场有者都是场有自身创造权能的开显，但由于透视的观点和领域不同，场有的开显也就有别。一事物的场有是以此事物为透视领域的场有，例如，太阳系的场有就是以太阳系为透视领域的场有，人类的场有就是以人类为透视领域而开显的场有。所以，宇宙间每一事物都有其独特的场有。如果用《易传》的术语来表达，场有自身与场有者的关系即"道"与"形器"的关系，而场有者与场有者的关系即"形器"与"形器"的关系。那么，场有哲学如

---

① 唐力权：《周易与怀德海之间——场有哲学序论》，辽宁大学出版社1991年版，第4页。
② 唐力权：《周易与怀德海之间——场有哲学序论》，辽宁大学出版社1991年版，第144页。

何看待每一场有者的价值呢?

(一)"独得之宜"——场有者的价值根据

既然宇宙间每一事物都是一独特的场有者,那么它就会有自己独特的价值。这种独特价值就在于该事物的"独得之宜",即它从场有自身(道体)那里获得的"宜"。一切事物都是"得宜"而在的,"存有就是得宜,得宜就是存有",因之,一事物的独得之宜是此事物的存有根据。而且,由于一事物的独得之宜只属于它自己而非其他事物所能有,所以独得之宜也体现着该事物的自由。以此言之,每一场有者的独得之宜是它存在和价值的共同根源。然而,在场有哲学的视野中,事物的"宜"不过表明的是它在相对相关性的场有中的关系状态,因此,又可以说:"一事物的意义乃是依它与前事、后事、同时之事的相关处而有的","事物的相对相关性乃是意义的根源"。①

(二)"当下之用"——场有者的价值时态

就其"独得之宜"言之,场有者是一个独立自由的存有;但就其"依场而有"言之,场有者又是一个相对相关性的存有。这就表明了场有者的独立自由不是绝对的而是相对的。场有者的相对性品格,归根结底是由宇宙场有生生不已的创造历程所决定的。场有哲学认为,场有本体(太极)"乃是一生生不已的生命洪流、一个变动不居随时位而转化的创进体"②。而一切场有者都是这生命洪流中的浪花、创进历程中的成果。于是,每一场有者总处于一定的时位中。一个场有者的独得之宜和相对相关性正是通过它的时位来表现的,场有本体的创进历程的韵律、节奏和条理也是通过诸多场有者(事物)的时位具体表现出来的。因

---

① 唐力权:《周易与怀德海之间——场有哲学序论》,辽宁大学出版社1991年版,第47—48页。

② 唐力权:《周易与怀德海之间——场有哲学序论》,辽宁大学出版社1991年版,第3页。

此，场有者的价值总是在一定时位中的价值，即"当下之用"。唐力权说："一物事的当下之用——它在此时位中的宜或 fitness——也就是此物事的当下的真实性与价值。"① 他还把"当下之用"分为"自我享用"与"为它所用"两个层次。所谓"自我享用"，就是一物事在完成其自己的历程中所发挥的一切作用；所谓"为它所用"，就是当此物事成事之后为继起物事所发挥的"与料"作用。由此可见，在场有哲学中，一事物的自我价值和为它价值都不是绝对的、抽象的，而是一定时位中的相对的具体的价值。

不难看出，"独得之宜"和"当下之用"的价值观，是在场有自身与场有者（具体事物）的统一中、场有本体与场有创造（权能开显）的统一中来把握场有者的价值的。而这两个统一，在场有哲学看来，都是体与用的统一，即场体（权能之体）与场用（开显之用）的统一。这种思路，深刻蕴含着在普遍与特殊、存在与历程的辩证关系中认识具体事物价值的重要方法。

三 "原始仁性"的价值根源论

相对于场有本体而言，人也是一个具体的场有者。然而，相对于其他场有者而言，人却是一个特殊的场有者。因此，人的价值既有与其他场有者的相同之处，也还有其特殊的含义。场有哲学对人的价值的论述是通过四个层次展开的。

（一）"道身"是对于"根身"的"超切"

按场有哲学的观点，人是一会直立走路、会说话的场有者。人所具有的能直立走路的形躯，是人所特有的根身，根身不仅具有肉体生命，而且承载着精神生命。根身所承载的精神生命就是人的道身。道身起于

---

① 唐力权：《周易与怀德海之间——场有哲学序论》，辽宁大学出版社1991年版，第35页。

根身而又超越根身，超越根身而又不离根身，于是，二者之间就形成了既相依存又相矛盾的关系。就道身而言，它对于根身的超越和依存，谓之"超切"。

（二）精神生命是意义世界开显的枢纽

人的道身——精神生命是一个承担意义的生命（承义体），离开了意义世界，就无精神生命可言；而离开了精神生命，意义世界则无法开显。因此，意义世界就成为人的精神生命的内涵，而人的精神生命就成为意义世界开显的枢纽。

（三）"本体仁性"是意义世界的根本

意义世界是一个面向人并通过人而开显的价值世界，在意义世界中最根本的价值是什么呢？这就是"本体仁性"。"所谓本体仁性者指的乃是生命权能、创造权能对自身本有的承担、关怀与肯定。"① 由于"本体仁性"是一切生命权能的本性、一切生命本然而有的生生之性，所以，本体之仁是对一切存有的绝对无差等、绝对一视同仁的爱，是与天地万物为一体的仁。即儒家哲学所说的"至善"的"天地之仁"。在意义世界中，一切存有的意义和价值、任一存有的所有意义和价值，都是以存有自身本有的肯定为前提、为基础的，因此"本体仁性"是意义世界的根本价值，也是人的价值的本体论根源。

（四）"原始仁性"是一切价值的根源

"本体仁性"虽然是意义世界中的根本价值，是人的价值的本体论根源，但却不是人的价值的直接根源，也不是人的价值的独特标志。只有当"本体仁性"体现于、落实到人性之中，才能支撑人的价值。落实于人性中的仁，场有哲学称之为"原始仁性"。"原始仁性"是人与生俱

---

① 唐力权：《周易与怀德海之间——场有哲学序论》，辽宁大学出版社1991年版，第83页。

来的、本然的责任感即"良心",它是本体仁性在人的生命里所生发的主体性,是人之所以为人的标志。由于价值发生于生命的自我肯定,生命表现于价值的实现活动,所以,以生命的自我肯定、本然关怀、原始责任为特质的"原始仁性"(先天之仁),就自然成为价值的根源。"仁性——原始仁性——不仅是道德价值的根源,而且是一切价值的根源。"[①] 具体说来,道德价值(对人负责)本于"仁人"之心,宗教价值(对天负责)本于"仁天"之心,科学和艺术价值(对物负责)本于"仁物"之心。它们都根源于"原始仁性"。

场有哲学虽以"原始仁性"为价值根源,但它并不是说人人都能保持纯粹的仁性,都会成为至善价值的体现者。而是认为每一现实生命都处于特殊环境之中,并受到现实环境的制约。现实环境与生命材性蕴结而成的"材实架构"严重制约着"本体仁性"在人生命里的落实,从而使每一个体的"先天仁性"变得杂而不纯。所谓"杂",就是有"材知"成分掺杂于仁性之中,"材知"冲动(权利欲)潜伏于仁性冲动(义务感)之内。于是,在价值取向上就形成了成德(实现道德)与致福(满足利欲)的矛盾冲突。人在这种矛盾冲突中所遭受的命运被称为"劫","每个人都是应仁、材之劫运而来,经德、福之劫难而去。一个人个体生命的意义和价值乃是通过这生命的实存之劫来决定的"。[②]

四 "仁材并建"的价值理想论

仁性与材性是人性的两极,仁性是生命自我肯定、自我承担、自我负责的本性,材性是以一切自然爱欲(包括占有欲、控制欲、权力欲、权利欲等)为原动力的材性知能。简而言之,仁性即关怀之情,材性即

---

① 唐力权:《周易与怀德海之间——场有哲学序论》,《场与有》二,辽宁大学出版社1991年版,第84页。
② 唐力权:《周易与怀德海之间——场有哲学序论》,《场与有》二,辽宁大学出版社1991年版,第87页。

爱欲之能。仁性与材性虽然都是人的本性，但由于人对待二者的态度、处置、祈求不同，于是乎就形成了不同的价值取向和价值目标。唐力权说："本源仁性的良知良能与材知爱欲的原始有执同为人性之所具，同是自然的，生而能之的本能；本身只是一个自然其然，本来是无所谓善，无所谓恶的。离开了人类的判断行为，哪里有善恶问题？价值问题？价值问起源于问题心的作茧作用，而问题心的作茧作用则起于生命权能仁性冲动或材性冲动的投企。最后分析起来，一切价值问题——一切问题——都是仁材抗衡、仁材纠结的产物。"① 由此看来，在场有哲学中，源于仁性的价值与源于材性的价值是人所追求的两大价值目标。这两类价值的矛盾，是人性内在矛盾的表现。那么，如何处理好这两类价值的关系，从而达到理想的价值境界呢？场有哲学提出了"仁材并建"的价值理想论。

（一）相对定位、和光相配——"仁材并建"的含义

仁、材本是人性的两个方面，二者本来是也应该是平衡、和谐的，但由于人的主观片面的偏向投企，往往会造成二者的失衡和冲突。于是才有一个重建的问题。所谓"仁材并建"，实质上是针对仁、材二者的失衡与冲突而提出来的重建要求。因此，场有哲学指出：传统人性论其实只是半边人性论，都有以偏概全的倾向。"我们今日所要建构的乃是一个仁材并建的人性论，一个无偏的人性论。"② "仁材并建"就是克服重仁轻材（甚至化材为仁）与重材轻仁（甚至以材代仁）两种片面的人性态度和价值祈求，实现人性和价值的全面建立、平衡进步、协调发展。场有哲学把这种人性价值的关系态势称为仁材两性的相对定位与和光相配。

---

① 唐力权：《周易与怀德海之间——场有哲学序论》，辽宁大学出版社1991年版，第305页。
② 唐力权：《周易与怀德海之间——场有哲学序论》，辽宁大学出版社1991年版，第307页。

（二）理想文明的全面建构——"仁材并建"的必要

从人性的角度来看，一切文明的创造，不过是仁性与材性在具体而特殊的社会环境和人文环境中的实现与落实。因之，对仁、材二者的扬抑、取舍偏向，必然会造成文明格局的偏失。中西文化的差异就充分证明了这一点。中华文化基本上走的是以仁性关怀为主体的道路，这一价值路径尽管在弘扬同体感通的仁德方面有其广大高明之处，但由于它忽视材性，所以在求知热情、探索精神和尊重个体、重视权利等方面存在严重不足，并由此而形成了科学、民主严重缺欠的文明格局。西方文化基本上走的是以材性为主导的路子，重知主义是其显著特征，由此而生发的求知欲、权利欲、权力欲、控制欲，则成了科学精神、民主制度、自由平等思想形成的人性动因。然而，半边人性的过分膨胀却带来严重的意义危机和暴力危机，同样造成了文明格局的缺陷。由此可见，只有"仁材并建"才能通过人性的全面发展，为理想的文明格局的建构和理想的价值境界的实现奠定基础。

（三）生命特质的同体与异隔——"仁材并建"的可能

"仁材并建"不但是必要的而且是可能的，其可能性深藏于人的生命特质之中。唐力权先生说："生命是一同体的事实，也是一异隔的事实；同体与异隔，感通与对执的相离相合、相反相成正是生命之所以为生命的特质。"而生命的这种辩证性特质正是仁性与材性辩证关系的基因，"仁性关怀起于生命权能的同体感通，材性爱欲生于生命权能的异隔对执"。[①] 由此可见，生命固有的辩证特质是"仁材并建"之所以可能的本体论根据。

---

① 唐力权：《周易与怀德海之间——场有哲学序论》，辽宁大学出版社1991年版，第307页。

（四）在仁性本位上安立材性——中华文化"仁材并建"的方式

既然"仁材并建"既是必要的又是可能的，那么，对于中华文化来说，如何实现这一文明理想呢？场有哲学通过对中国传统人性论、心性论的缺陷的分析，提出了在仁性关怀的本位精神上安立和成全"材知"爱欲的主张。而要实现这一目标，第一，要深入认识儒家哲学的人性论缺陷。应看到，儒家哲学对材性、知性用心不足是无可否认的事实。"儒家哲学思想可以让你明显地看到人性深处的仁性冲动，却几乎完全看不到人性深处的知性冲动"。"站在历史文化发展的立场来说，这也许是无可奈何的，但是站在生命价值的立场来说，这条路是有严重缺憾的。"[①] 第二，要充分发挥材性知能的创造力量。材性知能作为人的本性的一个方面，它是求知欲望、创造精神、个体权利意识的根基，从而也就成为科学技术和民主政治的价值之源。充分发挥材性知能的创造力，对于中华文明的现代重建具有重要的意义。第三，着力防止"材知"爱欲过度扩张的负效应。"材知"爱欲的特质在于以维护、强化自我中心为本能，以无限追求、征服异己对象为能事，以占有欲、权利欲、控制欲的满足为目标。因此，如果让它脱离仁性关怀而自我扩张，就必然会引起精神危机、文化危机和社会危机。对此，我们一定要着力防止和避免。总之，在实现中华文化"仁材并建"的价值理想的征途中，我们必须把坚持仁性本位与发挥材性力量统一起来，达到"文明格局辩证的自觉"即"文明架构根源性、历史性与理想性的自觉"。这就是场有哲学价值论的重要结论。

场有哲学的价值观，超越了实体主义、绝对主义和主客二分的思路，蕴含着丰富而深刻的辩证法思想，它所放射的智慧之光，一定会给我们的价值哲学研究和价值创造实践提供宝贵的启迪！

[原载《文化中国》（加拿大）2004年第1期]

[①] 唐力权：《周易与怀德海之间——场有哲学序论》，辽宁大学出版社1991年版，第87页。

以求真务实的精神推动
哲学社会科学繁荣发展

中共中央《关于进一步繁荣发展哲学社会科学的意见》，是一个具有战略意义的纲领性文件，是整个新时期党关于繁荣发展哲学社会科学的思想认识的结晶。它的发布是我国思想文化领域中的大事，标志着党对哲学社会科学重要性的认识更加深刻，对繁荣发展哲学社会科学的整体思路更加明确，也标志着中国哲学社会科学的发展进入了一个新的历史时期。改革开放以来特别是进入21世纪之后，党中央多次强调要重视哲学社会科学。邓小平在谈到科教兴国战略时曾说"科学当然包括社会科学"。江泽民2001年8月7日在北戴河讲话中提出哲学社会科学与自然科学"四个同样重要"，2002年4月28日在中国人民大学讲话中强调对哲学社会科学要做到"五个高度重视"，2002年7月16日在中国社会科学院强调哲学社会科学有"两个不可代替的作用"。胡锦涛同志也说，自然科学与哲学社会科学如同车之两轮、鸟之双翼，相辅相成，缺一不可。可以说，在中央领导同志的多次讲话和《关于进一步繁荣发展哲学社会科学的意见》（以下简称《意见》）中，对哲学社会科学的重要性以及繁荣发展哲学社会科学的必要性的论述已经相当充分、相当深刻。当前的主要任务是认真学习贯彻《意见》这个重要文件，以推动哲学社会科学全面繁荣和快速发展。而要学习好、贯彻好这一文件，就必须发扬求真务实的精神。

发扬求真务实的精神就是要认真而切实地学习《意见》，从思想上真正认识繁荣发展哲学社会科学的极端重要性。要从巩固马克思主义在意识形态领域的指导地位、培育弘扬民族精神和增强民族的文化主体性、确立科学发展观、全面建设小康社会和促进人的全面发展的战略高度认识繁荣发展哲学社会科学的重大意义。要充分意识到如果轻视哲学社会科学，必然会使中国社会的发展走入误区、陷入歧途。

发扬求真务实的精神就是要切实把握哲学社会科学的本质特征和发展规律，根据其特性和规律推动其繁荣和发展。要看到社会发展与科学发展、自然科学发展与哲学社会科学发展，既有其共同性的一面又有其差异性的一面。哲学社会科学归根结底是关于人的生存和人的发展、人的价值和人的解放、社会进步和历史前进的学科，因而具有鲜明的意识形态色彩和强烈的民族主体性。推动哲学社会科学的繁荣发展，在一定意义上说，比发展自然科学更为复杂。因之，认识其特点，把握其规律，就显得十分重要。

发扬求真务实的精神就是要增强哲学社会科学工作的领导者和管理者的责任心和使命感，密切结合本地实际，敏锐抓住历史机遇，采取有力的措施，制定有效的方针，着力解决多年来由于对哲学社会科学重视不够而造成的损失和积累的问题，为繁荣发展哲学社会科学做扎扎实实的工作，作切切实实的贡献。克服对社会科学视而不见、言而不行、议而不动、虚而不真、华而不实的不良态度和浮华作风。

发扬求真务实的精神就是哲学社会科学工作者要自觉坚持以马克思主义的普遍真理为指导，树立严谨的学风，奉行诚信的道德，遵循科学的规范，发扬理论联系实际的优良传统，弘扬追求真理、坚持真理和服务社会、服务人民相统一的精神。特别是要关注现实问题、关怀人民疾苦、关心民族命运、尊重中华文化。反对脱离实际和崇洋媚俗的错误倾向，反对言不及义、见利忘义、伪而不诚、华而不实的不良风气。

求真务实精神本来就是马克思主义哲学的唯物主义和实践观念的集中体现，也是真正的哲学社会科学所具有的品格，因之，发扬求真务实精神来繁荣发展哲学社会科学，正是遵循哲学社会科学发展规律的内在要求，具有特别重要的意义。

（原载《陕西社会科学》2004年第2期）

中国哲学人本思想的价值论意蕴及其特征

人本思想是关于人是宇宙间最重要的、最有价值的存在者的思想，人本思想是中国传统哲学的重要内容。中国传统哲学中的人本思想孕育于西周初年、萌芽于春秋、形成于战国、流传于后世。可谓源远流长、影响深远。传统人本思想从人的特性、人的位置、人的作用和人的价值等方面阐发了人的基础性和重要性，内涵十分深刻。它的理论实质是价值论，而思想精髓在于明确地以人为价值主体，高度地肯定和弘扬人的价值。这种人本主义的价值观，在当今时代仍然有着重大的理论意义和现实意义。

一　人本思想的形成

人本思想是人们在处理人与自然的关系以及处理人与社会的关系的实践过程中逐渐形成的。因此，人本思想是历史的产物。中国古代的人本思想经历了一个孕育、萌芽、形成的历史过程。这一过程可以大体上划分为三个阶段。

（一）西周时期的"敬德保民"观念——人本思想的孕育

天命神权是夏殷时代尊崇的宗教世界观，在这种"以神为本"的世界观的统治下，人是受"上帝""天命"支配的。西周初期的统治者，通过总结夏、殷兴亡的历史教训，看到"民心"在一定条件下比"天命"更重要，于是对传统的"神本"观念进行了修正，提出了"以德配天"，"敬德保民"，"民之所欲，天必从之"的观念。这种观念虽然还没有动摇天命神权的统治地位，但却强调了人事努力的重要性，认为只要人们敬德保民、做好人事，也就是顺应了神的意志。这就在神本主义的绝对体系中冲开了一个缺口，给人的地位和作用争得了一席之地。《礼记·表记》在比较殷、周思想的不同时说："殷人尊神，率民以事神，先鬼而后礼。周人尊礼尚施，事鬼敬神而远之，近人而忠焉。""敬神而远""近人而忠"，明确表述了周人在天神意识的主导下对人的地位和作用的肯定，正是在这一肯定中孕育着后来的人本思想。

（二）春秋时期的"民为神主"观念——人本思想的萌芽

春秋时期从总体上说是从奴隶制向封建制的过渡时期，这一时期的思想观念与社会制度一样，具有过渡性的特征。其过渡性表现在人本思想的形成史上，就是从以神为本向以人为本过渡。春秋初年的随大夫季梁继承和发展了西周初年"民之所欲，天必从之"（《尚书·泰誓》）的重民观念，提出了"夫民，神之主也。是以圣王先成民而后致力于神。……民和而神降之福，故动则有成"（《左传·桓公六年》）的观点，同时期的史嚚也提出了"国将兴，听于民；将亡，听于神。神聪明正直而壹者也，依人而行"（《左传·庄公三十二年》）的观念。季梁史嚚在并不否定神的存在甚至承认神的"聪明"的前提下，大胆申明"民为神主""神依人行"，这是对人本思想的一个重大突破。继此之后，宋司马子鱼也说："祭祀以为人也。民，神之主也。"（《左传·僖公十九年》）宋国叔兴认为"吉凶由人"，与自然灾异无关；郑国子产畅言"天道远，人道迩"，无须祭神免灾。都为人本思想的萌生作出了贡献。至春秋后期，道家创始人老子，虽然崇尚自然，但却认为人与天、地、道同为宇宙间的伟大存在，提出了"道大，天大，地大，人亦大。宇中有四大，人居其一焉"（《老子》第二十五章）的重要观念。儒家创始人孔子，虽然仍相信天命，但却"不语怪力乱神"（《论语·述而》），主张"敬鬼神而远之"(《论语·雍也》),致力于人的主体能动精神的弘扬,以"仁者爱人"(《论语·微子》),"克己复礼"(《论语·颜渊》)作为自己的思想主旨。老子的"人大说"和孔子的"爱人说"是对人的价值的明确肯定和关怀,是人本思想萌生的标志。

(三)"惟人最灵"——人本思想的形成

战国时期是封建制度的形成时期,传统社会遇到了严峻的挑战,封建生产关系普遍建立。在社会大变革的历史震荡中,诸子风起,百家争鸣,问天思人,轻命重力,使人的地位和价值、人的力量和作用,受到了进一步的关注和肯定。无论儒家、道家还是名家、法家,无论主张"天人合一"还是主张"天人相分",都充分肯定了人的主体地位,高度弘扬了人的价值。他们尽管在"人何以为贵"的回答上思路各异,但都认同人是天地间的最"灵"者、最"贵"者、最"大"者这一价值观念。"惟人万物之灵"(《尚书·泰誓》),"人者,天地之心也"(《礼记·礼运》),"人最为天下贵"(《荀子·王制》)三大命题的提出标志着中国哲学人本思想的形成。战国之后,中国哲学的人本思想基本上都是对这三大观念的阐释和发挥。

二 人本思想的意蕴

人本思想的价值论意义在于它表明了中国古代哲学关于人是价值主体的高度自觉。在人本思想中对人是价值主体的认识,包括人的特性、人的地位、人的功能和人的价值四个方面的内容:

(一)人的特性:"灵"

要确立人的价值主体地位,首先要说明人之为人的基本特征,即人之不同于动物的殊特性,人与动物区分的标志。中国哲学史上对人的特性的思考,内容十分丰富,提出了一系列重要观点。例如人是"两足而无毛"的动物，人是"得气之正且通者"，人"有气有生有知亦且有义"，人"备有五常之性"，人"能群"，人"赖其力者生"，"人为万物之灵"，等等。在这些论点中，"人为万物之灵"是最具代表性、最有影响力的观点。"人为万物之灵"的命题最早见于《尚书·泰誓》，曰："天地万物父母，惟人万物之灵。"后来，历代哲人都反复引述和阐发了这一观念。纵观哲学史，哲人们认为人"灵"的标志有三。

一是知觉智慧——人"灵"的标志即人是天地间、动物中唯一有意识、有知觉、有智慧的存在。东汉王充云："夫倮虫三百六十，人为之长。人，物也，万物之中有智慧者也。"（《论衡·辨祟》）唐刘禹锡云：人是"倮虫之长，为智最大。"（《天论》）

二是道德理性——人"灵"的标志是人有"五常"道德。董仲舒云："唯人独能为仁义。"（《春秋繁露·人副天数》）朱熹说："天之生物，有血气知觉者，人兽是也；有无血气知觉而但有生气者，草木是也；有生气已绝而但有形质臭味者，枯槁是也。……故人为最灵，而备有五常之性。禽兽则昏而不能备，草木枯槁则又并与其知觉而亡焉。"（《朱子文集》卷五九《苔余方叔》）

三是无所不能——"人灵"的标志在于人的"无所不能"的能动精神。北宋邵雍说："惟人兼乎万物而为万物之灵。如禽兽之声，以其类而各能得其一。无所不能者，人也。"（《皇极经世·观物外篇》）朱熹说："人是天地中最灵之物。天能覆而不能载，地能载而不能覆，恁地大事，圣人独能裁成辅相之，说于其他。"（《朱子语类》卷二〇）就是说，人为万物之灵的标志是天地、万物各有一能，而人能兼万物之能，故"无所不能"。

关于人"灵"的原因，多数哲人认为在于人得了天地间灵秀之气。如周敦颐云："二气交感，化生万物，万物生生，而变化无穷焉，唯人也得其秀而最灵。"（《太极图说》）王夫之也说："物莫不含神而具性，人得其秀而最灵者尔。"（《张子正蒙注》卷九）

中国哲人把人和天地宇宙视为一个整体，因而，"人为万物之灵"

的意义就不仅是对人本身而言的,而是对天地宇宙而言的。也就是说,天地正是因为有了人才有灵性、才有意识。有智慧的人是天地的自我知觉、自我意识。何承天说:"人非天地不生,天地非人不灵。"(《达性论》)。朱熹说:"天地不会说,倩他圣人说出来。"(《朱子语类》卷六五)

(二) 人的定位:"心"

人的特性决定了人在天地间处于与万物不同的地位。关于人的地位,中国儒家哲人的根本观点是:人是天地的中心,在天地之间处于主体地位。这一观点最早见于《礼记·礼运》,其语云:"人者,天地之心也。"人何以为天地之心?后儒多有阐释。

或以中央位置释"心",如"天,太阳;地,太阴也。人居中央,万物亦然。天者常下施,其气下流也;地者常上求,其气上合也,两气交于中央。人者,居其中为正也"(《太平经钞·辛部》)。或以知觉感应释"心",如孔颖达曰:"天地高远在上,临下四方,人居其中央,动静应天地。天地有人,如人腹内有心,动静应人也。"(《礼记正义》)王肃曰:"人于天地之间,如五脏之有心矣。人乃生之最灵,其心五脏之最圣也。"(《礼记正义·礼运》)或以理性认知释言"心",如陈澔云:"天地之心以理言。"(《礼记集说》)或以欲望追求释"心",如"问'人者天地之心?'朱子曰:'谓如天道福善祸淫,乃人所欲也。善者人皆欲福之;淫者人皆欲祸之。'"或以实行教化释"心",如朱熹云:"教化皆是人做,此所谓'人者天地之心也'。"(《朱子语类卷·卷第八十七》)或以主导作用释"心",如朱熹说:"'人者,天地之心。'没这人时,天地便没人管。"(《朱子语类》卷四五)王夫之说:"自然者天地,主持者人。"(《周易外传》卷二《复》)或以具天地全体释"心",朱熹说:"天只是动,地只是静,到得人便兼动静,是妙于天地处。故曰:'人者天地之心'。"(《朱子语类》卷一〇〇)段玉裁说:"天地之心谓之'人',能与天地合德;果实之心亦谓之'人',能复生'草木而成果

实。皆至微而具全体也。"(《说文解字注·人》)

把这些解释综合起来就是：人处于天地的中央，其感知、理性、欲求的独特属性，使它能凝聚天地全体的德性精华，能发挥对万物的教化功能和主导作用，从而成为宇宙的主体。可见"人者，天地之心"的实质内涵是认为人是价值主体。

（三）人的作用："本"

人既然是天地的中心、宇宙的主体，那么对于治国、治世来说人就是根本性的、决定性的力量和因素。一个国家的兴盛、一个社会的进步、一种事业的成功尽管需要诸多因素和条件，但是首要的、根本的是要依靠人的力量、发挥人的作用。对此，中国古代哲人有着深刻的认识。

《管子》曰："夫霸王之所始也，以人为本。本理则国固。"《亢仓子·君道篇》曰："夫国以人为本，人安则国安。"罗钦顺云："世道之升降，系于人不系于天。"(《四续》)这种"以人为本"的治国理念是从人与物、人与神的关系上来阐发人的作用的，如果从君民关系上弘扬人的巨大作用，"以人为本"就成为"以民为本"。老子云："圣人常无心，以百姓心为心。"(《老子》)孟子云："民为贵，社稷次之，君为轻。"(《孟子》)贾谊云："夫民，万世之本也，不可欺。"又云："闻之于政也，民无不为本也。国以为本，君以为本，吏以为本。"(贾谊《新书》)根据"以民为本"的政治理念，哲学家们进而提出了"政之所行，在顺民心；政之所废，在逆民心"(《管子·牧民》)的为政之道。总之，对人作为国家兴盛、社会发展、政权巩固的决定因素的充分肯定，是中国古代哲学人本思想的一个重要内容。

（四）人的价值："贵"

人的智慧特性、中心地位和决定作用，确立了人在天地间独有的主体性，而这种主体性又决定了人是天地间、万物中至上的价值存在这种崇高的品位。"天地之性（生）人为贵"的命题就是对人的价值品位的高度概括。"天地之性人为贵"一语始见于《孝经》引孔子语。可见，其观念在先秦时已经流行。后代哲学家对之反复申述。例如，《太玄·玄文》云："物之所尊曰人。"《白虎通义·三军》云："人者，天之贵物也。"《说文·人部》云："人，天地之性最贵者也。"《论衡·诘术篇》云："人之在天地之间也，万物之贵者也。"《列子·天瑞》云："天生万物，唯人为贵。"邵雍《皇极经世·观物内篇》云："人者，物之至者也；圣人者，人之至者也。"关于"人为贵"的思想古代哲人思考较多的是两个问题：一是"人为贵"的根据问题（人为什么是天地间至上的价值）；二是"人贵"观念的意义问题（人作为最高的价值存在对人生有何意义）。

在对"人贵"的根据问题的思考中，形成的代表性观点有三种。（1）以"灵"而贵："（天）生五谷以食之，桑麻以衣之，六畜以养之，（人）服牛乘马，圈豹槛虎，是其得天之灵，贵于物也。故孔子曰：'天地之性人为贵。'"（董仲舒：《举贤良对策三》）"天地之性人为贵，贵其知识也。"（王充：《论衡·别通》）（2）以"德"而贵："水火有气而无生，草木有生而无知，禽兽有知而无义，人有气有生有知亦且有义，故最为天下贵也。"（《荀子·王制》）"人受命于天，故超然异于群生，入有父子兄弟之亲，出有君臣上下之谊，会聚相遇，则有耆老长幼之施，灿然有文以相接，欢然有恩以相爱，此人之所以贵也。"（董仲舒：《举贤良对策三》）（3）以"心"而贵："唯人为天地之心，故天地之生此为极贵。"（段玉裁：《说文解字注·人》）不难看出，"人最为天下贵"的价值观形成是以上述关于人的特性和人的地位的认识为理论前提的。也就是说人是天地之间最高的价值存在，乃是"惟人万物之灵""人者，天地之心"得出的必然结论，也是对此两大命题的统合和概括。

关于"人贵"观念的意义，哲人们主要提出了三个方面的见解。一是认为确立"人贵"观念能够提高人的自我道德修养和人格提升的自觉性。董仲舒对此有明确的论述："知自贵于物，然后知仁义；知仁义，然后重礼节；重礼节然后安处善；安处善然后乐修理；乐修理然后谓之君子。"(《举贤良对策三》)把"人贵"思想的自觉性视为人进行道德修养,达到"君子"人格的起点。二是认为确立"人贵"观念能够指导人们把人的生存和幸福作为终极关怀。《论语》记载:"厩焚。子退朝,曰:'伤人乎?'不问马。"(《乡党》)这表明孔子高度重视人的价值、关怀人的生命。而这种情怀,正是以"天地之性人为贵"的观念为指导的。朱熹解释《论语》此章时说"贵人贱畜,理当如此。"(《论语集注》卷五)朱熹所说的"理",就是"天地之性人为贵"的"理"。传统儒家思想认为只要人们真正确立了"人贵"观念就会去切实地尊重人的价值、热爱人的生命、关注人的利益,做到"爱人""立人""达人"。

三 人本思想的特征

从以上的论述可以看出,中国哲学中的人本思想有其丰富的价值论内涵,也有其鲜明的特征,这种特征既显示了它与西方人本思想的区别,也表明了它对当代的独特意义。

(1) 中国传统的人本思想把人的主体地位确立为价值主体而不是认识主体,确立为道德主体而不是功利主体。这与西方哲学从认识论上论证"人是万物的尺度"、从功利取向上确立"人类中心",大异其趣。

(2) 中国传统的人本思想是在"天人合一""人与万物一体"的前提下确立人的价值主体地位的,因此,作为主体的人与作为客体的物不是处于矛盾、对立的关系中,而是处于和谐统一、息息相关的关系中。人作为价值主体与"唯天地万物父母"是统一的,所谓"乾父坤母""民胞物与"。

(3) 中国传统人本思想在确立人的价值主体地位时,虽然并不否定人可以享有受天地养育的权利,但却突出了人的道德义务,强调了人对天地万物生存、发育应尽的责任,即"赞天地之化育"。同时,人既然是"天地之心"就要以"仁心"去关爱万物,孟子所说的"亲亲而仁民,仁民而爱物"(《孟子·尽心上》),张载所说的"民胞物与"(《正蒙·乾称》),正是作为"天地之心"的人应有的道德情怀。

(4)中国传统人本思想通过批判"以神抑人""以物役人""事鬼遗人""重物轻人"等观念来维护人的主体地位,使人的主体性既具有现实性品格又具有超越性品格。从而,避免了西方的信仰主义和物本主义两种迷误。

(5)中国传统人本思想在对人的价值的肯定和重视中,体现了目的和手段的统一。在"以人为本""以民为本"的治国理念中,体现着把人作为实现霸业、维护君权的工具的鲜明烙印,而在"人为天心""人为至贵"的价值观念中则包含着人是目的的人文精神。

(6)中国传统人本思想既明确肯定人作为价值主体的实然性,又着意强调人作为价值主体的应然性。在肯定"人者,天地之心"的同时又要求人"为天地立心";在承认"人贵"的同时又主张"立人"。从而,在"实然"与"应然"的互动中,充分弘扬了人把自己修养成价值主体、提升为价值主体的能动精神。

总之,在天与人、权利与义务、现实性与超越性、目的与手段、实然与应然的辩证统一中,把人确立为价值主体是中国哲学人本思想的基本特征,正是这些基本特征使中国哲学人本思想在当代能够对人类价值主体地位的合理化(即既克服绝对的人类中心主义,而又不否定人类中心,建构现时代的合理的人类中心),发挥积极的作用、提供宝贵的智慧资源。

(原载《中国哲学史学会2004年年会暨中国传统哲学当代价值学术研讨会论文集》)

茶之为"道"

——论中国茶文化的哲学精神

中国有茶，茶有文化，文化有道。这里所说的"道"非特指以饮茶为生活艺术和会客仪式的专有名称的"茶道"，例如"日本茶道"。而是指广义的道理、原理、观念、法则之道，亦即"天道""人道""艺道""书道"之"道"。金岳霖在《道论》中曾经说："中国思想中最崇高的概念似乎是道。所谓行道、修道、得道，都是以道为最终目标。思想与情感两方面的最基本的原动力似乎也是道。"中国人不轻易言道，在中国饮食、玩乐诸活动中能升华为道的只有茶道。这广义的茶道，是指茶文化所蕴含的哲学本体意识、价值观念、道德精神、人生境界的融合。概而言之，就是茶文化内在的形而上学的哲学精神。作为形而上学哲学精神的茶道，是茶文化的核心和灵魂，因而，是茶文化的"深层结构"和"上层建筑"。

茶之为道——茶文化的哲学精神，是在漫长的历史过程中，逐渐培育、逐渐积淀而形成的。中国有4000多年的饮茶史，"茶之为饮，发乎神农氏"（《茶经》）。但开始时并非有什么文化意味、哲理内涵。魏晋南北朝之前，茶叶一直被当作解毒之药。《淮南子》称："神农尝百草之滋味，水泉之甘苦，令民知所避就。一日遇七十二毒，得茶而解之。"由于茶，味苦寒，性平和，益身心。加之受到深厚的传统文化影响，于是在茶的种植、采摘、加工、冲泡、品饮等过程中，逐渐凝聚了丰富的价值观念、道德精神和审美意识，并予以抽象、升华，形成一种具有独特意蕴的茶道。至唐之时，饮茶之风遍及全国，饮茶的文化意味日渐浓郁。

陆羽《茶经》的出现，标志着茶作为文化的完全形成，也标志着茶之为道的自觉。《茶经》使"天下益知饮茶矣"，"自从陆羽生人间，人间相学事春茶"。人们景仰赞誉他："一生为墨客，几世作茶仙"，把他奉为"茶仙"，祀为"茶神"。今人概括《茶经》的哲学思想渊源为"据于道，依于佛，尊于儒"。日本森本司郎说：《茶经》系"地道的茶道哲学"（《茶史漫话·茶经的构成》）。其后，随着茶文化的丰富和发展，茶道的内涵也随之充实和深化。正如陆羽《茶经·茶之饮》所云："饮之时义远矣哉。"通观中国的茶文化史，可以发现中国茶道有着丰富而深刻的哲理意蕴。

一 阴阳协调之道

阴阳观念是中国传统哲学的基本观念，《周易》认为阴阳两个方面、两种性质相互作用、相互渗透、相互协调、相互转化引起事物发展变易是宇宙的基本原理和万物的根本规律。所谓"一阴一阳之谓道"，"阴阳不测之谓神"。《老子》也认为"万物负阴而抱阳"。阴阳观念普遍存在于中华文化的各个领域、各个方面。政、经、兵、教，农、工、医、技，礼、乐、文、艺，衣、食、住、行，无不含有阴阳之道。而且，在中华哲学和中华文化看来，一切美好事物都是阴阳协调的产物，都内含着阴阳协调的原理。在茶文化中，也充分体现着这种观念。

中国哲人认为，茶是大自然阴阳之气协调的产物。陆羽在《茶经·茶之源》中云："茶者，南方之嘉木也。"又说：好的茶树应生长于"阳崖阴林"。"嘉"的本义是许多乐器合在一起演奏出优美的音乐，其意为"美好"。以"嘉木"赞美茶树，已蕴含阴阳协调之义，而"阳崖阴林"则更鲜明地指出了茶是阴阳和谐的产物。陆龟蒙《茶笋》诗云："所孕和气深，时抽玉苕短。轻烟渐结华，嫩蕊初成管。寻来青霭曙，欲去红云暖。秀色自难逢，倾筐不曾满。"意思是说茶树由于得到阴阳和合之气的孕育，遂萌生出玉色似的茶芽。也从生长过程的角度说明了茶道所体现的阴阳和谐之气。

不仅茶叶的生长体现了阴阴协调之道，而且茶叶的加工、煎煮、饮用也都体现了阴阴协调之道。陆羽在《茶经·茶之器》中谈到煮茶的风炉时说："置墆㙞于其内，设三格：其一格有翟焉，翟者，火禽也；画一卦曰离。其一格有彪焉，彪者，风兽也；画一卦曰巽。其一格有鱼焉，鱼者，水虫也；画一卦曰坎。巽主风，离主火，坎主水。风能兴火，火能熟水，故备其三卦焉。"明确赋予煮茶风炉以阴阳八卦的哲理。而且，人们还认为，风炉用铁铸从"金"，放置在地上从"土"，炉中烧的木炭从"木"，木炭燃烧从"火"，风炉上煮的茶汤从"水"。煮茶的过程就是金木水火土五行相生相克并达到和谐平衡的过程。可见，茶文化充分体现了这种阴阳协调之道。

二　天人合一之道

天人合一是中国哲学的重要观念。《易传》云："大人者，与天地合其德，与日月合其明，与四时合其序。"《孟子》曰："尽其心者，知其性也。知其性则知天矣。"庄子曰："天地与我并生，万物与我合一。"北宋张载云："天人合一存乎诚。"以上都是天人合一观念的具体表述。天人合一观念包含人与天地自然处于一个统一体中以及人的德性与天的德性相一致这样两种基本含义。

就茶文化而言，"茶者，南方之嘉木也"。茶是自然界生长的常绿灌木，适应性极强，茶树的生长、培育受到自然界雨量、温度、海拔、风力、日光等诸多因素的影响。宋徽宗在《大观茶论》中指出：茶之为物"擅瓯闽之秀气，钟山川之灵禀"。烹茶之水，取之于江、河、泉、井，而且离人的活动越远，其水越佳，陆羽在《茶经》中云："其水，用山水上，江水中，井水下。"陆羽在《六羡歌》中赞美取自"西江"的煮茶之水云："千羡万羡西江水，曾向竟陵城下来。"常语也说："扬子江中水，蒙山顶上茶。"沈心斋赞茶诗云："香含玉女峰头露，润带珠帘洞口云。"这些诗文,都高度赞美了茶的自然价值。

由于茶本生长于自然,后经人工培植、采摘、炮制而为饮料。煎茶、泡茶之水也汲于自然,所以,天地自然是茶之源。于是,饮茶过程也就是人与自然亲近的过程,亲和的过程,是天人贯通、天人融合,人与自然相和谐的具体体现。因此,饮茶可以使人接近自然、情系自然,既形成尊重、关爱自然的价值意识,又通过与自然融合以拓展人的心胸、提炼人的精神,如明朱权在《茶谱》中所云:"与天语以扩心志之大,符水火以副内练之功。"

由于饮茶活动比就餐活动经常得多,所以,饮茶随时随地地把人和自然联系起来,使其处于一个统一体中。由此饮茶活动所体现的天人合一境界最为鲜明。

三 人际和谐之道

中华文化以追求和谐为理想,认为天人和谐、人际和谐、性命和谐是最高的善、最高的美。和,故万物不失;和,故万物皆化。儒家尚"和为贵",道家也倡"和之至"。《易传》讲"太和",说"保合太和,乃利贞";《中庸》讲"中和",说"致中和,天地位焉,万物育焉"。所谓"中",就是主张保持整体中各部分的动态平衡关系,反对"过"和"不及"两种极端化和片面性。所谓"和",就是使事物各要素处于相互和谐、协调的状态。中华民族的思维方式和行为方式都以整体平衡、和谐协调为特征,这与西方文化内含的人与自然、人与社会、人的内心的冲突不和的底蕴,确不相同。在茶文化中,也包含着十分丰富的"中和"理念。

(一)茶的中和之道首先承载于茶对于人体的调和功能之中

宋徽宗在《大观茶论》中曰:"茶之为物……祛襟涤滞,致清导和,则非俗人孺子可得而知也。"斐汶在《茶述》中云:"茶……其性精清,其味淡洁，其用涤烦，其功致和。参百品而不混，越众饮而独高。""导和""致和"就是引导人的生理机能达到和谐状态。

（二）茶的和谐之道还蕴含于大量的风俗习惯和礼节仪式之中

茶可以为婚聘之礼。清代阮葵生在《茶余客话》中引宋人《品茶录》云："种茶树必下子，若移植则不复生子，故俗聘妇，必以茶为礼，义固有取。"明代许次纾《茶疏·考本》载："茶不移本，植必子生。古人结昏（婚），必以茶为礼，取其不移置子之意也。今人犹名其礼曰下茶。"清孔尚任《桃花扇·媚座》载："花花彩轿门前挤，不少欠分毫茶礼。"

茶可以为睦邻之礼。吴自牧在《梦粱录·茶肆》中载：杭州百姓有"巷陌街坊，自有提茶瓶沿门点茶，或朔望日，如遇吉凶二事，点送邻里茶水，倩其往来传语"之风。《梦粱录》卷一八《民俗》载："朔望茶水往来，至于吉凶等事，不特庆吊之礼不废，甚者出力与之扶持，亦睦邻之道。"在闽南地区，当地村民有什么纠纷或隔阂，只要长辈出面开一个"茶话会"，进行调解，便可轻松把事情"摆平"。

茶可以为会客之礼。晋人开用茶会客先例，《太平御览》引录《世说新语》云："晋司徒长史王濛好饮茶，人至辄命饮之。"盛唐以降，茶宴蔚然成风。《茶经》引《桐君录》言："南方有瓜芦木，亦似茗……客来先设。"明代文震亨《长物志·茶寮》载："构一斗室，相傍山斋，内设茶具，教一童专主茶役，以供长日清谈，寒宵兀坐，幽人首务，不可少废者。"民谚也有"寒夜客来茶当酒"，"奉茶为礼尊长者，备茶浓意表浓情"之说。这种茶文化中的"和"，蕴含着风调雨顺的天和、青山绿水的地和以及友好相融的人和。

茶可以为赏赐之礼。徐光启《农政全书·茶》载："唐德宗每赐同昌公主馔，其茶'绿花''紫英'之号。"《明史·礼志》载："皇帝视学礼仪……学官率诸生迎驾于成贤街左，皇帝……诣先师神位，再拜，献爵"；"赐讲官坐……讲毕，（皇帝）赐百官茶"。

茶可以为丧葬之礼。宋代周密《齐东野语·有丧不举茶托》载：宋人"凡居丧者，举茶不用托"；"或谓昔人托必有朱，故有所嫌而然。……平园《思陵记》载阜陵居高宗丧，宣坐赐茶，亦不用托。始知此事流传已久矣"。

茶可以为祭祀之礼。《南史·齐本纪上·武帝》载，南北朝时，南齐武帝肖赜，临终立遗诏云："祭敬之典，本在因心。我灵座上慎勿以牲为祭，惟设饼、茶饮、干饭、酒脯而已。天下贵贱，咸同此制。"

孔子曰："礼之用，和为贵。"（《论语·学而》）茶在各种礼仪民俗中的意义都可归结为一个"和"字。强调和谐，不但有利于社会安定、群体团结，还有利于维护生态平衡。

（三）茶所蕴含的中和之道，还以道德意识的形式存在着

在儒家思想里，中和是合度、是适宜、是无过亦无不及、是恰到好处。儒家的中和思想，在茶事活动中有充分体现。例如，在泡茶时表现为"酸甜苦涩调太和，掌握迟速量适中"；在饮茶过程中表现为"饮罢佳茗方知深，赞叹此乃草中英"；在品茗的环境与心境方面表现为"普事故雅去虚华，宁静致远隐沉毅"；等等。刘贞亮明确地从道德角度提出"以茶利礼仁"之说。

（四）茶所蕴含的中和之道，最深刻的层次是哲理

朱熹从形而上学的哲学高度，阐释了茶道所蕴含的"和之理"，他说："物之甘者，吃过而酸，苦者吃过却甘。茶本苦物，吃过却甘。问：此理如何？曰：也是一个道理。如始于忧勤，终于逸乐，理而后和。盖理天下至严，行之各得其分至和。"（《朱子语类·杂说》）儒家的思想要求人们看待世界、处理事务要符合"和之理"，朱熹认为这正是茶所蕴含的"道理"。

中国茶道，凝结着儒家的"中和"理想和"仁礼"精神，通过发扬这种精神就能促进和谐、增进友谊，创造人与人之间的和谐气氛，增强

社会和民族的凝聚力。

四 自然无为之道

　　茶文化既蕴含着儒家之道，也蕴含着道家之道。道家之道的核心就是"自然无为"。老子曰："人法地，地法天，天法道，道法自然。"又曰："道常无为而无不为。""自然"和"无为"两个概念，在老子哲学中基本含义是一致的，可谓名异而实同。茶文化所蕴含的自然无为之道，主要包括三个方面。

（一）崇尚优美的自然环境

　　古人饮茶非常重视环境的优美、幽静。因为在古人看来茶生于明山秀水之间，与青山为伴，以明月、清风、云雾为侣，可谓得天地之精华，成天地间灵物。而饮茶是人们与山水自然结为一体、接受天地雨露恩惠的过程，也是人明心见性、回归自然的精神活动。因此，饮茶必须选择优美、幽静的自然环境。古代的茶诗、茶著对此多有描绘。姚合品茗诗云："竹里延清友，迎风坐夕阳。"唐元稹咏茶云："夜后邀陪明月，晨前命对朝霞。"还有许多虽非咏茶但却与茶有关的诗词，也常写饮茶的"自然清境"，如"茶烟渔火遥堪画，一片人家在水西"，"多应午灶茶烟起，山下看来是白云"，"洗砚鱼吞墨，烹茶鹤避烟"，"厌读群书寻野径，闲收落叶煮山茶"，"罢定磬敲松罅月，解眠茶煮石根泉"等。明人许次纾在《茶疏·饮时》中描绘了品茗的 24 种境况，不少是清新幽静的自然之境。如"风日晴和""轻阴微雨""名泉怪石""茂林修竹""小桥画舫""清幽寺院"等等。这些诗文，把茶文化崇尚优美自然环境的情怀表达得淋漓尽致。

（二）保持淡泊的自然心态

　　宋徽宗撰《大观茶论》指出：茗饮可以"冲淡闲洁"。明代屠隆撰

《考槃余事》,立"人品门"指出:"茶之为饮,最宜精行修德之人。兼以白石清泉,烹煮如法,不时废而或兴,能熟习而深味,神融心醉,觉与醍醐甘露抗衡。斯善鉴赏者矣。使佳茗而饮非其人,犹汲泉以灌蒿莱,罪莫大焉。""冲淡闲洁""精行修德"是对饮茶者淡泊自然心态的形容。屠隆还鞭挞了违背自然精神的饮茶恶习,他讥议唐宰相李德裕云:"李德裕奢侈过求。在中书,不饮京城水,悉用惠山泉,时谓之水递",虽"清致可嘉",但却"有损盛德!"意思是说,李德裕矫揉造作,很不自然,因此,"有损盛德"。宋代流行"斗茶",此风系由"品茶"生发成集体裁决茶叶优劣之新事。宋徽宗在《大观茶论·序》中论述了"斗茶"之风的淡泊自然品格:"天下之士,励志清白,竟为闲暇修索之玩,莫不碎玉锵金,啜英咀华,较筐箧之精,争鉴裁之别。虽下士于此时不以蓄茶为羞。可谓盛世之清尚也。"范仲淹在《斗茶歌》中云:"民间品第胡能欺,十目视而十手指;胜若登仙不可攀,输同降将无穷耻。"品茶清饮,正是道士们崇尚自然、和合贵生、返朴归真的人生情趣。元代道教全真派兴起,茶人受道家冥合万物、道法自然的影响,日渐形成了与自然融合,趋于简约的饮茶风气。明洪武帝下令取消龙团贡茶,以散茶冲饮,遂开千古茗饮之风。其子朱权说:"茶乃天地之物,巧为制作,反失其真味,不如叶茶冲泡,能遂自然之性。"可见,保持淡泊的自然心态是茶道的重要内容。

(三) 追求自由的精神境界

在道家看来,自然和自由是相通的。自由是自然所追求的最终目标,而自然是实现自由的根本途径。此之谓"无为而无不为"。茶文化中也蕴含着这种由自然而达自由之道。陆羽在《六羡歌》中云"不羡黄金罍,不羡白玉杯;不羡朝入省,不羡幕入台;千羡万羡西江水,曾向竟陵城下来"。他的意思是说,富贵荣华、高官厚禄对人都是一种外在的束缚和负担,只有在饮茶时,人的精神才能获得自由。他的《茶经》所列茶人,大部分为道教(道家)人物;所述茶事,也颇多由饮茶而羽化飞升的神仙故事。如果说儒家创造了茶的仪式，佛家把茶事更加程式化、宗教化。那么道家既不看重茶的程式，也不探究茶的技巧，而是遵循着自然无为、超然物外的旨趣，追求着一种超越法则、顺乎自然进而达到自由的最高精神境界。按道教"药解延年，草解忘忧"之旨，在"自种瓜，自种茶，炉内炼丹砂。看一卷《道德经》，讲一会渔樵话"的玄趣中实现精神超越。与陆羽至交的诗僧皎然，其诗虽是僧诗却充满道意。如"丹丘羽人轻玉食，采茶饮之生羽翼，名藏仙府世莫知，骨化云宫人不识"。又如他的最著名的一首茶诗："越人遗我剡溪茗，采得金牙爨金鼎。素瓷雪色缥沫香，何似诸仙琼蕊浆。……孰知茶道全尔真，唯有丹丘得如此。"这些诗句，表达了通过饮茶而使人达到"仙府""云宫"这种绝对自由境界的美好愿望。并认为只有如神仙那样自由的人才能真正懂得茶道的"真谛"。唐朝诗人卢仝在《走笔谢孟谏议寄新茶》一诗中很好地描绘了品茗的高雅之趣和超越之境。诗云："一碗喉吻润，两碗破孤闷，三碗搜枯肠，惟有文字五千卷；四碗发轻汗，平生不平事，尽向毛孔散；五碗肌骨清，六碗通仙灵，七碗吃不得也，惟觉两腋习习清风生。蓬莱山，在何处？玉川子，乘此清风欲归去。"诗中虽然也写了茶"喉吻润""发轻汗"的保健功能，但更突出描绘了饮茶可使人进入"破孤闷""散不平""助文思""通仙灵""生清风"的自由超越境界。

五　清净幽静之道

中国文化和哲学中，儒家、道家、佛教都有主静之论。儒家言"人生而静，天之性也"（《礼记·乐记》）；又云"知止而后有定，定而后能静"（《大学》）。道家言"致虚极，守静笃"；又曰："清静为天下正"（《老子》）。佛教言"静胜三昧""静虑处"。所以，吕坤认为"静"乃儒、道、释三教传心要法，他说："三氏传心要法，总不离一静字。"佛教主静之外，尚有"清净"之说。"静""净"不但是一种修养方法，还是一种超越境界。因此，也是道的内涵之一。在茶文化中，清净幽静之道也有充分的体现。宋徽宗在《大观茶论》中说茗饮可以"冲淡闲洁，韵高致静"。意谓饮茶包含着宁静、内省、心理净化之哲理。茶饮的清净幽静之道主要表现为心灵的清静、环境的幽静和时态的寂静三个方面。古代的茶诗、茶文对此多有描述。

皇甫曾《送陆鸿渐山人采茶回》有"寂寂燃灯夜，相思一磬声"句；温庭筠《西陵道士茶歌》有"更觉鹤心通杳冥"句；李群玉《龙山人惠石廪方及团茶》有"凝澄坐晓灯"句；曹邺《故人寄茶》有"半夜招僧至，孤吟对月烹"句。静与虚常相得益彰，古往今来，无论儒生、道士还是高僧，都把由"静"而"虚"作为茶道修习的必经之道。因为静则虚、静则明。静可虚怀若谷，静可内敛含藏，静可洞察明澈。茶饮能静心、静神，故有助于陶冶情操、去除杂念、修炼身心。所以说："欲达茶道通玄境，除却静字无妙法。"此心灵之"清静"也。

姚合品茗诗云："竹里延清友，迎风坐夕阳。"唐元稹咏茶云："夜后邀陪明月，晨前命对朝霞。""梢影细从茶碗入，叶声轻逐篆烟来。"明人许次纾在《茶疏·饮时》中描绘了品茗的24种境况，其中有："风日晴和""轻阴微雨""小桥画舫""茂林修竹""清幽寺院""名泉怪石""明窗净几""洞房阿阁"等。此环境之幽静也。

诗曰："寒夜客来茶当酒，竹炉汤沸火初红。"《茶疏·饮时》中描绘了品茗的时态有："心手闲适""披咏疲倦""听歌拍曲""杜门避事""鼓琴看画""课花责鸟""夜深共语""宾主款狎""佳客小姬""访友初归""荷亭避暑""小院焚香""酒阑人散""歌罢曲终"等。此时态之寂静也。

徐文长列举了16种"宜茶"境界："茶宜精舍，宜云林，宜瓷瓶，宜竹灶，宜幽人雅士，宜衲子仙朋，宜永昼清谈，宜寒宵兀坐，宜松月下，宜花鸟间，宜清流白石，宜绿藓苍苔，宜素手汲泉，宜红妆扫雪，宜船头吹火，宜竹里飘烟。"（《秘集致品》）。这可以说是对心之静、境之静、时之静的综合描写。

清净幽静之道的品格可以概括为一个"清"字，故在宋代，茶有"清友"之雅名，苏易简在《文房四谱》中云："清友，谓茶也。"唐元稹也曾说茶是"慕诗客，爱僧家"之清品。常语说茶，多用"清"字，如"清茶一杯""清茶淡饭"；诗词咏茶，常写"清境"，如"身健却缘餐饭少，诗清都为饮茶多"。这些成语和诗句充分表达了茶文化的"尚清"精神。唐代著名诗僧皎然在他的"三饮诗"里将"尚清"精神表现得淋漓尽致："一饮涤昏寐，情来朗爽满天地"，即通过饮茶去除昏沉睡意，从而得天地空灵之清爽。"再饮清我神，忽如飞雨洒轻尘"，即通过饮茶使自己心神清静，尘心尽消。"清我神"，与坐禅的意念是相通的，尘心消尽便与佛心相通了。"三饮便得道，何须苦心破烦恼"，即达到超越世俗的悟佛的境界了。皎然把佛教这一"清静"精神贯彻到中国茶道之中。

茶的这种清幽宁静的品格可以引发思维、酝酿诗情、增益智慧，故可使人精神超越。华佗在《食伦》中云："苦茶久食益意思。"清陆廷灿在《续茶经》中引竹茶炉的铭文曰："肖形天地，匪冶匪陶。心存活火，声带湘涛。一滴甘露，涤我诗肠。清风两腋，洞然八荒。"笔者曾有诗云："酒生肝胆茶生慧，花有清香月有阴。"以上都表明了饮茶对于引发思维、触动诗情的意义。王复礼《茶说》描绘了品茶与饮酒的不同境界，他说："花晨月夕，贤主嘉宾，纵谈古今，品茶次第，天壤间更有何乐？奚俟脍鲤包羔，金罍玉液，痛饮狂呼，始为得意也？"通过比较，显示了"清茶"与"浊酒"的雅俗之别。历史上俗人饮酒、僧人饮茶的文化现象，也可以看出茶文化"尚清"的价值特征。

清净幽静之道符合儒道佛的"内省修行"以实现精神超越的思想，因此我国历代社会名流、文人骚客、商贾官吏、佛道人士都以崇茶为荣，特别喜好在品茗中，吟诗议事、调琴歌唱、弈棋作画，以调养身心、修养人格。古人把饮茶的好处归纳为"十德"，即"以茶散郁气，以茶驱睡气，以茶养生气，以茶除病气，以茶利礼仁，以茶表敬意，以茶尝滋味，以茶养身体，以茶可行道，以茶可雅志"。概而言之，茶之十德所追求的是一种超越性的境界。处于现实中的人总有缺陷，必受束缚。因此，人力求克服现实的缺陷，摆脱现实的束缚，通过超越现实，让身心得到解放和自由，让情感得到宣泄和升华。中国茶道正是通过茶事创造一种宁静的氛围和一个空灵清净的心境，使心灵在虚静中显得空明，使精神在虚静中升华净化。

佛教之所以重视饮茶，也不仅是因为饮茶可以驱除睡魔，提神醒脑。僧人们不只饮茶止睡，而且更重要的是饮茶有利于清心修行，创造空明的意境。于是，茶文化实际上构成了中国佛教生活不可缺少的部分。僧侣们以茶供佛、以茶待客、以茶馈人、以茶宴代酒宴，于是，逐渐形成了一整套庄严肃穆的茶礼，尤其是佛教节日，或重要的法会都举行较大型的茶宴。唐时有的寺院还可以为仕宦各界迎亲送友设置佛门礼仪的茶宴。宋代在敕建的寺院，遇到朝廷赐钦袈、锡杖、法器时都举行隆重庆典，往往用盛大的茶礼以示庆贺。日本茶道就是以禅宗义理为灵魂，倡导"和、清、静、寂"的茶道精神。

中国人喜好茶，在茶中寄托自己的情趣，乃至形成茶文化，一个重要原因是茶适应了中国人性格中清淡的一面，即"淡泊以明志，宁静而致远"的情趣追求。

六　素朴节俭之道

中华文化和哲学中自古有崇尚素朴节俭的精神。老子屡言"素朴"，把素朴视为道的品性，并说："一曰慈，二曰俭，三曰不敢为天下先。"墨家更是以素朴节俭为人格美德、价值旨趣。在《墨子》一书中，反复倡导朴素节俭、勤劳刻苦、质而不文的精神。中国哲学这种崇尚素朴节俭的精神，也融注于茶道之中。陆羽在《茶经》中云："茶性俭"，"茶之为用，味至寒，为饮，最宜精行俭德之人"。茶的素朴节俭之道渗透于茶之器、茶之用、茶之德等诸多方面。

以器言之，饮茶之器具金属器皿少而陶瓷器居多正是朴素之风的象征。晋时越州的陶瓷茶器，颇为驰名，晋杜毓在《荈赋》中云："器择陶拣，出自东瓯。"唐陆羽《茶经》也崇尚越州的陶瓷茶碗，曰："碗，越州上"，"邢瓷类银，越瓷类玉，邢不如越"。明代茶壶流行，把茶文化推进到新的高峰，特别是明清以降，饮茶多注重宜兴紫砂壶，紫砂壶本身也成了精美的艺术品。紫砂器的自然古朴形象能够体现高雅艺术与朴素精神的完美结合。因此，大量文人也参与紫砂器的创作活动，引导了紫砂技艺在艺术典雅情趣上的丰富与提高。自古以来，饮茶之器，少金属而多陶瓷，这固然与保持茶的性味有关，但从文化角度言之，则蕴含着不尚豪华而尚素朴的价值取向，象征着饮茶活动是一种朴素的休闲活动和交际活动。南宋"审安老人"在《茶具图赞》中，赞赏陶制茶碗"刚柔之理，炳其弸中。虚己待物，不饰外貌"，可以说是对茶具素德的高度概括。

以用言之，饮茶的生活化、平民化，日常化，正是其朴素平易的表现。人常说，"清茶一杯，君子之会"，就很能体现"君子之交淡如水"的素朴作风、清白风尚。吴自牧《梦粱录·鲞铺》载："盖人家每日不可阙者，柴米油盐酱醋茶。"《旧唐书·李珏传》载："茶为食物，无异米盐，于人所资，远近同俗，既祛竭乏，难舍斯须，田间之间，嗜好尤甚。"梅尧臣《南有嘉茗赋》云：对于茶，"华夷蛮貊，固日饮而无厌，富贵贫贱，亦时啜而不宁……君子小人靡不嗜也"。

以德言之，饮茶是人的朴素节俭廉洁的德行标志。魏晋时期，饮茶已很普遍。当时的许多达官贵人奢侈成风、穷奢极欲，"帷帐车服，穷极绮丽；厨膳滋味，过于王者"（《晋书》卷三三）。于是，一些文人就以饮茶来标榜清廉、对抗奢华。权臣桓温"每宴惟下七奠柈茶果而已"以标榜自己清廉俭朴。名臣陆纳也常以茶果代酒宴来招待客人，以表示崇尚俭朴之意。后来茶的这种俭德内涵就被人们逐渐确认和强化了。故刘贞亮有"以茶可养廉"之说。清陆廷灿《续茶经》引罗先登《续文房图赞》云："毓秀蒙顶，蜚英玉川。搜搅胸中，书传五千。儒素家风，清淡滋味。君子之交，其淡如水。"高度赞叹饮茶所承载的清淡素朴之风。

茶之所以被人们当作俭朴廉洁的象征，固然与茶味道清苦和饮用方便有关，也与饮茶日渐走向人们日常的平凡生活，被广大平民普遍接受有关。广大平民日常的平凡生活总是朴素的、节俭的、平实的。

七　修齐治平之道

修身、齐家、治国、平天下是儒家赋予知识分子的人生使命，也是儒家为广大知识分子所设计的人生道路和人生理想。作为人生之道，修齐治平不但指导着人们的人生实践，也广泛渗透于中华文化的许多领域，成了一种文化理念和文化精神。茶也成了这种文化精神的载体之一。

茶文化所蕴含的修齐治平之道，首先表现在饮茶人关心国运、关注世情的责任感上。"茶圣"陆羽"自禄山乱中原，为《四悲诗》。在刘展窥江淮时，作《天之未明赋》，皆见感激当时，行哭涕泗"（《文苑英华·陆文学自传》）。其忧国忧民之情可见一斑。南宋抗金名臣文天祥在其《扬子江心第一泉》一诗中吟道："扬子江心第一泉，南金采此铸文渊；男儿斩却楼兰首，闲评茶经拜羽仙。"其爱国之情激烈慷慨。

茶文化所蕴含的修齐治平之道，还表现在茶人以茶比喻君子的道德节操上。宋人赵令畤在《侯鲭录》中记述了苏东坡与名相司马光的一番关于茶与墨的论述，鲜明反映了儒家学者的道德理念。苏东坡与司马温公论茶墨。温公曰："茶与墨正相反，茶欲白，墨欲黑；茶欲重，墨欲轻；茶欲新，墨欲陈。"东坡曰："二物之质诚然，然亦有同者。"温公曰："谓何？"东坡曰："奇茶妙墨，皆香，是其德同也；皆坚，是其性同也。譬如贤人君子妍丑黔皙之不同，其德操韫藏，实无以异。"南宋"审安老人"在其所作的中国第一部《茶具图赞》中，不仅为其所定之茶具各冠以古代官职之名，而且在图后赞语中，精练而形象地表达了儒学的道德意识。如通过描述竹制茶筅赞扬伯夷、叔牙的高风亮节；通过描述茶巾赞扬孔子"端方质素""经纬有理"的品德；通过描述棕茶帚赞扬"孔门高弟,当洒扫应对之末者,亦所不弃"的修身之道;等等。

　　茶文化所蕴含的修齐治平之道,也体现在茶人们赋予茶具的价值象征上。南宋"审安老人"的《茶具图赞》中,精练而形象地表达了儒学的治世执法、忧国忧民的价值观念。例如,他为被冠名为"金法曹"的"茶碾"作赞语云:"柔亦不茹,刚亦不吐,圆机运用,一皆有法,使强梗者不得殊轨,乱辙岂不韪与",这显然是伸张治国之道中的执法准则。为被冠名为"罗枢密"的"罗合"作赞语云:"机事不密则害成,今高者抑之,下者扬之,使精粗不至于混淆,人其难诸。奈何矜细行而事喧哗,惜之。"显然是在针砭时弊,启发治国者行事严谨。为被冠名为"汤提点"的"茶注"作赞语云:"养浩然之气,发沸腾之声,以执中之能,辅成汤之德,斟酌宾主间,功迈仲叔圉。然未免外烁之忧,复有内热之患,奈何?"深情地表达了知识分子对国家衰落,内患外侮当前的忧患意识和奋发欲为而又壮志难酬的无限感慨。

　　至于利用饮茶聚会之际,评议朝政、谈论国事更是屡见不鲜、比比皆是。旧时茶馆、茶楼因有所顾忌常写有"勿谈国事"的字幅,恰恰说明茶馆、茶楼是人们谈论国事的经常去处。这也是儒家修齐治平之道在饮茶活动中的一种表现形式。

　　由于《茶经》一书多写道士,佛教禅宗也以"吃茶去"作为开悟之语,所以不少著述常常忽视了茶与儒家的关系,特别是往往将茶文化的内涵只从清静无为的消极方面理解。其实作为中国传统文化主流的儒家文化和哲理对茶文化也有深刻影响。茶文化也蕴含着儒家积极用世、齐家治国、仁民爱物的积极精神。

　　综上所述,茶文化所蕴含的阴阳协调之道、天人合一之道、人际和谐之道、自然无为之道、清净幽静之道、朴素节俭之道和修齐治平之道,是中国哲学的基本观念和基本精神。这些基本观念和基本精神涉及儒、墨、道、释各家哲学学说。所以,从一定意义上说,中华茶道是中国传统各派哲学精神凝聚和升华的结晶,是中国传统哲学天道观、人道观、价值观、人生观的集中体现。因此,研究茶道不但能深化我们对中国传统哲学精神的认识和理解,而且更重要的是有助于我们深入地把握和有效地弘扬茶文化的优秀精华,以推动中华民族精神的振兴。从而,为落实以人为本的科学发展观,构建社会主义和谐社会,实现中华民族的伟大复兴作出有益贡献。

(2004 年 4 月 20 日于西北政法学院静致斋)

2005 年

论全祖望的关学观

全祖望（1705—1755 年），字绍衣，号谢山，浙江鄞县（今宁波）人，是清代浙东学术的重要代表人物之一。他不但是伟大的史学家，而且是杰出的文学家和思想家，在中国学术史上作出了巨大的贡献。历时九载续修《宋元学案》就是他的重要学术贡献之一。在续修的《宋元学案》中，全谢山的主要工作是修订、补本、补定和次定，特别是他为百卷学案撰写了《序录》，补编了传授表，考订了史实。全氏的学术史观，主要就是通过续修《宋元学案》表达的。其中对关学的梳理和修补，谢山作出了重大贡献，提出了许多重要观点。重温这些观点，对研究全祖望和研究关学都具有重要价值。

一 评价关学的学术特征

谢山推重理学，尊重学者，肯定百家争鸣，主张学术平等，对宋元理学的各学派及其代表人物做了实事求是的评论。对于关学的学术特征，谢山评价云："横渠先生勇于造道，其门户虽微，有殊于伊洛，而大本则一也。其言天人之故间有未当者，梨洲稍疏证焉，亦横渠之忠臣哉！"[1]

---

[1] （清）黄宗羲：《横渠学案序录》，《宋元学案》第一册，中华书局 1986 年版，第 3—4 页。

"勇于造道"是谢山对张载学术特征的中肯而高度的评价。张载是北宋时期伟大的哲学家,但他学无师承,他的哲学是自己经过几十年探求、体会出来的。他自称"学贵心悟,守旧无功"①,并说治学应"泄去旧见以来新意""多求新意以开昏蒙"。② 他一生穷神研究,探索宇宙人生的真谛,著有《正蒙》《横渠易说》《经学理窟》等著作,在前代哲学的基础上,"芭蕉心尽展新枝,新卷新心暗已随。愿学新心养新德,旋随新叶起新知"③,以"古今无两"的"学问思辨之功"为中华民族的智慧宝库作出了重大贡献。故范育《正蒙序》说:张子之书"有六经之所未载,圣人之所不言"④。朱熹也说:"横渠之学,是苦心得之。"张载"勇于造道"的精神突出表现在三个方面。

（1）在中国哲学史上第一次建立了比较完整的气一元论哲学体系,开辟了朴素唯物主义哲学的新阶段

"气"是中国古代哲学用以表示物质存在的基本范畴,但在张载以前依然没有超出宇宙构成论和生成论的范围。张载在前代哲学的基础上,提出了比较细致、系统的气论,建立了较完整的气一元论哲学体系。把气论从宇宙构成论和宇宙生成论发展为本体论,并在"气"范畴的基础上建构了自己的哲学体系,形成了与二程理本论、陆九渊的心本论鼎足而立的唯物主义气本论哲学体系,开创了朴素唯物主义哲学的新阶段。

（2）在中国哲学史上第一个从思维与存在关系的哲学理论高度批判了佛教唯心主义

佛教从东汉时传入中国以后,一方面与中国固有的思想、文化相融合,另一方面又与中国传统的儒、道哲学相矛盾。张载以前的许多思想家都对佛教进行过批判,这种批判基本上是从社会批判、道德批判、思想理论批判三个层次上进行的,张载把对佛教的理论批判提到了新的水

---

① （宋）张载：《张载集》，中华书局1978年版，第274页。
② （宋）张载：《张载集》，中华书局1978年版，第321页。
③ （宋）张载：《张载集》，中华书局1978年版，第369页。
④ 转引自（宋）张载《张载集》，中华书局1978年版，第4页。

平，真正从哲学世界观的高度，剖析了佛教的理论核心。后代不少批佛的哲学家如罗钦顺、王廷相、王夫之等人，都肯定了张载彻底批佛的理论贡献，并从张载哲学中吸取了丰富营养和宝贵经验。正如王夫之所云："横渠早年尽抉佛老之藏，识破后，更无丝毫沾染，一诚之理，壁立万仞。"①"使张子之学晓然大明，以正童蒙之志于始，则浮屠生死之狂惑，不折而自摧。"②

（3）他作为宋代理学的奠基人之一，提出了理学的一系列基本范畴和命题，建构了理学的基本框架，确立了理学"民胞物与"的价值理想

张载在《西铭》中提出了"天地之塞，吾其体；天地之帅，吾其性。民吾同胞，物吾与也"③的理想人生境界，二程之后的理学家，几乎无不推崇备至，认为其"言纯而思备"，"深发圣人之微意"，"真孟子以后所未有也"，并都以此作为理学所追求的价值理想。正由于张载为理学奠定基础，所以深得以后理学家和统治者的推崇。二程把他与孟子、韩愈相比，朱熹称其学为"精义入神"，说"横渠所说，多有孔孟所未说底"。历代统治者也给张载以很高的荣誉，宋理宗封他为眉伯，"从祀孔子庙庭"。元代赵复立周敦颐祠，以张载与程、朱配祀。明清两代，张载的著作，一直被统治者视为理学经典，作为开科取士的必读书，并先后汇入御纂的《性理大全》和《性理精义》。由此足见张载在理学中的重要地位和深远影响。

（4）创建了特色鲜明的关学学派

张载是关学的创始人。从关学形成和发展的总体来看，它在中国理学史和哲学思想史上具有显著的特点和独特的地位，"关学始终葆其'躬行礼教'、力排二氏（佛道）的'崇儒'宗旨。它以'气本''气化'之学和'精思''实学'之风，同朱学、王学相依相离，鼎足而立，

---

① （明末清初）王夫之：《读四书大全说》卷十，中华书局1975年版，第693页。
② （明末清初）王夫之：《张子正蒙注·序论》，中华书局1975年版，第3—4页。
③ （宋）张载：《张载集》，中华书局1978年版，第62页。

为宋明理学写下了独放异彩的篇章"①。

由此可见,谢山对张载"勇于造道"的评价是十分中肯的,而且也表现了谢山对思想史上有独创精神的思想家的高度赞赏。

二 探索关学的学术源流

谢山详细探索了理学各派的学术源流。他在《舟中编次南雷宋儒学案序目》诗云:"关洛源流在,丛残细讨论。茫茫溯薪火,渺渺见精魂。世尽原伯鲁,吾惭褚少孙。补亡难兀兀,谁与识天根。"② 对于关学的演变"源流"、承传"薪火",他进行了细致的梳理和探索。

他明确提出关学从北宋至清初有六百年的演变历程,说:"关学自横渠而后,三原、泾野、少墟,累作累替,至先生(二曲)而复盛。"③

"三原"指明初期陕西三原王恕、王承裕、马理等人。王恕(1416—1508年),字宗贯,号介庵,晚又号石渠。王承裕(1464—1538年),字天宇,号平川,王恕之子。马理(1474—1556年),字伯循,号溪田,先后师事王恕、王承裕。王承裕是宏道书院创立者;马理是关中"三原学派"的代表人,时人有"今日横渠"之誉。

"泾野"指明中叶陕西高陵吕柟。吕柟(1479—1542年),字仲木,号泾野。曾授翰林院修撰、历任经筵讲官、南吏部考功郎、礼部侍郎等职。辞归后,先后讲学于解梁书院、柳湾精舍、太常南所,从学者甚众,东南学者尽出其门。时人誉为"当代师表""海内硕儒"。黄宗羲云:"关学世有渊源,皆以躬行礼教为本,而泾野先生实集其大成。观其出处言动,无一不规于道,极之心术隐微,无毫发可疑,卓然闵、冉之徒,无疑也。异时阳明先生讲良知之学,本以重躬行,而学者误之,反遗行而言知。得先生尚行之旨以救之,可谓一发千钧。时先生讲席,几与阳

---

① 陈俊民:《张载哲学思想及关学学派》,人民出版社1986年版,第32—33页。
② (清)全祖望:《全祖望集汇校集注》(下),上海古籍出版社2000年版,第2151页。
③ (清)全祖望:《全祖望集汇校集注》(中),上海古籍出版社2000年版,第233页。

明氏中分其盛，一时笃行自好之士，多出先生之门。马（马理—引者注）、何（何塘—引者注）诸君子，学行同类，故附焉。"①

"少墟"指明万历年间陕西长安冯从吾。冯从吾（1557—1627年），字仲好，号少墟。曾任御史、工部尚书等职，因草疏抗谏、触怒皇帝而告归后，讲学于长安宝庆寺，后冯创建关中书院，讲学二十余年，门人达五千余众，人称"关西夫子"。黄宗羲云："（冯）先生受学于许敬菴，故其为学，全要在本原处透彻，未发处得力，而于日用常行，却要事事点检，以求合其本体。"②"二曲"指陕西周至李颙。李颙（1627—1705年）字中孚，号二曲。家境贫寒，发愤自学，成一家言。一生无意功名，倾心讲学活动，门生遍及关中各地，又曾应邀赴江南常州、无锡、江阴、宜兴等地讲学，每次听讲者常数千人，"为江左百年未有之盛事"。李颙与黄宗羲、孙奇峰合称为"清初三大儒"。其学术思想的核心是"明体适用"，他以"明道存心以为体，经世宰物以为用"为自己学术思想的纲领。

这几位学人，都是关学发展史上里程碑式的人物。谢山以这几位学者为标志，简明勾勒了关学自张载至李颙六百余年的历程，特别是明清时期的历程。使人们对关学的源流，有了一个清晰的线索。

为了梳理关学的源流脉络，他还非常重视关学人物的历史钩沉和关学文献的辑佚，他题诗云："关陕沦亡后，横渠学统湮。吕、苏仅著录，潘、薛更谁陈。石墨何从购，遗文大可珍。邵公亦五鬼，鸿笔壮安民。"③

关于关学对浙东学术的影响，谢山也提出了自己的看法。他说："世知永嘉诸子之传洛学，不知其兼传关学。考所谓九先生者，其六人及程门，其三则私淑也。而周浮止、沈彬老又尝从蓝田吕氏游，非横渠之再

---

① （清）黄宗羲：《明儒学案·师说》，中华书局1985年版，上册，第11页。
② （清）黄宗羲：《明儒学案》卷四一下册，中华书局1985年版，第984—985页。
③ （清）全祖望：《全祖望集汇校集注》（下），上海古籍出版社2000年版，第2197页。

传乎?"① 这里所谓的"九先生"指北宋元丰时期曾任太学的永嘉地区的九位学者。他们是:周行己、许景衡、沈躬行、谢天甲、刘安节、刘安上、鲍若雨、张辉、蒋元中。此九人中,周行己(浮止)、许景衡、沈躬行(彬老)、谢天甲在向程颐(伊川)求学的同时,皆向转师程颐的原张载弟子吕大临(与叔)学习。所以,全祖望说他们是"横渠之再传"。

这里需要注意的是,张载去世后吕大临虽转师二程、归依洛学,但其学术主要倾向仍然继承和坚持了张载关学的许多基本观点。例如,他坚持了张载的"气本"思想,认为"万物之生,莫不有气";继承了张载"一物两体"的观点,认为"凡物有对","致一必先合两";坚持了张载"天地之性"与"气质之性"的人性学说,提出"天道降而在人,故谓之性"。尤其是继承和弘扬了张载"尊礼贵德"的思想观念和重视事功的学术精神。使关学之风续而不坠、推而至广。吕大临的这些思想,无疑对向其问学的永嘉学者有所影响,从而使关学之风吹至浙东。所以,谢山先生关于永嘉诸子在"传洛学"的同时"兼传关学"的学术史考察,对于认识历史上关学与浙东学术的关系、探索不同地域文化间的影响,具有重要的意义。

谢山疏理关学的源流脉络既出于探史的需要,更重要的是为了弘扬关学的优良精神,他从关学的坎坷经历和演变历史中,看到和重视的是关学的优秀学术精神和深刻思想内涵。他所说的"渺渺见精魂""谁与识天根"正是其学术追求的明确而自觉的表达。

三 分析关学的衰落之由

张载在世时,关学虽然也颇有影响,但其气势不及洛学之盛,弟子亦不及邵雍之众。对此,张载本人感慨良多。他在赠邵雍的诗中叹道:

---

① (清)黄宗羲:《周许诸儒学案序录》,《宋元学案》第1册,中华书局1986年版,第6页。

"先生高卧洛城中，洛邑簪缨幸所同。顾我七年清渭上，并游无侣又春风。"① 关于关学在北宋时不如洛学兴盛的原因，王夫之曾做过分析。他说，其一是因为关学不如洛学那样"一时之英才辐辏于其门"，有一批出类拔萃的弟子为之传播。其二是因为张载"素位隐居"，缺乏富弼、文彦博、司马光那样的"巨公耆儒"作为政治上的靠山。② 这种内在的不足，乃关学在张载逝后衰弱的自身原因。而关学在北宋以后衰落的社会原因，全祖望曾多次提出是"完颜之乱"。他在《吕范诸儒学案序录》中说："关学之盛，不下洛学，而再传何其寥寥也，亦由完颜之乱，儒术并为之中绝乎。"③ 又在《屏山鸣道集说略》中说："关、洛陷于完颜，百年不闻学统，其亦可叹也。"④ 又在《东潜以予脩学案，购得直阁游公景叔墓志见示，张公芸叟之文，邵公鱵之书，章公粱之篆，而安民所镌也，题诗于后》中云："关陕沦亡后，横渠学统湮。"⑤

完颜，为金朝皇帝姓氏。所谓"完颜之乱"即指北宋末年，金兵入侵，关中地区屡遭战火、沦陷于金的历史悲剧。谢山认为，正是在这一历史劫难中，文人学士，或死或逸或隐，致使关学衰落，学统湮没。这种分析虽只着眼于历史原因，但无疑是符合事实的。张载逝世以后，关学的主要成员吕大忠、吕大钧、吕大临三兄弟和苏昞、范育皆归依洛学，游师雄、种师道等均投笔从戎。守张载之学者，仅李复、田腴、邵彦明、张舜民等人，其衰落之况，确属事实。

为了发掘、保存关学的文献资料，谢山大力为关学"补亡"。他在《吕范诸儒学案序录》中说："《伊洛渊源录》略于关学，三吕之与苏氏，以其曾及程门而进之，余皆亡矣。予自范侍郎育而外，于《宋史》得游师雄、种师道，于《胡文定公语录》得潘拯，于《楼宣献公集》得李复，于《童蒙训》得田腴，于《闽书》得邵清，及读《晁景迂集》，又

---

① （宋）张载：《张载集》，中华书局1978年版，第370页。
② （明末清初）王夫之：《张子正蒙注·序论》，中华书局1975年版，第3—4页。
③ （清）黄宗羲：《吕范诸儒学案序录》，《宋元学案》第1册，第6页。
④ （清）黄宗羲：《屏山鸣道集说略》，《宋元学案》第1册，第18页。
⑤ （清）全祖望：《全祖望集汇校集注》（下），上海古籍出版社2000年版，第2197页。

得张舜民，又于《伊洛渊源录注》中得薛昌朝，稍为关学补亡。"① 谢山曾在《永乐大典》中发现李复的《潏水集》。"大喜，欲抄之。而予罢官，遂不果。"这些辑佚、补亡的学术成果，都凝结于他续修的《宋元学案》一书中。

四 赞赏关学的道德人格

谢山论史十分重视人格情操，在他的学术史著作中，这种特点体现得尤为鲜明。他总是把学者的道德品行、人格精神置于学术思想之上予以评论。对于关学学者的人格精神，谢山曾给予高度赞扬。

在《碧沚杨文元公书院记》中说："夫论人之学，当观其行，不徒以其言。文元之齐明严格，其生平践履，盖涑水、横渠一辈人，曰诚，曰明，曰孝梯，曰忠信，圣学之全，无以加矣。"② 这虽然是一篇记述杨简（文元）的文章，但却以张载、司马光为映照，认为杨简的人格乃"涑水、横渠一辈人"，都具有诚、明、孝梯、忠信的人格境界。这显然是对张载人格的崇高赞誉。在《二曲先生窆石文》中，他赞扬李二曲说："先生果能自拔于流俗，以昌明关学为己任。""自经史子集以至二氏之书无不观，然非以资博览，其所自得，不滞于训诂文义，旷然见其会通。""关学自横渠而后，三原、泾野、少墟，累作累替，至先生而复盛。""当是时，北方则孙先生夏峰，南方则黄先生梨洲，西方则先生（二曲），时论以为三大儒。……先生起自孤根，上接关学六百年之统，寒饿清苦之中，守道愈严，而耿光四出，无所凭借，拔地倚天，尤为莫及。"③ "自拔流俗""旷然会通""守道愈严""耿光四出""无所凭借""拔地倚天"，这些评价虽说是以李颙为言，但他将这种高尚人格置于"关学六百年之统"的精神薪火中去赞美，就具有学派性和历史性了。

---

① （清）黄宗羲：《宋元学案》第1册，第3—4页。
② （清）全祖望：《全祖望集汇校集注》（中），上海古籍出版社2000年版，第1045页。
③ （清）全祖望：《全祖望集汇校集注》（上），上海古籍出版社2000年版，第233页。

全祖望的关学观并非对某一学派的孤立地观照和评价，而是他总的学术史观的一个突出体现。全氏作为清代浙东学术的中坚人物，毕生致力于学术事业，特别是执着学术史的编纂与研究。在这一学术生涯中，他形成了自己独特的学术史观。例如，重视考镜源流，辨析师承关系；考察学术特征，评价利弊得失；揭示发展趋向，分析兴衰原因；品评学者人格，重视躬行实践等。他的关学观就是这种学术史观和学术史方法的典型表现。尤其值得重视的是，他的"道以躬行重，人从述作论"①，"圣学莫重于躬行"②，"论人之学，当观其行，不独以其言"③ 的评价准则在其关学观中，体现得尤为充分。全祖望的学术史观及其在关学观中的体现，至今仍是能给我们以深刻启迪的学术史方法论遗产，值得我们深入发掘和认真借鉴。

（原载《浙东学术与中国实学——浙东学派与中国实学研讨会论文集》）

---

① （清）全祖望：《全祖望集汇校集注》（下），上海古籍出版社2000年版，第2149页。
② （清）全祖望：《全祖望集汇校集注》（中），上海古籍出版社2000年版，第1682页。
③ （清）全祖望：《全祖望集汇校集注》（中），上海古籍出版社2000年版，第1045页。

论关学的基本精神

杜甫诗云:"秦中自古帝王州。"陕西关中历史传统悠久,文化积淀深厚,给我们留下了丰富的历史文化遗产。这些遗产中,不但有如兵马俑、法门寺、帝王陵、文物古迹等物质文化财富;还有十分宝贵的丰厚的精神文化成果。在精神文化成果中,不但有文学艺术,还有哲学思想。关学就是陕西历史上非常重要的哲学成果之一。关学对中国传统哲学有极其深远的影响,至今仍有深刻的启发意义。可是在市场化的过程中,人们在对历史传统文化的态度上,往往重实物轻人物、重物质轻精神,由此而造成了对宝贵的思想遗产的遗忘。为此,我们要大力发掘和弘扬优秀的传统精神文化,特别是思想文化。

一 关学概况

关学有狭义、广义两种含义。狭义的关学指北宋时期由张载创立的以张载为代表的理学学派;广义的关学指由北宋张载所创立的,至明清时代仍然流行于关中地区的理学学派。本文取广义概念。

北宋中期,张载讲学关中,他的学术思想被称为"关学",与周敦颐的"濂学"、二程的"洛学"、朱熹的"闽学"并称为宋代的四大学派,颇负盛名。北宋以后,以至清初,关中地区,学人迭出,流派纷呈,虽无严格的师承授受关系,但大都尊张载为"关中士人宗师",在不同程度上都接受了张载的影响,继承了张载的学术旨趣,由此形成了客观上内在一致的精神气质、学术宗旨、价值追求和治学作风。因而,成为宋明清时期理学中的一个有地域文化特征的学术流派。

关中学术流派的代表学者、关学创始人张载（1020—1077年），字子厚，眉县横渠镇人。人称横渠先生。少年时喜谈兵，曾向焦寅（彬县人）学兵法，计划组织武装力量夺回西夏侵占的洮西之地。21岁时，写信给当时陕西招讨副使范仲淹讨论边防问题，范仲淹对他说："儒者自有名教可乐，何事于兵？"并劝他读《中庸》。从此，走上了治学道路。进士登第后，曾任祁州司法参军、云岩（今陕西宜川）令、崇文院校书，后病辞返关中，讲学、授徒。熙宁十年（1077），受吕大防之荐，任同知太常礼院，不久以病归，途中逝于临潼，时58岁。著有《正蒙》《西铭》《横渠易说》《经学理窟》等，今编为《张载集》。他本人也被后世尊为理学祖师之一。南宋末年，"濂洛关闽""周程张朱"已成为人们称谓宋代道学的口头语。

张载的学友有其弟张戬（字天祺）、蓝田吕大防（字微仲）。主要弟子有蓝田吕大忠（生卒年不详，字进伯）、吕大钧（1030—1082年，字和叔）、吕大临（1040—1092年，字与叔），人称"蓝田三吕"。旬邑人范育（生卒年不详，字巽之），武功人苏昞（生年不详，卒年约1102年至1106年，字季明），长安人李复（1052—1128年，字履中，人称潏水先生）、游师雄、薛昌朝等。受学于张载的，有本省学者种师道、潘拯、田腴、邵彦明、张舜民等；外地学者有晁说之、蔡发等。

张载之后，关学的代表人物有：元代乾县人杨奂（1186—1255年，字焕然）、西安市西北人杨恭懿（1225—1294年，字元甫）、西安市西北人同恕（1254—1331年，字宽甫）。

明代有渭南人薛敬之（1435—1508年，字显思，号思庵）、三原人马理（1474—1556年，字伯循，号溪田）、高陵人吕柟（1479—1542年，字仲木，号泾野）、朝邑人韩邦奇（1479—1556年，字汝节，号苑洛）、富平人杨爵（1493—1549年，字伯修，号斛山）、长安人冯从吾（1556—1627年，字仲好，号少墟，关中书院创始人）。

清代有华阴人王宏撰（1622—1702年，字修文、无异，号山史）、眉县人李柏（1630—1700年，字雪木）、周至人李颙（1627—1705年，字中孚，号二曲，与黄宗羲、孙奇逢并称"清初三大名儒"）、富平人李因笃（1632—1692年，字天生、子德，号中南山人，与李颙、李柏合称"关中三李"）、户县人王心敬（1656—1738年，字尔缉，号丰川）。

从北宋张载到清初李二曲七百年间，经过二十多位学者薪火相传的学术探索，形成了丰富的学术成果，培育了独特的关学精神，为中国学术史、哲学史作出了重大贡献，更对陶铸关中人以至陕西人的思维方式、价值观念、人格精神产生了深远的影响。

二 关学精神

尽管关学在传衍过程中，学术观点屡有变化，但其学术精神却大体有其前后的一贯性特征。关学的学术精神体现在学术使命、学术宗旨、治学作风、治学方式和学者品格等诸多方面。概而言之，约有数端。

（一）"立心立命"的使命意识

张载是一个有自觉的学术使命意识的哲学家，他提出的"为天地立心，为生民立命，为往圣继绝学，为万世开太平"[①]的名言，是对自己哲学的学术使命的高度概括。2005年4月29日连战在北京大学的演讲中说：要"为民族立生命，为万世开太平"就是对张载这段名言的变通引用。张载这段话的意思是说：要以哲学揭示宇宙的本质和规律，并进而确立人在天地间的主体地位（人是天地之心）；以哲学来探索人生的价值理想和精神家园，从而为广大民众确立一个安身立命之所；以哲学来继承和发扬面临危机的圣贤之学，承续中华文化的优秀传统；以哲学为人们设计一个万世太平、永远美好的理想社会。概而言之，就是为人们提供正确的世界观、人生观、文化观和社会观。张载的这四句名言，

[①] 《朱轼康熙五十八年本张子全书序》，见《张载集》附录。异文另见（宋）张载《张载集》，中华书局1978版，第320页。

表达了一个哲学家的崇高使命和远大志向,受到后代哲学家的赞赏和认同,至今可视为对哲学使命的高度概括,冯友兰称之为"横渠四句"。

关学的后继者们,大都以这种使命意识来自励,无论他们在哲学思想上是否与张载一致,但在对自己学术使命的自觉上,皆不同程度地保持着张载的精神。

张载的弟子吕大临,尽管有向"涵泳义理,空说心性"的洛学转化的趋向,但他仍保持着"以教化人才、变化风俗为己任"的学术使命感。

明代关中硕儒吕柟,青年时代即与友人相约"文必载道,行必顾言"(《关学编·泾野吕先生》),入仕为官后上疏力劝明世宗倡明圣学,他认为圣学的意义在于"上对天心","下通民志","太平之业,实在于此"(《关学编·泾野吕先生》)。体现的正是张载"立心""立命""继绝学""开太平"的精神。

生活于明万历年间被时人誉为"关西夫子"的著名理学家冯从吾,是关中书院的创立者,主持关中书院二十余年,培养弟子五千余人。他办学、讲学的目的非常明确,"开天辟地在此讲学,旋转坤乾在此讲学,致君泽民在此讲学,扶正变邪在此讲学","千讲万讲,不过要大家做好人,存好心,行好事"。(冯从吾《学会约·谕俗》)

明末清初被尊为"海内三大名儒"之一的李二曲,终生以"明学术,正人心"为自己的崇高使命,他说:"大丈夫无心于斯世则已。苟有心斯世,须从大根本、大肯綮处下手,则事半而功倍,不劳而易举。夫天下之大根本莫过于人心,天下之大肯綮莫过于提醒天下人之心,然于醒人心,惟在明学术。此在今日为匡时第一要务。"[1] 他认为,学术乃"生人之命脉,宇宙之元气,不可一日息焉者也"[2]。

由此不难看出,有自觉的使命意识和强烈的学术责任感,是关学的重要精神。张载的"立心立命",吕大临的"教化人才,变化风尚",吕

---

[1] (明末清初)李颙:《二曲集》,中华书局1986年版,第24页。
[2] (明末清初)李颙:《二曲集》,中华书局1986年版,第274页。

栴的"对天心""通民志""兴太平",冯从吾的"做好人,存好心,做好事",李二曲的"明学术,正人心",都是对自己学术使命和治学志向的明确表述。正由于有这种自觉的使命感和责任感,关学学者们大都把个人的学术活动与国运民命、匡时救世紧密结合起来,以"主持名教,担当世道"(李二曲语)为己任,使自己既成为学者,也成为社会历史价值的承担者。从而努力实现为学与经世、治学与做人的高度统一。

(二)"勇于造道"的创新精神

张载是北宋时期伟大的哲学家,但他学无师承,他的哲学是自己经过几十年探求、体会出来的。他自称"学贵心悟,守旧无功"[1],并说治学应"濯去旧见以来新意","多求新意以开昏蒙"[2]。他一生穷神研究,探索宇宙人生的真谛,著有《正蒙》《横渠易说》《经学理窟》等著作,在前代哲学的基础上,"芭蕉心尽展新枝,新卷新心暗已随。愿学新心养新德,旋随新叶起新知"[3],以"古今无两"的"学问思辨之功"和"勇于造道"[4]的创造精神,为中华民族的智慧宝库作出了重大贡献。故范育《正蒙序》说:张子之书"有六经之所未载,圣人之所不言"[5]。朱熹也说:"横渠之学,是苦心得之。"

(1)张载在中国哲学史上第一次建立了比较完整的气一元论哲学体系,开辟了朴素唯物主义哲学的新阶段。"气"是中国古代哲学用以表示物质存在的基本范畴。但在张载以前依然没有超出宇宙构成论和生成论的范围。张载在前代哲学的基础上,提出了比较细致、系统的气论,建立了较完整的气一元论哲学体系。把气论从宇宙构成论和宇宙生成论发展为本体论,并在气范畴的基础上建构了自己的哲学体系,形成了与二程的理本论、陆九渊的心本论鼎足而立的唯物主义气本论哲学体系,

---

[1] (宋)张载:《张载集》,中华书局1978年版,第274页。
[2] (宋)张载:《张载集》,中华书局1978年版,第321页。
[3] (宋)张载:《张载集》,中华书局1978年版,第369页。
[4] (明末清初)王夫之:《读四书大全说》卷七,中华书局1975年版,第458页。
[5] (宋)张载:《张载集》,中华书局1978年版,第4页。

开创了朴素唯物主义哲学的新阶段。

（2）张载是中国哲学史上第一个从思维与存在关系的哲学理论高度批判佛教唯心主义的哲学家。佛教从东汉传入中国以后，一方面与中国固有的思想、文化相融合；另一方面又与中国传统的儒、道哲学相矛盾。张载以前的许多思想家都对佛教进行过批判，这种批判基本上是从社会批判、道德批判、思想理论批判三个层次上进行的，张载把对佛教的理论批判提到了新的水平，真正从哲学世界观的高度，剖析了佛教的理论核心。后代不少批佛的哲学家，如罗钦顺、王廷相、王夫之等人，都肯定了张载彻底批佛的理论贡献，并从张载哲学中吸取了丰富营养和宝贵经验。正如王夫之所云："横渠早年尽抉佛老之藏，识破后，更无丝毫沾染，一诚之理，壁立万仞。"[①]"使张子之学晓然大明，以正童蒙之志于始，则浮屠生死之狂惑，不折而自摧。"（《张子正蒙注·序论》）

（3）张载是宋代理学的奠基人。理学（或称道学）是北宋兴起的学术思潮，是儒家学说的新形态。理学的基本特征是使儒学哲理化，为儒家的伦理道德提供一个本体论的依据。理学形成于北宋，成熟于南宋，盛行于明代，成为封建社会后期的统治思想，占据着学术思想的主流地位。在漫长的七百年间，学者辈出，成果累累，产生了极其深远的社会影响。在理学发展史上，张载处于相当重要的地位，他是理学的奠基人之一。学术界认为，"宋初三先生"——胡瑗、孙复、石介是理学的先驱，而周敦颐和张载则是理学的真正奠基者。张载作为理学奠基人的主要贡献是：首先，提出了理学的一系列基本范畴和命题；其次，建构了理学的基本框架；最后，确立了理学"民胞物与"的价值理想。张载在《西铭》中提出了"天地之塞，吾其体；天地之帅，吾其性。民吾同胞，物吾与也"的理想人生境界，二程之后的理学家，几乎无不推崇备至，认为其"言纯而思备"，"深发圣人之微意"，"真孟子以后所未有也"，并都以此作为理学所追求的价值理想。正由于张载为理学奠定了基础，

[①] （明末清初）王夫之：《读四书大全说》卷十，中华书局1975年版，第693页。

所以深得以后理学家和统治者的推崇。二程把他与孟子、韩愈相比，朱熹称其学为"精义入神"，说"横渠所说，多有孔孟所未说底"（《朱子语类卷·卷第六十二》）。历代统治者也给张载以很高的荣誉，宋理宗封他为眉伯，"从祀孔子庙庭"。元代赵复立周敦颐祠，以张载与程、朱配祀。明清两代，张载的著作，一直被统治者视为理学经典，作为开科取士的必读书，并先后汇入御纂的《性理大全》和《性理精义》。由此足见，张载在理学中的重要地位和深远影响。

（4）张载是宋代四大学派之一——关学的创始者。张载哲学，在关中地区影响很大，从学者甚众，一时门生如云，声势颇大，以他为领袖的关学学派就形成了，此后，一直延续到明清之际。所以，张载是关学的创始人。从关学形成和发展的总体来看，它在中国理学史和哲学思想史上具有显著的特点和独特的地位。"关学始终葆其'躬行礼教'、力排二氏（佛道）的'崇儒'宗旨。它以'气本''气化'之学和'精思''实学'之风，同朱学、王学相依相离，鼎足而立，为宋明理学写下了独放异彩的篇章。"①

张载哲学思想的内容十分丰富，对中国哲学史和关中思想文化史的贡献是多方面的，以上所论，仅就其大端言之。但亦足以表明张载哲学及其关学在历史上的重要地位。

（三）"崇礼贵德"的学术主旨

张岱年先生曾云："张载学说有两个最重要的特点，一是以气为本，二是以礼为教。"②后来的关学后继者，虽多未能发扬以气为本的思想，但却"大多传衍了以礼为教的学风"。关学的"以礼为教"，约有二义：一是崇尚古代的礼制；二是重视道德的教化。在礼制上，张载平生用心于"复三代之礼"，认为推行"三代"的井田制可以实现"均平"理想。在德教上，张载认为"知礼以成性、性乃存，然后，道义从此出"。这

---

① 陈俊民：《张载哲学思想及关学学派》，人民出版社1986年版，第32—33页。
② （宋）张载：《张载集》，中华书局1978年版，第20—21页。

就把"礼"和"德"贯通了,由"崇礼"引申到"贵德"。从这一认识出发,他提出了自己的道德理想和精神境界。其主要内容包括四个方面。

(1)"诚明互用"的立身之本。他说诚明是"天德良知","性与天道合一于乎诚"。诚是人成功的根本,"不诚无物"。人的修养有"自明诚"——由聪明到诚实和"自诚明"——由诚实到聪明两种方式,二者是互动的。(《正蒙·诚明》)诚而不明会流于愚笨,明而不诚会走向狡诈。只有把诚实和聪明统一起来才是一个真正的人。

(2)"民胞物与"的道德境界。张载云:"乾称父,坤称母;予兹藐焉,乃混然中处。故天地之塞,吾其体;天地之帅,吾其性。民,吾同胞;物,吾与也。"(《正蒙·乾称》)既然人与我、物与人,都生在天地之间,都秉有天地之性,所以每个人都应该以万民为同胞,以万物为朋友。

(3)"太和之道"的崇高理想。"太和"就是至高无上的和谐。"太和"既是张载对太虚本体状态的描绘,又是张载追求的最高理想境界。因此,他说"太和所谓道"(《正蒙·太和》)。"太和"一词出于《周易·象传》对乾卦功能的赞颂,本义就含有深厚的价值意蕴。张载称"太和"为"道",就从本体和价值的统一上赋予了"太和"以崇高的地位。他说:"语道者知此,谓之知道;学《易》者见此,谓之见《易》。"这种至高无上的和谐,就是张载追求的普遍价值的理想境界。在张载看来,世间的万事万物虽然存在着种种矛盾、对立和斗争,但终归会化解矛盾,实现和谐。"有象斯有对,对必反其为;有反斯有仇,仇必和而解。"(《正蒙·太和》)

(4)"大心体物"的人生态度。他认为首先要有"大心体物"的自觉精神。"大其心,则能体天下之物,物有未体,则心为有外。世人之心,止于见闻之狭;圣人尽性,不以见闻梏其心,其视天下无一物非我,孟子谓尽心则知性知天以此。天大无外,故有外之心,不足以合天心。"(《正蒙·大心》)就是说要超越个体狭隘的见闻和私心,宏大其心境体察万物、承载万物、关爱万物,与天心合一,就能达到"体物未尝遗"

(《正蒙·诚明》)、"视天下无一物非我"的普遍价值境界。天地之性不是某一个体所独有的，是所有人的共同本源，而这就决定了人们不应该局限于仅以一己私意为取向的狭隘的价值视野，而应该具备关怀万物、关爱他人的宏大价值情怀，做到"立必俱立，知必周知，爱必兼爱，成不独成"(《正蒙·诚明》)。

张载这种"崇礼贵德"的学术宗旨，对关学有深远影响，后代关学学者都不同程度地认同和发扬了这种精神。张载弟子吕大临后来虽受洛学影响，但仍然没有改变关学"躬行礼教"的主旨，论选举、明兵制、行井田、制乡约、明教化，主张葆"赤子之心"，弘"孟子之义"。

明代关学学者吕柟，著《礼问内外篇》，任国子监祭酒时期，以"四书""五经"及仪礼为教材，贯彻"礼以立之，乐以和之"的教育方针，并把正心、修身、忠君、孝亲作为道德教育的基本内容，注意对学生道德品行的培养，要求学生严格按各种道德规范和礼节约束自己。他说："若无礼以提防其身，则满腔一团私意，纵横四出矣。"[1] 他认为从"正己"入手，通过改过行善工夫，就能达到张载所说的"乾坤便是吾父母，民物便是吾胞与，将己身放在天地万物中作一样看，故曰：仁者以天地万物为一体"的精神境界[2]。

与吕柟同时的杨爵，大力倡导"克己复礼之学"，认为"人若非礼则率意妄为"，从而把习礼视为把握人本性之善、制约人言论行为、完善人道德品节、实现为仁之道的重要途径和工夫，并把礼的内容和标准具体化，以适应不同地位和处境的人。

后来，冯从吾在关中书院讲学时，也始终坚持德教为先的原则，提出"讲学即讲德"，制定《书院会约》，规定了各种礼仪，着力于培养"粹然之养，卓越之识，特然之节"的真人品。他说："学者须是有一介不苟的节操，才得有万仞壁立的气象。"

明末清初的"关中三李"，继承关学传统，进一步阐发了张载"以

---

[1] (清) 黄宗羲：《明儒学案》卷八，中华书局1985年版，第152页。
[2] (清) 黄宗羲：《明儒学案》卷八，中华书局1985年版，第138页。

礼教人"的思想。李因笃主张理学应以经学为本，为人应以"圣人为规矩"；李柏提出"当仁不让于师"，要求人们在道德修养上艰苦磨炼，防微杜渐；李二曲提倡"悔过自新""为学修德"，主张培养"真儒"。他还从《礼记》中摘录关于儒者的论述，写了《儒行篇》，以作为"真儒"的行为规范，要求从学者。

由此可见，从张载到李颙七百年间，"关学世所渊源，皆以躬行礼教为本"（《明儒学案·师说·吕泾野柟》），"崇礼贵德"是关学源远流长的传统精神，虽然不同时期的关学学者，强调和侧重的具体内容不同，但其以礼为制、以礼教人、以德为先、以德为本的思想主旨都是一贯的。就恪守礼制的一面言之，"崇礼贵德"无疑有着保守性的局限，但其重视道德价值、培养道德人格的精神却包含着积极的因素，至今仍有着现实意义。

（四）"经世致用"的求实作风

在宋代理学的濂、洛、关、闽四派中，关学是最具求实精神的学派。关学的创始人张载，建立了以气为本的哲学体系，其理论深邃、逻辑严密、分析细致，达到了很高的思辨水平。然而，张载为学却不尚空谈，而是"语学而及政，论政而及礼乐兵刑之学"[①]，有着鲜明的求实作风。早在青少年时代，张载即向邠人焦寅学习兵法，并曾想组织兵力对西夏作战，解除西北边患，21岁时上书延州知府范仲淹，提出"边议"九条。走上治学道路之后，他依然关心当时的军事、政治，不把"道学"与"政术"视为"二事"。在他38岁至50岁的12年为政期间，"躬行礼教""敦本善俗"，建立了卓著的政绩。晚年回到故乡横渠镇著书讲学时期，一方面与弟子们读书论学、著书立说；另一方面仍联系实际、关心时政、体察民情，并试验井田制。在他看来，治学、讲学的目的是为社会服务，是培养合格的实用人才，"学与政"应"不殊心而得"。张岱

[①] （宋）程颢、程颐：《二程粹言》卷上，载《二程集》，中华书局1981年版，第1196页。

年说:"关学和洛学,两派的学风颇不相同。关学关注研究天文、兵法、医学以及礼制,注意探讨自然科学和实际问题……洛学则专重内心修养,'涵泳义理',提倡静坐,时常'瞑目而坐'。"① 张载的这种"经世致用"的求实精神,也基本上为后代的关学家们所继承和发扬。

从宋末至清初,关学学者们无论是入仕为官,还是著书讲学,都表现了求实尚用的可贵精神。

元朝统一后,朱子之学北传入关,为关学复起创造了条件,尽管当时的关学受到了朱学的影响,但仍然保持着张载的"实学"学风。杨奂、杨恭懿、同恕诸人,治学总是从"志于用世"出发,"指陈时病","耻为章句",其著述"往往有关名教"。

明代关学中兴,学者们虽然受到朱、王二学浸染,但其实学之风,持而不坠。吕柟、杨爵、马理、冯从吾这些代表人物,都不以"空谈性命"为尚,而是以"学贵力行""体用一原"为宗旨。

吕柟认为学问应"从下学做起",把"做事"与"做学"统一起来。他说,"今人把事做事,学做学,分作两样看了,须是即事即学,即学即事,方见心事合一、体用一原的道理"②,他还要求弟子们要"干禄念轻,救世意重"。

杨爵提出,为学既要"慎思不怠",也要"有睹有闻",主张深入实际、亲身体验、认识事物、应酬事态。

冯从吾力倡"困而能学""学而能行"的习行学风,认为知识能运用于实践,才是真学问,他以学射为例,阐述学行结合的道理,说"学射者不操弓矢而谈射,非惟不能射,其所谈未必当"③。

明清之际,随着实学思潮的激荡,关学学者,在这时代思潮的大合奏中,又一次高奏起"经世致用"的乐章。

李因笃提出,研究经学的目的是通晓治国之道,有裨于国计民生。

---

① (明)冯从吾:《关学编》,中华书局 1987 年版,第 12 页。
② (清)黄宗羲:《明儒学案》卷八,中华书局 1985 年版,第 150 页。
③ 李钟善:《陕西历代教育家评传》,陕西人民教育出版社 1994 年版,第 156 页。

据此，他在自己的学术著作中，结合现实，针砭时弊，陈献良策。例如，对于以科贡之法还是以选举之法选拔人才这一问题，他的看法是"天下必无无弊之法，善用之可也"①。李柏针对夸夸其谈、华而不实的学风，倡导"石不言而自坚，兰不言而自芳，海不言而自深，乾不言而自刚"②的笃实精神。

李颙更是以"开物成务，康济时艰"为己任，提出"儒者之学，明体适用之学也"的重要思想。他说："明体而不适用，便是腐儒；适用而不明体，便是霸儒。既不明体，又不适用，便是异端。"又说："道不虚谈，学贵实效"；"立身要有德业，用世要有功业"③。为了经世实用，他于政治、军事、律令、农田、水利、天文、地理无不广泛涉猎。他明确地把张载的"为天地立心，为生民立命，为往圣继绝学，为万世开太平"作为自己"立志""治学""做人"的崇高目标，指导自己的人生实践，使自己成了明清之际国内实学思潮中的重要代表人物之一。

"经世致用""开物成务"的实学精神，是关学七百年来培育的优良学风，它不但在宋明理学中独具特色，也在整个中国的思想史、学术史上放射着光彩，是至今值得我们珍惜和学习的优良传统。

(五)"崇尚节操"的人格追求

关学学者，大都治学与做人并重，努力把真理追求和人格追求相统一。他们不但在学术研究上作出了杰出贡献；而且在砥砺节操、锻铸人格方面，为学人们树立了崇高的榜样。崇尚节操的精神也是由张载开风气之先的。张载中年时代，正是王安石任宰相行新法之际，对王安石的新法，张载在政治上是基本赞同的。但由于他是北方学者，在"南北异乡，用舍异道"的风气盛行之时，他又不能不同"旧党"多有联系，而与"新党""语多不合"。加之其弟张戬（当时任监察御史）与王安石矛

---

① 李钟善：《陕西历代教育家评传》，陕西人民教育出版社1994年版，第179页。
② 李钟善：《陕西历代教育家评传》，陕西人民教育出版社1994年版，第186页。
③ 李钟善：《陕西历代教育家评传》，陕西人民教育出版社1994年版，第201—202页。

盾尖锐，使张载深感不安，觉得"时已失，志难成"。为了不卷入新旧党派之争，他毅然托病辞职，"谒告西归"，隐于"人不堪其忧"的穷乡僻壤，讲学著述为生，"处之益安"，其高尚气节，为时人所称道。

　　后来关学学者多能继此高风。明代吕柟、杨爵、冯从吾等人不但在学术上弘扬道德、重视节操、倡"仁心""善心"之说，立"正己""正心"之本，而且身体力行，躬身践履，养成了高尚的道德品质和超群拔俗的气节。他们少年笃学，刻苦攻读，孜孜不倦，进德修业，志在圣贤。或以"文必载道，行必顾言"为准则（吕柟），或以"做天下第一等人，为天下第一等事"为鸿志（杨爵）（《关学编·斛山杨先生》），或以"个个人心有仲尼"为箴言（冯从吾）。入朝为官时，刚正不阿，忠肝义胆，不畏权贵，直言敢谏，"直声震下"。

　　吕柟先后因上疏武宗、世宗"亲政""兴礼""勤学"，几乎被权倾朝野的宦官刘瑾杀头，曾经被皇帝下狱、贬官；杨爵因上疏批评皇帝"任用非人，兴作未已，朝讲不亲，信用方术，阻抑言路"而被世宗两度入狱究治，在狱中数年，被毒打折磨得屡濒于死而素志不移，泰然自若，最终被削职为民；冯从吾任御史时，坚决与贪官污吏做斗争，冒死直谏指责神宗"朝政废弛"，两度被罢官，多次受宦官诬陷，而不改特然之节。

　　任职地方时，他们勤政廉洁，不收贿赂，拒收馈赠，兴利除弊，秉公执法。如吕柟为解州判官时"善政犁然"；杨爵任河南监察御史时，反对朝廷横征暴敛；冯从吾在河南长芦负责监政时，严厉打击不法商贾及税吏。

　　明代的关学学者大多走的是因"学著"而后为"官"，又因不愿与黑暗势力同流合污而"辞官"为"学"的人生道路。吕柟曾两度辞官还乡；杨爵一次辞官，一次被罢官；冯从吾曾三次辞官，一次被罢官。这种从因"学"而"官"到辞"官"为"学"的曲折道路，也是他们的崇高节操的突出表现。

　　明清之际的关学家们，在天崩地裂、朝廷更迭的历史风浪中，也表现了可歌可泣的民族气节和坚贞卓绝的人格精神。李因笃深感亡国之痛，矢志反清复明。被诏举为官时，力辞不赴，以死抗拒，后被迫受命不到一个月，即以母老无依为由上书37次，终被获准回家养母。李柏在改朝换代之后，隐居太白山中，躬耕田亩，攻读诗书，当朝廷由地方贡举他出仕时，断然拒绝。与黄宗羲、孙奇逢并称"三大儒"的李颙（李二曲），在极端艰难的环境中，自奋自立，"超然于高明广大之域""自拔于流俗之上"，安贫乐道，终生不仕，明亡之后，坚持强烈的民族气节不肯臣事清廷，与顾炎武交往论学，共图复明大计。康熙时，他被举荐为"博学鸿儒"，在官府的威逼利诱下，自称病笃，坚决不就任，甚至以死相抗，绝食六日。此后，屏居土室，反锁家门，拒不外出。康熙至陕时又欲召见，他以病恳辞不赴。

关学学者这种坚贞气节和高尚人格，受到当时士人和后代史家的高度赞颂。例如赞吕柟为"真铁汉"，"真祭酒"，"当代师表"，"家之孝子，乡之善人，国之忠臣，而天下之先觉天民也"（《关学论》）；誉杨爵为"直节精忠，有光斯道"（《关学论》），"万古清香雪里梅"；称冯从吾为"关西夫子""直声震天下"；颂李二曲为"天之北斗，地之泰山"，"志操高洁"。《明儒学案》中说：关学学者"多以气节著，风土之厚，而又加之学问者也。"诚哉斯言！

（六）"博取兼容"的治学态度

关学学者虽学有宗旨、业有专攻，但却在治学态度和方式上，遍览博采，不守门户，善于吸取各家之长，能够掌握多门知识。这其一，是由于他们的代表人物大都走的是"坚苦力学，无师而成"的学术道路；其二，与他们"经世致用"的求实学风相关；其三，是因为关学在历史上没有如程朱理学那样被作为统治思想受到封建王朝的大力扶植和着力推崇。张载作为理学的奠基人之一，曾被统治者封为眉伯，从祀孔子庙庭，但他的学术思想特别是"以气为本"的本体论，并未受到封建统治者的赞赏。所以，从总体上看，关学是宋明时期的一个民间学术派别。

关学的博取兼容特征主要表现在两个方面。一是积极主张多方面探求知识,努力开拓广阔的学术领域。不少学者如张载、李复、韩邦奇、李颙、李因笃,不但提倡"博学""取众",而且本身就是天文学家、地理学家、数学家、医学家、律吕学家、文学家、诗人。他们善于学习和掌握当世自然知识和人文知识的最高成果,并将其渗透于哲学、经学之中,建立起知识广博的学术体系。张载明确提出"惟博学然后有可得","学愈博则义愈精微","见物多,穷理多,如此可尽物之性",大力提倡"取益于众"。(《经学理窟·气质》)杨爵也指出博学才能精通。李因笃提倡博学强记,他本人深谙经学,精于音韵,擅长律诗,颇通天文、历法、治河、漕运、盐政、钱法、史法诸术。李二曲主张广泛学习,认为"咸经济所关,宜一一潜心",他的治学领域十分广博。

二是能兼容各派学说,吸取不同学派的学术思想,在学派分野中,往往保持一种中和性格。张载"少孤自立,无所不学",苦心力索终于达到了"吾道自足,何事旁求"的程度,创立了别具特色的关学。张载之后,关学学者,一方面保持其宗儒、崇礼、求实的关学传统;另一方面则出入于关学之外的其他学派。张载的亲炙弟子"三吕"和苏昞在张载去世后依附洛学,"及程门而进之",使关学有了洛学"涵泳义理"的特点。但在学术主旨上仍"守横渠学甚固"[1],表现了兼容的态度。明代中叶,关学中兴,涌现出了一大批学人,其中高陵吕柟、三原马理、朝邑韩邦奇、富平杨爵、渭南薛敬之、长安冯从吾是其铮铮者。他们多受其他学派特别是受朱熹、王阳明之学的影响,既守关学的学旨,又蕴含各家之长。吕柟的"仁心说"、冯从吾的"善心说",显然有着王学"良知说"的烙印,但他们又以关学来调停朱、王,溶解朱、王。明末清初的李二曲,在理学自我批判的时代思潮中,对关学做了总结,其总结方式是按照"躬行礼教为本"的关学宗旨和"崇实贵用"的关学学风,将程朱陆王"融诸一途",提出了富有特色的"悔过自新说"和"明体适

---

[1] (宋)程颢、程颐:《河南程氏遗书》卷一九,《二程集》第1册,第265页。

用说"。关学这种博取兼容的学术态度,虽然会使"学统"不纯、"学绪"不贯、"学路"曲折,但却体现了兼容并包、不守门户、勇于吸收、善于融合的可贵精神。

三 现代启示

张载的气一元论本体论哲学是中国封建社会后期唯物主义哲学发展的重大成果,对后代产生了深远影响。明代的王廷相,推崇张载"太虚即气"的学说,认为"横渠此论,阐造化之秘,明人性之源,开示后学之功大矣"①。尤其是明清之际的唯物主义哲学家王夫之,极力推崇张载,一再宣称自己是张载气一元论的继承者,说自己平生的志向是"希张横渠之正学而力不能企"。19世纪以来的国外学者,也对张载的气论高度赞扬。有的说它"是11世纪关于感应原理的非常明确有力的叙述",长期保持着"它的活力"②,有的称其足以同"现代哲学之父"笛卡尔的"以太""旋涡"说相匹敌。(丁韪良《翰林集》)无论其评价是否恰当,都显示了张载哲学的杰出成就和影响。清初王夫之说:"张子之学,上承孔孟之志,下救来兹之失,如皎日丽天,无幽不烛,圣人复起,未有能易焉者也。"(《张子正蒙注·序论》)纵观中国哲学史,审视张载所处的坐标位置及其深远影响,可以说,王夫之的评价并非过誉溢美之词。

关学作为中国封建社会后期的一个学术思想学派,不但在学术思想上为中华民族的理论思维作出了突出的贡献,在哲学史、学术史上占有着重要的地位,而且在学术精神上形成了自己鲜明的特色。尽管它同其他地域文化一样有着自身历史和地域的局限,如政治上较为保守,作风上比较拘谨,竞争意识淡薄,创新力度不足等。但其中蕴含的重使命、崇道德、求实用、尚气节、贵兼容的优秀精神,对关中人有着重大的积

---

① (明)王廷相:《横渠理气辨》,载《王廷相集》,中华书局1989年版,第603页。
② [英]李约瑟:《中国科学技术史》第4卷,科学出版社1975年版,第124页。

极的影响。首先，它培育了关中以至陕西人浑厚、坚实、耿直、质朴的文化性格；其次，它培育了关中学者勤奋、求实、严谨、有责任心、有正义感的精神品格。

时至今日，关学精神仍具有现实意义和宝贵价值。它的"为天地立心，为生民立命，为往圣继绝学，为万世开太平"的崇高使命意识和承担精神，它的"旋起新知""勇于造道"的独创精神，它的"民胞物与""大心体物"的道德理想和宏大胸襟，它的重视节操、刚正不阿的人格追求，它的"经世致用""开物成务"的求实精神，它的博取兼容、不守门户的学术态度等，不但是优化哲学社会科学工作者的精神品格和治学作风的宝贵营养，更是提升人的综合素质和人文精神的宝贵资源。为了构建和谐社会、推动人和社会的全面发展，我们应该继承关学的优秀精神传统，克服其局限与不足，在与时代精神的结合中，对其改造更新，将它发扬光大。也一定能在新的历史条件下使关学的优秀精神重放光辉，再呈异彩。正如北宋邵雍奉和张载之诗所云：

秦甸山河半域中，精英孕育古今同。
古来贤杰知多少，何代无人振素风！

[原载《西北大学学报》（哲学社会科学版）2005 年第 6 期]

传统文化精神与构建和谐社会

一 构建和谐社会的重大意义

（一）构建和谐社会的提出

（1）党的十六大报告在阐述全面建设小康社会的宏伟目标时强调，建设更高水平的小康社会，就是要使经济更加发展、民主更加健全、科教更加进步、文化更加繁荣、社会更加和谐、人民生活更加殷实，还强调要努力形成全体人民各尽其能、各得其所而又和谐相处的局面，巩固和发展民主团结、生动活泼、安定和谐的政治局面。把社会更加和谐作为我们党要为之奋斗的一个重要目标明确提出来，这在我们党历次代表大会的报告中是第一次。

（2）党的十六届四中全会，进一步提出了构建社会主义和谐社会的任务，强调形成全体人民各尽其能、各得其所而又和谐相处的社会是巩固党执政的社会基础、实现党执政的历史任务的必然要求，要适应我国社会的深刻变化，把和谐社会建设摆在重要位置，并明确了构建社会主义和谐社会的主要内容。

（3）2005年2月19日胡锦涛在省部级主要领导干部提高构建社会主义和谐社会能力专题研讨班上发表了讲话。

（二）构建和谐社会的重大意义

（1）建设任务总体布局的全面化。中国特色社会主义事业的总体布局，更加明确地由社会主义经济建设、政治建设、文化建设三位一体发展为社会主义经济建设、政治建设、文化建设、社会建设四位一体。

（2）社会发展目标的系统化。建设小康社会的经济目标、建设中国特色社会主义的政治目标、建设现代化的文化目标和构建和谐社会的社会目标形成了一个四大目标内在统一的目标系统。

（3）妥善协调各方面利益关系、正确处理各种社会矛盾的现实要求。从国内看，构建社会主义和谐社会，是我们抓住和用好重要战略机遇期、实现全面建设小康社会宏伟目标的必然要求。目前，我国改革发展正处在一个关键时期。一些国家和地区的发展历程表明，在人均国内生产总值突破1000美元之后，经济社会发展就进入了一个关键阶段。

在这个阶段，既有因为举措得当从而促进经济快速发展和社会平稳进步的成功经验，也有因为应对失误从而导致经济徘徊不前和社会长期动荡的失败教训。

综合起来看，在当前和今后相当长一段时间内，我国经济社会发展面临的矛盾和问题可能更复杂、更突出。随着我国社会主义市场经济不断发展，随着我国公有制为主体、多种所有制经济共同发展的基本经济制度和按劳分配为主体、多种分配方式并存的分配制度不断完善，随着我国工业化、城镇化和经济结构调整加速，随着我国社会组织形式、就业结构、社会结构的变革加快，我们正面临着并将长期面对一些亟待解决的突出矛盾和问题，我国经济社会发展也出现了一些必须认真把握的新趋势、新特点。

第一，发展与资源能源紧缺的矛盾。资源能源紧缺压力加大，对经济社会发展的瓶颈制约日益突出，转变经济增长方式的要求十分迫切。

第二，发展不平衡的矛盾。城乡发展不平衡、地区发展不平衡、经济社会发展不平衡的矛盾更加突出，缩小发展差距和促进经济社会协调发展任务艰巨。

第三，社会利益矛盾。人民群众的物质文化需要不断提高并更趋多样化，社会利益关系更趋复杂，特别是受经济文化发展水平等多方面的限制，统筹兼顾各方面利益的难度加大。

第四，体制创新与社会组织管理的矛盾。体制创新进入攻坚阶段，深化改革，扩大开放，进一步触及深层次矛盾和问题；劳动者就业结构和方式不断变化，人员流动性大大加强，社会组织和管理面临新问题。

第五，民主与法制的矛盾。人民群众的民主法制意识不断增强，政治参与的积极性不断提高，对发展社会主义民主政治和落实依法治国基本方略提出了新要求。

第六，各种思想文化观念之间的矛盾。各种思想文化相互激荡，人们受各种思想观念影响的渠道明显增多、程度明显加深，人们思想活动的独立性、选择性、多变性、差异性明显增强。

第七，腐败现象以及各类严重犯罪活动与社会稳定的矛盾。社会上存在的消极腐败现象以及各类严重犯罪活动等也给社会稳定与和谐带来了严重影响。

我们要抓住和用好重要战略机遇期、实现全面建设小康社会的宏伟目标，就必须正确应对这些矛盾和问题，花更大气力妥善协调各方面的利益关系，正确处理各种社会矛盾，大力促进社会和谐。这既是全面建设小康社会的重要内容，也是实现全面建设小康社会宏伟目标的重要前提。

（4）有力应对来自国际环境的各种挑战和风险的必然要求。构建社会主义和谐社会，是我们把握复杂多变的国际形势、有力应对来自国际环境的各种挑战和风险的必然要求。

和平与发展仍是当今时代的主题，但国际形势继续处于深刻复杂的变化之中。世界格局处于向多极化过渡的重要时期，经济全球化趋势不断深入发展，科技进步突飞猛进，国际产业升级和转移速度加快，各国注重经济发展和国际经济技术合作，区域经济一体化进程加速。从总体上看，这些因素给我国的改革发展带来了难得的机遇和有利的条件，只要我们高举和平、发展、合作的旗帜，坚持冷静观察、沉着应对的方针，牢牢掌握应对国际局势和处理国际事务的主动权，就能够营造有利于我国的战略态势，为我国现代化建设争取较长时期的良好国际环境和周边环境。

同时，我们必须清醒地看到，当今世界仍很不安宁，各种矛盾错综复杂，影响和平与发展的不稳定、不确定因素依然存在。由于世界力量失衡的局面在短期内难以根本改变，世界多极化趋势的发展不会一帆风顺。由于国际经济旧秩序没有根本改变，经济全球化趋势在推动世界经济发展的同时，也给各国特别是发展中国家带来挑战和风险，发展中国家在经济、政治、文化、信息、军事等方面面临着严峻压力。由于传统安全威胁和非传统安全威胁的因素相互交织，民族、宗教矛盾和边界、领土争端导致的局部冲突时起时伏，恐怖主义活动依然猖獗，地区和国际安全形势不容乐观。

在这样复杂多变的国际形势下，我们要有力应对来自外部的各种挑战和风险，必须把国内的事情办好，始终保持国家统一、民族团结、社会稳定的局面。这是我们集中全党全民族的智慧和力量、全面推进中国特色社会主义事业的重要保障。

（5）构建社会主义和谐社会，是巩固党执政的社会基础、实现党执政的历史任务的必然要求。从我们党肩负的使命看，构建社会主义和谐社会，是巩固党执政的社会基础、实现党执政的历史任务的必然要求。构建社会主义和谐社会，是我们党坚持立党为公、执政为民的必然要求，是我们党实现好、维护好、发展好最广大人民的根本利益的重要体现，也是我们党实现执政的历史任务的重要条件。

巩固党执政的社会基础、实现党执政的历史任务要求我们：必须紧紧依靠人民群众，团结一切可以团结的力量，调动一切可以调动的积极因素，把人民群众以及各方面的积极性、主动性、创造性都充分发挥出来，为实现全面建设小康社会的宏伟目标而奋斗；必须正确认识和妥善处理人民内部矛盾和其他社会矛盾，协调好各方面的利益关系，不断在发展的基础上满足人民群众日益增长的物质文化需要，保证人民群众共享改革发展的成果；必须抓紧解决人民群众生产生活中的突出问题和困难，夯实党执政的阶级基础和群众基础，保持党同人民群众的血肉联系；

必须加强社会建设和管理，营造良好的人际环境，保持良好的社会秩序，维护社会稳定，保证广大人民群众安居乐业。

只有把这些工作都更加自觉、更加主动地做好了，我们党才能不断增强执政的社会基础，才能更好地实现继续推进现代化建设、完成祖国统一、维护世界和平与促进共同发展这三大历史任务。

二 和谐社会思想的哲学基础

（一）和谐社会基本特征

根据马克思主义基本原理和我国社会主义建设的实践经验，根据新世纪、新阶段我国经济社会发展的新要求和我国社会出现的新趋势、新特点，我们所要建设的社会主义和谐社会，应该是"民主法治，公平正义，诚信友爱，充满活力，安定有序，人与自然和谐相处"的社会。

民主法治，就是社会主义民主得到充分发扬，依法治国基本方略得到切实落实，各方面积极因素得到广泛调动；公平正义，就是社会各方面的利益关系得到妥善协调，人民内部矛盾和其他社会矛盾得到正确处理，社会公平和正义得到切实维护和实现；诚信友爱，就是全社会互帮互助、诚实守信，全体人民平等友爱、融洽相处；充满活力，就是能够使一切有利于社会进步的创造愿望得到尊重，创造活动得到支持，创造才能得到发挥，创造成果得到肯定；安定有序，就是社会组织机制健全，社会管理完善，社会秩序良好，人民群众安居乐业，社会保持安定团结；人与自然和谐相处，就是生产发展，生活富裕，生态良好。

概括起来，和谐社会无非就是这两大方面。人与社会的关系，是"内"。"民主法治、公平正义、诚信友爱、充满活力、安定有序"是构建人与社会的和谐关系。人与自然的关系，是"外"。"人与自然和谐相处"是构建人与自然的和谐关系。内外之间互相渗透，不仅是内部和谐了，而且与外部也和谐了。社会主义和谐社会的这些基本特征是相互联系、相互作用的，需要在全面建设小康社会的进程中全面把握和体现。

和谐社会是社会资源兼容共生、社会结构合理匀称、社会行为规范有序、社会运筹科学得当的社会。和谐社会的和谐度有高、中、低之分。只要我们开足马力,一步一个脚印地往前走,一个和谐的社会一定会在我们手中变成光辉的现实。

(二) 和谐社会思想的哲学基础

(1) 世界物质统一性的唯物主义原理。(2) 矛盾双方既对立又统一的辩证法原理。(3) 平衡是事物发展条件的发展原理。(4) 生产力体现人与自然的和谐关系、生产关系体现人与人和谐关系的唯物史观原理。

关于社会主义社会建设的理论,是马克思主义理论的重要组成部分。马克思、恩格斯在继承前人思想成果的基础上,创立了科学社会主义理论,勾画了美好社会的蓝图,指明了实现美好社会理想的正确途径。

空想社会主义学说是马克思主义的三个理论来源之一。1803 年,法国空想社会主义者傅立叶发表《全世界和谐》一文,指出现存资本主义制度是不合理的,必将为"和谐制度"所代替。1824 年,英国空想社会主义者欧文在美国印第安纳州进行的共产主义试验,也以"新和谐"命名。1842 年,德国空想共产主义者魏特林在《和谐与自由的保证》一书中把社会主义社会称为"和谐与自由"的社会,并指出新社会的"和谐"是"全体和谐"。马克思称这本书是工人阶级"史无前例的光辉灿烂的处女作"[1]。1848 年,马克思、恩格斯在《共产党宣言》中对圣西门、傅立叶、欧文等空想社会主义者的著作和有关主张给予了肯定,明确提出:"提倡社会和谐"是"它们关于未来社会的积极的主张"[2]。同时,马克思、恩格斯深刻分析了空想社会主义者的历史局限性和理论缺陷,认为他们没有认识到资本主义社会的本质矛盾,也没有找到实现社会变革的正确途径,结果只能陷于空想。

马克思、恩格斯创立了唯物史观和剩余价值学说,提出了无产阶级

---

[1] 《马克思恩格斯选集》第 4 卷,人民出版社 2012 年版,第 189 页。
[2] 《马克思恩格斯文集》第 2 卷,人民出版社 2009 年版,第 63 页。

革命的理论和战略策略，实现了社会主义由空想到科学的历史性飞跃。马克思、恩格斯对未来社会的发展方向做出了科学设想。他们在《共产党宣言》中明确提出："代替那存在着阶级和阶级对立的资产阶级旧社会的，将是这样一个联合体，在那里，每个人的自由发展是一切人的自由发展的条件。"① 按照马克思、恩格斯的设想，未来社会将在打碎旧的国家机器、消灭私有制的基础上，消除阶级之间、城乡之间、脑力劳动和体力劳动之间的对立和差别，极大地调动全体劳动者的积极性，使社会物质财富极大丰富、人民精神境界极大提高，实行各尽所能、各取所需，实现每个人自由而全面的发展，在人与人之间、人与自然之间都形成和谐的关系。列宁在领导俄国十月革命和社会主义建设的过程中，就建设社会主义社会提出了一系列重要思想。他明确提出：只有社会主义才可能广泛推行和真正支配根据科学原则进行的产品的社会生产和分配，以便使所有劳动者过最美好、最幸福的生活；生气勃勃的创造性的社会主义是由人民群众自己创立的；社会主义国家应当大力帮助农民，消除城乡对立；必须把国民经济的一切大部门建立在同个人利益的结合上面。②

三 中国传统文化是构建和谐社会的宝贵资源

实现社会和谐，建设美好社会，始终是人类孜孜以求的一个社会理想，也是包括中国共产党在内的马克思主义政党不懈追求的一个社会理想。我国历史上就产生过不少有关社会和谐的思想。所谓"和"，就是使事物各要素处于相互和谐、协调的状态。

（1）宇宙和谐观。《周易》："保合太和乃利贞。"

（2）自然和谐观。《老子》："万物负阴而抱阳，冲气以为和。"《中庸》说"致中和，天地位焉，万物育焉"。

（3）天人和谐观。所谓"天人合一"，是在承认天人有别的前提下

---

① 《马克思恩格斯选集》第 1 卷，人民出版社 1995 年版，第 294 页。
② 《列宁选集》第 3 卷，人民出版社 1995 年版，第 546 页。

主张天人统一，人与自然和谐相处。《易传》云："大人者与天地合其德，与日月合其明，与四时合其序。"老子云："人法地，地法天，天法道，道法自然。"（《老子·第二十五章》）庄子云："天地与我并生，万物与我为一。"（《庄子·齐物论》）张载云："天人合一存乎诚。"（《正蒙·诚明篇》）程颢云："仁者以天地万物为一体。"（《二程集·河南程氏遗书》卷二上）

（4）人际和谐观。孔子说："和为贵"，"仁者爱人"，"己所不欲，勿施于人"；孔子说："君子和而不同，小人同而不和。"（《论语·子路》）有若说："礼之用，和为贵，先王之道斯为美。"（《论语·学而》）孟子说："天时不如地利，地利不如人和。"（《孟子·公孙丑下》）荀子："群居和一。"（《荀子·荣辱》）

（5）社会和谐。墨子提出了"兼相爱""爱无差等"的理想社会方案。孟子描绘了"老吾老以及人之老，幼吾幼以及人之幼"的社会状态。《礼记·礼运》中描绘了"大道之行也，天下为公，选贤与能，讲信修睦。故人不独亲其亲，不独子其子，使老有所终，壮有所用，幼有所长，矜、寡、孤、独、废、疾者皆有所养"这样一种理想社会。太平天国运动的领袖洪秀全提出要建立"务使天下共享"，"有田同耕，有饭同食，有衣同穿，有钱同使，无处不均匀，无人不饱暖"（《天朝田亩制度》）的社会。康有为在《大同书》中提出要建立一个"人人相亲，人人平等，天下为公"的理想社会。庄子说："与人和者，谓之人乐；与天和者，谓之天乐。"（《庄子·天道》）张载云："天人合一存乎诚。"又云："乾称父，坤称母，……天地之塞吾其体，天地之帅吾其性，民吾同胞，物吾与也。"（《正蒙》）

这些思想虽然带有不同时代和提出者阶级地位的烙印，而且，在存在阶级压迫和阶级剥削的旧制度下，这些设想是根本无法实现的；但都在一定程度上反映了广大人民群众对美好生活的向往，都是构建和谐社会的宝贵资源。

（2005年6月29日）

大学教师应成为知识的思想者

开展教学研讨活动和教学示范活动，从而形成一种研讨教学的风气，对于提高教师能力、提高教学质量肯定有积极的推动作用，其效果在短时间可能不太明显，但是在长时间内肯定会产生非常好的效果，起到十分重要的作用。我刚才看了你们系上开展教学研讨的讲座题目，这些题目很有创造性，其中一些很具有研究价值，如果这样坚持下去，你们系上的教学一定会有很大程度的提高。一个教师的教学如果没有系上的整体气氛很难教好，如果没有学校的整体气氛他也很难成为一个好教师。北京大学也好、清华大学也好，都有很多有名的老师和有名的学者，除了这些老师本人的努力之外，学校整体上的学术氛围、研究氛围、追求知识的氛围、重视学术的氛围、探索问题的精神，都形成了一个整体性的良好环境，在这种环境中每个个体自觉不自觉地被推动、被感染、被熏陶、被培养。我觉得咱们学校这方面有点薄弱，不能说没有，但是做得不够。教学研究的精神、科学研究的精神、学术探索的精神，还有待强化。如果这种整体的精神环境不能形成的话，教师个人即使付出很大的努力，虽然会有效果，但效果很有限。所谓"四海尽秋气，一室难为春"。教师的成长与个人的成长是一样的，一个人的成长既需要自己的努力，也要家庭、学校、社会这些环境形成一种合力，才有可能成功，一个人的健康成长是这样，一个教师的提高也是这样。我觉得咱们现在谈论的这个问题很有意义，它的意义不在于培养一个教师或几个教师，而在于如何使学校形成一种好的氛围、形成一种好的环境、形成一种整体的优良精神，而且把它持续下去。

这些年我听了很多青年教师的讲课，我把他们的教学和我自己的教学体会结合起来思考，但不完全是以我自己的教学作为一种标准来衡量。我是在想，随着教学的方式、教学的内容、教学的工具的变化，大学的教学有很多与传统不同的地方，出现了新的问题，出现了新的思路和新的教学方式，以前很好的教学方式，应当继承和弘扬，但现在要是完全运用以前的方法，恐怕不能取得好的教学效果。因为现在的教学出现了许多新的东西，教学的方式和手段也应当相应变化。我听了一些青年教师的课，他们把传统和现代的结合点把握得很有特色。但是无论过去的教师，还是当代的教师，无论教哪个学科，教哪门课程，还是有一些共性的问题应该思考。个性的东西太多，说不清楚，不同的课有不同的讲法、不同的时代有不同的讲法、不同的教师讲不同的课有不同的讲法、不同的教师讲同样的课也有不同的讲法。对于这些不同风格、不同方式的讲法，不能简单地说哪种讲法好或者不好，这些不同风格、不同方式的讲法都有可能是好的，也都有可能是不好的，因此，我们研讨教学问题时，要思考共性的东西，然后每个老师在教学中再结合自己的学科、课程，再结合自己个性风格，把共性与个性结合起来，进行探索与实践。

下面我想对教学中的共性问题谈一下自己的体会，在我发表的文章和报告中，我把教学中的共性问题概括为一种非常理性的观点，但这却不是从书本中来的，而是我自己体会出来的，是我从四十年的教学经验中凝结起来的，也许不一定妥当。仅供各位参考。

第一，形成自觉的教育理念。我觉得从事教育，包括教学工作、课堂教学、教学研究、教学管理等，其中一个根本思想是对教育的理解，是形成一个自觉的教育理念。教学不是简单孤立的课堂活动，这与教师对教育的理解有很大关系，这看起来是大话，但却不是"大而空"的话，而是"大而实"的话。我在长期的教学工作中，形成了对教育的理解。我曾把自己对教育的理解概括为三个词：人本、人文、人师。即教育的人本理念、教学的人文精神、教师的人师风范。教师首先要树立正确的教育理念，教育理念引导着、指挥着、制约着教师的教学理念和教师理念。也就是说第一点制约着后两点。人本教育理念，就是把教育理解为一个培养人、塑造人、化成人的过程，是以人为本的活动。如果我们把教育理解为一个培养人、塑造人、化成人的过程的话，那么在这一理念的指导下，教学就要弘扬人文精神，教师传授的任何知识、讲解的任何课程、从事的任何学术都是人化的东西，都离不开人文精神。而且教师要培养人，就不能成为纯粹的知识传授者、成为经师或者技师。而应当成为人师。《颜氏家训》首先区分了经师和人师，经师就是讲授经书、传授知识，而人师就是能为人的模范。因而，教育树立人本理念、教学弘扬人文精神、教师追求人师风范，就是我对教育本质的理解。

爱因斯坦有句话，讲得很有意思，他说：什么是教育？当一个人走向社会，把他在学校学的所有东西都忘记以后，剩下的就是教育。我们可能把知识性的东西和技能性的东西忘记，但学校教给我们做人的道理永远不会消失。在求学的过程中，凡是美化了我们心灵、塑造了我们灵魂的东西，注入我们生命、融进我们精神的东西，即使想忘记也不可能，这是不以人的意志为转移的，这些东西已经内化为人的个性了。什么是人？一个人就是他全部经历的凝聚，包括教育经历。所以教育的根本宗旨是塑造人。作为一个教师，我们不一定要成为教育家，也不一定要能成为专门的教育研究者，但我们一定要对教育有正确的理解，一定要有自觉的教育理念，以指导我们的教学工作。

第二，处理好教学过程中的两大关系。我把教学过程中的问题概括为两大关系，"师与道"的关系和"师与生"的关系。韩愈说："师者，所以传道、授业、解惑也。""师与道"的关系就是教师和自己所传授的知识、所讲授的课程、所从事的专业的关系。"师与生"的关系就是教师与学生的关系。教学的过程就是处理这两种关系的过程，我最近几年一直在考虑这个问题。我觉得，在这两种关系中，"师与道"的关系具有主导性，处理好"师与道"的关系可以引导和制约"师与生"关系的处理。所以，首先要处理好"师与道"的关系。

我们从一些教师的教学过程中可以看出这样的问题：教师和自己讲

课的内容是"两张皮"。他可以把有关的材料看得很多，把教材记得很熟，讲得很细，甚至可以很熟练地把它背下来。但是听起来，他和自己所讲的内容总是"外在的"，这种外在性的知识传授、外在性的内容陈述、外在性的课程教学，绝对不会有感染力，教师即使讲得非常熟练，甚至程式很规范，也不会感染人、不会吸引人、不会深入学生的心灵当中。为什么会有这种问题呢？这就是"师与道"的关系没有处理好，教师对自己所讲授的知识缺乏真正的理解，没有融会贯通。而理解的过程就是知识内化的过程。因此，教师不但要成为知识的掌握者，成为知识的传授者，还必须成为知识的思想者。知识的思想者首先要理解自己所讲授的知识。关于理解自己所讲授的知识，我曾经概括了三句话：教师所讲的知识，不但是自己记得的，而且是自己思考过的；教师所讲的理论，不但是自己知道的，而且是自己理解了的；教师所传授的技能，不但是自己会操作的，而且是操作以后有独特体会的。只有理解了知识，知识才能内化为自己的东西。知识内化为自己的东西之后，知识里面有你活生生的血液、有你心灵的跳动、有你对重点问题的思考、有你对难点问题的逾越，在每个环节上都凝聚了你的精神。于是，在讲课时就能左右逢源、纵横驰骋、应付裕如、游刃有余。我们对理解了的知识可以用多种角度来编排、组织，可以用多种线索把知识串起来，也可以用多种方式来讲解。可以按史的顺序纵向组织，可以按论的结构横向编制；可以用时间的维度贯穿，也可以用空间的维度贯穿；可以由点到面，也可以由面到点；可以有概念的正面阐释，也可以有疑似点的辨析；可以从正面说它是什么，也可以从反面说它不是什么；可以深入，也可以浅出；可以说理、论证，也可以描绘、抒情。这样的授课，必定有生命力、有人文性，必定会吸引人、感染人。可以说，教师对知识理解到什么程度，内化到什么程度，他授课的自由度就能发挥到什么程度，授课艺术就能提升到什么程度。

  理解了、内化了知识之后就到了在教学中自由驾驭知识的阶段，当然这个自由永远是相对的。因为教学是个规范性的活动，不能绝对自由。

教学有自己的一套操作规程，有自己的活动范式。它与演讲不同、与谈话不同、与朗诵不同、与唱戏不同、与学术报告也不同。所以自由发挥是有度的。例如不能用生活语言代替规范的学科语言，用自己的语言做解释可以，但下定义的时候一定要学科语言，否则就会落到了随意、庸俗的地步。教学的难点就在于此。课堂教学往往会出现两个极端的问题。第一是对知识没有理解，生吞活剥，使知识成为"外在的"东西，教学处于很不自由的状态。刚刚从事教学工作的人，容易出现这一种情况，因为刚开始难免外在化。第二是把知识充分理解和熟练掌握之后，又会出现不守规范、自由失控的情况。在课堂上信口开河、信马由缰、随意发挥、任意联系、乱侃胡说。教学的适度就是在规范和自由之间保持张力，用孔子的话说就是"从心所欲不逾矩"。用诗人的话说就是"纵然一夜风吹去，只在芦花浅水边"。而教学的难点也在于此。

第三，把知识升华为智慧。思考知识除了上面说的理解知识之外，还有一个更重要的层次就是把知识升华为智慧。把知识升华为智慧就是对知识的形成、本质、价值进行深入思考、深刻追问，形成自己的观点。（1）要思考知识是怎么形成的，以把握这些知识的来龙去脉。（2）思考知识的内在联系、内在本质、内在逻辑。（3）思考这门知识、课程的特点及其与其他课程、学科的关系。（4）思考学习知识、掌握知识、应用知识的方式和方法。（5）思考应用知识的方向和应用后可能产生的结果，也就是知识的价值取向问题。不管教师教什么样的知识，从事什么学科教育，也不管课程是理论性的还是实践性的、是技能性的还是道理性的、是欣赏性的还是操作性的，都应该对它们这些方面进行思考，教师有所思考才能引导学生思考。如果我们把这些方面结合起来思考，并形成了自己的观点，就会揭示一门知识、一门课程所蕴含的思维方式和价值观念，就会在课堂教学中融入人文精神。在教学中弘扬人文精神，并不是不断地在课堂上说"人"，而是通过对知识的追问，体现出人的心灵、人的精神。在教学中所教给学生的思维方式、价值观念、人的精神，就是一个把知识升华为智慧的过程。科学知识是工具理性，把知识升华为智慧就是实现工具理性与价值理性的统一。从而,实现知识传授和人文精神培养的统一。引导学生把知识升华为智慧,把智慧融注于人生,从而成为一个真正的人,是教育的根本宗旨。我们要求学生这样做,首先教师要做到这一点,这是一个过程,不要着急,贵在自觉。我们要对自己的教学不断地总结,不断地去体会新的东西,这样就能不断提升、不断升华。

总之,教学不仅是传授知识的过程,也不仅是传授技能的过程,而且是一个理解知识、思考知识、内化知识、创造知识的过程,是一个弘扬人文精神的过程。一个大学教师不仅是一个知识传授者,更重要的是应该成为一个知识的思想者。我认为,再渊博的知识传授者也仍然是个知识"贩子";而再浅薄的知识思想者,终归是知识的"主人"。凡是内化了知识,具有了人文精神的老师,他的教学就会有吸引力、感染力,就会取得好的教学效果。当一个教师的人格、生命、心灵与他所讲授的知识、课程融成了一个整体,到了这种境界,教师就是知识,知识就是教师。在课堂上已分不清是老师在吸引学生,还是知识在吸引学生。学生也说不清这样的老师讲的课到底什么地方讲得好,是讲的内容好,还是方法好,是老师的口才好,还是手势好,学生是说不清楚的,因为这种好是整体性的,不是说某一点、某一方面的,学生只会说"好""是一种美的享受"等。像老子说的那样"道可道,非常道。名可名,非常名"。我在这里所说的似乎是一些"大话",但并不是"大而不当"的话,而是"大而能化"的话。只要我们结合教学去理解、去体会、去努力实践,就会达到"大而化之"的崇高境界。孟子说:"充实之谓美,充实而有光辉之谓大,大而化之之谓圣。"

(原载《政法教育研究》2005 年第 2 期)

《美和自由的人生：
庄子寓言新解》序

　　孔孟是儒家的圣哲，老庄乃道家之宗师。既为圣哲、宗师，也为后代注者、解者、释者、诠者、说者、论者，所在多有。其著作之繁，可谓汗牛充栋，浩如烟海。然而，却并未穷尽他们渊深的思想。

　　即以庄子而言，由于他以"三言"（寓言、重言、卮言）的方式说道术，以诗意的语言谈哲理，书中充满了奇特的想象、大胆的夸张和艺术的描绘，其文汪洋恣肆，其理隐约深邃，所以尽管古今注家大言炎炎，小言詹詹，众说纷纭，歧义迭出，但并没有也不可能说尽庄子。恰如庄子所云："其理不竭，其来不蜕，芒乎昧乎，未之尽者。"这就给每一个后来的读庄者留下了广阔的言说空间。

　　然而，要对《庄子》一书，说出一些别人尚未说过的话，却非易事。只有选取新的视角、运用新的方法、发掘新的资料、进行新的研究，方可有新的发现、新的见解。此之谓"横看成岭侧成峰"是也。

　　段建海君，甘于寂寞，好学深思，多年来从事中国传统文化的教学与研究，成绩斐然。尤其爱读《庄子》一书，多有体悟。早在20世纪80年代初上大学期间，就发表过研究庄子的学术论文。后来，学思不懈，笔耕不辍，继续研读有关庄子之书，撰写研究庄子的论文，探索解释庄子的新路径。年长日久，忽有所悟，曰："庄子既然以寓言寄托思想，推衍道理，何不从解释寓言入手，阐发庄子的思想？这样，既通俗生动，适合读者的欣赏兴趣，又能由浅入深，发掘庄子的深层意蕴。"于是，多历年所，写成了现在这本书——《美和自由的人生：庄子寓言新解》。

建海此书，我得以先睹为快。读时，多有所思；读后，颇有所得。觉得它是一本特色鲜明的著作。以体例言之，该书选取庄子寓言46则，按其内容分为三组。每组寓言都有总论，概述主题，每则寓言皆有简注、题旨、新解，阐发其思想。可谓分之有序，统之有宗；释论结合，条清理明；以内容言之，该书以庄子的人生观念、人生态度为主线，以庄子的思想发展为轨迹，按呐喊的人生——自由的人生——创造的人生为顺序，论述庄子的心灵历程。视角独特，主线突出。从而使所选寓言都围绕人生主题，形成一个有内在联系的整体；以观点言之，该书在总论庄子思想和解释庄子寓言的过程中，提出了自己对庄子哲学的不少独到见解和新颖观点。例如对庄子"意会"式认识方法的分析、对庄子"三言"表达功能之特征的探讨、对"物化"观念的阐释、将庄子人生精神的总特征概括为"美和自由的人生"等，皆不囿陈言，独抒己见，很能启人思考。

我于先秦诸子，读孔最早而读庄较多，尤其对于庄子的主体意识、价值观念、思维方式，浅有所窥，略有所得，故除在著作中论述而外，曾撰多篇专文析之。然而，对于同一位哲学大师的著作，不同的研究者，乐山乐水，所好不同；见仁见智，所获有别。今读建海之作，虽对他提出的一些学术观点，未必苟同，但我仍然乐闻他的独见，赞赏他的创意。

我与建海同志，相识有年，交往且多。虽年龄有不小差距，但对于他的做人以诚、敬业以笃、运思之敏、著述之勤，甚为赞佩。今大作既成，嘱为之序，虽自知浅陋，却不敢辞。因于清明之后，春风之中，桃李缤纷之日，翠柳婀娜之时，写就了上面一些话，权为序言。不知建海以为可否？

（2005年4月12日于静致斋
为段建海专著《美和自由的人生：庄子寓言新解》而写，
此书于2005年8月由社会科学文献出版社出版）

弘扬"盛世"文化精神

历史的经验值得借鉴。在构建社会主义和谐社会的伟大事业中，注意从历史经验中发掘资源、汲取营养、寻求借鉴，会使我们获得许多有益的启示。中国历史上的"盛世"就蕴含着丰富的值得借鉴的文化精神。"盛世"文化精神就是国家的社会发展状况和治理水平处于兴旺、昌盛时代所具有的文化精神。这种"兴旺、昌盛"时代是与它以前的发展状态、治理水平相比较而言的。考察陕西历史上的"盛世"有两个视角，一是朝代历史地位的视角，二是社会治理（治世）水平的视角。

以朝代历史地位来考察，周、秦、汉、唐是陕西历史上也是中国历史上的盛世。其中西周是中国奴隶社会发展的顶峰时期；秦是封建时代的开创时期，也是中国历史上第一个实现统一的王朝；西汉是封建社会的上升发展时期；唐是封建社会的鼎盛时期。

从社会治理水平来考察，西周有"成康盛世"和"宣王中兴"，西汉有"文景之治"，唐朝有"贞观之治""开元盛世""元和中兴"。这些"盛世"虽然仍是奴隶社会和封建社会中的"盛世"，故有其无法克服的历史局限性，但它所提供的治世理念，所积累的管理经验，所体现的革新精神，所促成的道德风尚、所取得的社会效益，为中国社会的进步和中华文化精神的提升，起了巨大的推动作用，因此，历来为政治家所憧憬、史学家所赞扬、百姓们所称道。而且特殊性中包含着普遍性，这些盛世时期的治世经验对我们今天仍然有重大的启迪意义。

与历史上的"衰世"相比较，"盛世"的基本特征是经济繁荣、政治清明、社会安定、人民乐业。由此而创造、培育和形成的文化精神就具有独特的内涵和鲜明的特色。总体言之,"盛世"文化精神的主要内涵包括六个方面。

(一) 创造革新精神

无论是周秦汉唐四个朝代,还是"文景之治""贞观之治"等社会治理较好的时期,都有不同程度、不同内容的创造和革新。"武王克商,光有天下",西周在殷的废墟上兴起,封诸侯、立井田、制礼乐,实行了一系列的革新,创造了许多新的制度文化、观念文化,把奴隶社会发展到了新的阶段。战国时,商鞅变法,秦国日强,后来秦始皇统一中国,创建了历史上第一个封建专制主义的中央集权制度,废分封、行郡县、统一文字、统一度量衡,破旧立新,开创了一个新时代。汉唐时代在具体制度、科学技术、思想观念、文学艺术等领域都有许多重大发明和创造,硕果累累。西周的"成康盛世""宣王中兴",西汉的"文景之治",唐朝的"贞观之治""开元盛世""元和中兴"等"盛世"也进行了各种革除弊政的社会变革。中国历史上的物质文化、制度文化、精神文化许多都是在以西安为首都的周、秦、汉、唐时期创造的,特别是在这几个朝代中的"盛世"创造的。创造革新精神是西安"盛世"文化精神的突出特色。

(二) 群体凝聚精神

周、秦、汉、唐都是统一的时代,华夏民族兴起于中原,经过长期交往融合至秦汉形成统一的多民族国家,汉代以后,华夏族称为汉族。周、秦、汉、唐对中华民族整体的形成起了决定性的作用,特别是汉唐中央大一统的政治结构,使西安成为全国政治、文化、意识的趋同中心和凝聚核心。西周和汉唐的几个"盛世"时期,由于经济比较繁荣、政治比较清明、社会比较安定,所以民众的向心力、凝聚力都明显强于其他时期。中华民族的重群体、重统一、重集中的价值观念和民族情感,基本上是在以西安为首都的盛世历史时代培育而成的。

(三) 对外开放精神

秦、汉、唐三个朝代都有开放的气度，都比较重视民族之间、国家之间的文化交流。秦国广招天下英才，重用客卿，以成统一大业。西汉张骞出使西域，开国际交流之路；"丝绸之路"在汉代也初具规模。唐代兴盛时期长安聚集了大量的国外客商和留学生，日本僧人晁衡，埋骨盛唐；唐高僧玄奘，长途跋涉，赴印度取经，鉴真和尚，浮桴东海，去日本讲学。他们都是中外文化交流的使者。秦、汉、唐时期的开放和兼容政策，既促使了国内儒、释、道的思想融合，汉族与兄弟民族的文化融合，也推动了中外文化的交汇融合，对中国文化的丰富和发展产生了极其深远的积极影响。

(四) 深厚博大精神

周、秦、汉、唐创造的文化成果，形式多样、内涵丰富、气势宏大、风格凝重，表现了一种浑厚博大的精神特质。在浑厚雄伟的黄土高原和辽阔富饶的秦川大地这种自然环境中，在周武、秦皇、汉武、唐宗时代的历史功业中，在西周青铜器，秦代长城、兵马俑，汉代石刻，盛唐诗文以及宫殿、陵墓建筑中，都充满着阳刚之美、浑厚之质、凝重风格、博大境界。后人说的"强秦威势""大汉雄风""盛唐气象"，就是对这种浑厚博大精神的称颂。

(五) 乐观进取精神

盛世时代，由于君臣励精图治，社会秩序比较安定、政治环境比较宽松、百姓安居乐业。所以人们的人生态度比较乐观，处世态度比较积极。社会上洋溢着一种昂扬向上、积极进取的精神，臣民们有较强的建功立业意识。文学史家把盛唐诗歌比喻为"青春的歌唱"。就是对盛世时代乐观进取精神的赞赏。

(六) 崇尚道德精神

中华民族重人伦道德，号称"礼仪之邦"，而重德观念的源头也在古代的西安。周公提出"以德配天""敬德保民"思想，突破了殷人的上帝、天命宗教观念，开始形成了重视道德的意识（儒家鼻祖孔子，虽为鲁国人，但他以"吾从周""梦周公"为理想追求，把周人的重德传统、礼乐文化发展为"博施济众"的仁爱精神，作为儒家思想的精髓）。西周"成康盛世"和西汉、大唐的几个"盛世"，社会的道德风尚也都优于其他时期。例如史赞"贞观之治"时，"东至于海，南极五岭，皆外户不闭，行旅不赍粮，取拾于道路"。贞观四年"终岁断死刑二十九人"。

历史上"盛世"文化成果和"盛世"文化精神，对中国社会的发展和中华优秀传统文化的培育，起了十分巨大的作用。它既是陕西传统文化的精粹，也是中华传统文化的精粹。因此，它永远是陕西和西安传统文化资源中的宝贵财富。西安建为城市，从周文王营造丰京算起（前1076年），已有三千零八十年的历史；西安作为首都，历时一千二百多年，建都的王朝有十三个之多，帝王有七十二人之多。三千年的城市史、一千年的国都史、十三朝的政治史所积淀的历史遗产的深厚性、所蕴藏的文化瑰宝的丰富性、所蕴含的传统精神的博大性是不言而喻的。然而，这种历史久远的古代文化资源，对于当代陕西的社会文化发展、中国特色社会主义现代化建设、中华民族伟大复兴的意义怎样？价值几何？却是一个需要深入思考、认真研究的课题。随着时代变迁和社会发展，对于它的价值和意义，还会不断做出新的解释和新的评价。正如德国哲学家雅斯贝尔斯所云："如果我们用历史的镜子去观察，我们将会更好地理解现在的经验。当我们以我们时代的眼光来看待历史时，历史将活生生地展现在我们的面前。当过去与现在相互辉映时，我们的生活将变得更为丰富。"① 今天我们以科学发展观和构建和谐社会理念为观照，重新发掘、阐释历史上的"盛世"文化精神，扬弃其糟粕，弘扬其精华，无疑具有极其重大而深远的现实意义。

---

① ［德］雅斯贝尔斯：《智慧之路》，柯锦华、范进译，中国国际广播出版社1988年版。

2006年

震动心弦的雷电

——王夫之道器论的哲学精神

谭嗣同曾称颂王夫之哲学是"昭苏万物"的"雷声",梁启超曾赞誉王夫之哲学是震动"青年心弦"的"电气"。这是对王夫之哲学力量的形象描绘和热烈赞美!王夫之的哲学之所以具有这惊雷闪电般的震撼力量,完全渊源于他的哲学的内在精神。对于船山哲学的精神蕴涵,我们可以通过各种视角进行探索,这里仅从道器论的角度观之。

"道器"是中国传统哲学中含义十分丰富的重要范畴,道器关系蕴含着规律与事物、原理与事实、普遍与特殊、观念与实际、抽象与具体等诸多关系。中国古代哲学史上关于道器关系的探讨,经历了一个很长的思维历程。最早提出"道""器"范畴的是《周易·系辞》:"形而上者谓之道,形而下者谓之器。"这个命题虽然看到了普遍规律和特殊事物、抽象原理和具体事实有形上、形下的区别,但未深入说明两者的关系。直到隋代,人们对道器关系的理解仍然未能超出这个水平。唐代李鼎祚所著《周易集解》一书,援引了唐人崔憬(年代不详)的"道器观"。崔憬以"妙理之用"为"道",以"形质之体"为"器",以"体用"释"器道",颇有新义,但很简略。宋明理学各派都重视道器问题,观念纷呈,各有所见。程朱强调道器的形上、形下相分说,陆九渊倡导道器一体说,前者有重对立之偏,后者有重统一之弊。王夫之总结、反思、批判了宋儒关于道器的诸多论说,提出了自己的道器论,其核心观点是:天下惟器,道在器中;道器统一,道随器变。围绕这一核心论点,王夫之对道器关系的诸多层面,都进行了深刻、精辟的阐述,在朴素的唯物论和朴素辩证法的基础上把中国古代哲学的道器观发展到一个崭新的思维水平。那么,王夫之道器论的基本观点及其所蕴含的哲学精神是什么呢?

(一)"天下惟器"的崇实精神

王夫之在《周易外传》中提出:"天下惟器而已矣,道者器之道,器者不可谓之道之器也。"(《周易外传·系辞上传》)意思是说,充塞天下的只有实际存在的具体器物,道是从属实际器物的,而器物不是从属于道的。这是王夫之道器论的根本出发点。它明确表示实际存在的事物是第一性的、本原的,而作为道理、规律的道是派生的、从属的。从这一"器决定道""道依于器"的唯物主义观念出发,他提出了"有其器则有其道""无其器则无其道""能治器不能治道""治器者则谓之道"等一系列重要观点(《周易外传·系辞上传》)。他特别指出,"有器则有道"的道理,即使"君子""圣人"不懂,参加生产实践的普通老百姓("匹夫匹妇")却会懂得,因为这是普通常识。有时人们由于不掌握某种事物的规律,因而做事未能成功,但做事不成功并不是事物本身不存在;没有办成的事情也是事情,没有制成的器物也是器物,所谓"人或昧于其道者,其器不成,不成非无器也"(《周易外传·系辞上传》)。这就是说,任何具体事物都是客观存在的。这些唯物主义观点集中体现了王夫之尊重实际("惟器"),不蹈虚空,崇尚实践("治器"),不尚空谈,赞赏劳动者,不迷信圣人的崇实精神。

(二)"古今异道"的革新精神

从"有其器则有其道""无其器则无其道"的观点出发,王夫之深入阐发了道随器变、古今异道的观点。他说:"汉唐无今日之道,今日无他年之道多矣。"又说:"洪荒无揖让之道,唐虞无吊伐之道。""未有弓矢而无射道，未有车马而无御道，未有牢醴璧币、钟磬管弦而无礼乐之道。"（《周易外传·系辞上传》）这足以说明，历史是进化的，而进化的动力则是器物的革新。随着器物的革新，道就发生变化。既然道是随着历史上器物的革新而发展变化的，那么，一个时代有一个时代的道，根本不存在什么"天不变，道亦不变"的古今一贯的道。这种变革更新精神，是他的"荣枯代谢而弥见其新"（《张子正蒙注·大易》）、"天地之化日新"（《思问录外篇》）的发展变化观在社会历史领域中的贯彻和展开。

（三）"圣人治器"的创造精神

既然历史的发展、社会的革新是"道随器变"的过程，那么"器变"是如何实现的呢？王夫之认为是"圣人治器"促使了"器变"，从而推动了社会发展。王夫之所说的"治器"，就是治理、改革和创造具体的器物。在他看来，器物是"实体"而规律不是"实体"，因此具体的器物可以治理、可以创造，而规律不能治理、不能创造。所以他说"古之圣人能治器而不能治道"（《周易外传·系辞上传》）。然而，他又认为"道不离器""道在器中"，规律又依于器物，器物是规律的载体，因此在变革事物、创造器物的过程中就会认识规律、把握规律。所以他又说："治器者则谓之道。"（《周易外传·系辞上传》）他指出，《易》的"象""爻""辞"中所蕴含的道理，都是由"像器""效器""辨器"而形成的。因此，"圣人"之所以高明，并非由于他能"治道"、能践"形而上"，而是因为他善践"形而下"，即"善治器而已矣"。圣人通过"治器"而"得道"，因而具有了高尚的品德；圣人努力"治器"而"器成"，因而具有了卓越的行为；圣人不断"治器"而使"器用之广"，因而使天下变通；圣人由于治器而产生了显著的"器效"，因而成就了伟大的事业。王夫之通过对"治器"与"得道"关系的精辟阐发，通过对"圣人治器"之深远意义的赞誉，深刻阐明了历史的进步是从物质改造活动开始的，物质的创造活动是推动历史发展的动力。由此而高度弘扬了人的主体创造精神。

（四）"君子尽器"的实行精神

王夫之不但高度颂扬了"治器"的圣人，而且认为普通君子的人生之道就是"尽器"。他说："君子之道，尽夫器而已矣。"（《周易外传·系辞上传》）"尽器"就是发扬一种面向实际的、勇于实行的精神去穷尽具体事物。"尽器"包括认识事物的品种（"识其品式"）、辨析事物的条理（"辨其条理"）、熟知事物的功用（"善其用"）、明确事物的本性（"定其体"）以及用文字说明事物（"显器"）、鼓励人们改造事物（"鼓天下之动，使勉于治器也"）等。而且还要把深入认识器、真实掌握器作为自己的品德（"成器在心而据之以为德"）。（《周易外传·系辞上传》）他认为儒家经典的根本精神就是教导人们"作器""述器""明器""显器""治器"。船山指出，君子若能把"尽器"精神贯彻于自己的实践活动之中，就会得到人们的信任和钦佩；若能把促成器物作为自己的自觉使命，就会具有高尚的道德。不难看出，船山通过阐发"尽器"之道，赞赏的是一种面向实际的实行精神。

（五）"鉴愚恶妄"的批判精神

王夫之根据"天下惟器""道不离器"的观点，深入地批判了道器观上的种种谬论，包括道家的"道虚论"，佛教的"道寂论"，理学的"离器言道论"等。他指出这些道器观的共同错误是"标离器之名以自神"，即"离器言道"，从而把道虚空化、寂灭化、神秘化。他说，那种离开器的道，无形的形而上，是根本不存在的，"亘古今，通万变，穷天穷地，穷人穷物，皆所未有也"。正由于"无器则无道""无形则无形而上"是"显然易见之理"，因此，对于种种"离器言道"的"邪说"和"欺骗"，"君子之所深鉴其愚而恶其妄也"（《周易外传·系辞上传》）。"鉴其愚""恶其妄"正是王夫之所倡导和所奉行的反思批判精神。

王夫之道器论所深刻蕴含和鲜明体现的崇实际、尚革新、贵创造、主实行、倡批判的哲学精神，是中国传统哲学的宝贵精华，它的形成自有其特定的原因。正如萧萐父先生在分析王夫之理想人格美形成原因时所说的"时代的风涛，个人的经历，传统文化的教养，学术道路的选择"都促使并激励着他追求理想人格美（《吹沙二集》）。船山哲学精神是明末清初社会动荡、历史变革时期的时代精神的哲理升华，是他坎坷的人生经历和反抗的人生实践的理性凝结，也是他"希张横渠之正学"的学术传承的理论感发。王夫之哲学的精神，对近代以来主张变革的知识分子曾经发生过深刻的思想影响。戊戌变法的激进派谭嗣同说："衡阳王子有'道不离器'之说，曰：'无其器则无其道……'诚然之言也。信如此言，则道必依于器而后有实用，果非空漠无物之中有所谓道矣。"（《兴算学议·上欧阳中鹄书》，《谭嗣同全集》）又说："夫苟辨道之不离乎器，则天下之为器亦大矣。器既变，道安得独不变？"（《思纬壹·台短书·报贝元徵》，《谭嗣同全集》）王夫之道器论直接成了他的变法主张的理论依据。因此，他诗赞船山哲学云："万物昭苏天地曙，要凭南撒一声雷。"（《论艺绝句》，《谭嗣同全集》）在中国社会转型的当今时代，王夫之哲学的实践精神和创造精神，无疑仍具有十分重要的现实意义。如雷电般的船山哲学精神将继续闪耀其不灭的光辉。

（原载《衡阳师范学院学报》2006 年第 1 期）

中国价值哲学创造性特色的
理论展示

——评《当代中国价值哲学》

价值哲学于19世纪末20世纪初形成独立的哲学分支学科，迄今已有100年历史。100年来，世界各国学者对价值哲学做过多方面的探讨，取得了不少重要成果，但是还没有一本全面、系统地总结价值哲学发展100年历史的书。人民出版社出版的王玉樑著的《当代中国价值哲学》一书，是对价值哲学发展100年历史特别是对当代中国价值哲学发展进行全面回顾和系统分析的第一本专著。这本书的出版，对价值哲学研究无疑具有重要意义。

价值哲学作为一门独立的哲学分支学科，形成较晚，我国对价值哲学的广泛研究更晚。我国学者张东荪在20世纪30年代曾研究过价值哲学，1934年出版了《价值哲学》一书，此后价值哲学在我国长期无人问津。中华人民共和国成立后的30年间，价值哲学被视为禁区，因此更是无人进行研究。我国学者对价值广泛研究是在真理标准大讨论及党的十一届三中全会之后才开始的，至今只有20多年时间。所以许多人对价值哲学不太熟悉、不太了解，甚至有的研究哲学的学者对价值哲学也感到陌生，这是不奇怪的。在这种情况下，对我国价值哲学研究进行全面的回顾和系统的分析，尤为必要：一方面可以给一些想全面了解价值哲学的人，提供系统的价值哲学资料；另一方面使研究价值哲学的学者，了解国内外已取得哪些成果、存在哪些问题，以便进一步深入开展价值哲学的研究。所以，这本书的出版，具有重要的学术价值。其主要特色包含五个方面。

（一）从哲学发展的规律和趋势的高度论述了价值哲学的重要地位

该书认为，哲学发展是从本体论到认识论、实践论、历史观，再到价值论或价值哲学的过程。古代的哲学重心是本体论。近代的哲学重心是认识论，现代哲学的特点是在本体论、认识论的基础上重视实践论、历史观，特别是重视价值论或价值哲学的研究。重视价值哲学的研究是现代哲学的特点和发展的主要趋势。价值哲学形成哲学的独立分支学科，标志着哲学发展到一个新阶段。古代和近代哲学作为世界观的学问，不包括价值观；现代哲学作为世界观的学问则包括价值观。不包括价值观的哲学，不是全面的哲学。因此，应该高度重视价值哲学的研究。在现实生活中，人们经常遇到价值观、价值评价、价值导向、价值选择、价值创造、价值实现等问题，也要求我们从哲学的高度进行回答。所以，我们今天研究哲学，不能忽视价值哲学或哲学价值论。目前，有一些大学的哲学系无人研究价值哲学，也无人开设价值哲学课程，这表明人们对价值哲学的重要地位还认识不够。该书的出版，有助于哲学界认识价值哲学体系中的重要地位，促进人们重视价值哲学研究。

（二）对100年来世界价值哲学特别是当代中国价值哲学的发展做了系统的研究

书中系统地概述了价值哲学在国外的发展，价值哲学在中国的发展，当代中国价值哲学的基本特点和中国学者对价值哲学发展的重要贡献，当前价值哲学亟须深入研究的重要问题及价值哲学在21世纪面临的主要问题等，视野宽阔，内容全面。例如关于价值哲学在国外的发展，既研究了价值哲学在19世纪末20世纪初的形成过程，又研究了20世纪西方价值哲学的发展和价值哲学在日本、苏联、东欧的发展情况。对价值哲学在中国的发展，不仅详细论述了20世纪80—90年代中国价值哲学发展的三个阶段，还比较深入地介绍了30年代和60年代中国价值哲学的研究情况。在中国学者对价值哲学的重要理论贡献方面，不仅论述了对基础理论的贡献，也论述了对应用理论及对中国古代价值思想史等方面的贡献，同时，还分析了存在的问题和亟须深入研究的问题。比较全面地展示了价值哲学的历史、现状及前景。

（三）充分体现了价值哲学的最新进展，特别是充分地反映了中国学者对价值哲学理论的重要贡献

该书提出：学术界有一种看法认为，近代以来，中国学者在哲学上鲜有创造。认为我国哲学原理上的一些见解大都是引进国外学者的见解，对一些新兴哲学学科的研究，大都停留在介绍国外学者的观点和研究国外学者的成果上，很少有自己的创造。从中国学者对价值哲学的研究来看，却并非如此。中国今天的价值哲学，虽然也借鉴了国外的成果，但从体系到内容，基本上是中国学者自己研究的成果。而且，作出了许多独创性的理论贡献。该书用大量篇幅详细地介绍了中国学者对价值哲学的重要贡献：如关于价值哲学的理论体系问题，价值与存在问题，主客体关系与价值的本质，价值的相对性与绝对性、价值的多元性与一元性问题，价值与真理的统一问题，真善美与自由，评价问题，价值选择、价值创造、价值实现问题，价值与历史观问题，人的价值问题，普遍伦理问题，审美价值问题，价值观念问题，价值与文化问题，价值转化工程问题，中国古代哲学价值论与现代西方价值哲学的研究，特别是20世纪60年代到90年代初邓小平在价值理论上提出的一系列重要见解等，都是中国学者超越西方学者的对价值哲学的独特理论贡献。中国学者的这些贡献，解决了许多西方学者未能解决的重要问题，从整体上推进了当代价值哲学的研究。而且中国价值哲学在理论的系统性和逻辑的严谨性方面，更是特色鲜明，富有创造性。

（四）全方位展现了中国价值哲学的学术争鸣

书中在论述20世纪80—90年代中国价值哲学发展的三个阶段时，

着重分析了 80 年代以来价值哲学领域的四次争鸣：一是关于价值真理的讨论；二是关于普遍价值概念的讨论；三是价值本质问题的讨论；四是关于价值哲学研究的方法论问题的讨论，即人道价值论与主客体关系价值论的争论。这些争论一次比一次深入，每一次都有力地推动了价值哲学的发展。并揭示了这些学术争论中方法论和哲学观上的分歧，阐发了百家争鸣是推动学术发展的重要途径，也是推动价值哲学发展的重要途径。

（五）该书最后一章专门论述了价值哲学与 21 世纪

深入分析了价值哲学在 21 世纪哲学和社会生活中的地位、21 世纪价值哲学的主题与研究方法、21 世纪价值哲学的生长点等。现代哲学的发展趋势是越来越重视价值问题。人类社会的发展是不断增大自由和提高人的价值的过程。所以，价值哲学将由 20 世纪的价值热，变为 21 世纪追求更高层次的价值。20 世纪的价值哲学的主题是探讨价值哲学的基本理论和建构价值哲学的体系。21 世纪价值哲学的主题则是使价值哲学实现从自发到自觉的转化，努力实现价值哲学理论的科学化，建构科学的价值论伦理学、价值论美学和建构健康向上的价值观念体系。21 世纪价值哲学研究的思维模式仍将是多元化的，主客体价值关系论仍将是一种重要的思维模式；人道价值论、广义价值论等也将建立自己的理论体系。21 世纪价值哲学在基础理论和应用理论上有着众多的生长点，有着广阔的发展前景。这些分析立足现实又超越于现实，具有超越性、预见性，使人深受鼓舞和启迪。

此书也存在着不足。例如，在讲到中国学者对价值哲学的贡献、当前亟须研究的重要价值哲学问题及 21 世纪价值哲学新的生长点等时，难免还会有遗漏，但是瑕不掩瑜。从总体上看，《当代中国价值哲学》是一部内容丰富、见解新颖、富于创造性和启发性的著作，是一部具有重要学术价值的著作，它的出版是对中国价值哲学研究的重要贡献。

（原载《西安政治学院学报》2006 年第 4 期）

用哲学培植人生的形上姿态
——关于哲学与人生的随想

哲学是世界观、人生观、价值观的统一，它对人生有极其重要的指导意义。哲学对于人生的意义可以概括为：为人生培植一种形上姿态。形上姿态就是对人生进行反思、批判的姿态，是人提升到超越性层次所具有、所采取的姿态。人生形上姿态的内涵包括两个方面：一是超越的价值境界，二是反思的思维方式。对于人生的形上姿态可以有许多表述方式：孔子把它叫作"闻道""谋道"姿态["朝闻道，夕死可矣"（《论语·里仁》），"君子谋道不谋食"（《论语·卫灵公》）]，老子把它叫作"守道"姿态["道常无为而无不为，侯王若能守之，万物将自化"（《老子》第三十七章）]，庄子把它叫作"以道观之"的姿态，张载叫作立于"天地之心"、立于"生民之命"的姿态。借用诗人的诗句来描绘，形上姿态就是"会当凌绝顶，一览众山小"的"绝顶"姿态，是"不畏浮云遮望眼，只缘身在最高层"的"高层"姿态。也就是我们过去说的站在基本立场上、用根本观点和方法看问题的姿态，也就是我们现在说的树立了正确的世界观、人生观、价值观之后的姿态。

人生形上姿态的重要意义在于：第一，有了形上姿态就能对人生的状态和意义进行审视、反思、批判，从而使人生的意义得到"呈现""澄明"；第二，有了形上姿态就能对人生进行改造、提升，使人自由而全面地发展。第一点是解释人生、觉解人生，第二点是发展人生、提高人生。马克思说：以往的哲学家都着力于解释世界，而问题在于改造世界。① 有了形上姿态就既能解释人生，又能改造人生。也就是说，如果人生有了形上姿态，人就能高瞻远瞩、高屋建瓴地观照平凡的人生，处理好人生的实际问题。使人生的一切活动，有制高点、大方向。孟子曰："先立乎大者，则其小者不可夺也。"（《孟子·告子上》）具体地说，有了形上姿态就能用形上姿态观照形下问题、以超越的境界对待现实的生活、以崇高的道义引导功利的活动、以"出世"的精神去做"入世"的事业。从而使人在平常的、现实的、实际的人生过程中不断地去觉解人生的意义、提升人生的价值、创造人生的诗意，推进人生的发展。通俗地说，使人在"人生在世"的本质规定中和"人活一世"的价值活动中，能站得高、望得远、看得深、识得透、行得正、做得好。

中国古代思想家、哲学家非常关注树立人生的形上姿态，着力引导人们用形上姿态去统率形下姿态，使二者统一起来。例如，《左传》云："太上立德、其次立功、其次立言，此之谓三不朽。""立德"就是形上姿态。又如《易传·系辞》云："易者，圣人之所以崇德而广业也。""崇德"就是形上姿态。又如《中庸》云："极高明而道中庸"，"极高明"就是形上姿态。又如《易传·系辞》云："一阴一阳之谓道，继之者善也，成之者性也。""继道成性"就是形上姿态。又如《大学》云："大学之道，在明明德，在亲民，在止于至善。""止于至善"就是形上姿态。海德格尔说："诗意地栖居在大地上。"②"诗意地栖居"就是形上姿态。毛泽东说：做一个"脱离了低级趣味的人"，③"脱离低级趣味"就是形上姿态。

人生的形上姿态虽然具有超越性，但却不脱离人的现实生活、不脱离人的社会实践，而是在人参加社会实践的过程中，在改造客观世界的过程中逐渐形成的。所以，实践是培植人的形上姿态的基础和动力。

---

① 《马克思恩格斯选集》第1卷，人民出版社1995年版，第61页。
② ［德］尼采等著《孤独的力量》，天津古籍出版社2019年版，第147页。
③ 毛泽东：《纪念白求恩》，载《毛泽东选集》第2卷，人民出版社1991年版，第661页。

用哲学培植人生的形上姿态

在社会功利化倾向和人的功能化倾向颇为严重的今天，确立人生的形上（超越）姿态尤为重要，也特别困难，甚至变得严峻。当前，就特别需要人们采取形上姿态来对待物质利益，即确立"以义导利""义而后取"的价值取向；防止和克服"见利忘义""唯利是图"的价值误区。而要达到这一点，就不但要有坚持不懈的努力，而且还必须具有坚忍不拔的毅力和坚定不移的定力。从而才能走好既"立德"又"立功"、既"崇德"又"广业"的人生之路。

（原载《西安日报》2006年2月15日）

赵吉惠教授二周年祭

赵吉惠教授未尽天年而溘然长逝，离开我们已经两年了。在他逝世的那一日（2005年4月21日），我曾写诗悼念，诗云："恨无妙手起沉疴，天夺英才叹奈何！廿载交情常启我，一生风雨甚坎坷。哲论史慧传前火，人品才华导后波。谈道说儒音宛在，手摩遗著泪滂沱。"两年来，回忆与吉惠同志的二十多年的学术交谊，往事前尘，历历在目；深情厚谊，悠悠于怀。今值吉惠兄逝世二周年之际，谨以小诗数首，记叙往事，追述旧谊，寄托怆怀，以之为祭。

一

学海飘萍聚偶然，长安秋雨对床眠。

君论儒义我论道，始结玄门学友缘。

1983年秋，我与吉惠同志初识于在西安止园宾馆召开的中国哲学史范畴会议。当时出席会议的学界鸿儒、硕学、大家、名家尚多，如张岱年、冯契、王明、庞朴、萧萐父、汤一介诸位先生都是学界前辈，还有不少长者。有的虽不是长者，却已是学界名人如杜维明等。而吉惠同志和我乃无名之辈，开会时常常坐在会议后排的位置上。有多次我和他同坐一桌，故多有交谈。记得他给会议提供的论文是关于儒家的，而我的拙文是关于道家的（《道的历程》），所以谈的多是关于论文中的学术问题。正是在这次学术会议上的偶然相识，成了我俩以后学术友谊的缘起。

二

一别唐城渺不闻，落花时节喜逢君。
从今免作停云叹，倾盖切磋如比邻。

长安一别，音信渺然。半年以后的 1984 年春，我在西安南郊小寨，偶然又遇到吉惠同志。知他已经从西北师范大学（在兰州）调到陕西师范大学历史系。陕西师范大学离我所在的西北政法大学仅隔一条马路。我们都非常高兴有了经常见面、切磋学问的方便。免得如陶渊明作《停云》诗来思念远方的友人了。

三

运笔终南春色阑，锦江花果影团团。
千秋儒学凝宏典，筚路何愁蜀道难。

1985 年春吉惠教授有编写《中国儒学辞典》之议，他征求我的意见，我十分赞赏并竭力支持。于是他即与辽宁人民出版社总编袁闾琨编辑协商好出版事宜，并请他来到西安，我们三人初步讨论了编写的思路。他当时提出要我也作为主编之一，我觉得自己不够资格（我当时还是讲师），就婉言谢绝了。然后他与西北师院郭厚安教授提出总体规划和实施方案，并成立编委员、组织编写队伍、制订编写计划。于 1985 年 6 月在西安召开了筹备会，设定编写的词条和体例。后接着立即组织力量撰写。一年后的 1986 年 7 月在成都召开了审稿会议，1987 年 2 月在西安定稿。经过 17 所院校的 45 位学者历时三年努力编写的这部收词 2200 条、时间从先秦至 1986 年的国内第一部《中国儒学辞典》于 1989 年由辽宁人民出版社出版。赵吉惠教授还请冯友兰先生题了词，张岱年先生写了序。后来这部书获得了中国图书奖。《中国儒学辞典》是赵吉惠同志到西安后亲自主持筹划、组织开展的一项重大的学术工程。在推进这一工作的过程中，我作为编委会成员和撰写者之一自始至终参与其事，深深感受到了他勇于开拓、善于运筹、勤于操作的精神和才能，深深感受到了他开阔的学术视野、敏锐的学术眼光和卓越的学术才华,也深深感受到了他乐于与人共事、善于与人合作的胸怀和作风。

四

波涛汹涌走三峡,万县城高月影斜。

三载运筹成巨构,一编儒史出中华。

《中国儒学辞典》编讫,吉惠教授即时提出编写《中国儒学史》的创意,他对我说:"中国自今还没有一部新编的儒学史,学术界很需要一部这样的著作。编辞典使我们既组织了队伍又积累了经验,只要我们在此基础上努力,儒学史是可以成功的。"我非常赞赏他的学术气魄和开创精神,也十分赞同他的想法。接着他又联系了西北师范大学的郭厚安教授、潘策教授,由我们四人任主编,在原来辞典编写人员的基础上重新组成编写队伍,并与河南中州古籍出版社签订了出版协议。《中国儒学史》的编写比以知识性为主的《中国儒学辞典》难度大得多,它不仅需要准确性、科学性、规范性,更要求有严谨的系统性和高度的学术性。因此,在三年编写期间赵吉惠教授不但辛勤地运筹、安排、操办编务,还组织编写人员,召开了多次学术研讨会,就每一历史时期儒学的学术态势、演变特征、发展规律等重大学术问题进行讨论,以把握史实、梳理线索、辨析疑难、深化认识。经过研讨不仅明确了撰写的指导思想和写作思路,也提高了书稿的学术品格。《中国儒学史》分工撰稿完成后,于1988年8月在四川万县召开审稿会议。其时长江之滨,正值炎夏,室外如烤,室内如蒸,由于无钱住宾馆,住地区林业局招待所,条件简陋,多人居于一室之内,又无空调,仅有小电扇二三,正是在这种环境中我们完成了审稿任务。然而,会议前后,吉惠教授带领我们八人游览了清俊秀美的小三峡、险峻壮丽的长江三峡,登白帝城,游大足石窟,访诸葛亮躬耕过的襄樊古隆中。沿途饱览山光水色,畅谈历史文化,吟诗词,品对联,说笑话,颇饶雅趣,甚为惬意。我曾有诗纪此游,一曰《与吉惠兄同登白帝城有感》:"嵯峨白帝立夔门,急浪争峡万马奔。霸业英雄今焉在？江声日夜动乾坤。"二曰《与吉惠兄同游隆中有感》："为此隆中对，且歌梁父吟。英雄诚有意，高士岂无心。三顾情开石，六征泪沾襟。当年耕锄处，草木碧森森。"《中国儒学史》1991年由河南中州古籍出版社出版。该书的编著成功，各位撰写者、参与者皆尽其力，但赵吉惠教授所付出的心血最多，贡献最巨，深得大家的拥戴和赞誉。

五

齐鲁同游逸兴高，大明湖畔吊词豪。

最忆孔林朝圣后，日观峰上望云涛。

1987年10月中旬，我与吉惠教授还有他的两位研究生去山东济宁参加中华孔子研究所第二届年会暨学术研讨会，期间参观了孔庙、孔林、孔府、孟府、孟庙。会后，同游泰山，后赴济南游趵突泉参观李清照纪念馆；游大明湖参观辛稼轩纪念馆。再到徐州参观淮海战役纪念馆、登云龙山。一路对床夜语，并肩论道，品点齐鲁山川风物，乃平生一大乐事。登泰山玉皇顶日观峰后我曾吟诗云："石梯连云上九重，夜凌绝顶亦豪雄。眼前峰涌千重浪，耳畔松鸣万壑风。人世灯光忙闪耀，云间星斗自从容。日观峰上冲寒立，且待咸池浴六龙。"吉惠兄听后说："我喜欢'人世灯光忙闪耀，云间星斗自从容'两句，有哲理性。其余皆是写景，并无深意。"我说："我也正为得到这二句诗而扬扬得意呢！"二人相视一笑。

六

丽天皎日仰横渠，太白峰前辨太虚。

关学重扬襄胜举，立心立命继先驱。

张载，字子厚，号横渠，陕西眉县人，是宋代道学四大学派之一关学的创立者。清初王夫之赞曰："张子之学，上承孔孟之志，下救来兹之失。如皎日丽天，无幽不烛，圣人复起，未有能易焉者也。"（《张子正蒙注·序论》）张载哲学以"太虚"为最高范畴，以"为天地立心，为生民立命，为往圣继绝学，为万世开太平"（《张子语录·上》）为崇高使命。作为陕西学人，我非常重视对关学深刻思想的研究和优秀精神的弘扬。在我先后担任陕西省哲学学会副会长、会长期间，尤致力于此。二十多年来，哲学学会组织、开展了多次关学研讨活动，其最要者有1991年与宝鸡社科联、眉县政府共同举办的张载关学学术研讨会，1999年9月15日至18日与中国社会科学院哲学研究所、中国实学研究会、陕西省社会科学院、眉县人民政府联合举办的"张载关学与实学国际学术研讨会"。这两次盛会赵吉惠教授都参与了会议的筹备、组织、主持、论文编辑等工作，发挥了重大作用。特别是在"张载关学与实学国际学术研讨会"期间成立了"陕西省关学与实学研究会"（属于陕西省哲学学会的一个专业委员会），由赵吉惠教授担任会长，为此后开展关学的学术研讨和学术交流起了重要推动作用。

七

太华佳气蔚晴岚，赤凤遥翔物外天。
三李高风今愈坠，招魂宁惜寸心丹。

关中"三李"——周至李二曲、富平李因笃、眉县李柏是清初著名的学者、诗人、思想家。他们不但有独立的学术思想、重要的学术成就，而且有高尚的人格节操。余子厚云："关中元气酝厚，代有绝学。"（《批答请刊槲叶集文》，转引自《关中三李年谱》）贺瑞麟云：关中"三李""当时如太华三峰，鼎立天外"（《清麓文集·祠堂记》，转引自《关中三李年谱》。）李来章赞二曲"如丹凤高翔，云霞为侣"（《礼山园文集》，转引自《关中三李年谱》）。李颙赞李因笃"如天半朱霞""凤翔千仞"。（《汤潜菴答书》，转引自《关中三李年谱》）王仙洲赞李柏"志洁行芳，皎然绝俗"（《重刊槲叶集序》，转引自《关中三李年谱》）。对于研究"三李"的学术思想、继承"三李"的文化遗产、弘扬"三李"的人格精神，二十多年来，陕西学人颇有关注者和提议者，然而很少有政府机关关心、支持此类活动。由于对关学学脉的中断和"三李"精神的衰落深怀忧虑,我和吉惠教授经常奔走呼吁,以争取有关部门的支持,以开展对"三李"的研究。尽管有一些成效,例如 1996 年 9 月中旬省哲学学会与周至县政府共同发起、举办了全国性的"李二曲及明末清初学术思潮研讨会",2002 年,陕西传统文化研究院和哲学学会联合召开了关中"三李"学术研讨会。但"三李"研究的总状况,仍显沉寂。对"三李"学术精神和人格节操的"招魂",曾是我和赵吉惠教授的一桩心事。

八

千秋楚简出荆门,哲理深涵史慧存。

钦佩先生思路远,设坛聚友辨精魂。

1993 年冬于湖北省荆门市郭店一号楚墓出土了八百余枚简。其中有一少部分无字简;有字简共存七百三十枚。这批楚简包含多种古籍,其中先秦儒道两家典籍与前所未见的古代佚书共十八篇。这批楚简对于研究中国古代文化、古代思想具有非常重要的意义。赵吉惠以他敏锐的学术眼光看到了这一点,在楚简的整理文本公布之后,他立即召集、组织西安史学界、哲学界的部分学者举办研讨会,探索郭店楚简的思想哲理意蕴和历史文化价值,并在此基础上形成了多篇有价值的成果。

九

敬义夹持日月悬,临溪炼镜净尘烟。

德川水接横渠水,慧海通航写续篇。

曹南冥(1501—1572 年)是 16 世纪韩国的重要哲学家,他的哲学思想,虽属于性理之学,但却有自己的鲜明个性;他一生隐居不仕,整齐严肃,孤高卓绝,有"壁立千仞之气象";他精识博闻,修道进德,笃学力行,有独立高尚之人格。这些特征凝聚成了独特的南冥哲学精神。南冥的基本哲学精神就是"敬义夹持"。他说"吾家有此(敬、义)两个字,如天之日月,洞万古而不易"。南冥还十分重视个人的人格锻造和品德修养,他有诗云:"临溪炼镜光无垢,卧月吟诗兴有神。"决心如临溪炼镜一样修炼自己的身心。南冥深受宋代理学思想的影响,在其读书笔记——《学记类编》中大量摘抄了周敦颐、程颢、程颐、张载、朱熹等人的语录。其中摘编张载的语录数十条,特别是全文抄录了《西铭》。这说明横渠思想是南冥思想的重要渊源之一。为了推进中韩两国的学术文化交流,探讨张载关学与南冥学的关系,在吉惠同志和韩国釜庆大学高康玉教授的推动下,在西安成立了由赵吉惠教授任会长的"南冥学研究会"。研究会自2000年以来举办了三次关于南冥学与关学的国际学术研讨会,即2000年在陕西师范大学召开的曹南冥哲学研讨会,2003年7月23—25日在西安交通大学、翠华山庄召开的张载与曹南冥学术思想国际研讨会,2005年秋在长安大学召开的。这些活动不但推进了张载关学的研究,还为西安学者与韩国学者学术交流的开展奠定了基础、铺平了道路。吉惠教授的这一贡献,其事巨矣!其功宏矣!

十

哲苑耕耘灌圃勤,栽桃培李百年心。

感君一片殷殷意,常吹好风到学林。

在我与吉惠兄交往的二十多年中,我先后在陕西省哲学学会任副会长、会长之职,为了推动陕西哲学界的学术研究,活跃学术气氛,培养青年学者,充分发挥哲学服务于社会发展的功能,学会发起、举办、召开了一系列学术会议,组织了诸多学术活动。在开展的各项学术活动中,赵吉惠教授都以积极的精神、认真的态度、踊跃参与。或发表学术高见,或承担工作任务,或提出宝贵建议。直到他病重住院前一个月,还来参加了一次常务理事会。这既是他作为一位老学者的学术事业心的表现,也是他充沛的学术热情使然,但十分重要的一个原因是对我的工作的大力支持和帮助。他常对我说:"你在学会工作,我会全力支持,什么时候要我帮助办的事,你打电话我就来。"记得1996年9月中旬省哲学学会与周至县政府共同发起、举办全国性的"李二曲及明末清初学术思潮研讨会"时，一切筹备工作都已就绪，会议期间的任务分工也已落实，由名誉会长郭涤教授致开幕词，由我作会议总结。然而临开会时，司法部通知学校要我到北京参加一个会议。于是我就打电话请他作会议的总结报告，并请他在会议期间帮助做些组织安排工作。他欣然接受，说："你去开会吧，我来承担，不会误事。"这类事尚多，至今回忆起来，仍使我深为感动。

十一

世路坎坷雨雪频，寒流几度袭青春。

饱经忧患豪情在，笑散心头一片云。

赵吉惠教授青年时代曾被错划为右派，经受过劳动改造，吃了不少苦头。"文革"中又遭批判，肉体和精神饱受折磨，长期不能从事教学、研究工作，在资料室整理资料。"文革"结束后，他才真正走上了学术研究的道路。虽然，历经磨难，屡遭打击，但他性格中的锐气、气质中的豪情并未消失，而是在新的历史环境中重新焕发，笑对过去，追求未来，保持着蓬勃的学术朝气。

十二

斗室年年拥书城，淡饭粗茶不减情。

笔走龙蛇乐趣永，先生本色是书生。

吉惠教授家住陕西省教育学院，他在陕西师范大学的教职工宿舍楼里，有一间工作室，面积十五六平方米，除了一张单人床、一张写字桌、一把椅子，其余的空间几乎全被书籍占据，书架上陈列着、地面上堆放着，几无容膝之处。二十多年间，他白天多在此读书写作，有时中午也不回家吃饭，只吃很简单的午餐，有时仅吃方便面而已。在这里，他坐拥书城，笔走龙蛇，从事着他所热爱的中国文化研究。

十三

学海弄潮群彦来，运筹组合善安排。
徽翁赞语今犹在，"难得书生办事才"。

赵吉惠虽然本色是书生，但却不是书斋型的学者，他关注社会现实，热心学术活动，善于进行各种学术交往。特别是具有组织学术活动的才能，在他担任领导的各学会，多年来没有停止过学术活动。为举办学术会议他常常不辞辛劳，到处奔波，找协作单位、筹措经费、邀请学者、安排议程、落实事务。为了办好会议，他特别重视调动各方面的积极性，妥善安排各位学者的发言次序，努力做到各得其所、各处其宜。在组织学术活动中，吉惠同志有平等待人之风，无盛气凌人之势；有宽广开阔之胸，无偏窄狭隘之气，深受学界赞誉。在担任中国历史文献研究会副会长期间每年都举办一次全国性的学术研讨活动，产生了很好的学术影响和社会效果。长期任中国历史文献研究会会长的著名史学家张舜徽先生生前称赞赵吉惠说："虽是书生，但有办事才。"可谓恰当之评。

十四

风度翩翩霁月怀，畅言笑语送春来。
人间一缕愁云影，几句诙谐点拨开。

赵吉惠是一个风度洒脱、性格开朗、态度乐观的人，与他相处不久，就会对他的健谈好辩、谈笑风生、诙谐幽默留下鲜明的印象。我与他交往二十年，对此感受尤深。他很少有愁容不展的时候，很少有忧心忡忡的样子，偶然他也发火，但很快就会过去，过去后依然心平气和。在学术会上发言，他常常会一泻千里，易放难收；在饭桌上吃饭，他会把在座者每个人调侃一遍，引得一片欢笑。与他相处，有轻松感，无压抑感；有明朗感，无拘谨感。虽然有时你会感到他啰唆，但不会感到他张扬；你会觉得他随意，但不会觉得他傲慢。在我看来，赵吉惠是一个平易、随和、开朗的人，他敢于发表个人见解，包括与众人不同的见解；他能听取不同的意见,包括你对他的批评意见。在学术观点上他有时会坚持自己的看法,但却不反感别人的质疑和异议。有时甚至很想听到不同的观点,以触发自己新的思考。他喜欢与人争论学术,他却不会因争辩而闹意气、伤感情。这是我在与他的交往中深切感觉到的。

十五

无涯学海寄平生,风雨兼程昼夜情。
遗著皇皇十九卷,史林堪称一家鸣。

赵吉惠教授长我六岁,他1934年5月生于黑龙江省宁安县,满族。1956年毕业于东北师范大学,1956—1983年在兰州西北师范学院任教,1984年以来在陕西师范大学任教。他一生都在大学工作,把平生的心血都用于教学和研究。他乐于读书,勤于著述,可谓风雨兼程、夜以继日。从1984年到逝世的二十年间撰写、主编、合著的学术著作约十九部,发表论文二百余篇。他的学术研究,主要是史学理论、中国文化史和思想史、中国儒学。虽不能说,在这些方面他的所有研究成果都意义重大,但他的独创性贡献却具有重要的学术价值。特别是在儒学研究方面,他提出了一系列新的见解和观点。例如:儒学之"儒"产生于殷商,是殷民中主持宗教仪式的人;儒学既以人文理性为主,又含内在超越的宗教精神,既是伦理道德哲学,又是人文道德宗教;儒学"天命"观具有二重性,既有伦理意义,又含有神秘主义。中国封建专制主义的主要思想来源是法家韩非的思想,不是孔孟儒学;荀子之学整合了儒、道、法多种思想,超越和突破了儒学,是稷下黄老之学的代表人物;明清实学是传统儒学特殊的理论形态;传统儒学在清末随着西学的冲击、各种新思想的批判以及封建社会的解体而解体;现代新儒家提倡的"新内圣"转出"新外王""良知自我坎陷"理论,具有理想主义、泛道德主义色彩;现代新儒家提倡的"儒学复兴"口号不可能实现,儒学研究的复兴不等于儒学的复兴;儒学在21世纪可能成为人类普遍伦理、人类生态环境伦理的理论基础与人文资源;儒道互补是中国文化的主体结构。这些足以称一家之言的学术观点，在学术界产生过广泛影响。作为老朋友，对于他的一些观点我并不完全同意，但总是钦佩他勤奋的治学精神和丰硕的研究成果；赞赏他敏捷的学术才思和独立的学术个性。因而，每当他把新著赠我的时候，我总有一种亲切感、崇敬感。今日，每翻阅老友的遗著，一种人琴俱亡的伤痛油然而生！

十六

芳草幽兰奠故人，交情似水最堪珍。

祭君何须陈甘醴，遥寄诗心托白云。

我与吉惠兄交往二十年。其间，合作共举之事颇多，来往交谈之数难计，但从未发生过矛盾冲突，甚至连不愉快的事情也没有过。对于同举之事，有商量而能达成共识；对于学术分歧，有切磋而却彼此尊重。逢年过节有时间相互探望，则清茶一杯，红枣几枚，花生数粒；无时间探望，则一个电话，两句问候，几声笑语。赵吉惠健谈，而我沉静；赵吉惠善于交往，而我拙于应酬。但在宽以待人、与人为善方面我和他既有共识又有同感。他常说我很宽厚，易与共事。记得 2001 年秋，他邀我给他的研究生和历史系的学生作关于中国哲学价值理论的学术报告，他在作总结时说我的报告"有哲人的深刻、学者的风度、诗人的气质"。而且，说得非常真诚、认真。对他的评价和赞扬，我诚心地觉得当之有愧，但内心还是喜悦的。因为它出自一位交情似水的友人，而不是来自一种虚意的吹捧、假意的奉承。《礼记》云："君子之接如水。"我自认为我与吉惠同志二十多年的交情，足以当之。今值吉惠逝世二周年之忌日，何须陈列甘醴以飨之，谨以芳草幽兰祭奠于亡友之灵，并吟小诗数首感念畴昔，追悼故人。呜呼！生死异路，天人远隔，无法手奉呈阅，遥托白云以寄。吉惠兄，不知君其能闻吾言吾诗乎？哀哉！

（原载《陕西社会科学》2006 年第 4 期；《赵吉惠纪念文集》，陕西人民出版社 2008 年版）

今天我们怎样研究孔子

——在陕西省孔子研究会成立大会上的讲话

各位专家学者、各位领导：

首先我代表陕西省社科联对省哲学学会孔子研究专业委员会的成立表示热烈的祝贺！对各位专家学者多年来为繁荣发展我省哲学社会科学所作出的贡献表示衷心的感谢！

孔子研究会的成立非常及时，很有意义。是我省社科界的一件盛事！

在今天，研究孔子的重大意义毋庸赘言，一言以蔽之，研究孔子就是研究中国，就是研究我们自己。只有深入研究孔子才能深刻认识中国，才能深入认识我们自己。中国人只有深入研究孔子才达到真正的文化自觉。从某种意义上说，孔子并不一定需要我们，而今天的我们一定需要孔子。今天的主要问题已经不是要不要研究孔子，而是我们怎样研究孔子。

中国传统文化没有上帝崇拜但有圣人崇拜。以孔子为圣人使孔子成了中华文化的人格象征。由于孔子与中华文化的这种内在一致性，与中华民族精神的这种历史融通性，孔子在中国已经被研究了两千多年，今后还会继续研究下去。孔子不仅是属于山东的而且也是属于陕西的、全国的，孔子不仅是属于中国的也是属于世界的，孔子不仅是属于古代的也是属于今天的。因此在当今时代，研究孔子应有一个新的坐标，应该进行视界融合。这种视界融合应是历史、时代、中国、全球四种视界的融合。通过历史性视界以确定孔子的本来面貌、真实思想、历史地位和深远影响；通过时代性视界以阐发孔子思想对于21世纪的人类的时代意义；通过中国性视界以发现孔子思想对于中国实现现代化特别是构建社会主义和谐社会、建立中国特色社会主义核心价值体系所蕴含的智慧资源；通过全球性视界以发掘孔子思想的普世价值和对于维护中华文化主体性的重大意义。此外，在陕西研究孔子还应确立一个关学视界，通过地域性的关学视界，探讨关学与孔子儒学的内在联系和关学在儒学史上的重要地位，认识关学的特征，弘扬关学的优秀精神。虽然说"孔子西游不到秦"，但孔子却很乐意经常梦见周公，西周文化是孔子思想的重要渊源。我相信通过多视界的融合，孔子研究必定能达到前所未有的新境界。

然而，要通过视界融合达到前所未有的孔子研究的新境界却非易事，因为中国人虽有深远、强烈的孔子情结，但这种情结非常复杂，是一种"剪不断，理还乱，别是一番滋味在心头"的感觉。在中国人的心目中，孔子既被神圣化过也被妖魔化过。神圣化时他是"至圣先师"，妖魔化时他是"千古罪人"。在中国人的情感中，一方面，由于孔子是中华文化的象征，所以说到孔子时有一种敬重感；由于孔子的言论平易切实，所以说到孔子时又有一种亲切感；由于孔子及其所创立的儒学在世界上影响广泛，说到孔子又有一种自豪感。然而，另一方面，由于孔子思想曾经被封建统治者作为专制主义的意识形态，所以说到孔子时又有一种不满感甚至愤怒感；由于"五四"以后孔子曾被称为"孔老二"、孔子的学说体制曾被称为"孔家店"，所以说到孔子时又有一种滑稽感。如此等等。孔子给当代中国人的感觉十分复杂。这种非常复杂的情结、这些情绪化的倾向，往往会遮蔽孔子的真面目、真精神，也往往会干扰研究的科学性、真理性。这是我们今天研究孔子时应该特别予以注意的。

我相信，陕西孔子研究会的成立一定会推动陕西学界对于孔子和儒学的深入研究，一定会推动对于我们关学的深入研究，也一定会为当今中国和当今世界的孔学、儒学研究作出自己的重大贡献。

预祝大会圆满成功！预祝陕西的孔子研究取得丰硕成果！

(2006 年 10 月 27 日)

2007 年

轩辕黄帝与中国传统价值观

黄帝是中华民族的人文初祖，他对中华民族的形成和中华文化的创立，起了奠基作用，由此而成为中华文化的象征、成为中华传统价值观的标志。从历代的典籍记述可以看出，黄帝以人格形象凝聚和代表着中华传统价值观的重要内容和鲜明特征。黄帝所代表的中华传统价值观主要有五个方面。

（一）崇尚文明的观念

崇尚文明，摒弃野蛮，注重文野之辨，是中华民族的重要观念。《尚书·舜典》有"睿哲文明，温恭永塞"之赞，《易传》有"天下文明"（《乾·文言》）、"刚健文明"（《大有·象》）之志，《荀子·礼论》有"不敬文，谓之野"，"君子贱野而羞瘠"之论。这些观念都可以溯源至黄帝时代。史传黄帝之前，人们草昧未辟、蒙昧未开。迨至黄帝时代，改造自然环境（"治五气"），发展农业生产（"艺五种"，"佐五谷，养民人"），建立社会秩序（立"礼法文度"，"别男女，异雌雄，明上下，等贵贱"），创造器物文明（"兴事创业"）。史载黄帝发明的器物有衣裳、水井、杵臼、釜甑、宫室、牛车、舟楫、墓葬、书契等，涉及人们衣、食、住、行、用诸多方面。这些创制和发明，既奠定了中华文明的基础，又培植了中华民族崇尚文明的价值观念。

(二) 重视农业的观念

中国农业生产的历史十分久远，可以追溯至神农氏时代。史传"神农氏因天之时，分地之利，制耒耜，教民耕作"（《白虎通义》），于是"民始食谷，谷始播种，耕田以为土，凿地以为井"（《论衡》）。尽管神农氏是否与炎帝为一人，颇有歧见，但其略早于黄帝时代，尚可确定。而且，黄帝正是通过与炎帝的战争而成了诸部落联盟的首领，故《史记·五帝本纪》云："轩辕之时，神农氏世衰。"黄帝在取代了炎帝部落的地位之后，继续发展农业生产，"艺五种""佐五谷"，种植多种粮食作物；顺应季节变化，发展平原农耕；开凿水井，改善水资源的利用。由于黄帝对农业的重视和推进，后来在黄帝部落中，出现了农业方面的杰出人物——弃，他是当时农业生产的专家，是周人的祖先，被尊为后稷。后稷对平原农业的重大贡献，受到了后代的高度赞扬，"思文后稷，克配彼天，立我蒸民，莫匪尔极"（《诗经·周颂·思文》）。农业是中国传统社会的基础，黄帝使农业生产方式普遍化、稳定化，既对中国农业文明的建立起了关键作用，也催生了中国传统重农观念的萌芽和发展。

(三) 注重统合的观念

远古时代，在辽阔的中国大地上生活着许多大小不等的原始群落，每一群落都有自己特有的血统和文化。黄帝通过部落的迁徙和与炎帝、蚩尤的战争，促进了中原各部族的相互交往，促成了部落联盟的形成。史称"诸侯咸尊黄帝为天子"，黄帝"置左右大监，监于万国，万国和，而鬼神山川封禅，与为多焉"（《史记·五帝本纪》）。这些记述，虽已是后世语气，但总体上反映了黄帝时代中原地区群族融合和文化融合的历史趋势。在这种融合的过程中，逐渐形成了华夏族这一古代中国各民族的统称，从而为后世多元一体的民族格局的形成开了先河。黄帝不但促进了远古时期各部族的融合，而且统合了各部族的图腾信仰，形成了龙崇拜的信仰意识。并且通过封禅、郊祀、明廷等多种形式的祭祀活动，确立了统一的对于天帝的信仰。黄帝时代的部族结合、图腾统合和信仰统合不但对中华民族多元一体结构的形成意义重大,而且对中华文化中统合意识的养成影响深远。

(四) 尊重道德的观念

黄帝不但是伟大文明的奠基者,而且是高尚道德的典范。古代典籍对黄帝的道德品行多有赞颂,如云:"黄帝仁义"(《龙鱼河图》),"养性爱民"(《万机论》),"黄帝即位,施惠承天,一道修德,惟仁是行"(《韩诗外传》)。黄帝不但个人道德高尚而且着力实行德治,"修德抚民"(《帝王世纪》),"使强不掩弱,众不暴寡,人民保命而不夭,岁时熟而不凶,百官正而无私,上下调而无尤,法令明而不暗,辅佐公而不阿"。从而,在社会形成了良好的道德风尚:"田者不侵畔,渔者不争隈,道不拾遗,市不豫贾,城郭不关,邑无盗贼。"(《淮南子》)产生了显著的社会效果:"其民不引而来,不推而往,不使而成,不禁而止。"(《管子》)即使与炎帝的战争、对蚩尤的征伐,也蕴含着道德方面的原因,具有"修德振兵"的正义性质。史云:黄帝征伐诸侯是因为"神农氏世衰,诸侯相侵伐,暴虐百姓"(《史记》),黄帝与炎帝作战是因为"黄帝行道而炎帝不听"(《新书》),黄帝征伐蚩尤是因为"蚩尤诛杀,无道,不仁义"(《龙鱼河图》)。这些记述虽难免有后代的附会因素,但也反映了远古时代的史影。总之黄帝"养性爱民"的德性、"修德抚民"的德治和"修德振兵"的德威,铸成了中华民族崇尚道德、尊重道德的价值观念,培育了中华文化的道德精神,影响极为深远。

(五) 祖先崇拜的观念

崇拜祖先是中华民族的重要价值观念,这种观念是人类进入父系时代后逐渐形成的。在母系氏族时代,虽然公共墓地按母系血缘安排,但还没有祖先观念,随着父系氏族制的产生,男系血统的延续线索日益明晰,于是为了强化氏族的血缘关系,以划清与外氏族的界线,祖先观念应运而生。"神不歆非类,民不祀非族"的意识使人们着力于寻根寻祖,并将自己氏族的始祖予以神化,于是神灵观念与祖先观念融为一体。黄帝时代是父系血缘关系强化的时代,也是祖先崇拜观念趋于明确的时代。后来,虞、夏、商、周都尊黄帝为始祖,许多古代民族和方国也有系黄帝后裔的传说,这是祖先崇拜观念进一步延续和加强的结果。父系血缘意识和祖先崇拜观念,是后代儒家的家国一体理论的重要来源之一,也是中国封建宗法思想的滥觞。中国历史上的祭祀黄帝活动一直持续至今,并影响了海外所居的华人,正是这种祖先崇拜观念和心理在文化生活、精神生活中的现实表现。源远流长的祖先崇拜观念对于中华民族的凝聚、中华文化的认同,以及"文化中国"概念的提出,都产生了巨大的积极作用,而且对维护祖国统一也有重要意义。

黄帝活动于距今五千多年的远古时代,他的文明创造事业,以及在文明创造过程中不断觉醒的价值意识,揭开了中华文化价值观念的帷幕,黄帝时代形成的崇尚文明、重视农业、注重统合、尊重道德和崇拜祖先等观念,后来被历代的人们传承、认可和弘扬,至先秦时期又为各派思想家汲取、继承、完善和发展,终于建构成了系统的价值观念体系。因此,对黄帝时代价值观念的研究,是对中华价值观的溯本求源、追根究底,这不但可以拓展对轩辕黄帝的研究,而且可以以源观流,加深对中华传统价值观的认识和理解,并促进对中华优秀价值观念的弘扬。然而,笔者对此问题的思考,却是初步的、粗浅的,但愿今后能有所推进。

(原载《华夏文化》2007年第2期)

天心民命铸人文

——祝贺《人文杂志》创刊五十周年

> 天心民命铸人文，播火传薪五十春。
> 百卷华章凝史慧，几番风雨炼精神。
> 文山采玉能雕凤，学海探珠可绝尘。
> 今日秦川碧浪涌，笔虹再绘彩图新。

这是我为庆贺《人文杂志》创刊五十周年而写的一首诗。诗中表达了我对《人文杂志》的赞赏、评价和期望。《人文杂志》创刊于中国思想界、知识界经历重大变化的1957年，在五十年的风雨历程中，《人文杂志》以其正确的方向、鲜明的宗旨和独特的风格挺立于中国学术刊物之林，为推动陕西和全国的人文、社会科学的繁荣，为促进陕西和中国的经济、社会发展，作出了重大的贡献，产生了深远的影响。特别是近三十年来，乘思想解放和改革开放的春风，在探索中国特色社会主义道路和先进文化建设的过程中，刊物的理论水平、学科内涵、学术品位、独创精神和编辑质量迅速提升，已经成为中国诸多社科学术期刊中的著名品牌之一，深受社科界的瞩目和广大读者的关注。作为《人文杂志》的老读者和老作者，我认为《人文杂志》的突出优点有五个方面。

（一）办刊宗旨高远

几十年来，《人文杂志》始终坚持"观乎人文，传承文明，彪炳经典，前瞻新知"的办刊宗旨。这一宗旨，既有历史情怀又有现实关怀，既有学术创新又有实践探索,既有经典定位又有人文旨趣,是十分高远的办刊宗旨。而且,这一宗旨还继承和弘扬了关学宗师张载提出的"为天地立心,为生民立命,为往圣继绝学,为万世开太平"的学术使命意识。一百七十期刊物上的优秀学术论文可以说都是编者为实现此宗旨而选取、编辑和刊登的。刊物的特色和风格也是在这一宗旨的指引下而逐步形成的。

(二) 文化资源丰厚

《人文杂志》是在陕西这块文化沃土上培育成长起来的。陕西是中华文化的发源地,历史悠久,学脉深远,文化积淀博大而丰厚,文化辐射广袤而久远。《人文杂志》在办刊过程中,充分认识到了这种环境优势,也自觉利用了这一宝贵资源,对于自西周以迄当代历史上的重大学术问题,几乎都有所探索、有所论述。特别是对建都于西安而又处于中国古代社会发展上升时期的周、秦、汉、唐几个朝代的社会、政治、经济、文化、科教、艺术等领域中的问题,研究成果最丰、学术价值最高、学术影响最大。

(三) 学术视野前沿

学术刊物既要充分利用自己的独特历史文化资源,又要把握学术发展的趋势和前沿问题,才会体现学术的时代精神,在这一点上,《人文杂志》也是非常自觉的。20世纪80年代在实践标准讨论深化过程中我国价值哲学兴起,学术界形成了"价值热",《人文杂志》以其锐利的学术眼光抓住了这一哲学的新生长点,瞄准了这一与诸多学科有内在关联、与中国社会现实有密切关系的前沿课题,设立栏目、组织稿件、举办会议、联系学者,编辑和刊载了大量有重要学术价值的论文,大大推动了中国价值哲学的构建和发展,引起了国内外哲学界、学术界的重视和赞许,也使价值哲学成为陕西的学科优势,使陕西成为中国价值哲学的重要研究阵地,培养了一批研究价值哲学的学者。《人文杂志》的这一历史贡献至今仍为学界所称赞,而《人文杂志》的声望也由此而得到了提升。在瞄准和把握学术前沿这一点上,《人文杂志》还有许多佳例,这里不再列举。

(四) 创新意识自觉

办学术刊物和从事学术研究一样,贵在创新。刊物的创新包括内容、栏目、版面、文风、学术观点等许多方面,但核心是学术观点的创新。在这一点上,《人文杂志》的编辑有十分强烈的自觉意识。他们在约稿、选稿、组稿时,总是把是否具有新见解、新思想、新角度,以及是否提出新问题作为重要标准。这从刊物上发表的论文及其被转载、引用的数量比例可以清楚地看出。特别是近几年来,具有创新意义的文章越来越多。编者创新意识的自觉和持续,是刊物具有鲜活生命力的前提,是刊物水平提高和影响扩大的保障。

(五) 刊物风格庄重

刊物的风格是其个性的突出表现,也是一份刊物成熟的重要标志。国内的人文社科类学术期刊很多,有的已经形成了自己的鲜明风格,有的风格还不够鲜明。而《人文杂志》是风格鲜明的刊物之一。经过五十年的探索和追求,经过几代编辑的培育和陶冶,《人文杂志》形成了自己的独特风格,这一风格概而言之,就是"庄重"。庄重包含方向端正、论题严肃、内容凝重、文风厚实、编风严谨、版式大方、外观朴素等多重内涵。庄重诚然是刊物的一种风格,但与其他风格也有其优点一样,庄重有庄重的优点。它会使读者产生一种严肃感、敬重感、信任感。《人文杂志》的庄重风格是三秦大地博大丰厚的地域文化特质的反映,也是陕西人敦厚朴实性格的表现。它与陕西历史文化有内在的统一性。

总之,经过五十年风雨历程的人文杂志,已经形成了自己的优秀办刊传统,已经成为中国人文社科类期刊群中的佼佼者,成为陕西社科界和全国社科界的一个重要学术园地。在它迈入第二个五十年的重要时刻,我祝愿它百尺竿头更进一步，在继承发扬以往办刊经验和办刊精神的基础上，大力开拓创新，提高刊物质量，特别是要以科学发展观和和谐社会理念为指引推动中国学术发展，以世界大局和未来大势为视域洞察全球学术动向，使刊物在马克思主义中国化的道路上、在中华精神和时代精神的融通中焕发新的青春。

（原载《人文杂志》2007年第5期）

黄帝文化的基本特征与中国
历史哲学的思维方式

文化的研究方法取决于文化的特征。黄帝文化是中华文化的重要组成部分，也是中国独有的文化现象。黄帝文化虽然和其他文化现象一样，具有作为文化的共同性质，但却有自己的特殊性。黄帝文化的基本特征是综合性：历史、神话、传说、祭祀、崇祖、信仰等文化因素经过长期累积而形成了一种综合性文化形态。在这种综合性中贯穿着一条红线就是事实与价值相融通。这种特征与中国传统的历史哲学思维方式有密切关系；对具有此特征的黄帝文化应运用历史与价值相结合的方法进行研究。

一 黄帝文化的基本特征：事实与价值相融通

事实与价值相融通的特征在黄帝文化中的体现是：对黄帝的历史事实探索、历史事实记述和历史纪念活动总是与中华民族的价值观念、价值理想、价值追求融通为一体的。正是在事实与价值的融通中，黄帝成了历史人物与神话人物、真实存在与善美象征相统一的人格形象，从而以黄帝为主题的各种活动（包括对黄帝的考古、修史、赞颂、信仰、祭祀等）也成了事实认知与价值弘扬相融通的文化过程。黄帝文化的这种历史与价值相融合主要内容包括四个方面。

（一）黄帝叙事中历史记载与神话传说的融通

在中国文化中，黄帝叙事与其他历史人物叙事有显著不同。黄帝叙事的突出特点是事实记述与神话传说相交织。一方面，黄帝作为历史人物，有一定的史料依据；另一方面，关于黄帝又存在着许多神话传说。司马迁写《史记》的《五帝本纪》时，已经遇到了史料记述与神话传说相交织的困扰。他说典籍中有着关于黄帝的记载，学者们亦多称五帝，但诸子百家传说中的黄帝已经文学化、神话化，难以完全置信。于是，他一方面进行实地考察，另一方面对史料进行梳理。把传说和信史相印证，把不同史料做比较，取同舍异，去伪存真，力求达到记述的真实性。这说明历史记述与神话传说相交织是黄帝叙事中古来就有的现象。远古以来的神话传说虽不能说是完全没有历史的影子，但却有很大的文学想象及艺术塑造的内容，不足以为史料根据。然而值得注意的是，关学黄帝的神话传说却不是毫无意义的，它以文学化、艺术化的形式表达了人们的价值观念。例如关于黄帝娶妻、黄帝战蚩尤、黄帝梦游华胥、黄帝鼎湖升天等神话传说，都蕴含着中华民族深厚的价值意识。具体地说，黄帝娶王母娘娘的侍女嫘祖为妻的神话表达的是人们对黄帝不以貌取人、崇尚勤劳、为民谋利（养蚕、缫丝）的赞美；黄帝战蚩尤的神话表达了人们对黄帝统一华夏诸邦、实现部族融合，使百姓安居乐业和创制冠冕、舟船、宫室、律历、天文、指南车等伟大功业的赞颂；黄帝梦游华胥的神话表达了人们对民风淳朴，没有爱憎之分，没有亲疏之别，没有利害冲突和斗争杀戮，天下大治，国泰民安的美好生活的向往；黄帝铸鼎后骑龙升天，成为中央天帝，位居天庭的中央，统领四方的神话，表达了人们对中央权力的期望。由此看来，在黄帝叙事中历史记载的是事实而神话表达的是价值。黄帝叙事是事实意识与价值意识相融合的文化叙事。

（二）黄帝形象中华夏始祖与人文初祖的融通

在中华民族的祖先崇拜观念中，黄帝作为祖先形象，既是民族始祖又是人文初祖，是民族始祖与人文初祖融合的综合性人格形象。所谓"民族始祖"，是就黄帝是中华民族共同的血缘始祖而言的。黄帝作为中华民族的始祖，并非仅指今天汉族人的祖先，而是指华夏族的祖先。古代华夏族是一个有别于任何部族的庞大融合体,今天的汉族固然是华夏族的后裔,今天的少数民族也多是古代少数华夏族的后裔由于种种历史原因迁徙到边远地区而形成的。所以,今天在中国境内的许多少数民都直接或间接承认炎帝或黄帝为他们的祖先,是中华民族的共同始祖。所谓"人文初祖"是指黄帝是中华民族物质文明和精神文明的开创者,他开启了中华民族灿烂文化的先河,在铸造中华民族文明的历史上起了奠基作用。史传黄帝之前,人们草昧未辟,蒙昧未开。迨至黄帝时代,人们"治五气",改造自然环境;"艺五种","佐五谷,养民人",发展农业生产;立"礼法文度","别男女,异雌雄,明上下,等贵贱",建立社会秩序;"兴事创业",创造器物文明。史载黄帝发明的器物有衣裳、水井、杵臼、釜甑、宫室、牛车、舟楫、弓箭、墓葬、书契等。当然,这些创制和发明,一是有许多传说成分,不完全是史实;二是"黄帝时之制作""或恃前人之经验,或赖多士之分工,万物并兴,实非一手一足之烈"①,故不能完全归附于黄帝一人名下。如果说,以黄帝为华夏始祖还是一种血缘上的"追远""溯源"的事实认同的话,那么,称黄帝为人文初祖则表达的是一种价值崇尚和价值认同,即对中华文明创造者的崇敬,对中华文化固有的文明创造精神的崇尚,以及对中华文化统一性的认同。所以,在黄帝作为祖先的人格形象中,华夏始祖与人文初祖的融合,深刻地蕴含着事实与价值相统一的文化特征。

(三) 黄帝纪念中祖先缅怀与道德弘扬的融通

孔子云:"慎终追远,民德归厚焉"(《论语》),认为追念祖先的目的不只是血缘上的认同,更是为了学习和继承祖先的高尚道德,以优化民众的道德风尚。这种通过祭祖以弘扬道德的思想,在历代纪念、祭祀黄帝的文献中有着充分的体现。这些文献在追述黄帝历史功业的同时,莫不对黄帝的崇高道德赞扬备至,称颂有加,也莫不对继承和弘扬祖先

---

① 柳诒徵:《中国文化史》上册,中华书局2015年版,第16页。

的道德高风，表明决心，表达信念。如云："黄帝即位，施惠承天，一道修德，惟仁是行。"（《韩诗外传》）黄帝实行德治，修德抚民，"使强不掩弱，众不暴寡，人民保命而不夭，岁时熟而不凶，百官正而无私，上下调而无尤，法令明而不暗，辅佐公而不阿"。从而，在社会形成了良好的道德风尚："田者不侵畔，渔者不争隈，道不拾遗，市不豫贾，城郭不关，邑无盗贼。"（《淮南子》）产生了显著的社会效果："其民不引而来，不推而往，不使而成，不禁而止。"（《管子》）总之着力称颂黄帝"养性爱民"的德性、"修德抚民"的德治和"修德振兵"的德威，认为其代表中华民族的优秀道德品格。于是，历代对黄帝的纪念，就具有了对祖先的悼念缅怀和对伟大道德的崇尚双重意义。正是这种缅怀祖先的事实认识与道德价值弘扬的融合，使对黄帝的一切纪念活动（包括祭祀活动）发挥了传承中华民族高尚道德和培育中华道德精神的重大作用。

（四）黄帝祭祀中民族寻根与价值追求的融通

黄帝的祭祀活动不仅具有缅怀祖先与弘扬道德的意义，还具有不同历史时期的祭祀者在民族寻根的仪式活动中表达当时人们的价值追求的重要内容。祭黄帝陵活动由来已久，源远流长，在漫长的历史过程中无论官祭还是民祭、公祭还是私祭，都在祭词、祭文中一方面追述黄帝伟大的历史功绩，赞颂黄帝的崇高人格；另一方面则同时表达祭祀者在当时所确认的某种价值追求和价值理想。由于不同时期人们所身处的历史条件不同，人们所面对的历史课题有别，所以历代祭祀中所表达的价值意念是随着时代的变迁而变化的。也就是说祭祀黄帝时所阐述的价值追求具有历史性。

例如，朱元璋在明太祖洪武四年（1371）的祭文中表达了他在"遂平暴乱，以有天下，主宰庶民"之初，期求天下太平的愿望。明宣宗宣德元年（1426）在祭文中表达了"为天地立心，为生民立命，为万世开太平"的理想。

抗日战争时期，国民政府、地方政府和国民党中央、共产党中央的祭文中多次表示的是"复我疆园，保我族类"，"民族复兴，国维孔固"，"还我河山，卫我国权"等争取抗日战争胜利的信念。中华人民共和国成立以后的每次祭祀黄陵，在祭文中都对当时社会主义建设的目标和路线方针做了概括的表达，例如，20世纪五六十年代的祭文中反复申述的是"鼓足干劲，力争上游""多快好省地建设社会主义"的路线；80年代的祭文中表达更多的是"改革体制""活跃经济""加强法制""发扬民主""物质文明""精神文明""统一祖国""振兴中华""世界和平"等观念；90年代的祭文则以"以德治国，团结自强；艰苦创业，团结兴邦，与时俱进，同奔小康"为主题；新世纪祭文中则突出了"以人为本""求真务实""科学发展""和谐社会"的精神。不难看出，历代祭黄帝陵的文化活动，既是对祖宗的缅怀、民族的寻根，又是对民族价值的追求、价值理想的表达。充分体现了黄帝文化中民族寻根与价值追求相融合、历史传统与时代价值相贯通的鲜明特征。

黄帝文化所具有的这种事实与价值、事实认知与价值追求相融合的基本特征，决定了黄帝文化特别是黄帝祭祀的独特意义。这就是：以黄帝为主题的文化活动不仅是中华民族对民族生衍历程进行历史探索、历史研究、历史考古的历史认识活动；也不只是一种慎终追远的祖宗寻根和祖先认同活动；而且是一种寄托民族美好理想、崇尚民族文明创造、弘扬民族优秀精神、表达民族历史使命和发展理念的价值追求活动。它通过在史实中寻求价值、用历史以关注现实、借祖先以激励后代的方式，在世代连续不绝的过程中，不断地延续着中华民族的民族血脉，凝聚着中华民族的民族情感，锻铸和培育着中华民族的伟大民族精神。

二 黄帝文化特征形成的思维方式：历史规律探索与价值理想追求相融合

在自历史观从以"神意为本"的天命史观转向以"人事为本"的人

本史观之后，中国哲学家、史学家大都运用价值追求与历史规律探索相融合的思维方式来说明历史的本质和历史的发展。其代表性的观点有三个方面。

（一）道德价值与历史的融合

夏殷统治者把天命神意视为人的主体意志不可改变的历史决定力量，周初的统治者在灭纣伐商的过程中，多少认识到了人在历史变革中的力量。他们提出了"皇天无亲，惟德是辅；民心无常，惟惠之怀"（《尚书·蔡仲之命》）的观点，认为历史并非绝对地由天命决定，"人德"对历史发展有重要作用。这种"以德配天"的观点蕴含着客观的神秘天命和主体的现实道德价值相融合以推动历史发展的思想，就是说统治者有好的德行，能赐惠于民，就会得到民心的支持，进而也会得到天命的辅助。尽管天命这种神秘的必然性与客观规律有性质上的不同，但这种以"德"为枢纽将"天"与"民"相贯通、相联结的历史观，为以后的思想家将价值追求与历史法则融合起来考察历史提供了重要的思想渊源，它是哲学史上价值与历史融通的最初形式。后来儒家把历史的演变与道德价值的转换结合起来的思路，就是对这一观点的发挥。

（二）生存价值与历史的融合

把生存价值与历史规律相融通的代表人物是唐代的柳宗元，他通过"意"和"势"关系的讨论表达了这一思路。柳宗元认为历史发展有着"不得已"的客观必然之"势"。例如，"封建，非圣人意也，势也"（《封建论》），而后代郡县制取代封建制也是历史发展的必然结果。然而，在柳宗元看来，历史发展之"势"并不是脱离人活动的外在力量，它表现了人类对生存价值的追求。柳宗元把人们这种对生存价值的追求叫作"生人之意"。他说，由于人们的生存价值追求，引起了获取物质资料的斗争，而正是这种斗争造成了社会历史发展的客观必然趋势。可见，历史之"势"，实质乃是人类为满足生存需要、维护生存价值而进行主体活动表现出来的必然趋势。历史之"势",虽不由"圣人"的个人之"意"支配,但却"受命于生人之意"(《柳宗元集·贞符序》),因此,某个杰出人物("圣人")要在历史上发挥作用,不在于"穷异以为神""引天以为高",而完全在于"心乎生民",做到"利于人、备于事"(《柳宗元集》卷二、卷一九)。柳宗元这种"生民之意""成势"的观念,鲜明地体现了价值追求与历史法则融通的思路。

(三)公义价值与历史的融合

明末清初的王夫之继承发展了柳宗元的"生意成势观",提出了"人之所同然者即为天"(《读通鉴论》卷七)的光辉命题。王夫之所说的"天",即人类历史发展的客观趋势("势")和必然规律("理")的统一。"理依于势","势中见理","势字精微,理字广大,合而名之曰'天'"(《读四书大全说》卷九);"天"即历史发展的客观力量的总称。王夫之所说的"人之所同然""民心之大同"即民众共同的价值追求、价值意向或普遍认同的价值,大体相当于我们现在所说的"公义"——人们普遍认同的道义。由此不难看出,王夫之"人之所同然者即为天""民心之大同者理在是"的观点,体现了把历史客观法则与人们普遍追求的价值(公义)相融合的思想。更值得重视的是,王夫之对公义即"人之同然""心之大同"的基础做了深刻揭示。他认为,"同然""同心"的基础是"欲之所得",即人们共同的物质生活欲求的普遍满足。他说:"人欲之各得,即天理之大同;天理之大同,无人欲之或异"(《读四书大全说》卷四)。这显然是对柳宗元"生民之意"的进一步发展。于是,普遍的价值的追求和普遍的物质利益需要的满足与历史的客观规律达到了高度的统一。

从"以德配天"到"生意成势"再到"同然即理",既表明了中国传统历史哲学关于历史与价值融合的思维方式发展的主要环节,也体现着中国传统历史哲学思维方式的核心意蕴。而正是在这种历史哲学思维方式的长期支配下,才逐渐形成了黄帝文化的基本特征。

三 黄帝文化的研究方法：历史研究与价值研究相结合

黄帝文化所具有的这种事实与价值、事实认知与价值追求相融合的基本特征，以及它所体现的历史哲学思维方式，进而决定了黄帝文化研究的方法论，即把历史研究与价值研究结合起来。以价值观念为导向研究历史真实，以历史资料为基础阐释价值观念。在思考历史问题时，不脱离价值意义；在讨论价值问题时，不脱离历史根据。

（1）考察关于黄帝及其活动的历史事实时，应充分注意历代积累的历史记述中对黄帝的道德称颂、功业赞美和人格崇尚。要看到这些记述虽有一定史实根据却不等于是历史原貌，而是有浓厚的价值化色彩，真和善是交织在一起的。有的甚至是以善蔽真。

（2）在研究黄帝的道德化、价值化问题时，要看到黄帝的美化并非完全是史学家主观赋予的，而是有其史实根据。这些史实不一定全部书写在史书中，而更多地通过口头传说保留下来。完全依据史书、史料还原黄帝原貌是简单的、片面的。

（3）黄帝文化中的价值因素，有一个长期的积累过程。不同时代赋予黄帝文化的价值含义具有不同特色。黄帝文化本身就是历史性的。价值积淀和历史演变是统一过程的两个方面。

（4）黄帝的史实真相，随着时代的久远日益模糊，人们对黄帝史实的求索也日益困难，而黄帝文化中价值的历史积淀内容却日益深厚，黄帝作为"人文初祖"的价值象征意义却日渐重要。

运用历史与价值相结合的方法研究黄帝文化，有助于我们在加强民族团结、维护祖国统一、实现中华民族伟大复兴的历史进程中正确而充分地发挥黄帝文化的伟大作用。

（本文部分内容以"黄帝文化的基本特征：历史与价值相融合"为题，刊发于《光明日报》2007年4月5日）

在文化张力中构筑民族共有精神家园

弘扬中华文化,建设中华民族共有精神家园。中华文化是中华民族生生不息、团结奋进的不竭动力。要全面认识祖国传统文化,取其精华,去其糟粕,使之与当代社会相适应、与现代文明相协调,保持民族性,体现时代性。加强中华优秀文化传统教育,运用现代科技手段开发利用民族文化丰富资源。加强对各民族文化的挖掘和保护,重视文物和非物质文化遗产保护,做好文化典籍整理工作。加强对外文化交流,吸收各国优秀文明成果,增强中华文化国际影响力。

——党的十七大报告

中华文化是中华民族生生不息、团结奋进的不竭动力。胡锦涛在党的十七大报告中说:"弘扬中华文化,建设中华民族共有精神家园。"这为我们指明了弘扬中华文化的重大意义和基本方向。要通过弘扬中华文化来建设中华民族共有精神家园,必须运用辩证思维,保持必要的文化张力。"张力"一词,最早见之于物理学。从物理学的角度讲,张力是物体受到两个相反方向的拉力作用时所产生于其内部而垂直于两个部分接触面上的互相牵引力。由于张力具有统一与多样、静止与运动、对立与合作、平衡与不平衡的矛盾辩证特征。所以广泛运用于其他学科领域,包括文化领域。运用辩证思维,保持必要的文化张力,就是把握文化内部诸要素、诸属性之间相反相成、相斥相引、相离相合、相统相分的辩证关系。建设中华民族共有精神家园，就必须运用辩证思维观照传统文化，保持必要的张力弘扬传统文化。

（一）在意义定位上，突现精神价值，兼顾其他价值

中华文化由诸多因素、诸多层面构成，如物质层面、制度层面、精神层面等，其中，精神层面是文化的核心和灵魂。因此弘扬中华文化的意义和价值虽然是多方面的，有促进物质文明建设的某些作用，也有促进制度文明建设的某些启示，但根本的意义并不在此，而在于突现其精神价值，实现其对于精神文明建设的意义。要突现其精神价值，实现其对于精神文明建设的意义，集中到一点就是通过弘扬中华文化，构筑中华民族共有精神家园。民族共有精神家园是一个民族共有的精神支柱、精神根基和精神寄托，它是一个民族主体性的深层结构和核心标志。民族精神家园是由宇宙意识、群际理念、社会理想、人生境界、价值观念、道德情怀和思维方式所构成的精神系统。精神家园就是中国古代哲人所说的"安身立命之所"，就是现代哲学家所说的"精神故乡"。中华民族传统文化中包含的天人合一、群己和谐、大同社会、以生载义、以义导利、公大于私、中庸和谐等精神内涵，就是我们今天建设民族的精神家园可资汲取和利用的宝贵资源。把弘扬中华文化的根本意义定位在精神价值层面，定位在建设中华民族共有精神家园上，是关系弘扬中华文化的方向性问题，具有十分重大的意义。

（二）继承原则上，去其糟粕，取其精华

中华传统文化中的精神内容博大精深、源远流长，但由于其是在长期的历史过程中形成的，因而总有其历史性的烙印和历史性的局限，这种历史烙印和历史局限决定了它以今天社会发展的需要和人民主体的需要来衡量，必然存在着精华和糟粕并存的状态。这是世界上任何一个民族的传统文化共有的性质。所以我们今天要建设中华民族共有精神家园就必须全面认识祖国传统文化，既要看到其蕴含的精华内容，也要看到

其中包含的糟粕因素，在继承和选择时，要去其糟粕，取其精华。并且利用其精华作为构筑精神家园的资源和原料。如果我们不区分精华与糟粕，或者把糟粕也当作精华来弘扬，搞文化保守主义；或者把精华当作糟粕来舍弃，搞民族文化虚无主义，那么我们所构筑的精神家园，不但不能给中华民族"安心立命"，而且会导致中华民族精神生命的萎缩和民族主体精神的失落。区分精华与糟粕，取其精华，去其糟粕，就是在认识方法和继承原则上保持一种必要的张力。

（三）文化转型上，继承优良传统适应现代社会

通过弘扬中华文化来建设中华民族共有精神家园不但要对传统文化去其糟粕，取其精华，而且还要对所取的传统文化中的精华进行现代转换。转换的目的在于使之与当代社会相适应、与现代文明相协调。只有在文化转型上保持传统与现代的张力，即既弘扬传统文化精华又使之与当代社会相适应、与现代文明相协调，才能建设成使中华民族在现代能够很好地生存和发展的民族精神家园。

（四）文化品格上，保持民族性，体现时代性

要建设民族共有精神家园，在文化品格上必须使传统文化既保持民族性，又体现时代性。如果说，使传统文化与当代社会相适应、与现代文明相协调处理的是传统与现代的关系，保持的是传统与现代的张力。那么，在文化品性上处理的则是民族性与时代性的关系，保持的是民族特性与时代共性的张力。使中华文化具有民族特性与时代性兼容的品格，是一百年来中国先进知识分子在反思传统的过程中所确立的文化理想。严复说：对待中华文化"必将阔视远想，统新故而视其通，苞中外而计其全而后得之。其为事之难如此"（《与〈外交报〉主人书》）。青年鲁迅云：要使中华文化"外之既不后于世界之思潮，内之仍弗失其固有的血脉。取今复古，别立新宗。人生意义，致之深邃。则国人之自觉至，个性张"（《文化偏至论》）。

董健桥《知行集》序

秋初，董健桥同志过访，持其将付梓的《知行集》文稿曰："请老师为我序之。"近年来由于马齿徒增，鬓霜日繁，常有后辈学人或学生以书序、书评为嘱，致使我难以应付，故多以婉言相谢，但健桥同志的书序却不能不写，故欣然受之。

我与健桥同志既有师生之情又有朋友之谊。回想三十四年前，健桥考入陕西师范大学政教系学习时，我正在该系任教，不但他所在班级的哲学课我讲授的时间最长，而且外出实习期间我也一直带着他们班，继续讲课和辅导，故与同学们相处颇久，关系甚洽，了解较多。健桥就是我最喜爱、最赞赏的学生之一。他天资聪慧却又好学深思，处事敏捷但又细致严谨，性格开朗而又谦虚随和，兴趣广泛且又多才多艺，给我留下了很好的印象，毕业后也多有来往。1980年秋，我赴武汉大学哲学系访学进修，其时他正在师从萧萐父先生攻读中国哲学史硕士研究生，暇时假日，我与他经常漫步于珞珈山上、东湖之滨、武昌大道、扬子江边，畅谈学术，闲聊趣事，颇为惬意。更可感者，他对我总是以师事之，时时关心，处处照应，情谊真切，帮助良多。此亦足见其为人之谦逊与热忱，德性之仁厚与诚挚。

研究生毕业后，健桥先是任教于陕西师范大学历史系，给大四学生讲授"中国思想史"，1987年年底调入陕西省地方志编纂委员会工作至今。其间二十余年，我与他不但时有联系，还曾参加过他组织的多次活动，看过他写的一些文章，主编、参编或编著的几部书籍，特别是他任总校点的明代陕西巡抚赵廷瑞修，马理、吕柟主持编纂的历史名志——

嘉靖《陕西通志》。我对于他敬业的精神、稳健的作风、杰出的才能和突出的业绩深为赞佩；对于他虽已担任领导职务却能一直葆有浓郁的书卷气尤为赏识。

古人云："言者志之苗，行者文之根。所以读君诗，亦知君为人。"（白居易：《读张籍古乐府》）今观健桥之文，实乃事业历程之记录，德性人格之写照。收入集中的文章约两部分，一部分是论中国哲学史的，一部分是论方志学的。其论哲学史者，多撰写于20世纪70年代末到80年代前期，乃青年时代之作，但其细致严谨、通达洒脱、宏观把握、文采斐然的风格和不囿成言、独到自立的见解，已粲然可观。其中关于张载和柳宗元的论文，在学界曾颇受关注。其论方志者，皆是到省地方志编委会后结合工作所写，有论文、有评论、有综述、有报告、有讲话、有总结、有序跋、有札记，体裁多样，形式不一。然其体异而旨同，形散而神凝。概而言之，其融贯于篇章中的是思路清晰、思维深入、思境高远的哲理精神。无论是理论研究、志书审评、经验总结、工作指导，他都力求从唯物史观和辩证法的高度去观察、去认识、去分析，故而能提出深刻独到、高屋建瓴的见解，启人智思。文集中几篇论述地方志编纂科学方法论的论文就是最集中的代表，其他文章也鲜明地体现了这一特色。

唐代史学家刘知几提出治史者应有才、学、识"三长"，清代史论家、方志学家章学诚主张史学家应有德、才、识、学"四长"。"德"指道德，"才"指能力，"学"指知识，而"史识"就是以世界观、历史观为核心的历史智慧，清代文学家袁枚曾把这种"史识"喻为"神灯"。方志学属于历史学范围，编纂地方志也需要德、才、识、学四种素养兼备。健桥同志的文章就充分体现了这些素养。而其蕴含哲理的"史识"，在多不重视理论思维的今天，尤其显得难能可贵，很值得推荐。

我曾写诗吟咏教师的情志云："春雨情怀千木秀，秋风心事万林丹。"健桥虽早已过"知天命"之年，但曾经是我的学生，而今看到他木秀于林的业绩、枫叶飘丹的文章，作为老师，自然感到非常高兴、无比欣慰。故以上言说，难免含有感情色彩。然而，品人评文，自有其标准在，赞美之情却未敢滥为溢美之词。读者高明，必能鉴之。

是为序。

（2007年11月23日于西北政法大学静致斋）

2008 年

在西安大唐茶文化研究中心
成立大会上的致辞

各位专家、各位领导、各位朋友：上午好！

在清明节前夕，在江南茶农正采制珍贵的"明前茶"的时刻，西安大唐茶文化研究中心在古都长安隆重地成立了，这是陕西文化界、社科界的一件喜事，也是中国茶文化的一桩盛举，我谨代表陕西省社科联对西安大唐茶文化研究中心的成立表示热烈的祝贺！

茶叶是中国历史悠久的宝藏，茶文化是中华文化光彩夺目的篇章，是当代开放得颇为鲜艳、甚有活力的一株文化之花，而以西安为国都的唐代是中国茶文化形成和自觉的时代，当今西安又会集着一批对唐文化、茶文化很有研究的专家学者，因此我们在这里成立茶文化研究中心，可谓适逢其时、适遇其境、适得其人。

茶文化之所以至今仍然洋溢着强大的生命力，乃在于它丰富的精神内涵、深远的历史影响和重要的社会功能。

以其精神内涵而论，陆羽《茶经》说："饮之时义远矣哉。"日本森本司朗说：《茶经》是"地道的茶道哲学"（《茶史漫话·茶经的构成》）。今人概括《茶经》的哲学思想特质为"据于道，依于佛，尊于儒"。可见，茶文化蕴含着中华民族的哲学意识、价值观念、道德精神和人生境界。这些内涵即"茶道"。我曾在发表于《文化中国》刊物上的《茶之为道》一文中说：中国人不轻易言道，在中国饮食中能升华为道的只有茶道。茶道包括茶树应生长于"阳崖阴林"的阴阳协调之道，饮茶能"与天语以扩心志"的天人合一之道，"致清导和"的人际和谐之道，"冲淡闲洁，韵高致静"的自然无为之道，"俭德养廉"的朴素节俭之道和"修德议政"的修齐治平之道。茶道体现了中国哲学的基本观念和基本精神，涉及儒、墨、道、释各家哲学学说。所以，从一定意义上说，中华茶道是中国传统各派哲学精神凝聚而成的结晶之一，是中国传统哲学天道观、人道观、价值观、人生观的重要体现。"茶道"是茶文化内在的形而上学精神，是茶文化的核心和灵魂，因而，是茶文化的深层精神内涵。

就其历史影响而言，中国有4000多年的饮茶史，"茶之为饮，发乎神农氏"。至唐之时，饮茶之风遍及全国，饮茶的文化意味也日渐浓郁。世界上第一部茶书——陆羽《茶经》的出现，标志着茶作为文化的完全形成，也标志着茶之为道的自觉。古人诗云："自从陆羽生人间，人间相学事春茶。"法门寺出土的唐代茶具是中国茶文化自觉的宝贵象征。饮茶始于中国而影响遍及世界，著名科技史家李约瑟博士，将中国茶叶作为中国四大发明（火药、造纸、指南针和印刷术）之后，对人类的第五个重大贡献。而今全世界有160多个国家有饮茶的习惯。我国茶叶的人均年消费约300克，而英国是2500克、土耳其是2200克、日本是1000克。韩国人认为茶文化是韩国民族文化的根，每年5月24日为全国茶日；日本人视茶为"万寿之药""原子时代的饮料"，日本茶道具有浓郁的日本民族风情，并形成独特的茶道体系、流派和礼仪；英国人视饮茶为日常生活的重要内容，是表现绅士风度的一种礼仪，还成为英国女王生活中必不可少的程序和重大社会活动中必需的仪程。英国人赞茶为"健康之液，灵魂之饮"；法国人称茶为"最温柔、最浪漫、最富有诗意的饮品"。茶叶已成为与咖啡、可可并列的世界三大饮料之一。而且，茶文化传至国外后，与各国的历史文化、人文习俗相结合，演变成英国茶文化、日本茶文化、韩国茶文化、俄罗斯茶文化及摩洛哥茶文化等。由此不难看出，茶文化深远而广泛的历史文化影响。

以其社会功能观之，中国人以茶思源、以茶待客、以茶会友、以茶联谊、以茶育人、以茶健身、以茶入诗、以茶入艺、以茶入画、以茶歌舞、以茶作礼、以茶兴文、以茶兴农、以茶促贸。从而，使茶文化在弘扬传统美德、提升身心健康、优化社会风气、发展医药卫生和文化艺术、促进民族团结和社会进步、推动国际交流和经济贸易等方面都发挥了重要社会功能。就个体精神素养培育而言，饮茶具有优化心境、美化心灵、提升精神、净化风气之功。茶源于自然，饮茶可使人怀天地之情，形成珍爱自然的价值意识；茶器崇素尚朴，饮茶可使人去除豪华奢侈之气，培养清廉高尚之风；茶境贵清幽，饮茶可使人消除污浊浮躁之态，启迪思维增益智慧；茶气尚平和，饮茶可助人沟通感情，实现人际关系和谐；茶趣求高雅，饮茶可助人摆脱庸俗，实现精神超越。由此看来，茶文化的功能宏大而精深。

总之，具有深邃内涵、深远影响和积极功能的茶文化是中国的国粹、民族的瑰宝。我们今天研究茶文化，其根本意义就在于通过发掘茶文化的内涵、探索茶文化的历史、弘扬茶文化的优秀精华、发挥茶文化的巨大功能，为推动文化繁荣和经济发展服务、为促进社会和谐和世界和平服务、为构筑中华民族共有精神家园服务、为实现中华民族的伟大复兴服务。我相信西安大唐茶文化研究中心一定会在这些方面作出自己的有益贡献。

最后，吟诗一首，祝愿西安大唐茶文化研究中心德业双馨、前程远大、成就辉煌！诗曰：

灵山秀水孕精华，锦绣神州有绿芽。
一缕清香飘万世，三杯甘露润千家。
澄心和气人情美，适月宜松诗意嘉。
重拓大唐新境界，五洲四海共吟茶。

（2008 年 3 月 30 日）

价值哲学的当代使命是提升
人们的价值智慧

——在世界价值哲学论坛西安峰会暨第十届
中国价值哲学研讨会上的致辞

　　正当抗震救灾和迎接奥运把中华民族精神展现为一种新的风貌、提升到一个新的高度的时刻，正当全国人民在党的十七大精神鼓舞下建设中国特色社会主义核心价值体系的时期，世界价值哲学论坛西安峰会暨第十届中国价值哲学研讨会在古城西安隆重召开，我谨代表陕西省社科联对大会的召开表示热烈祝贺，对远道而来参加会议的各位专家学者表示衷心欢迎！

　　中国的价值哲学兴起于20世纪80年代初期，在30年来改革开放伟大实践的推动下，在广大价值哲学研究者的辛勤努力下，取得了长足的理论发展，结出了丰硕的学术成果。在30年的学术历程中，中国价值哲学从提出问题到理论研究，从马克思主义哲学领域研究拓展到中国哲学、西方哲学领域，从发表学术论文到出版专著，从开拓论域到学术创新，从少数学人参与到形成学者群体，从个体自由研究到成立学术组织，从国内研究到开展国际学术交流，从理论探索到发挥现实社会功能，不但成绩显著而且也积累了丰富的学术经验。然而，面对新的实践洪流和时代精神，面对新的社会变革和人生境遇，面对新的哲学动向和学术态势，价值哲学使如何应对、如何发展、如何创新，是我们价值哲学研究者必须回答的课题。为此，对30年来的中国价值哲学进行反思，对价值哲学的前景进行展望，对价值哲学的发展方向和方法进行探索，既是适时的又是必要的。所以，这次会议以"对价值哲学的哲学反思"为主题，颇有意义。

对30年来的中国价值哲学进行反思，其重要性凝结到一点，就是在新的历史时期，使价值哲学为培育和提升中华民族的价值智慧发挥重大作用。当前，我们要建设社会主义的核心价值，要优化人们的价值观念、美化社会的价值生活，必须培育和提升整个民族的价值智慧，使人们有较强的价值辨别能力和价值创造能力，不至于陷入价值迷失、走入价值误区。哲学的本义就是"爱智"，价值哲学的根本使命就是培育和提升人们的价值智慧。特别在价值多元化、复杂化、混乱化的当今时代，这一点显得尤为重要。

在中国价值哲学的研究群体中，陕西学人是一支重要的力量。30年来，在王玉樑先生的带动下，在陕西省价值哲学学会的组织下，在诸多价值哲学研究者的共同努力下，拿出了一批有重要学术价值的研究成果，举办了多次有重大影响的学术会议，开展了许多有意义的学术活动。使价值哲学成了陕西的特色学科之一。这是为陕西的学科建设作出的重大贡献，也是为中国价值哲学的发展作出的重大贡献。然而这一切都是在国内外价值哲学研究者的大力支持、热情帮助和积极参与下取得的。在此，我代表陕西社科界对在座的各位朋友长期以来给予我们的帮助表示崇高的敬意和衷心的感谢。我相信通过这次学术会议，我们的学术友谊一定会更加深厚，中国价值哲学的前景一定会更加光明。最后，预祝会议圆满成功，祝各位专家学者身体健康，生活愉快。谢谢！

（2008年7月24日）

盛世文化精神是长安文化的核心价值

长安文化是指近代以前在中国古代社会中所形成的以长安城市为载体的传统文化。长安建为城市，从周文王营造丰京算起（前1076），已有三千零八十多年的历史；长安作为首都，历时一千二百多年，建都的王朝有十三个之多。三千年的城市史，一千年的国都史，十三朝的政治史，所积淀的历史遗产的深厚性、所蕴含的文化瑰宝的丰富性、所蕴含的传统精神的博大性在中国乃至世界的城市之林中是罕有其匹的。然而，这种历史久远的传统文化资源，其主要特征和核心精神是什么？它对于当代陕西以及全国的社会文化发展、对于中国特色社会主义建设、对于建设中华民族共有精神家园具有什么意义？却是一个需要深入思考、认真研究的课题。而且，随着时代变迁和社会发展，对于它的价值和意义，还会不断做出新的解释和新的评价。本文拟在分析长安文化特征的基础上，提出盛世文化精神是长安文化的核心价值这一论点，以期求正于大方之家。

一 长安文化的主要特征

（一）长安文化地域环境的内陆性特征

长安城地处关中平原，其自然地理环境属于内陆，四面环山，为"四塞之国"。而且，濒临黄土高原，土地肥沃，土层浑厚，日照较长，水源较少。这种内陆性地域环境对长安文化的特性有重要影响。

（二）长安文化经济基础的农耕性特征

陕西关中是中国农业文化的发祥地，周人先祖后稷"教民稼穑"，标志着中华农业的起源。自西周以农兴国时起，历史上在长安建都的王朝都是以农业为主体经济的时代。长安的传统文化是在农业经济基础上培育、发展起来的。尽管长安是国都，是政治、文化的中心，但其农业基础对其文化特质的影响是深远的。

（三）长安文化城市定位的都城性特征

李世民诗云："秦川雄帝宅，函谷壮皇居。"杜甫《秋兴》诗云："回首可怜歌舞地，秦中自古帝王州。"历史上，长安城作为首都，建都的王朝有十三朝之多，历时一千二百多年。长安至今有三千年的城市史，而其中有一千年的国都史。长安城的起源就是作为国都而兴建的，长安城的地位是由于其为国都而重要的，长安城的作用是因其为国都而发生的，长安城的历史影响也是因其曾经是国都而形成的。都城文化是长安文化的城市特征，也是长安文化的首要特征。

（四）长安文化历史内涵的盛世性特征

所谓盛世就是一个国家、一个民族的社会历史发展处在兴旺、昌盛时代。这种"兴旺、昌盛"时代是与它以前的发展状态相比较而言的。长安作为国都虽然有十三朝之多，但真正对于塑造和培育长安文化起决定作用的是以长安为国都的盛世时代。考察长安历史上的盛世有两个视角，一是朝代历史地位的视角，二是社会治理（治世）水平的视角。以朝代历史地位来考察，周、秦、汉、唐是长安历史上也是中国历史上的盛世，其中西周是中国奴隶社会发展的顶峰时期，秦是封建时代的开创时期，也是中国历史上第一个实现统一的王朝，西汉是封建社会的上升发展时期，唐是封建社会的鼎盛时期。这几个朝代所持续的时间总和为914年，占西安建都史（1077年）的85%。这几个朝代所创造的灿烂文化成果及其所蕴含的文化精神,对长安城市的发展和长安传统文化精神的培育,以及对中国社会的发展和中华文化的形成,作用极其重大、影响极为深远。

从社会治理水平来考察,西周有"成康盛世"和"宣王中兴",西汉有"文景之治",唐朝有"贞观之治""开元盛世""元和中兴"。这些盛世虽然仍是奴隶社会和封建社会中的盛世,故有其无法克服的历史局限性,但比较而言它是历史上几个"兴旺、昌盛"的时期。因此,历来为政治家所憧憬、史学家所赞扬、百姓所称道。与历史上的"衰世"相比较,盛世的基本特征是经济繁荣、政治清明、社会安定、人民乐业。由此而创造、培育和形成的文化就具有丰富的内涵和宝贵的精华。所以,盛世文化是长安文化的显著历史特征。

文化的特征决定了文化的品质和内涵,所以,认识长安文化的上述特征是分析长安文化优长与缺陷、精华与糟粕的前提。

二 长安盛世文化精神的优秀内涵

文化是由物质文化、制度文化、观念文化、心理文化构成的统一体,而文化精神是蕴含于、贯穿于文化各要素、各层面、各领域中的灵魂和红线。文化精神是文化中"一以贯之"的"道"。长安文化的特征决定了长安文化的品质和内涵。长安文化构成要素很多,长安文化精神内容也极其丰富,但其文化精神中最有价值的核心,最具当代意义的内涵,最值得我们汲取和弘扬的成分,是盛世文化精神。总体言之,长安文化的盛世文化精神的主要内涵包括六个方面。

(一)创造革新精神

无论是周、秦、汉、唐四个朝代,还是"文景之治""贞观之治"等社会治理较好的时期,都有不同程度、不同内容的创造和革新。"武王克商,光有天下",西周在殷的废墟上兴起,封诸侯、立井田、制礼乐，实行了一系列的革新，创造了许多新的制度文化、观念文化，把奴隶社会发展到了新的阶段。战国时，商鞅变法，秦国日强，后来秦始皇统一中国，创建了历史上第一个封建专制主义的中央集权制度，废分封、行郡县，统一文字，统一度量衡，破旧立新，开创了一个新时代。汉唐时代在具体制度、科学技术、思想观念、文学艺术等领域都有许多重大发明和创造，硕果累累。西周的"成康盛世""宣王中兴"，西汉的"文景之治"，唐朝的"贞观之治""开元盛世""元和中兴"等盛世也进行了各种革除弊政的社会变革。中国历史上的物质文化、制度文化、精神文化许多都是在以西安为首都的周、秦、汉、唐时期创造的，特别是在这几个朝代中的盛世创造的。创造革新精神是长安盛世文化精神的突出特色。

（二）崇尚道德精神

中华民族重人伦道德，号称"礼仪之邦"，而重德观念的源头也在古代的长安。周公提出"以德配天""敬德保民"思想，突破了殷人的上帝、天命宗教观念，开始形成了重视道德的意识（儒家鼻祖孔子，虽为鲁国人，但他以"吾从周""梦周公"为理想追求，把周人的重德传统、礼乐文化发展为"博施济众"的仁爱精神，作为儒家思想的精髓）。西周"成康盛世"和西汉、大唐的几个盛世，社会的道德风尚也都优于其他时期。例如史赞"贞观之治"时，"东至于海，南极五岭，皆外户不闭，行旅不赍粮，取拾于道路"。贞观四年（630）"终岁断死刑二十九人"。

（三）群体凝聚精神

周秦汉唐都是统一的时代，华夏民族兴起于中原，经过长期交往融合至秦汉形成统一的多民族国家，汉代以后，华夏族称为汉族。周秦汉唐对中华民族整体的形成起了决定性的作用，特别是汉唐中央大一统的政治结构，使长安成为全国政治、文化、意识的趋同中心和凝聚核心。

西周和汉唐的几个"盛世"时期,由于经济比较繁荣、政治比较清明、社会比较安定,所以民众的向心力、凝聚力都明显强于其他时期。中华民族的重群体、重统一、重集中的价值观念和民族情感,基本上是在以长安为首都的盛世历史时代培育而成的。

(四) 对外开放精神

秦汉唐三个朝代都有开放的气度,都比较重视民族之间、国家之间的文化交流。秦国广招天下英才,重用客卿,以成统一大业。西汉张骞出使西域,开国际交流之路;"丝绸之路"在汉代也初具规模。唐代兴盛时期长安聚集了大量的国外客商和留学生,日本僧人晁衡,埋骨盛唐;唐高僧玄奘,长途跋涉,赴印度取经,鉴真和尚,浮桴东海,去日本讲学。他们都是中外文化交流的使者。秦汉唐时期的开放和兼容政策,既促使了国内儒释道的思想融合,汉族与兄弟民族的文化融合,也推动了中外文化的交汇融合,对中国文化的丰富和发展产生了极其深远的积极影响。

(五) 浑厚博大精神

周秦汉唐创造的文化成果,形式多样、内涵丰富、气势宏大、风格凝重,表现了一种浑厚博大的精神特质。在浑厚雄伟的黄土高原和辽阔富饶的秦川大地这种自然环境中,在周武、秦皇、汉武、唐宗时代的历史功业中,在西周青铜器,秦代长城、兵马俑,汉代石刻,盛唐诗文以及宫殿、陵墓建筑中,都充满着阳刚之美、浑厚之质、凝重风格、博大境界。后人说的"强秦威势""大汉雄风""盛唐气象",就是对这种浑厚博大精神的称颂。

(六) 乐观进取精神

盛世时代,由于君臣励精图治,社会秩序比较安定,政治环境比较宽松,百姓安居乐业。所以人们的人生态度比较乐观、处世态度比较积极。社会上洋溢着一种昂扬向上、积极进取的精神，臣民们有较强的建功立业意识。文学史家把盛唐诗歌比喻为"青春的歌唱"。就是对盛世时代乐观进取精神的赞赏。

不可否认，也毋庸讳言，长安文化和长安盛世文化精神中也包含不少局限和糟粕，如周之天命意识、秦之暴政峻法、汉之中央集权、唐之好大喜功等，这些都必须予以批判和剔除，但对于当代中华民族的社会发展和民族精神培育提升而言，发掘弘扬其积极因素、优秀成果更为重要。

三 盛世文化精神的现代意义

长安历史上盛世文化成果和盛世文化精神，对中国社会的发展和中华优秀传统文化的培育，起了十分巨大的作用。它既是长安传统文化的精粹，也是中华传统文化的精粹。因此，它永远是传统文化资源中的宝贵财富。在全面贯彻落实科学发展观、构建社会主义和谐社会、建设中华民族共有精神家园的当代中国，在建设陕西西部强省，推动陕西经济、政治、文化的协调发展，推动陕西社会和人的全面发展的当今陕西，采取多种方式、通过多种途径充分发掘和大力弘扬长安历史传统中优秀的盛世文化精神，积极利用这种历史文化资源，并将其与当今的时代精神相结合，具有极其重大的现实意义。

（2008年5月10日）

（本文部分内容以"盛世文化是西安传统文化的精粹"为题，刊发于《西京论坛》2004年第4期）

弘扬中华文化　建设中华民族共有精神家园（讲座实录）

同志们，非常高兴和西安市领导干部专题研究班的同志们一起讨论关于"弘扬中国传统文化与建设民族精神家园"这个题目，这个题目具有非常重要的意义，其意义主要有三点。

第一，党的十七大报告提出了一个观点，凝结了一个命题："弘扬中华文化，建设中华民族共有精神家园。"[①] 因此讨论这个问题对我们学习和贯彻落实党的十七大关于文化建设的任务来说，很有意义。

第二，对于我们西安广大干部，也包括广大的市民来讲，思考这个问题、讨论这个问题也是很有意义的。我们知道西安是历史文化遗产非常丰富的城市，也是传统文化积淀非常深厚的一个地方，因此我们在西安生活，特别在西安工作，思考传统文化问题具有特殊意义，和在其他不具有这些特点的城市比较意义更为特殊。

第三，在人类历史发展过程当中，文化的地位和作用，有这样一种现象：当历史的尘埃扬起的时候人们看到的是物质，当历史的尘埃落定的时候人们想到的是精神，整个一部人类史都是这样。在历史的大变革时期、大动荡时期、社会动乱时期、战争时期，我们看到的是烽火、刀枪，看到的是物质，可是当尘埃落定以后人们进行的是精神思考，即经验的总结、教训的回顾、问题的反思、思想的重建。所以说文化精神是整个人类历史能够传承的唯一的东西。我们常说的传承文化，实际上传

[①]《十七大以来重要文献选编》上，中央文献出版社2009年版，第177页。

承的主要是文化精神。

因此，我们思考建设民族精神家园这个问题，无论从政治意义上来讲，还是从西安市的文化建设来讲，还是从人类历史发展过程当中的文化特别是精神文化的地位和作用来讲都是很重要的。

那么，我们如何思考这个问题呢？我想讲这么四个方面。

一　民族共有精神家园的含义

党的十七大报告提出弘扬中华文化，建设中华民族共有精神家园。这个精神家园应该如何理解？现在报纸上有很多文章，有些学者做了一些报告，也在讨论这个问题，我这里提出一种看法供同志们参考。民族共有精神家园在我的理解中指的是一个民族共有的精神支柱、精神根基和精神寄托。一个民族的精神家园，是一个民族主体性的深层结构和核心。也就是说有精神家园标志着这个民族具有鲜明的、自觉的主体性；如果一个民族没有自己自觉的精神家园，那么这个民族的主体性则不够鲜明、不够浓郁、不够突出。所以说精神家园是民族主体性的深层结构和核心。民族精神家园由哪些要素组成？首先是宇宙意识（宇宙意识就是咱们说的哲学层次的世界观），包括关于人和人关系的理念、天和人关系的理念；其次是价值观念，在日常生活中应该追求什么样的价值，选择什么样的价值，创造什么样的价值，有什么样的社会理想和人生境界；第三是道德情怀；第四是思维方式。

宇宙意识、价值观念、道德情怀、思维方式这些要素构成了一个精神系统，就是民族精神家园的内容。这些要素的核心是什么呢？主轴是什么呢？是民族共有的价值观念和价值理想。一个民族的价值观念、价值理想，包括人生的价值观念和价值理想，社会的价值观念和价值理想，人际关系的价值观念和价值理想，以及道德的价值观念和价值理想，是这个精神系统也就是这个精神家园的核心。一个民族追求什么样的精神理想，追求什么样的精神境界，认为什么样的理想是美好的，应该去追求的,这个是精神家园的核心。精神家园这个词我们现在来用,实际上古人也有过含义类似用词不同的表述,它被表述为"安身立命之所"。一个民族的精神家园就是民族的"安身立命之所",西方有的哲学家叫"精神故乡"。他们说哲学就是怀着一种乡愁去追求精神的故乡,他们说的精神故乡就是咱们说的精神家园。理解精神家园的时候有几个问题需要我们进行辨析,才能准确把握精神家园的含义。

第一,精神家园的"家园"是一个比喻词,不是一个实体。有些人就把精神家园理解成实实在在的家园,就像我们自己的家园一样,我们可以看得见、可以回去的那个家园。它不是指的那个家园。精神家园的"家园"是一种比喻,不是实质的家园,不是陶渊明要"归田园居"的家园,那个家园是有实体的。那么精神家园比喻的是什么呢?比喻的是精神追求的最高理想,比喻的是一个民族的精神理想、价值目标。为什么用家园来比喻呢?因为它有形象、有人情味、有亲切感、有浓厚的情感色彩。

第二,精神家园与物质家园不同。二者既有联系又有区别,物质家园指的是人们的物质生活条件和环境、物质生活的基础,而精神家园是构建在物质基础上的一种精神性的观念,一种理想、一种情感因素。有的文章说精神家园含有它的物质层次,这种说法显然是讲不通的。精神家园怎么会有物质层次呢?精神家园是物质基础之上的层次,是人们的一种精神追求和归宿。

第三,民族精神家园与民族精神,既有联系又有区别。民族精神这个概念主要指的是精神活动的方式、精神活动的状态和这种精神活动具有的品格。而精神家园主要指的是精神活动的方向、目标、理想。比如我们讲自强不息是民族精神、厚德载物是民族精神、爱国主义是民族精神,但是我们不好说自强不息是精神家园。为什么呢?因为民族精神的重点在于活动的方式、活动的精神品格,而精神家园重点指的是理想、目标、价值精神境界,它是一个制高点。当然精神家园要通过发扬民族精神去实现,这个是肯定的,但是它不等同于民族精神,它比民族精神这个词要深刻，比民族精神这个词更有一种追求的理想性，或者是制高点。当然二者有共同点，二者都指的是精神。

第四，我们这里讲的民族精神家园指的是民族共有精神家园，为什么叫民族共有精神家园呢？（1）它不是民族中一部分人的精神家园，是整个民族成员共同具有的、共同建设的、共同享有的精神家园。（2）对于中华民族来讲，因为中华民族是多民族的，咱们有56个民族，是一个民族的大家庭，共同构成中华民族的整体，中华民族共有精神家园不是指某一个民族的精神家园，具体来说也不仅仅指的是汉民族的精神家园，这个家园应该是56个民族共同的精神家园、共有的精神家园。这一点很有意义，也很重要。党的十七大报告当中提出的建设民族精神家园，是指中华民族共有的精神家园，这里有一个很重要的问题。一个民族当然有它的精神品格、精神特征，独特的情感方式、思维方式，有它自己的个性、有它自己的特征，有和别的民族不同的品格，这种品格包括在道德层面上、思维方式上都有差异，但是我们现在建构的民族共有精神家园，它是中华民族各组成部分共同认同的精神、共同认同的价值观念和价值理想。因此民族精神家园固然是一个价值观念系统，但是和我们现在讲的社会主义的核心价值体系不完全相同，社会主义核心价值体系的民族精神部分包括了中华民族共有的精神家园的内容，但是社会主义核心价值体系还包含有其他的内容。二者不能等同。一些人的文章说社会主义核心价值就是中华民族共有的精神家园，这个说法是不准确的。我们明确了精神家园的含义和民族共有的精神家园含义后，我们就能很好地去建设中华民族共有精神家园。

最近在人民大厦开了一个研讨会，研讨会题目就是"纪念人文初祖黄帝，建设民族共有精神家园"。在会议上对于精神家园有不同的理解，以上几点就是结合一些不同的理解而提出的自己的看法。

中华民族共有精神家园的含义清楚了，那么怎样来建构呢？党的十七大报告指出弘扬中华文化，建设民族共有精神家园。它告诉我们两个方面的问题。第一，中华民族共有精神家园构建的基本途径是弘扬中华文化。第二，弘扬中华传统文化的根本意义在于构建中华民族共有精神家园。

弘扬中华传统文化有很多意义、有很多价值、有很多作用，比如我们现在讲的它有经济的作用、它有旅游作用、它还有国际交流的重要功能和作用，人们常说："文化搭台，经济唱戏。"特别是我们西安，它的传统文化资源对于经济发展具有重大作用，而且它本身还能形成文化产业、还能形成旅游产业、还能进行贸易。但是党的十七大报告把弘扬传统文化的根本意义确定为建设中华民族共有精神家园。在传统文化的诸多意义当中，在各种价值当中，最重要的、最核心的、最具有根本性的意义和价值在于建设民族共有精神家园。确实是这样，我们民族积淀的整个传统文化，它的最重要作用在于使民族精神能够得到传承，使得民族的主体性能够得到保持，使民族的精神能够得到支撑，使民族的精神能够腾飞，使民族有安身立命之所，使民族有一种精神、心灵、情感的寄托，这是它的根本意义所在。

既然弘扬中华传统文化的根本意义在于建设民族精神家园，民族精神家园建设要通过弘扬中华文化这个基本的途径，那么我们必须来研究、思考中华传统文化，思考中华传统文化的特征、内涵，以及对建设民族精神家园的意义。

二 中华传统文化的历史特征

中华传统文化指的是 1840 年以前的中华文化，因为 1840 年以后由于西方的各种观念、各种文化还有各种物品的传入，使中华文化本身处在变形、变革、演化的过程中，所以它传统的性质开始发生变化，它在向近代、现代转换。所以传统文化的历史定位应该是 1840 年以前的文化，1840 年以后有近代的、有现代文化，近代文化和现代文化当然还保持着、包含着中国传统文化的内容，但是已经吸取了西方文化很多重要的观念和成果，发生了一些变化，这个变化也是与中国社会由传统社会走向现代社会的历史进程相适应的。

中华传统文化是中华民族在长期的历史过程当中创造的,我把它的历史特征概括为四个方面:第一,博大卓越的文化成就;第二,持续连贯的文化传承;第三,多元一体的文化体系;第四,稳定统一的文化特质。

下面我把这几点做一些说明、做一些解释,以便于我们理解和把握。我们先说博大卓越的文化成就。在中国漫长的古代社会当中形成的传统文化,它的文化成就博大精深。我们不想一一列举它的成就,我们常说四大发明是中华文明给人类文明作出的重要贡献,它不只对中国的历史发展,也对西方和整个人类的历史发展起到了重要作用。但是这在中国文化的成就当中也不过是沧海一粟,中国文化即使在科技方面的成就,在人类文明发展过程中的影响和贡献远远不止于这四大发明。著名科技史家李约瑟先生,曾列举了26项中国的技术发明向西方的传播和在整个人类历史上的影响地位,他说此外还有许多例子可以列举,不只是这26项。在他的著作中对这26项科学发展技术都做了具体的介绍:它是什么时候形成的,它在历史发展过程当中的影响作用,并和西方同期文明比较它的领先性。而且他把茶叶称为第五大发明。美国学者德克·卜德也在《中国物品西传考》中说:"从公元前200年到公元1800年这两千年间,中国给予西方的东西超过了她从西方所得到的东西。"中华文化的成就不仅是科学技术,在文学、艺术、史学、哲学诸精神文化领域,中华民族同样创造了许多博大精深的作品,在世界文化史上熠熠生辉,处于极高的地位,至今仍有重大意义。如此丰富繁盛的文化成就,充分表现了中华民族广阔的文化视野、高超的文化智慧和卓越深厚的文化创造才能。

中国人经常讲我们的历史悠久,我们的文明博大精深,现在再讲这个问题似乎是老生常谈,甚至是旧调重弹,已经毫不新鲜了。其实,直到现在我们对自己的历史,对中国历史上的发明创造和给人类作出的贡献了解仍然非常少,认识仍然很肤浅。为什么我们对自己历史文化的成就，以及它对人类文明的贡献了解得很不够，既有限又肤浅呢？这是由于有两种心态、两个观念遮蔽了这个问题。第一是近代以降中国人的妄自菲薄。由于中国人在西方列强面前失败了，而且失败得非常狼狈，夜郎自大的强国一下子遭遇了这样的惨败以后，它马上变得非常妄自菲薄，原来认为自己样样比人强，现在忽然觉得自己百事不如人。近代以来中国人妄自菲薄的心理，遮蔽了自己对自己历史上一些东西的认识。妄自菲薄心理发展到五四运动，再发展到"文革"，就是不断否定自己的传统文化。第二是西方人的妄自尊大心态。西方人从近代以降就妄自尊大，以为自己最先进、最强大，别的国家、民族的文化都不如西方文化。这种心理也遮蔽了他们对中国传统文化的正确认识。甚至对中华民族的文明成果、文明成就以及文明贡献，有意无意地进行贬低，甚至进行否认。这两种文化心理使人们对中国的文化成就的认识在19世纪后期到20世纪被遮蔽了一百年。因此我们现在重新发掘、重新认识中华文明的成就还有漫长的道路和艰巨的任务。

从文化传承上看，中华文化具有持续连贯的特点。中华文化是世界历史上为数不多的既具有独立起源，又源远流长，一直绵延流传的一种文明，是世界四大文明当中唯一没有中断的，一直绵延至今的文明。世界上很多古老的民族文化兴起以后又衰败，繁荣了一阵后它传承的脉络被切断，而中华文化没有中断。我们说轩辕黄帝是人文初祖，人文初祖的含义就是说他是中华文明的创造者、奠基者。他是民族始祖，更是人文初祖。从轩辕黄帝至今有的说是4500年，有的说是5000年，有的说是6000年，说法不一，但是他是非常久远的，这一点可以肯定。改革开放以后咱们进行了一个夏商周断代工程，这是"九五"期间国家重点的科技攻关项目，经过20多位专家历时5年的研究成果，制定了夏商周年表，在这个年表中提出夏王朝起始年份是公元前2070年，商王朝开始的时间是公元前1600年，周王朝开始的时间是公元前1046年。这三个年代就是这个工程确定的。以前中国历史的确切的纪年，是从公元前841年开始的。夏商周断代工程年表的确定是经过了大量历史考证而形成的。

我们可以看到从公元前的2070年到现在公元后的2008年,有4000多年的文明史。在这样一段漫长的过程中,中华文化一直传承下来,它在不同时期有各种各样的历史特征,但是其基本性质、基本文化特征、基本文化路数、基本文化品格一脉相承。历史上朝代的演变有如过眼云烟,而中华文化的血脉却川流不息,它并不因为朝代的改变,而发生断裂。

制度和民族的关系是外在的,文化和民族的关系是内在的。什么叫作内在的?文化就是一个民族的精神,就是这个民族的性格,是这个民族的生活方式、实践方式、思维方式的过程和成果。一个民族可以选择很多制度,比如说俄罗斯民族,它过去是沙皇制度,后来它是资本主义制度,再后来它又是社会主义制度,现在制度又有变化,但是俄罗斯文化的稳定品格一直都传承下来。这就是文化和民族关系的内在性,民族的品格就是由文化铸造的。我们中华民族,经过漫长的封建制度,到了鸦片战争以后是半封建半殖民地制度,1949年中华人民共和国成立以后我们是社会主义制度。制度发生了多次变化,但中华文化的基本品格仍然保持着。

第三个特点,多元一体的文化体系。关于中华民族的结构特征,费孝通先生有一个说法,他叫作多元一体,既是多元的,又是一体的,自古以来就是这样,它不是单一的汉族,汉族以前叫华夏族,以后才叫汉族,比如说孔子就讲过华夷之辨。汉代有汉人与匈奴,隋唐有汉人和胡人。当时西安这个地方胡人很多,胡人给汉地带来了外族的文化,如咱们拉的胡琴。宋元时代,有汉人、契丹人、金人、蒙古人。清代有汉、满、蒙、回、藏。中华民族多元一体,因此它的文化结构也是多元一体。为什么多元而会形成一体?因为在长期的历史发展过程中,民族不断互相交流、交往、交融,互相都发生变化,变成了我中有你,你中有我。现在不少少数民族说他们的祖先是轩辕黄帝,有的说他们的祖先是炎帝,祖先的认同表示这个民族既有多元结构又有一体特征。多元一体的中华文化体系洋溢着既有民族特色又有共同性的文化生命。中华民族有56个民族,长期在历史上的文化交流融通中形成了共同的观念,包括价值理想、价值观念、思维方式等方面有很多共性的东西，这是我们构建民族共有精神家园的基础。

第四，稳定统一的文化特质。在中华文化的发展史上，中华文化多次受到外来文化的传入、挑战、冲击，中华文化没有被全盘外化，仍然保持着自己的特质。历史上中亚文化、印度文化、阿拉伯文化先后都大规模地输入中国，特别是从印度传入的佛教文化。中华文化都没有全盘外化，而是博采众长、兼收并蓄、融化吸收，既丰富自己又发展自己，同时还保持自己的稳定性。中华文化也具有文化特质稳定、文化胸怀宽容和文化功能善于吸纳的伟大品格。佛教文化传入中国后，它要处理跟中国传统文化的关系，它开始要找一张皮附上，它找来找去找到道家文化，实际上用道家的思想解释佛教，让中国人理解，然后再信仰。但中华文化的主导是儒家文化，只靠道家解释佛教的文化，附在道家文化上，并不被多数的人认同，所以就进而讨论和儒家的关系，这个讨论在魏晋隋唐时代是很引人关注的问题。发表的文章很多，后来编了《弘明集》《广弘明集》。其中有很多儒家和佛教争论的文章，比如我们熟知的范缜的文章《神灭论》，就是一篇争论文库。儒家讲忠、讲孝、讲仁义，对皇帝要忠、对父母要孝，可是佛教是出家的，切断了与世俗的关系，于是佛教徒见了父母要不要磕头、见了皇帝要不要磕头，就成了当时讨论的尖锐问题。我们看看讨论的结果是什么呢？讨论的结果是和尚见了皇帝还是要磕头的，这说明它吸取了儒家文化，接受了儒家文化，和儒家文化相通。后来从中国传到韩国、传到日本的佛教并不是印度佛教，而是中国佛教。这个典型例子说明中华文化在保持自己相对稳定性基础上的这种融化性、吸纳性的特点。这大概也是中华文化能长期传承的一个重要原因，因为它很有弹性。文化内部充满了一种张力、充满了一种弹性，自我调适能力很强。不但和外来文化的调适能力强，自我内部调适能力也很强，能阴能阳、能柔能刚、能动能静。儒家讲阳，道家就讲阴；儒家讲刚，法家也讲刚，道家就讲柔；儒家讲动，儒家讲君子自强不息，道家讲静，讲致虚极守静笃。所以文化的特质既是稳定的，又有一种调适性。

最后我把中华文化特征做一个通俗的概括,它是博而不浅、续而不断、聚而不散、定而不乱。这个历史特征既有优点又有缺点,这个特点的优点是文化主体性很强,那么这个文化的缺点是什么呢?缺点就是稳而难变。历史悠久,成果丰富,同时包袱太沉重,走路太艰难。近代中国社会变革,传统社会向现代转型这个过程是如何艰苦啊,戊戌变法、辛亥革命,步伐都是非常艰难,每变一步都很艰难。

改革开放初期,作家张洁有一部小说,叫《沉重的翅膀》,中国人的前进都是带着沉重的翅膀,它有漫长的历史、它有丰厚的积淀、它有稳定的性质、它有多元一体的结构特征,所以说变起来很难、很慢。

三　中华传统文化的主要观念

一般认为文化结构有三个层次,就是物质文化、制度文化、观念文化。在这三个层次的结构当中,最深刻的、最重要的就是观念文化(文化的狭义理解仅仅指的是观念文化)。观念文化表现了文化的一种精神品质,是文化的核心、是文化的灵魂,因而也是很难把握的。

我们西安的文物古迹很多,文化的遗址也很多,这些物质文化的内涵的、核心的、深层的东西是精神性的,是需要揭示的。比如我们到茂陵去看西汉的那些雕刻、那些石刻,它内含的文化观念、精神品格是什么?这是很需要我们来揭示的,也是很难揭示的。外在的东西可以看到,但它不是精深的,不是精华性的东西,但是精神是内在的,这是很难描绘的,也是很难看到的,所以王安石说:"糟粕所传非粹美,丹青难写是精神。"我们要构建民族的精神家园,要从中国传统文化的精神层次、观念层次来吸取资源。中国传统文化的观念很多,我们要把握主要的观念、基本的观念,足以表现我们民族文化精神特征的观念。

第一个观念是天人合一观念。天人合一观念是把人和天地、自然看作一个整体、看作一个统一的整体,当然也承认人和天地、自然的差异,但是它强调的是相互依存、相互统一的关系。人与自然共同处于宇宙统一体当中,这就是古人的天人合一观念,它是一种整体观念。我们要了解中国古代的思想家们、哲学家们对天人合一的想法,就必须把握它基本的命题,这样才能够准确、深入地理解它的内涵。我这里摘要了一些代表性的观点。我们先看周易的《易传》,《易传》当中有这样一句话,"大人者与天地合其德,与日月合其明,与四时合其序,与鬼神合其吉凶"。就是说,真正伟大的人应该与天地自然包括鬼神合为一体,形成一个统一的关系。《周易》当然是儒家的经典,我们看看道家。老子说:"人法地,地法天,天法道,道法自然。"老子强调道,道的本质是自然,人应该遵循地的法则,地遵循的是天的法则,而天遵循的是道的法则,而道的本质和内容是自然,这样逐层效法、遵循,结论是人应该遵循自然,这里讲的也是天人合一。还有庄子讲的"天地与我并生,万物与我为一"。真正把天人合一的古代思想,明确概括为"天人合一"四个字的,是北宋时期的大哲学家,陕西眉县横渠镇的张载。他说"天人合一存乎诚"。这是"天人合一"四个字在中国文化史、思想史上的第一次出现。宋代到了理学的时代,理学家都讲天人合一,张载也讲、二程也讲,后来的朱熹也讲。程颢说,"仁者以天地万物为一体"。天人合一是一种哲学思想,这种哲学思想影响到各个方面。比如说中医,最能体现天人合一的思想,把人和整个的自然界,人和整个的宇宙看成一个整体,息息相关。所以同样是感冒,春季和秋季不一样,同样是一种疾病,比如肠胃病,南方人和北方人不一样,为什么呢?因为他所处的环境,他和自然界融通的状态不同,它也把人看成一个整体。中医把人和宇宙看成一个整体,而西医是把人和自然分开,就人论人的。所以有人说中医是艺术,西医是技术;中医是哲学,西医是科学;西医强大、中医伟大。在什么意义上讲呢?它是指中医内含的文化思想观念有它独有的特征,天人合一就是中医内含的重要观念之一。

再看对文学的影响。中国古代的诗人把人和自然的合一关系看得非常奇妙。李白诗:"众鸟高飞尽,孤云独去闲。相看两不厌,唯有敬亭山。"敬亭山是看不厌的,两不厌,我看山不厌,山看我也不厌。辛弃疾诗:"我看青山多妩媚,料青山见我应如是。"我想青山看我也觉得很妩媚、很美好,为什么我看青山妩媚,青山看我也妩媚呢?他说"情与貌,略相似"。我和青山的心灵、形象是相通相似的,这就是文学家表达的天人合一观念。当然,中国古代天人合一观念在思想家那里、文学家那里、艺术家那里表现得非常丰富,也非常深刻。天人合一是中国文化的重要思想,和西方不一样,西方的文化观念是天人相分,认为人和自然是差异的、对立的、矛盾的、冲突的。天人合一观念决定了中国人长期就有一种和自然为友、和自然和谐相处的意识,叫作"参天地之化育",人在自然当中和自然的关系,对待自然的态度是一个"参",参加的"参",天是一,地是一,这两个是"二",把人加进去是"三","参"就是"三"。参天地之化育就是参加到天地的整个演化的过程当中去顺应自然的法则,追求自己的需要。古代中国是农业社会,春种秋收冬藏,春种夏长秋收,就是顺应整个四季变化的法则,来进行农业生产、来安排人类的生活。

中国有没有天人相分观念呢?有。中国古代也有天人相分的观念,主张这种观念的有两个代表人物,一个是战国后期的荀子,荀子讲"天的规律和人的规律是两个不同的规律",天有自己的规律,人间有人间的法则。第二个人物就是唐代的刘禹锡,他提的观念就是"天人各能",天有天的功能,人有人的功能,由天人各能进而推导出天人交相胜,天和人是互相战胜、互相克服的,天能胜人,人也能胜天。这两个人是中国古代天人相分观念的代表,荀子和刘禹锡的这种天人相分的观念,在中国哲学当中不占主导地位,主导的思想是天人合一,天人合一是主导性、支配性的观念。天人合一除了包括人和自然的一体性之外,还有一个非常深刻的内容就是天和人的德性是统一的,天德和人德是合一的,这个天就不仅仅是自然之天了。比如孟子说,"尽其心者,知其性矣,知其性则知天矣"。你努力学习提高自己的认识,认识人的本性,知道了人的本性就知道了天的本性。天和人的本性是统一的,这就是道德上的合一。这个思想到了宋明时期，被二程、朱熹这些理学家发展了，把天人合一从道德的方面深化、充实、发挥，他们说，儒家讲的仁爱的这个仁为什么是人应该奉行的道德呢，因为这是天理，天也有仁，天的仁就是整个宇宙的一个共同的、核心的、内在的德性，那就是仁。仁爱的仁就是桃仁、杏仁、胡桃仁的那个"仁"。仁义是天理，这就是理学家讲的天人合一。天人合一这个思想的丰富性、深刻性需要我们不断地去体认，它深刻影响了中国人的文化心理。

第二个重要的观念就是保合太和的和谐观念。宇宙间的各种存在、各种事物、各种要素都是有差异的、有矛盾的，但是又有统一性，统一说明内在的各种要素是互相依存的。所以说事物的关系不是一个绝对统一的关系，也不是一个绝对斗争的关系，而是一个既统一又矛盾，既有共性也有个性的关系。这就是和谐状态。《周易·乾·彖》云："乾道变化，各正性命，保合太和，乃利贞。"就是说：天道在变化，万事万物都有各自的性命，叫作正性、正命。本来赋有的命和性就是正命正性。比如说人活在这个世上，按照人的规律、法则、德性活下来，然后度过自己的一生，最后死亡就是正命。什么不是正命呢？例如，这个地方非常危险，不能去，但你还要去冒险，结果没有逃脱这个危险，死亡了就是不循正命。所以正命是顺应固有性质的命。世界上的万事万物、宇宙间的万事万物，自然界的各种各样的生物都有自己的正命，也各有自己的性质，就是和谐状态，人应该保持、符合这种和谐。中国古代的思想家、哲学家把整个宇宙的本然和谐状态叫作"太和"，就是至高无上的和谐。张载《正蒙》的第一篇叫作"太和篇"，他说太和就是道，就是一种法则，这个非常重要。如果一个谈论道的人知道了"太和之道"，就真正知道了道。如果一个讨论《周易》的人了解了"太和之道"，就算真正懂得了《周易》。如果不了解"太和"这个宇宙总法则，即使像周公那样很有才华的人，也没有智慧。为什么把宇宙的和谐叫"太和"？王夫之在《张子正蒙注》中做了解释，他说"太和"就是"和"的至高无上性，宇宙在开始的时候没有形器，宇宙当然是和谐的，当有了事物之后就有了差异、有了各种器物之间的差别,这种差别就造成了矛盾。所以不和谐的现象是器物形成以后产生的,宇宙分化以后才有的。可是在宇宙本体本源上没有具体的器物,它是混沌一团的。无所谓不和谐。所以王夫之说:"未有形器之先,本无不和。"(《张子正蒙注·太和》)没有差异、没有矛盾、没有冲突当然是和谐的。但是有了形器以后还会不会和谐?王夫之说:"既有形器之后,其和不失。"(《张子正蒙注·太和》)就是说虽然有不和谐,但是和谐的这种性质还存在。可见和谐贯彻于宇宙的整个过程,"故曰太和",所以叫作"太和"。这就是中国古代从世界观的高度,或者说从本体论的高度对和谐的一种解释、关于和谐的一种理念,这是宇宙意识。其他的典籍也都在讲和谐的道理,如《中庸》说"中也者,天下之大本也;和也者,天下之达道也"。这个"中"的概念就是既不要超过,也不要不及,恰到好处,叫作"中"。"和"与"中"两者结合在一起,从而"天地位焉,万物育焉"。即天地间各种事物都有了自己的位置,万物都在生长。荀子也讲和谐,他说:有了和谐就能够生,万物各得其和以生。

中国古代思想家的和谐论,在两个方面确立了"和"的含义,一方面和"同"相区别,另外一方面和"争"相区别。在西周的后期有两次关于"和"与"同"的争论,一次是周太史史伯和郑桓公的谈话,一次是齐国大夫晏婴与齐侯的谈话,我们看看它的基本观点,齐桓公问史伯,"和"和"同"这两个是不是一样的?史伯说"和实生物,同则不继"。如果事物是和谐的,那么它就会生存,如果事物是单一的,绝对统一的,它就不可能发展,就会中断,叫"同则不继"。"以他平他"谓之"和",这个"以他平他",指的是把不同的事物协调起来。相同的事物相加就是"同",他说,先王以"土与金木水火杂,以成百物",金木水火土五行,是不同的事物、不同的元素,先王用它形成了各种各样的事物。因为古代认为金木水火土元素是各种事物构成的材料。他说:"声一无听,物一无纹,味一无果,物一不讲。"(《国语·郑语》)"声一无听",一种声音没有人听;"物一无纹",一种彩色没有花纹;"味一无果",一种味道不能成为水果;"物一不讲",一种言论不能引起讨论。这就是同。齐侯和晏婴对话也讨论"和与同",晏婴这个人本事很大,经常到国外从事外交活动,人家让他从小门进去,他说我进狗的国家就要从狗的门进去,我进人的国家就要从大门进去,这是一个很机智的人,很有智慧。齐侯就问他,"和"与"同"有异吗?他说"异","和"与"同"是不同的。他说好像我们要做一个"汤",我们把各种各样的调料放进去,酱呀、肉呀、调料呀、醋呀放在一起,这个汤就很好吃,是美味。这就是"和"。什么叫作"同"呢?就是在水里面,"以水济水"。因此治理国家不能用"同"的方针,要用"和"的方针。(《左传·昭公二十年》)这两次讨论在中国哲学史、政治史上具有重要意义。

为什么当时会提出这个问题,很值得思考。西周末年以后,周天子大一统意识形态的统治和大一统的政治集权解体了,一些人想要继续维护自己的统一性。于是一些政治家、思想家认为这种绝对的统一性不能维护,维护了以后这个国家的生命力就会丧失,它的活力就没有了。因此他们就提出不要搞"同",应该搞"和",在政治上让各种主张、各种见解都发挥出来,形成一种和谐的观念,形成人与人之间的和谐关系。史伯对郑桓公提了政治建议,他说在政治上要搞"和"不要搞"同"。晏婴最后提的也是政治建议,主张在政治上应该是"和",而不应该是"同"。所以说"太和"是一个哲学概念,它贯彻到古代的政治思想、治国理念当中,形成了中华民族的和谐理想,主张天人和谐、群己和谐。"群"就是社会群体,"己"就是个人,对一个个体来讲性命和谐,性和命、形和神都要和谐;对社会来讲要群己和谐。西方的哲学家把个体和群体绝对地对立起来,把人和自然应该保持的这种和谐关系也变成人和自然对立的关系。孔门儒学明确提出一个"尚和"的治世原则:"礼之用,和为贵。"(《论语·学而》)

第三个观念,"生生日新"的更新观念。中国传统文化不但认为宇宙是一个整体,不但认为宇宙的各个构成部分是和谐的,而且认为整个宇宙天地自然是一个生生不息的生命过程。"生"的观念和"生生"的观念,《周易》讲得最为明确和自觉,《周易》讲,天地的最大德性就是"生",而且是不断地"生"。从汉代一直到宋明都在解释这个"生生"是什么意思。郑玄有个解释,他说这个"生生"是什么意思呢?是后"生"次于前"生",后面的"生"接着前面的"生"而"生","生"是一个连续的过程。元代有一位学者叫来知德,他说"生生"者不绝之词,使"生"不中绝、使"生"不间断,"生生"讲的也是宇宙观,讲的是哲学思想。关于人类社会,《周易》就讲"彰往事知来",要预测未来,居安思危。这就是中国古代的可持续发展思想。可持续发展是1987年联合国文献正式提出的,但我们可以看到中国古代哲人就有生生观,并不断发展这个观念。普通民众讲的"不能够寅吃卯粮","要前人栽树,后人乘凉",主张"生生"是不绝的,发展是持续的。《诗经》云:"周虽旧邦,其命维新。"意思是周是一个时间很长的古老国家,它的生命在于不断维新。后来,孔子讲"温故知新",孟子讲"新子之国",《礼记》讲"新法",《大学》讲"新民"。张载作过一首诗:"芭蕉心尽展新枝,新卷新心暗已随。愿学新心养新德,旋随新叶起新知。"朱熹是一个非常保守的人,但是他也讲"旧学商量加邃密,新知培养转深沉"。中国古代"新民"的思想、"新知"的思想、"新国"的思想、"维新"的思想,它的哲学根据就是"生生"的思想。到了中国封建社会后期"生生""日新"思想越来越被淡化、越来越被遮蔽,使人们觉得儒家的思想是一个很传统的思想、很保守的意识,其实原始儒家非常强调"生生"、强调"维新"。

可持续发展思想在中国可以找到哲学的渊源,这个绝对不是一种附会。我们这个民族到了近代以后特别善忘,不断地遗忘自己文化当中积淀的好的思想、好的理念。遗忘还有人为的原因,因为不断地批判、不断地破坏,就不允许你把它继续下来。历史文化是人类的一种记忆,人要是遗忘了自己的文化、遗忘了自己的历史,那么,一切就要从头开始,你要生存、要生活,就要从头开始。所以我们要发掘过去被我们遗忘了的智慧。

第四个重要的观念就是"以人为本"观念。前面的几个观念都是哲学问题，中国人的哲学（世界观），有三句话可以概括：中国人认为宇宙是一个整体；中国人认为宇宙是一团和气；中国人认为宇宙是一片生机。宇宙是充满了生命的过程，"春来遍地桃花水"，一片生机；花落了也不是生命发展的终结，"化作春泥更护花"，这就是中国人的宇宙意识。在这个宇宙意识背景下来看关于人的宇宙地位、关于人本身的基本观念和思想，就是所谓"以人为本"的思想。"以人为本"的意思就是以人为主体、为主导力量这样一个基本的观念。中国人的"以人为本"思想经过了一个孕育、萌芽、形成的历史过程。"以人为本"这个概念的含义有两个层次的内容。第一个层次的内容，它是和"物"相比较、相区别，也是和"神"相比较、相区别形成的概念。这个是哲学层次上的"以人为本"。第二个层次是政治领域。政治领域的"以人为本"就是儒家思想当中的以民为本。以民为本讲的是君民关系，而"以人为本"讲的是人和物的关系、人和神的关系。

这是两个不同层次的问题，当然也有关系。以民为本是"以人为本"在政治领域中的贯彻，"以人为本"在政治领域就是以民为本，但是它的角度不一样，它的范围不一样。当然在哲学层次上的含义，这个"人"包含所有的人，以每个人为本，它是和物区别的。中国古代哲人讨论这个问题的时候也是先在哲学层次上进行辨析。

我们知道夏商时代整个的意识形态主导观念就是天帝的观念、上帝观念，天是具有形象、具有情感的神。《尚书》上写道："帝乃震怒。"就是天发脾气了、天发怒了。夏商时代天是主导，是以天为本的。西周的统治者提出了一个很大的命题，天命不是绝对的，人也有地位、也有作用，那么人的地位、作用关键在于人的道德、人的德性。因为商人说天命给了他政权，他自然就应该享有这个政权。而周人说：天命不是绝对的，天命赋予谁政权，还要看这个人的德行如何，这就提出了人在整个政治运行当中的地位问题和作用问题。周代统治者提出一个观点"以德配天"，就是以人德配天命。"人德"的内容指的是"保民"。一个统治者能够"保民"就是有好的德行，就应该有权力。"民之所欲天必从之"(《尚书·泰誓》)，老百姓的欲望，天就会满足，因此"保民"也就可以得权力。根据这种观点，殷人丧失这个政权，周人得到这个政权就是合理的，因为殷王不能够敬德保民，因此就不配有这个权力。这就提出了一个非常重要的问题，给上帝天命统治的思想世界打开了一个缺口，这个缺口就是人的位置。当然，当时的主导思想仍是天命观，但是给人争取了一点能够呼吸的、能够有价值的空间。所以我说它孕育着"以人为本"。到了春秋时期又进一步讨论天命和人的关系，具体的问题成了民和神的关系。春秋隋国的大夫季梁提出一个看法："民为神主。"(《左传·桓公六年》)后来有一个政治家叫史嚚，他提出"国将兴，听于民；将亡，听于神"(《左传·庄公三十二年》)，如果一个国家要兴旺那么就要听人民的意见，如果一个国家要灭亡那么就会崇拜、迷信神灵，这就是人本思想的萌芽。

到了战国时代就形成了三个非常重要的观念，就是"唯人万物之灵"，"人者，天地之心也"，"人最为天下贵"。这是关于人的地位、人的特性和人的价值的三大观念。"唯人万物之灵"讲的是人的特性，人有意识、有心灵，万物是没有的，这是《尚书·泰誓》当中的话。"人者，天地之心"是《礼记》当中《礼运篇》的观念，讲人的宇宙地位，人是天地的心灵，因为人有思想、人有意识，天地自然是没有思想、没有意识的，人的心就是天地的心。还有一个观念，"人最为天下贵"这是荀子的话。《孝经》记载孔子说"天地之生人为贵"，但这是不是孔子说的，不能确定。但是荀子有这个思想是可以肯定的。"万物之灵"是关于人的特性问题，"天地之心"是关于人的地位问题，"最为天下贵"是关于人的价值问题。这就是中国古代关于人的三大观念，它影响了整个中国人的文化历程、文化心理。《论语》当中"以人为贵"的思想表现得非常突出，孔子的学生说"子不语怪力乱神"，就是说老师很少谈论甚至不说那些奇奇怪怪的事情、那些有魔力的事情、那些乱的事情、那些神神鬼鬼的事情。学生总是问神的问题、鬼的问题，人死了有没有灵魂，灵魂能不能变成鬼，鬼有没有力量，能不能帮助人，又能不能威胁人等问题。孔子回答说"未知生焉知死"，人生的现实问题都解决不完、思考不尽，哪里有时间、精力关心死后的事情！孔子主张祭祀祖先、崇敬祖先，他的本意是什么呢？有些人说孔子崇敬祖先、祭祀祖先都是因为他相信祖先死了以后有鬼魂，或者能变成神，因此可以保佑我们，给我们带来保护、带来幸福。其实并不是这样。孔子明确讲过关于祭祀的意义，他说"慎终追远，民德归厚焉"。"慎终"就是谨慎地、慎重地处理父母的后事，"追远"就是经常祭祀我们的祖先，"民德归厚"就是使老百姓的德行更加纯朴、更加淳厚。为什么呢？我们可以通过这种祭祀纪念、继承、弘扬祖先崇高的道德品质，那么老百姓的品德就提高了，老百姓的品格就优化了。可见孔子讲祭祀的意义不是宗教的，而是道德的。他的思维是现实的，是"以人为本"的思想。《论语》还记载，马房着了火，孔子从朝廷回来以后的反应是"伤人乎？不问马"。这个话表达了孔子重视人的价值的价值取向。对人的现实问题的关心、对于人的道德的关怀、对人的生命的尊重，就是人本思想在孔子思想当中的体现。

由此奠定了中国人思维始终是现实性的、理性的，他不去迷信那些彼岸的神灵世界，而是在人的本位基础上关注现实社会历史问题，在现实生活当中实现自己幸福的理想、美好的愿望。所谓"极高明而道中庸"（《中庸》）。理想很宏远即"极高明"，道路非常平易叫"道中庸"。这就是中国人设想的人生道路。不靠上帝来满足自己、不靠上帝来实现幸福，认为人自己就可以在现实当中实现理想。所以自古以来中国有各种宗教流传，自己本土的道教，传来的先是佛教，后有伊斯兰教，到了近代，基督教又传入中国。整个中华民族的宗教信仰也是多样的，但是有一点我们可以看到，不管在任何时代，中国信仰宗教的人在整个人口的比例当中始终是少数，没有超过一半。是什么原因形成的呢？因为长期以来中国文化的基本观念是"以人为本"、以现实问题为本。这是儒家的基本思想。现在有人说中国人"以人为本"、以现实为本，超越意识非常薄弱，因此道德沦丧、道德滑坡，进而主张让宗教传入中国来实现道德和灵魂的净化和提升。我认为，从中国文化本身的性格来讲这是不可能的，没有这种可能性。为什么？中国人没有这样的文化基因，没有这样的文化心理基因。

最后一个重要的观念就是道德观念，"止于至善"的道德追求和道德理想，中华文化的最高价值追求是"止于至善"，达到最高的善的境界、道德境界。孔子讲"仁者爱人"（《论语·颜渊》）、孟子讲"仁者，人也"（《孟子·尽心下》），认为仁就是人。《左传》讲人生的价值和意义，它讲了三点："太上有立德，其次有立功，其次有立言，此之谓三不朽。"（《左传·襄公二十四年》）人生的价值就在这"三立"上，古人叫"三不朽"。立德、立功、立言中，立德是第一位，认为成就崇高的道德人格是人生的首要价值，然后才是建功立业。如果连功业也不能够建立，那么就"立言"，就是著书立说。如果这三点全做到了当然很好，即使不能全做到，那么首先立德，立德是人生的首要价值。再看教育思想，《大学》之道的任务、《大学》的三纲领是："大学之道，在明明德，在新民，在止于至善。"就是通过教育把光明美好的道德发扬光大，通过发扬道德来使人不断提升、不断更新，最后达到至高无上的善的境界。我们看《周易》这部书，圣人为什么要写它呢？《周易》这部书有什么价值和意义呢？《易传》中的《系辞》说：《易经》是圣人用来崇尚道德、推广事宜的，是为了"崇德广业"而写的一部著作。"崇德广业"是非常伟大的事情，具有最高的价值，这些都是中国古代重视道德的观念。

在中国原生的文化和原生的思想中，我们可以看到德业并重、德功并重，也就是讲道德的时候并不离开功业。到了宋代以后的儒家，不重视功业只重视德行，把道德绝对化。诚然，重视道德是好的，崇尚道德是很重要的，拥有崇高的道德人格也是应该被提倡的、应该弘扬的。但是宋儒认为道德是唯一的价值，人的其他一切追求都是不必要的，甚至是有害的，这就绝对化、僵化了。宋儒提出"存天理灭人欲"（《朱子语类》卷一三）这个命题，影响后期封建社会700年。人的情感价值、才能价值、知识智慧的价值还有功业的价值都被弱化、矮化了。一切都围绕着道德这个太阳旋转，文以载道、技以扬善。离开了道德其他都没有意义，离开道德知识没有意义，离开道德写文章没有意义，离开道德技术也没有意义，离开道德什么都可以被否定或者被贬低。"止于至善"的道德观念使中华民族重视道德修养、重视道德人格的培育，重视人文道德在社会上的建设。但到封建社会后期也有它的局限性，这个局限性不在于道德自身，而在于把道德绝对化。

现在我们要弘扬中国传统道德理念当中"仁者爱人""仁义礼智信"这些美好的东西，也要注意防止道德的绝对化。

四　传统文化观念对建设民族共有精神家园的意义

以上我们分析了中国文化基本的观念，即重整体、崇和谐，尚生生、人为贵、尊道德。那么根据这些观念设计的中华民族的价值理想，就是"民胞物与"的理想。"民胞物与"是张载提出来的，意思是老百姓都是我的同胞兄弟，万物都是我的朋友。这是一个很崇高的理想，表现在社会理想上就是"天下为公"的大同社会，在个人理想上就是"盛德大业"的人生目标。这些观念也塑造了中华民族自强不息的能动精神、革故鼎新的革新精神、厚德载物的担当精神和"致中和"的协调精神。这些都是我们构建民族共有精神家园的文化资源。那么这些观念在当今对我们建设民族共有精神家园的意义是什么呢？第一，它启示我们应确立人与自然相和谐的生态意识。第二，它启示我们要确立人与人相和谐的群体观念。第三，它启示我们应发扬生生不息、自强不息的奋进精神。第四，它启示我们应弘扬敬人、爱人、助人的道德良知和仁民爱物、厚德载物的道德情怀。中国古代的"仁民爱物""民胞物与"的道德情怀既包含人与人的关系也包含人与自然的关系。"仁民爱物"是孟子提出来的,"厚德载物"是《周易》提出来的。《周易》云:"天行健,君子自强不息","地势坤,君子厚德载物"。就是说人应该像天一样自强不息地运行奋进,像大地一样有宽广的胸怀来承载万物。第五,它启示我们应树立以人为本的发展理念。第六,它启示我们要追求和谐社会、和谐世界、和谐人生这种美好的理想。

总之,我们现在构建社会主义和谐社会,建设中华民族共有的精神家园,都可以从传统文化当中找到文化智慧和文化资源。

20世纪80年代有一批诺贝尔物理奖的获得者在德国开会的时候提出,21世纪的人类要向孔子寻找智慧。上面我们回顾了中国文化观念的内涵和启示,就不难理解为什么他们提出这样的观点。中国文化是人类21世纪在这个地球上生存发展的宝贵的智慧资源,对我们这个民族来说是建设共有精神家园的宝贵的资源。我们陕西西安是传统文化积淀最深厚的地方之一,它给我们留下了许多文化宝藏,而宝藏当中又蕴含着丰富的文化智慧需要我们去探索、去汲取,这是我们作为西安人的重要责任。

进一步繁荣发展我省
哲学社会科学的思路

我省哲学社会科学经过中华人民共和国成立以来近六十年特别是改革开放三十年的发展，已经形成了一支近三万人的庞大学术队伍，建成了门类齐全的学科体系，取得了丰硕的研究成果，产生了广泛的学术影响，在认识世界、传承文明、咨政育人、服务社会中发挥了巨大的作用，特别是在推进陕西经济社会发展和建设西部强省的过程中发挥了重大作用。回顾三十年的历程，我们有许多历史经验可以总结，展望未来的发展任务，我们有不少问题需要探讨、许多工作需要改进。下面就哲学社会科学三十年来发展的历程特点和基本经验、当前所面临的重要课题，以及进一步繁荣发展我省哲学社会科学的方向、任务和措施谈一些意见。

一　历程特点和基本经验

（1）历史与现实的交响、理论与实践的互动、反思与构建的张力，是中国哲学社会科学三十年发展历程的特点。哲学社会科学发展的这种特点是由三十年改革开放，实现现代化，建设中国特色社会主义的历史进程中所处理的历史课题所决定的。

（2）坚持马克思主义的指导思想，坚持中国特色社会主义的伟大旗帜，坚持解放思想、实事求是、与时俱进的思想路线，坚持为人民服务、为社会主义服务的方向，坚持百花齐放、百家争鸣的方针，坚持理论联系实际的马克思主义学风，是改革开放三十年哲学社会科学发展的基本经验。在这些基本经验中,最重要的是哲学社会科学以学科理论的形式不断地倾听实践呼唤,反映人民心声,关注现实问题,体现时代精神,从而获得了自身发展的源头活水。正如朱熹诗云:"问渠那得清如许,为有源头活水来。"

二　面临的重要课题

哲学社会科学进一步繁荣发展亟须解决的重大课题是:如何把我国改革开放丰富的伟大实践经验上升为哲学社会科学理论,推进理论创新;如何进一步理论联系实际,提升回答重大理论和现实问题的能力,切实发挥思想库作用;如何应答经济全球化、新技术革命带来的一系列人类社会发展共同面临的错综复杂问题;如何在国际交流中,既大胆吸收借鉴一切有利于我国文化建设的有益经验和优秀成果,又有效抵制腐朽思想文化的侵蚀,切实维护国家文化安全;如何按照古为今用的原则,对丰厚的优秀传统文化进行科学梳理,使之与当代社会相适应、与现代文明相协调,保持民族性,体现时代性;如何适应学科交叉融合的发展趋势,通过管理创新,建立有利于跨学科研究的科研体制;如何建立以质量为导向的科研评价体系,引导哲学社会科学科学发展;如何落实哲学社会科学与自然科学"四个同样重要",切实解决思想重视不够、办法举措不多、经费投入不足等问题;如何坚持立德树人,咨政育人,培养千百万中国特色社会主义合格建设者。

以上这些是我国也是我省哲学社会科学进一步繁荣发展亟须解决的重大课题。

三　方向、任务和措施

(一) 进一步繁荣发展哲学社会科学的要求和方向

党的十七大报告提出:"推进学科体系、学术观点、科研方法创新,鼓励哲学社会科学界为党和人民事业发挥思想库作用,推动我国哲学社会科学优秀成果和优秀人才走向世界。"① 这是当前和今后一个时期进一步繁荣发展哲学社会科学的要求和方向。

(二) 当前哲学社会科学的重大任务

阐释和研究中国特色社会主义理论和实践,特别是宣传、阐释和研究以人为本的科学发展观是当前哲学社会科学的重大任务。之所以如此,有四点原因。

第一,以人为本是哲学、人文学科和社会科学的深层本质和终极关怀。哲学、人文学科和社会科学的直接目标是探索社会的发展规律、构建美好的理想社会,而社会是人的群体组织形式,而人才是社会的主体,社会是为了人的生存和发展而形成而存在的。马克思、恩格斯曾经说过:"社会——不管其形式如何——是什么呢?是人们交互活动的产物。"② "人永远是这一切社会组织的本质。"③ "历史不过是追求着自己目的的人的活动而已。"④ "首先应当避免重新把'社会'当作抽象的东西同个人对立起来。"⑤ 正由于他们认为"人是主体",是自然、社会和历史的主体,所以他们说:"我们的出发点是从事实际活动的人。"⑥ 因此,哲学、人文学科和社会科学的终极关怀应该是探索人的活动规律、实现人的存在价值、促进人的自由而全面的发展。亦即"以人为本"。

第二,以人为本是科学发展观的核心。党的十七大报告指出:"科学发展观,第一要义是发展,核心是以人为本,基本要求是全面协调可持续,根本方法是统筹兼顾。""必须坚持以人为本。全心全意为人民服务

---

① 《胡锦涛文选》第二卷,人民出版社2016年版,第640页。
② 《马克思恩格斯选集》第4卷,人民出版社1995年版,第532页。
③ 《马克思恩格斯全集》第1卷,人民出版社1956年版,第293页。
④ 《马克思恩格斯全集》第2卷,人民出版社1957年版,第118—119页;《马克思恩格斯文集》第1卷,人民出版社2009年版,第295页。
⑤ 《马克思恩格斯全集》第42卷,人民出版社1979年版,第122页。
⑥ 《马克思恩格斯选集》第1卷,人民出版社2012年版,第152页。

是党的根本宗旨，党的一切奋斗和工作都是为了造福人民。要始终把实现好、维护好、发展好最广大人民的根本利益作为党和国家一切工作的出发点和落脚点，尊重人民主体地位，发挥人民首创精神，保障人民各项权益，走共同富裕道路，促进人的全面发展，做到发展为了人民、发展依靠人民、发展成果由人民共享。"①

第三，背离以人为本是执政理念和执政实践中的严峻问题。2008年9月19日，胡锦涛在全党深入学习实践科学发展观活动动员大会上的重要讲话中指出：当前，党的执政能力与新形势新任务的要求还不完全适应、不完全符合。并特别指出：今年以来，一些地方发生重大生产安全事故和食品安全事故给人民群众生命财产造成重大损失……从这些事件中反映出，一些干部缺乏宗旨意识、大局意识、忧患意识、责任意识，作风漂浮、管理松弛、工作不扎实，有的甚至对群众呼声和疾苦置若罔闻，对关系群众生命安全这样的重大问题麻木不仁。值得深思的是，"有的甚至对群众呼声和疾苦置若罔闻，对关系群众生命安全这样的重大问题麻木不仁"②。在党中央明确提出以人为本的科学发展观多年之后、是正在贯彻落实党的十七大精神的过程中仍然存在的问题，可见背离以人为本的发展理念的严重性。尽管国外舆论以"管治危机""民权赤字""道义走险""人民权益缺位"评论这个问题失之偏颇，但也反映了问题的严重和影响的深度。三鹿奶粉问题所反映的企业"道德缺失"，华南虎假照事件所暴露的政府"诚信失落"，就是典型事例。

第四，贯彻实施以人为本的科学发展观是建设西部强省的指导理念。陕西要实现建设西部强省的宏伟目标，关键是解放思想，结合陕西实际贯彻实施以人为本的科学发展观。

可见，无论从哲理上说、从政治上说，还是从现实问题上说、从陕西发展实际上说，作为具有咨政育人功能的哲学社会科学深入研究以人为本的问题是责无旁贷的，也是刻不容缓的。

---

① 《十七大以来重要文献选编》上，中央文献出版社2009年版，第12页。
② 《十七大以来重要文献选编》上，中央文献出版社2009年版，第571页。

科学发展观既包含着对社会发展规律的认识，也体现着是对人的价值实现的关怀，它是科学理性与人文精神统一的发展理念。因此，当前研究以人为本的科学发展观，既要探讨它的理论根据、科学内涵、根本精神和重大意义，也要研究如何在执政活动中贯彻、怎样在制度上保障、如何在道义上培育、怎样在良知上植根，更要探讨在市场经济运行的物质环境中，在功利主义、物欲主义冲击人文精神甚至导致诚信失落、道德失范的精神环境中，如何克服民众心理中特别是领导干部意识中长期形成的根深蒂固的"以物为本"意识、"以钱为本"意识、"以官为本"意识（这三大意识是贯彻以人为本的科学发展观的最大障碍）。因此，以人为本的科学发展观给人文、社会科学的各学科、各领域如哲学、经济学、政治学、管理学、社会学、法学、伦理学、文化学、历史学都提供了广阔的研究空间。

（三）进一步繁荣发展我省哲学社会科学的主要措施

第一，提高认识水平，加大支持力度，切实从政策、经费、体制、机制上保证哲学社会科学与自然科学"四个同样重要"落到实处；第二，以科学发展为指导，统筹兼顾，突出重点、强化特色，整体推进、协调发展；第三，进一步解放思想、深化改革，树立质量第一的理念，坚持数量与质量的辩证统一，改变重数量轻质量的科研管理理念、管理模式和评价体系，形成正确的激励机制；第四，改革科学研究管理机制，改进资助方式，优化资源配置，提高经费使用效益。

（2008 年 9 月 22 日）

2009 年

生命的礼赞

——清明文化的价值意蕴

节日是民族文化的重要载体,它凝结和展示着一个民族共同体的生存经验和价值观念。伽达默尔说:"节日就是共同体的经验,就是共同体自身以其最完美的形式来表现。"① 中国民俗学会理事长刘魁立说:"节日是历史和文化传统的积淀和再现;节日是民族性格、民族文化的集中展示;节日是社会群体和谐团结的黏合剂;节日是文化认同、民族认同、国家认同的重要标识;节日是提升美好情操和培育丰富情感的熔炉;节日是广大民众展示美好心灵和表现艺术才华的舞台。"(2005 年 2 月 14 日在北京举行的"民族国家的日历:传统节日与法定假日国际研讨会"上的发言)中华民族是一个传统文化积淀深厚的民族,它的传统节日蕴含着丰富而深刻的文化内容,而其核心则是中华民族的价值观念。清明节是我国的重要传统节日,其历史传统悠久,其习俗活动丰富,其价值意蕴深厚。清明节形成于唐代,它是由"清明"节气、寒食节、上巳节三者融合而成的节日。清明节的节俗内容繁多,而贯通于其中的核心价值意蕴是中华民族对生命的热爱和关怀。可以说,清明节是礼赞生命的节日。其生命价值观的主要内涵包括五个方面。

---

① 《伽达默尔全集》第 8 卷,图宾根,1993 年,第 130 页。

一　天人合一的生命感通意识

　　清明节的特色是兼有节气与节日两种"身份"，在二十四个节气中，既是节气又是节日的只有清明。二十四节气是中国古代天文学家和民众在生活和生产实践中总结出来的自然气象和气候的变化规律，它反映了一年四季气温、物候、降雨等方面的变化，对人们依时安排农耕、蚕桑等活动有不可或缺的意义。清明作为节气的名称与此时天气物候的特点有关。西汉时期的《淮南子·天文训》说清明节气："春分后十五日，斗指乙，则清明风至。""清明风"即清爽明净之风。《岁时百问》则说"万物生长此时，皆清洁而明净。故谓之清明"。清明节气的气象、气候等自然特点是：清风和煦、春光明媚、雨水增多、嫩草茂盛、万物复苏、春意盎然、一派生机。

　　这种气候、气象和自然条件适宜于播种谷物，是春耕春种的大好时节。清明时节北方开始种棉花、瓜、豆、高粱，农谚说："清明前后，点瓜种豆"，"清明后，谷雨前，又种高粱又种棉"。南方开始浸种育秧、准备养蚕。东汉崔寔《四民月令》记载："清明节，命蚕妾，治蚕室……"

　　可见，清明节气转化为文化节日是农业生产需要，是农业文明的产物。农业文明是人的活动与自然节令相适应的文明，它决定了中华民族天人合一的思维方式。而这种思维方式形成以后，又支配着人们的文化活动方式。包括节日的建立和节日的习俗。清明节就是中华民族天人合一的思维方式在节日文化上的典型体现，它集中体现了自然生命与人类生存在生机勃发、生命涌动的春天相感应、相融通的特征。"万物生长"是清明作为自然节气与作为人文节日的相联结的枢纽，由此而形成的自然与人的生命感通意识正是清明节的文化价值内涵的基础。

二　寒食禁火的生命关怀意识

　　如果说清明节气是清明节日的自然、生产来源的话，寒食节则是清明节的重要文化节日来源。寒食节在农历三月，清明之前一两天，其节俗为禁火、吃冷食。汉代以前寒食节禁火的时间较长，以一月为限。汉代确定寒食节为清明前三天。南朝时《荆楚岁时记》载："去冬节一百五日，即有疾风甚雨，谓之寒食，禁火三日。"唐宋时期减为清明前一天。

　　关于寒食节禁火习俗的形成，主要有两种说法。一是认为禁火之俗是早在周代已经形成的惯制，其来源有二说。一种归之于上古以来特定的民间信仰。古人将周天恒星分为二十八宿，东方青龙宫的角、亢二星为"龙星"，在五行中居于木位。先秦时期，人们认为春季龙星现于东方，容易引起大火，所以在三月龙星初现之时，应该禁火。禁火之俗周代已有。禁火期间不能生火做饭，须得事先准备好食物。这种不能加热的冷食就是"寒食"。另一种说法用古人生活中的取火惯制来解释，认为寒食禁火源于古人钻木取火和换取薪火的制度。上古时期，人们钻木取火，季节不同，所用木材也不同，换季时就要改火。而每次改火都要换取薪火。当薪火未到之时，须要禁止人们生火。《周礼·秋官》中说："中春以木铎修火禁于国中。"就是仲春时节，负责取火的官吏在街上摇着木铎，警告人们禁火。后来在这一时节禁火成为习俗流传下来。

　　二是民间广为流传的说法，认为它起源于人们对著名忠臣义士介子推的纪念和祭奠。介子推是春秋时期跟随晋公子重尔流亡的一个大臣，曾割自己腿上的肉为晋公子充饥。后者做国君（即晋文公）后要封赏介子推。介子推却带老母到绵山隐居，不受封赏。晋文公为逼介子推出山，就放火烧山，结果介子推被烧死在山中。晋文公便把烧山的这一天定为介子推的祭日，这一天禁火。《荆楚岁时记》注中说："介子推三月五日为火所焚，国人哀之，每岁暮春，为不举火，谓之'禁烟'，犯则雨雹伤田。"这种纪念介子推的说法在汉代以后，传播渐盛，在寒食节的形成和传承过程中影响越来越大。唐人卢象《寒食》诗云："子推言避世，山火遂焚身。四海同寒食，千秋为一人。"

由于寒食节与清明时日相连，至唐时二者就融合为一了，其节日名称亦多名为"寒食"。唐以后寒食、清明的禁火、冷食之俗也日趋淡化。但值得深思的是，寒食节无论是为防火灾而禁火，还是为纪念贤士（介子推）而禁火，两种相异的说法所包含的价值观却有其共同点，这就是对人的生命的尊重和关怀。

三 扫墓祭祖的生命传承意识

中国古代祭祖风俗由来已久，祭祖的处所有庙祭、家祭、郊祭、墓祭等，祭祖的时节有除夕、元旦、春分、秋分、冬至、三月三、九月九等。寒食节以扫墓形式祭祖起于何时，尚未见到明确的记载。《孟子》有齐人郊外乞墓祭者祭余的故事，说明战国时就有上坟祭祖之俗。所以很可能寒食节上坟祭祖与纪念介子推有关。北宋诗人黄庭坚的《清明》诗云："佳节清明桃李笑，野田荒冢只生愁。雷惊天地龙蛇蛰，雨足郊原草木柔。人乞祭余骄妾妇，士甘焚死不公侯。贤愚千载知谁是？满眼蓬蒿共一丘。"将齐人"乞祭余骄妾妇"与介子推"甘焚死不公侯"并列，隐含着寒食清明节扫墓与纪念介子推有内在的联系。

据《唐会要》等文献推断唐朝初年民间在寒食节扫墓并郊游的习俗已经蔚成风气并引起朝廷的注意。唐高宗李治龙朔二年（662），朝廷发布了一道诏令，禁止寒食节上坟，更不许在悲伤地扫墓之后又欢快地郊游："或寒食上墓，复为欢乐。坐对松槚，曾无戚容。既玷风猷，并宜禁断。"（《唐会要》卷二三）但是，民间习俗并不因朝廷的禁令而衰减，反而越来越兴盛。所以，过了一百多年，到玄宗李隆基开元二十年（732），朝廷又颁布敕令，准许寒食节墓行拜扫之礼，并定为常式："寒食上墓，礼经无文，近世相传，浸以成俗。士庶有不合庙享，何以用展孝思？宜许上墓，用拜扫礼。于茔南门外奠祭，撤馔讫，泣辞。食余于他所，不得作乐。仍编入礼典，永为常式。"（《唐会要》卷二三）但同时也规定扫墓之后不得就地饮食作乐"食余于他处，不得作乐"。开元二十九年（741），唐玄宗又下敕令："凡庶之中，情理多阙，寒食上墓便为燕乐者，见任官与不考前资，殿三年，白身人决一顿。"（《唐会要》卷二三）而在坟前享用祭品本是民间自古以来的习惯，虽有朝廷严令也难以禁除。从此以后，寒食扫墓之俗更为盛行。有些诗文所记载的寒食扫墓烧纸的事其实是在清明之日。如白居易《寒食野忘吟》："乌啼鹊噪昏乔木，清明寒食谁家哭。"后来，朝廷还颁布政令规定官吏回乡扫墓的假期。开始规定寒食节和清明放假四天："（开元）二十四年（736）二月二十一敕：'寒食、清明四日为假。'"（《唐会要》卷八二）大历十二年（777）诏令，衙门依例放假五天："自今以后，寒食通清明，休假五日。"到贞元六年（790），假日加到七天。这样官员们可以从容地进行扫墓祭奠之事。由此可见，当时寒食节与清明已整合为一个很隆重的全国性节日，其重要活动是祭祖和扫墓。虽然扫墓之俗在秦以前就有了，但清明扫墓到唐朝才开始流行，此后则形成了"南北山头多墓田，清明祭扫各纷然。纸灰飞作白蝴蝶，泪血染成红杜鹃"的盛景。

扫墓俗称上坟，是祭祀死者的一种活动。按照旧的习俗，扫墓时，人们要携带酒食果品、纸钱等物品到墓地，将食物供祭在亲人墓前，将纸钱压在坟上或挂在树上，并为坟墓培上新土，折几枝嫩绿的新枝插在坟上，然后叩头行礼祭拜，最后吃掉酒食回家。明《帝京景物略》载："三月清明日，男女扫墓，担提尊榼，轿马后挂楮锭，粲粲然满道也。拜者、酹者、哭者、为墓除草添土者，焚楮锭次，以纸钱置坟头。望中无纸钱，则孤坟矣。哭罢，不归也，趋芳树，择园圃，列坐尽醉。"《清通礼》云："岁，寒食及霜降节，拜扫圹茔，届期素服诣墓，具酒馔及芟剪草木之器，周胝封树，剪除荆草，故称扫墓。"

扫墓是对祖先的怀念和感恩，也是对祖德的追忆和弘扬，而这种对祖先、祖德的纪念和弘扬是通过世世代代生命的延续和承传才可能实现的。清明节时，若墓被整修，墓上纸幡飘飘，就表示墓主后继有人；而若坟墓杂草丛生，没有纸钱，一般就说明墓主后嗣无人了。因此，从生命哲学的深层言之，清明节的扫墓祭祀活动表现的是中华民族对延续生命和承德传业的美好愿望和价值追求。

四 踏青春游的生命欢乐意识

清明节整合的另一古代节日是上巳节。上巳节形成于春秋末期，开始日期在农历三月上旬的巳日，魏晋以后改为三月三日。从先秦到汉代，上巳节的习俗活动主要有三种。

一是"祓禊"，到水边举行祭祀并在水中洗浴，以祓除过去一年中的污秽，祈求健康。《周礼·春官·女巫》云："女巫掌岁时祓除衅浴。"郑玄注："岁时祓除，如今三月上巳，如水上之类。衅浴，谓以香薰草药沐浴。"《后汉书·礼仪志》载："官民皆絜于东流水上，曰洗濯祓除，去宿垢，为大洁。洁者，言阳气布畅，万物讫出，始洁之矣。"

二是招魂，在野外或水边召唤亲人亡魂，也召唤自己的魂魄苏醒、回归。先人认为自己的灵魂也如同万物一样随四季的变化经历发芽、成长到凋零的过程，故在初春要招魂。《韩诗注》说："今三月桃花水下，以招魂续魄，祓除岁秽。"

三是春嬉，青年男女到野外踏青嬉戏，并自由择偶或交合。《周礼·地官·媒氏》曰："仲春之月，令会男女。于是时也，奔者不禁。"《诗经·郑风·溱洧》就描写了青年男女春游示爱的场景："溱与洧，方涣涣兮，士与女，方秉蕳兮。女曰：'观乎？'士曰：'既且。''且往观乎？'洧之外，洵訏且乐。维士与女，伊其相谑，赠之以芍药。"至春秋时期这种风俗仍很普遍，《墨子·明鬼》篇云："燕之有祖，当齐之有社稷、宋之有桑林、楚之有云梦也，此男女所属而观也。"与男女春嬉相关者，民间还有"临水浮卵""水上浮枣"之俗，将鸡蛋或红枣浮于水上任其漂流，捡得者可食，象征生育、求子之义。

魏晋以后，水中沐浴、招魂续魄之俗逐渐消失，临水祓禊转为临水酒会。与会者坐于溪流两边，将盛酒之杯浮于水之上漂流，漂至谁跟前，谁就饮酒赋诗，称为"曲水流觞"。南朝时期的《荆楚岁时记》记载："三月三日，四民并出江渚池沼间。临清流，为流杯曲水之饮。"王羲之著名的《兰亭序》写的就是上巳节"流觞曲水""畅叙幽情"的文人雅集。唐朝时，三月三仍然是一个全国性的重要节日。每逢此节，皇帝都要在曲江大宴群臣，文人饮酒赋诗，男女饮宴交游，称为"曲江流饮"。杜甫《丽人行》云："三月三日天气新，长安水边多丽人。"刘驾《上巳日》云："上巳曲江滨，喧于市朝路。相寻不见者，此地皆相逢。"描写的就是这一节日盛景。魏晋以后，上巳节还增加了斗百草、荡秋千、放风筝、踏青等活动。由于上巳节时间与清明邻近，又都是在郊外的活动，至唐时，上巳节的踏青饮宴与清明扫墓后的春游娱乐后来逐渐合而为一，清明节逐渐成为一个融合了寒食节与上巳节习俗的重要民俗节日。王维在《寒食城东即事》一诗中说："少年分日作遨游，不用清明兼上巳"，就是寒食、清明与上巳三者融合为一体的佐证。到宋代以至明清，清明节踏青春游的节俗依然极盛，宋代诗人吴惟信在《苏堤清明即事》中写道："梨花风起正清明，游子寻春半出城。日暮笙歌收拾去，万株杨柳属流莺。"就是清明节踏青春游盛况的生动写照。

从上巳节的节俗及其演变可以看出，在郊外快乐地春游和自由地交往是上巳节活动的基本特征。所以，清明节从上巳节整合来的主要节日活动就是踏青春游，尽管随着社会生活和文化习俗的演变，以及各民族、各地区文化特征的差异，其具体形式多种多样，如荡秋千、放风筝、斗百草、蹴鞠、斗鸡、拔河等。但其在春回大地、自然界到处呈现一派生机勃勃的景象的清明时节开展春野郊游娱乐的基本特征一直传承下来。那么，这种踏青春游节俗的价值内涵是什么呢？概而言之，就是对生命的热爱，为生命而欢乐。既包括对自然界生命的热爱和欢乐，也包括对人的生命的热爱和欢乐。上巳节及清明节的所有踏青春游的具体形式，几乎都体现着这一价值主题。水中洗浴，以祈求生命健康；招魂醒魂，以祈望生命复归；男女交合，以祈求孕育生命；荡秋千，以期望人生寿命千秋万岁；放风筝，以寄托人生理想的高远翱翔。东晋书圣王羲之于穆帝永和九年（353）三月三日与谢安、孙绰等四十一位友人在会稽兰亭曲水流觞、水边欢宴后写的《兰亭序》中就深刻表达了一种由感叹生命短暂而主张感受生命欢乐的文化心理。他说："死生亦大矣！"人的生命短暂"向之所欣，俯仰之间，已为陈迹"，故应珍惜人生相遇的欢乐。"是日也，天朗气清，惠风和畅，仰观宇宙之大，俯察品类之盛，所以游目骋怀，足以极视听之娱，信可乐也。"王羲之虽然写的是上巳节，但足以表达清明节踏青春游所蕴含的生命欢乐意识。

五 插柳植树的生命培育意识

清明节还有插柳、戴柳、赠柳、植树的风俗。插柳、戴柳、赠柳风俗起于何时、何因，尚须考证。其来源、含义为何，也有种种说法，有说插柳是为了纪念"教民稼穑"的农事祖师神农氏；有说插柳是用以预报天气，古谚有"柳条青，雨蒙蒙；柳条干，晴了天"；有说戴柳条是为了留住青春，民谚有"清明不戴柳，红颜成皓首"；有说插柳、戴柳是为了辟邪、驱鬼。柳为"鬼怖木"，北魏贾思勰《齐民要术》说："取柳枝著户上，百鬼不入家。"佛教中的观世音即以柳枝沾水济度众生；有说折柳赠人兼有挽留与祝愿双重含义。因柳与"留"同音，且柳条发绿于春意萌动之际，象征"春常在"，故折柳以赠别。《诗经·小雅·采薇》有"昔我往矣，杨柳依依"之诗，李白有"年年柳色，灞陵伤别"之词。李白还有《春夜洛城闻笛》诗云："此夜曲中闻折柳，何人不起故园情。"

尽管人们对清明插柳、戴柳、赠柳风俗的具体来源及含义解释不一，但其中有着共同的文化价值基因，就是对青春生命的关爱情感和对新生命的培育情怀。因为杨柳有旺盛、强大的生命力，它容易栽植，易于成活。柳条插土就活，插到哪里，活到哪里。俗谚说："有心栽花花不开，无心插柳柳成荫。"清明节值柳条发芽时节，绿条婆娑，春意盎然。于是，杨柳就成了美丽春天的标志、青春生命的象征、生命萌生的符号。杨柳象征青春生命的顽强，故插柳、戴柳可以辟邪、驱鬼；杨柳象征青春生命的美好，故戴柳可以保持青春；杨柳还象征生命的随处萌发和欣欣向荣，故赠柳可用以向离别的亲人表达随地生根发芽和"青春常在"的祝愿。由于柳树有多方面的象征意义，于是古人借插柳、戴柳、赠柳以寄情便是情理之中的事了。

与插柳风俗相联系，古代还有在清明时节植树的习惯。植树习俗由来已久，史料记载，早在西周，国家就设立了"林衡""山虞"等官职，掌管丈量种植、护理林木等事务。当时"列树以表道"，说明已开始种植道树。为了动员人们植树，甚至有"不树者，无椁"（意思是说不种树的人死后不许棺葬）的规定。秦始皇兼并六国，统一天下后，东巡泰山时，沿途看到草木凋零萧条，立刻下令"无伐草木"，又令天下在道旁"每三丈而树""树以青松"。秦始皇在"焚书坑儒"时，唯独不焚毁有关植树造林之书，并令官员藏之。隋炀帝杨广开凿大运河时，倡导两岸大植柳树，下诏无论男女老少，凡在堤岸种活一棵柳树者，奖细绢一匹，百姓争而植之，使大运河两岸绿柳成行，宛如一道绿色长城。唐朝贞观年间，唐太宗李世民不仅传旨天下"驿道栽柳树以荫行旅"，而且专设了"虞部""司苑"等官职，分管草木园林事宜，令天下百姓广植榆、枣、桑等树。中国古人重植树，但并无植树节，也没有规定什么季节植树，但从植物、树木生长的规律和人们的习惯看，春季清明节前后无疑是植树的最佳时节。清明前后，春阳照临，春雨飞洒，种植树苗成活率高，成长快。农谚说"栽树莫要过清明，种上棒槌也发青"。所以辛亥革命后，1915年，在孙中山的倡议下，以每年清明节为植树节，1928年北伐完成后，4月7日由国民党政府通令全国："嗣后旧历清明植树节应改为总理逝世纪念植树式"（即3月12日），1929年2月9日农矿部又以部令公布《总理逝世纪念植树式各省植树暂行条例》16条。而国民政府行政院农矿部部长易培基遵照孙中山先生遗训，积极提倡造林，于1930年2月呈准行政院及国民政府，自3月9日至15日一周间为"造林运动宣传周"，于12日孙中山先生逝世纪念日举行植树式。北方地区以3月初旬，寒气未消，还不适于栽树之故，特规定植树式仍于3月12日举行外，造林宣传运动周延至清明节行之。中华人民共和国成立后，1979年2月在第五届全国人民代表大会常务委员会第六次会议上，决定以每年3月12日为我国的植树节。

插柳、植树的节俗形式虽然不同，但其深层次的文化价值意蕴却是相通的，它表达的都是中华民族珍爱生命和培育生命的美好价值愿望。正由于插柳与植树有着珍爱生命和培育生命的共同的价值含义，所以全国政协委员李汉秋曾建议把每年3月12日中国传统的植树节挪到清明节，将传统插柳之风发展成现代的植树造林。他说："植树节更适合放在清明节。……从插柳留春到植树留春，向着人与自然的和谐境界迈进。"

总之，生命感通意识、生命关怀意识、生命传承意识、生命欢乐意识和生命培育意识是由清明节气、寒食节、上巳节三源合流而形成的清明节所蕴含和体现的价值意蕴，它集中表现着中华民族对生命的热爱、尊重和关怀。所以，从深层次的文化价值言之，可以说清明节是礼赞生命的节日，特别是礼赞青春生命的节日。通过这一礼赞生命的节日，使儒家"慎终追远，民德归厚"的祖德崇敬意识，"暮春者，春服既成，冠者五六人，童子六七人，浴乎沂，风乎舞雩。咏而归"（《论语·先进》）的人生志趣；使道家"万物草木之生也柔脆……柔弱者，生之徒"（《老子》第七十六章）的生命哲理，"日夜无隙而与物为春"的生命情怀；尤其使《周易》"生生之谓易""天地之大德曰生"的价值精神，得到了生动而充分的展现。继承和弘扬清明文化的优秀价值观念，对于培育中华民族热爱自然、珍爱生命、继承祖德的民族精神和构建生态文明、和谐社会具有重大意义。

(2009年2月19日)

敬畏大学

——关于大学理念的思考

什么是大学理念？大学理念就是关于大学是什么和大学如何办的思想观念。大学理念是大学的精神，是引导和团结学校广大师生和全体工作人员的灵魂，同时它又是实践活动应体现、应达到的最高境界。因而，也成为评价一所大学有无特色、办得如何的最高价值尺度。

一　大学理念急需反思

对于大学，人们都很关注，也很熟悉，但对于什么是大学、大学应有什么理念却未必能言说清楚，即使我们常年生活在大学中的人，也未必能说得头头是道。

从思想认识上说，说起大学理念人们往往会说两句话："传授知识，培养人才"，为了与基础教育相区别，还可以表述为"传授专业知识，培养专门人才"。这种观念虽然是正确的，但却是片面的、肤浅的。还有的甚至认为大学是职业技能训练所、是升官发财的策源地、是争权夺利的竞技场，等等，这种意识更是歪曲的、错误的。大学理念包含着十分丰富、十分深刻的内容。这些肤浅的、错误的看法说明很多人对大学的理念十分盲目，此之谓"熟知不是真知""百姓日用而不知""习焉而不察"。

从实际问题上说，当前中国大学存在的问题十分严重，有一句广告词说："思想有多远，我们就能走多远"，20 世纪 90 年代以来，由于急功近利和浮躁风气蔓延，物质主义、消费主义、自我中心主义泛滥，工具理性、实用目的滋长，使大学理念扭曲变异（只有知识理念、专业理念、功利理念、共性理念而无其他），由此导致了大学精神的萎缩衰弱、大学生活的平庸低俗、大学灵魂的退化失落、大学形象的轻浮媚俗，大学在今天可谓"丧魂落魄"。这绝不是危言耸听。请看：学生中违法乱纪甚至杀人放火者有之，教师中抄袭剽窃甚至卖淫嫖娼者有之，干部中行贿受贿甚至贪污盗窃者有之。有人说当代中国的大学生是"理想真空""精神贫血""价值悬浮"。

这说明对于大学理念，我们必须通过深刻认识、认真反思而达到高度自觉。这就是为什么从 20 世纪 90 年代以来，几乎所有的知识分子特别是人文知识分子无不对大学理念和大学精神进行思考和讨论的原因，也是我近年来对这一问题思考的原因。

二　敬畏大学（大学的品质理念）

大学究竟是什么，是关于大学性质的理念所要回答的问题。如果用一句话来概括，可以说大学是现代社会进行高等教育的机构、是人类崇高精神的神圣殿堂。

大学是高等教育机构，但高等教育机构并不等于大学，人类历史上的高等教育古已有之。古希腊柏拉图执教的"学院"，中国春秋战国时期孔子、孟子、墨子的教育集团，荀子三为祭酒的"稷下学宫"，后来历朝所设古代中国的"太学""国子监""书院"（北宋后的四大书院）都是高等教育，不是初等、中等教育。但现代大学的直接源头则是欧洲中古世纪的大学，公元 11 世纪末至 12 世纪初，先在法国、意大利分别诞生了巴黎大学、波隆纳大学两所最早的大学，接着英国的牛津、剑桥，意大利的萨里诺，德国的海登堡、科隆等随之而生，后来逐步传播开来，形成了现代的进行高等教育的大学制度。

因此认识大学这一高等学府的实质要从社会教育的最高程度、人类精神培育的最高层次上去认识。最高就是至上性、极致性、顶峰性。人类的知识、智慧、品质、精神在这里处于"会当凌绝顶，一览众山小"的位置，达到了"不畏浮云遮望眼，自缘身在最高层"的境界。只有在这一制高点上，我们才能理解大学的品格、把握大学的精神、建立大学的理念。那么大学的实质是什么呢？

（一）大学是传承文明和创造文明的知识园地

大学的教育和研究，从浅层来看是知识、学问，从深层来看是文化、文明。文化、文明是人类的生活方式，是人类处理与自然关系、与社会关系的方式和成果。它的传承是人类精神命脉的传承、生存经验的传承。文化、文明的传承有许多渠道和方式，但作为高等教育的大学是人类精神文明资源传播、继承、推广、创造的主要场所。大学聚集了智慧的学者，对世界历史、人类文化进行不断的研究、解剖和讲授使文明传播开来、发展下去。孔子说："闻道""谋道"，《中庸》说："天命之谓性，率性之谓道，修道之谓教。"韩愈说"传道"。蔡元培指出："大学者，囊括大典，网罗众家之学府也。""大学是用来追求高深学问的所在，而非为了做官。"梅贻琦在清华有名言："所谓大学者，非谓有大楼之谓也，有大师之谓也。""学生没有坏的，坏学生都是教坏的。"他聘任了梁启超、王国维、陈寅恪、赵元任四大导师。由于"囊括大典""拥有大师"，所以，大学是科学发展的火车头、是文化创新的策源地。

（二）大学是一个高扬理想主义的精神家园

理想是人类生活超越性、预见性的独特表现，是人不满足现状的前进追求。信仰是人的精神的坚强支柱，理想是人的精神的一面旗帜。大学继承传统而又超越传统，它探索现实而又研究未来，它遵循规律而又离经叛道。历尽沧桑而蕴含智慧的大师在这里徘徊，年轻有为而富于活力的灵魂在这里跃动，新鲜而充满激情的思想在这里传播。这是一个思想火花激烈碰撞而迸发出耀眼光芒的理想王国；这是一个拒绝诱惑、坚持操守，用精神、气质和理想美化人的地方。

（三）大学是唤醒良知、养成人格、引导社会的智慧灯塔

蔡元培先生在北京大学1918年的开学典礼演讲词中说："教育者，养成人格之事业也"，"大学为纯粹研究学问之机关，不可视为养成资格之所，亦不可视为贩卖知识之所"。大学教育是塑造灵魂的教育。大学的读书已不仅仅是狭义的读书，而是带有一种思想启蒙、人格唤醒和心灵震撼等因素在其中的。大学的精神是照亮生命盲点和世界暗夜的光。大学里那些平淡无奇而又高擎起一盏盏思想明灯照耀后人的学者教授、知识分子，保持自己的独立和操守，以保持自己的尊严和责任，培育良知，养成人格，引导社会。大学是社会良知的大本营。它既要适应社会更要引导社会。蔡元培说"教育指导社会而非随逐社会者也"。

（四）大学是一个思想独立、精神自由的思想熔炉

大学的知识活动和学术研究的目标是传播真理、追求真理，传播真理、追求真理必须思想独立、精神自由。所谓思想独立、精神自由，就是为了真理，不畏强力强权的压迫；为了真理，拒绝功利的诱惑；为了真理，不受既定观念的束缚；为了真理，不受流行意见的迷惑。大学知识分子把追寻真理当作毕生的目标，他们只承认真理，只相信真理，具有批判和怀疑精神，因此常常发表和权威相抵的议论，习惯将任何既定结论都当作问题进行反思。对于真理的这种独立不倚的思想品格、不屈不挠的坚强毅力、九死不悔的理想信念和敢于争鸣的自由精神，不但使大学成为一座不断产生新知识、新思想的熔炉，而且还使大学成了时代的代言人、公众的眼睛和社会的良心。

总之，大学是人类知识、思想、智慧、理想的伟大象征。大学是人类精神灯塔、道德光辉的伟大象征。哲人康德说，让他越想越敬畏的是头顶的星空与心中的道德律。对于真正的大学我们也应心存敬畏。因为大学在传承人类文化、文明的意义上说，就是人类的智慧星空、就是人

类的道德良知。我们对大学的敬畏绝不是对职业技能培训基地的敬畏、不是对达到高官地位的电梯的敬畏、更不是对高楼大厦的敬畏，而是对追求知识、探讨真理的敬畏，对杰出思想、伟大智慧的敬畏，对崇高人格、远大理想的敬畏，对民族传统、人类文明的敬畏，对学术大师、社会精英的敬畏。这种敬畏出自大学所体现的人类文明、人类智慧的一种崇高感、庄严感、神圣感。

一个优秀的民族，可以不敬畏富豪的财宝、不敬畏豪强的刀枪、不敬畏将相的官府、不敬畏帝王的皇宫，但却不能不尊重知识、尊重人才，更不能不顶礼、敬畏传授知识、创造知识、教育人才、培养人格的大学。如果我们对大学没崇高感、庄严感、神圣感、敬畏感，那么我们虽然可以上大学但上不好大学、我们可以办大学但办不好大学、我们可以在大学里工作但达不到真正的大学所要求的工作水准。

三 大学的功能（大学是干什么的？）

大学的功能理念在这近千年的历史中也多次被讨论、被重新理解，总的来说，大约经历过四次重大的演变。

（一）培养学生人格的理念

最初的大学是以"培养人"为理念的，培养学生的人格和学习的精神。英国教育家纽曼在《大学的理念》一书中说，大学主要是传授知识，实行博雅教育，引导学生精神成人。耶鲁大学的门口两侧各有一组浮雕，描绘的是老师给学生上课的情景，一组是台上老师侃侃而谈，台下学生昏昏欲睡，另一组正好相反，老师酣然大睡，而学生却在台下争辩得不可开交。这就是最初的大学所追求的一种"以人为本"的理念的体现。这种内纵式的发展决定了大学在当时的社会处于一种边缘性的地位。

(二)"育人"与"科研"并重的理念

到了19世纪工业革命的全盛时期,德国大教育家洪堡(洪堡大学即他命名)提出了要"育人"与"科研"并重,传授知识与创造知识并重。它强调大学不但要成为人才的培养中心,还要成为科研中心。蔡元培留学德国即吸取了这种教育思想。

(三)大学的最终目的是为社会服务

19世纪30年代,新的功能观认为大学是教育机构、研究机构,也是社会服务机构,就是为工、农、商等各行业提供智力支持。如加州斯坦福等指出,大学要对社会开放,并对社会产生作用,大学的最终目的是要为社会服务,并以"两弹"的发明和"硅谷"的崛起奠定了这一理念在当时的主体地位,大学成为社会的中心。欧洲一些老牌大学对此并不热衷,牛津大学、剑桥大学在20世纪后期才办商学院。

(四)大学应成为人类文化交流的中心的理念

20世纪70年代后,新的大学理念提出,大学的成果是人类的文明发展的结果,它的成果理应为人类所共享,所以,大学应成为一个人类文化交流的中心,体现一种多元化的碰撞和冲击。从而建设人类最先进的文明。

这是近现代大学的四种理念,而今天在世界教育全民化、终身化、民主化、信息化的发展趋势下,我们认为,大学应该是以培养人才、研究学术、服务社会和交流文化四种功能并重,四位一体,只是不同类型的大学、不同层次的大学在四大功能上的重点不同、水平不同而已。按大学的学术研究地位来看,首先是一流的研究型大学,如哈佛大学、北京大学等。它们有三个特征:一是研究生的数量要远远大于本科生;二是要出原创性的成果;三是教师有充足的科研经费,不对研究生授课,本科生提前进入教师的科研活动。其次是教学研究型大学,教学与学术研究并重。最后是教学型大学，我们大部分高校都属于此列，它对教师的要求不是以"科研成果"为标准，而是以对教学"三基"的把握为准。但是无论处于什么学术地位，上述四大功能缺一不可。它们在不同大学只有地位主次、分量轻重、水平高低之别，而不应是有无之分。

四　办大学要"取法乎上"（大学的办学理念）

怎样办好大学才能保持大学崇高而神圣的品格，才能发挥大学的巨大功能？这是办学理念的内容。现代大学应树立什么样的办学理念？我认为应该"取法乎上"。

"取法乎上"就是以名牌大学、世界一流大学为目标、为尺度处理一系列办学中的关系和问题。（1）在大学精神培育上既要培育科学精神更要强化人文精神；（2）育人目标上既要培养人才更要优化人格；（3）其社会功能上既服务社会更引导社会；（4）其教育活动上既传授知识更研制学术；（5）其构成要素上既建有大楼（物资设备条件）更拥有大师（人才主体条件）；（6）其治学风格上既有严谨作风更有独立精神；（7）其管理思想上既有完善制度更有创新意识；（8）其人员素质上既有专业水平更有崇高气质；（9）其工作效应上既是做事榜样更是做人表率；（10）其校园建设上既有先进的物质文明更有浓郁的人文环境。

这里需要特别指出，人文精神是大学教育的核心，是大学的灵魂所在。确立和重塑人文精神，已成为21世纪中国现代高等教育的重要课题、中国现代大学的基本理念。当前我国的大学教育，由于偏重于科学知识（包括社会科学知识）和实际能力的传授与习得，人文精神的培育被日渐淡化。近年来，大学的市场取向、功利取向日趋明显。有的学校把大学降低到市场经济的附属地位，市场需要什么，便做什么，一种产销对路，短、平、快的人才培养模式在大学悄然形成。由此而遗忘了、舍弃了大学的"人文"传统，在实际中已经造成了严重危害。爱因斯坦曾说："我们切莫忘记，仅凭知识和技巧并不能给人类的生活带来幸福和尊严。"美国圣母大学前校长赫斯柏认为,完整的教育应包括"学习做事"与"学习做人"两个方面,"学习做事"必须接受科学教育,"学习做人"必须接受人文教育。所以,我们办大学要特别重视对学校人文精神的培育和提升。在价值层面上,要使所有的教育工作者认识到人文教育的重要作用。在政策层面上,必须加强人文课程建设,将其确立为核心课程之一。在校园文化建设上,要不断强化校园文化中深邃的人文底蕴。时至今日,当我们走进校园时至多感受的是现代化的气息,来自于民族的传统文化没能充分地根植其中,缺乏历史人文精神的厚重。在中国的文化宝藏中,有很多的东西,应植根于大学的校园、植根于大学的校园文化。所以,我们要加强文化校园中的人文内涵,为培育和提升人文精神创造良好的氛围。

综观世界一流、中国一流大学,都有上述共同的特征。我们应该"取法乎上",用这些标准来要求、来推进我们学校的发展。

"取法乎上"是精神优势战略、精神激励逻辑、思想激活机制,因为"取法乎上"可得其中,"取法乎中"必得其下。目标远大、志向高远、理想宏伟,做人才有动力,做事才有动力。孙中山革命时提出中国建成什么样的国家应该"取法乎上",大商家乔致庸在谈他的致富秘诀时说:"确定一个真正的梦想,越大胆越和现实距离远越好!它能促你努力,以求梦想早日实现。这样梦想与自己的距离就会缩短,最后由于努力而变为现实。"(摘自资料册《乔家大院》)拿破仑说:"不想当元帅的士兵不是好士兵。"

"取法乎上"不是大话,不顾实际、不干实事、急于求成、盲目乐观是大话,大话是实现不了的,大话于是必然成为空话。流于大话、空话必然无真实性,于是也是假话。为了使"取法乎上"的办大学理念不致成为大话、空话、假话,就要全体人员包括领导、教师、干部、工作人员脚踏实地、立足实际、努力实践,就是说对于我们所确立的理念、所提出的理想,每个人都要参与而不是参观,都要承担而不只是承认,都要体现而不仅是体察。参观、承认、体察只是同意、认同,而参与、承担、体现则是担负起应有责任、落实于工作实践。

总之,只有认识大学、敬畏大学,我们才能办好大学。所谓"思想有多远,我们就能走多远"。

(2006年5月19日)

(载《法学教育研究》第1卷,法律出版社2009年版)

科学发展观的核心价值理念及其依据

人类社会的发展是规律性与价值性相统一的运动过程，其规律性在于它按照自身固有的、不以人的主观意志为转移的客观规律向前发展，其价值性在于它体现着社会主体——人的目的追求和价值取向。任何一种发展观，都蕴含着对发展规律的认识和对发展价值取向的确定。科学发展观也是规律认识和价值取向相统一的发展理论。就认识规律而言，它凝结着中国共产党人对人类社会发展规律、中国社会发展规律和中国特色社会主义发展规律的新认识。科学发展观是"深化对经济社会发展一般规律认识的成果"，它"揭示了经济社会发展客观规律"，"符合社会发展客观规律"。[1] 就价值取向而言，它体现了中国共产党和中国人民在新世纪、新阶段的新的发展要求和价值追求。一系列新的发展要求和价值追求构成了科学发展观的丰富价值内涵，包括发展动因、发展动力、发展标准、发展方式、发展目的、发展理想等。它集中回答了实现什么样的发展、怎样发展这一关于发展的基本问题。科学发展观"是推进社会主义经济建设、政治建设、文化建设、社会建设全面发展的指导方针"。[2]

一 "以人为本"的内涵

科学发展观的核心是"以人为本"。"以人为本"的含义就是："坚

---

[1] 《胡锦涛文选》第二卷，人民出版社2016年版，第188、158页。
[2] 《改革开放三十年重要文献选编》下，中央文献出版社2008年版，第1537页。

持以人为本，就是要以实现人的全面发展为目标，从人民群众的根本利益出发谋发展、促发展，不断满足人民群众日益增长的物质文化需要，切实保障人民群众的经济、政治和文化权益，让发展的成果惠及全体人民。"①"必须坚持以人为本。全心全意为人民服务是党的根本宗旨，党的一切奋斗和工作都是为了造福人民。要始终把实现好、维护好、发展好最广大人民的根本利益作为党和国家一切工作的出发点和落脚点，尊重人民主体地位，发挥人民首创精神，保障人民各项权益，走共同富裕道路，促进人的全面发展，做到发展为了人民、发展依靠人民、发展成果由人民共享。"②"我们提出以人为本的根本含义，就是坚持全心全意为人民服务，立党为公、执政为民，始终把最广大人民的根本利益作为党和国家工作的根本出发点和落脚点，坚持尊重社会发展规律和尊重人民历史主体地位的一致性，坚持为崇高理想奋斗和为最广大人民谋利益的一致性，坚持完成党的各项工作和实现人民利益的一致性，坚持发展为了人民、发展依靠人民、发展成果由人民共享。以人为本，体现了马克思主义历史唯物论的基本原理，体现了我们党全心全意为人民服务的根本宗旨和推动经济社会发展的根本目的。"③

总之，"以人为本"的含义就是：人是发展的价值主体。它包括三个内容：第一，人的全面发展是发展的终极指向；第二，人的生存是发展的现实目的；第三，人是发展的动力。即发展为了人、发展依靠人。这种发展价值观具有重大而深远的理论意义。

二 科学发展观的核心是"以人为本"

人是发展的价值主体这一观念贯穿于科学发展观价值内涵的各个方

---

① 中共中央文献研究室：《十六大以来重要文献选编》（上），中央文献出版社2005年版，第850页。
② 《胡锦涛文选》第二卷，人民出版社2016年版，第624页。
③ 《胡锦涛文选》第三卷，人民出版社2016年版，第4页。

面，是科学发展观的核心。

(一) 人民需要的增长是发展的价值动因

价值是主体的生存发展需要与客体满足这些需要的适应性关系，主体需要是价值关系形成的动因。科学发展观是立足于社会主义初级阶段基本国情提出来的，我国社会主义初级阶段的主要矛盾是人民日益增长的物质文化需要同落后的社会生产之间的矛盾。为了解决这一主要矛盾，就要满足人民日益增长的物质文化需要，而要满足人民日益增长的物质文化需要就必须发展。而且，进入新世纪新阶段，我国发展呈现一系列新的阶段性特征。这些阶段性特征归根到底是人民日益增长的物质文化需要同落后的社会生产之间的矛盾在新阶段的具体表现。正是从社会主义初级阶段我国社会的主要矛盾出发、从矛盾在新阶段的具体表现出发、从满足人民日益增长的物质文化需要出发，党的十七大报告指出："科学发展观的第一要义是发展"，"着力把握发展规律、创新发展理念、转变发展方式、破解发展难题，对于全面建设小康社会、加快推进社会主义现代化，具有决定性意义。要牢牢扭住经济建设这个中心，坚持聚精会神搞建设、一心一意谋发展，不断解放和发展社会生产力"，"必须坚持把发展作为党执政兴国的第一要务"。[①] 由此可见，科学发展观是从人民需要是发展的价值动因来论述发展的必要性和重要意义的。以人民需要为发展的价值动因是人是发展的价值主体的首要含义。

(二) 人民的创新实践是发展的价值动力

发展作为人的价值实践活动，其主体动力是什么，这也是发展观必须回答的重要问题。不同的发展观对这一问题的回答是不同的。而不同的回答则源于其价值观念的差异。关于发展的动力问题，科学发展观明确指出：发展依靠人民。要尊重人民的主体地位，发挥人民的主体作用，

[①] 《十七大以来重要文献选编》，中央文献出版社 2009 年版，第 590、12、106 页。

发扬人民的首创精神，调动一切积极因素，特别是强调提高自主创新能力，坚持走中国特色自主创新道路，把增强自主创新能力贯彻到现代化建设的各个方面。人的创新精神和创新能力是人的主体性的核心标志，发展依靠人民、依靠人民的首创精神和创新能力，充分表明了科学发展观坚持以人民为发展主体的价值观。

（三）人民的和谐生存是发展的价值尺度

怎样发展的问题是关于发展方式和发展模式的问题。对于什么发展方式和发展模式是好的、有价值的，不同发展观也有着不同的看法。党的十七大报告指出"努力实现以人为本、全面协调可持续的科学发展，实现各方面事业有机统一、社会成员团结和睦的和谐发展，实现既通过维护世界和平发展自己又通过自身发展维护世界和平的和平发展"[①]。科学发展、和谐发展、和平发展就是科学发展观关于发展方式和发展模式的基本观点。也就是说，科学发展观认为科学发展、和谐发展、和平发展才是好的、有价值的发展。对于中国自身来说，发展的基本要求是全面协调可持续。所谓全面协调可持续发展就是按照中国特色社会主义事业的总体布局，全面推进经济建设、政治建设、文化建设、社会建设，促进现代化建设各个环节、各个方面相协调，促进生产关系与生产力、上层建筑与经济基础相协调。坚持生产发展、生活富裕、生态良好的文明发展道路，建设资源节约型、环境友好型社会，实现速度和结构质量效益相统一、经济发展与人口资源环境相协调，使人民在良好生态环境中生产生活，实现经济社会永续发展。而实现这些基本要求的根本方法就是统筹兼顾。科学发展观关于发展要全面协调可持续的基本要求，蕴含着衡量经济、社会"又好又快发展"的价值尺度问题。这一尺度就是人的和谐生存。人的生存要求诸多因素、诸多条件，而且还要求这些因素、条件处在和谐的状态之中。如果只具备一种因素、一种条件，人就

---

① 《十七大以来重要文献选编》上，中央文献出版社2009年版，第12页。

不能生存；即使诸多因素和条件具备，但它们的关系不和谐，人也不能生存，起码不能很好地生存。所以我国古代哲人把"和"作为"生"的基本前提，提出了"和实生物，同则不继"(《国语·郑语》)的命题。人的和谐生存既是发展的前提条件，又是发展的目标。就是说，只有在人的和谐生存条件下，社会才能发展；同时，只有发展才能实现人的和谐生存。"全面协调可持续"就是基于人的和谐生存特征而提出的要求。于是，人的和谐生存就成了衡量"好"的发展的价值尺度。党的十七大报告在谈到发展与和谐的关系时有一段深刻论述："深入贯彻落实科学发展观，要求我们积极构建社会主义和谐社会。社会和谐是中国特色社会主义的本质属性。科学发展和社会和谐是内在统一的。没有科学发展就没有社会和谐，没有社会和谐也难以实现科学发展。"并提出"努力形成全体人民各尽其能、各得其所而又和谐相处的局面，为发展提供良好社会环境"。[1] 由此可见，科学发展观关于全面协调可持续的发展模式的思想以及发展和社会和谐内在统一的思想，蕴含着以人的和谐生存为发展的价值尺度的深刻哲理。

(四) 人民的幸福是发展的价值目的

发展目的是发展观价值取向的集中体现。科学发展观对于发展目的的论述非常明确。党的十七大报告指出："党的一切奋斗和工作都是为了造福人民，""要始终把实现好、维护好、发展好最广大人民的根本利益作为党和国家一切工作的出发点和落脚点，""发展为了人民，""发展成果由人民共享，""顺应各族人民过上更好生活的新期待，""谱写人民美好生活新篇章。"[2]

以人民的幸福为发展目的的价值观念，具体体现在对社会各领域发展目标的确立上。在经济建设上，要通过发展增加社会物质财富、不断

---

[1] 《十七大以来重要文献选编》上，中央文献出版社2009年版，第14页。
[2] 《中国共产党第十七次全国代表大会文化汇编》，人民出版社2007年版，第15、18、55页。

改善人民生活。在政治建设上，要通过改革扩大社会主义民主，保证人民当家作主，保障人民权益和社会公平正义。在文化建设上，要提高全民族的文明素质，激发全民族文化创造的活力，提高国家文化软实力。使人民的基本文化权益得到更好保障，使人民文化生活更加丰富多彩，使人民精神风貌更加昂扬向上，让人民共享文化发展成果。在社会建设上，要着力保障和改善民生，全面改善人民生活，提高生活质量，促进社会公平正义。着力解决人民最关心、最直接、最现实的利益问题，努力使全体人民学有所教、劳有所得、病有所医、老有所养、住有所居。在党的建设上，要把提高党的执政能力、保持和发展党的先进性，落实到引领中国发展进步，更好地代表和实现最广大人民的根本利益上来。

人民的利益和幸福是人民作为价值主体的核心标志，科学发展观把实现人民幸福作为发展的价值目的，是其以人为本、以人为价值主体的核心内容。

（五）人的全面发展是发展的价值理想

科学发展观把社会发展与人的发展统一起来，把发展的社会意义和发展的主体价值结合起来，既指出了发展对于全面建设小康社会、加快推进社会主义现代化、发展中国特色社会主义、实现中华民族伟大复兴的决定性意义，又指出了发展对于促进人的全面发展的重要作用。党的十七大报告明确地把"促进人的全面发展"[1] 作为坚持以人为本的重要内容。党的十七大通过的《中国共产党章程》中也明确提出"以人为本"，"坚持以人为本，就是要以实现人的全面发展为目标，从人民群众的根本利益出发谋发展、促发展，不断满足人民群众日益增长的物质文化需要，切实保障人民群众的经济、政治和文化权益，让发展的成果惠及全体人民"[2]。

---

[1] 《十六大以来重要文献选编》（上），中央文献出版社2005年版，第850页。
[2] 胡锦涛：《在中央人口资源环境工作座谈会上的讲话》，《人民日报》2004年4月5日；《中国共产党简史》，人民出版社、中共党史出版社2021年版，第338页。

关于促进人的全面发展的具体内容和途径，报告和党章从各个方面做了系统论述。例如，坚持不懈地用马克思主义中国化的最新成果武装全党、教育人民，用中国特色社会主义的共同理想凝聚力量，用以爱国主义为核心的民族精神和以改革创新为核心的时代精神鼓舞斗志，用社会主义荣辱观引领风尚，使社会主义核心价值体系深入人心；加强文化建设，提高全民族的思想道德素质和科学文化素质，明显提高全民族文明素质；大力弘扬爱国主义、集体主义、社会主义思想，以增强诚信意识为重点，加强社会公德、职业道德、家庭美德、个人品德建设，使良好思想道德风尚进一步弘扬；加强和改进思想政治工作，注重人文关怀和心理疏导，用正确方式处理人际关系；增强民族自尊、自信和自强精神，使我国人民成为有理想、有道德、有文化、有纪律的人民。

实现全人类的彻底解放和人的全面而自由的发展，是马克思主义的崇高理想和根本目的，科学发展观把人的全面发展作为发展的价值理想，是对马克思主义世界观、历史观与价值观的继承和发展，是马克思主义发展观中国化的重大成果。

总之，科学发展观在发展动因、发展动力、发展标准、发展方式、发展目的、发展理想等内容上，都是以"以人为本"为核心的，都体现了人是发展的价值主体这一轴心思想。所以，人是发展的价值主体是科学发展观的核心价值意蕴。

三 提出"以人为本"的依据

提出"以人为本"，具有多方面的依据。"科学发展观是指导发展的世界观和方法论的集中体现，是运用马克思主义的立场、观点、方法认识和分析社会主义现代化建设的丰富实践，深化对经济社会发展一般规律认识的成果。"[①]"科学发展的理念，是在总结中国现代化建设经验、

[①] 田克勤、李彩华、孙堂厚：《中国化马克思主义通论》，人民出版社2013年版，第190页。

顺应时代潮流的基础上提出来的,也是在继承中华民族优秀文化传统的基础上提出来的。"① "科学发展观,是立足社会主义初级阶段基本国情,总结我国发展实践,借鉴国外发展经验,适应新的发展要求提出来的。"②

(一)理论依据:它是对马克思主义人本思想的发展

马克思主义包含了丰富而深刻的人本思想,主要表现在两个方面。

(1)人是宇宙间最高价值的价值观。马克思说:"旧唯物主义的立脚点是市民社会,新唯物主义的立脚点是人类社会或社会的人类。"③(《关于费尔巴哈的提纲》)他认为,在世界上,其他事物都有其根本,唯独人没有自身之外的根本,"人的根本就是人本身"④,这是典型的人本思想。马克思在三维关系中确立了人的价值:在人和自然的关系中,"主体是人,客体是自然"⑤;在人和生产的关系中,"人本身是他自己的物质生产的基础,也是他进行的其他各种生产的基础"⑥;在人与产品的关系中,人是活动的主体,而产品"是活动着的主体的对象"⑦。由此可见,马克思的哲学高度地肯定了人在宇宙间的价值地位。为了维护人的价值,马克思和恩格斯深刻地分析和批判了宗教信仰和剥削制度对人的价值的异化和贬低。第一,他们批判了宗教信仰对人的价值的幻化。他们指出:宗教"剥夺了人和自然的全部内容",它使人丧失了现实的自我,把人的价值"转给彼岸之神的幻影",从而,使人不能够围绕着"自身和自己现实的太阳旋转",而总是"围绕着幻想的太阳旋转"。这

---

① 胡锦涛:《在美国耶鲁大学的演讲》,《光明日报》2006年4月23日;《科学发展观重要论述摘编》,中央文献出版社2008年版第7页。
② 胡锦涛:《高举中国特色社会主义伟大旗帜为夺取全面建设小康社会新胜利而奋斗》,《人民日报》2007年10月25日;《中国共产党第十七次全国代表大会文件汇编》,人民出版社2007年版,第13页。
③ 《马克思恩格斯选集》第1卷,人民出版社2012年版,第136页。
④ 《马克思恩格斯选集》第1卷,人民出版社2012年版,第10页。
⑤ 《马克思恩格斯全集》第30卷,人民出版社1995年版,第26页。
⑥ 《马克思恩格斯全集》第33卷,人民出版社2004年版,第350页。
⑦ 《马克思恩格斯选集》第2卷,人民出版社1995年版,第9页。

就是说，在宗教中，人的价值通过幻化而贬值了。因此，人要通过宗教信仰摆脱苦难、确立价值、实现价值，只能是一种天真的幻想。它根本不具有确立和实现人的价值的现实力量。第二，他们批判了剥削制度对人的价值的异化。他们认为，在专制制度下，君权统治使人异化，把人变成了人的奴隶。因此，"君主政体的总的原则说来就是轻视人、蔑视人，使人不成其为人"。"专制制度必然具有兽性，并且和人性是不相容的。"① 在资本主义制度下，人在物质财富的压迫下异化，使人变成了物的奴隶，即工人自己所创造的物质财富、劳动产品，成为一种异己的同他对立的力量，这种力量压迫着人，而不是人驾驭着这种力量。工人创造的物质财富越多，工人自己越穷，受压迫越重。于是"物的世界的增值同人的世界的贬值成正比。"② 马克思尊重人的价值的哲学思想，是我们思考一切问题的根本出发点。科学发展观提出"以人为本"正是从这一哲学思想出发的。

（2）人民是历史主体的唯物史观。唯物史观是马克思主义的伟大理论创造。唯物史观认为人类历史的发展是有规律的，社会存在与社会意识、生产力与生产关系、经济基础与上层建筑的矛盾运动是人类社会发展的基本规律。然而，马克思主义并没有把人的活动与历史规律对立起来，更没有否定人在历史发展中的重要作用。而是认为历史规律是通过人的活动而发生作用的。马克思、恩格斯指出："历史什么事情也没有做，它'并不拥有任何无穷无尽的丰富性'，它并'没有在任何战斗中作战！'创造这一切、拥有这一切并为这一切而斗争的，不是'历史'，而正是人，现实的、活生生的人。历史并不是把人当作达到自己目的的工具来利用的某种特殊的人格。历史不过是追求着自己目的的人的活动而已。"③ 而创造历史的人并不仅是少数几个英雄人物，而是广大人民群众。广大人民群众是推动社会发展的决定力量、是历史的主体。而且就

---

① 《马克思恩格斯全集》第1卷，人民出版社1956年版，第411页。
② 《马克思恩格斯全集》第1卷，人民出版社2012年版，第451页。
③ 《马克思恩格斯全集》第2卷，人民出版社1957年版，第118—119页。

个人的作用而言,唯物史观认为历史的结果是每一个个人意志冲突、融合而成的平均数(合力),虽然各个人的意志都达不到自己的愿望,但"每个意志都对合力有所贡献",都"包括在这个合力里面"。[①] 可见,唯物史观并非简单的"规律决定论",而是坚持尊重社会发展规律和尊重人民历史地位的辩证统一。并且特别重视人民群众的历史创造者的作用。江泽民说:"人民是历史的真正创造者","坚信群众是真正英雄的历史唯物主义观点不能丢"。胡锦涛说:"始终代表中国最广大人民的根本利益,是对马克思主义关于人民群众是推动历史前进的动力这一基本原理的运用和阐发。"又说:"相信谁、依靠谁、为了谁,是否始终站在最广大人民的立场上,是区分唯物史观和唯心史观的分水岭。"人民是历史主体的唯物史观,是科学发展观"以人为本"思想的重要理论基础。

(二)文化依据:它是对我国传统"人贵"思想的继承

科学发展的理念,是在总结我国现代化建设经验、顺应时代潮流的基础上提出来的,也是在继承中华民族优秀文化传统的基础上提出来的。

中华文明是世界古代文明中始终没有中断、连续五千多年发展至今的文明。中华民族在漫长历史发展中形成的独具特色的文化传统,深深影响了古代中国,也深深影响着当代中国。"现时代中国强调的以人为本、与时俱进、社会和谐、和平发展,既有着中华文明的深厚根基,又体现了时代发展的进步精神。"[②]

人本思想是我国传统哲学的重要内容。我国传统哲学中的人本思想孕育于西周初年的"敬德保民"观念,萌芽于春秋时期的"民为神主"观念,形成于春秋末至战国时期的"人最为贵"观念。春秋战国时期在社会大变革的历史中,诸子风起,百家争鸣,问天思人,轻命重力,使人的地位和价值、人的力量和作用,受到了进一步的关注和肯定。无论儒家、道家还是名家、法家,无论主张"天人合一"还是主张"天人相

---

① 《马克思恩格斯选集》第4卷,人民出版社2012年版,第606页。
② 《胡锦涛文选》第二卷,人民出版社2016年版,第438页。

分",都充分肯定了人的主体地位,高度弘扬了人的价值。提出了"惟人万物之灵"(《尚书·泰誓上》),"人者,天地之心也"(《礼记·礼运》),"天地之性人为贵"(《孝经》引孔子语)三大命题。特别是"天地之性人为贵"的观念是对人的崇高价值品位的高度概括,标志着中国哲学人本思想的形成。战国之后,中国哲学的人本思想基本上都是对这一观念的阐释和发挥。例如,《荀子·王制》云:"水火有气而无生,草木有生而无知,禽兽有知而无义,人有气有生有知亦且有义,故最为天下贵也。"《太玄·玄文》云:"物之所尊曰人。"《白虎通义·三军》云:"人者,天之贵物也。"《说文·人部》云:"人,天地之性最贵者也。"《论衡·诘术》云:"人之在天地之间也,万物之贵者也。"《说苑·杂言》云:"天生万物,唯人为贵"。

传统"人贵"思想的精髓在于以人为价值主体,高度肯定和弘扬人的价值。这种观念体现于治世、治国的思想上,其内容集中在两个方面。一是认为对于治世、治国来说人是根本性的决定性的力量和因素。一个国家的兴盛、一个社会的进步、一种事业的成功尽管需要诸多因素和条件,但是首要的、根本的是要依靠人的力量、发挥人的作用。管子曰:"夫霸王之所始也,以人为本。本理则国固。"《亢仓子·君道篇》曰:"夫国以人为本,人安则国安。"罗钦顺云:"世道之升降,系于人不系于天。"(《四续》)这种"以人为本"的治国理念是从人与物、人与天的关系上来阐发人的作用的,如果从君民关系上弘扬人的巨大作用,"以人为本"就成为"以民为本"。老子云:"圣人常无心,以百姓心为心。"(《老子》第四十九章)孟子云:"民为贵,社稷次之,君为轻。"(《孟子·尽心下》)贾谊云:"夫民,万世之本也,不可欺。"又云:"闻之于政也,民无不为本也。国以为本,君以为本,吏以为本。"(《新书·大政》)根据"以民为本"的政治理念,哲学家们进而提出了"政之所行,在顺民心;政之所废,在逆民心"(《管子·牧民》)的为政之道。总之,对人作为国家兴盛、社会发展、政权巩固的决定因素的充分肯定,是中国古代哲学人本思想的一个重要内容。二是提出了应在治世中切实地关爱人的生命、尊重人的价值、关注人的利益的价值关怀。做到"爱人""立人""达人""利人"。《论语》记载:"厩焚。子退朝,曰:'伤人乎?'不问马。"(《乡党》)这表明孔子高度重视人的价值、关怀人的生命。朱熹解释《论语》此章时说"贵人贱畜,理当如此"(《论语集注》卷五)。老子云:"圣人常无心,以百姓心为心。"(《老子》)墨家提出:一切言论,都应以"国家百姓人民之利"为重要标准。由此可见,科学发展观以人为本的理念与我国古代以人为贵的价值观,有着内在的思想源流关系,它摒弃了其中的封建性糟粕而汲取了其合理性精华。

(三) 时代依据:它是对时代潮流的顺应

近代以来,西方资产阶级发展观的主流是"以物为本"的发展观。所谓"以物为本"的发展观就是把物质技术的改进、物质生产的进步、物质财富的增长作为社会发展的主要价值取向,甚至是唯一的价值取向。这种"以物为本"的发展观对于创造西方社会的物质文明、推动西方社会变革和推进西方社会的现代化曾起过重大的积极作用。马克思、恩格斯在《共产党宣言》中说:"资产阶级在历史上曾经起过非常革命的作用","资产阶级在它的不到一百年的阶级统治中所创造的生产力,比过去一切世代创造的全部生产力还要多,还要大"。[①] 然而,这种发展观的缺陷,也造成了严重的社会危害。概而言之,一是破坏了生态和环境,二是导致了人的价值失落。对此,马克思主义的创始人和西方许多有见识的思想家都进行过深刻的批判。针对其导致了人的价值失落的弊端,马克思、恩格斯说:"它使人和人之间除了赤裸裸的利害关系,除了冷酷无情的'现金交易',就再也没有任何别的联系了。"[②] 它把人的一切情感"淹没在利己主义打算的冰水之中","它把人的尊严变成了交换价值","用一种没有良心的贸易自由代替了无数特许的和自力挣得的自由"。[③] 总之,

---

[①] 《马克思恩格斯选集》第1卷,人民出版社1995年版,第277页。
[②] 《马克思恩格斯选集》第1卷,人民出版社1995年版,第275页。
[③] 《马克思恩格斯选集》第1卷,人民出版社1995年版,第275页。

物本发展观的根本特征是"物的世界的增值同人的世界的贬值成正比"①。进入20世纪以后特别是到了20世纪中晚期,越来越多的西方哲学家、思想家都着力于对"以物为本"的发展观进行反思与批判,联合国也逐步对发展观进行理论转换,一些西方发达国家也开始对发展进行战略调整。"可持续发展"概念、"综合发展"概念、"以人为中心发展"概念、"人类发展"概念就是通过对"以物为本"的发展观的反思批判而提出的。所以说,以人为本,全面协调可持续的科学发展观是对西方"以物为本"发展观的超越,也是对当代国际社会提出的新发展理念的借鉴。

(四)现实依据:它是对我国现代化建设经验的总结

科学发展观是在正确认识中国国情和把握社会发展阶段以及认真总结发展经验和针对发展中出现的问题而提出的。这些是科学发展观提出的现实依据。

(1)"我国正处于并将长期处于社会主义初级阶段,生产力发展水平还不高,人均国内生产总值仍居于世界后列,人口多、底子薄、发展不平衡状况将长期存在。"② 据此,我们既要增强工作的紧迫感,以只争朝夕的精神抓住机遇,加快各项事业的发展,又要充分考虑社会主义现代化建设的长期性和艰巨性,做好长期艰苦奋斗的思想准备,防止和克服急于求成、急功近利的心态和做法,老老实实地艰苦创业、踏踏实实地艰苦奋斗,走科学发展的道路。

(2)"首先要准确认识国际国内的发展环境,准确认识我国发展的阶段性特征,准确认识我国经济社会发展面临的主要问题,准确认识实现我国经济社会又快又好发展的基本要求。"③ 党的十七大报告指出:进入新世纪新阶段,我国发展呈现一系列新的阶段性特征,"这些情况表

---

① 《马克思恩格斯全集》第1卷,人民出版社1995年版,第40页。
② 《胡锦涛文选》第二卷,人民出版社2016年版,第157页。
③ 中共中央文献研究室:《十六大以来重要文献选编》(中),中央文献出版社2006年版,第1087页。

明，经过中华人民共和国成立以来特别是改革开放以来的不懈努力，我国取得了举世瞩目的发展成就，从生产力到生产关系、从经济基础到上层建筑都发生了意义深远的重大变化，但我国仍处于并将长期处于社会主义初级阶段的基本国情没有变，人民日益增长的物质文化需要同落后的社会生产之间的这一社会主要矛盾没有变"[①]。当前我国发展的阶段性特征，是推进改革、谋划发展的根本依据。

（3）"由于人口多、底子薄、发展不平衡，中国在发展中仍面临着一些突出矛盾和问题，主要是：经济结构不合理和粗放型经济增长方式还没有根本改变，城乡、区域、经济社会发展不够协调，人口资源环境压力加大，就业、社会保障、教育、医疗等民生问题比较突出。为更好地解决这些突出矛盾和问题，我们提出要全面贯彻落实以人为本、全面协调可持续发展的科学发展观，转变发展观念、创新发展模式、提高发展质量，坚持用发展和改革的办法解决前进中的问题，让发展成果惠及全体人民。"[②]

对马克思主义人本思想的发展，使科学发展观的"以人为本"核心价值理念具有了坚实而科学的理论基础；对中国传统"人贵"价值观的汲取，使科学发展观的"以人为本"核心价值理念具有了鲜明而深厚的民族特色；对西方"以物为本"发展观的超越，使科学发展观的"以人为本"核心价值理念具有了强烈而浓郁的时代精神；对中国现代化建设经验的总结，使科学发展观的"以人为本"核心价值理念具有了坚实而深厚的实践根基。

（载《重庆社会科学》2009年第9期）

（本文部分内容以"以人为本是科学发展观的价值底蕴"为题，载《西北人文科学评论》第1卷，陕西人民出版社2008年版）

[①] 《十七大以来重要文献选编》上，中央文献出版社2009年版，第11页。
[②] 胡锦涛：《坚持和平发展，促进共同繁荣》，《人民日报》2006年11月18日；《科学发展观重要论述摘编》，中央文献出版社2008年版，第8页。

不断激发学术创新的活力

——祝贺《西北人文科学评论》出版发行

西北政法大学创办的《西北人文科学评论》的正式出版发行，虽然是一种学术丛集刊的面世，但对于学校和社会、对于学科和学术、对于老师和学生，都是一桩喜事、一件盛事。其意义是深远的。我作为学校的一名老教师，作为陕西省社科联的主席，以双重身份对此表示热烈的祝贺。我觉得《西北人文科学评论》的正式出版的意义在于四个方面。

首先，它为西北政法大学人文社会科学工作者特别是非法学专业的人文社会科学工作者，提供了学术研究创新、学术成果发表、学术精品生成、学术思想交流的美好园地。改变了学校非法学专业的老师们长期以来没有在学校办的期刊上发表学术论文的窘境。

其次，它是西北政法大学人文社会科学多学科结构的历史见证。有史以来，西北政法大学就是以多学科的人文社会科学为学科定位的高等院校。早在五十年前，在学校由中央政法干校西北分校改建为大学之时，就设有哲学、经济学、法学、新闻、中共党史五个系科，后来其学科结构多次变化，特别是经历了20世纪60年代中期和80年代后期两次学科单一化的境遇，但其人文社会科学的学科性质一直延续至今，多学科的结构格局基本保持下来。《西北人文科学评论》的编辑出版，正是学校多学科结构的历史积淀的产物和见证。

再次，它是西北政法大学人文社会科学多学科发展的现实要求。在当今时代，科学发展的趋势是学科渗透、学科交叉。任何一个学科的发展必须在保持自己专业特征的同时，从其他学科中汲取营养，借鉴方法，取得启迪和支持。孤立的、单一性的发展路径已经行不通了。学校在由学院更名为大学以后，这种人文社会科学多学科发展模式的必要性，愈益突现出来。在形成了法学特色鲜明，经济、管理、人文等学科共同发展的专业格局的今天，为学校的本科专业、大学科门类提供了学科建设的平台，开辟了学术创新的阵地，构筑了学者成长的园林，已成为学校内涵发展的迫切需要。如果说自然科学和社会科学是鸟之两翼、车之二轮、舟之双桨，那么对于西北政法大学的学科发展来说，法学和其他学科的关系也如同鸟之两翼、车之二轮、舟之双桨，我们只有振奋两翼、驱动双轮、荡起双桨，学校才能腾飞、才能前进。不然的话，大学之舟只会在原地打转。《西北人文科学评论》的编辑出版，正是适应了这一需要应运而生的成果，也是学校领导高瞻远瞩的学术眼光和兼容并包的办学理念的表现。时不我待，让我们荡起双桨吧！

最后，它也是陕西人文社会科学研究实力和学术水平的一种展示。我省哲学社会科学经过中华人民共和国成立以来特别是改革开放的发展，已经形成了一支近三万人的庞大学术队伍，建成了门类齐全的学科体系，取得了丰硕的研究成果，体现了相当高的学术水准，产生了广泛的学术影响，在认识世界、传承文明、咨政育人、服务社会中发挥了巨大的功能，特别是在推进陕西经济社会发展和建设西部强省的过程中发挥了重大作用。在陕西哲学社会科学界，西北政法大学的哲学社会科学工作者，是一支具有实力的学术队伍，也是一个具有相当学术水平的学者群体。在法学领域是如此，在非法学的人文社会科学领域，也是如此。《西北人文科学评论》的编辑出版，是西北政法大学人文社会科学实力和水平的展示，也是陕西哲学社会科学实力和水平的一种展示。下面，我讲六点期望。

（一）明确办刊宗旨

坚持马克思主义指导思想、为人民服务、为社会主义服务的方向和百花齐放、百家争鸣方针的有机统一。

（二）选取重大论题

在学术与思想的结合、历史与现实的交响、理论与实践的互动、反思与构建的张力、中国问题与世界问题的兼顾中确定选题，这是中国哲学社会科学发展的历史趋势所要求的。

（三）推进学术创新

推进学科体系、学术观点、科研方法创新，多出新作、多出精品，推动学校的哲学社会科学优秀成果和优秀人才走向全国、走向世界。

（四）形成鲜明特色

一个刊物必须有自己的独特风格。有特色才会有优势，有优势才会有价值，有价值才会有影响。

（五）体现优良学风

在集刊上体现优良学风，通过集刊弘扬优良学风。

（六）追求终极关怀

以人为本是哲学和人文社会科学的深层本质和终极关怀。哲学、人文学科和社会科学的直接目标是探索社会的发展规律、构建美好的理想社会，而社会是人的群体组织形式，而人才是社会的主体，社会是为了人的生存和发展而形成并存在的。马克思、恩格斯曾经说过"社会——不管其形式如何——是什么呢？是人们交互活动的产物"[1]。"人永远是这一切社会组织的本质"[2]，"历史不过是追求着自己目的的人的活动而

---

[1]《马克思恩格斯选集》第 4 卷，人民出版社 1995 年版，第 532 页。
[2]《马克思恩格斯全集》第 1 卷，人民出版社 1956 年版，第 293 页。

已"。①"应该避免重新把社会当作抽象的东西同个人对立起来。"② 正由于他们认为"人是主体",是自然、社会和历史的主体,所以他们说"我们的出发点是从事实际活动的人"③。因此,哲学、人文学科和社会科学的终极关怀应该是探索人的活动规律、实现人的存在价值、促进人的自由而全面的发展。《西北人文科学评论》应该自觉追求这种终极关怀。

最后,祝愿《西北人文科学评论》越编越好,不断地激发学术创新的活力,持久地鼓舞追求智慧的热情!

(载《西北人文科学评论》第 2 卷,陕西人民出版社 2009 年版)

---

① 《马克思恩格斯全集》第 2 卷,人民出版社 1957 年版,第 118—119 页。
② 《马克思恩格斯全集》第 42 卷,人民出版社 1979 年版,第 122 页。
③ 《马克思恩格斯选集》第 1 卷,人民出版社 1956 年版,第 73 页。

陕西省茶文化研究会成立贺词

陕西省茶文化研究会经过数年的酝酿与筹备，今天隆重地成立了，这是我省产业界、文化界的一件盛事，也是我省社科界、文艺界的一桩大事，在这一喜庆的时刻，我谨代表陕西省文化学术界、社会科学界对研究会的成立表示热烈的祝贺。在陕西省成立茶文化研究会具有重要意义。

首先，茶文化是中华传统文化的组成部分，研究茶文化是认识和弘扬传统文化精华的重要途径。中国有茶，茶有文化，文化有道。中国是发现和利用茶叶最早的国家，是茶文化的发祥地。史书记载：茶"发乎神农氏，闻于鲁周公"。也就是说，在几千年前，我们的祖先就开始发现和利用茶叶了。至公元前1100年，茶在神州大地已广为人知。公元前59年已有茶叶买卖的文字记载。唐代已是"比屋皆饮"，家家饮茶了。在茶的种植、饮用过程中逐渐形成了茶文化。可以说，茶文化的历史与中华文化的历程是同步的；而茶文化的蕴涵与中华文化的意蕴是同质的。中华文化中儒家的仁爱礼仪、道家的清静自然、佛家的空寂淡远都在茶文化上有所体现。虽然茶文化是中华文化的一个部分、一种门类，但它全息性地呈现了中华文化的历史和内涵。所以，研究茶文化是认识和弘扬传统文化精华的重要途径。

其次，茶文化具有鲜明的特征，研究茶文化有其特殊的文化社会价值。茶文化作为中华文化的组成部分，具有其鲜明特征。茶文化的基本特征是一元载体、多维辐射。茶文化以茶为载体，并通过这个载体辐射为各种文化现象。涉及科技教育、医疗保健、经济贸易、餐饮旅游、文学艺术、历史考古、民族宗教等领域，其内容十分丰富。一元载体展现为多维辐射，多维辐射统一于一元载体。这种总体特征，具体表现为五个统一。

（一）物质性与精神性的统一

茶叶是劳动生产物、是一种饮料、是一种药品、是一种商品、是一种贸易品、是一种礼品。茶文化具有的传统精神内涵包括热爱祖国、无私奉献、坚韧不拔、谦虚礼貌、勤奋节俭和相敬互让等。茶活动是物质活动与精神活动的统一。茶文化是物质文化与精神文化的统一。

（二）历史性与现实性的统一

茶文化形成和发展的历史非常悠久，相传始于神农之世。先秦《诗经》总集有茶的记载。战国，茶叶已有一定规模。汉代，茶叶成为佛教"坐禅"的专用滋补品。魏晋南北朝，已有饮茶之风。隋代，全民普遍饮茶。唐代，茶业昌盛，茶叶成为"人家不可一日无"，出现茶馆、茶宴、茶会，提倡客来敬茶。现代人仍然在种茶、饮茶。

（三）民族性与国际性的统一

茶源于中国，是中华民族的国饮，中国是茶文化的故乡。中国各民族酷爱饮茶，茶与民族文化生活相结合，形成各自民族特色的茶文化。古老的中国传统茶文化又传入国外，同各国的历史、文化、经济及人文相结合，演变成英国茶文化、日本茶文化、韩国茶文化、俄罗斯茶文化及摩洛哥茶文化等。现代，茶文化在国际上的频繁交流，推进国际文化交流，茶文化成为人类文明的共同精神财富。

（四）学科性与生活性的统一

饮茶是人们的日常生活，研究茶和茶文化又形成诸多学科，如茶史学、茶种植学、茶医学、茶工艺学、茶社会学、茶民俗学、茶美学、茶文化学、茶哲学。

（五）高雅性与平民性的统一

古代，上至帝王将相、文人学士、豪门贵族，下至平民百姓，都在饮茶。现代，从精英层到平民层，各层各界各种活动都以茶为饮。

此外，茶文化还有全国性与地域性的统一的特征。茶文化的特征决定了研究茶文化可以发挥经济、政治、文化、道德、艺术、外交等多方面的社会功能，从而促进和谐社会的建设。

最后，陕西茶产业和茶文化有其悠久的历史和重要地位，研究茶文化可以推动地域文化和地方经济社会发展。西北五省唯陕西产茶，陕西是古老的产茶区。对于中国茶史，学界有"巴先蜀后"之说，就是说古代巴国茶业先于蜀国。据专家研究，古巴国在夏代（公元前2070—前1600年）之前就已在汉水流域立国，古巴人是中国最早种茶、用茶的民族。后来随着大规模移民的历史机遇，陕西得饮茶风气之先，逐渐形成茶文化。至唐代，陕西茶进入鼎盛时期，在中国茶业发展史上写下辉煌的一页。唐代长安的宫廷茶文化辐射全国，使茶道大行于天，从而确立了茶的国饮地位。唐代长安成了中国茶文化在海内外传播的中心。法门寺地宫出土的大唐系列宫廷茶具就是标志。而且，大唐贡茶制度的产生推动了后来中国茶业的发展，"茶马交易"国策的实施也影响了历代封建王朝的茶叶交易。总之陕西曾是全国最早的茶区和茶叶种植中心，曾是全国茶文化的鼎盛地区和传播中心。正如丁文教授所说，陕西茶业和茶文化"曾踏上丝绸之路风光过，曾领导饮茶新潮流潇洒过，曾进贡朝廷高贵过，曾为朝廷交换战马荣耀过，曾稳稳占领大西北市场霸气过"，陕西茶业和茶文化的历史地位，在中国茶史上有着不可替代的作用和举足轻重的历史地位。陕西茶产业和茶文化的悠久历史和重要地位，决定了我们成立茶文化研究会的必要性和重要性。我们研究茶文化无疑可以深化我们对陕西历史和文化的认识，推动陕西地域文化和地方经济社会的发展。

总之，陕西茶文化研究会的成立意义重大，适逢其时。为此，我祝愿研究会在以后切实的工作和活动中，繁荣昌盛，绘宏伟蓝图，结累累硕果，创巍巍业绩，在陕西的茶业史、文化史上写下光辉灿烂的篇章！

（2009年6月2日）

价值论：中国传统哲学的核心

问[①]：赵教授，我知道你本来是研究马克思主义哲学的，后来又研究中国哲学史，可不可以跟我们谈一谈您的治学经历？

赵馥洁：我对中国传统哲学、传统文化的学习、思考和研究，可以说是一个循序渐进、日积月累的过程。大体可以分为这么几个阶段。第一阶段是前大学时期。我的学前教育，可以说是具有浓厚的传统文化色彩。我出生于陕西关中地区一个农民家庭。这个家庭虽不是一个书香门第，也还够得上一个耕读之家。家中人既耕地又读书。我的家庭世代务农，但是祖上有读书的传统。我的祖父虽然没有科举功名，但他是一个勤奋读书而且读书很多的人。我的父辈也都读过书。祖父藏书颇丰，给我们家留下了一大批古代的书籍，这个藏书中既有儒家的经典"十三经"等，也有大量历史书籍，像《史记》《汉书》《后汉书》《三国志》《资治通鉴》等，还有不少古代的诗词文集。因此我从小就接触这些东西，对它们有浓厚的兴趣。我的父亲用中国传统的启蒙教材《三字经》《百家姓》《千家诗》《弟子规》《千字文》对我进行启蒙的教育，四五岁就开始背这些东西，我读得最熟的是《千家诗》。上学以后，在小学、中学阶段我接触了好几位对中国的传统文化有深厚感情的语文老师，他们教传统文学的课程，指导学生课外读古代文学著作，非常执着。我的语文学得非常好，特别是古典文学学得好，老师也很满意，于是总是给我指导。中学期间我还读了不少西方文学作品，歌德、海涅、席勒、雨

[①] 提问者：梁燕城。

果、莎士比亚、拜伦、雪莱、济慈、普希金、契诃夫、安徒生等的作品，我能找到的都读。东方文学家我读得最多的是泰戈尔。他的《新月集》《飞鸟集》《游思集》，我读了以后，印象特别深，觉得他有一种东方文化的境界和情怀。我读了泰戈尔，就对他的作品产生了浓厚的兴趣，后来不断地收集他的作品阅读。

第二阶段是上大学时期。高中毕业时我想考中文系，但我的一位老师建议我去读哲学。他说中文完全可以自学，你自己可以读作品，去体会，也可以去写作。他建议我到大学去读哲学，他说，一是哲学比较难学、难理解，必须到大学去由老师来指导才能学懂；二是学哲学要求比较宽的知识面。他说我的文科基础很好，但是数理化的成绩也还不错，这是学习哲学的好条件。于是我就选择了哲学系。那一年在我的故乡富平县招生中，有哲学专业的唯一大学就是西北政法学院。这就是我上西北政法学院哲学系的由来。在大学的四年中，马克思主义哲学的原理和原著、中国哲学的历史和原著、西方哲学的历史和原著都学过，主要的课程还是马克思主义哲学。由于我对中国传统文学长期形成的浓厚兴趣，所以我非常热爱中国古典哲学，读了不少中国古典哲学的典籍。

第三阶段是大学毕业（1964年）到"文革"结束。"文革"期间，由于当时自己是年轻教师，既不是革命的对象，又不是革命的主力，而我也不去积极参与，可以说处在一种边缘性状态。利用这种处境，我读了大量的中国古代哲学、历史、文学著作。我按思想史的顺序，从先秦的典籍读起，一直往后读，明代的还没读完，"文革"就结束了。"文革"后期的"批林批孔""批儒评法"，也给我提供了一个重新阅读古代典籍的机会，但当时是以批判的态度阅读和向学生讲解《论语》《孟子》和其他儒家经典的，谈不上什么研究。从上大学到"文革"结束期间，除原典以外，我读的最重要的书是侯外庐的《中国思想通史》。

第四阶段是"文革"结束至今。20世纪80年代以前我在大学教的课程一直是马克思主义哲学。但我研究的重点是中国哲学。一开始我研究墨子，这可能跟自己的农家出身有关。因为我从前读墨子形成了一个印象，觉得他是一个平民思想家，他思想很朴实、很平易，具有一种艰苦朴素的精神、兼爱的精神、和平的精神，也有一定的功利意识。于是我写的第一篇文章就是《论墨子》。1979年发表在《哲学研究》丛刊上，是一部中国哲学史论文集。80年代早期我曾到武汉大学进修，跟萧萐父先生和其他几位先生学习中国哲学。当时虽然我已经发表过几篇论文，但研究还是很初步、很肤浅的。这一段进修生活深化了我对中国哲学的认识和理解，强化了我进一步研究中国哲学的基础。进修以后我就主要地从事中国哲学的教学和研究了。

问：您20世纪80年代以来对中国哲学主要进行了哪些研究？

赵馥洁：1980年至今近30年来，我的中国哲学研究包括四个方面的内容。一是先秦诸子的研究。我对孔子、墨子、老子、庄子、周易等都有研究论文发表。二是中国儒学史的研究，我先后参加了赵吉惠教授所领头组织和主持的《中国儒学辞典》和《中国儒学史》的编写工作，还参加了中国大百科全书出版社出版的《中国儒学百科全书》的撰写工作。三是对张载和关学的研究。我发表了多篇关于张载和关学的学术论文，同时，由于我担任陕西省哲学学会会长，所以还与有关单位联合举办了几次研讨关中的儒学——张载关学和李二曲的国际性、全国性的大型学术研讨会，编辑出版了几部论文集。四是对中国传统哲学的价值论进行了比较系统的研究。80年代中期，整个哲学界的学术研讨比较热烈，由真理标准的讨论深入到价值问题的讨论，由哲学原理的讨论深入到哲学史方法论的讨论。我当时感到研究中国哲学，有很多路子可走，中国哲学中也有很多问题没有被重点开拓，我觉得价值问题就是中国哲学里一个非常重要的问题，但是没有很好地研究。当时张岱年先生对这个问题非常重视，他发表了几篇重要文章，我看了以后深受启发。就把中国哲学的价值问题作为研究的重点确立起来。当时我申请了一个国家社会科学基金课题，就是中国传统哲学中的价值观研究。这个课题我搞了三年，1991年在陕西人民出版社出版了《中国传统哲学价值论》这部专著。

问：您这部专著在学术界产生了很好的反响，能否谈谈您在书中提出的主要观点？

赵馥洁：好。这本35万字的专著是运用价值论方法研究中国哲学史。我的基本观点是：价值论是中国传统哲学的核心，中国传统哲学实质上是价值哲学。全书由导论、价值原理篇、学派取向篇、范畴系列篇四部分构成。在导论中，我论述了中国传统哲学价值论的结构特征、理论体系等问题。在价值原理篇，我论述了中国传统哲学中关于价值本质、价值分类、价值评价、人类价值、自然价值的基本思想。在学派取向篇，我论述了儒家、墨家、法家、道家各派的价值观念体系。我把这四派价值观念的体系比较系统地整理出来了。范畴系列篇是对中国传统哲学价值论的一系列范畴的研究。我探讨了义利、德力、义生、德智、理欲、公私、群己、天人、真善美九组范畴。这本书里我提出了对于中国传统哲学的一些独特看法。第一个重要观点是，我认为中国传统哲学在本质上是价值哲学，这是中国哲学的根本特征。为什么说它是价值哲学呢？因为，中国哲学的本体论并不是把探求宇宙的本质、宇宙的起源当作它的根本目标，而是借"天道"以明"人道"，即研究本体问题最终是为了给人生找到一个终极理想、终极境界的根本支撑点。中国传统哲学的认识论也并非以认识的来源和规律为探讨的最终归宿，而是借"知行"以说"道德"，即借知行这个认识论的问题研究人的道德价值。传统哲学的辩证法并非以世界的运动过程和规律为研究的至上兴趣，而是借"阴阳"以言"治平"。即讨论阴阳辩证法的根本目的是为了探讨"治国平天下"的价值理想实现的途径。传统哲学的历史观也并非以历史发展的客观必然性为思考的终极意义，而是借"理势"以论"至治"，即通过探索历史规律来设计社会的价值理想。于是我形成了自己独特的看法："自然与人伦合一，知识与道德融合，宇宙法则和治世规范统一，必然原理与应然判断贯通，是中国传统哲学的本质特征。"就是说，中国哲学是以价值论为核心，以价值论作为落脚点与归宿点的。第二个重要观点是，我提出了中国传统哲学价值观念的体系，我是这样概括的：中国传统哲学的价值论是以人为本位,以道德为主导,以功利和权力为两翼,以自然无为为补充,以天人合一、群己和谐为真善美统一的理想境界的价值观念体系。第三个新观点是,我分析了中国传统价值论的基本结构特征:第一,它不重视价值原理研究,而重视建立现实生活中的价值规范。这是非常重要的一点。它立足于现实生活、立足于人们的实际生活追求价值理想。第二,是它多元取向构成的价值观体系。在先秦时期就形成了这个多元取向,儒墨道法,百家学者,各派都有自己比较独特的价值取向。汉以后独尊儒学了,有的学派不存在了,比如墨家,但是它的价值观念依然对人们有影响。道家、法家就更不用说了。西汉时之所以独尊儒学,正是因为有百家学说,有多种价值观念互相矛盾,统治者才要实现价值观念的一元化。尽管如此,社会上流行的价值观念仍然是多元的。第三,是道德主导。多元取向中有一个是主导的,这一元主导就是儒家的道德价值观。我不同意道家主导,因为儒家的道德价值观处于主导地位乃是一个历史事实。第四,是内在冲突。正因为是多元结构,多元当中又有一元主导,因此这个价值观念内部是存在着矛盾冲突的。儒墨道法有矛盾、有冲突,互相之间有批评。他们在天人问题、义利问题、德力问题、群己问题等很多价值问题上有不同看法。比如说,儒道之间有天人之辨,道家重天,儒家重人;儒法之间有德力之辨,儒家重德,法家重力;儒墨之间有义利之辨,儒家重义,而墨家虽然讲"兼爱"但他重视的是"交利",所以墨家重利。各派之间围绕这些问题互相批评。最后一个观点是相成互补。就是说从整个中国的价值观念体系来讲,各个学派虽然有分歧,但是还有很多共同点;同时各家各派互相吸取、互相借鉴,来补充自己、丰富自己。这就是我对中国传统哲学价值观念体系结构特征的理解。同时,我还提出了中国传统价值观念体系中包括的六大基本观念:人贵于物、义重于利、德高于力、天人合一、群己和谐、善统真美。这些都是中国传统主导性的价值观念,它对后世的文化传统有着深远的影响。

问：很好！您近年来在价值问题研究上还有哪些新的思考？

赵馥洁：在这本书出版以后，虽然学术界有好的评价，还获得了国家教委的全国高校人文社会科学研究优秀成果二等奖，但对我自己研究中国价值哲学来说，只是一个开端。此后，我将继续拓展和深化对中国传统哲学价值理论的研究。一方面，探讨了中国哲学中价值论与本体论、认识论、历史观的融通问题，中国哲学本体范畴的价值意蕴问题，以及传统价值观的现代意义问题。这方面的成果汇集为《中华智慧的价值意蕴》一书，2002年由中国政法大学出版社出版。此外，还写了关于价值观念方面的多篇论文。另一方面，对中国传统价值观念历史演变进行了较系统的研究，2006年在中国社会科学出版社出版了《价值的历程》一书。该书从历史演变的角度探讨中国传统价值观念的整个历史脉络，从先秦一直写到五四运动。近两年，我着重思考全球化背景下的中华价值与全球价值，或者说中华民族的价值与普世性的价值的关系问题，想对中华民族传统价值观念和世界上其他民族、其他文化的价值观有何共性、有何殊性的问题，进行深入的探讨和研究。

问：好的，现在我提一个问题。中国的传统文化和其他文明的最高精神文化，譬如说上帝，中国自古以来有上帝、有天的观点，到儒学后来天人合一而以人为本，但天也从来没被否认，并且一直到清代还是祭皇天上帝，既然如此，这和基督教的上帝传统有什么可沟通的地方？还有一个问题就是对于西方现在其他的世俗文化在新时代带来的冲击、价值观的失落，儒学又有什么贡献？

赵馥洁：这个问题关系到西方基督教文化和中国文化特别是儒家文化的异同问题。我有这么一个看法，无论是基督教文化、儒家文化、道家文化，还是佛教文化，虽有其差异，但也还有其共性，有其相通的地方。我觉得有一种情感，或者说有一种道德、有一种善，带有共性。这个善可以说就是人和人之间的爱。为什么这样讲呢？你看，基督教讲"博爱"，儒家讲"仁爱"，墨家讲"兼爱"，道家老子说"一曰慈，二曰俭，三曰不敢为天下先"。"慈"也是爱，佛家讲"慈悲"，大慈大悲也是爱,有爱才有慈悲,因为它认为人生是苦的,所以爱人是一种慈悲性的爱。那么为什么这些文化、宗教都讲爱?当然这些爱还有差异,同中有异嘛。但对于爱的情感、爱的道德,他们都强调、都提倡、都弘扬。这源于人类本身是一个群体性存在,是一个"类"的存在,人和人之间必须有一种相爱的情感、相爱的纽带,才能维系群体、维系人类的生存,人类才能存在于这个世界上。这一点可以说是东方文化、西方文化、儒家文化、基督教文化共有的。我们现在强调的普世文明、普遍价值,其内涵要从这里深入下去、扩展开来。当然儒家孔子对这个仁爱有很多表述,有很多表达形式。如"仁者,爱人"(《孟子·离娄下》),"己所不欲,勿施于人"(《论语·颜渊》),"己欲立而立人,己欲达而达人"(《论语·雍也》)等。但这些形式的核心是"爱人"。我们要建立全球的、普世的伦理价值,强调人类的爱是很重要的一点。因此,就中国文化而言,儒家的仁爱就是具有普世性的价值观念,就是中国文化对人类文明的伟大贡献。我在《中国传统哲学价值论》一书中就是以仁爱情感、仁义道德为核心来建构儒家的价值观念体系的。就具体内容来说,儒家有两个道德价值命题可以作为普世伦理。一个就是孔子提出的"己所不欲,勿施于人",这是现在世界上很多政治家、哲学家、文化人都认同的观念。第二个就是宋代哲学家、关学的创始人张载提出的重要命题"民胞物与"——"民,吾同胞,物,吾与也"(《正蒙·乾称篇》)。这个命题不仅讲了人和人之间应该建立的友爱关系("同胞"),而且还讲了人与物之间应该建立的和谐关系("朋友"),体现了人类当今应该树立的共同的价值观念。所以我说,"仁"是儒家的爱,"慈"是道家的爱,"悲"是佛家的爱,"兼爱"是墨家的爱,"博爱"是基督教的,爱是普世伦理,是中西文化的重要共识。这是我的第一个看法。

第二我想说说中西文化之"异"。我们中国的祭天和西方基督教的上帝崇拜是有重要的区别的。中国走出原始的宗教崇拜以后,逐渐确立了一个人本思想。西周初年的"以德配天",这个"以德配天"观念中的"天"还是人格神的天,还处于主导的地位,起着主宰的作用。"以德配天"观念中的"德"就是"敬德保民","敬德保民"乃"人"之德,处于"配"的地位。所以"以德配天"观念尽管还不是人本思想,但已经看到了人的因素,承认了人的作用,可以说已经孕育着人本思想。这是人本思想形成的第一阶段。第二个阶段是春秋时期,这时随大夫季梁说:"夫民,神之主也"(《左传·桓公六年》),史嚚说:"国将兴,听于民;将亡,听于神。神……依人而行。"(《左传·庄公三十二年》)老子说:"道大,天大,地大,人亦大。"(《老子》第二十五章)孔子虽然相信天命,但"不语怪力乱神"(《论语·述而》),主张"敬鬼神而远之"(《论语·雍也》),以"仁者爱人""克己复礼"为自己的思想宗旨。这些观念标志着人本思想的萌芽。第三个阶段是战国时代,提出了三大重要观念。第一个是"惟人万物之灵"(《尚书·泰誓》),第二个是"人者天地之心"(《礼记·礼运》),第三个是"天地之性(生)人为贵"(《孝经》)。我认为这三大命题肯定了人是天地之心、万物之灵、万物之贵,标志着人本思想的形成。"人者天地之心"这个命题是说人在天地间的主体地位的,它说人是宇宙的灵性、宇宙的意识,人是宇宙的自我认识,所以心就是"感通",心有感通天地的功能,所以人是天地之心。天地没有心,靠人的心来感通它,天地不能认识自己,靠人的心来自我认识。"天地之性人为贵"这个命题是讲人的价值的,人是宇宙间最有价值的存在,具有至高无上的价值。那么,为什么人可以成为天地之心?为什么人是万物之贵呢?因为人是万物之灵。万物之灵是讲人的特性的,这个观念是说人有意识、人有目的、人能自觉,包括道德自觉在内。这个"灵"有智慧的意思、有觉悟的意思。因此,这三个重要的命题形成了人本思想的主干,后来很多人本思想都是在这上面进行的扩展。后代的哲学家特别是儒家的哲学家,反复地引用、大量地论述、不断地解释这三个观点。这些观点一确立,人本思想就形成了。人本思想形成以后,对中国后世的历史、文化、思想、观念影响极大,把至上的神的观念像西方那样的上帝观念淡化了。当然我们说人本思想占主导地位,并不是说春秋战国以后不存在天命观念了,事实上,天命观念一直保留于中国文化和中国人的思想意识之中。至于后代君主、皇帝的祭天活动,一方面是天命观念的遗存,另一方面具有很大的程式性、仪式性意义。中国传统人本思想具有重要的积极意义,它使中华民族的观念既避免了向神本主义方面的发展,也避免了向物本主义方向的演变,而走上了以人为本的现实主义道路。西方的中世纪是神本主义,近代以来又是物本主义,而中国儒家的人本思想恰恰避免了这两个极端。

问:西方近代以来的确是物本主义,是"以物为本"吗?

赵馥洁:对。近代西方文化崇尚功利价值,追求财富积累,强调物质技术,崇拜工具理性。所以我称之为物本主义价值观。而中国思想的明确态度是一方面主张"民为神主",反对"神为民主"。另一方面又反对"人被物役",反对人成为物的奴隶。认为人既不应成为物质财富的奴隶,也不能成为自身物欲的奴隶。所以这人本思想,把超越性和现实性统一起来了。反对物本主义是它的超越性,反对神本主义是它的现实性。不像西方文化把人放在绝对的神本主义和绝对的物本主义的两极冲突中撕裂,造成了彼岸世界与此岸世界的分裂和对立。

问:这里可能另外还有个问题,就是中国儒家观念没有一个对人的有限性的直觉,以及对罪的直觉。

赵馥洁:人的有限性,是可以在"命"这个概念里得到解释的。"命"这个概念,我一直认为它是指人必然遇到的制约性、被决定性。它是人受到的制约性。因为一个个体、一个主体生活在这个世界上,会受到种种条件、因素的制约。这制约人的种种条件因素,作为一个个人你既不能完全认识它,更不能完全超越它,故可以称为"命"或"天命"。孔子否定人格神,但又讲天命、信天命,天命在孔子那里就是一种制约人的有神秘性的必然性。儒家一方面承认"天命",甚至把"天命"作为人性和人生价值的最终根源,说"天命之谓性",也把天命视为制约人的一种力量,说"死生有命";另一方面又承认人的主体意志、能动精神,他称之为"志"。孔子说"三军可夺帅也,匹夫不可夺志也"(《论语·子罕》)。所以中国有两句成语,"人各有命""人各有志"。

"人各有命"说的是人人都有自己所处的、所受到的、难超越的制约性,人不能完全、绝对超越客观上的制约性,这说明人自身有局限性。所以,从客观角度言,"命"是对人的制约性,从主体角度言,"命"就是人自身的有限性。"人各有志"指人人都有自己选择的自由、选择的力量,自己决定自己的能动性。

问:事实上就是你遇到了有限的处境,你还是会自由做道德决定,比如富贵可以不淫,贫贱可以不移,威武可以不屈,基本上你是自由的。外面的环境是有限的,可能给你压迫,比如可能不能当官,可能没有钱,没有理想发挥的条件,但是还是可以自由地确定自己内在道德的理想,成为"大丈夫"。

赵馥洁:是的。这个道理,也可以借用哲学范畴"志"和"命"来解释,"人各有志"的这个"志",可以说就是人的自由意志;而"人各有命"的"命"呢,可以说就是不以人的意志为转移的必然法则。所以"志"和"命"的关系实际上表现了人的自由与必然法则的关系,它既承认人有自由选择的能动性,又承认人在客观法则面前的有限性。

问:但是这里有个问题,在西方来说是承认人有罪,所以才立法律来限定统治者,因为统治者不能无限化。但是这一点中国好像是缺乏的,统治者变成了上帝,他可以无限化,人民也觉得自己可以成佛成仙、成圣人,也是无限化,结果法律精神就没有很好地张显。

赵馥洁:中国的儒家文化强调人性善,孟子说"人皆可以为尧舜",后来王阳明说"满街都是圣人"。它承认人的本性是善的,从本性上对人充满了信任,但是,说"人皆可以为尧舜"以及"满街都是圣人",就把人性抽象化了,把善绝对化了,也就是把人无限化了。这种把人无限化的观念,会导致很多社会问题。从政治上说统治者可以把自己无限化为"上帝",从道德上说一个人可以把自己无限化为"圣人",这是很有害的,也是很危险的。所以,应该承认人的局限性,承认人的局限性就是承认人的有条件性、具体性。不承认人的局限性,法律就成为多余的了。

(载《陕西地方志》2009 年第 1 期)

中国传统价值观与地方志编写的关系

地方志是记述特定时空内某个方面或各个方面情况的资料性文献。按照志书记述的时间不同可分为通史性志书和断代性志书，按照志书记述的内容不同可分为单一性志书和综合性志书。单一性志书记述某个方面的内容，如经济志、矿业志、行政志、文化志、人口志、戏曲志、风俗志、服装志、报业志等。综合性志书记述的内容是所志时空的方方面面，从自然到社会，从山川到人物，从经济到政治，从美德到风俗，从文献到方言无所不包。一部完善和成功的综合性地方志应是一个地区的综合性资料书，亦可称地方的百科全书。地方志属于史学范畴，地方志者，地方之全史也。清人张学诚说："夫家有谱，州县有志，国有史，其义一也。"这种把"志"等同于"史"的说法，说明方志在史学中的重要地位。方志既然是"史书"，就必然会体现某种价值观念。

地方志所体现的价值观念，包含四方面的内容。一是中国传统历史观中的价值意识。儒家自孔子作《春秋》以来，就有自觉的"史寓褒贬"观念。所谓"褒贬"就是对历史人物和历史事件的价值评价，特别是道德评价。这种价值意识必然体现在历代的地方志中。二是志书所记述的一个地方、一个地域中人们的价值观。它在所记述的人物、事件、文献、文化、文物等内容和资料中都会有所反映。三是方志撰写者的价值观念。一部方志，在撰写宗旨、内容结构、资料选取、撰写方法等方面都会体现撰写者的价值观。四是方志编写时代的主流价值观。人们的价值观念具有历史性，在不同时代，会有不同的主流价值意识和价值取向，这一点必然会体现于该时代编写的方志著作中。例如明代赵廷瑞修，著名关学学者马理、吕柟撰的《陕西通志》不但充分记述了历史上陕西人的价值取向和道德观念，而且撰者有自觉、明确的价值选择标准和价值评价标准。所谓"其论叙多儆敕之词"，"其旌善虽微必书，否则虽有爱而必捐"；"其叙文献，崇正学则述神圣、经籍、帝王、子史以明道；昭法戒则列名臣、名宦、职官、贤哲以示训"（《陕西通志》诸序）。不仅《陕西通志》，任何方志都有编纂者的价值观蕴含其中。这就启示我们，编地方志必须以科学的历史观、正确的价值观为指导。清代张学诚提出史家应具备"德、识、才、学"四种素养，"才"指才干、能力，"学"指知识、学问，"德"指道德情操，而"识"则指正确的世界观、历史观、价值观。由此可见，树立正确的价值观对于方志工作者多么重要。

（载《陕西地方志》2009 年第 1 期）

终南文化与关学精神

终南山指的是秦岭中段,"西起秦陇,东彻蓝田……相去且八百里"[(南宋)陈大昌撰《雍录》卷五《南山》]。终南山又称"中南山",以其居天之中,都之南故;又称"太乙山",以汉武帝元封二年(前109)在都城长安以南的南山口建太乙宫故。终南山约略可以分为三段,周至以西至宝鸡一段为西段,户县、长安境内一段为中段,蓝田境内一段为东段。从总体上看,终南山西高东低。西段眉县县南的太白山海拔3767.2米,既是终南山的主峰,也是整个秦岭的主峰。终南山在古代近傍都城,它的文化积淀深厚,博大精深,具有鲜明的特征。关学是终南文化中的一朵奇葩,是终南文化孕育的智慧明珠。关学是由北宋张载在太白山麓所创立的,至明清时代仍然流行于关中地区的理学学派。在长期的传演过程中,关学形成了自身独有的精神特征。关学精神,既是终南文化的有机组成部分,也是终南文化培育的结果。

终南文化是以山为载体的文化。其总特征是:近傍帝都,历史悠久,内涵丰富,兼备交融。以近傍帝都言,西安是十三朝古都,终南山是古都的南屏障、后花园,都城文化与山水文化在终南山相交融。以历史悠久言,《尚书·禹贡》中已提到"终南"之名,《诗经》中亦有"节彼南山""寿比南山"之句,《山海经》简称其为"南山"。此后各朝代都在此留下了文化遗存。以内涵丰富言,终南山拥有深厚的文化积淀和丰富的文化资源。几乎各类文化都在这座山中有其遗产。以兼备交融言,终南山兼容着各种文化形态、文化内容、文化样式,它们相互结合、相互融通、彼此感应、共同发展,处于终南山这个统一的载体中。这种交融性对关学的精神特质,影响深远。其主要内涵有五个方面。

一 自然景观与人文景观交融

以自然景观而言西段有雄伟壮丽的太白山,中段有高峻秀美的紫阁峰、圭峰山、南五台、翠华山,东段有奇峭险峻的王顺山(又名玉山,位于蓝田县东南部)。以人文景观而言,终南山有历代遗留的古迹、寺庙、道观、宫苑、栈道、墨刻。

终南山自然景观与人文景观交辉互映,呈现着一种博大雄浑的文化气象。张载关学的哲学智慧就具有严谨浑厚又博大雄伟的气象,这首先体现在其学术使命的宏伟高远。张载是一个有自觉的学术使命意识的哲学家,他把"为天地立心,为生民立命,为往圣继绝学,为万世开太平"作为自己的崇高学术使命和人生价值境界。为了实现这崇高的使命和境界,张载以"勇于造道"的精神,着力于哲学创新,建构了自己"由太虚,有天之名;由气化,有道之名;合虚与气,有性之名;合性与知觉,有心之名"(《正蒙·太和篇》)的独特的哲学体系。

张载学无师承,勤于探索,勇于创新,表现了"学贵心悟,守旧无功""濯去旧见,以来新意""多求新意以开昏蒙"的伟大精神,体现了"芭蕉心尽展新枝,新卷新心暗已随。愿学新心养新德,旋随新叶起新知"的不懈追求。这种"古今无两"的"学问思辨之功",不正是终南山气象的人格呈现吗!

二 帝王文化与民俗文化交融

终南山被看作一条龙脉,离都城很近。它既是历代帝王的游猎消遣的内苑,也是很多帝王离宫别馆所在的重地。秦皇汉武所建之上林苑包括终南山的中段和西段东端在内。起初,秦始皇建成上林苑之后,又在苑中北端兴建阿房宫,并且自前殿下建阁道直通终南山,表南山之巅以为阙。汉武帝时更广开上林苑，周回达数百里，将原来阿房宫以南周至至宜春苑（今长安县南）间的田亩山林悉划归上林苑，全苑开12门，括36苑、12宫、25观。隋唐两代又在终南山中增建了不少离宫别馆，如隋之凤泉宫，在眉县境，为隋文帝沐浴之地，唐高祖亦曾临幸；仙游宫，在周至黑水峪内；宜寿宫，在周至境内；甘泉宫，在户县栗峪口；太平宫，在户县太平峪口；唐代新建则有太和宫，在长安县太和峪黄峙村，贞观二十一年（647）改作翠微宫，附建太子宫，太宗卒后改为翠微寺和龙田寺；万泉宫，在蓝田县境，由高宗建于永淳元年（682）。从民俗文化来说，中国最流行的主财神赵公明的故乡在周至南山下，他修道的地方也在终南山；中国民间最著名的驱鬼之神钟馗也在终南山修道。中国极为流行的药王信仰对象孙思邈也长期活动在终南山。终南山还有许多神话故事和民间传说，例如翠华山流行的翠华姑娘的故事。

终南山这种帝王文化与民俗文化交融的特征，熏陶着关学学者，使他们的学术取向多具有浓厚的现实政治情怀。无论是居庙堂之高，还是处江湖之远，他们都把经世致用、齐家治国，作为治学的目的。在宋代理学的濂、洛、关、闽四派中，关学是最具求实精神的学派。洛学专重内心修养，涵泳义理，提倡静坐，时常"瞑目而坐"。而张载关学不尚空谈，"语学而及政，论政而及礼乐兵刑之学"。张岱年先生曾云："张载学说有两个最重要的特点，一是以气为本，二是以礼为教。"① 作为关学学者共同特点的"以礼为教"，正是他们关注现实问题、探求治世之道的突出表现。关学的"以礼为教"，约有二义：一是崇尚古代的礼制，二是重视道德的教化。二者都是从现实政治和社会需要出发提出的主张。张载的弟子吕大钧（字和叔）首创《吕氏乡约》，提出"德业相励，过失相规，礼俗相交，患难相恤"，经过推行，对改化关中风俗发挥了实际功效，对扭转汉魏以来佛学盛行，造成儒家礼教衰败的混乱局面，起了积极作用。张载高兴地说："秦俗之好化，和叔有力。"程颐也称：

---

① 张岱年：《序》，载陈俊民《张载哲学思想及关学学派》，人民出版社1986年版，第5页。

"任道担当,其风力甚劲。"(《二程遗书·二先生语二上》)朱熹称《吕氏乡约》"今为令申"((明)冯从吾撰:《关学编2 和叔吕先生》)。《吕氏乡约》是中国历史上第一部成文的村规民约,是关学经世致用、"以礼为教"的典型范例,也是终南山文化的政治性特征的突出体现。

三　官吏文化与隐逸文化交融

历史上不少大臣显贵在终南山建庄园别业和私第,长安的官僚、文士以及各地的文人骚客常常在公务之余到此游赏娱乐。唐代著名诗人王维的别墅区就在辋川。终南山还是许多臣子亲近皇上的捷径。唐代卢藏用少时隐居终南山,后被唐中宗召见出山,屡任要职。司马承祯来京师时,卢藏用指终南山对他说:"此中大有佳处,何必在远?"司马承祯曰:"以仆所观,乃仕宦捷径耳!"(《大唐新语·隐逸》)此即成语"终南捷径"的来源。终南山自古多隐士,隐士文化名传天下,至今依然存在着全国最集中的隐修茅棚。美国汉学家比尔·波特的《空谷幽兰》记述了终南山的一些当代隐士。终南山是官吏文化与隐逸文化交融之处,"空谷幽兰"与"庙堂牡丹"并开,"仕宦捷径"与"隐士茅屋"同在。

在官吏文化与隐逸文化交融、汇聚的终南山的怀抱里生长、传衍的关学,其学者的人生价值观也受到这种文化精神的浸润。一方面,他们学优则仕,达则兼济天下,在为官道路上实现人生价值;另一方面,他们穷则独善其身,当政治命运多舛时,退身隐居,以讲学著书为安身立命之所。历史上,关学学者多数都担任过职务或高或低、时间或长或短的官职。而且都尽职尽责、任劳任怨。在朝为官时,他们刚正不阿,忠肝义胆,不畏权贵,直言敢谏,"直声震天下";任职地方时,他们勤政廉洁,不收贿赂,拒收馈赠,兴利除弊,秉公执法。辞官(或被罢官)隐居后,讲学著书,勤奋治学,洁身自好。自关学宗师张载辞官隐居太白山麓讲学著书之后,关学学者隐居不仕,代不乏人。金末萧维斗隐居终南山三十年;明代的吕柟、杨爵、冯从吾等,都曾辞官为学,隐居终南山麓；明末清初，易代之际，以"三李"为代表的不少关中学者，隐居不仕。关学学者，在为官与隐居时，都保持了崇高的人格节操。《明儒学案》中说：关学学者"多以气节著，风土之厚，而又加之学问者也。"

四 科学文化与艺术文化交融

从科学来说，终南山是秦岭的核心部分，它横贯中国中部，作为中国中部唯一东西走向的山脉，是我国地理的南北分界线（冬季平均气温的零度分界线、南北干湿区的分界线等），两条母亲河（黄河、长江）的分水岭。这里既有国家级地质公园，也有国家级森林公园多处；山谷河流南北梳状密布，山脚温泉处处；山中植被丰富，物种繁多，珍禽异兽栖息，国家保护动物多种；森林从暖温带落叶阔叶林到亚寒带高山灌木草地等各类自然地理景观发育良好。因其自然景观独特，被称为"中国中央国家公园"。这些都具有极高的科学价值。从文学来说，终南山更是历代特别是唐代文人学士旅游、居住、创作的胜地，留下了极其丰富而影响全国的文学作品，一本《全唐诗》中，吟咏终南胜景的绝唱不下数千首，李白、杜甫、王维、白居易、元稹等著名诗人无一不留下了这方面的杰作。

科学与艺术交融的文化氛围，培育了关学学者广博的知识视野和开阔的胸襟，以及鲜明的诗人气质。关学学者大多知识广博，胸襟开阔，多方面探求知识，努力开拓广阔的学术领域。张载明确提出"惟博学然后有可得"，"学愈博则义愈精微"，"见物多，穷理多，如此可尽物之性"，大力提倡"取益于众"。吕大临在《横渠先生行状》中云：先生"少孤自力，无所不学"。不少关学学者善于学习和掌握当世自然知识和人文知识，形成了知识广博的学术素养，不但是理学家而且本身就是天文学家、地理学家、数学家、医学家、律吕学家、文学家、诗人。值得重视的是在关学学者中，杰出的诗人很多。例如李复、李柏、李因笃、王弘撰、王建常等。

五 宗教文化与哲学文化交融

终南山兼有宗教文化和哲学文化。宗教文化中道教、佛教、基督教文化兼有。历代于终南山中所建道观可考或现存者尚有楼观台、通道观、仙游观、金台观、重阳宫、清凉山、望仙宫、丹阳观、长春观、太一观、四皓庙、玉真观、金仙观、开元观、灵泉观（原华清宫）、白鹿观、太元观、负黎观（原负阳宫）、化羊宫（亦称化羊庙）、太平观（原太平宫）等数十座。终南山自古为仙人修道的圣地，被道教奉为洞天之冠，天下第一福地；道教最核心的经典《道德经》源于楼观台，也正因为如此，终南山成为中国道家和道教思想的发源地，楼观台成为道教的总祖庭。名扬天下的八仙大部分在终南山修道，尤其是铁拐李、钟离权、吕洞宾、韩湘子、何仙姑、蓝采和等；全真教祖师王重阳长期在终南山修道，创立了流传至今的全真道，其墓地所在的重阳宫已成为天下公认的全真总祖庭。终南山从古到今佛教寺院众多，影响深远。中国佛教八大宗派中五大宗派的祖庭在终南山，即三论宗祖庭草堂寺，净土宗祖庭香积寺和悟真寺，华严宗祖庭至相寺、华严寺和圭峰寺，律宗祖庭净业寺和丰德寺，唯识宗祖庭兴教寺；中国最早官方钦定的观音道场在南五台；最早为最流行的菩萨（观音）修建的塔犹存圣寿寺；全国规模最大的佛教泥塑群在水陆庵；净土宗第十三代祖师印光大师出家修道和圆寂后舍利供奉地都在此；被喻为佛教第九大宗派三阶教的祖庭在百塔寺；隋文帝建珍藏佛舍利的法王塔以及白居易撰写长恨歌的地方都在终南山仙游寺；唐代时韩国和日本来华求法的很多高僧长期住在终南山；大量威震东方的著名经典译自终南山下的草堂寺、慈恩寺；流芳百世的高僧大德驻锡于终南山。从基督教来说，全国仅存的基督教最早传入中国的空间遗迹在终南山大秦寺，这里成为现存最早的基督教遗迹；眉县豹窝村旁的十字山是罗马教皇认可的东方圣山，被称为"东方的加尔瓦略山"，等同于耶路撒冷的耶稣圣地，每年都有大量天主教朝圣者。从哲学来说，东周大哲老子著《道德经》于楼观台，东汉扶风大儒马融少时在终南山师从著名学者挚恂，研习儒家经典，后来在关中设绛帐教弟子，传播儒家思想，据传弟子达千余人。著名儒家大师郑玄就是马融的高徒。终南山的佛教思想家层出不穷，鸠摩罗什、僧肇、善导、智俨、义湘、法藏、道宣、澄观、宗密、圆测等，就是佛教史上的佼佼者。

宗教和哲学是终南山文化的灵魂。这种文化特点，对关学的知识结构和文化修养也有影响。吕大临在《横渠先生行状》中记述了其师张载的治学道路，他说：先生遵范仲淹之劝，就读《中庸》，"虽爱之，犹未以为足也，于是又访诸释、老之书。累年尽究其说，知无所得，反而求之六经。"可见，张载对佛家、道家的理论知之甚多，研之甚深，且在与其比较中理解和掌握儒家学说的精神实质，建构其儒家思想的新形态——理学思想体系。正如王夫之所云："横渠早年尽抉佛老之藏，识破后更无丝毫沾染。一诚之理，壁立万仞。"（《读四书大全说》卷十）终南山的文化资源无疑给张载提供了哲学创造的丰厚条件。

这五个方面兼备交融说明，终南山就是中国特别是秦地传统文化博物馆。它的文化特征与关学的精神特质有着内在的联系性、相关性、贯通性。

（载《西安翻译学院学报》2009年特刊；又载《终南文化》2010年春之号）

终南何有　有纪有堂

——祝贺终南学社成立

由西安翻译学院丁祖诒院长创办的学术文化研究机构——终南学社今天正式成立了，这是西安翻译学院的一个创举，是陕西高教事业发展的一件喜事，也是陕西人文社会科学界的一桩盛事，我代表陕西省社会科学界联合会对此表示热烈的祝贺！

西安是中国古都中的名城，终南山是中华众山中的名山，西安翻译学院是中国民办高校中的名校，在这里成立一所以"终南学社"命名的学术文化研究机构具有特殊的意义。唐代文学家刘禹锡在《陋室铭》中云"山不在高，有仙则名。水不在深，有龙则灵"。就是说山、水的价值和意义不在于高、深，而在于是否有仙、有龙。一所学术文化研究机构是否有意义、有价值，不在于它是公家办还是民间办，也不在于其规模大还是规模小，而在于它是否有丰厚悠久的文化承载，是否有宏大正确的宗旨纲领，是否有开拓创新的研究成果。这些才是一所学术文化研究机构是否有价值和有生命之标志，借用刘禹锡的词语，就是是否"有仙""有龙"。

在我看来终南学社就是一所可望"有仙""有龙"，即既可承载丰厚文化蕴藏，又能创造丰硕文化成就，从而富于充沛生命活力的学术文化研究机构。这是由它的基本特征决定的。

首先，它承载着丰厚悠久的文化蕴涵。终南山作为"都邑之南屏，雍梁之巨障"，不仅钟灵毓秀、宏丽瑰奇，有优美雄奇的自然景观，而且有深厚久远的文化积淀。在中国历史上，儒、释、道三教都在这里留下了圣迹，许多诗、词、歌、赋都从这里汲取了灵感，诸多文人、隐士都在这里印下了足踪，不少帝王、将相都与这里结有不解之缘。在这座风景秀美、人文荟萃的山麓成立"学社"，并以"终南"命名，就使学社有了浓郁的文化意蕴和深厚的历史意识，秀实皆美，自然人文兼备，可谓佳名。

其次，它依托于中国优秀的名牌民办大学。成立于1987年的西安翻译学院，不但是我国较早创建的民办高校之一，而且是国内首家"全国民办高校样本学校"，先后荣获"明星学校""先进学校""全国民办高校先进单位"等称号。它坚持不以营利为目的、坚持以学生为本、坚持教育公益性的社会主义办学方针，将"读书、做人、文明、亲情、变革、奋进"作为校训，把"让无助者有助，让有志者成才，让奋进者辉煌"作为座右铭，以创建世界一流民办大学作为责无旁贷的责任，努力追求并竭力实现着"与世界接轨，创东方哈佛"的宏愿。这样一所登上中国民办高教制高点、享誉海内外的名牌大学，成立"终南学社"作为自己专门的学术文化研究机构足以支撑学校的品位，而"终南学社"依托于这样一所大学也才会使自己具有坚韧的基石和独有的特质。这样一来，"学校"和"学社"，可辉光互映、相得以彰。

再次，它确立了方向正确、气度恢宏的办社宗旨。《终南学社简介》中说："终南学社，旨在发挥终南山人杰地灵、文脉绵长的地域优势，广纳文化学术精英，联合社会各方力量，开展以民办高等教育为重点的理论研究和以终南文化为特色的中国传统文化研究，增强学院科研创新能力和综合实力，提高全院的人文综合素质，使之成为一个开放型教育基地和学术研究基地，让成千上万的学子在浓厚的文化学术氛围中得到熏陶，让源远流长的中华民族文化放射出更加绚丽的光彩。"这一宗旨不但方向正确，而且特色鲜明，气度恢宏，视野远大。它把学社与社会、教育与研究、继承与创新、育人与治学高度融合统一于一体，坚持贯彻这一宗旨，必定能使学社自立于省内、国内的学术机构之林，进而展示自身旺盛的生命活力。

最后，它绘制了具体而宏伟的发展蓝图。终南学社准备下设多个分社（如民办高等教育研究室、翻译理论与方法研究室、终南文社、终南书社、终南画社、终南诗社、终南民俗社等），开办"终南文化网"，举办"终南大讲堂"，召开学术会议，编辑出版《终南学刊》和"终南文库"。还拟组织优秀学术成果和文艺作品评奖，开展国内外文化交流。这一发展蓝图，项目具体、内容丰富、目标宏伟，可谓宏图大略。按照这一设计去建设发展，学社必定能取得丰硕的研究和创作成果，产生重大而广泛的学术及社会影响。

总之，立于名山、依于名校、宗旨正大、蓝图宏伟是新生的"终南学社"的突出而鲜明的特征。由此我相信，陕西省终南学社的成立和发展，必定会进一步提升西安翻译学院的人文品位和知名度，必定会推动我省以至于全国高校的学术文化研究，也必定会为促进我省以至于全国哲学人文学科和社会科学的繁荣作出贡献。

最后，我祝愿：陕西省终南学社化特色为优势，变蓝图为现实，著宏业于史迹，在终南山文化史上留下光辉的历史篇章！

（2009年5月28日）

满园硕果耀金秋

——庆祝西北政法大学恢复招生30周年

　　雨过天晴，劫后重生。1979年9月，西北政法大学迎来了她复校重建后的第一届新生。至今30年来，学校事业发展，品位提升。学科建设、队伍建设、院系建设、校园建设，成就煌煌；人才培养、科学研究、学术交流、社会服务，硕果累累。而今已誉驰华夏，名传海外。回顾30年的历程，感受良多；展望未来前景，欣喜有加。值此庆祝恢复招生30周年之际，仅以小诗数首，聊志所感，以为祝贺。

一

　　骤雨狂风毁素馨，十年花木惨凋零。
　　阴霾乍散春光动，学苑芝兰又返青。

　　"文革"动乱中，西北政法学院遭到严重破坏，学校撤销，人员散落，校园被占。"文革"结束后，1978年复校，1979年招生，从此才获得新生。

二

　　复兴大业赖群才，四海英贤招揽来。
　　众志成城齐奋力，荒芜荄尽画图开。

　　复校初，百废待兴，最乏师资。学校派人到全国各地招揽贤才，充实师资队伍。全体教职员工，和衷共济，众志成城，在艰苦的条件下，拼搏奋斗，芟除荒芜，绘制新图。

三

十年学废砚田荒,智海潮呼快起航。

苦坐书窗勤进取,彻夜灯光接晓光。

经过十年学业荒废,复校招生后,教师们夜以继日地刻苦钻研,补救缺失,学习新知。以高度负责的敬业精神、积极合作的团结精神,承担任务,优化课程,改进教学,培养学生。

四

痛惜青春辍笔耕,时光难得到修篁。

新栽桃李风华茂,汲取新知备远征。

复校初期招收的几届大学生,"文革"期间,学业都受到不同程度的耽误。他们极其珍惜上大学的机会。入学后刻苦努力,踏实认真,学风端正,生活朴素,朝气蓬勃,勇于担当。许多人毕业后成长为领导骨干、杰出人才。

五

承前启后贵更新,座座高楼崭向春。

校貌焕然成美景,琅嬛璧海好传薪。

复校后,校园、校舍建设,迅速发展。现在雁塔校区的教学楼、图书馆、食堂、学生公寓、教工宿舍楼,以及长安新校区,全是复校后三十年间所建。为教学、科研、生活创造了比历史上任何时期都优越的条件,为学校的进一步发展奠定了良好的物质基础。

六

孤柱难撑大学魂,参融众科粲黉门。

升华璧合珠联境,花雨缤纷织锦文。

三十年来,学校由单学科发展为多学科,由学院更名为大学。现已有 23 个本科专业，涵盖 7 大学科门类，学校设有 14 个学院，21 个硕士学位授权点。形成了珠联璧合、众科参同的学科结构。学校的多科组合和结构优化，必将有益于发展特色，形成优势。

七

　　学海探珠击楫忙，卅年著述几升堂。
　　百家论苑花争放，再向寰球播远芳。

　　经过广大教师的努力和管理工作的强化，30 年来，科研成果数量激增，质量提升。学术活动、学术交流，发展迅速，影响广远。再继续努力，就会涌现出更多的优秀学者和精品成果，走向全国、走向世界。

八

　　梁栋全凭雨露功，滋兰九畹鼓春风。
　　燃心秉烛光辉远，欣见天涯桃李红。

　　30 年间培养的学生，毕业后奔赴各条战线，发挥特长，创建业绩，成为建设国家、服务人民的栋梁之材。今日塞北江南，到处都有西北政法大学校友。教师的秉烛燃心之光，照耀四方；学生的事业成功之绩，红遍天涯。

九

　　乘风破浪再扬舟，创建中华第一流。
　　祝愿百年欢庆日，满园硕果耀金秋。

　　时代在进步，大学在发展。我们不应满足现状，更不应故步自封，而应该在建校 70 年、复校 30 年的发展基础上，乘风破浪，奋力前进，全面提升。建设学科、创新学术、培养学者、优化学风；振奋精神、革新机制、加强管理，努力把学校建成国内一流大学。祝愿到百年校庆之时，学校荣立于中国名牌大学之林！

（2009 年 9 月）

在西方哲学史年会开幕式上的祝词

各位专家学者：大家好！

首先，我代表陕西省社会科学界联合会，代表陕西省哲学社会科学界的同人，对各位远道而来的朋友，来到陕西师范大学参加学术会议表示热烈的欢迎！

陕西省社会科学界联合会下属120多个学会，涉及哲学社会科学的诸多学科和学术领域。陕西省的学者们，30年来，乘改革开放之风，走开拓创新之路，取得了丰硕的研究成果，涌现出了一大批优秀的学术著作和杰出青年学者，大力推动了全省社会科学的繁荣和发展。这些成绩的获得既是学者们努力的结果、领导支持的结果，也是省外哲学社会科学界专家学者们支持、帮助的结果。借此机会，我对在座的各位多年来给予陕西省哲学社会科学界的支持和帮助，致以崇高的敬意和衷心的感谢！希望各位在今后继续给我们以帮助、支持和指导。

这次年会的主题是关于西方哲学的。我对西方哲学虽有所关注，但既未登堂，更未入室，是一个门外汉。故不敢胡言乱语，妄加议论。我只说一点看法。中国实现现代化，建设中国特色社会主义，实现中华民族的伟大复兴，既要从中国传统文化和哲学中继承和汲取优秀的智慧资源，也要从世界各国包括西方世界的文化和哲学中借鉴和汲取智慧营养。当代中华民族的精神大厦，既要由民族精神来支撑，也要靠时代精神来支撑。严复当年谈到中国文化的出路时曾说"必将阔视远想，统新故而视其通，包中外而计其全，而后得之"。青学鲁迅谈到中国文化的建设时曾说：应该"权衡较量，去其偏颇，得其神明，施之国中，翕合无间。外之既不后于世界之大潮，内之仍弗失其固有之血脉，取今复古，别立新宗"(《文化偏至论》)。他们主张全面地看待、兼容地对待中西古今文化，并在此基础上进行文化创新的观点无疑是正确的。党的十七大报告指出：文化建设要"保持民族性，体现时代性"。既要"弘扬中华文化"，又要"吸收各国优秀文明成果"。以此视角观之，我们研究西方哲学包括现代西方哲学的重大意义，就会在宏阔的文化视野中呈现出来。它不仅具有哲学探索本身所具有的重大学术价值，还具有丰富中华民族精神家园、提升中华民族智慧境界的深远文化意义。我相信，这次年会一定会在主题研讨上有巨大推进，一定会取得重大的研究成果。

最后，祝会议圆满成功！祝各位专家学者在西安生活愉快，身体健康！谢谢！

(2009年10月23日)

祝贺西北政法大学马克思主义教育研究院成立

马克思主义教育研究院成立是我校学科发展史上的新事、大事，我代表陕西省社会科学界联合会并以一名老教师的身份，对此表示衷心的祝贺！

成立马克思主义教育研究院的核心意义在于加强思想政治课的教学，即提高思想政治课的教学水平，增强思想政治课的教学效果。而这一目标的实现，需要机构设置、队伍建设、学科发展、课程革新、教学改进、科研提升等诸多因素。其中最根本的是人的因素，即教师队伍素质的提高。

思想政治课和思想品德课的使命是培养大学生的政治思想素质与道德素质（大学生整体素质主要是由政治思想素质与道德素质、人文素质和科学文化素质三个方面构成的，在这个体系中政治思想素质与道德素质是核心和主导）；思想政治课、品德课的特色是政治性与学科性、道德性与知识性、专业性与广博性、理论性与实践性的高度统一。它最充分、最鲜明地体现了"尊德性"与"道问学"的一体化特征。可以说思想政治课、品德课是当代中国的"内圣外王""明体达用"之学。

这种使命和特点要求从事这类课的教师：既要对马克思主义的学科体系和理论观点有深入的研究和理解，又要有对马克思主义的忠实信仰和对中国特色社会主义的坚定信念；既要对思想政治教育、思想品德教育所包含的各门课程的知识内容进行全面深入的掌握和传授，又要以教师个人的良好道德情操和崇高人格境界来体现这些知识的内在精神；既要有厚实精深的哲学、经济学、政治学、伦理学、法学、历史学的专业基础，又要有广博的人文学科、社会科学视野和把诸学科整合贯通而形成思想政治教育学科群的能力；既要有深厚的理论素养，又要有积极的实践精神和理论联系实际、联系现实生活的热情；既要有深沉的历史感又要体现时代精神。

总之，思想政治教育和思想品德教育的本质是通过理论和知识传授来培养和提升学生的思想政治素质、道德作风素质和人格精神的过程；是帮助学生树立马克思主义信仰，形成正确的世界观、人生观和价值观的过程。这就要求教师不仅要把理论知识内容传授给学生，而且要通过自己的立场、观点、信仰、品德去感染和影响学生。因此，它对教师的人格要求和师德要求比从事其他课程的要求更高、更突出。明确了这一点，我们的学院建设就抓住了灵魂，就强化了主体，就把握了制高点。

祝愿马克思主义教育研究院在学科建设、课程革新、教学改进、科学研究等方面特别在教师队伍建设、优化教师素质方面取得重大进展，祝愿西北政法大学的思想政治教育和思想品德教育提升到一个新水平、升华到一个高境界。

（2009 年 12 月 14 日）

骊山文化的五大特征

骊山位于西安临潼区城南,属秦岭山脉的一个支脉。最高峰九龙顶海拔1301.9米。骊山青翠俊美、郁郁葱葱,远看形似一匹青色的骊马,故名"骊山"。骊山因景色翠秀,美如锦绣,故又名"绣岭"。骊山虽不雄伟高峻,但自然风景秀丽,人文积淀丰厚,是一座富有文化蕴涵的名山,而且,骊山文化还具有鲜明的特征。概而言之,骊山文化有五大特征。

一 神话性——创世神话的追忆

在骊山文化名胜中,老母殿(女娲宫)供奉的神灵时代最为久远。她是远古神话传说中的人物——女娲。女娲乃"古神女而帝者",她同伏羲、神农史称三皇,是人类始祖。《说文》云"女娲,古之神圣女,化万物者也"。女娲的最大功绩就是造人、补天,《山海经·大荒西经》云:"女娲功烈,非仅造人,又兼补天","诚天地初辟摩肩盘古之大神也。"关于女娲造人的神话,《风俗通义》云:"俗说天地开辟,未有人民,女娲抟黄土作人,剧务,力不暇供,乃引绳于泥中,举以为人。"关于女娲补天的神话,《淮南子·览冥训》云:"往古之时,四极废,九州裂,天不兼覆,地不周载,火爁炎而不灭,水浩洋而不息,猛兽食颛民,鸷鸟攫老弱。于是女娲炼五色石以补苍天,断鳌足以立四极,杀黑龙以济冀州,积芦灰以止淫水。"才使得"苍天补,四极正,淫水固,冀州平,狡虫死,颛民生"。使人类得以安居乐业。又云:"女娲不设法度，而以至德遗于后世。"

相传骊山是女娲炼石补天处，《路史》云："女娲，立治于中皇山之源，继兴于骊"，《长安志》亦有"骊山有女娲治处，今骊山老母殿即其处"的记载。《汉书·律历志》将骊山老母称为"骊山女"，也是因其生活在骊山一带之故，"骊山女亦为天子，遂以为女仙，尊曰老母"。女娲创造了人类又在骊山炼石补天，劳苦功高，为了纪念这位中华民族的女性创始人，后世人在骊山修庙祭祀，并尊她为骊山老母。《道教大词典》记载："骊山老母曾在此山炼石补天，抟黄土造人，为了感念老母圣德，人们遂于骊山西绣岭第二峰修建了一座女娲祠，以为纪念。"据殿内现存之《创修山路碑》记载，始建于秦，重建于唐初，时称老母祠。传说农历六月十五为老母生日，故每年农历六月十一至十五老母宫举行庙会，祭祀老母，祈求平安福祉。

此外骊山三元洞奉祀的"三元"神（玉皇大帝、土地爷、大禹）中有治水的大禹，大禹也是远古传说中为民兴利除患的英雄。

女娲崇拜、大禹崇拜既表现出中华民族对造福人类的先祖先贤们的敬仰和尊崇，也反映了人们对创造精神、奋斗精神和奉献精神的赞颂。骊山老母殿、三元洞蕴含着人们对远古神话的文化记忆。

二 宗教性——道教宫观的圣地

骊山也是重要的道教圣地，骊山宗教文化基本属于道教文化。女娲创世的神话，起于远古，当时并无道教；老母殿建于秦时，当时仍无道教。道教自汉兴起后女娲神话才道教化了。女娲神话为什么会道教化呢？因为依道教看来，女娲的出现和创世象征着"有生于无""道生万物"的道家理念。"道"本无名，女娲出现了，"道"始有名，女娲就是由无名之"道"转化而来的。而女娲补天、造人体现的就是"道生万物"。所以，女娲也就成为道教供奉祭祀的一位远古尊神，在道教中被尊为至圣仙人、无极天尊。于是，骊山奉祀女娲就具有神话和宗教的双重含义。

老母殿主殿内保存的立于唐广德元年（763）的《骊山老母授经碑》，记述了唐代著名道士李筌在骊山脚下遇老母为其传授《阴符经》的故事。这说明在唐代女娲已成为道教神灵了。

骊山老君殿也是著名的道观。老君即老子。从《列仙传》开始，把老子列为神仙，东汉时期，成都人王阜撰《老子圣母碑》，把老子和"道"合而为一，视老子为化生天地的神灵，成为道教创世说的雏形。而在汉桓帝时，汉桓帝更是亲自祭祀老子，把老子作为仙道之祖。后来道教尊称老子为"太上老君"，是道教三清道祖中的道德天尊。相传，唐玄宗两次在此见到老君降临阁内，故此称之为降圣阁，也叫朝元阁。唐玄宗本人就笃信道教，好祀神鬼，自白"吾奉上帝所命，为元始孔升真人"，俨然以仙家真人自居。史载"时上（唐玄宗）尊道教，慕长生，故所在争言符瑞，群臣表贺无虚月"（《资治通鉴》）。骊山老君殿乃道教的宫观。

骊山道教的文化特征，还体现于华清宫的命名上。"温泉宫"在天宝六载忽然改名为"华清宫"。其命名意图何在呢？在道教经书《大有经》《金根经》《灵书经》三经中都有"玉华青宫""东华清宫"之名，它指的是道教收藏"宝经玉诀""金简紫藁"的地方，实乃仙家宝地。在道教看来，若能获得以上经典，即可修炼为神仙。北周笃信道教玄学、修炼长生不老之术、号"清虚真人"的道士王褒赞述骊山温泉的诗云："挺此温谷，骊岳之阴。白矾上彻，丹砂下沉。华清驻老，飞流莹心。谷神不死，川德愈深。"此诗中"华清"一词意为温泉能使人青春永在、成为神仙。可见，唐玄宗将"温泉宫"改名为"华清宫"，其意在希冀长生不老，成为神仙。充分表明了他的道教信仰。

位于骊山东西绣岭之间的石瓮谷中的"遇仙桥"，是一座长5米，宽2.4米，高5米的单孔石拱桥，据说亦为唐代所建。相传，古时有一考生，赴京赶考行至此桥，得仙人指教，幸运考中，故此桥名为"遇仙桥"。这显然也是一个道教中的故事。

老母殿、老君殿、华清宫、遇仙桥等道教胜迹，充分表明了骊山文化的道教特征。正由于骊山文化中浓厚的道教传统,所以1992年,台湾著名爱国人士颜武雄等人为报答映登山先祖之恩,在老母殿南侧捐资修建了一座大型道观——明圣宫,为骊山的道教文化增添了新的内涵。

三 政治性——政治历史的遗迹

骊山文化还具有浓厚的政治色彩。骊山烽火台是古代战时传递战报、调兵遣将的设施。相传西周末年,周幽王娶了一位貌若天仙的女子褒姒,可她自进宫后从未笑过。幽王为博美人一笑,无故点燃狼烟,戏弄诸侯。结果当犬戎入侵时幽王再次点燃烽火,却无人来救,致西周灭亡。从而留下一个"烽火戏诸侯,一笑失天下"的典故。骊山脚下的秦始皇陵和秦兵马俑更是天下驰名的政治遗址。

唐朝皇帝在骊山供奉祭祀老子,除上述玄宗曾两次在此见到老君降临的传说和信仰道教之外,还有一个重要原因,就是唐代帝王认为自己是老子的后代,老子是他们的远祖,祭老就是祭祖。于是,神灵崇拜与祖先崇拜合而为一,对老子的奉祀就具有宗教和政治双重含义了。唐玄宗于开元十九年(1731)五月诏令"五岳各置老君庙",开元"二十一年春正月庚子朔,制令士庶家藏《老子》一本,每年贡举人量减《尚书》《论语》两条策,加《老子》策"(《旧唐书·玄宗本纪》)。开元"二十九年春正月丁丑,制两京、诸州各置玄元皇帝庙并崇玄学,置生徒,令习《老子》《庄子》《列子》《文子》,每年准明经例考试"(《旧唐书·玄宗本纪》)。同年四月,唐玄宗以夜梦得玄元皇帝石像为契机,在全国范围内有计划、有步骤、有目的地开展尊崇老子的政治运动。天宝元年(742)二月,玄宗亲享玄元皇帝新庙,九月,诏令"两京玄元庙改为太上玄元皇帝宫,天下准此"。天宝"二年春正月丙辰,追尊玄元皇帝为大圣祖玄元皇帝,两京崇玄学改为崇玄馆,博士为学士"。是年"三月壬子,亲祀玄元庙以册尊号。制追尊圣祖玄元皇帝父周上御史大夫敬曰先天太上皇,母益寿氏号先天玉后,仍于谯群本乡置庙。尊咎谣为德明皇帝，改西京玄元庙为太清宫，东京为太微宫，天下诸郡为紫极宫"（《旧唐书·玄宗本纪》）。与此同时，玄宗皇帝身体力行，率先垂范，多次拜祭太清宫，不断为玄元皇帝增加尊号，戴桂冠，使道教始祖老子的地位扶摇直上，无与伦比。可见，唐代帝王的尊老崇道运动，具有宗教和政治双重原因，其政治目的就是企求远祖老子的在天之灵庇佑李唐王朝，使其江山永固，坚如磐石，传至千秋万代；同时向世人表明，唯有他才是真正秉承上帝之意来统治万民的君主。

骊山华清宫更是北周以来的皇家行宫。《十道志》曰："泉有三所，其一处即皇堂石井，后周宇文护所造，隋文帝又修屋宇，并植松柏千余株。贞观十八年诏阎立德营建宫殿御汤，名汤泉宫，太宗临幸制碑。咸亨三年名温泉宫。天宝六载改为华清宫。"《长安志》《资治通鉴》也有同样的记载。历史上在这里曾发生过许多重要的政治事件。特别是华清宫乃唐玄宗与杨贵妃两人幽会、定情、多次重游之地，"在天愿做比翼鸟，在地愿为连理枝"的山盟海誓就发生于此。可见，华清宫的政治烙印是十分鲜明的。

在现代史上，1936年12月12日张学良、杨虎城两位将军发动震惊中外的迫蒋抗日的"西安事变"就发生于此。现存的兵谏亭（建于1946年3月，由胡宗南发起，黄埔军校七分校全体士官募捐而成，名曰"正气亭"。中华人民共和国成立后，该亭更名为"捉蒋亭"。1986年为缓和两岸关系，再次易名为"兵谏亭"）就是为纪念这一重大历史事件而修建的。综上所述，不难看出骊山文化所蕴含的重要历史政治内容。

四 悲剧性——历史悲剧的象征

骊山文化还有一个内涵，就是悲剧性。相传，周幽王为博取爱妃褒姒一笑，曾在这里举烽火戏弄诸侯，引起诸侯不满，导致了西周灭亡。秦帝国强大一时，却因暴政，致使二世而亡。唐玄宗与杨贵妃在这里游乐沉沦，不理朝政，引发了安史之乱，使唐帝国由盛而衰。骊山都铭记着这些历史悲剧，游骊山都会唤起人们这些历史记忆。后来人们把"骊山晚照"作为关中八景之一，诚然有对骊山夕阳西下时山光景色的赞慕，但也有凭吊历史遗迹，感叹朝代兴亡的情怀。清人杨晃明诗云："丹枫掩映夕阳残，千壑万崖画亦难，此是骊山真面目，一生能得几回看。"赞叹中含有几分感慨。"夕阳残"显然有着悲剧的象征意味。

五 妇女性——女性文化的内涵

骊山"老母殿"铭刻着神话传说中人类始祖女娲的丰功伟业；"烽火台"记忆着周幽王的爱妃褒姒的"千金一笑"；"华清宫"流传着资质丰艳、美貌冠代、善歌舞、通音律的杨贵妃及其姐妹的诸多故事，而且被白居易写入了流芳千秋的《长恨歌》诗篇；八国联军进攻北京时慈禧西逃也曾下榻于此；西安事变时宋美龄也曾来到骊山。所以，骊山文化含有丰富的女性文化内涵。这在中华名山中，可谓别具一格。

骊山文化的特征表明，骊山文化蕴含着丰富的精神内容，潜藏着深厚的传统资源，对其进行深入研究和多维发掘，必将拓展我们对中国山水文化、神话文化、宗教文化、政治文化的认识，深化我们对西安和陕西区域历史和地域文化的理解，加强我们对传统文化精华汲取和利用的力度，其意义广泛而深远！

（2009年6月1日初稿，2009年12月30日修订）

哲学的坚守精神

一　坚守精神是当代的迫切需要

2009年春节期间出访欧洲的温家宝总理，在同西班牙文化界人士、青年学生座谈时说："我经常在思考，一个民族要兴旺发达，就不仅要有人脚踏实地，埋头苦干，更要有人遥望星空，坚守精神家园。这样的民族才有希望，才能克服前进道路上的艰难险阻，才能有光明的未来。"①

2010年6月22日中国青年报记者专访了复旦杨玉良校长。②校长称"大学精神虚脱，才子流氓贻害社会"他说："现在学术也被异化了，学术直接成了盈利手段。""当前来讲，回归和坚守，比改革更重要""回到大学应该担负的使命，不能因为困难就随波逐流。只要我们坚守大学使命，不是说把它改变过来，至少有所改进。而且坚持几代人的话，就会不一样。所以，大学要保证一定的保守性，否则如果老是受世风的裹挟、浊浪的席卷，那么大学在起到民族精神的中流砥柱这方面的作用就没有了。……如果连我们都不坚守的话，问题就比较大了"。

周国平在《坚守精神家园》一文中说："现代世界是商品世界，我们不能脱离这个世界求个人的生存和发展，这是一个事实。但是，这不是全部事实。我们同时还生活在历史和宇宙中，生活在自己唯一的一次生命过程中。所以，对于我们的行为，我们不能只用交换价值来衡量，

---

① 《温家宝谈教育》，人民出版社2014年版，第568页。
② 《复旦校长：中国大学精神虚脱》，《中国青年报》2010年6月22日第7版。

而应有更加开阔久远的参照系。在投入现代潮流的同时，我们要有所坚守，坚守那些永恒的人生价值。一个不能投入的人是一个落伍者，一个无所坚守的人是一个随波逐流者。前者令人同情，后者令人鄙视。"①

二 坚守是哲学的根本精神

坚守精神就是对崇高理想、信念、信仰、人格、道德、真理、价值、精神境界的坚信不疑、坚持不懈、坚定不移的精神，就是对于世俗的、庸俗的、丑恶的、污秽的事物和社会现象不随波逐流、不同流合污的精神。历史上的许多哲人既弘扬坚守理念又体现坚守精神。

（1）孔子曰："三军可夺帅也，匹夫不可夺志也。"（《论语·子罕》）"道不行乘桴浮于海。"（《论语·公冶长》）孟子曰："富贵不能淫，贫贱不能移，威武不能屈。"（《孟子·滕文公下》）

（2）老子曰："唯之与阿，相去几何？美之与恶，相去若何？人之所畏，不可不畏。荒兮，其未央哉！众人熙熙，如享太牢，如春登台，我独泊兮其未兆。沌沌兮如婴儿之未孩，儽儽兮若无所归。众人皆有余，而我独若遗，我愚人之心也哉！沌沌兮！俗人昭昭，我独昏昏。俗人察察，我独闷闷。澹兮其若海，飂兮若无止。众人皆有以，而我独顽似鄙。我独异于人，而贵食母。"（《老子》第二十章）

（3）《庄子·秋水》载："庄子钓于濮水，楚王使大夫二人往先焉，曰：'愿以境内累矣！'庄子持竿不顾，曰：'吾闻楚有神龟，死已三千岁矣，王巾笥而藏之庙堂之上。此龟者，宁其死为留骨而贵，宁其生而曳尾涂中乎？'二大夫余曰：'宁生而曳尾涂中'，庄子曰：'往矣！吾将曳尾于涂中。'"

（4）《渔父》中记载屈原被放逐后，游于江潭，行吟泽畔，颜色憔悴，形容枯槁。渔父见而问之曰："子非三闾大夫与？何故至于斯！"屈

---

① 《周国平散文精选》，长江文艺出版社2017年版，第247页。

原曰:"举世皆浊我独清,众人皆醉我独醒,是以见放!"渔父曰:"圣人不凝滞于物,而能与世推移。世人皆浊,何不淈其泥而扬其波?众人皆醉,何不餔其糟而歠其醨?何故深思高举,自令放为?"屈原曰:"吾闻之,新沐者必弹冠,新浴者必振衣;安能以身之察察,受物之汶汶者乎!宁赴湘流,葬于江鱼之腹中。安能以皓皓之白,而蒙世俗之尘埃乎!"渔父莞尔而笑,鼓枻而去。歌曰:"沧浪之水清兮,可以濯吾缨。沧浪之水浊兮,可以濯吾足。"遂去,不复与言。

(5) 周敦颐在《爱莲说》中有言:"水陆草木之花,可爱者甚蕃。晋陶渊明独爱菊;自李唐来,世人盛爱牡丹;予独爱莲之出淤泥而不染,濯清涟而不妖,中通外直,不蔓不枝,香远益清,亭亭净植,可远观而不可亵玩焉。予谓菊,花之隐逸者也;牡丹,花之富贵者也;莲,花之君子者也。噫!菊之爱,陶后鲜有闻;莲之爱,同予者何人;牡丹之爱,宜乎众矣。"

(6) 苏格拉底对诡辩学派的攻击不遗余力,他曾批评说,诡辩派之领导青年,有如盲者引领盲者,焉得不同归于尽?我国有一句俗话:"盲人骑瞎马。"苏格拉底的批评,可以说是一针见血。他要挽救堕落的人心,慨然以教导青年为己任,不怕危险、不顾讥辱,每天照例走到十字街头或众人聚集的地方,和一般青年人讨论人生的种种问题。他痛诋社会的黑暗、政治的腐败、嘲骂贵绅与强豪,终于招致小人的忌怨。苏格拉底崇奉贵族政治,和民主派的当权者也极不相容;他信奉一神论,和雅典的多神思想也大相径庭。在多种原因的凑合下,这位伟大的哲人终于斗不过黑暗和罪恶而倒下去了。首先米烈多士(Meletus)控告他三种罪名:首先,侮慢本国的神;其次,信奉异端的神;最后,假借教育手段以蛊惑青年。按雅典的法律规定,对于侮蔑本国的神,而信奉异端的神,应处死刑。可是在雅典,被判死刑的人,如果有机会逃出国外,就不予追究;也可以出钱赎罪。有的弟子劝他借机逃走;有的弟子和朋友愿意代他赎罪,都被他拒绝了。为了维护真理和正义,他表示不能这样做,潜逃和赎罪等于向邪恶屈服。临刑前说:"服从国法,是市民的义务。"于是这位70高龄的大哲学家,为真理而殉难,在弟子们的呜咽声中与世长辞了。

（7）哈佛大学罗尔斯教授,15年不发表任何文章,一直琢磨他的《正义论》,现在这本书成了经典著作。但他讲课非常认真,当他讲完一学期的课后向大家告别,学生们不约而同地起立鼓掌。他已经离开教室很远,学生们还在鼓掌,为他的学术精神而鼓掌。有在场的中国学生问:"要鼓到什么时候?"他们回答:"要这个教授在很远的地方仍然能听到掌声。"

赵馥洁文集

第六卷

赵馥洁 著

中华文化的价值观念(下)

中国社会科学出版社

目　录

下　册

2010 年 ·· （399）
 长安学研究的优秀奠基工程
  ——热烈祝贺"长安学丛书"首批图书出版发行 ············ （399）
 简论张载的和谐思想 ··· （402）
 培育和弘扬敬业精神 ··· （408）
 培育和提升中华民族的价值智慧 ···································· （418）
 从场有哲学看中国传统哲学的价值论特征 ····················· （422）
 佛教价值观在隋唐价值综合中的重要地位 ····················· （436）
 师道自觉与师德自觉 ··· （451）
 中国学术思想的历史"长河" ·· （454）

2011 年 ·· （458）
 论汉儒对主导价值观的建构和强化 ································ （458）
 核心价值体系与传统价值智慧 ······································· （482）
 天下为公：孙中山先生的价值理想 ································ （495）
 "黄帝旗帜·辛亥革命与民族复兴学术研讨会"
  小结 ·· （503）
 《乾县民国史稿》序 ·· （511）

李勇《生命的容颜》序 ...... (514)

2012 年 ...... (515)

老子价值观念的现代意义 ...... (515)

儒家的道德价值自觉论探析 ...... (525)

龙文化的价值隐喻和精神象征 ...... (537)

中国哲学普遍价值的内涵及其意义 ...... (544)

2013 年 ...... (549)

苏武精神研究的新开拓
——评《苏武精神与儒家伦理》 ...... (549)

苏武精神与关学精神 ...... (553)

论张载"民胞物与"价值观的普适性 ...... (560)

论先秦法家的价值体系 ...... (570)

孔子与三秦文化 ...... (588)

2014 年 ...... (594)

中国传统哲学的特质及其形成 ...... (594)

永远不能离别的精神家园 ...... (607)

2015 年 ...... (609)

中国传统哲学的修养智慧 ...... (609)

论儒家"义"价值观的现代意义 ...... (622)

仁者乐山，智者乐水
——中华传统旅游观的现代启示 ...... (631)

吕氏《乡约》的价值观及其影响 ...... (640)

孔子的周公梦（学术报告记录稿） ...... (643)

2016 年 ...... (658)

传统文化：构建中国特色哲学社会科学的宝贵资源 ...... (658)

融通诗心的《波斯短歌行》 ...... (672)

永教北斗耀千秋
  ——张克忍先生《人生绿洲》读后 …………………… (675)
经典阅读的意义 ……………………………………………… (679)

2017 年 ………………………………………………………… (690)
 论关学经世致用的实学价值观 …………………………… (690)
 先秦"尚新"说的价值观意蕴及其现代意义 …………… (703)
 构建中国特色哲学社会科学应从传统文化中
  汲取智慧 ………………………………………………… (710)
 文化自信的传统根基 ……………………………………… (714)
 近代经学的历史借鉴答问 ………………………………… (718)
 人类命运共同体与中华传统智慧源 ……………………… (722)
 在"立心书屋"揭牌仪式上的讲话 ……………………… (728)

2018 年 ………………………………………………………… (731)
 孔子"君子之道"的人文精神意蕴 ……………………… (731)
 从"古今无两"到"勇于造道"
  ——论关学宗师张载的创新精神 …………………… (740)
 和谐价值的追求与人权模式的建构 ……………………… (752)
 万紫千红总是春
  ——改革开放中西北政法大学的多学科发展 ……… (762)
 《周礼村落》序 …………………………………………… (769)

2019 年 ………………………………………………………… (772)
 不忘初心　创造辉煌 ……………………………………… (772)
 学问的自得
  ——在中国传统哲学价值论学术研讨会上的发言 … (774)
 孔子的弘道思想及其对培育中华民族精神的意义 ……… (778)
 立人：中华文化轴心时代的价值主题 …………………… (787)

画道的自觉

  ——刘亚谏的《中国画道论》和《画道纵横》

   读后 ··· （799）

在"道通八荒——刘亚谏秦岭诗书画巡展"开幕式上的

  发言 ··· （801）

从自觉到自信的文化心路 ··· （803）

价值论是中国传统哲学的核心

  ——赵馥洁教授访谈 ··· （805）

2010年

长安学研究的优秀奠基工程
——热烈祝贺"长安学丛书"首批图书出版发行

长安学的建立和"长安学丛书"的编辑出版是陕西文化界、文史界、社科界的一桩盛事、一桩喜事,首先我代表陕西省社科联对长安学研究中心的成立和"长安学丛书"首批出版发行表示热烈的祝贺!

长安学是以研究长安文化为中心的学科。长安文化是指近代以前在中国古代社会所形成的以长安城市为载体的传统文化。长安建为城市,从周文王营造丰京算起(公元前1076年),已有3080多年的历史;长安作为首都,历时1200多年,建都的王朝有13个之多。3000年的城市史、1000年的国都史、13朝的政治中心史,所积淀的历史遗产的深厚性、所蕴藏的文化瑰宝的丰富性、所蕴含的传统精神的博大性在中国乃至世界的城市之林中是罕见的。然而,长期以来学界对长安历史文化的研究总是在一般性的文化视角和历史视角中进行的,没有充分凸显长安历史文化研究的特殊地位和独特意义。自2005年李炳武馆长提出"长安学"概念以来,长安历史文化的研究才有了明确的学科定位和学科含义。尽管对长安学的确立及内涵,学界尚有异议,但我认为提出并建立长安学是有充分根据的。其根据在于它具备了形成学科的条件。一种研究对象和研究领域能否成为一门学科,必须具有四大条件,即研究对象的独特性和内容的系统性、研究成果的历史积累性和今后的继续生长性、研究领域的拓展性和辐射性、研究意义的重要现实性和研究价值的可持续性。

　　长安学的建立具备了这些条件。(1) 长安学是对古代都城——长安的丰厚灿烂的历史文化以及以长安为中心的陕西历史文化进行全面综合研究的学科，对象独特而内容系统。(2) 历史上对长安城的研究和对以长安为国都的周秦汉唐文明的研究源远流长，已经积累了丰厚的历史文献和资料。近现代以来特别是改革开放30多年来，随着传统文化、地域文化研究的兴盛，学术界对长安以及以长安为中心的陕西历史文化研究，成果累累并继续增长。(3) 长安历史文化涉及经济、政治、文化、军事、外交、学术、文艺、宗教等诸多领域，研究的领域广阔并有可辐射性。(4) 创建和研究长安学使长安的历史文化研究以及以长安为中心的关中和陕西的历史文化研究有了进行统摄、整合使之系统化的学科平台，有了新的视角定位和新的学科生长点。由此可以有力推进长安学研究的深化、开拓和发展，进而促进优秀传统文化精神的发掘和弘扬，推动先进文化的建设和民族共有精神家园的构建，推动传统精神与时代精神的融通。

　　在学科史、学术史上以研究对象和内容的独特性、系统性以及研究成果的累积性发展，研究意义的持续性呈现为基础形成一门相对独立的学科门类，已成通例。以《红楼梦》研究为本位形成"红学"，以莎士比亚戏剧研究为本位形成"莎学"，以敦煌石窟研究为本位形成"敦煌学"，以故宫研究为本位形成"故宫学"，以地域文化研究为本位形成"闽学""徽学""岭南学"，都是例证。自然科学中的"力学""信息学"等也是如此。所以，长安学的提出和创建是有充分科学根据的。

　　"长安学丛书"的编辑出版是长安学研究的重要项目和核心成果。从"长安学丛书"的整体规划和首批推出的8卷来看，它具有宗旨鲜明、结构宏伟、内容丰富、气象博大等突出特征。8卷大书汇编了以往长安学研究的相关领域，包括综论、经济、政治、文学、艺术、宗教、历史地理、法门寺文化等领域的重要学术成果，初步展示了长安学研究的学科定向、内容构成和学术风貌。

"长安学丛书"编辑出版的重大意义在于：（1）它是长安学历史文献的宝库，为长安学的建立和研究奠定了文献基础；（2）它是长安学现代研究成果的荟萃，为发展和深化长安学研究提供了学术资料；（3）它是陕西学人学术精品的汇编，为陕西哲学社会科学繁荣发展的成就搭建了检阅平台；（4）它是长安传统文化优秀精神和中华传统文化精华的发掘、弘扬，为建设西部强省、构建民族精神家园、建设中国特色社会主义先进文化，提供了精神支撑；（5）它是中外文化交流的宝筏，为长安文化、中华文化走向世界，发挥其优化时代精神的功能，提供了文本载体。

总之，"长安学丛书"首批8卷是长安学研究的优秀奠基工程，它的出版发行是长安学建设的奠基礼。全部编成、编好"长安学丛书"，是陕西的世纪性历史性文化工程，必将使长安文明光照当代、辉映千秋。

为了把"长安学丛书"编得更好，我建议做到三个方面。（1）在"长安学丛书"中收入和编好陕西历代学者、思想家的代表性著作（如《安徽古籍丛书》等），以实现"为往圣继绝学"的学术文化使命。（2）"长安学丛书"要突出体现学术性、文献性。学术价值在于"精"，文献价值求其"全"。代表性学术精品全文入选，不能入选的论文可编目录，从而使其"精""全"兼备。（3）"长安学丛书"是宏伟的千秋大业，应精益求精、严循规范、质量第一，既使其在当今能"拿得出"，又使其在历史上能"立得住"。

最后，热烈祝贺"长安学丛书"首批8卷的出版发行，衷心祝愿以后各卷早日编成，越编越好！

[载《长安大学学报》（社会科学版）2010年第1期]

简论张载的和谐思想

张载是北宋时期的重要哲学家、宋明理学的奠基人之一、关学学派的创立者。张载的哲学不但内涵丰富笃实、见解精湛渊深,而且风格浑厚严谨、气象恢宏博大。阐发传统儒家和谐思想,是张载哲学的重要内涵和突出贡献。张载的和谐思想,主要包括四个方面内涵。

一 "太和谓道"的宇宙和谐观

张载《正蒙》以《太和》篇冠首。"太和"是中国古老的哲学观念,"太和"一词出于《周易·象传》对乾卦功能的赞颂:"乾道变化,各正性命,保合太和,乃利贞。"意谓"乾道变化"使宇宙万物"各正性命",由此形成了至高无上的和谐。张载继承发展了《周易》的和谐思想,他以"太虚"为宇宙本体,而以"太和"指太虚之气的和谐状态。在他看来,太虚之气的和谐是宇宙的最高和谐,也是一切万物和谐的根源,所以称为"太和"。张载不但将"太和"本体化,而且将"太和"法则化。提出了"太和所谓道"的重大命题。他说:"太和所谓道,中涵浮沉、升降、动静、相感之性,是生絪缊、相荡、胜负、屈伸之始。……散殊而可象为气,清通而不可象为神。不如野马、絪缊,不足谓之太和。"(《正蒙·太和》)

张载所谓的"太和",是指太虚中阴阳二气矛盾运动、合同不悖、浑沦无间的和谐状态。在张载看来,这种和谐状态,既是阴阳二气的和谐,又是阴阳二气引起的一切矛盾运动的和谐;既是本体自身的和谐,又是体与用即"气"与"神"的和谐;既是本体内在的和谐,又是由本体所生成的万物的和谐。王夫之在《张子正蒙注》中解释说:"太和,和之至也。阴阳异撰,而其絪缊于太虚之中,合同而不相悖害,浑沦无间,和之至。未有形器之先,本无不和;既有形器之后,其和不失,故曰太和。"又说:"太和之中,有气有神……阴与阳和,气与神和,是谓太和。"(《张子正蒙注·太和》)正由于这种和谐是至高至极的,因此,张载认为它是一种美好、崇高的价值境界。人只有认识和把握了这种和谐,才算懂得了宇宙的法则,把握了《周易》的精髓,达到了崇高的智慧境界。他说:"语道者知此,谓之知道;学《易》者见此,谓之见《易》。不如是,虽周公才美,其智不足称也已。"(《正蒙·太和》)又云:"天之所以为天而化生万物者,太和也,阴阳也,聚散之神也。圣人,体此者也。"(《张子正蒙注·乾称》)在他看来,"太和"是天化生万物的基本法则,也是圣人应该体现的境界。可见,"太和"既是张载对太虚本体状态的描绘,又是张载追求的最高理想境界。所以他称"太和"为"道",在本体和价值的统一意义上赋予了"太和"以崇高的地位。冯友兰说:"张载认为,一个社会的正常状态是'和',宇宙的正常状态也是'和',这个'和',称为'太和'。"[①]

二 "民胞物与"的社会和谐观

张载不但阐发了宇宙和谐思想,而且主张社会和谐。他在《西铭》中提出了一个美好的理想社会蓝图,这一蓝图的基本特征就是和谐。张载的社会和谐包括人与自然的和谐和人与人的和谐两个层次。二者集中凝结在"民胞物与"的命题上。民胞物与不是一种事实认知,而是一种价值构建。然而,为什么人与人应该是同胞,人与物应该是朋友呢?张载从哲学高度进行了深刻论证。他说:"乾称父,坤称母;予兹藐焉,

---

① 冯友兰:《中国现代哲学史》,广东人民出版社1999年版,第253页。

乃混然中处。故天地之塞，吾其体；天地之帅，吾其性。民，吾同胞；物，吾与也。"(《正蒙·乾称》，也见于《西铭》)就是说，天地是我们的父母，人与万物皆天地所生，皆秉承天地之气、天地之性而成，因此人与人、人与物，有其共同的本原。所以，人与人应该是同胞关系，人与物应该是朋友关系。正由于张载关于人际和谐、天人和谐、人物和谐的社会理想是从本体论的高度进行论证的，所以，使"民胞物与"未流于一种道德伦理教条，而成为一种基于本体论的价值构建。"由吾同胞之必友爱，交与之必信睦，则于民必仁，于物必爱之理，亦生心而不容已矣。"(《张子正蒙注·乾称》)其思想深度和理论高度都超出了自先秦以来儒家关于社会和谐的观念。正由于此，"民胞物与"思想面世后，受到当时和后代儒家学者的高度赞誉，产生了深远影响。程颢云："《订顽》(《西铭》)之言，极醇无杂。秦汉以来，学者所未到。"(《二程遗书》卷二上)又云："子厚有如此笔力。他人无缘做得。孟子以后未有人及此。"又云："《订顽》一篇，意极完备，乃仁之体也。"(《二程遗书》卷二上)朱熹曰："《西铭》首论天地万物与我同体之意，固极宏大。"(《文集》卷四九《答廖季硕第一书》)王夫之云："窃尝沉潜体玩而见其立义之精。……真孟子以后所未有也。"(《张子正蒙注·乾称》)"民胞物与"几乎成为宋明以降儒家学者一致认同和共同追求的人生境界和社会理想。

尽管张载所设计的具体社会方案中有着浓厚的宗法制色彩，但其"民胞物与"的崇高理想所蕴含的平等意识和和谐精神至今仍有其现实意义。

三 "和乐为端"的人生和谐观

张载关于人生和谐的思想也甚为丰富，颇具特色。其基本观念是"和乐为端"。他认为保持和谐的心境与乐观的精神是人生之道的开端。他说："和乐，道之端乎！"他认为人如果能做到"和""乐"就会使人生既宏大又长久。而长久、宏大正是天地之性的本质特征。所谓"和则可大,乐则可久;天地之性,久大而已矣"(《正蒙·诚明》)。在张载看来,和谐的人生、乐观的人生是符合天地之性的人生境界。那么,怎样达到"和乐为端"呢?张载提出了四点重要的人生准则。

一曰除恶达善的道德原则。他认为天地之性是阳主阴从,人生应该发挥德性的作用,通过学习修养除掉恶性达到至善。"领恶而全好者,其必由学乎!"(《正蒙·诚明》)

二曰真诚庄重的人生态度。他认为真诚庄重是"性之德",人应该认识和遵循人性之理,克服虚伪、傲慢,采取真诚庄重的人生态度。"不诚不庄,可谓之尽性穷理乎?性之德也未尝伪且慢,故知不免乎伪慢者,未尝知其性也。"(《正蒙·诚明》)

三曰正直顺理的处事准则。他认为人应该符合"正命",而只有活得正直,顺应天理,才会在处事的过程中无论逢吉、逢凶,都能达到正命。反之,如果不正直、不顺理,无论是得福还是免祸都是邪僻的、不正当的。"生直理顺,则吉凶莫非正也。不直其生者,非幸福于回,则免难于苟也。"(《正蒙·诚明》)

四曰顺应自然的生死观念。张载认为人生无论是处富贵,还是处贫贱,都应利用环境提升、修炼自己;无论活着,还是死去,都应顺从自然法则,平静安宁。他说:"富贵福泽,将厚吾之生也;贫贱忧戚,庸玉汝于成也。存,吾顺事;没,吾宁也。"(《正蒙·乾称》)

张载提出的这些人生准则都是"修身、立命、存心、养性之功,皆吾生所不容已之事"(《张子正蒙注·乾称》)。他认为这些准则的贯彻,就是"和乐"人生的实现。而"和乐"人生的实现就是与天地之道的合一。

王夫之在《张子正蒙注》中对张载的"和乐为端"的人生观与天地之道合一的思想进行了深入阐发,他说:"和者于物不逆,乐者于心不厌,端,所自出之始也。道本人物之同得而得我心之悦者,故君子学以致道,必平其气,而欣于有得,乃可与适道。"又说:"和乐者,适道之

初心，而及其至也，则与天地同其久大矣。"(《张子正蒙注·诚明》)

四 "仇必和而解"的矛盾和谐观

张载虽然崇尚和谐，但并不否定矛盾对立面之间的排斥、反抗和斗争，也不否认矛盾对立和斗争的存在意义。然而张载对矛盾辩证法有自己的独特理解。他认为：第一，矛盾对立面之间的斗争并不离开矛盾对立面的统一，所谓"两不立则一不可见，一不可见则两之用息"(《正蒙·太和》)。第二，世间的万事万物存在着种种矛盾，矛盾对立面之间存在差异、对立和斗争。所谓"有象斯有对，对必反其为；有反斯有仇，仇必和而解"(《正蒙·太和》)。第三，对立和斗争终归会通过和谐统一而化解，实现和谐统一的理想状态。所谓"仇必和而解"。由此看来，张载是在承认矛盾斗争的同时，更崇尚和谐统一。他认为矛盾对立面的排斥、斗争与和谐、统一二者都有价值，但和谐统一的价值高于排斥和斗争，和谐是万物运动发展的理想状态。

王夫之认为张载"仇必和而解"的观点，揭示了宇宙运动的规律和人与自然关系的本质。"以气化言之，阴阳各成其象，则相为对，刚柔、寒温、生杀，必相反而相为仇；乃其究也，互以相成，无终相敌之理，而解散仍返于太虚。以在人之性情言之，已成形则与物为对，而利于物者损于己，利于己者损于物，必相反而仇；然终不能不取物以自益也，和而解矣。气化性情，其机一也。"(《张子正蒙注·太和》)冯友兰先生在他晚年著的《中国现代哲学史》一书中说："'仇必和而解'是客观的辩证法。不管人们的意愿如何，现代社会，特别是国际社会，是按照这个客观辩证法发展的。"[①]

总之，"和"是张载哲学的重要范畴。张载的和谐思想丰富而系统、博大而精深。它以"太和所谓道"为本体论根据，以"民胞物与"为社

[①] 冯友兰：《中国现代哲学史》，广东人民出版社1999年版，第253页。

会理想，以"和乐道之端"为人生境界，以"仇必和而解"为思维方式，建构了自己的和谐哲学体系，为中华智慧宝库作出了重大贡献，为现代中国建设和谐社会提供了宝贵资源，其哲理值得我们深入研究，其精华值得我们继承弘扬。

（载《华夏文化》2010 年第 2 期）

培育和弘扬敬业精神

敬业精神是尽人皆知的平常话题，也是一个实践性话题，道理并不精深。然而它却是一个严峻的现实话题。21世纪中国人最缺的是什么？敬业精神！培育和弘扬敬业精神是社会的需要、民族的需要、国家的需要、单位的需要，也是个人的需要。是职业时代的一种时代呼唤。2010年4月6日胡锦涛同志在《全党深入学习实践科学发展观活动总结大会上的讲话》中说："增强党员队伍生机活力，激发广大党员坚定信念、牢记宗旨、爱岗敬业、勇于进取的自觉性。"我们谈敬业的意义既要从社会、从政治、从党性、从道德角度思考，也要从个人、从生活、从人性、从人生方面思考。敬业精神首先是与每个人有关的人生问题。

一 事业是人生价值的体现，在职业与事业的统一中实现人生价值

现代人的生活、工作大多身处于"三业"之中，一曰职业，二曰专业，三曰事业。职业是参与社会分工，利用专门技能，为社会创造物质财富和精神财富，获取合理报酬，作为物质生活来源的工作。专业是指根据学科分类和社会分工需要分门别类进行专门知识教学活动的基本单位。事业是人们所从事的，具有一定目标、规模和系统的对社会发展有影响、对人生价值实现有意义的经常活动。

"三业"对于人生的意义不同。职业与衣食相关，专业与知识相关，而事业与心灵相关。职业是谋生之业，专业是知识之业，事业是人生之

业。正由于事业与人生、与心灵相关，所以人们常说"事业心"。

在人生中"三业"关系的不良状态是三者相分离，"三业"关系的最佳状态是实现三者统一，即立足职业岗位、发挥专业优势、创立人生事业。在三者统一中事业是至上目标、终极指向。我们应该把职业、专业升华为事业，以事业统率职业和专业。在三者统一中实现人生价值。反之，如果我们把工作的价值只定位于职业，那么我们就会成为换取生存报酬（金钱）的工具和奴隶，如果我们把工作的价值只定位于专业，那么我们就会成为知识的工具和奴隶，人只有将工作的价值、职业的价值、专业的价值升华为、统一为、定位于事业，人才会成为主体、成为真正的人。

古人对事业的解释对我们很有启迪。《易·坤》有言："美在其中，而畅于四支，发于事业，美之至也。"孔颖达疏："所营谓之事，事成谓之业。"《易经》云，"举而措之天下之民，谓之事业"。清刘大櫆《郭昆甫时文序》有言："大行则发之于事业，穷居则不得已而见之于文章。""所营"就是在自己的岗位上工作、做事，"美在其中，而畅于四支，发于事业"，就是在工作中把自己内在之美发挥出来，"大行""举而措之天下之民"就是使自己从事的工作、功业有益于社会、百姓。

从古今的事业定义中可以看出事业有三大特点：一是做工作、做事情，从事实践；二是实现自己的人生之美（即实现自己的个人价值）；三是有益于天下百姓（即为人民服务）。

那么，事业与人生价值的关系是什么？它是人生的基本价值之一。人生的意义和价值蕴含诸多方面，但基本价值有三。一是道德，二是事业，三是言论。古人云："太上有立德，其次有立功，其次有立言，虽久不废，此之谓不朽。"（《左传·襄公二十四年》）不朽就是永恒价值。人的生命是有限的，肉体是可朽的，但道德、功业、言论三大价值是永垂不朽的。道德、功业、言论三大基本人生价值都包括社会价值和自我价值两方面。以事业而言，它一方面有益于社会、百姓，即"举而措之天下之民"；另一方面实现自己的品德、人格和才能，即"美在其中，而畅于四支,发于事业"。由此看来,事业是我们的基本人生价值之一。它既体现了个人的社会价值,又体现了个人的自我价值。而且,事业的价值高于言论,清刘大櫆在《郭昆甫时文序》中言:"大行则发之于事业,穷居则不得已而见之于文章。"他认为事业是人生的"大行"。中国哲人总是把人与事相统一,认为事是人的延伸,人是事的主体;凡事皆由人做,凡人总会做事。故有"人事"一词。认识、评价"事"时,从不离开对"人"的评价。由事观人,知人论事。从不"就事论事",总是"就人论事",认为"什么人做什么事"。充分表明了事业价值与人生价值的统一观。

由此可见,我们从事的工作不仅是为了社会、为了单位、为了他人,同时也是为了自己人生价值的实现。有人说"找职业只是为他人打工,干事业才是为自己打工"。有人说"为职业工作是上班过程,为事业工作是人生过程"。有人说"为职业工作只需要出力出汗就行,而为事业工作除了出力出汗还需要付出毕生心血"。有人说"为职业工作是要求报酬回报的,而为作为终身目标和理想的事业工作就不在乎回报"。有人说"把职业提升到事业的过程,是与钱的关系越来越远的过程"。这些说法虽不完全准确,但却包含着对事业价值的认识。白求恩大夫不远万里来到中国,帮助中国人民抗战,路途远吗?很远:不远万里;事情多吗?很多:每天工作14小时以上;收入高吗?很低,几乎没有,而且在给聂嵘臻将军的遗书中请求将军要一点钱转给他的妻子。显然他的工作是为了完成他的反法西斯战争的理想事业,不是为了职业,也不是为了专业。

现在人们谈得最多的是职业,就业、失业、待业、择业都是仅指职业而言,关于事业谈得已经很少了,其实事业才是职业人的最高境界。在当今之世,做事、干活、打工的人很多,但有固定职业的人不多;在职业人士中,以职谋生的人很多,但把职业提高到事业的人士则很少。由此可见,事业的价值层次高于职业。所以说,职业是谋生之业,事业是人生之业。没有职业,事业难以实现,没有事业,职业不能升华;职业是事业的基地,事业是职业的灵魂。我们应该在工作中把职业事业化,把事业人生化。

二 在人生品格的定位上体现敬业精神

"敬业"一词最早见于《礼记》"敬业乐群"。敬业,就是尊敬、尊崇自己的职业和事业。对职业、事业保持一种敬畏、敬重的态度,这种敬畏、敬重的态度就是敬业精神。朱子解"敬"字最好,他说:"主一无适便是敬。"(《论语集注》)用现在的话讲,凡做一件事,便忠于一件事,将全副精力集中到这事上头,一点不旁骛,便是敬。敬的根基在于把事业化为生命的内在要求。把工作视为任务去完成是一种对自己的外在要求,最多是自愿原则,而把工作化为生存方式才会使工作成为自己的内在追求,做工作是自觉原则。人生从事任何事业、研究任何学问,都必须将其化为自己的生存方式、化为自己的生命过程、化为自己的血脉心灵。实现人生与事业合一,才会达到高境界,取得大成就。如果将工作、学问视为外在的任务,当作谋生的途径,甚至视为取得某种功利的手段,都是将工作外在化,而不是将其视为人生"分内事"。饶宗颐先生说杜甫"视诗为己分内事",认为"宇宙一切气象,应由诗担当之"。"诗,充塞于宇宙之间,舍诗之外别无趋向,别无行业,别无商量。此时此际万物森然于方寸之间,充心而发,充塞宇宙者,无非诗材。……几乎无物不可为诗,无题不可为诗,此其所以开拓千古未有之诗境也。"[①] 作诗如此,做他事亦如此。只有视事业为"分内"事,即把自己从事的工作内化为自己的生活内容、生存方式、生命意义、人生价值,才能使事业达到终极标准、极致水平、最高境界。如果总是以"分外"态度做事业、做工作,把自己所从事的工作视为外来的命令、强加的任务、多余的负担,那必然使事业停止于低水平、低层次。"分内"

---

① 饶宗颐:《澄心论萃》上海文艺出版社 1996 年版,第 64 页。

与"分外"的价值态度，可谓有天壤之别。把事业化为生命内在要求就必然会敬业。敬业的道德、态度包括五个方面。

（一）自贵的事业意识——识

社会上每一种有益于人的工作、行业、职业，一种工作的每个环节，都有其地位和价值，都是社会不可缺少的事。世界上没有卑微的工作，只有卑微的工作态度。我们对事业的价值要有自觉体认，自己无论从事什么工作、什么职业都应认识到它的可贵和崇高，从而内在地、自觉地激发工作激情和动力。认此事业为最高、最重、最好、最贵，其他虽好，唯此最好；悠之万事，唯此为大，万般皆有品，唯有此事高。其他山高而不慕，其他水深而不羡，其他名重而不求，其他利大而不取。犹如"王婆卖瓜，不说别家坏，只说自家好"，犹如恋爱总是"情人眼里出西施"。此之为自贵的事业意识。

梁启超说："凡可以名为一件事的，其性质都是可敬。当大总统是一件事，拉黄包车也是一件事。事的名称，从俗人眼里看来，有高下；事的性质，从学理上解剖起来，并没有高下。只要当大总统的人，实实在在把总统当作一件正经事来做；拉黄包车的人，实实在在把拉车当作一件正经事来做，便是人生合理的生活。这叫作职业的神圣。凡职业没有不神圣的，所以凡职业没有不可敬的。总之，人生在世，是要天天劳作的。劳作便是功德，不劳作便是罪恶。至于我该做哪一种劳作呢？全看我的才能何如、境地何如。因自己的才能、境地，做一种劳作做到圆满，便是天地间第一等人。"[①]

又说"凡做一件事，便把这件事看作我的生命，无论别的什么好处，到底不肯牺牲我现做的事来和他交换。我信得过我当木匠的做成一张好桌子，和你们当政治家的建设成一个共和国家同一价值；我信得过我当挑粪的把马桶收拾得干净，和你们当军人的打胜一支压境的敌军同一价

[①] 梁启超：《敬业与乐业》，江苏凤凰文艺出版社2018年版，第4—5页。

值。大家同是替社会做事,你不必羡慕我,我不必羡慕你。怕的是我这件事做得不妥当,便对不起这一天里头所吃的饭。所以我做这事的时候,丝毫不肯分心到事外"。梁启超说的就是自贵的事业意识和职业意识。曾文正说:"坐这山,望那山,一事无成。"

《庄子》记佝偻丈人承蜩的故事,佝偻丈人用长竹竿粘高树上的蝉,达到百发百中、出神入化之境。别人问他何以能如此?他说道:"虽天地之大,万物之多,而惟吾蜩翼之知。"佝偻丈人就有自贵的事业意识。

(二) 忠诚的事业信念——诚

对自己的事业有神圣感和使命感,使自己的生命信仰与自己的工作联系在一起。只有将自己的事业视为自己的生命信仰、视为自己的天职,这种虔诚的事业信念、天职的观念才是敬业的本质。敬业者将工作当成自己神圣的事,他们就会忠于职守、认真负责、尽职尽责、一丝不苟、善始善终。只有忠诚于事业的人才有可能达到工作的顶点。如果一个人没有虔诚的工作信仰,必然会在工作中不认真负责,松懈怠惰,得过且过,敷衍了事,不求进取,怨天尤人,斤斤计较,这种人必然在事业上毫无成就可言。

梁启超说:"一个人对于自己的职业不敬,从学理方面说,便亵渎职业之神圣;从事实方面说,一定把事情做糟了,结果自己害自己。所以敬业主义,于人生最为必要,又于人生最为有利。庄子说:'用志不分,乃凝于神。'孔子说:'素其位而行,不愿乎其外。'所说的敬业,不外这些道理。"

中国古代有行业神崇拜:例如陶瓷业供奉的神祇是"土地公";石匠业供奉女娲(也有的地区供奉鲁班);木匠业、泥瓦匠业、造船业、雕刻业等都崇拜鲁班,制伞业尊鲁班妻云氏为祖师;铁匠业多数崇拜"铁拐仙"为祖师;纺织业大多崇拜黄道婆为祖师(也有尊"蓝采和"为祖师,也有信奉"何仙姑");理发业这个行业形成于清代,尊崇吕洞宾为祖师爷;竹编业信奉"观音菩萨"为其行业神;印染业崇拜葛洪为祖师；弹棉花业崇拜黄帝为祖师；裁缝业崇拜轩辕氏或黄道婆为祖师；造纸业崇拜蔡伦为祖师；制鞋业崇拜达摩为祖师；酿酒业崇拜杜康为祖师；书坊业崇拜文昌帝君或朱文公为祖师；制盐业崇拜葛洪为祖师；酱园业崇拜蔡邕为祖师；香烛业崇拜九天玄女为祖师；屠宰业崇拜张飞为祖师；米行业崇拜神农或"五谷神"为祖师；干果业崇拜关公为祖师；教育业崇拜孔子为祖师；等等。各行业的工匠非常重视祭祀仪式，逢年过节总要祭祀本行业的祖师和守护神。行业神崇拜，其意义有二：一是求神保护行业安全；二是以神提高行业价值，增强从业者的神圣感。

　　日本内阁邮政大臣野田圣子，上大学时，曾经利用假期到东京帝国饭店打工，最初被分配到清洁组里洗厕所。当她第一天将手伸进马桶刷洗时，差点当场呕吐。勉强撑过几日后，实在难以为继，就决定辞职。和她一起工作的一位老清洁工为了劝告她，居然在清洗工作完成后，从马桶里舀了一杯水喝下去。她看得目瞪口呆，但老清洁工却自豪地表示，以他清理过的马桶，干净得连里面的水都可以喝下去。老清洁工的这个举动给了她很大的启发，让她了解到所谓的敬业精神，就是做任何工作，都有理想、境界与更高的质量可以追寻。而工作的意义和价值，不在其高低贵贱如何，却在于从事工作的人用心去做。此后，再进入厕所时，她不再引以为苦，却视为一种自我磨炼与提升，每次清洗完马桶，她总是扪心自问："我可以从这里面舀一杯水喝下去吗？"假期结束，当经理验收考核成果时，她在所有人面前，从她清洗过的马桶里舀了一杯水喝了下去！她的这个举动同样震惊了在场的所有人。毕业后，她顺利进入帝国饭店工作。而凭着这种敬业精神，她成了日本帝国饭店最出色的员工和晋升最快的人。37岁以后，她步入政坛，最终在大选中成为日本内阁邮政大臣！每次自我介绍时她还是说："我是最敬业的厕所清洁工和最忠于职守的内阁大臣"，对工作不负责，就是对自己的人生不负责，对自己的生命不负责。

（三）深厚的事业情感——爱

　　热爱自己所从事的工作，热爱自己的工作岗位，对工作、事业怀有深厚的感情。人生有限，做事无多，选准目标，只要对人类、社会有益，就要孤注一掷、全力以赴，如醉如痴、如恋如慕，行、走、坐、卧皆为它，炎凉寒暑皆想它。爱此事业，不汲汲于富贵、不戚戚于贫贱，此之为情深。日本有位擀面的师傅，从开始擀面以来，每天同样的事，一做就是30年。他说：我爱擀面，因为"面就是我的命！"在他看来，水煮的不是他的面，而是他的命。

（四）勤奋的事业精神——勤

韩愈说："业精于勤而荒于嬉。"（《进学解》）勤奋就是时时处处努力认真地工作，保障效率，保证质量，提高业务能力，勇于创新。做此事业，刻苦、努力、勤奋、执着，不辞艰难困苦、不惜流血流汗，"衣带渐宽终不悔，为伊消得人憔悴"，此之为功勤。2009年6月13日傍晚，温家宝总理来到了湖南大学。温家宝总理希望湖南大学毕业生记住6个字：此时、此地、此身。此时，就是现在应该做的事情，就立即做起来，不要拖延到以后；此地，就是从你所处的岗位做起，为国家和人民作出贡献，不要等到别的地方；此身，就是自己应该而且能够做的事情，就要勇于承担，不要推给别人。《人民日报》的一位记者记述了他曾在日本看到的现象："一天，东京下大雨，我看见一个清洁工在路上收拾落叶。已经入秋了，风雨中，树叶纷纷往下飘，他一遍遍地扫，扫不到的地方就用夹子去捡，看得出那夹子是自制的，很灵巧。看着他一直干了很久。浑身全湿透了。后来又碰见过几次，知道他一天在同一片地方要打扫5次。无论什么天气，他负责的地方总是那么干净。"

（五）和乐的事业境界——乐

工作的最高境界是乐在其中，苦中求乐，以快乐的心境对待工作、对待人生。孔子说："知之者不如好之者，好之者不如乐之者。"孔子自述生平，说道："其为人也，发愤忘食，乐以忘忧，不知老之将至云尔。"（《论语·达而》）张载云："和乐，道之端乎？"（《正蒙·诚明》）

人生能从自己的职业和事业中领略出趣味，生活才有价值。

梁启超又说："凡职业都是有趣味的，只要你肯继续做下去，趣味自然会发生。为什么呢？第一，因为凡一件职业，总有许多层累、曲折，倘能身入其中，看它变化、进展的状态，最为亲切有味。第二，因为每一职业之成就，离不了奋斗；一步一步奋斗前去，从刻苦中将快乐的分量加增。第三，职业性质，常常要和同业的人比较奋进，好像赛球一般，因竞胜而得快乐。第四，专心做一职业时，把许多胡思、妄想杜绝了，省却无限烦恼。"

敬业是"发愤忘食"的责任心，乐业是"乐以忘忧"的趣味性，人类合理的生活应该如此。对待事业识明，智也；对待事业情深，仁也；对待事业功勤，勇也。对待事业的仁、智、勇三达德皆取决于将事业"化"（内化）为自己的人生过程和人格品位。

三 挽救缺失的敬业精神

当今中国社会敬业精神缺失严重。官场的贪污腐败，工场上的人为灾祸，商场上的假冒伪劣，市场上的欺瞒拐骗，文场上的抄袭造假，层出不穷，屡禁不止；各种工作岗位上敷衍塞责、投机取巧、消极被动、拖拉疲沓、推卸责任、眼高手低等现象广泛存在。尽管不能完全归结为不敬业，但都与敬业精神缺失有关。敬业精神缺失的严重危害已不仅是贻误工作，而且危害生命。矿难和其他许多责任事故造成生命伤亡的人间悲剧屡见不鲜。敬业精神缺失的原因很多，有社会的、有个人的、有制度的、有道德的。其中工作人员的精神素养、道德修养是主体原因。一些人的人生价值取向是物欲主义、功利主义、实用主义，仅仅为了金钱、名利、权力、官位而工作，不是为了人生崇高事业而工作。必然不会敬业。敬业是一种超越性的工作境界，要拯救敬业精神，必须确立超越性的人生观、价值观。

超越性的精神境界，是"大其心体天下物""大其心做天下事"的

"大心"境界，是"以出世精神做入世事业"的境界。其超越对象主要有三个方面。

第一，超越狭隘的常识眼界。扩大视野、扩大心境。不受孤陋寡闻的经验束缚。张载曰："不以见闻梏其心。"（《正蒙·大心》）

第二，超越渺小的功利追求，不为蝇头微利、蜗角虚名、权力官位、金钱报酬斤斤计较、耿耿在怀；不鼠目寸光、急功近利。而要树立公心，关心社会，志向远大，心胸开阔，宽容待人，厚德载物。张载曰："不以嗜欲累其心。"（《正蒙·诚明》）不要小家子气，格局小。

第三，超越庸俗的生活作风。不追逐世俗的庸俗风气，不赶时髦，不求物质生活的奢侈和物质享受的超前。不跟着物欲感觉走，不随着时髦潮流跑。心定气清，做高人雅士。冷观俗文化，追求雅文化。养浩然之气，求应然之道，保超然之心。

由此可见，敬业精神不仅是纪律规范、道德品质、文明行为，而且更是人格境界、人文精神。敬业的实质是敬人，事业关乎天下百姓。敬业是对人民利益和幸福的尊敬，事业是个人的人品的外向投射和延伸。所以敬业也是对个人人生价值、人格品位的自我敬重！自我敬重就是"自重"。

（载《法学教育研究》第3卷，法律出版社2010年版）

培育和提升中华民族的价值智慧

培育和提升中华民族的价值智慧在当代中国具有迫切而重大的意义。中国价值哲学的当代现实使命就是培育和提升中华民族的价值智慧。作为中国价值哲学重要组成部分的中国传统价值论在培育和提升中华民族的价值智慧中具有的重要地位和作用。这种地位和作用要求我们必须更新对它的研究方式。

一　关于价值智慧

所谓价值智慧，从性质而言就是人们认知价值、评估价值、选择价值、创造价值、实现价值的心态、见识和能力的最高凝结，其核心是价值辨别能力和价值创造能力。从构成要素上说，它是价值心理情态、价值思维方式和价值观念的综合；从功能而言，它是人们一切价值活动的指引。与价值观念比较，价值智慧的含义更宽阔、层次更深刻、能力性更突出。在价值多元化的当今时代，在价值混乱、价值冲突严重存在的当今社会，我们要建设中国特色社会主义的核心价值体系，优化人们的价值观念，美化社会的价值生活，引导人们摆脱价值迷茫的困境，走出价值偏失的误区，必须培育和提升整个民族的价值智慧，从而使人们有较强的价值辨别能力和价值创造能力。哲学的本义就是"爱智"，中国价值哲学的根本使命就是培育和提升中华民族的价值智慧。

二 培育和提升中华民族价值智慧的基本途径

在当代中国要培育和提升中华民族价值智慧的基本途径和方式，是善于在诸多价值端点之间保持必要而合理的价值张力。张力是两种对立力量之间的内在紧张，必要的张力能够提供事物发展的动力，而又不至于走向事物的反面。具体地说，我们要善于保持以下几种价值张力：一是民族价值主体与人类价值主体的张力，二是社会主义核心价值与一般价值（个体价值观念）的张力，三是民族价值与普遍价值的张力，四是传统价值与现代价值的张力。保持必要价值张力的实质就是在上述诸价值端点之间形成矛盾平衡、辩证联结的关系，也就是建立诸价值端点之间的和谐状态。在当代，中华民族的价值意识、价值思维、价值观念和价值理想，如果能够在上述诸价值端点之间善于保持合理张力、达到和谐境界，就是具有价值智慧的标志。我们应通过善于保持合理张力，来提升中华民族的价值智慧。

三 传统价值观在培育和提升中华民族价值智慧中的地位和作用

中国传统价值观在培育和提升中华民族价值智慧的过程中具有重要的地位和作用。概而言之，其地位和作用在于它是提升中华民族价值智慧的深厚营养和宝贵资源。

（1）传统价值思维的"中和"思维方式具有张力思维的特性，对于当今在诸多价值因素间保持必要张力有重要思维启示。中国传统价值思维的特征是"尚中""贵和"，主张在价值的两个端点间维持平衡，在诸多价值要素间保持和谐，既反对"过"，也反对"不及"，既反对单一性的"同"，也反对无统一性的"争"。这种中和、融通的思维方式本身就含有保持张力的特性。

（2）传统价值观是价值张力结构的重要构成因素。第一，传统价值观是维护和强化民族主体精神的不竭动力。第二，传统价值观是社会主义核心价值的组成部分。第三，传统价值观是现代价值的历史前提和精神纽带。第四，传统价值观是普遍价值的宝贵资源。

这里重点谈传统价值观是普遍价值的宝贵资源这个问题。普遍价值是以人类为主体的价值，它基于人类的共同需要和利益，它是人类在共同的历史实践中逐渐形成的，它是人类经过长期的交流而逐渐认同的。普遍价值不是某个民族、某种文化的整体价值观向全人类的推广，而是世界上各民族文化中蕴含的价值共性、普遍性。所以，普遍价值不等于西方文化的整体价值，也不等于东方文化、儒家文化的整体价值，东、西方价值观中都包含普遍价值的内容。温家宝同志在回答记者提问时说："民主、法制、自由、人权、平等、博爱，这不是资本主义所特有的，这是整个世界在漫长的历史过程中共同形成的文明成果，也是人类共同追求的价值观。"每一个民族的价值观都是人类普遍性和民族特殊性的统一体，所以都包含着普遍价值的成分。钱锺书先生曾说："东海西海，心理攸同；南学北学，道术未裂"，就是一种个性中有共性、特殊中存普遍的思路。中华民族的价值观中包含着普遍价值的丰富内涵，"己所不欲，勿施于人""仁民爱物""民胞物与"就是典型的普遍价值观念，经过现代转化，它会越来越被当今国际社会认同。由于中华文化历史悠久、积累深厚，所以它蕴含的普遍价值观十分丰富，它是当代人类普遍价值的宝贵智慧资源。

四 中国传统价值观研究方式的更新

要充分发挥中国传统价值观在培育和提升中华民族价值智慧中的地位和作用，就必须更新对它的研究方式。由于在当代中国传统价值观的地位和作用，是在诸多价值张力中展示的，所以我们应该突破和超越过去在中西之辨、古今之辨的狭隘线性思维中研究中国哲学和中国传统价值观的方法，而采取多维融通的研究视野。在以民族价值、历史价值、现代价值、核心价值和普遍价值等多维交织的立体视界中考察和研究中国传统价值观的内容、特征、优点、缺陷及其意义，进而对其做出较全面的解析和评价。多维融通的研究方式，既适用于对中国传统价值哲学的宏观整体研究，也适用于微观的学派、个案、专题研究。只有这样，我们的研究才会有新的收获、新的成就。我们的学术研究也才能发挥适应时代要求的实际效果。

［载《西北人文科学评论》（辑刊），陕西人民出版社2010年版］

从场有哲学看中国传统哲学的
价值论特征

在承认中国古代有哲学即中国哲学具有"合法性"的前提下，关于中国传统哲学的特征问题是自"五四"以来学者们一直争论的重大问题之一。可以说，近百年间的中国哲学研究史就是对中国传统哲学特征不断认识的历史。其间，学者们提出了诸多不同的观点。这些不同观点对我们认识和理解中国传统哲学特征都有着重要的启发意义，都是中国哲学自我认识的重要成果。然而，一个民族特别是一个历史悠久、文化博厚的民族对自己文化及其哲学的自我认识，永远不会停止，更不会终结。随着世界文化态势的时代性变化，随着民族生存境遇的历史性变迁，随着民族主体认识能力的增强和更新，一个民族对自己文化及其哲学的自我认识必然会面临新的使命。在文化全球化浪潮汹涌澎湃的当今时代，在中华文化复兴的历史关头，我们对中国传统哲学特征的进一步认识和探讨已成为中华民族提高文化自觉性、增强民族自主性的重要内容。这就是进入21世纪后，中国学界热烈争论"中国哲学合法性""中国哲学特殊性"的重要背景。

认识和探讨中国哲学的特征，可以有多种视角和方法。唐力权先生创建的场有哲学就为我们认识中国传统哲学之特征提供了一种新的视角和思路。场有哲学是在中西印哲学比较和融合的基础上创立的一个独特的哲学体系，它尽管不能归结为哲学的比较研究，但却蕴含着丰富而深刻的比较内容。在《周易与怀特海之间——场有哲学序论》一书中，唐力权先生对中国传统哲学的特征提出了一系列独到的见解。这些见解凝结到一点就是他认为中国传统哲学具有两极互相涵摄、同融的生命精神和思维方式。他说"太极图的精义——天地氤氲的精义——也就是场有哲学的精义。"① 这一"精义"是什么呢？就是相对的两极即阴阳、乾坤、曲直、刚柔的互相涵摄、相互同融。他又说"与西方人比较，中国人擅长的不是控制性的、有执的智慧，而是感通性的、中和性的智慧"②。场有哲学称此为"感通无隔""感一如实""同融中道"的心态和思维，并以此与"感异成隔"的西哲、"感同成独"的印哲相区别。这就是说中国哲学的基本特征是融通性。那么，这种融通性的具体内涵是什么呢？

一 道体：太极与太和的统一

场有哲学的存在论是场有论，它认为人与万物都是"依场而有"的，是"场有"的存在。而宇宙是一无限场有，这一无限场有就是场有的本体或道体。它是所有场有者的无限背景。然而，作为宇宙存有本身的道体却是"仪体"与"宜体"的统一体。在《周易》哲学中，"太极""太和"两个概念都是指道体场有自身而言，在这种意义上，太极就是太和，太和就是太极。"所不同者，'太和'乃是就道体之为'宜体'而言的，而'太极'则是就道体之为'仪体'而言的。"③ 所以，道体场有自身是太极与太和的统一体。也就是说，道体是一个即"仪"即"宜"或即"宜"即"仪"的统一体。"仪"为道体之相，"宜"为道体之性。

由于在中国哲学中"宜"是一个价值范畴，古代哲人常将表达价值的概念如"好""义""善""美"等与"宜"互释。例如《诗经》注"好，犹宜也"，《淮南子·说林训》注"善，犹宜也"，《释名·释言

---

① 唐力权：《周易与怀特海之间——场有哲学序论》，辽宁出版社1997年版，第34页。
② 唐力权：《周易与怀特海之间——场有哲学序论》，辽宁出版社1997年版，第309页。
③ 唐力权：《周易与怀特海之间——场有哲学序论》，辽宁出版社1997年版，第18页。

语》"义，宜也。裁制事物使合宜也"，《太玄狩》"宜，美也"，《礼记疏》"宜，义也"。"宜"的本义是"肴"，后来引申为"安适"，《说文》"宜，所安也"。进而引申为"合适""适宜"之义。古代学者将"宜"与"好""美""义""善"等互训，包含着一种重要的看法，就是认为价值是一种适宜性的关系，即对象对于人主体的适宜性关系。这种看法含义甚深，它体会到了价值关系的重要特征。因此，如果用我们现在流行的哲学术语来阐释，中国传统哲学中的作为道体之"仪"的太极是标志宇宙本体的范畴，而作为道体之"宜"的太和则是标志价值至境的范畴。至高无上的和谐是宇宙本体的固有之"宜"价值。

场有哲学所谓的太极与太和的统一深刻地揭示了中国传统哲学中宇宙本体与价值相融通的特征。这种特征蕴含在中国传统哲学的具体内容之中。中国哲学中标志宇宙本体的有五大范畴，即道、气、无、理、心。这五大范畴，都不是纯粹的本体范畴，而是价值与本体融通的范畴。道是道家建构的宇宙本体，老子最早以道为最高的哲学范畴，他的道，既是"万物之奥"，又是"善人之宝"（《老子》第六十二章）"万物之奥"是本体义，"善人之宝"是价值义。作为"万物之奥"的本体，道指的是天地万物产生、存在、变化的根本依据和普遍规律；作为"善人之宝"的价值，道则是指人应该追求的崇高境界和达到的理想目标；作为价值至境，老子赋予道以自然、虚静、柔弱、独立等价值品格，因此它是"利""真""善""美"的统一体。可见，价值至境与宇宙本体在道中是融通的。

无是魏晋玄学贵无派所设定的宇宙本体，它是对老子道本体论的改造。何晏论无，明确地将本体与价值合而言之，"天地万物皆以无为为本。无也者，开物成务，无往不存者也。阴阳恃以化生，万物恃以成形，贤者恃以成德，不肖恃以免身。故无之为用，无爵而贵矣"（《王弼集校释·附录》），"开物成务""化生""成形"是无的本体功能；"成德""免身"则是无的价值功能。而"贵"是对无的价值地位的评定。王弼也提出，"以无为体""以无为用"是万物生成的规律。是价值实现的信道，所谓"不求而得，不为而成"，既可"得德"，也可"尽德"（《老子注》）。可见，玄学家在无中也将价值至境与宇宙本体相融通。

气是中国哲学中源远流长的范畴，儒、道两家皆用之。先秦时期，气还未上升为本体范畴，道家言"自然之气"，儒家言"浩然之气"。"自然之气"是构成万物的原始材料，不具有价值意味，但"浩然之气"则是"配义与道""集义所生"的"至大至刚"的道德精神，纯粹是价值气象。直至北宋，气才升华为宇宙本体，张载是哲学史上第一位明确地以气为宇宙本体建构气一元论理论体系的哲学家。他认为气是宇宙万物的本根，而无形的"太虚"是气的本然状态，即所谓"太虚无形，气之本体"（《正蒙·太和》）。张载的"太虚之气"，本体意义昭然，但也并非无价值意味。他说"太虚之气"是人性和物性的本原，这种本原之性就是"天性"（"天地之性"），而天性是"无不善"的。张载赋予气的本性以纯善、至善的质量，就把本体范畴和价值范畴合而为一了。此外，张载又以"太和""不偏""诚明"等词形容"太虚之气"，也蕴含着鲜明的价值意味。

理作为本体范畴，始于北宋二程，完成于南宋朱熹。朱熹认为理是宇宙本体，"宇宙之间，一理而已。天得之而为天，地得之而为地，而凡生于天地之间者，又各得之以为性。"（《朱文公文集》卷七〇《读大纪》）同时，又明确地指出"理便是仁义礼智，""天理只是仁义礼智之总名，仁义礼智便是天理之件数"。（《朱文公文集》卷四〇《答何叔京》）正由于理是仁义礼智之"总名"，所以理是"至善"，即最高的价值境界。以本体言之，理是"至极""太极"；以价值境界言之，理是"纯善""至善"。价值与本体在理本论中融通得紧密无间，合而为一。

南宋陆九渊、明代王阳明都是心本体论的构筑者。他们提出，"宇宙便是吾心，吾心即是宇宙"（《陆九渊集·杂说》），"心者，天地万物之主也"（《王文成公全书·答李明德》），"心外无物，心外无事，心外无理"（《王文成公全书·与王纯甫二》）等命题来说明心的本体意义，同时，他们也明确地赋予心以伦理道德的价值内涵，陆九渊云："仁义者，人之本心也"(《陆九渊集·与赵监》),"其本心无有不善"(《陆九渊集·与王顺伯二》)。王阳明云:"心一而已,以其全体恻怛而言,谓之仁;以其得宜而言,谓之义;以其条理而言,谓之理,不可外心以求仁。"(《传习录中》)又云:"至善者,心之本体也,心之本体,那有不善?"(《传习录下》)可见,在心本论中,心既是天地万物之"主",又是仁义道德之"本",既是终极的本体又是至善的境界,总之也是本体与价值的合一。

由此可以看出,中国传统哲学中标志本体的范畴无一不具有价值内涵,无一不是万物根源与价值渊源、宇宙本体与价值至境的融通合一。这种融通合一,是本体价值化和价值本体化的结果。场有哲学的太极与太和的融通合一观念,为我们认识中国哲学本体与价值的融通合一提供了新的视角。

二 人:根身与道身的融通

中国传统哲学的人论也体现了这一基本特征。唐力权先生在《周易与怀特海之间——场有哲学序论》一书中说"根身与道身的异化与二元对立在西方和印度哲学思想里的表现乃是哲学史家所公认的"。"在这两大哲学传统里,道身的形上姿态——作为承义体的精神生命——乃是在对根身或肉体的敌视或鄙视的态度上建立起来的。这种对根身或肉体的敌视、鄙视的态度在中国感一如实的哲学传统里是根本上不存在的或最低限度是不明显的。"又说"根身与道身的异化和二元对立不只在儒家思想里不存在,在道家思想里更不可见"[①]。这就明显地指出西方哲学认为根身与道身是对立的,而中国哲学认为二者是统一的。中国哲学以根身与道身的统一为特征,而西方哲学以二者的对立为特征。

根身与道身的统一,其含义是什么呢?根身就是我们直立行走的形

---

① 唐力权:《周易与怀特海之间——场有哲学序论》,辽宁大学出版社1992年版,第137页。

躯。在唐先生看来泰古哲学在其本质上是根身性相学，是"依身起念"的学问。人与宇宙万物都是"依场而有"的，都是场有的存在。生存于场有中的人的精神生命面对宇宙人生所采取的基本态度就是人的"形上姿态"。"形上姿态"虽然不是人的形躯所呈现的姿态，而是人的精神姿态，但它却是以形躯为基础的，是依于形躯而有的一种灵明作用。因此，这种灵明作用就是人的精神生命。相对于肉体形躯生命之根身而言，人的精神生命就是道身。于是，道身与根身之间就形成了一种既超越又依存的关系。道身对于根身的这种既超越又依存的关系，唐先生称之为"超切"。他说"超切就是既超越而又亲切不离的意思"①。人类泰古哲学是根身性相学，那么根身与道身的关系问题则是各种哲学传统所面对的共同问题。然而，面对此共同问题，不同哲学传统的处理方式却并不相同。西方哲学以感异成隔的方式看待和处理二者之关系，由此而将二者安置于二元对立之中，中国哲学以感一如实的态度对待二者关系，由此认为二者是辩证统一的"超切"。根身与道身之关系实质上就是人的自然肉体生命与价值精神生命的关系。所以，坚持根身与道身统一性以及道身对于根身的"超切"性表明，中国传统哲学具有人的自然肉体生命与价值精神生命相融通并且价值生命高于肉体生命的鲜明特征。这一特征在中国哲学中具体表现为四个方面。

（一）"杀身成仁"

在先秦哲学中，道家追求人的自然生命的延长，弘扬"长生久视"之道，认为生命有宝贵的价值。墨家和儒家都认为人除了重视生命之外，还应重视社会道义价值。并特别指出生命价值是由道义所赋予的，如果离开了道义，生命本身就失去了价值，于是，他们都主张把生命成长和价值追求二者统一起来。尤其是儒家哲人，对这个问题的阐发相当充分。儒家认为，人的一生不只是肉体生命的成长过程，同时也是人生价值的

---

① 唐力权：《周易与怀特海之间——场有哲学序论》，辽宁大学出版社1992年版，第134页。

开拓、追求和实现的过程。孟子提出,如果以肉体生命为人生的最高价值,那么人就会为了保全生命而无所不为,为了享乐生命而无恶不作。由此,孔、孟提出仁义价值高于生命价值,当仁义与生命发生冲突时,人应该"杀身成仁""舍生取义";人的一生就是弘扬和实现仁义价值的过程,就是"修身、齐家、治国、平天下"的一生。

(二)"以德润身"

儒家非常珍视人的身体价值,但更重视身体承载的道德价值,主张将二者统一起来,并认为"立身行道""以德润身"具有终极意义。《孝经》云:"身体发肤,受之父母,不敢毁伤,孝之始也。立身行道,扬名于后世,以显父母,孝之终也。"《大学》则明确提出"以德润身"的命题,曰:"富润屋,德润身,心宽体胖,故君子必诚其意。"所谓"立身行道""以德润身"包含两方面的意义:一方面道身依赖于根身,以根身为基,离开根身则道身无存在的可能;另一方面道身对于根身有维护、滋养和支撑作用。由此表现了中国哲学对于道德价值与自然生命既相依又超越之关系的独特认识。

(三)"成身成性"

宋明儒学都继承和发展了先秦儒家的基本观点。提出了"成身成性"说。宋儒张载云:"富贵福泽,将厚吾之生也;贫贱忧戚,庸玉汝于成也";"存,吾顺事;没,吾宁也"。(《正蒙·乾称》)明末清初王夫之云:"身者道之用,性者道之体。合气质攻取之性,一为道用,则以道体身而身成。大其心以尽性,孰而安焉,则性成。"(《张子正蒙注》卷四)他还认为人生一方面"有仁义礼智以正其德",另一方面"有声色臭味以原其生",两者是"互为体"而不可分割的。人的一生就是在"成身"的过程中"成性",在"成性"的过程中"成身"。张载和王夫之所说的"厚生玉成""成身成性""原生正德"就是生命与价值相融通的人生过程。

（四）"生以载义"

既然人的生命中包含着价值因素，那么，人的生命当然就是价值的载体了。明末清初的王夫之提出了"生以载义"和"义以立生"的命题，他说"生以载义，生可贵"；"义以立生，生可舍"。（《尚书引义》卷五）就是说，人的生命承担了道义，所以生命是可贵的；道义确立了人生的价值，所以道义是可贵的。王夫之这种观点，其实在先秦时代就出现了，荀子说："人有气有生有知亦且有义，故最为天下贵也。"（《荀子·王制》）但是，荀子仅将生与义并列，只说明了人兼有生命和道义两种因素，并没有指出生命和道义的内在关系，而王夫之在生命和道义的相互联结、相互作用上，阐明了生命和道义的价值，这显然是一种价值和生命融会贯通的运思方式。

三 心性：仁性与材性的融合

唐力权先生认为仁性与材性是人性中对立的两极。所谓"仁性"，就是生命自我肯定、自我承担、自我负责的本性，它的本质是对自我生命及其他一切生命的关怀；所谓"材性"就是智慧和爱欲的本性，其本质是对异己对象的认知、探索和操控。如何认识和处理仁性与材性的关系是哲学人性论的核心问题。在唐先生看来，西方哲学以材性为主体，而中国哲学以仁性为主导，二者各有其片面性。中国哲学以仁性为主导的特点表现在：第一，它把仁性与材性融合为一，而未将二者予以明确区分；第二，它用仁性统摄材性、化约材性，把材性问题作为仁性问题来处理。场有哲学对中国哲学主张仁性与材性相融合并以仁性统摄材性的深刻分析实际上揭示了中国传统哲学中价值理性与工具理性相融合以及以价值理性统摄工具理性的特征。

在中国传统哲学中，从先秦开始，哲学家就注意到了价值理性与工具理性的关系问题，并进行了深入的思考，提出了一系列富有特色的见解，其主导性的观点是主张将二者融合起来，他们提出的价值理性与工具理性的融合方式，主要有四种。

（一）"正德、利用、厚生"的生存融合

这种统合方式的论述，最早见于《左传》。文公七年载晋国郤缺言："九功之德，皆可歌也，谓之九歌。六府三事，谓之九功。水、火、金、木、土、谷，谓之六府。正德、利用、厚生，谓之三事。义而行之，谓之德礼。"又成公十六年载楚国申叔时说："民生厚而德正，用利而事节，时顺而物成。上下和睦，周旋不逆，求无不具，各知其极。"襄公二十八年载齐国晏子云："夫民生厚而用利，于是乎正德以幅之，使无黜嫚，谓之幅利。"后出的伪古文尚书《大禹谟》正是根据这些论述，剿袭为文，将"六府""三事"之说，附会于夏代："德惟善政，政在养民。水、火、金、木、土、谷惟修，正德、利用、厚生惟和，九功惟序，九叙惟歌……地平天成，六府三事允治，万世永赖。"由此可见，正德、利用、厚生之说，是春秋时期广为流行的观念，颇为各国政治家所重视。那么，这"三事"的具体内涵是什么呢？南宋蔡沈，在《书经集传》中对此有如下解释："正德者，父慈子孝、兄友弟恭、夫义妇听，所以正民之德也。利用者，工作什器、商通货财之类，所以利民之用也。厚生者，衣帛食肉，不饥不寒之类，所以厚民之生也。"关于做好"三事"的原则，他说："淳典敷教以正其德，通功易事以利其用，制节谨度以厚其生，使皆当其理而无所乖，则无不和也。"这就是说，"正德"是通过教化，推广道德，以端正人们的德行；"利用"是提高技术，创制器物，流通财货，以便于人民使用；"厚生"是发展生产，充实生活，以满足人们的生存需要。由此可以看出，"正德"属于价值理性，"利用"属于工具理性，而"厚生"则是作为二者归宿点的生存理性。"三事"说集中表现了春秋时代的思想家、政治家对价值理性和工具理性统一性的理解。在他们看来，只有兼顾价值理性和工具理性，并将二者和谐地融合起来，人们才会处于最和谐、最幸福的生存状态。所谓"上下和

睦，周旋不逆，求无不具，各知其极"，"谓之幅（福）利"，就是对这种生存状态的赞美。

春秋时的"三事"说，尽管还失之笼统，但却产生了深远的影响。孔子虽然崇仁贵德，主张"义以为上"，特重价值理性，但也有"工欲善其事，必先利其器"的工具理性，也主张通过"足食""富之"来满足人们的物质生活需要；墨子主张"兼爱""交利"，强调"赖力者生""富国利民"，并精研守御之器，表现了价值理性和工具理性兼顾并重的思想。《易传·系辞》主张"崇德广业"并举，强调"备物致用，立成器以为天下利"；"观象制器""以利天下"，其价值理性和工具理性兼顾的意识更为鲜明。这些观念，虽然没有如《左传》那样将"三事"融合一体，但却显然受到正德、利用、厚生的影响。

（二）"格物、致知、诚意、正心"的人生融合

《大学》提出，人生的崇高使命和远大理想应该是"在明明德，在亲民，在止于至善"。而实现这一理想的途径是格物—致知—诚意—正心—修身—齐家—治国—平天下。在这一递进的程序中，修身是中间环节，是格物、致知、诚意、正心的凝聚点，又是齐家、治国、平天下的起始点。也就是说，修身统合了格物、致知、诚意、正心，而又奠定了齐家、治国、平天下的基础。因此，"自天子以至于庶人，一是皆以修身为本"（《大学》）。既然，修身是人生之道的核心，那么它所统合的四个环节或四个步骤，其含义何在呢？所谓格物、致知，在哲学史上历来有经验知识和先验良知两种解释思路，前者以朱熹为代表，后者以王阳明为代表，这里取朱熹之意。朱熹认为，格物即"即物而穷理"；致知即"推极吾之知识"。格物致知就是通过接触事物，积累经验，进而获得对客观事物和宇宙法则的认识。遵循这一思路，明末至近代的不少学者则将"格物致知"引申、发展为科学认识和科学知识，把物理学、化学、博物学等自然科学统称为"格致"之学，因之，明代编的《格致丛书》，清代编的《格致镜原》，汇辑的多是科学技术方面的著述。所谓诚意、正心，

虽后儒亦有歧解,但都认为是指真诚其意、端正其心、实用其力、为善去恶的道德修养工夫。由此看来,《大学》的"格物、致知、诚意、正心"蕴含着工具理性和价值理性的含义。而且,《大学》提出"欲修其身者,先正其心;欲正其心者,先诚其意;欲诚其意者,先致其知;致知,在格物","物格而后知至,知至而后意诚,意诚而后心正,心正而后身修"。这就从修身的程序次第和递进过程上将格物致知的工具理性和诚意正心的价值理性统一了起来。

《大学》的价值理性和工具理性的统合意识,是以个体为本位,以实现人生价值为目标的统合,它与"正德、利用、厚生"以群体为本位、以群体生存为目标的统合显然不同。所以,它是一种新的统合形式。它标志着中国哲学中关于价值理性与工具理性关系的思考,已从维护人类生存发展到了实现人生价值、追求人生意义的新水平。

(三)"德力具足"的政治融合

道德和实力的关系是中国哲学史上的一个重要问题,孔子是德力问题的最早提出者,但论述简略,孟子继承和发挥了孔子的德力观,认为德力分别是实行王道和霸道的工具,但仍然坚持孔子崇德非力的观念,将德力绝对对立起来。荀子的德力观与孔孟有异有同,在伦理道德上,他奉行重德轻力的儒家传统,但在政治主张上,却主张"全力凝德"。他说"全其力,凝其德。力全则诸侯不能弱也,德凝则诸侯不能削也"(《荀子·王制》)。这一观念对后代有重要影响,西汉的政治观念中基本上是在德的基础上德力兼重的。然而,真正对德力兼重提出比较全面系统看法的是东汉的王充。他在《论衡·非韩》篇中,对尚德轻力和务力废德两种极端都进行了批评,明确提出"治国之道,所养有二:一曰养德,二曰养力。养德者,养名高之人,以示能敬贤;养力者,养气力之士,以明能用兵。此所谓文武张设,德力具足者也"。他不但认为德力二者都有重要意义,而且还主张将二者结合起来、统一起来。他认为,德和力不但各自有独立的价值,而且二者之间是相辅相成的关系。一方面，德能助力，道德对人力的发挥有规范指导的作用，如果没有道德推动和引导，那么"农不得耕，士不得战"。另一方面，力能助德，实力对道德水平的提高和道德理想的实现有辅助作用，如果有道德而无实力，那么再好的道德理想"何时能达"。因此，他说："事或可以德怀，或可以力摧。外以德自立，内以力自备。……德不可独任以治国，力不可直任以御敌也。"（《论衡·非韩》）"德力具足"是最佳的治国方略。

王充所说的德，主要指儒家的仁义道德，他所谓的力，虽主要指武力、兵力而言，但其含义却很广泛，既指物质性的体力、气力、劳力、勇力、兵力，又指精神性的智力、财力。他说"垦草殖谷，农夫之力也；勇猛攻战，士卒之力也；构架研削，工匠之力也；治书定簿，佐史之力也；论道议政，贤儒之力也"；"文吏以理事为力，而儒生以学问为力"；"人有知学，则有力矣"。（《论衡·效力》）他认为，力的作用，不仅在于能御侮胜敌，还在于能脱贫致富，"力胜贫……勉力勤事以致富"（《论衡·命禄》）；能建功立业，"文力之人，助有力之将，乃能以力为功"（《论衡·效力》）。

由此不难看出，中国古代的德力观中蕴含着价值理性与工具理性的意识，王充的"德力具足"包含着价值理性和工具理性融合的深刻思想，而且从其含义的明确性而言，力比前两种统合观念中的"利用""格物致知"概念，更鲜明地具有工具理性的含义。王充的价值理性与工具理性融合的方式，其出发点既不是"养民""厚生"，也不是人生的"修身"，而是"治国"，他是从"治国之道"的政治视角提出价值意识和工具意识的融合的。于是，就形成了一种有别于生存融合和人生融合的政治融合方式。

（四）"格物、穷理、尽性"的道德融合

宋明理学的程朱学派，是儒学发展的新阶段，在其建立的系统严密、内容丰富的理学哲学体系中，不但对儒家的本体论、认识论、心性论等有重大发展，而且也大大推进了儒家的价值论。价值理性与工具理性统

合形式的创新,就是其中的重要成果。程朱关于价值理性与工具理性的统合,集中表现在"格物、穷理、尽性"的命题上。这一命题的核心是穷理,穷理既是格物的实质和目的,又是尽性的前提和途径。朱熹说"所谓致知在格物者,言欲致吾之知,在即物而穷其理也"(《大学章句·格物传》),"格物致知只是穷理"(《答黄子耕书》)。这即是说,穷究宇宙天地之理乃是格物的实质和目的,也是其根本意义所在。他又说理是"天命之性"的本体和根源,"只是这理,在天则曰命,在人则曰性"(《朱子语类》卷五)。因此,一旦穷尽了事物的理,也就极尽了人的本性,认识到了人的至善本质,此之谓"穷理尽性"。由于朱熹所谓的理是宇宙本体、事物法则和终极价值的统一体,所谓的性是作为人的百行万善之源的天地之性,所以,"格物穷理""穷理尽性"就包括知识追求和价值实现的双重意义。就知识追求而言,这一过程是指通过接触事物、积累知识,达到对宇宙本质和规律的认识;就价值实现而言,这一过程是指通过接触事物、积累知识,达到对本体价值、终极价值的把握,进而提升和实现自身的价值。于是,"格物穷理""穷理尽性"就成了价值与认知、价值理性与工具理性合一的命题。

由于朱熹哲学中理和性的价值内涵是儒家的仁义道德,所谓"天理只是仁义礼智之总名""性即天理,未有不善""本然之性,只是至善""天地之性亦仁而已",因此,他的价值理性与工具理性的融合乃是一种道德融合。道德是价值理性的实质内容,又是工具理性的最终追求目标。

以上所述中国古代价值理性与工具理性的融合形式,既是类型上的区别,也是发展阶段上的划分。生存融合形式表现了战国以前在生产力比较低下、经济还不很发达的历史条件下,人们对满足生存需要的重视;人生融合形式反映了战国时期在政治多元、文化繁荣、学术争鸣时代,学者们对人生意义和人生理想的追求;政治融合形式标志着中央集权封建王国建成初期,思想家对治国方略的思考;道德融合形式体现了封建社会后期,面对着国势衰落的趋势,哲学家对强化道德力量的探索。总之,不同时代的历史背景和时代课题,以及中国社会的发展演变趋向,决定了中国哲学中价值理性与工具理性的融合，经历了始于生存融合形式，中经人生统合和政治融合，而终于道德融合形式的历程。

在价值理性与工具理性融合的各种形式中，道德价值始终处于主导和优先的地位，而工具理性则处于从属的地位。在"正德、利用、厚生"的融合形式中，正德为首，在"德力具足"的融合形式中，"道德"为先，在《大学》"格物、致知、诚意、正心"的融合形式中，其"物格而后知至，知至而后意诚，意诚而后心正，心正而后身修"的顺序充分表明，格物致知的工具理性是为诚意、正心、修身的道德修养服务的。至于"格物、穷理、尽性"的融合方式，更是将把道德理性（"穷理"）作为最高的主导原则。尽管朱熹所说的格物致知，包括"动植大小""草木器用"等科学技术知识；尽管他也主张博学多识，重视探索自然现象的奥秘，还对天地结构、演化、日食、月食、潮汐、气象等现象提出了自己的解释，但是他的认识对象主要指向人伦道德领域，通过格物所穷的理，主要是儒家的道德准则，而且他探索自然、认识事物的最终目的也是实现至善的道德理想。他说："不穷天理、明人伦、讲圣言、遍世故，乃兀然存心于一草木一器用之间，此是何学问？如此而望有所得，是炊沙而欲成饭也。"（《文集·答陈仲齐》）由此可见，格物致知的工具理性归根到底，不过是实现天理价值理性的途径和方式。这正如场有哲学所说的中国哲学主要是儒家哲学用仁性统摄材性、化约材性，把材性问题作为仁性问题来处理。

总之，场有哲学对中国传统哲学特征的论述，启示我们充分认识中国传统哲学所蕴含的宇宙本体与价值至境相融合、人的自然生命与价值生命相融合、工具理性与价值理性相融合的基本特质。并进而证明中国传统哲学是以价值论为核心的哲学，其本质上是价值哲学。

（载《哲学基础理论研究》第三辑，中国社会科学出版社2010年版）

佛教价值观在隋唐价值综合中的
重要地位

隋唐时期，中国社会分久而合，中华民族盛运再临。历史结束了四百余年的动乱、分裂局面，出现了统一稳定的太平盛世。在这"玉树声沉战舰收，万家冠盖入中州"的时代，中华民族的价值观念又发生了新的演变。这次演变，并不是简单地否定魏晋，回归秦汉，由崇道移向尊儒，由"尚自然"转向"明纲常"，而是适应社会经济、政治、文化发展趋势的要求，反映新的社会主体的利益和需要，对儒、道、释三家的价值观念在新的历史条件下兼容并举，综合会通形成了以儒家价值观为正宗，"三教"鼎立的价值观念结构。实现南北方统一的隋文帝，登极之初就明确提出："法无内外，万善同归；教有浅深，殊途共致"（《历代三宝记》卷一二）。唐高祖临朝不久，就下诏"三教虽异，善归一揆"（《册府元龟》卷五〇）。这就为隋唐时代的价值取向，设定了轨道。虽然，在三教鼎立的价值观念格局中，儒家的仁义道德价值观仍然是中心，但佛家、道家也处于重要地位。三教鼎立的价值观念综合，大大开阔了人们的价值视野，拓展了人们价值追求和价值创造的领域，从而使价值观念多元交织、价值活动缤纷多姿、价值成果丰富多彩。

一 价值综合的主体根据

价值观念是价值主体利益和需要的观念反映，由于不同价值主体的利益和需要不同，其价值取向也就不同，反映在思想上就形成了不同的价值观念。魏晋南北朝是门阀豪族占统治地位的时代，他们是社会的价值主体。他们靠身份特权，巧取豪夺，占有了大量土地，荫庇着大量人口，经营着田庄经济，高踞于社会上层，坐享特权而日趋腐化，高卧私门而生活奢靡，终于变为阻碍社会前进的腐朽势力。隋唐统治者虽然也出身贵族集团，但他们目睹南北朝贵族豪门和皇室的荒淫无度、政治腐败、上下离心、社会分裂的衰败局面和亡国丧权的历史教训，不得不采取限制、打击门阀世族势力的政策，以实现价值主体的转移。

杨隋和李唐政权全面压抑门阀世族地主实现价值主体移位的主要措施是：(1) 推行均田制，打击门阀世族的经济势力；(2) 建立科举制度，打击门阀世族的政治势力；(3) 采取品级平衡政策，压抑门阀世族的身份特权。

隋唐王朝从经济、政治、社会品级等方面连续不断地压制、打击门阀世族，使得在农民起义打击下已趋衰落的豪门世族再度衰落。而在门阀世族的衰落声中，寒门庶族地主阶层的社会地位和政治地位得到大幅度的提升，从他们中上升的"近世新族"，终于取代豪门世族而成为封建政权的主要支柱。"朱雀桥边野草花，乌衣巷口夕阳斜；旧时王谢堂前燕，飞入寻常百姓家。"刘禹锡的这首诗，形象地描绘了社会重心的转移。这种转移，从价值论角度看，乃是社会价值主体的转移。隋唐时代，就是社会的价值主体由门阀世族地主向寒门庶族地主大转移的时代。

价值观念总是直系于社会价值主体的利益和需要。隋唐时期，代表庶族地主阶层的统治者，他们在掌握政权之后，主要的利益和需要有四个方面。

一是加强中央集权。魏晋南北朝时期，由于门阀世族的地方势力的强大，中央君主的权力是比较脆弱的，强大的地方权贵在一定程度上分解着中央政府的权威。隋文帝实现统一后，首先迫切需要的是加强中央集权。为此，他制定了新的法律制度，把京畿的官署和地方的衙门结合成强有力的由中央控制的官僚机器。为了强化中央政府的机构，隋文帝对官制进行了改革，设立了尚书、门下、内史三省，作为最高政府机关。

尚书省是管理政务的机构，长官是尚书令，副长官是左右仆射。尚书省下设吏、礼、兵、刑、民、工六部，各部长官为尚书。隋文帝还简化地方官制，把州、郡、县三级制，改为州、县两级制（后来隋炀帝又改为郡、县两级），加强了中央对地方的控制。又规定，九品以上的地方官，一律由中央任免。州、县佐官三年一换，不得重任，不许用本地人。隋亡后，唐承隋制，且又吸取了隋朝短命而亡的教训，虽然仍设立六部（名称有所改变），但进一步把六个部的权力集中到皇帝手中。皇帝还掌握军权，并派出宦官代表皇帝出任盟军，监视将帅的行动，干预军队的调动和指挥。为了震慑地方割据势力，还立皇家直属军，由皇帝直接掌握。这些强化中央集权的措施，在唐初时期，效果都比较显著，使中央的政策，在政权所能达到的地区，都得到了较好的贯彻。隋唐时期，强化中央集权，既是统治阶级利益的需要，又符合历史发展的客观实际，因为中国地广人众，小农经济极端分散，民族关系比较复杂，如果没有一个绝对权威的中央政府统一指挥和协调，封建王朝就难以存在。这种统治阶级的需要和客观历史进程实际的符合，使统治阶级的需要与社会成员的整体需要有了一定程度的一致性。于是，当时的统治阶级也就成了代表社会整体某些利益的价值主体。而这，正是唐代出现盛世的一个重要原因。

二是维护安定统一。隋朝实现了中国的统一，但由于隋炀帝的暴政，统一的局面仅有30余年，就被农民起义推翻。唐王朝又一次完成了统一大业。然而，如何巩固统一、维护统一、保持长治久安，依然是统治阶级以至于全国人民所关心的问题。加强中央集权不但是统治者对权力的需要，也是维护统一安定的重要措施。除此以外，李唐王朝还采取了其他一系列维护统一安定的举措。例如，实行府兵制，"寓兵于农"，兵农合一，从均田农民中点兵，保证了兵源；中央设置12卫，全国各地设置634个军府（其中关内有261府），京城附近拥兵26万，形成朝廷"居重驭轻"之势；"三时农耕，一时教战"，有事"命将以出"，事毕"兵散于府，将归于朝"。这种府兵制不但有利于加强中央集权，而且维护了国家的安定统一，唐朝100多年的安定、统一，有赖于此。又如，制定"偃武修文""中国既安，四夷自服"的方针，对待少数民族采取比较和缓的政策，大大改善了唐和边境各少数民族的关系，维护了国内的和平统一。再如，实行减轻赋税、减缓刑罚、澄清吏治、节省开支等措施，以减轻民众负担，受到了人民的拥护。以上这些举措，对维护和巩固国家的安定、统一都起了积极作用，使大唐王朝保持了300年相对统一的局面。而国家的安定统一，又为社会经济、文化的发展提供了必要的条件。

三是发展社会经济。政治上的高度集中统一，需要以强大的国力为基础。而在以农业为主的封建制度下，要保持强大的国力，必须发展小农经济。在南北朝门阀士族的统治下，农民依附于贵族庄园主，缺乏人身自由，严重影响了农业的发展。唐代建国后，统治者为了发展生产、增强国力的需要，实行了均田制、租庸调制和轻徭薄赋、爱惜民力等政策，使广大农民从严重的人身依附下解放出来，在一定程度上提高了农民的生产积极性，使农业经济得到了发展。从唐太宗到唐玄宗的百余年间，经过广大农民的辛勤劳动，农业出现了繁荣景象，手工业也取得了显著成就，农业和手工业的发展，又促进了商业的繁荣，富有的巨商相继出现，富商大贾们奔趋四方，辗转求利，十分活跃。商业的发展，又促进了交通的发达和驿站制度的建立。驿站交通系统以长安、洛阳为中心，向四面辐射，舟船车马，遍及全国，远达四裔，结成了统一的交通网络。交通发达又为国际经济、文化交流提供了便利。东到日本有陆、海两条通道。由于海上运输，载运量大，又节约运力，唐中期以后，开辟了由长安、洛阳通向西方的海上丝绸之路。农业、手工业、商业、交通的发展促使了经济的繁荣。杜甫赞唐玄宗开元盛世："忆昔开元全盛日，小邑犹藏万家室。稻米流脂粟米白，公私仓廪俱丰实。"政治稳定、国家统一、经济繁荣，使人口有了急剧的增加。中国历史上，人口第一次达到五千万是在东汉，第二次达到五千万则是在唐朝，此后直至清代以前，中国人口没有超过唐朝。在古代，人口是生产力的标志，因而也是财力和国力的标志。

四是繁荣文化事业。统治者发展社会经济的目的，无疑是满足自身的物质、文化生活需要，唐代的统治者也不例外。他们在经济发展的基础上，一方面追求物质生活享受，另一方面追求文化精神生活的丰富。为此，他们推行了比较开明、宽容的文化政策，以繁荣文化事业。在文学艺术的创作上，积极鼓励创作道路的多样性，魏徵曾平实地分析了南方文学和北方文学之短长，提出了"各去所短，合其所长"的主张。在教育上，设立各类学校，中央直系的学校总称为"六学"或"六馆"。算学、天文、医学等自然科学的专业教育开始确定，出现了世界教育史上最早的分科学校。并形成了教育、研究、行政三者结合为一体的体制。地方设置里学，使教育深入乡间。在史学上，设立史馆，以重臣统领，聚众修史，而且在修史的思想上，立足统一，纵观全局，避免南北的对立，消除了北朝后期尊东伪西的偏见。在文化典籍的整理和编撰上，摆脱狭隘的地域观念，纠正详南略北的偏向，例如唐人道宣撰《续高僧传》，凡南北方高僧，都编入此书，克服了南朝梁释慧皎所撰《高僧传》重南轻北的偏颇。孔颖达撰《五经正义》、颜师古订《五经定本》，"博综古今，义理该洽"，统一了自东汉以来长期存在的学派争论和诸儒异说。在民族文化政策上，体现了唐太宗"自古皆贵中华、贱夷狄，朕独爱之如一"的民族平等思想，使汉文化和各少数民族文化都得以发展和繁荣，兼容并包，胡汉交融，呈现了异彩纷呈的面貌。在中外文化交流上，实行了国外汉学家所称赞的"世界大同主义"，开放吸取，外域撷英，使中亚、西亚、南亚等外域的佛学、医学、历法、音乐、舞蹈、体育、宗教、建筑艺术等涌入中华，使唐人的文化生活气象万千。接收国外的留学生和欢迎国外的文化使者，向外域传播中华文化，促进了中外文化交流和文化融合。

隋、唐王朝的统治者，尤其是唐代统治者的上述种种需要以及为满足这些需要而采取的政策和措施，反映在价值观念上，就必然是一种多元综合的价值观念体系。凡是有利于封建专制主义中央集权的强化、封建国家安定统一、社会经济发展和文化事业繁荣的各种价值，都是他们所崇尚的对象；凡是反映这些价值的价值观念，都是他们所倡导的思想，这就是唐代儒、释、道三教鼎立、三教融合的重要原因之所在。

然而，一个时代占统治地位的主导价值观念的确立，并不仅是该时代的价值主体根据自身的需要而进行主观选择的结果，还要受到社会历史发展的客观条件的制约。这种客观条件包括两个方面，一是作为社会生存基础的物质生活条件，二是已经存在的文化环境、道德传统、思维方式和价值观念。唐代统治者之所以从儒、释、道三家的思想中去汲取价值观念，以建立自己的价值观念体系，这是因为，儒、释、道三家在当时已经形成了较大的思想势力，而且也出现了鼎足而立的既定态势。在南北朝的几百年间，社会上流行的不是一种思想体系，而是儒、释、道三种并存的思想体系，它们相互补充，但都不能互相代替。三教之间，出现了一定的融合趋向，三教内部，也有会通本宗的不同流派，建立统一体系的企图。唐代统治者以开放的文化心态有意识地使三教并举、三教融合，固然是出于利用三教以维护封建大一统和维护社会安定的主体需要，同时也是对三教融合这种时代思潮发展的客观趋势的顺应。

总之，利用三教为封建统治阶级服务的主体需要和顺应三教融合的客观趋势两个方面的统一，决定了隋唐时代价值观念的基本特征。

二 价值综合的内容结构

隋唐王朝三教并行、三教综合的文化方针，既是意识形态的建设方针，也是价值观念的建立方针。儒、释、道的思想体系中所包含的价值观念，都被统治者兼容、接受和利用，以适应封建大一统的需要。当然，三教的并行和融合，并不是在和平共处、相安无事的状态下进行的，其中充满了矛盾和斗争。在融合中碰撞，在碰撞中融合，就是三种价值观念的基本关系。于是，就形成了多维综合的价值取向。虽然，不同君主由于不同原因，在三者中各有偏重，唐武宗甚至一度灭佛，但就总体而言，多维的价值取向并行不悖，以不同的价值观念，影响着人们的价值追求。其主要价值观念有四大支柱：道德价值（儒）、功业价值（儒）、生命价值（道）和精神价值（佛）。这里先分析前三种价值。

（一）仁义道统中的道德之善

魏晋南北朝时期，儒家经学丧失了独尊的地位，儒家的纲常伦理、仁义道德价值观念也发生了动摇。随着隋唐统一局面的出现，统治者和思想家们不得不考虑立国治国的根本思想问题。他们认为三教各有所长，但治国的根本思想仍不得不以儒家为本。于是，在主张三教并用的同时，他们努力恢复儒家仁义道德价值观的正统地位。

（二）天人交胜中的主体之能

天人关系问题，是中国哲学的基本问题之一，也是中国传统价值观的基本内容之一。在价值论的意义上，天人关系包括：天与人究竟相分好，还是合一好？无论相分还是合一，作为主体的人应该处于何种价值地位？这两个问题是相互联系而又相对独立的。隋唐时代，特别是唐代中期，天人关系曾经成为争论的重要问题之一，其中蕴含的价值观念也颇有深义。

如上文所述，王通主张天人合一，而合一的交点则是仁义道德，天人之道相统一于仁、礼之中。这是以天人合一观念论证仁义道德的价值，或者说天人合一的价值内涵在于仁义道德。

韩愈在天人关系问题上的观点是矛盾的。一方面，强调天道自然，主张天人相分，说："形于上者谓之天，形于下者谓之地，命于其两间者谓之人。形于上，日月星辰皆天也；形于下，草木山川皆地也；命于其两间，夷狄禽兽皆人也。"（《原人》）认为天、地、人，各有其道，而且更重视发挥人道的作用。另一方面，他又认为天是有意志的主宰，能干预人的行为，主张天人合一。他说："今夫人举不能知天，故为是呼且怨也。吾意天闻其呼且怨，则有功者受赏必大矣，其祸焉者受罚亦大矣。"(《原人》)这与董仲舒的天人感应并无二致。在这种相互矛盾的天人关系论中，韩愈对于主体人的能动性的看法也是矛盾的。他既肯定人的能动性活动的价值，认为"圣人"进行的一切创造都为人战胜自然以求生存奠定了基础；又对人的能力产生怀疑，认为"凡祸福吉凶之来，似不在我"，"贵与贱、祸与福存乎天"。(《与卫中行书》)"存乎天"者"吾将任彼而不用吾力焉"(《与卫中行书》)。这种自相矛盾的说法表明，韩愈对人的价值的肯定仅就仁义道德上着眼，而不能从人的主体能动性上立论，显得很不全面。

在与韩愈的辩论中，柳宗元、刘禹锡力主天人相分，并由此引申，高扬了人的主体能动性价值。柳宗元、刘禹锡首先提出天与一切自然物一样，都是物，都统一于元气，天道则是自然界按照规律运行的客观过程。因此，天与人之间没有相互感应的关系。刘禹锡在《天论》中明确提出，天与人"实相异""交相胜""还相用"，即天与人本质不同，双方只是在作用和功能上相互超过，即所谓"天之能，人固不能；人之能，天亦有所不能也"。

柳宗元、刘禹锡的"天人相分"论，尤其是刘禹锡的"天人交胜"论，包含着十分丰富的价值内涵。其核心在于，它高扬了人本身的价值，对人在宇宙间的主体地位和人改造自然、治理社会的能动性，做了高度的评价。其主要观点是：(1)"人，动物之尤者也"；(2)"人之所能者，治万物也"。

(三) 神仙世界中的生命之真

李唐王朝建立后，对道教格外青睐，武德八年(625)，高祖李渊宣布三教中，道第一，儒第二，佛第三，从此道教青云直上。太宗李世民命令卢思道校订《老子》，刻石和五经同列，又令玄奘将《老子》译成梵文，传至国外。高宗令王公以下皆习《老子》，并诏尊《道德经》为上经。武则天一度停习《老子》，唐玄宗又加以恢复。下令全国无论士庶皆家藏《老子》，并尊《老子》为《道德真经》，《庄子》为《南华真经》,《列子》为《冲虚至德真经》,《文子》为《通玄真经》,成为官方指定的道教"四经"。习此"四经"者,可以参加科举考试,并设崇玄学,置博士、学士。玄宗亲自为《庄子》作注、作疏,还把卢鸿一、王希夷、李含光、司马承祯、张果等道士请到长安,加官封号,使道教更加春风得意。唐王朝如此崇尚道教,固然有自称老子后裔,念及同宗之谊的原因,更重要的是道教的价值观念符合了统治者的价值追求。和佛教以人生为苦,以涅槃为乐相反,道教以重视生命价值为宗旨,以长寿为乐,以成仙为至乐,以进入神仙世界做真人为理想,以生命的永恒作为道教的根本观念,所谓"神仙之道以长生为本;长生之要以养气为根"(《天隐子·序》)。这就符合了人们的生存、享乐和精神超越的需要。当然,对于那些人生不得意者,道教也有解脱痛苦的功能。正由于此,道教才在充满积极进取、热情浪漫的盛唐时代,风云一时,渗透到社会生活的许多方面,影响着人们的价值观念。

三 佛教在价值综合结构中的功能

隋唐统治者和思想家们对佛教价值观的认同和崇尚,大体出于两个方面的考虑。一是佛教价值观中包含着有利于维护统治地位的重要因素;二是佛教价值观中有解脱人生精神痛苦的丰富内容。其第一方面的原因先置而不论,以第二方面言之,隋唐实现了统一,唐代又出现了盛世。然而,隋唐王朝的开创者和后继者、门阀衰落后的士族,处于激烈竞争中的寒门庶族,都不可能没有人生的失意和精神的烦恼,普通百姓就更不用说了,而当这种精神痛苦在现实中得不到解脱的时候,他们也会在超现实的宗教境界中以求超越。维护统治和拯救精神两个方面的主体需要,和佛教从魏晋以来日趋兴盛的客观事实相结合,于是,佛教的价值观念就成了支撑隋唐时代价值世界的一根重要支柱。隋唐时代,佛教形成了天台宗、法相宗、华严宗、禅宗、净土宗等诸多宗派,去异求同,概而观之,它们所追求的是涅槃境界中的精神之乐。其主要价值观念包括五个方面。

（一）"如幻即空"的世界

佛教认为世间的一切事物都是虚幻不实的，是空的。之所以空幻，是因为一切事物都由缘分而生，缘离而灭，缘是事物生成所需要的条件，条件具备了，事物就生，条件消离了，事物就灭。人们看到的日月星辰、山河大地、花草树木、飞禽走兽，以及人间的宫殿楼阁、锦衣玉食、荣华富贵、纸醉金迷、男欢女爱等，都是虚幻而空的无常存在，都无实在的自性，"色即是空，空即是色，色不异空，空不异色"。法相宗甚至认为，不但"法"（物）是空幻的，"我"也是空幻的。这种空，并非绝对的无，而是假有；这种空，才是事物的真实，是"诸法实相"。现实生活中的人们，由于看不到这种空的本质、空的实相，所以才起无尽的贪恋，才有无穷的追求，才要无限地占有，才求无数的价值。而一旦大觉大悟，就会"观"到事物虚幻不实的本质，从而也会停"止"对现实世界上一切事物的留恋贪爱。所谓"菩提本无树，明镜亦非台，本来无一物，何处惹尘埃"。隋唐佛教形成了诸多宗派，但都认为世界"如幻即空"，这既是佛教对世界万物的一种本体揭示，也是佛教给世界万物做出的价值判断。从价值观意义上说，佛教的"空幻"观念，否定了现实世界的意义和价值，而把世界说成了非价值或负价值。这种否定世界客体对人的价值意义与人的价值关系的观点，是佛教提出超越价值观的重要根据之一。佛教正是通过对现实价值的否定而提出其超越性价值观念的。

（二）"苦海无涯"的人生

从佛教对现实人生的基本观点是"一切皆苦""苦海无边"，它认为人生是一个生、老、病、死的过程，贯穿这一过程的是一个"苦"字，"苦"是佛教基本教义"四谛"之一，本意为身心感受到逼迫而呈现的苦恼状态。有"三苦""八苦"之说，所谓"三苦"，其实指"苦"的三种属性,一是苦苦,即对于讨厌的东西而感到苦;二是行苦,即见世间事物的无常易变而感到苦;三是坏苦,即见美好的东西变坏而感到苦。这三种苦的属性是一切苦所共有的。所谓"八苦"就是人生的八种苦痛,《中阿含经》云:"苦圣谛谓生苦、老苦、病苦、死苦、怨憎会苦(遇到所怨所憎的人的苦痛)、爱别离苦(与所爱的人别离的苦痛)、所求不得苦(求而不得的苦痛)、五阴盛苦(由色、受、想、行、识五阴而生的苦痛)。"这些苦痛,涉及了人生的自然过程、精神生活、物质生活等诸多方面。在佛教看来,这些苦痛并非由外在的客观原因所引起,它是随顺个人心理上的执迷而来。就是说,有情众生不悟世界的本质是由缘而起的空,却去执着地追求、索取、占有,必取之而后快,享之而后乐。然而,世间事物本无自性,而是假有之空,执着追求,无异于镜中摘花,水中捞月,不但毫无结果,反而使自己生种种颠倒梦想,受般般无尽苦恼。所以芸芸众生,一生一世都陷于茫茫苦海之中。不仅如此,佛教还认为人的肉体可灭,但灵魂不死。这个形坏了以后,还会再有一个形;这一生完了以后,还会再有一个生,这就是"生死轮回"。人的灵魂会不停地在地狱、饿鬼、畜生、修罗、人间、天这六种境地中轮回转生。人若不觉悟,就不能从轮回中解脱出来,而只能永远在生死的苦痛中流转。这样一来,人不但一生一世在苦海中,而且会生生世世处于生死苦海中,难以自拔。这就是佛教对于现实人生的价值评价。以"苦"评价现实的人生,并非完全无据。人在现实的生活中,的确有种种的困难和苦痛,有无数的烦恼和忧愁,问题在于如何分析它产生的根源,怎样探求克服它的道路。按中国传统儒家思想,虽然也承认人间的苦痛、个人的忧患,但它认为这些痛苦和忧患都有它产生的现实社会根源和个人原因,因此也就只能在现实社会中找寻消除它的途径,"苛政猛于虎"则实行"仁政"以正之,"暴君虐民"则实行"汤武革命"以革之,对"见利忘义"者则以仁义道德教之,对于"常戚戚"的"小人"则以"坦荡荡"的"君子"导之,如此等等。而且,为了解决"天下之忧",个人则应承担受苦的责任,为了养成高尚之德,人生还应该经受苦的磨炼,所谓"先天下之忧而忧,后天下之乐而乐",所谓"艰难困苦将玉汝于成"。所以儒家对人生的看法是现实的、乐观的。佛教则以"苦"来否定人生的现实价值,或者说它认为现实的人生是负价值,由此,它企图以超现实的价值取代或转换现实的人生价值。于是,"苦海无涯"的人生价值观就成了佛教追求超越性价值的又一理论根据。

(三)"常乐我静"的境界

既然世界是"空",人生是"苦",那么,就要改变现实人生,解脱现实之苦,实现价值取向的转变。为此,佛教提出"常乐我静"的涅槃境界作为人生追求的崇高目标。涅槃境界是一种超越性的精神境界,十六国时的僧肇在《涅槃无名论》中描绘涅槃境界的超越性特征时说:"至人戢玄机于未兆,藏冥运于即化。总六合以镜心,一去来以成体。古今通,终始同,穷本极末,莫之与二,浩然大均,乃曰涅槃。"又云:"涅槃之道,存于妙契。妙契之致,本乎冥一。然则物不异我,我不异物,物我玄会,归乎无极。进之弗先,退之弗后,岂容终始于其间哉?天女曰:耆年解脱,亦何如之。"这段貌似玄学话语的佛学妙文,高度概括了涅槃境界古今、始终、本末、去来、物我、进退浑然一体,统一无二的"玄妙"特征。隋唐时代的佛学对涅槃的理解和僧肇的观点是一致的。那么,涅槃境界的价值内涵是什么呢?这就是佛典所说的"常、乐、我、静","常"是永久,"乐"是安乐,"我"即自由,"静"即清静。涅槃境界,就是永恒、安乐、自由、清静的境界。在这种境界中,人就彻底断灭了生死诸苦及其根源("烦恼"),而享受着永恒的和平、自由与欢乐。涅槃境界是和现实人生境遇完全对立的超越境界,是对无价值人生的转换,是人生真正价值的实现。佛教无论是强调出身的小乘,还是不强调出身的大乘,都把达到涅槃视为人生的最高理想,当作成佛的标志。这种境界,实际上与死无别,佛教正是以死的极乐,来映照生之极苦,所以涅槃的价值,就是佛教对死的价值的崇尚,正是在此意义上,佛教把僧人的逝世叫作"涅槃"。

(四)"极乐净土"的理想

佛教不仅把涅槃作为最高的人生精神境界去追求,而且还提出一个"极乐净土"的理想天国。"极乐净土"又称"极乐世界""安乐国""无量光明土""清泰国"等。佛教言,这是阿弥陀佛的净土,位处西方,要经过十万亿的佛国才能到达。据《无量寿经》说,极乐净土以金银、玛瑙为地,光耀夺目,十分瑰丽。居民都过着丰衣足食的生活,一想吃饭,七宝钵立即呈现,钵中百味俱全,香美异常。关于极乐净土的社会结构和社会伦理,《大阿弥陀佛经》有较具体的描绘:"君率化为善,教会臣下,父教其子,兄教其弟,夫教其妇,家室内外,亲戚朋友,转相教语,作善为道,奉经持戒,各自端守,上下相检,无尊无卑,无男无女,斋戒清静,莫不欢喜。和顺义理,欢乐慈孝,自相约检。"这里有君臣、父子、兄弟、夫妇、亲戚、朋友的人伦关系,似与儒家同,但却无尊卑上下,则与儒家异;这里以"善教"为活动内容,以"和顺义理""欢乐孝慈"为道德风尚,以"斋戒""清静"为生活规范,则又表现了儒、释融合的特征。佛教的"极乐净土"其实就是以宗教形式表达的一种社会理想,它是对充满着压迫、剥削、争斗、残杀、虚伪、欺骗的人间社会的一种超越。它尽管是很不现实的幻想,但却表达了佛教的社会价值观念,而且在这种价值观念的引导下,不少佛教徒为"极乐净土"所吸引而为之虔诚发愿。隋唐间的净土宗甚至提出,在末法时代唯有净土一门是解脱之路。创立净土宗的唐初高僧善导,曾著有《观无量寿经疏》《往生礼赞》《净土法事赞》等著作,传布净土信仰,影响很大,使该宗在中唐以后广泛流行。9世纪时,传入日本,使"极乐净土"的理想广为传布。

(五)"悲智双运"的道德

佛教最基本的道德原则是慈悲与智慧,它是大乘菩萨的两面德性。"慈悲"是对众生的平等如一的深切关怀,其中慈是把快乐给予众生,悲是拔除众生的苦恼，佛教常称"出家人慈悲为怀"，又倡导"大慈大悲"。表示彻底地拯救人类、超度众生，甚至要慈怀天下、悲悯虫鸟；"智慧"是对一切事、理的是非、邪正进行简择和做出决断的心灵作用，其中"智"侧重于心灵的照见、简择作用，"慧"侧重于心灵的决断、解了作用，通常合称为"智慧"，又称为"般若智"。在佛典中，常用诸多比喻以形容智慧的价值，如"智慧山""智慧海""智慧风""智慧灯""智慧火""智慧水""智慧剑"等。佛教的智慧固然含有知、解的意思，但主要是指直观把握诸法本性为空的智慧，佛的本义在印度即为"智慧""觉悟"之义。所以佛教十分崇尚智慧的价值，倡导"大彻大悟"。慈悲和智慧合而言之，称为"悲智双运"。"悲智双运"的价值在于，第一，慈悲情怀可以拯救苦难，唤醒痴迷，自度度人，超越轮回之苦。第二，智慧心力可以观照真理，破除痴愚，断除烦恼，使人大觉大悟，看破红尘，了达生死，以得解脱。可见，慈悲与智慧两种德行，都是达到涅槃境界的阶梯。相对于涅槃境界而言，悲智属于工具价值层次。佛家称慈为"舟"，所谓："慈舟不棹清波上，剑峡徒劳放木鹅"（《从容录》卷三）；称智为"楫"，所谓"凭智楫到彼岸"，清楚地表现了慈悲、智慧的工具价值特征。悲智二德既然是工具价值，所以在佛教中它具体表现于修持的准则和方法上，例如要求修习"戒、定、慧"三学，"戒"是清除贪欲，积习善行；"定"是清除嗔恚，安静身心；"慧"是清除愚痴，照见真实。佛家云：贪欲除则慈悲现，嗔恚除则真勇出，愚痴除则智慧生。又如提出修习"悲智六度"，即布施、持戒、忍辱、精进、禅定、智慧，前五者是慈悲之行，后者为智慧之行。再如天台宗的"定慧双修"，禅宗提出的"顿悟成佛"等，无一不贯穿着慈悲与智慧的精神。佛教从"悲智双运"的道德价值中，还引申出"勇""忍""仁""忠""孝""信"等德目，表现了隋唐时期佛教援儒入佛的倾向，特别是佛教对于"忠""孝"的认同，标志着它向儒家道德价值观念的靠拢和对儒家伦理精神的汲取。佛家的道德价值观念不但落实于修习原则和方法上，还体现了在人格形象上，佛、菩萨都是"大慈大悲""大智大勇""大彻大悟"的人格典范,是世人学习的榜样。

隋唐佛教从世界是"空"人生是"苦"的观点出发,提出了它"常乐我静"的精神境界观念;"极乐净土"的理想社会观念和"悲智双运"的道德修养观念,作为与儒家并立并对儒家补充的价值观念体系,在隋唐时期发挥了重要作用,如果说,儒家支撑的是道德世界和功业世界,道教支撑的是生命世界的话,佛教则是精神世界的主要支撑点。

总之,在隋唐时代,儒家追求的是现实的道德和功业,道教珍视的是生命的长生和人生幸福,佛教崇尚的是超越的精神自由和平等,大唐盛世正是在这种多维交织的综合统一的价值观念的导引下繁荣和昌盛的,也是在这些价值观念的冲突和分裂中走向衰落的。

(载《首届长安佛教国际学术研讨会论文集》第1卷,陕西师范大学出版社2010年版)

师道自觉与师德自觉

一个教师，特别是大学教师，要有高度的师道自觉和师德自觉，才会成为人类科学知识的传授者、人类精神文明的继承者、人类灵魂的工程师；才能承担"为天地立心，为生民立命，为往圣继绝学，为万世开太平"的崇高使命。师道自觉要通过深入认识和恰当处理三大关系去实现。

（1）师与人：做师首先要做人，而且要成为做人的榜样。为人师表，其实是师为人表。表即表率，即师应为人的表率。即使师不认为自己是表率，或不愿做表率，但学生总是以"为人表率"来要求师、衡量师、评价师。师的为人如何，学生会有切身感受，会永远记得，而且会传向社会。所以，为人师表事关重大，意义深远。

（2）师与道：教师的职责首要在"传道"，而要传道首先要"载道"，成为道的承载者。载道就是将天道、人道的精华和精神，内化为自己的灵魂和生命，使自己与道合一。道的内涵包括知识、观念、理论、思想、信念、信仰、理想等诸多层次，其核心是真理原则和价值准则。老师应牢固地把握它、深入地理解它、真正地体现它，这样才能传授它，使学生掌握它并且热爱它，进而也成为道的承担者。

（3）师与生：师生关系包括两个方面。一是伦理方面，学生应尊敬教师，教师应关爱学生。中国人讲"师道尊严"、讲"天地君亲师"，西方人讲"吾爱吾师"，都是讲要尊敬教师，而教师也要关爱学生。二是真理方面，教师指导学生，学生启发教师。师生都是真理的探索者，在教学中实现"教学相长"。韩愈说："闻道有先后"，但地位无高低，"弟子不必不如师,师不必贤于弟子",西方哲人说:"吾爱吾师,吾更爱真理",都说明了师生在真理面前的平等地位。"尊师重道"一语概括了伦理上"尊师"与真理上"重道"两方面的关系。孔子说:"循循善诱""谆谆教导"就是要教师把伦理上关爱学生和真理上启发学生两方面结合起来。

师生关系是人与人的关系,不是人与物的关系,是具有主体间性的关系。处理师生关系的主导方面是教师,教师要庄重、正大、光明、自尊,师自尊,学生才会尊师。

师德自觉要在两个基本环节上体现。(1)课堂教学方面。①课堂上不炫耀自己,不贬低他人。教师之间互相尊重。②课堂上不发牢骚、不吐怨言。③课堂上不说庸俗的话,不说低级趣味的话。④课堂上不讲废话、不说闲话,不拉家常。⑤经典原著由学生讲解后,或课堂讨论发言后,老师要疏理、评论、深化、提升。不能在学生发言后不予评析,不置可否。⑥不要求学生完全认同教师自己的学术观点。⑦不向学生说这个学生人品好,那个学生人品差。⑧对学生一视同仁,不厚此薄彼;对学生多鼓励长处,不求全责备。⑨教师要有学者风范,知之为知之,不知为不知。不不懂装懂、不文过饰非、不盛气凌人。⑩无论上课学生人数多少,都要认真、严谨遵循上课规范。

(2)论文指导方面。①研究生选什么研究方向,选什么论文题目,主要由学生根据其特长和兴趣自己决定,教师可以建议但不宜强求学生选某一研究方向或某一论文选题。②指导论文要严格要求,特别是对学风要严格要求。严禁抄袭、剽窃。③发现问题,给学生及时指出。既讲清楚问题所在,又要说明问题如何解决。④对论文的修改意见尽量具体,不应笼统、抽象地说:"不对""不行""不正确"。要使学生明白什么地方"不对""不行""不正确",为什么"不对""不行""不正确",怎样改才正确。⑤对论文的学术观点,不要强求与教师学术见解一致。只要学生能够持之有故、言之有理、自圆其说,不但可以允许学生坚持自己的学术观点,而且应该鼓励学生提出自己的学术创见。⑥对资料、数据、理论上的明显错误（硬伤），要坚持让其修改，不姑息迁就。⑦不接受指导意见的学生，多数是没有理解教师的意见，或是不同意教师的观点。因态度不虚心而固执己见的学生是极少数的。要具体分析学生不接受指导意见的原因。不要随意批评学生态度不好。⑧无论是学生的能力问题、学风问题、态度问题，教师都应立足于关心和教育，不赌气，不徇私，不泄私愤，不抱成见，不搞小动作，不故意刁难学生。一身正气，一腔大气，一团和气。张载曰："不以嗜欲累其心"，"不以见闻梏其心"，"大其心则能体天下物"。

　　无论是课堂教学上的师德修养，还是论文指导上的师德修养，其基础都是教师要敬畏自己的职业、尊重自己的专业、热爱自己的工作、重视自己所担任的课程。教师只有人格和事业上的"自尊""自重"，才会有师德上的"自觉""自律"。

（2010年7月8日）

中国学术思想的历史"长河"

元代胡三省赞司马光主撰的编年体史书《资治通鉴》为历史的"长河",他说"读《通鉴》者,如饮河之鼠,为充其量而已"。今由张岂之先生任主编、刘学智教授任副主编,组织十位在中国思想史、哲学史、古籍文献等领域学有专长的学者分撰的《中国学术思想编年》(2006年10月陕西师范大学出版社出版)实可以"长河"喻之。该书皇皇六卷,洋洋三百万言。以编年体史书的体式叙述了中国从先秦至清末三千多年学术思想的发展演变历程,是目前我国第一部全面系统的中国学术思想编年史。虽然以编年体的形式记述中国学术,非自今日始。早在20世纪30年代刘汝霖的《汉晋学术编年》《东晋南北朝学术编年》就已出版,多年前陈祖武、朱彤窗的《乾嘉学术编年》也已面世,但是以整个中国古代学术思想史总体、全貌为叙述和研究对象的编年体著作当以《中国学术思想编年》为首部。综观该书,其内容、形式、方法、观点都具有十分鲜明的特点。

(一) 著述内容的综合性

该书以"中国学术思想"命名,标示着它的著述内容统摄融合了"学术史"和"思想史"两大方面。所谓"学术史",指的是以中国思想史为主干的学说史;所谓"思想史",指的是学说中所蕴含的思想观念的历史,包括史学、哲学、宗教以及政治思想、法律思想、文献学、目录学、谱牒学等的历史。这种综合性著述内容的确定,既避免了学术史的主题泛化和思想淡化,又克服了分门别类地从哲学思想、史学思想、政治思想、法学思想、美学思想、伦理思想等某一个视角研究中国思想的狭窄化。从而使中国历史上的学术与思想以及思想的各个门类能够从综合、整体上予以呈现。当然这并不是说以学术史为角度或以某一学科为角度研究中国古代文化没有意义，而是说《中国学术思想编年》的著述内容具有综合性和整体性的鲜明特色和突出优点。

（二）叙述方式的历史性

《中国学术思想编年》是一部以整个中国古代学术思想史全貌为叙述和研究对象的编年体著作，它按照历史时间的顺序，逐年论述了自殷周之际迄清末宣统三年（1911）约三千年间中国学术思想史上的代表人物、重要活动、重大事件、主要著作和重要思想观念，同时也对同时期域外学术思想史上的代表人物、重要著作、重大事件、重大影响等择要予以介绍。历史线索连贯、明晰，史事标目准确、鲜明，叙写内容丰富、突出，文字表达简洁、严谨，文献引证翔实、切当。在纵向的每一历史时期中，又横向地论述了哲学史、宗教史、文化史、史学史、文学史等学科内容，特别是突现了儒、释、道学术思想演变主题。形成了以历史性为基线的经纬交织结构。它使读者既能系统地了解中国学术思想发展的基本历史线索、演进历程和学术传承，又能全面深入地了解某一时期某一年代的学术思想全貌。编年体是中国传统史书的重要体例之一，《资治通鉴》是其代表性著作，以这种方式编纂学术思想史能够真正呈现其发展、演变历程和其在每一时期的时代特征。因而具有典型的历史性和浓郁的历史感。

（三）研究方法的科学性

《中国学术思想编年》是一部资料文献十分丰富翔实的巨著，但却并非一种按时间顺序罗列资料的史料汇编，而是深入、严谨的研究性著作。在研究方法上，它创造性地把史事叙述与文献编纂、资料文本和史实考辨、逐年记述与时代概述结合起来。具体表现在著作形式上就是：

每一分卷前有该时代的"学术思想概述",包括"先秦学术思想史概述""秦汉学术思想史概述""魏晋南北朝学术思想史概述""隋唐五代学术思想史概述""宋元学术思想史概述""明清学术思想史概述";每一年分条目之下分"述要""文献"两部分,相当多的条目中还列有"考辨"。例如,先秦卷中关于孔子与老子的五次会见,既在概述中做了全面论述,又在每一次会见的年代中具体叙述,在具体叙述中首先列举大量有关的历史文献证据,接着在"考辨"中详细考辨了会见的时间、地点和讨论的内容。并对学术界的各种观点做了评析。这种有总有分、有述有论、有考有辨、有征有断的研究方法充分体现了实事求是、辩证分析的科学精神。

(四)学术观点的创新性

中国学术史、思想史的研究自 20 世纪上半叶以来,已经走过了七十多年的历程。七十多年间出版的研究著述可谓硕果累累,提出的学术见解可谓众说纷纭。在这种研究历史的背景下和学术积淀的基础上,要著述一部具有重要学术价值并能自立于学林的综合性的大著作,不仅要在资料发掘、编纂方式、研究视角等方面有所拓展和前进,更重要的是必须在学术观点上有所突破、有所创新。在这一点上,《中国学术思想编年》也有其重大贡献。该书对中国学术思想史上的诸多问题都提出了著者的独到见解,主要表现在:第一,中国学术思想史的分期及每一时期学术思想的时代特征、思想主旨的理论探索;第二,重要思想家、学者的学术贡献、学术思想和学术影响的论析;第三,代表性的学术著作的内容、观点的归纳和评价;第四,同时代不同学派争论的问题及其实质的分析;第五,重要思想家、重要著作、重大事件的历史年代的考证、确定。在这些方面,著者都明确提出了自己的观点。而且,更为可贵的是,这些学术创见的提出是以大量而翔实的史料、文献为依据,以对学术界已有的代表性学术观点的评议为基础的。充分体现了持之有故、言之有据的实证性和科学性。当然,任何一种学术观点无论其如何自圆其说也只是一家之言，更不是无懈可击之论。然而，这种以丰富资料为基石、以广阔学术视野为背景的学术研究和学术创新，远远胜过一些仅靠片面史料甚至孤证而得出结论的学术论著，更与那些凭空立言、无征而论甚至主观臆断的所谓"创见"不可同日而语。

《中国学术思想编年》是在张岂之先生主持领导下十位学者积八年之功、经数易其稿而精心打造的一部巨著。然而，该书毕竟是一部兼资料性、知识性、思想性、学术性、工具性于一体的大书，一部历史跨度长远、文献资料繁多、学科领域宽广、学术幅度复杂的巨制，其不足之处在所难免。如各时期的学术思想概述的体例、角度、方式不完全统一，有些史事"考辨"的内容和写法特色不够鲜明（或是对文献资料的补充，或是对史事的说明，而未作考辨），一些条目的标题尚欠准确等。特别是作为学术思想重要社会背景的重大社会经济、政治事件多付阙如。尽管如此，《中国学术思想编年》作为一部特色鲜明、形式新颖、内容渊博、观点独到的中国学术思想史巨著，其创新之业伟矣！其开拓之功宏矣！其应用之途广矣！它必定能屹立于中国学术之林而传之久远。

（原载《光明日报》2010年2月8日国学版）

2011 年

论汉儒对主导价值观的
建构和强化

"秦王扫六合,虎视何雄哉!"公元前221年,秦始皇统一中国,建立了中国历史上第一个中央集权的封建专制主义国家。过了十五年,西汉王朝取秦而代之,使中央集权的专制制度更加成熟和巩固。秦汉时代是统一的时代,政治统一与文化统一相辅而成。随着中央集权的封建制度的形成,中华文化共同体也基本形成了。统一集权的大帝国的建立,给新兴的地主阶级提出了确立统治思想、建立主导性价值观的历史任务。面对先秦以来"百家争鸣""各崇所善"的多种价值观念,统治者通过反复比较、几经选择,终于在汉武帝时采纳董仲舒的建议,罢黜百家,独尊儒术,将儒家思想确立为统治思想。在儒家思想的指导下,董仲舒营造了"三纲五常",以之作为与中央集权的封建专制主义和大一统的政治格局相适应的主导价值观念。从此,"三纲五常"成了两汉时期以至于整个中国封建时代不可动摇的价值准则。

一 汉初主导价值观选择的曲折道路

从秦始皇统一中国建立秦王朝,至汉武帝确立独尊儒术的国策,其间八十余年,是封建统治者进行价值观念选择的时期。其选择的必要性是由历史本身提出的,统治者的主观意愿不过是对历史必然性的反映罢了。

秦始皇作为新兴地主阶级的代表，适应了生产力发展和以土地私有制为核心的封建社会经济基础建立的要求，"振长策而御宇内"，用了不到十年的时间统一了中国。秦王朝建立后，除加强国家机器建设外，采取了一系列统一的措施，如统一货币、统一度量衡，车同轨、书同文等。政治、经济、交通、文化的统一，必然要求意识形态的统一，尤其是一元主导的价值观念的确立。在当时，秦统治者的价值选择显然是经过比较的，儒家以仁义为价值核心，它所代表的保守势力和礼乐文化与打击旧贵族的新兴地主阶级的利益是背道而驰的，它不但不会被作为统治思想，而且还是被禁被毁的对象，"焚书坑儒"就是对儒家思想的清洗。墨家提倡功利主义价值观反对儒家，主张尚同政治又反对氏族血缘，按道理说与秦王朝的功利主义、专制主义、反儒政策有不少契合之处，但他们的"兼爱"精神、贤人路线、侠士作风、俭朴生活、非攻政策、"尊天"观念，显然与秦统治者的价值取向南辕北辙，所以也只能给予"侠以武犯禁"的批判。道家崇尚自然无为，追求"小国寡民"的理想和超脱自由的境界，与秦始皇刚毅勇猛、开拓进取的精神和雄壮威武的气度大相径庭。吕不韦的《吕氏春秋》"兼儒墨，合名法"，取百家之长，以"无为"为核心，而综合百家精华；备万物古今之事，且具大一统意图，本应是秦始皇统一思想的理论依据。但吕氏其书，理论上失之于"杂"；吕氏其人，政治上败之于"奸"。因而，他所绘制的价值蓝图随着吕不韦集团被诛灭而被弃之如敝屣。经过比较权衡，秦始皇对法家思想情有独钟，奉为圭臬。

秦始皇选择法家思想，出于理论和实践两方面的考虑。从理论而言，法家崇尚急功近利，主张君主集权，强调严刑峻法，追求专制政体，倡导实干作风，这与秦始皇及其所代表的新兴地主阶级的利益是符合的，与这个阶级在创业时期所表现的精神气质也是一致的；以实践而言，战国之初，秦国的经济文化都很落后，秦孝公任用商鞅实行变法，功效卓著，使国力跃居七雄之首。其后，法家人物李斯又辅佐秦始皇，实行富国强兵之策,横扫六合,统一全国。历史和现实的实践经验,大大强化了秦始皇对法家思想的认同。因此,当他接触集法家学说之大成者韩非的著作时,情不自禁地叹赏:"寡人得见此人与之游,死不恨矣!"(《史记·老子韩非列传》)

然而,法家具有革新精神和理智态度的价值观念,并没有成为秦王朝坚强不摧的精神支柱而使其江山永固,万世一统。反而经过短短的十余年之后,在农民起义的冲击下,秦王朝毁于一旦。尽管其原因是多方面的,但法家价值观固有的弊端及秦始皇对它的扭曲,无疑是其中之一。法家价值观中本来就尊君权而轻民意、尚法律而轻道德、崇功利而贱文化、主严峻而少宽容,到了秦王朝君臣手里,就更加向极端化倾斜,君主独断,严刑峻法,残酷剥削压迫百姓,压抑言论学术自由。这种专制,岂能长久!

秦朝二世而亡,给两汉统治者提出了重新选择价值观念的历史任务和慎重选择价值观念的经验教训。于是,汉代的统治者在建国初期的七十多年中,进行了任务艰巨、道路曲折的选择主导性价值观念的活动。

(一) 对法家价值观的批判

总结秦王朝兴亡的经验教训,是汉初统治者和思想家向自己提出的首要课题。思考这一问题的目的在于避免汉王朝重蹈秦二世而亡的覆辙,以期长治久安,帝业永垂。秦朝是以法家为主导思想的,而且是被秦始皇歪曲和阉割了的法家思想,因之,总结秦亡的教训就集中在对秦所奉行的法家思想特别是价值观念的批判上。

汉初批判秦代法家价值观念的代表人物,前有陆贾,后有贾谊。陆贾在汉高祖刘邦初定天下时,就与有法家倾向的刘邦发生过一场争论。史称:"陆生时时前说称《诗》《书》,高帝骂之曰:'乃公居马上而得之,安事《诗》《书》!',陆生曰:'居马上得之,宁可以马上治之乎?且汤、武逆取而以顺守之,文武并用,长久之术也。……向使秦已并天下,行仁义,法先圣,陛下安得而有之?'高帝不怿而有惭色。"(《史记·郦生陆贾列传》)陆贾明确指出,秦崇力非德、尚武轻文的价值观念是导致其速亡的重要原因。他主张"行仁义,法先圣","德(文)力(武)并用"的价值观念。后来陆贾献给刘邦《新语》一书,进一步指出秦亡的教训在于"蒙恬讨乱于外,李斯法治于内,事逾烦,天下逾乱,法逾滋而奸逾炽,兵马逾设而敌人逾多。秦非不欲治也,然而失之者,举措太众,刑罚太极故也"(《新语·无为》)就是说,秦所崇尚的是极端功利主义。过了十余年,政论家、文学家贾谊作《过秦论》,继续总结秦代兴亡的经验教训,分析秦亡的原因,他说:"秦王怀贪鄙之心,行自奋之智,不信功臣,不亲士民,废王道而立私权,禁文书而酷刑法,先诈力而后仁义,以暴虐为天下始。"这是对秦代崇力非德、崇利非义的价值取向的进一步批判。

从陆贾、贾谊对法家价值观的批判可以看出,西汉初年的思想界,意在进行一次价值观念上的转换,即从秦代的功利主义、暴力主义的价值观向新的价值观转换。汉初的统治者为了营造新的上层建筑和价值体系,也在着力于对这一问题的思考。通过对秦亡教训的总结,他们也认识到必须对体现秦代价值观误区的一些法律进行废除。例如,汉惠帝四年(前191)废除秦挟书律,汉高后元年(前187)废除秦夷灭三族罪及"妖言"(过误言论)令,汉文帝前二年(前179—前178)废除秦父母、妻子、同产连坐法等。这就从思想和实际两个方面矫正了秦代的价值观念,为建立新的价值观扫清了道路。

(二) 黄老价值观的崇尚

汉初对秦代价值观的批判是和营造新的价值观相辅相成的。破旧立新、以新代旧是进行价值选择的两个方面。面对天下初定的社会形势,统治者提出的价值导向,首先必须有利于战乱之后的社会安定和遭受战乱破坏的生产力的恢复和发展,同时还必须缓和各种矛盾以增强民众对新王朝的信任感和向心力。为了适应这种需要,统治者采用了黄老之学作为指导思想。

黄老之学是秦汉之际假托黄帝立言以阐发老子学说并综合吸收阴阳、儒、墨、名、法之学形成的新道家理论体系，因其尊崇黄帝、老子，故被汉代称作"黄老之术"或"黄老道德之术"，后人称之为"黄老之学"。此说在战国末期已经出现，当时的一些道家学者如河上丈人、鹖冠子等，以早期道家理论为基础，"因阴阳之大顺，采儒、墨之善，撮名法之要"（《论六家要旨》），提出了一套实现全国统一、巩固统治阶级政权的战略和策略学说，以适应当时国家走向统一、百家趋于合流的历史趋势。时至汉初，黄老之学出现了极盛局面。汉初黄老之学的主要价值观念有四个方面。

1. 刑德相养

黄老之学认为在统治的方式上，不应该像法家那样重刑而轻德，而要在坚持法治的同时，重视道德教化作用。"道生法。法者，引得失以绳而明曲直者也。"（《经法·道法》）"是非有分，以法断之；虚静谨听，以法为符。"（《经法·明理》）但是，用法必须"守度"，如果"过极失当""变恒过度"就会"天将降殃"。同时，也不能只用法，而应该"刑德相养"（《十大经·姓争》），重视德化，"先德后刑顺乎天"（《十大经·观》）。

2. 清静无为

黄老之学坚持道家的治世原则，强调"清静自正，无为自化"，"知雄守雌，守柔曰强"的态度。陆贾在《新语》中说："君子之为治也，块然若无事，寂然若无声，官府若无吏，亭落若无民"，就是主张朝廷官吏不苛扰人民，以便安定社会生活。

3. 生财富民

无为而治并不是无所事事、毫无目的，黄老之学提出应该把"财生民富"作为价值目标，无为而治只是实现这种目标的手段，"节民力以使则财生，赋欲有度则民富"（《经法·君正》）。

4. 养神重生

黄老承袭了先秦道家的生命价值观，提出应该从调养形、神两个方面特别是通过养神以珍惜生命的价值。"凡人之所生者神也,所托者形也。神大用则竭,形大劳则敝,形神离皆死。死者不可复生,离者不可复反,故圣人重之。由是观之,神者生之本也,形者生之具也。"(《论六家要旨》)总之,"刑德相养"的统治方式、"清静无为"的治世原则、"生财富民"的经济目标和"养神重生"的生命意识等价值观念,对于汉初的社会现实来说显然是十分必要的,所以得到了统治者的崇尚。

汉初黄老之学的学者如陆贾、盖公和司马谈等人都受到当权者的尊重,他们的思想也多被采纳。在统治层中如丞相曹参、陈平和参与文、景两朝朝政的窦太后都"好黄帝老子言"。官学结合、朝野互用,从而使黄老思想在学术上成为"显学",在思想上成为主导。由于黄老思想的应时性和合世性,以及统治者对它的采用,使其在汉初的实际政治生活中起了重要的历史作用,也取得了好的效果。《史记》云:"参为汉相国,清静极言合道。然百姓离秦之酷后,参与休息无为,故天下称其美矣。"(《史记·曹相国世家》)老百姓也赞美道:"萧何为法,讲若化一,曹参代之,守而勿失。载其清静,民以宁一。"(《史记·曹相国世家》)对于汉初"文景之治"盛世的出现,黄老之学的价值观念显然是有其功效的。

然而,随着社会的稳定,时代的发展和统治者拓展功业的追求,黄老之学的"无为"观念由于其"守雌贵柔"的消极性,已不再适应新的要求了,于是统治者不得不进行新的价值选择。

(三)儒家价值思想的独尊

先秦的儒家学说,惨遭秦始皇的"焚坑"之祸后,受到了沉重的打击。汉初儒者在较宽松的政治环境中,首先着力于"焚书"之余的儒家典籍的收集、整理,同时也竭力向统治者宣传其思想,以求成为新意识形态的主导。但是,汉王朝的开创者刘邦颇有以法黜儒的气势,而其后继者窦太后、文帝、景帝等则由于选用黄老"无为"思想作为指导方针，对儒家也颇反感。儒家在法、道两家的夹黜下，不得不屈居其间。然而统治者的个人喜好并不能从根本上决定一个时代价值选择的方向，儒家价值观在汉初运不逢时的根本原因在于先秦的旧儒学"不达时务"，即不能适应当时社会的客观要求。当时急需的是与民休息，恢复生产，安定社会，原始儒家的德教为先、礼仪至上的价值取向显然不合时宜。

到了汉武帝时代，经过七十年休养生息，生产恢复，财富增长，民务稼穑，天下晏然，于是，急需强化意识形态。同时，由于汉初所封之同姓王，其势力日增，足以抗拒中央，吴楚"七国之乱"即实例，由此可见强化中央集权实行大一统之重要性。以国外言之，其时异族林立，掠扰三边，构成外患，既宜有以教化之，亦宜有以慑服之，此亦要求加强中央政权建设。此时，标榜"无为而治"的黄老之学显然不适合形势发展的需要了，而行道德教化、建大一统秩序和强化中央政权，正是儒家思想的特长。可见儒家价值地位的上升，是历史的必然。

汉武帝建元六年（前135），好黄老之术的窦太后卒，武帝任用喜儒学的田蚡为丞相，延文学儒者数百人，黜黄老、刑名百家之言，标志着盛行汉初的黄老之学作为统治阶级主导思想的终结。第二年，汉武帝亲自策问贤良文学，董仲舒、公孙弘皆对策。董仲舒在《天人三策》中提出，大一统是"天地之常经，古今之通义"，请"诸不在六艺之科、孔子之术者，皆绝其道"。武帝采纳其建议，罢黜百家，独尊儒术。

董仲舒所提供的儒家思想，与先秦儒家已有所不同。它是以儒家为中心，而又吸取黄老之学，糅合阴阳、名、法各家所精心构筑的封建思想体系。其总体特征是：强调积极有为，主张全面"更化"；强调思想统一，主张德主刑辅；重建天上神权，宣扬天人感应。作为这一思想体系之核心的价值观念就是"三纲五常"。"三纲"即君为臣纲、父为子纲、夫为妻纲，"五常"即仁、义、礼、智、信。"三纲五常"价值观念体系的树立，标志着取得政权后的新兴地主阶级价值观念选择的完成。它是在汉初七八十年的价值观念斗争中，在儒与法、儒与道的矛盾冲突中逐步实现的。儒家的价值观念经过艰难曲折的道路，上升为汉代占统治地位的主导价值观这一事实，对中国价值观的历史演变，影响甚为深广久远。

二 "三纲五常"价值观的内容建构和基本特征

"三纲五常"于西汉时形成，但它是长期历史积淀的结果。近似三纲的观念，在先秦典籍中就已出现。商周统治者反复强调"王"的权威，要臣民和属国绝对服从。周公批评"不孝不友"为"元恶"，实际上肯定了父权。春秋战国时期，各国国君权力增长，尊君思想随之产生。孔子尊君，言论昭然。《管子》论君臣关系，主从分明："明主在上位，有必治之势，则群臣不敢为非。……明主操必胜之数，以治必用之民；处必尊之势，以制必服之臣"（《管子·明法解》）。荀子也肯定君主在天下是"势位至尊"。而明确把君臣、父子、夫妇从诸种人伦关系中凸显出来，并以处理此三种关系的原则为主要道德规范的是韩非，他说："臣事君，子事父，妻事夫，三者顺则天下治，三者逆则天下乱。此天下之常道也。"（《韩非子·忠孝》）随后吕不韦也提出："凡为治必先定分：君臣、父子、夫妇。君臣、父子、夫妇六者当位，则下不逾节，而上不苟为矣，少不悍辟，而长不简慢矣。"（《吕氏春秋·处方》）他还特别强调臣对君、子对父的绝对服从，"父虽无道，子敢不事父乎？君虽不惠，臣敢不事君乎？"（《吕氏春秋·恃君览》）成书于战国末至汉初的《仪礼》还明确提出了"三至尊"的观念："君，至尊也"，"父，至尊也"，"夫，至尊也"。（《仪礼·丧服》）时至董仲舒，"三纲"思想才达到成熟，并首次提出了"三纲"概念。他说："天为君而覆露之，地为臣而持载之；阳为夫而生之，阴为妇而助之；春为父而生之，夏为子而养之。王道之三纲，可求于天也。"（《春秋繁露·基义》）这里虽然还未有"君为臣纲，父为子纲，夫为妻纲"的语句，但"三纲"的具体内容是十分明确的，在董仲舒的著作里对"三纲"的论证也颇为详细。

关于"五常"内含的道德规范,在董仲舒之前就颇为流行。仁、义、礼、智、信等概念在《论语》中已多次出现,先秦的其他著作中亦多有之。然而,将其系列化始于孟子。孟子认为仁、义、礼、智是四个基本的道德准则,分别起源于每个人生而具有的"恻隐之心""羞恶之心""辞让之心"和"是非之心",并规定了四德的实质内容:"仁之实,事亲是也;义之实,从兄是也;智之实,知斯二者弗去是也;礼之实,节文斯二者是也。"(《孟子·离娄上》)孟子的"四端"说中虽然没有信,但孔孟都认为信是一重要的道德规范,它不但是交友之道,所谓"朋友有信"(《孟子·滕文公上》),而且还是立身之道和立国之道,所谓"人而无信,不知其可也"(《论语·为政》);"民无信不立"(《论语·颜渊》)。董仲舒以孔孟的论述为基础,并予以发展,将仁、义、礼、智、信概括为"五常":"夫仁、谊(义)、礼、知(智)、信五常之道,王者所当修饬也。"(《汉书·董仲舒传》)并以之与"三纲"相配,形成"三纲五常"这一系统的道德准则和价值体系。

由此可见,"三纲五常"是历史发展的产物,是价值观念和道德规范长期积淀的结果。它是汉儒以儒家观念为基础,并吸取了法家观念,而构建的一个内容丰富的价值观念体系。

(一)"三纲五常"价值观的内容建构

从价值论角度来考察,"三纲五常"的价值内涵主要包括五个方面。

1. 注重人伦的社会价值观

"三纲五常"都是处理人与人关系的准则,中国古代思想家特别是儒家非常重视人与人的关系即"人伦"。他们从诸多的人伦关系中提出君臣、父子、夫妇、兄弟、朋友五种关系作为人生基本的永久性的关系,谓之"五伦",认为这些人际关系是任何人都无法逃避也不应逃避的。如果这些关系都调整、处理好了,社会就会形成合理的秩序,即"彝伦攸叙"。于是,他们规定出种种道德规范要求人们去践履,如孟子云:"使契为司徒,教以人伦:父子有亲,君臣有义,夫妇有别,长幼有序,朋友有信。"(《孟子·滕文公上》)。汉儒提出"三纲",是在"五伦"中突出了君臣、父子、夫妻三伦作为核心,这不但明确了"五伦"的重点,而更为重要的是强化了君臣、父子、夫妻三种关系的社会功能和力量。当然,作为"五常"的仁、义、礼、智、信也是处理人际关系的道德准则。这样一来,在人与神、人与自然、人与人的三大价值关系中,就把人与人的关系作为最重要的价值确定下来,把人们的价值取向不是导向天国、导向自然,而是导向社会本身。"三纲五常"所追求的价值,不是宗教价值,也不是自然价值,而是以人伦为核心(以君臣、父子、夫妻三伦为重点)的社会价值。

2. 君权至上的政治价值观

在"三纲"中,"君为臣纲"居其首。君臣关系属于人伦之一,但其关系已越出道德领域而进入政治领域。"君为臣纲"的基本含义是:君是臣的准则。就是说,臣民必须绝对地尊崇君主、服从君主、忠于君主。之所以要如此,董仲舒指出,这是由君主在国家政治生活中所处的主体地位决定的,"君人者,国之本也。夫为国,其化莫大于崇本"。(《春秋繁露·立元神》)"身以心为本,国以君为主。"(《春秋繁露·通国身》)《春秋》之法,以人随君,"缘臣民之心,不可一日无君","故屈民而伸君"。(《春秋繁露·玉杯》)这种君臣关系的制度化,就是君主专制的中央集权政治制度,也即董仲舒所说的"大一统"制度。在这样的政治价值观中,已经淡化了孟子的"民为贵,社稷次之,君为轻"的民本意识。"民本"变为"君本",表现了封建地主阶级维护中央集权君主专制的政治价值取向。

3. 尊卑等级的秩序价值观

"三纲"所规定的君臣、父子、夫妻关系,是一种严格的尊卑等级关系,君、父、夫的地位尊贵,而臣、子、妻的地位卑下,臣、子、妻应该从属于君、父、夫,做他们的奴隶。虽然,"五常"的道德是君臣、父子、夫妻都应该遵守的,双方都应承担一定的道德义务,即应该互相爱护、互相扶助,君、父、夫也应讲仁爱之德,即先秦儒家所主张的

"君义臣忠"。但是，董仲舒突出强调的是单方面的服从关系。尊卑等级地位决定了臣、子、妻单方面的服从关系，单方面的服从，又维护和强化了尊卑等级地位。在董仲舒及汉儒看来，这种尊卑等级的基本社会秩序是最好的即是有价值的社会秩序。

4. 重视家国的群体价值观念

在"三纲"关系中，君是国之本即国家的基础和代表，父是一家之主即家庭的主体和代表。因此，对君、父、夫的服从就是对国和家的服从。而且，由于"君为臣纲"居于"三纲"之首，所以家对国也是服从关系。于是，就个人与群体的关系而言，每个个人都得服从于家、国这两个群体组织，承担对于家、国的一切责任。这里显然是一种群体价值高于个体的价值观念。由于单向服从关系的确定，每个个人就只有义务而无权利。这样一来，先秦孔孟儒学所具有的"匹夫不可夺志"（《论语·子罕》），"人人有贵于己者"（《孟子·告子上》）的个体价值意识就被弱化了。君所代表的政权、父所代表的族权、夫所代表的夫权成了束缚个体价值的桎梏。

5. 重义轻利的道德价值观

"三纲五常"是政治和道德相结合的规范，特别是对人伦道德准则和道德规范的高度概括。董仲舒指出，"三纲"在国家的地位是"王道"，"王道之三纲，可求于天"（《春秋繁露·基义》）。所谓"王道"就是实行仁政的基本原则，也即治国的基本原则；关于"五常"，董仲舒也认为是"王者所当修饬"的治国的根本方法和工具。可是，在"三纲五常"的治国纲领中，只提出了政治特别是道德价值目标而无其他价值目标，特别是没有关于作为国家和民生基础的物质生产、物质利益的价值地位，显然，董仲舒重视的是道德价值。若从董仲舒关于"义"与"利"即道德价值和物质利益价值的论述来看，这种重道德的价值取向更是十分鲜明的。尽管董仲舒也承认"义"与"利"二者对人都有价值，"天之生人也，使之生义与利。利以养其体，义以养其心。心不得义不能乐，体不得利不能安"（《春秋繁露·身之养重于义》）。而且，在二者的比值天平上，董仲舒认为"义重于利"，"体莫贵于心，故养莫重于义。义之养生人大于利矣"。然而，他把这种观点概括为一个公式："正其谊（义）不谋其利，明其道不计其功。"（《汉书·董仲舒传》）。由此可见，"三纲五常"内在地蕴含着重义轻利的观念，它本身就体现着重义轻利的道德价值观。

（二）"三纲五常"价值观念体系的基本特征

"三纲五常"作为一个内涵丰富的价值观念体系，虽然其基本思想是对先秦儒家价值观的继承，但在新的历史条件下，为了适应时势的需要，以董仲舒为代表的汉儒在营造过程中对先秦儒家价值观做了重大的改造和发展。从而使这一价值观体系具有了新的特征。

1. "天人感应"的神秘性

"王道之三纲可求于天"，"道之大原出于天，天不变道亦不变"，（《汉书·董仲舒传》）是董仲舒表述"三纲"与天的关系的基本命题。就是说，"三纲五常"的价值体系来源于天，天是它的最终根源和最高原则。在董仲舒看来，天是至高无上、主宰一切的人格神，它支配着自然界和社会上的一切事物，而且，天同人一样有思想、有感情、有意志、有道德。因而，人间的人伦关系和价值体系都是源于天的。"天子受命于天，诸侯受命于天子；子受命于父，臣妾受命于君，妻受命于夫。诸所受命者，其尊皆天也，虽谓受命于天亦可。"（《春秋繁露·顺命》）不但"三纲""受命于天"，五常"仁义制度之数，尽取之天"（《春秋繁露·基义》）。天既然是"三纲五常"的"大原"，那么，也就能充当其在人间实现的监护。董仲舒认为，在"天人感应"的神秘机制之中，天对人间特别是"人君"是否遵循"三纲五常"，能够直接发现并予以扶持或谴责。"国家将有失道之败，而天乃先出灾害以谴告之；不知自省，又出怪异以警惧之；尚不知变，而伤败乃至。以此见天心之仁爱人君而欲止其乱也，自非大无道之世者，天尽欲扶持而安全之。"（《汉书·董仲舒传》）价值源于神秘的天"本原"之中，又实现于"天人感应"的神秘关系之中，这是董仲舒对先秦儒家价值观的重大发展，而这种发展是以向商周时期"先帝""天命"的复归为形式的。这种价值神秘化的意义在于，用超人间的"天"和神秘的"天人感应"强化了"三纲五常"的价值威力，美化了"三纲五常"的价值形象。"三纲五常"的神秘性特征从西汉到东汉，不但毫不褪色，而且涂得更加浓厚，如班固编的《白虎通义》，简直把"三纲"纳入宗教神学的天罗地网中了。

2. "阴阳五行"的必然性

与神秘性相适应，董仲舒所代表的汉儒，还用阴阳、五行的学说论证"三纲五常"。阴阳、五行观念是先秦哲学中的重要内容，它揭示的是宇宙的发展规律问题。阴阳观念表明，宇宙间的万物都内在地包含着阴、阳两个方面，二者相反相成，推动事物发展；五行观念表明，水、火、木、金、土是构成宇宙万物的五种基本元素，它们之间相生相克、互相制约，决定着自然界和人类社会诸种现象的内在关系及其运行过程。董仲舒以阴阳论"三纲"，他说："君臣、父子、夫妇之义，皆取诸阴阳之道。君为阳，臣为阴；父为阳，子为阴；夫为阳，妻为阴。"（《春秋繁露·基义》）又说："天下之尊卑随阳而序位……阳贵而阴贱，天之制也。"（《春秋繁露·天辨在人》）他又用五行论"五常"，认为木"尚仁"、金"尚义"、水"尚礼"、火"尚智"、土"尚信"，"五常"与"五行"相配，"五行"决定着"五常"。这种类比式论证不仅进一步使三纲五常具有神秘色彩，更重要的是把"三纲五常"说成了与宇宙结构、宇宙规律相符合的必然性法则。本来，"三纲五常"作为价值规范，是人根据自身的需要而提出的，是"应然"的规范，而经董仲舒将其与阴阳五行相配，"应然"规范就变成了"必然"法则。于是"价值"与"本体"合一，"应然"与"必然"贯通，"三纲五常"成为永恒的"天道"、绝对的准则。

3. "人道参天"的能动性

"阴阳五行"是天道，"三纲五常"是人道，二者是相通的。因此，人遵循"三纲五常"，就是发挥人的能动性，与天相参。在董仲舒"道出于天""天人感应"的天人关系论中,天固然"有喜怒之气,哀乐之心",有"爱利"万物、"养成"万物、"谴告"人君的能动性,但人也不是消极被动的,人"有父兄子弟之亲,有忠信慈惠之心,有礼义廉让之行,有是非逆顺之治,文理灿然而厚,知广大有而博,唯人道为可以参天"(《春秋繁露·王道通三》)。在董仲舒看来,实现"三纲五常",本身就是人的能动性的表现,即"人道参天"的表现。他要求人们在这一价值目标的指引下,发扬孔子倡导的"人能弘道"的精神,去"强勉行道","强勉行道,则德日起而大有功,此皆可使还至而有效者也"。(《汉书·董仲舒传》)由此可见,"三纲五常"的价值体系具有重视人的主体能动性的特征。

4."忠、孝、顺"义务的单向性

"三纲"讲的君臣、父子、夫妻关系,在儒家的原始观念中,每一关系的双方都应相互承担道德义务,即不但臣、子、妻对君、父、夫应尽道德义务,君、父、夫亦应对臣、子、妻尽道德义务。孔子讲"君君、臣臣、父父、子子"(《论语·颜渊》),就是说君要像君、臣要像臣、父要像父、子要像子,每一方都应遵守自己的道德,承担对对方的义务,例如"君使臣以礼,臣事君以忠"(《论语·八佾》)。孔子反对的"君不君、臣不臣、父不父、子不子"的混乱现象,指的是君与臣、父与子双方都违背了道德。尽管孔子强调的重点是臣、子方面的义务,但他并没有将其片面化和单向化。可是,到了董仲舒手里,用"君为臣纲,父为子纲,夫为妻纲"来规定君臣、父子、夫妻关系,道德义务就成了臣对君尽忠、子对父尽孝、妻对夫顺从的单向义务,从而使先秦儒家所倡导的相对性人伦关系变成了君、父、夫一方享有绝对特权,而臣、子、妻一方绝对守其分位、遵其道德、行其义务的绝对性关系。而这样一来,就避免了双向义务的相对关系中的不安定因素,使君、父、夫的统治地位更加稳定。

总之,从"三纲五常"的内容和特征可以看出,汉代统治者所选择的价值体系是集社会价值(人伦)、政治价值(尊君)和道德价值(仁义礼智信）为一体的价值系统。是以宗教（天）、自然（阴阳五行）、社会（人伦）三根支柱为支撑，以天人合一（"天人感应"）的间架为建构方式，以维护中央集权的专制政体为终极目标，而建构起来的价值大厦。这一价值大厦是汉代封建社会上层建筑的核心和灵魂，它对维护、巩固封建社会，将发生巨大的作用。

三 "纲常"价值观的巩固和强化

"三纲五常"观念的提出，适应了社会现实的需要，有着坚实的社会基础。然而，由于社会上还存在着诸多其他价值观念，特别是道家和法家的价值观念，这就必然会对儒家的纲常观念形成冲击。同时，受压迫、受统治的阶级和阶层也经常会背离主导性的纲常观念甚至对其提出挑战，动摇其统治地位。因此，两汉时期的统治者为了维护"三纲五常"观念的主导地位，并使其在人们的思想中发挥切实的导向作用和调节功能，就不断地对"三纲五常"进行巩固和强化。从西汉中期到东汉后期，这种巩固和强化经历了四个重要环节。

（一）以"重义"观念来巩固

汉武帝初登帝位，就采纳了董仲舒的建议，独尊儒术。然而，汉武帝本人是一个功利意识极强而又具有雄才大略的人，思想上有浓厚的法家观念，加之由于对匈奴的全国性战争的影响，所以汉武帝在重大政策和朝廷用人上，实际上依然是"重法轻儒"。汉武帝晚年对他好大喜功所造成的社会危机有所觉悟，提出对基本国策进行调整，然而没有完成就去世了。汉昭帝始元六年（前81），大将军霍光采纳杜延年的建议，就盐、铁、酒官营专卖问题召开会议进行讨论，这就是有名的"盐铁会议"。

盐铁会议是就武帝以后的国家政策和政治指导思想展开辩论的一次会议。辩论的双方，一方是从武帝时期长期当政的法家代表人物御史大夫桑弘羊,一方是儒家思想的忠实信徒贤良文学六十余人。这场辩论是在新的历史条件下,又一次儒法两家的价值观念争论。桓宽谈到这次会议的争论主题时说:"余睹盐铁之义,观乎公卿、文学贤良论,意指殊路,各有所出,或上仁义,或务权利。"(《盐铁论·杂论》)"上仁义"还是"务权利"即义利之辨正是盐铁会议上价值观争论的焦点。

桑弘羊坚持盐铁国营政策的价值观的根据是法家的崇利简义论。针对贤良文学们批评盐铁国营是"利蓄而怨积,地广而祸构",桑弘羊明确指出,功利价值比道德(仁义)价值更为重要、更有意义。原因有四个方面。(1)财利是国家富强的基础。桑弘羊说:"商君相秦也……外设百倍之利,收山泽之税,国富民强,器械完饰,蓄积有余。是以征敌伐国,攘地斥境,不赋百姓而师之赡。故利用不竭而民不知,地尽西河而民不苦。"(《盐铁论·非鞅》)(2)富有是实现个人价值的条件。针对贤良文学们"贵何必财,亦仁义而已矣"的看法,桑弘羊反驳说:"子贡以著积显于诸侯,陶朱公以货殖尊于当世。富者交马,贫者赡马。故上自人君,下及布衣之士,莫不戴其德,称其仁。"(《盐铁论·毁学》)如果一个人"内无以养,外无以称,贫贱而好义,虽言仁义,亦不足贵也"(《盐铁论·毁学》)。(3)利益是人们共同追求的目标。针对贤良文学"古者贵德而贱利,重义而轻财"的观点,桑弘羊认为"天下攘攘,皆为利往,赵女不择丑好,郑姬不择远近,商人不愧耻辱,士戎不爱死力,上不在亲,事君不避其难,皆为利禄也"(《盐铁论·毁学》)。(4)仁义教化无益于治甚至有害。桑弘羊指出,儒者空谈仁义,对于治世安国不但无功而且有害,"孔子修道鲁、卫之间,教化洙、泗之上,弟子不为变,当世不为治,鲁国之削滋甚"。"儒者之安国尊君,未始有效也。"(《盐铁论·论儒》)即使仁义道德有一定价值,那也只是适于古代而不适于今世,"时异各有所施","今欲以敦朴之时,治抗弊之民,是犹迁延而拯溺,揖让而救火也"(《盐铁论·大论》)。时过境迁,"道尧、舜之德无益于治"(《盐铁论·遵道》)。桑弘羊这一系列观点,对于"三纲五常"中的仁义道德价值观念无疑是巨大的冲击、是严重的动摇。这充分说明，在当时，董仲舒提出的主导价值观还没有得到统治集团中所有当权者的认同。

面对桑弘羊的挑战，贤良文学高举崇义轻利的旗帜，进行了尖锐的批判。他们提出的基本观点有三。一曰贵德贱利是"常道"。"古者贵德而贱利，重义而轻财……庠序之教，恭让之理，粲然可得而观也。"（《盐铁论·错币》）"圣王之治也，不离仁义，故有改制之名，无变道之实。上自黄帝，下及三王，莫不明德教，谨庠序，崇礼义，立教化。此百世不易之道也。"（《盐铁论·遵道》）二曰礼义道德是"国基"。针对桑弘羊以工商为治国之本的主张，贤良文学提出："礼义者，国之基也；而权利者，政之残也。"（《盐铁论·轻重》）对民众要立足于"防淫佚之原，广道德之端"，"导民以德则归厚"。（《盐铁论·本义》）只有实行"抑末利而开仁义"的德治，才可能达到"教化可兴而风俗可移"的盛世。三曰"崇利简义"是败政。贤良文学指责桑弘羊"崇利而简义，高力而尚功"，说这种治国方针会滋长人们的求利思想，引起民心和民俗的败坏，是"开利孔为民罪悌也"，"犹人之病水，益水而疾深"。总之，贤良文学认为应该树立"贵何必财，亦仁义而已矣"，"远浮利，务民之义"（《盐铁论·禁耕》）的价值观念。

贤良文学对桑弘羊观点的批判，虽然未直接涉及"三纲五常"问题，但他们运用儒家"重义轻利""仁政德治"的传统观念，对"崇利简义"的法家价值观进行驳斥，有力地回应了法家思想的又一次挑战，维护了儒家的基本思想。这就从重视仁义道德的原则高度巩固了"三纲五常"观念。由于汉昭帝和霍光实质上接受了贤良文学们的观点，所以从此以后，儒家思想及其"三纲五常"观念的统治地位进一步巩固了。

（二）以"贵礼"经学来巩固

汉代儒学采取了经学形式，即以解释儒家经典阐发思想。独尊儒术之后，经学迅速发展。在经学中，由于对经书的解释和学者们对经、传的理解不同，经常发生分歧。例如，《春秋》经，有《公羊》《穀梁》《左氏》三传，前二者详于解释经文之义例，后者详于春秋事实之叙述。前汉时，《公羊春秋》与《穀梁春秋》虽然皆为今文经学，但由于二者的主要精神有异，经学家的理解不一，所以常常发生争论，弄得众说纷纭，莫衷一是，甚至形成门户之见。汉宣帝为了平息争论，团结各派，建立统一的经学，于甘露元年（前53）召开了一次评《公羊》《穀梁》同异的会议。《公羊》学派和《穀梁》学派各派五位学者参加，集中讨论了三十多个问题。从武帝至宣帝九十多年间，《公羊》学派一直占有优势，董仲舒就是春秋公羊学的代表人物。所以，会议初始，《公羊》家坚持继续维护其传统优势，有意贬低《穀梁》家的地位，但由于名儒肖望之和汉宣帝的支持，会议终于使《穀梁》学也获得了与《公羊》学相并列的地位。过了两年，宣帝又于石渠阁召集会议，令各派代表人物讲论五经的同异。会议围绕五经中的一些疑难问题展开讨论，由肖望之"平奏其议"，宣帝亲自裁定评判。会议形成了一些共同的结论，除保留原有的博士外，又增加了梁丘《易》、大小夏侯《尚书》、《穀梁春秋》四家博士。《穀梁》学派的地位又一次得到提升。

《春秋公羊》派与《春秋穀梁》派的争论，以及汉宣帝对《穀梁》派的支持，绝不是单纯的学术问题，而是与当时现实的政治问题和思想观念问题密切相关的。

《公羊春秋》的主要精神是强调"大一统"，所以它适应了汉代初期实现统一的需要，得到统治者的崇尚。但《公羊春秋》中却贯穿着"大义灭亲"的严刑峻法思想，这就为法家思想留下了余地。事实上，汉武帝虽在思想上尊儒，但其内外政策都打着深深的法家烙印，具有强烈的功利意识，这显然与《公羊》学的影响有关。《公羊》学的这种特征，尽管加强了中央集权和等级制度，但却削弱了儒家的宗法情谊和宽厚仁爱。以价值观念言之，它虽然有利于"三纲五常"中政治价值层面的弘扬，但却轻视其中的伦理道德价值。而《穀梁春秋》学却正是以重礼义教化、重宗法情谊为主旨的。例如《穀梁传》云："孝子扬父之美，不扬父之恶。""已废天伦,而忘君父,以行小惠,曰小道也。"又云:"《礼》,妇人谓嫁曰归,反曰来归,从人者也。妇人在家制于父,既嫁制于夫,夫死从长子。妇人不专从,必有从也。"这些观点充分体现了"多特言君臣、父子、兄弟、夫妇,与夫贵礼贱兵、内夏外夷之旨"(《春秋穀梁经传补注·论传》)的特征。可见,《穀梁》学具有加强宗法礼仪的控制功能。这就是汉宣帝支持《穀梁》学的根本原因所在。他的目的显然是纠正长期处于统治地位的《公羊》学由于强调法制所引起的弊病,转而"引先王礼宜于今日而用之"(《汉书·王贡两龚鲍传》),即以儒家的贵礼思想和礼仪制度,巩固和加强"三纲五常"价值体系。

自甘露元年召开"平《公羊》《穀梁》同异"会议和甘露三年(前55)召开"杂论五经同异"的石渠阁会议之后,西汉统治者才真正把礼治思想和礼制建设提到了首位,使重视君臣、父子、兄弟、夫妇伦常之礼的礼教精神日渐向社会扩大和深入。从此,重"大一统""行赏罚"的《公羊春秋》精神和"重天伦""贵礼治"的《穀梁春秋》精神,相辅相成,共同成为"三纲五常"的精神支柱。

(三) 以谶纬迷信来强化

两汉时,谶纬流行,至西汉哀、平之世,更加泛滥。谶或谶语,是神预示人间吉凶祸福的启示或隐言;纬,相对于经而言,也是对经书的解释,其特点是对经书做神学性解释。谶纬相合构成了汉代神学迷信的集大成,是儒学的粗俗的神学形式。西汉末期,社会阶级矛盾和政治矛盾极端尖锐,各种势力为了达到自己的目的,大量编制谶纬,使其大肆泛滥。王莽篡汉利用过谶纬,以后刘秀继东汉帝位也引用谶语作为受命根据。他于建武中元元年(56)宣布"图谶于天下",使谶纬上升为国宪,享有神圣的地位,但为时不久就跌入深谷。

汉代儒生所撰著的纬书涉及内容颇多,有元气、阴阳、五行、八卦、天文、历数、历史、地理、乐理、医学、文字等。但其中心思想是"阴阳五行""天人感应""三纲五常"。关于"三纲五常",纬书论及的主要问题有四个方面。（1）神化人伦。纬书反复宣扬"逆天地，绝人伦，则天汉灭"；"逆天地，绝人伦，则蚊蚕兴"；"逆天地，绝人伦，当夏雨雪"；"逆天地，绝人伦，则二日出争"（《诗纬·推度灾》）。把人伦与天地并列，说成至高无上的神意。（2）昭明"三纲"。董仲舒虽然提出了"三纲五常"观念，但并没有关于"三纲"的明确用语，《礼纬·含文嘉》则首次昭明："君为臣纲，父为子纲，夫为妻纲。"这是历史上最早说明"三纲"的文句。（3）卦定"五常"。《易纬·乾凿度》在宇宙生成论的基础上，提出了天地、万物、人伦皆"以八卦为体"的新观念。认为八卦排列是一个固定的结构，一切都是由它决定的，"五常"也以八卦体为根据。"八卦之序成立，则五气变形，故人生而应八卦之体，得五气以为五常，仁义礼智信是也"。并具体地说：万物始于"震"，"震"为东方之卦，"故东方为仁"；成于"离"，"离"为南方之卦，"故南方为礼"；入于"兑"，"兑"为西方之卦，"故西方为义"；渐于"坎"，"坎"为北方之卦，"故北方为信"；"四方之义皆统中央，故乾坤艮巽，位在四维。……故中央为智"。（4）天主尊卑。纬书认为人间的贵贱、尊卑等级都是由天所规定的，所以圣王必须"承天"来安排人间的等级秩序。"故圣王法承天，以法授事焉"，"尊卑各有等"，"君臣有差，上下皆次"，"贵贱有等，上下有顺"。（《乐纬·叶图徵》）

纬书以神学的形式所阐发的这些观点，显然是对董仲舒以"天人感应"论述"三纲五常"的进一步神秘化、神圣化，从而使"三纲五常"更加具有不可抗拒的"神力"。由于纬书受到统治者的支持，在民间广为流传，所以神化了的"三纲五常"观念就更加深入人心。

（四）以法典形式来强化

东汉时期，谶纬盛行，儒家经义更加宗教化，同时古文经学兴起，并与今文经学辩论，政治思想和学术领域出现了极其复杂的矛盾。为了解决这些矛盾，以免"章句之徒，破坏大体"，动摇"三纲五常"的基本原则。汉章帝于建初四年（79）接受了杨终的建议，召开了白虎观会议，其目的是"简省章句""共正经义"，即统一经学。参加会议的有今文学者，也有古文学者，还有兼通今古文的学者。会议讨论的"经义"，内容涉及社会、礼仪、风习、国家制度、伦理道德等诸多方面，但贯穿其中的红线是加强"三纲五常"的宗法统治和君主专制制度。会议中的各派观点由班固汇编成书，即著名的《白虎通义》。从《白虎通义》一书来看，它综合谶纬和今古文经学，对"三纲五常"做了明确统一的论证和规定。

第一，对纬书提出的"君为臣纲，父为子纲，夫为妻纲"做了更具体的规定和解释。它说："纲者，张也。纪者，理也。大者为纲，小者为纪，所以强理上下，整体人道也。人皆怀五常之性，有亲爱之心，若罗网之有纪纲而万目张也。"（《白虎通义·三纲六纪》）这种解释特别强调了"三纲五常""强理上下，整体人道"的功能。

第二，提出了"三纲六纪"的道德律。《白虎通义·三纲六纪》说："三纲者何谓也谓君臣、父子、夫妇也。六纪者，谓诸父、兄弟、族人、诸舅、师长、朋友也。故今文嘉曰：'君为臣纲，父为子纲，夫为妻纲。'又曰'敬诸父兄，六纪道行，诸舅有义，族人有序，昆弟有亲，师长有尊，朋友有旧'。"并认为"三纲法天地人，六纪法六合"。这里显然是对"三纲"中三大人伦关系的进一步扩展和补充，增强了"三纲五常"的宗法性。

第三，进一步神化和加强了君权。它反复论证君权是神授的，"王者父天母地，为天之子也"，"帝王德合天地"。（《白虎通义·号》）反复强调君主的独尊地位，"君，群也，天下所归心"（《白虎通义·三纲六纪》），"王者，往也，天下所归往"（《白虎通义·号》）。反复宣扬君与臣的统治与服从关系，"火、阳，君主之象也，水、阴，臣之义也"（《白虎通义·五行》），"君之威命所加，莫敢不从"（《白虎通义·嫁娶》）。

第四，用天地自然法则论证纲常伦理。《白虎通义》坚持自然之天与人伦道德的合一，把人间的纲常伦理秩序都说成由天地自然法则设定的。例如,"天道所以左旋,地道右周何?以为天地动而不别,行而不离,所以左旋右周者,犹君臣阴阳相对之义"(《白虎通义·天地》)。又如,"五行者何谓也?谓金木水火土也。言行者,欲言为天行气之义也。地之承天,犹妻之事夫,臣之事君也。谓其位卑,卑者亲事,故自周于一行,尊于天也"(《白虎通义·天地》)。

第五,对夫权做了更加绝对的规定,进一步贬抑妇女的地位。《白虎通义》通过字义的解释和自然的秩序,论证夫为妻纲,强化男尊女卑观念。"男女谓男者任也,任功业也。女者如也,如人也。在家从父母,既嫁从夫,夫没从子也。《传》曰:'妇人有三从之义也'。""夫妇者何谓也?夫者扶也,扶以人道者也。妇者服也,服于家事,事人者也。"(《白虎通义·嫁娶》)"夫有恶行,妻不得去者,地无法去天之义也。"(《白虎通义·嫁娶》)

《白虎通义》的上述观点可以说是调动了宗教神学、官方经学、庸俗字学、世俗迷信等各种思想意识工具,来强化"三纲五常"的价值准则。由于白虎观会议是由皇帝亲临裁定的,因而就具有权威法典的性质。如此把神权与君权结合起来强化"三纲五常",是汉代统治者和经学家为强化主导价值观所做的一次最大的努力。

汉代统治者运用多种方式巩固和强化"三纲五常"的历史过程表明,"三纲五常"的确是两汉时期的本位价值观念,是封建社会意识形态的核心。在中国封建社会上升时期,它对于统一思想,凝聚民众,稳定封建等级制度,巩固中央集权的封建专制,以及安定社会秩序,都起着积极的作用,因此它是适应当时社会发展需要的时代精神。对于封建统治者而言,它的重要性无异于一条精神生命线。所以,汉代的统治者后来把它称为神圣不可侵犯、永世不能更改的"纲常名教"。汉献帝说:"夫君臣父子,名教之本也。"他认为名教是"盖准天地之性,求之自然之理,拟议以制其名",提出要"因循以弘其教"。(《后汉书·献帝传》)所谓"名教",就是只管"名",不责"实"。不管君、父、夫实际上是怎样的人,他们都有这些"名"给他们的权利;他们的臣、子、妻，对于他们都有绝对服从的义务。封建统治者认为，"名"是永恒不变的，所以"名教"也是永恒不变的。"三纲五常"经过不断强化而发展成为"名教"，就会日渐成为一种僵化的价值观念，日渐成为束缚个性、束缚思想的精神枷锁，它的积极作用就会减少，消极作用就会增加。于是，就必然会遇到严峻的挑战，遭受严重的危机。两汉四百年间，参证天人，熔冶儒法，精心铸造，惨淡经营，建构了"三纲五常"的价值观念体系。这个体系的核心内容是儒家尊崇君父特权的现实的政治、伦理价值取向，而论证方式却是充满宗教神秘主义的天命神学。现实的政治道德内容、神秘的天人感应形式，是这一价值观念体系的突出特征。这一价值观念体系是通过对秦代价值观念的批判扬弃，对先秦多元价值观的比较选择，对殷周天命神学的重新回归而铸造起来的。它的出现，从形式看，表现了从殷周天命信仰到先秦理性精神再到汉代理性与信仰结合（天人感应）这样一个否定之否定的演变过程；从内容看，表现了从重视道德价值（西周和先秦儒家）到重功利、法治价值（秦）再到以道德价值为主导的礼治与法治的融合这样一个否定之否定过程。因此，它体现了价值观念本身的演变规律。它的铸造是汉代统治者从新兴地主阶级主体需要出发进行选择的结果，而这种选择又是与封建社会发展的进程（形成中央集权的封建专制社会）相符合的。所以，"三纲五常"是处于上升时期的新兴地主阶级的主体需要与历史发展的客观进程（中央集权的封建专制制度的形成）的统一。

衡量一种价值观是否合理，归根结底在于看它所反映的主体利益是否与历史发展的客观必然进程相一致。如果它反映的主体利益、主体需要与历史发展的客观必然进程是一致的，那么它就是合理的。"三纲五常"就是具有历史合理性的价值观念。正由于此，它才在汉代具有顽强的生命力和促进封建化进程的积极作用。尽管论证它的宗教神学会随着思想的发展而被扬弃（汉末社会批判思潮的出现，就是这种扬弃的表现），但只要封建的政治经济结构没有改变，纲常名教本身还会在相当长的历史时期内作为主导性的价值观念而存在并发挥作用。当然，它的理论形态，会因受当时社会实际问题和思想状况的制约而发生变化；它固有的局限性、绝对性和片面性，也会因其对社会发展和人的发展的束缚而受到批判。

［载《陕西师范大学学报》（哲学社会科学版）2011年第3期］
［载《国际儒学研究》（第十八辑）（上册），九州出版社2011年版］

核心价值体系与传统价值智慧

2006年10月党的十六届六中全会通过的《中共中央关于构建社会主义和谐社会若干重大问题的决定》第一次明确提出了"建设社会主义核心价值体系"的重大命题和战略任务。并对社会主义核心价值体系的基本内容做了明确概括:"马克思主义指导思想,中国特色社会主义共同理想,以爱国主义为核心的民族精神和以改革创新为核心的时代精神,社会主义荣辱观,构成社会主义核心价值体系的基本内容。"① 这是党的理论创新所取得的又一重要成果。然而,如何建设社会主义核心价值体系,使核心价值体系在实践中真正切实地发挥统一思想、凝聚人心、振奋精神、提升道德、优化风气、促进文明的实际作用,从而成为推进社会发展和历史前进的精神动力,却是一个值得认真思考、深入研究的重大问题。

任何价值体系的目标建成和功能发挥,必须具备诸多条件。例如,价值观的内容应具体化为人们的行为规范,而不应停留于抽象概括;价值观的建设应有切实的目标和措施,而不应仅做舆论宣传;价值观的践行应有制度保障,而不应只有观念引导;价值观的实践状况和水平要经常进行是非评判,而不应只做正面表彰;价值观的建构必须从传统文化价值观中汲取资源,而不应切断历史等。社会主义核心价值体系的建设和实现也是如此。本文拟从价值观建构的历史传承视角具体探讨中华传统文化价值观对建设社会主义核心价值体系的重要意义。

---

① 《十六大以来重要文献选编》下,中央文献出版社2008年版,第925页。

屹立于世界东方的中华民族，在广袤的东亚大陆，筚路蓝缕，以启山林，世代绵延，辛勤劳动，创造了光辉灿烂的中华文化。中华文化，以其强大的凝聚力、恒久的生命力和深厚的创造力，维护培育了中华民族，使中华民族自立于世界民族之林。

在由物质文化、制度文化、观念文化、心理文化四大要素构成的中华传统文化中，观念文化是其深层结构、活的灵魂（从狭义而言，文化仅指观念文化），它渗透于物质文化、制度文化、心理文化之中，决定着整个文化的品格、风貌和特征。而在观念文化中，价值观念是其核心，它支配和统率着观念文化中的其他内容。在中华文化长期历史发展中形成的中华传统价值观，是一个博大精深的观念体系，它包含着丰富深湛的内涵，凝结着卓越恒久的价值智慧，至今仍然是我们建设社会主义核心价值体系的宝贵资源。

一 "人为至贵"的主体意识

人本思想就是以人为主体、为最高价值、为主导力量的思想。人本思想是中国传统价值观体系的重要内容。中国传统哲学中的人本思想孕育于西周初年的"敬德保民"观念，萌芽于春秋时期的"民为神主"观念，形成于春秋末年至战国时期的"人最为贵"观念。春秋战国时期在社会大变革的历史震荡中，诸子风起，百家争鸣，问天思人，轻命重力，使人的地位和价值、人的力量和作用，受到了进一步的关注和肯定。无论儒家、道家还是名家、法家，无论主张"天人合一"还是主张"天人相分"，都充分肯定了人的主体地位，高度弘扬了人的价值。提出了"惟人万物之灵"（《尚书·泰誓》），"人者，天地之心也"（《礼记·礼运》），"天地之性人为贵"（《孝经》引孔子语）三大命题。特别是"天地之性（生）人为贵"的观念是对人的崇高价值品位的高度概括，标志着中国哲学人本思想的形成。战国之后，中国哲学的人本思想基本上都是对这一观念的阐释和发挥。例如，《荀子·王制》云："水火有气而无生，草木有生而无知，禽兽有知而无义，人有气有生有知亦且有义，故最为天下贵也。"《太玄·玄文》云："物之所尊曰人。"《白虎通义·三军》云："人者，天之贵物也。"《说文·人部》云："人，天地之性最贵者也。"《论衡·诘术》云："人之在天地之间也，万物之贵者也。"《列子·天瑞篇》云："天生万物，唯人为贵。"

传统"人贵"思想的精髓在于明确地以人为价值主体，高度地肯定和弘扬人的价值。这种观念体现于治世治国思想上，其内容集中在两个方面。一是认为对于治国、治世来说，人是根本性的决定性的力量和因素。一个国家的兴盛、一个社会的进步、一种事业的成功尽管需要诸多因素和条件，但是首要的、根本的是要依靠人的力量、发挥人的作用。《管子》曰："夫霸王之所始也，以人为本。本理则国固。"《亢仓子·君道篇》曰："夫国以人为本，人安则国安。"罗钦顺云："世道之升降，系于人不系于天。"（《四续》）这种"以人为本"的治国理念是从人与物、人与天的关系上来阐发人的作用的，如果从君民关系上弘扬人的巨大作用，"以人为本"就成为"以民为本"。老子云："圣人常无心，以百姓心为心。"（《老子》第四十九章）孟子云："民为贵，社稷次之，君为轻。"（《孟子·尽心下》）贾谊云："夫民，万世之本也，不可欺。"又云："闻之于政也，民无不为本也。国以为本，君以为本，吏以为本。"根据"以民为本"的政治理念，哲学家们进而提出了"政之所行，在顺民心；政之所废，在逆民心"（《管子·牧民》）的为政之道。总之，对人作为国家兴盛、社会发展、政权巩固的决定因素的充分肯定，是中国古代哲学人本思想的一个重要内容。二是提出了应在治世中切实地关爱人的生命、尊重人的价值、关注人的利益的价值关怀。做到"爱人""立人""达人""利人"。《论语》记载："厩焚。子退朝，曰：'伤人乎？'不问马。"（《乡党》）这表明孔子高度重视人的价值，关怀人的生命。朱熹解释《论语》此章时说"贵人贱畜，理当如此"（《论语集注》卷五）。

中华传统价值观中的"人贵"思想，对于丰富和发展马克思主义的人民是历史主体的观点、毛泽东的人是世间第一可宝贵的因素的思想，特别是科学发展观中"以人为本"的核心观念无疑具有重要的思想价值。胡锦涛同志在《在美国耶鲁大学的演讲》（2006年4月21日）中说："科学发展的理念，是在总结中国现代化建设经验、顺应时代潮流的基础上提出来的，也是在继承中华民族优秀文化传统的基础上提出来的。中华文明是世界文明中始终没有中断、连续五千多年发展至今的文明。中华民族在漫长历史发展中形成的独具特色的文化传统，深深影响了古代中国，也深深影响着当代中国。现时代中国强调的以人为本、与时俱进、社会和谐、和平发展，既有着中华文明的深厚根基，又体现了时代发展的进步精神。"[①] 由此可见，科学发展观以人为本的理念与中国古代以人为贵的价值观，有着内在的思想源流关系，它摒弃了其中的封建性糟粕而汲取了其合理性精华。

二 "和为达道"的美好理想

和谐是中国哲学的重要内容，是中华传统文化的基本价值观。所谓"和"，就是事物各种不同的要素相互协调、相互适应、相互平衡，从而共处于一个统一体中的状态。在中国哲学中"和"与"同""和"与"争"是相反的概念，而"和"与"中"是相通的概念。（1）"和"是多样性的协调，而"同"是单一性的重复。所以儒家贵和去同。（2）"和"是多因素的协调，而"争"是多因素矛盾冲突的无序状态。所以儒家崇和非争。（3）"中"是实现"和"的条件，"和"是各因素处于"中"的结果。所以儒家主张"致中和"。《中庸》说"中也者，天下之大本也；和也者，天下之达道也。致中和，天地位焉，万物育焉"。

中国哲学的和谐思想形成于春秋时期。公元前6世纪的西周末年，

---

① 《胡锦涛文选》第2卷，人民出版社2016年版，第437—438页。

曾经有两次关于"和"与"同"的讨论。一次是周太史史伯与郑桓公的谈话，一次是齐国大夫晏婴与齐侯的对话。据《国语·郑语》载史伯对郑桓公说："夫和实生物，同则不继。以他平他谓之和，故能丰长而物归之；若以同裨同，尽乃弃矣。故先王以土与金木水火杂，以成百物。……声一无听，物一无文，味一无果，物一不讲（讨论）。王（指周幽王）将弃是类（指'和'）也而与剸同，天夺之明，欲无蔽，得乎？"据《左传·昭公二十年》载齐侯与晏子的"和同之辨"。齐侯问"和与同异乎？"晏子曰："异。和如羹焉，水火醯醢盐梅以烹鱼肉，燀之以薪，宰夫和之，齐之以味，济其不及，以洩其过，君子食之，以平其心。君臣亦然。君所谓可而有否焉，臣献其否以成其可；君所谓否而有可焉，臣献其可以去其否，是以政平而不干。……（而同）若以水济水，谁能食之；若琴瑟之专一，谁能听之。同之不可也如此！"这两次"和""同"之辩，都深刻地阐发了"和""同"的不同含义，明确提出了"和实生物，同则不继"哲学观点，确立了"取和去同"的价值主张，并运用这一哲学思想论证了"尚和"的治世原则。春秋末年以后的哲学家大都明确肯定和充分阐述了"和"的价值意义。中国哲学的和谐观念包含着多层面的丰富内涵。

（一）和谐宇宙观

中国哲学认为宇宙是至高无上的大和谐。《周易·彖辞》云："乾道变化，各正性命，保合太和乃利贞，首出庶物，万国咸宁。"《庄子·天运》曰："太和万物。"北宋张载在《正蒙·太和》中明确提出"太和所谓道"的命题，他用"太和"指称宇宙本体的和谐状态。王夫之在《张子正蒙注》中说："太和，和之至也。道者，天地人物之通理，即所谓太极也。……未有形器之先，本无不和；既有形器之后，其和不失。是谓太和。"就是说至上之太和是宇宙本体——太极的恒久状态。

（二）和谐自然观

中国哲学认为自然万物处于一种和谐的关系和状态之中，并认为和谐是自然生存发展的根本法则。《老子》第四十二章曰："万物负阴而抱阳，冲气以为和。"《中庸》说"中也者，天下之大本也；和也者，天下之达道也。致中和，天地位焉，万物育焉"。《荀子·天论》云："阴阳大化，风雨博施，万物各得其和以生，各得其义以成。"《吕氏春秋·贵公》也说："阴阳之和，不长一类，甘露时雨，不私一物，万民之主，不阿一人。"

（三）和谐天人观

中国哲学认为人与自然的关系也是和谐关系，即所谓"天人合一"。"天人合一"是中国古代绝大多数哲学家的观点。《易传》云："大人者与天地合其德，与日月合其明，与四时合其序。"孟子云："尽其心者，知其性矣。知其性则知天矣。"（《孟子·尽心上》）老子云："人法地，地法天，天法道，道法自然。"（《老子》第二十五章）庄子云："天地与我并生，万物与我为一。"（《庄子·齐物论》）张载云："性与天道合一存乎诚。"（《正蒙·诚明》）程颢云："仁者以天地万物为一体。"（《二程遗书》卷二上）

（四）和谐人际观

孔子说："君子和而不同，小人同而不和。"（《论语·子路》）并要求通过"仁者爱人"，"己所不欲，勿施于人"的道德以实现人际和谐。他的学生有若说："礼之用，和为贵，先王之道斯为美。"（《论语·学而》）孟子说："天时不如地利，地利不如人和。"（《孟子·公孙丑下》）荀子还提出了"群居和一"的重要思想。

（五）和谐社会观

古代各派哲人都建构了以和谐为基本特征的理想社会模式，包括四个方面。(1) 儒家提出的德化社会和大同理想。孔子的理想是建立在"仁""礼"基础上的社会,其政治特点是"为政以德",其社会特点是"有国有家者,不患寡而患不均,不患贫而患不安。盖均无贫,和无寡,安无倾"(《论语·季氏》)。孟子描绘了"老吾老以及人之老,幼吾幼以及人之幼"的社会状态。《礼记·礼运》中描绘了"大道之行也,天下为公,选贤与能,讲信修睦。故人不独亲其亲,不独子其子,使老有所终,壮有所用,幼有所长,矜(同鳏)、寡、孤、独、废、疾者皆有所养"这样一种理想社会。陶渊明的《桃花源记》以形象的语言描绘了和谐理想。(2) 墨家提出的爱利乐园、尚同社会。墨子提出了"兼相爱,交相利","爱无差等","刑政治,万民和,国家富,财用足"(《墨子·天志中》)、"有力者疾以助人,财勉分,道劝教。若此,则饥者得食,寒者得衣,乱者得治"(《墨子·尚贤下》)的理想社会方案。(3) 道家提出的至德之世。老子:"甘其食,美其服,安其居,乐其俗。"(《老子》第八十章)庄子:至德之世"织而衣,耕而食,无有相害之心","日出而作,日入而息","同与禽兽居,族与万物并","禽兽可系羁而游,鸟鹊之巢可攀援而窥"。庄子说:"与人和者,谓之人乐;与天和者,谓之天乐。"(《庄子·天道》)(4)理学家张载提出的"民胞物与"理想。张载云:"乾称父,坤称母,余兹藐焉,乃混然中处。天地之塞吾其体,天地之帅吾其性。民吾同胞,物吾与也。"(《正蒙·乾称》)

除了建构和谐社会模式之外,哲人们还提出了一系列社会和谐观念。如"咸和万民"(《尚书·无逸》云:"文王……自朝至于日中昃,不遑暇食,用咸和万民。")、"上下慈和"(《左传·襄公二十七年》:"上下慈和,慈和而后能安靖其国家。")、"外内和顺"(《礼记·昏义》:"外内和顺,国家理治,此之谓盛德。")、政治和谐(《礼记·经解》:"发号出令而民说,谓之和。"又曰:"由礼则父子亲,兄弟和。"《慎子·君人》:"法之所加,各以其分蒙其赏罚,而无望于君,是以怨不生而上下和。"范仲淹:《岳阳楼记》:"政通人和,百废俱兴。")、天下和谐

(《庄子·天下》："古之人其备乎！配神明，醇天地，育万物，和天下，泽及百姓。")、"协和万邦"、心灵和谐(《管子·内业》："彼心之情，制安以宁，勿烦勿乱，和乃自成。")等观念。

"和为达道"观念表达了中华文化追求和谐协调的美好理想，它认为天人合一、群己和谐、心性和谐即最高的善，最高的美。这种和谐追求与西方文化强调人与自然的对立、个人与群体的对立，很不相同。它是构建社会主义和谐社会的丰厚的文化资源和深刻的智慧借鉴。

三 "生生日新"的更新观念

"生生""日新"是中华文化的又一重要价值观念。在对于中华文化的认识中，往往有一种误解，认为传统文化的特质是保守主义的。其实中华文化自古就有尚变化、主更新的内在素质。凝结着中华文化精神的《周易》就既讲"变易"，又讲"生生""日新"，所谓"穷则变，变则通，通则久"，"生生之谓易""天地之大德曰生"，"日新之谓盛德。"《周易·系辞》云："天地之大德曰生""生生之谓易"。孔颖达《周易正义》释"生生之谓易"曰："生生，不绝之辞……后生次于前生，是万物恒生谓之易也。"来知德《周易集注》释"生生"为"始终代谢，其变无穷"。根据"生生之谓易"的天道，《周易》提出人道的"盛德"、治世的"大业"应该坚持"恒久"、持续的精神，所谓"可久则贤人之德"，"穷则变，变则通，通则久"。"日月得天而能久照，四时变化而能久成，圣人久于其道而天下化成。"为了达到"恒久其道"，《周易》要求人们"彰往察来""藏往知来""安不忘危""存不忘亡"。

宇宙天地层次的生生之道，表现于社会、人生就是"革故鼎新"之道。中国第一部诗歌总集《诗经》就曾提出周朝的命脉就是更新，所谓"周虽旧邦，其命维新"。此后，孔子要求"温故知新"，孟子主张"新子之国"，《曲礼》言"新法"，《大学》讲"新民"。西汉以后，尽管"天不变道亦不变"的守旧观念占了上风，对原初的"日新"精神有某些削弱和遮蔽,但变化、革新意识仍不绝如缕,例如北宋哲学家张载就高咏"芭蕉心尽展新枝,新卷新心暗已随。愿学新心养新德,旋随新叶起新知"。连颇为保守的朱熹也还有"旧学商量加邃密,新知培养转深沉"的愿望。中华文化不仅在观念上主张变化创新,事实上,在漫长的延续历程中,随着生产实践、经济发展、社会变革,中华文化也曾发生过许多变化。以学术内容言,先秦子学、西汉经学、魏晋玄学、隋唐佛学、宋明理学、明清实学、近代新学,变异之迹昭然;以文化风格论,先秦活跃、秦汉专制、隋唐开放、明清封闭、近代震荡,变化之象显然。变化中有连续也有间断,有复旧也有创新,有倒退也有进步。诚如鲁迅所说:有新的来了好久而旧的又回潮过去的反复,也有新的来了好久之后而旧的仍不退去的羼杂。正是在这种新旧反复和新旧杂陈的曲折复杂的历史演变中,中华文化延续着它生生不息的文化生命。

中华文化的生机在于"其命维新",即通过不断变化、更新而保持和焕发生命活力。中华文化起始于炎黄唐虞,已历经数千年,其间虽历经波澜,屡受冲击,特别是到了近代,遇到了严峻的挑战。然而,它却如大江东流,奔腾不息,跌宕迂回,延续至今。这表明,中华民族虽然尊重历史,珍惜传统,但它并不保守,更不停滞。"周虽旧邦,其命维新","革去故,鼎取新"的变革观念是中华民族精神的重要内容,是中华文化能够保有持续生命力的重要原因。

1987年布伦特兰报告提出了"可持续发展"概念。基本含义是:使发展成为"一种满足当代人需要,又不损害子孙后代满足其需要能力的发展"。实际上"生生之谓易"就是中国古代的"可持续发展"智慧,"革故鼎新"就是中国古代的改革更新思想。它无疑可以与当今改革开放的时代精神接轨,成为建设时代精神的传统智慧渊源。

四 "自强不息"的能动精神

中华民族的个人人生理想,是养成崇高的品德和建立宏大的功业。

《左传》云:"太上有立德,其次有立功,其次有立言,此之谓三不朽。"《易传·系辞上》云:"夫易,圣人所以崇德而广业也。""富有之谓大业,日新之谓盛德。""盛德大业至矣哉!"把人生活动概括为"立德立功""崇德广业",就是说人既要使自己具有高尚的道德,又要建功立业,为社会作出贡献。历代的贤能圣哲、仁人志士、英雄豪杰,都以这种理想鼓励自己去努力奋进。

为了实现盛德大业的人生价值,中华文化突出强调"自强不息"的能动精神。《易传》云:"天行健,君子以自强不息。"就是说人应该以刚健运行的天道作为人生的法则,自强不息地去奋进。而且,还提出人应该像大地承载万物、生育万物一样具有博大宽厚的胸怀和勇于承担的责任心,所谓"地势坤,君子以厚德载物"。

"自强不息"的能动精神和"厚德载物"的宽容担当精神,是中华民族的两大精神支柱,数千年来支撑和激励着中华民族,不畏困难、不惧险阻、不怕艰苦,为实现美好的精神境界、崇高的社会理想和人生的价值目标而刚健奋进,永不停息,宽厚恢宏,勇于担当。这种精神品格是中华民族精神的突出优点,党的十六大报告中说:"在五千多年的发展中,中华民族形成了以爱国主义为核心的团结统一、爱好和平、勤劳勇敢、自强不息的伟大民族精神。我们党领导人民在长期实践中不断结合时代和社会的发展要求,丰富着这个民族精神。面对世界范围各种思想文化的相互激荡,必须把弘扬和培育民族精神作为文化建设极为重要的任务,纳入国民教育全过程,纳入精神文明建设全过程,使全体人民始终保持昂扬向上的精神状态。"民族精神是中华民族赖以生存和发展的精神支撑。中华民族,没有这种振奋的精神和高尚的品格,不可能自立于世界民族之林。所以,社会主义核心价值体系把"以爱国主义为核心的民族精神"作为重要的构成内容。

五 "止于至善"的道德信念

中华文化的道德价值观凝结于"止于至善"的思想中。"止于至善"

即达到最高的善的境界。"止于至善"见于《大学》:"大学之道,在明明德,在新民,在止于至善。"文化精神是一种文化中具有决定力的价值系统,或者说是一种文化中基本的、整合的价值系统。世界各民族文化的共性,可以说都以追求真善美的价值为共同目标,但不同的文化对真善美的理解各有不同,对真善美的价值层次安排及其内在联系也颇有不同。中华文化则把"至善"作为最高的价值追求,而其他价值追求都统摄于"善",服从于"善"。这在作为中华文化主干的儒家文化中表现得尤为明显。

一般说来,各文化领域都以一个价值目标为导向。例如,"利"是经济价值,"权"是政治价值,"力"是军事价值,"巧"是技术价值,"真"是科学价值,"善"是道德价值,"美"是艺术价值。在中国文化的价值系统中,作为道德价值的"善"是统摄和支配"利""权""力""巧""真""美"等一切价值的。"义重于利""德高于力""学以成德""诗以言志""文以载道""技以扬善""智知善恶""史寓褒贬"等观念,就是中华文化关于善的价值支配各种文化价值的精练表述。或者说,是以道德的"善"作为各种文化价值的准则。

中华文化的这种道德精神,还要从"文化"一词的中文含义中得到佐证。在中国古籍里,《易传·象传》开始把"文""化"二字联系起来,说"观乎人文,以化成天下",意即通过道德伦序教化世人。两汉以后,"文化"作为专用名词,如"文化不改,然后加诛",意即用道德不能教化时就用武力镇压。"文化"仍是以道德进行教化之意。中文"文化"含义透射了中华文化追求道德至善的基本精神。

中华传统道德的内容十分丰富,其主导内容为儒家的"三纲五常"。在道德价值体系中"三纲"基本上是封建的等级道德原则,应予以批判和扬弃。而以仁、义、礼、智、信为内容的"五常",则蕴含着优秀的道德意蕴。经过现代改造,可以为建设当代的仁爱、正义、礼仪、知识、诚信等道德,提供宝贵的营养。

中华文化"止于至善"的崇德精神,在历史上对人们从事物质创造、技术发明、科学研究、艺术探索，对人们追求经济之"利"、技术之"巧"、科学之"真"、艺术之"美"无疑有一定束缚作用。进入近代，一方面，中国的经济衰退、科技落后，正表现了传统文化精神的消极性。但另一方面，却对提高人们的道德人格、维持人际关系的和谐，避免沦为物欲奴隶和陷入宗教迷狂起了积极作用。在个人至上、金钱崇拜、物欲泛滥、诚信缺失、道德失范的今日中国，继承和弘扬传统的崇德精神，具有特别重要的现实意义。2006年3月4日，胡锦涛同志看望出席全国政协十届四次会议的民盟、民进联组委员时说，要引导广大干部群众特别是青少年树立社会主义荣辱观，坚持以热爱祖国为荣、以危害祖国为耻，以服务人民为荣、以背离人民为耻，以崇尚科学为荣、以愚昧无知为耻，以辛勤劳动为荣、以好逸恶劳为耻，以团结互助为荣、以损人利己为耻，以诚实守信为荣、以见利忘义为耻，以遵纪守法为荣、以违法乱纪为耻，以艰苦奋斗为荣、以骄奢淫逸为耻。作为社会主义核心价值体系重要内容的社会主义荣辱观就是对中华文化重德精神的继承、弘扬和发展。

从以上论述可以看出，中华传统文化蕴含着丰富的价值观念内容，这些内容中既含有历史的阶级的特殊性含义，又具有民族的人类的普遍性意义；既包含着糟粕性成分，又包含着精华性因素。而其中的普遍性内容和精华性因素，是建设社会主义核心价值体系的宝贵资源。在社会主义价值体系的各项内容的建设中，特别在"以爱国主义为核心的民族精神"和"社会主义荣辱观"的建设中，都可以而且必须从中华传统价值观中汲取智慧营养和思想资源。今天，中华民族正面临着新的历史使命，如何激发传统价值观的固有生机和为传统价值观注入新的生命已成为中华文化面临的时代课题。解决这一课题的正确途径是，通过中华传统文化从理论和实践两方面的自觉扬弃，即既克服传统价值观的缺陷，又发扬传统价值观的精华；既植根于中华文化土壤，又充分汲取世界文化的营养，建设社会主义的核心价值体系。这样，既可以使核心价值体系的内容"外之不后于世界之思潮，内之仍弗失固有的血脉"（鲁迅语），又可以使核心价值体系的践行获得来源于民族传统精神基础和传统文化心理的动力支持。

（载《人文杂志》2011年第3期；又载入《社会主义核心价值体系与文化建设》，陕西出版社2012年版）

天下为公：孙中山先生的价值理想

孙中山先生十分重视从中华传统文化中汲取建构革命理论的资源，也善于把中国传统观念和现代思想相结合形成新的治国理念。1923年孙中山在《中国革命史》一文中，曾自述其思想的传承，"余之谋中国革命，其所持主义，有因袭吾国固有之思想者，有规抚欧洲之学说事迹者，有吾所独见而创获者"[①]可见，中国"固有之思想"是孙先生的重要思想渊源之一。他平生引用较多的传统观念，主要有8句话，依次为："汤武革命，顺乎天而应乎人"（《周易·革卦》）；"大道之行也，天下为公"（《礼记·礼运》）；"民惟邦本，本固邦宁"（《尚书·夏书·五子之歌》）；"民为贵，社稷次之，君为轻"（《孟子·尽心下》）；"言必称尧舜"（《孟子·滕文公上》）；"天视自我民视，天听自我民听"（《尚书·周书·泰誓中》）；"不患寡而患不均"（《论语·季氏》）；"格物、致知、诚意、正心、修身、齐家、治国、平天下"（《礼记·大学》）。其中，"天下为公"可能是他写得最多的题词之一。据刘望龄教授辑注的《孙中山题词遗墨汇编》统计，在孙中山299件题词遗墨中，书写"博爱"的有49件，题赠"天下为公"和"大同"的有40件（内中一件恭录《礼记·礼运》大同篇全文），两者合计共89件，占所辑遗墨总数的29%。这并非简单随意的书写事件，而是具有重大意义和深厚内涵的理念表达。其意义在于："天下为公"集中凝聚着孙先生的崇高理想、远

[①]《孙中山全集》第7卷，中华书局1985年版，第60页。

大目标和思想体系的基本精神。他明确提出：大同世界"此吾人无穷之希望，最伟大之思想"①。1924年，孙中山在《三民主义》的著名演说中，曾说"真正的民生主义，就是孔子所希望之大同世界"②。可见，孙先生是自觉地用"天下为公"四字来概括自己的思想纲领和价值理想的。"天下为公"源于《礼记·礼运篇》引孔子语："大道之行也，天下为公。选贤与能，讲信修睦。故人不独亲其亲，不独子其子。使老有所终，壮有所用，幼有所长，矜寡孤独废疾者皆有所养。男有分，女有归。货，恶其弃于地也，不必藏于己；力，恶其不出于身也，不必为己。是故谋闭而不兴，盗窃乱贼而不作。故外户而不闭。是谓大同。"孙中山先生借用此语表达其价值理想时，则进行了新的阐释，赋予了它新的含义。其具体含义约有四点。

一 天下为公是历史的进化目标

孙中山的历史观是民生史观，这一历史观包括三大内容。一曰"民生是历史的重心"。孙中山十分关注民生问题，他说："民生就是人民的生活——社会的生存、国民的生计、群众的生命便是。"③他不但把民生视为应该解决的实际问题，而且将其作为历史哲学的基本范畴。孙中山说："社会问题才是历史的重心，而社会问题中又以生存为重心，那才是合理。……这种发明就是民生为社会进化的重心，社会进化又为历史的重心，归结到历史的重心是民生，不是物质。"④又说："民生就是政治的中心，就是经济的中心和种种历史活动的中心，好像天空以内的重心一样"⑤；"社会中的各种变态都是果，民生问题才是因"⑥；"民生是

---

① 《孙中山全集》第3卷，中华书局1984年版，第25页。
② 《孙中山全集》第9卷，中华书局1986年版，第394页。
③ 《孙中山选集》，人民出版社1981年版，第802页。
④ 《孙中山选集》，人民出版社1981年版，第812页。
⑤ 《孙中山选集》，人民出版社1981年版，第825页。
⑥ 《孙中山选集》，人民出版社1981年版，第835—836页。

社会一切活动中的原动力"①。"民生是历史的重心"是孙中山对社会历史内容和历史结构的基本观点。

二曰"人类求生存是社会进化的定律"。这是孙中山对社会历史发展动因和法则的基本看法；孙中山提出："夫进化者，自然之道也。而物竞天择，适者生存，不适者淘汰，此物种进化之原则也。"他说："古今一切人类之所以要努力，就是因为要求生存；人类因为要有不间断的生存，所以社会才有不停止的进化。所以社会进化的定律，是人类求生存。人类求生存，才是社会进化的原因。"② "人类求生存是社会进化的定律"是孙中山对社会历史发展动因、法则的基本看法。

三曰天下为公是人类进化的目的。在中山先生看来历史进化并非无目的的运行过程，而是有其内在目的的价值追求活动。而历史追求的价值理想就是天下为公。他说："人类进化之目的为何？即孔子所谓'大道之行也，天下为公'，耶稣所谓'尔旨得成，在地若天'，此人类所希望，化现在的痛苦世界为极乐之天堂者是也。"③他还把"人类进化，世界大同"作为题词。在他看来，作为历史进化目的的天下为公，就是人类的"极乐"世界。由此可见，"天下为公是进化的目的"是孙中山关于历史终极价值的基本观点。

二 世界大同是民族主义的最后理想

孙中山的民族主义思想是随着革命的进展而不断丰富发展的。早期以推翻清王朝的封建专制主义为主要内容，辛亥革命后以反对帝国主义，追求中华民族独立为核心，五四运动以后，则以"济弱扶倾"，支持全世界弱小民族独立为鹄的。从其理论内容来看，孙中山民族主义由四大部分构成。一是民族独立，二是民族平等，三是民族合作，四是民族共

---

① 《孙中山选集》，人民出版社1981年版，第835页。
② 《孙中山选集》，人民出版社1981年版，第693、699页。
③ 《孙中山全集》第6卷，中华书局1985年版，第196页。

荣。而且，他认为，这四方面，也是民族主义在历史发展中所经历的阶段。即先通过民族解放实现民族独立，进而实现民族之间的平等，最终达到各民族的合作、共荣，即"大同世界"。在《民族主义》第六讲中，他庄严地提出："世界大同才是民族主义的最后理想。"

孙中山从民族主义的含义上所说的世界大同，指的是国家消亡，各民族在一个大家庭内相互融合并和平共处的世界状态。他还指出，在世界各民族走向世界大同的历史进程中，中华民族负有重大而光荣的责任。"中国如果强盛起来，我们不但是要恢复民族的地位，还要对于世界负一个大责任。……我们要先决定一种政策，要济弱扶倾，才是尽我们民族的天职。"[①] 在他看来，世界大同的目标将在中华民族的倡导和促成下实现。

由此可见，孙先生的民族主义并未局限于民族解放和独立，也未停止于实现民族平等和合作，而是着眼于国家消亡、民族融合，放眼于未来的大同世界。

三 大同世界是三民主义的政治理想

孙先生的革命纲领和政治主张是三民主义。三民主义（Three Principles of the People）由民族主义（Principles of Nationalism）、民权主义（Principles of Democracy）和民生主义（Principles of People's Livelihood）构成。民族主义的基本内容是反对列强的侵略，打倒与帝国主义相勾结之军阀，求得国内各民族之平等，承认民族自决权。民权主义的基本内容是实行为一般平民所共有的民主政治，而防止欧美现行制度之流弊，人民有选举、罢免、创制、复决四权（政权）以管理政府，政府则有立法、司法、行政、考试、监察五权（治权）以治理国家。其核心观念强调直接民权与权能区分，亦即政府拥有治权，人民则拥有政权。民生主

[①] 《孙中山选集》，人民出版社1981年版，第691页。

义基本内容中最重要之原则有两个：一为平均地权（实行耕者有其田），二为节制资本（私人不能操纵国民生计）。三民主义是孙中山"内审中国之情势，外察世界之潮流，兼收众长，益以新创"而建立的学说。

三民主义的思想渊源是中国传统思想。对此，孙中山在1923年《中国国民党宣言》中做了概括："中国之所以革命，与革命之所以成功，原因虽繁，约而言之，不外历史之留遗与时代之进化而已。盖以言民族，有史以来，其始以一民族成一国家"，"以言民权，则民为邦本之义，深入于人心"，"以言民生，则不患寡而患不均之说，由学理演为事实"。"凡此三者，历史之留遗，所以浸渍而繁滋者，至丰且厚，此吾人所以能自立于世界者也。"

孙中山三民主义的最终理想是建设一个大同世界。1924年，他在《三民主义》的著名演说中，曾说"真正的民生主义，就是孔子所希望之大同世界"。[①] 从有关文献资料来看，孙中山对"大同"一词，有两种诠释。一是"天下大同"，即国家消亡、民族融合、和平共处的世界秩序。二是"天下为公"，即社会和谐、人民幸福的理想社会制度。而"天下为公"乃大同理想的核心内容。"天下为公"的主要内涵是什么呢？

1. 物质上"共产"，一切物资利益由人们共有和共用

由于"共产"，社会无分配不均之弊，人们便不受剥削之苦，于是，人们幸福安乐，社会安定和谐。在这个时代里"大家都有面包和饭吃，便不至于争，便可免去人同人争"。[②] 据此，孙中山把大同社会说成"新共产时代"。

2. 政治上"民权"，民有、民治、民享

孙中山说："我们三民主义的意思，就是民有、民治、民享。这个民有、民治、民享的意思，就是国家是人民所共有，政治是人民所共管，

[①] 《孙中山全集》第9卷，中华书局1986年版，第394页。
[②] 《孙中山全集》第4卷，中华书局1985年版，第332页。

利益是人民所共享。"① 到了这种地步，"不只是共产，一切事权都是要共的"。他说："两千多年前的孔子、孟子，便主张民权。孔子说：'大道之行也，天下为公。'便是主张民权的大同世界。"②

在孙中山看来，三民主义的最高理想就是天下为公、世界大同。所以他说"以建民国，以进大同"。

四　天下为公是崇高的道德理想

孙中山先生有坚定的道德信念和崇高的道德理想。他认为："有道德始有国家，有道德始有世界。"③ 他主张"人格救国"，认为只有把中华固有道德恢复起来，并汲取西方文化中道德之精华，"我们民族的精神和民族的地位才都可以恢复"。④ 他所追求的道德理想，概而言之也是天下为公。天下为公既是他理想的社会制度，又是他追求的道德境界。作为理想的社会，其特征亦如上文所论，而作为理想的道德，天下为公的主要内涵是什么呢？

其一是"互助原则"。1919 年孙中山在《孙文学说》中明确提出，人类进化原则与物种进化原则不同："物种以竞争为原则，人类则以互助为原则。社会国家者，互助之体也；道德仁义者互助之用也。人类顺此原则则昌，不顺此原则则亡。"⑤ 但是由于当今文明进化"尚在竞争时代"，解决社会不公不平等问题，需要的是革命而非互助，"人类初生以至于现在，天天都在奋斗之中"，"世界自有历史以来都是人同人争"。但他认为这是人类社会进化中难以避免的阶段，并不是社会进化的原则和高尚的道德。如果把生存竞争当作社会进化的法则，那是一种"野蛮学问"。在他看来，互助既然是人类社会的进化原则，那么它应该体现

---

① 《孙中山全集》第 9 卷，中华书局 1986 年版，第 394 页。
② 《孙中山全集》第 9 卷，中华书局 1986 年版，第 262 页。
③ 《孙中山全集》第 3 卷，中华书局 1984 年版，第 25 页。
④ 《孙中山全集》第 9 卷，中华书局 1986 年版，第 250 页。
⑤ 《孙中山全集》第 6 卷，中华书局 1985 年版，第 195—196 页。

于社会生活的各个领域,但在大同时代实现以前,互助仅局限于道德领域,只有到了"大同时代",互助才能体现于政治、经济等社会领域。

其二是"博爱精神"。孙先生喜用"博爱"一词表述人与人之间的互助关爱,他多次以"博爱"二字作为题词。"博爱"一词源于基督教,盛行于西方文化,但他常用中国传统道德理念解释"博爱"。他说:"我国古代若尧舜之博施济众,孔丘尚仁,墨子兼爱,有近似博爱也者。"① 然而,在孙先生看来这些尚属"狭义之博爱"。而广义的博爱是超越"亲亲"之爱和"等级"之爱的普及于人人的大爱、公爱。他说"社会主义之博爱,广义之博爱也。社会主义为人类谋幸福,普遍普及,地尽五洲,时历万世,蒸蒸芸芸,莫不被其泽惠。此社会主义之博爱,所以得博爱之真精神也"。② 又云:"博爱云者,为公爱而非私爱。"③

其三是服务意识。中山先生特别倡导"以服务为目的"的道德精神。他认为忠孝、仁爱、信义、和平是中国传统道德之精华。而此"八德"在当今时代的集中体现是"为众人来服务"。他说:"人人当以服务为目的,不要以夺取为目的。"服务包括"为国家,为人民,为社会,为世界来服务"④,也包括国家之间的相互服务。他指出:"利人"的服务道德是社会平等的思想基础,只有"服务道德心发达"了,平等的大同世界才会建立起来,维持下去。

孙中山认为互助原则、博爱精神和服务意识既是"天下为公"的大同理想在道德上的体现,也是"天下为公"的大同世界实现的基础和条件。他说:"在吾国数千年前,孔子有言曰:'大道之行也,天下为公。'如此,则人人不独亲其亲,人人不独子其子,是为大同世界。大同世界即所谓'天下为公'。"⑤ 又说:"欲泯除国界而进于大同,其道非易,必须人人尚道德,明公理……重人道,若能扩充其自由、平等、博爱之主

---

① 《孙中山全集》第2卷,中华书局1982年版,第510页。
② 《孙中山全集》第2卷,中华书局1982年版,第510页。
③ 《孙中山全集》第6卷,中华书局1985年版,第22页。
④ 《孙中山全集》第10卷,中华书局1986年版,第156页。
⑤ 《孙中山全集》第6卷,中华书局1985年版,第36页。

义于世界人类,则大同盛轨,岂难致乎?"① 又说:"用固有的道德和平做基础,去统一世界,成一个大同之治。"② 在孙先生看来,以道德为基础进而实现大同理想,是中华民族崇高而重大的责任,"用固有的道德和平作基础,去统一世界……成一个大同之治,这便是我们四万万人的大责任"。③

综上所述,我们可以得出以下结论:天下为公是孙先生的崇高理想,即最高价值目标。这一价值理想,贯穿于他的历史观、民族观、社会观和道德观等各个理论领域,是他的理论学说的核心价值取向和中心思想线索;这一价值理想,体现于他的一切革命活动、政治生活和社会实践之中,是他的伟大实践和崇高人格的内在灵魂和精神动力。时至今日,孙中山先生"天下为公"的大同理想仍然是鼓舞、激励中华民族实现中华民族伟大复兴、建设幸福和谐社会,推进世界和平的崇高价值智慧和宝贵精神资源。

(载《华夏文化》2011 年第 2 期)

---

① 《孙中山全集》第 2 卷,中华书局 1982 年版,第 493 页。
② 《孙中山全集》第 9 卷,中华书局 1986 年版,第 253 页。
③ 《孙中山全集》第 9 卷,中华书局 1986 年版,第 253 页。

"黄帝旗帜·辛亥革命与民族复兴学术研讨会"小结

在清和景明、祭祀轩辕黄帝的清明时节，在民族振兴、纪念辛亥革命一百周年的重要历史时刻。由陕西省人民政府主办、西北大学和陕西轩辕黄帝研究会承办的"黄帝旗帜·辛亥革命与民族复兴学术研讨会"2011年4月3日至4月4日在古城西安隆重举行。经过与会专家学者的共同努力，会议工作人员的辛勤劳动，研讨会取得了圆满成功，达到了预期的目的，收获了丰硕的成果。

这次研讨会出席的海内外的专家学者80余人，提供论文49篇。与会的专家学者们在大会上进行了学术交流，发表了自己的学术见解。从会议论文和大会发言来看，这次研讨会的主要学术成果有三个方面。

一 对辛亥革命及其重大意义研究的新视角

辛亥革命是20世纪中国的一次意义重大、影响深远的革命运动，今年是辛亥革命100周年。结合公祭黄帝、纪念辛亥革命是这次研讨会的重要主题。与会学者围绕这一主题发表了一系列独到而深刻的学术见解。

首先，张岂之先生在《孙中山与辛亥革命——纪念辛亥革命100周年》的主题讲演中，从说明会议主题的角度，系统而深刻地论述了黄帝旗帜与辛亥革命的历史意义、孙中山先生的文化观以及如何通向民族复兴之路。张先生提出：孙中山作为伟大的民主革命先行者和杰出的思想家，为了实现"振兴中华"的革命宗旨，把黄帝定位于"民族主义始祖"的位置上，作为中华民族的象征，被国共两党认同；孙中山是中国现代化的先驱，他力求在传统的人格与国格的不朽基础上，铸造出其具有时代精神的民族之魂，由此实现中华民族的伟大复兴。民族复兴之根本在于以人为本理念的实现。这条民族复兴之路"任重而道远"。张先生的报告高屋建瓴、新颖深刻，既富有哲理，又充满激情，给与会学者以重大启示。

这次会议还安排了一场学术对话。金冲及先生与张岂之先生就"纪念辛亥革命研究专题"进行了精彩的对话。金冲及先生在回答中指出：辛亥革命的意义放在百年民族复兴的历程上来看，是第一次变革的台阶。由于认识上、时代上的原因，过去对其意义认识不足。从政治上说，辛亥革命结束了几千年的君主专制和"天地君亲师"崇拜。推翻帝制后，旧的社会制度就再不能建立起来。从思想上说，辛亥革命使民主精神高涨，使思想得到了解放。总之，辛亥革命开创了完全意义（民族、民生、民权）上的民族民主革命。金先生又说：孙中山是现代化事业的先驱。孙主张发展生产、实行开放、推进精神文明建设。孙先生之所以有现代化意识，源于他对国情有深入的思考，而且有时代、世界眼光。是"用世界的眼光看中国"。两位先生的对话既深刻又生动，是会议的突出亮点。

在大会发言中，学者们就辛亥革命的历史地位和重大意义进行了多角度的研讨。

（一）关于辛亥革命的世界意义

北京大学钱乘旦先生认为辛亥革命和世界其他地区的几场革命都"发生在人类文明的核心地区"，这是对"西方优势"的反弹；是古老文明走向现代化的历史转折。这一现代化进程是古老文明的重新焕发，是"文明的回归"。北京大学王晓秋先生指出：辛亥革命的世界意义在于顺应了20世纪民主革命和民族解放运动两股世界与时代的历史潮流，对亚洲及世界各国产生了巨大而深远的影响。

（二）关于辛亥革命对中国历史发展的意义

陕西师范大学赵世超教授认为，辛亥革命弘扬了黄帝"顺天地之纪"的精神，以民主共和取代了君主专制，顺应了历史大潮，推动了社会进步；马来西亚拿督谢诗坚教授通过回顾中国近代以来的历史进程提出：孙中山的辛亥革命奠下了现代史的第一块基石；中共中央党校陈庆初教授通过政治、经济、社会文化三个层面的分析，认为辛亥革命可以看作中国现代性的真正起点；西北大学刘文瑞教授则提出：孙中山以民族大义继承并超越了儒家道统论，从推崇黄帝入手，确立了追求民主共和的新道统；西北大学陈国庆教授认为辛亥革命是承接中国近、现代社会转型的中转站，使中国社会的转型前进了一大步。

（三）关于辛亥革命对于中华民族整合和中华民族复兴的重大意义

中华炎黄文化研究会副会长鲁谆先生提出：黄帝旗帜的实质就是黄帝精神，辛亥革命以黄帝为中华民族复兴的旗帜，在凝聚中华民族、振奋民族精神、鼓舞民族意志上，起了特殊而不可代替的作用。文物出版社总编辑葛承雍教授提出，辛亥革命党人高举黄帝旗帜，以标榜黄帝子孙来激发民族意识，批判清朝封建制度，是历史的进步。当前要反对美化清朝君主的倒退的历史观对辛亥革命的否定。并建议建立辛亥革命博物馆。北京师范大学张越教授说，辛亥革命前后民族认同观有很大变化，辛亥革命提出的五族共和思想，是近代史上处理民族关系问题的重大变革，是中华民族自觉地走向民族聚合的良好开端，对民族文化认同有重要意义。中国人民大学黄兴涛教授指出："黄帝子孙说"在辛亥时期的流行，推动了中华民族的一体观念（一元多说论、同宗共祖论）的形成，促进了中华民族的政治认同、文化认同和半血缘认同。南开大学李治安教授分析了历史上五次区域子文明的整合发展对于形成中华文化多元一体的重要作用。提出地域文明是社会经济发展的承载体。

(四) 关于辛亥革命的教育意义

中山大学曹天忠教授从教育新角度诠释辛亥革命的意义。认为辛亥革命后教育界从广义的教育出发，重新认识和诠释辛亥革命的社会意义，在辛亥革命研究史上具有超前眼光。除了以上对辛亥革命意义的研究之外，还有四个方面的成果。

一是关于辛亥革命的经验教训的分析。河北经贸大学武占江教授从梁启超的《开明专制论》入手，评析了辛亥革命后的政治困局；昆明理工大学和天津工会管理干部学院的刘佛、陈寒鸣教授论述了资产阶级革命派对君权和封建道德批判的主要成就和严重弱点；中国政法大学的郭继承先生分析了辛亥革命的失败及其对中国文化建设的启迪。这些分析，都体现了独立思考精神。

二是关于辛亥革命的地域特点分析。湖南大学戴书宏、肖永明教授对辛亥革命前湖南守旧势力失声的原因进行了独到的分析；中国艺术研究院任大援教授对意大利传教士、摄影家南怀谦在陕西汉中十年间的生活和摄影活动进行了生动的描绘，以透视清末民初陕西汉中的社会生活面貌；陕西省博物馆杨东晨研究员回顾了辛亥革命在陕西的反应并缅怀了陕西的辛亥革命先烈。

三是对中国民主主义发展进程的分析。陕西省社会科学院佘树声先生深入分析了民主主义发展进程的二元化构成形成的历史根源和国内外条件，以及向社会主义转化的历史过程。

四是对辛亥革命时期文学创作的研究。香港中国文化研究院胡从经先生在发言中以发现的新史料，分析了辛亥革命时期的革命文学对宣传推翻帝制、建立共和所发挥的作用，以及开创白话文先河的重要意义，认为辛亥革命文学是五四新文学的先驱。

二 对孙中山先生思想研究的新进展

孙中山先生是中国20世纪的历史伟人，是辛亥革命的领导人，是民主革命的先行者。他既是伟大的革命家，也是伟大的思想家。研讨会上有多位专家学者对孙中山先生的思想进行了深入的研究，提出了诸多新见解、新论点。

第一，关于对孙中山的评价问题。中国社会科学院尚明轩先生对此做了全面系统的论述。他认为应该全面、公允、科学、实事求是地评价孙中山。他通过分析中国革命史的大背景和辛亥革命运动的本质、广阔的亚洲和世界时代潮流以及孙中山对社会主义的向往，对孙中山进行了较为全面的评价。认为孙中山是中国民主革命之父，是中国现代化的开创者、国家统一的坚定的捍卫者、社会主义的向往者。

第二，关于孙中山的价值理想。西北政法大学赵馥洁教授提出：孙中山的价值理想是天下为公。孙先生把天下为公作为历史进化的目标、民族主义的最后理想、三民主义的政治理想和崇高的道德理想。天下为公的价值理想贯穿于孙中山的历史观、民族观、社会观和道德观的各个理论领域，并体现于他的全部革命活动之中。

第三，关于孙中山思想的研究。台湾东吴大学刘源俊教授以"孙文思想与中华民族复兴的道路"为题，论述了三民主义在实践中由民族到民生再到民权的次序。并阐发了孙文的三民主义对探索民族复兴道路的深远意义。北京大学欧阳哲生教授从孙中山民主思想形成演变的过程、孙中山与西方启蒙思想家民主观的比较、孙中山民主思想的内在矛盾和思想特点三个方面，较全面地评析了孙中山先生的民主思想。中国社会科学院朱宗震研究员探讨了孙中山的民族主义理论和实践的困局。杭州师范大学范立舟、陈才俊教授探索了孙中山自由、平等、博爱思想的基督教理念。江西宜春学院陈荣庆教授探讨了孙中山的建国思想及其所蕴含的开放精神。安徽省社会科学院宋霖研究员通过对孙中山《合肥阚氏重修谱牒序》的研读，阐发了孙中山的人民自治思想和国统理念。广州大学吴小强教授则通过研读孙中山的《革命原起》一文，探讨了孙中山革命思想的产生、发展及其影响。

第四，对辛亥时期其他重要历史人物思想的研究。除了对孙中山思想的研究，有几位学者还探讨了辛亥革命时期其他重要人物的思想。例如中国社会科学院陈铁建先生研究了辛亥革命前后蒋介石的"开明专制"思想；西北大学梁星亮教授论述了辛亥时期黄兴的启蒙思想；河北师范大学杜运辉博士探讨了侯外庐关于新三民主义的研究。

此外，鉴于辛亥革命的重要地位和孙中山先生的重大思想贡献，陕西政协陆栋先生提出了建立"中山学"的构想，并系统论述了这门学科的归宿、定位、任务和方法；鉴于研究孙中山和辛亥革命的复杂性，清华大学欧阳军喜教授探讨了孙中山对辛亥革命史的建构及其影响，提出孙中山对革命原起、武昌起义成功和革命失败的解释，建构了一套辛亥革命史的话语体系。对以后的历史编纂影响深远。

三 对黄帝文化与中华民族复兴关系研究的新开拓

黄帝文化是近年来祭黄期间学术研讨会持续讨论的议题，也是今年研讨会主题的有机组成部分。这次会议对黄帝文化及中华文化的研讨，有许多新观点、新开拓。

（一）对辛亥革命时期的"尊黄"思想研究

中国炎黄文化研究会副会长王俊义先生以广阔视野，考察了辛亥革命及当时的"尊黄"思潮，认为辛亥革命的爆发是中外历史发展的必然，绝非"告别革命论"者所说的偶然事件。辛亥革命落后的"尊黄"思想在唤起民族意识、凝聚民众力量、推动革命等方面发挥了积极作用，但也存在一定缺陷。历史启示我们黄帝精神是鼓舞中华民族的旗帜和偶像。陕西师范大学刘学智教授以丰富的资料为基础，从三个方面论述了辛亥革命前后尊黄运动的主要表现，并深入分析了"尊黄"运动在激发民族自觉意识、加速封建文化崩溃和促使孙中山思想形成等的文化意义。西北大学张茂泽教授探讨了辛亥革命对黄帝的定位（中华民族始祖、民族主义大伟人和开国之始祖的定位),以及定位所含的民族性和民主性意义。山东财经大学王继训教授从辛亥革命的黄帝纪年说起,阐发了"尊黄"对重建黄帝"人文初祖"概念,延续民族精神的意义。陕西省社会科学院杨尚勤院长在发言中阐述了辛亥革命在陕西的反应,以及在当今时代高扬黄帝旗帜应该注意的重要问题。

(二) 对黄帝文化精神内涵的阐发

西北大学刘宝才教授认为把炎黄时代与辛亥革命联系起来的共同之处是制度创新,正是制度创新把中国文化不断推向高峰。制度创新与大规模暴力并没有必然联系。西北大学龚杰教授提出黄帝时代重视民生,民生包含重视民众生计和珍惜民众生命两项内容。中山先生将民生阐发为民生主义。继承黄帝民生传统和实现孙中山民生理论,任重而道远。北京语言大学闫纯德教授通过对刘明武的《清源浊流:黄帝文化与皇帝文化》一书的评论,阐述了黄帝文化是元文化,其特征是道器并重。道器并重的黄帝文化在历史上经历了演化、变异和回归。

(三) 对中华道统的新思考

西北大学方光华教授、费振明教授提出历代论点认为黄帝是中华道统的开创者,其道统内涵包括敬天法祖、明德重权和尚中守和。辛亥革命发展了中华道统,百年以来,中华道统又有了新的发展。台湾中国文化大学曾春梅教授以反思批判精神分析了建基于中华道统精神的三民主义的文化特质,以及其现代性的后遗症,提出应针砭现代化之盲点,使中华道统涌现生机。

(四) 关于中华优秀传统文化的弘扬问题

上海大学祝瑞开先生以深入浅出的语言、慷慨激昂的感情并结合当今现实问题,阐发了弘扬中华民族优秀"家"文化的必要性和重要性。清华大学羊涤生教授提纲挈领地论述了以黄帝为旗帜的中华优秀传统文化是中华民族之魂,是实现中华民族伟大复兴的必要条件。湘潭大学颜佳华教授研讨了辛亥革命与孝文化的关系。台湾辅仁大学潘小慧教授认为儒家伦理是的德行伦理学,并阐发了儒家伦理的当代意义。

以上所有论文和发言,尽管视角各异、方法多样、观点有别,但都新意迭出、见解独到。可谓异彩纷呈,百花争艳。

这次研讨会不但硕果累累,而且特点鲜明。一是群贤毕至,硕学云集,会议规模大,出席学者多。二是研讨深入,观点新颖,提出了许多新见解。三是百家争鸣,发言踊跃,气氛和谐。四是形式新颖,有新变通,增加了对话方式。会议的不足在于发言较充分而开展讨论不够。

总之,这次研讨会是一次层次高的成果丰硕的研讨会。它的成果一定会对黄帝文化研究、中华文化研究、辛亥革命研究、孙中山研究有重大推进。

(载《华夏文化》2011年第2期)

《乾县民国史稿》序

我虽然多次去过乾县，但与乾县的文字结缘只有两次。一次是读史学家赵俪生先生的回忆录《篱槿堂自叙》，赵先生回顾了抗日战争期间他曾在乾州中学从教两年半的情景，并记述了乾县的风俗民情和当时的政治态势。另一次就是读强文祥先生的《乾县民国史稿》。两次文字缘给我的感受同中有异。所同者，文字作者都是在乾县生活过的，而且我都认识。读相识者的作品总有一种亲切感，总会唤起文字之外的桩桩记忆和种种联想。所异者，两部著作性质不同，一是回忆录，一是历史书，因而所感所获颇多异趣。如果说读赵俪生先生的回忆录主要能使我能通过他的记述而进一步了解先生其人，那么强文祥先生的著作则能使我比较充分而深入地认识乾县了。

强文祥先生的《乾县民国史稿》之所以能使我较充分而深入地认识乾县，主要在于它的鲜明特色。据我粗读所感，它的突出特色在于四个方面。

这是一部全面系统的书。该书记述中华民国时期的乾县史，是从纵横两个维度展开的。在纵向维度上，以时间为经，叙写了从清末至中华人民共和国成立半个世纪乾县的历史变迁；在横向维度上，以社会为纬，记述了中华民国时期乾县的经济、教育、文化和风俗。这种纵横交织、时空互补、经纬结合的结构，其首要优点是能全面呈现乾县的社会历史面貌，从而使读者能全面系统地认识乾县。而且，这在断代史体例上也是一种革新。

这是一部实事求是的书。真实性是史书的生命，是史著学术价值的基础。《乾县民国史稿》以尊重客观事实为写作准则，以丰富翔实的史料为撰文依据。凡事件、人物、历史过程、社会风貌的叙述，皆言必有据，文必求实；凡历史人物的评价、历史事件的论断，皆寓论于史，寄意于事。绝无托诸空言之叙说，亦无观念先行之评判，而且还通过对史实的反思，提出了诸如"士绅政治""乡里社会"等独到的学术观点。这种实事求是的品格一方面得之于作者的史识、史德，另一方面取决于对文献、资料的大量采掘、研读、思考和利用。据我所知，强文祥先生为此付出了多年辛勤的劳动。

这是一部生动活泼的书。强文祥先生既是一位官员，又是一位作家，写作和发表了许多优秀的散文作品，其文学才华也在这部史著中有充分体现。该书不但文字表达准确晓畅，鲜明生动，笔端时带感情，而且对历史过程的记叙、社会景象的描绘、历史事件的陈述、历史人物的介绍，着力于具体，注重其细节、脉络清晰、形象生动、绘声绘色、活灵活现，使人有亲临其境、亲睹其景、亲见其人之感。对于一部史书而言，做到这一点，实属难能可贵。

这是一部富有人文情怀的书。《乾县民国史稿》是一部县史，县治虽远离国家中枢，远离政治上层，但却紧邻乡村，贴近平民。所以写县史比写国史、省史需要更浓厚的平民意识和百姓情怀。强文祥先生对此非常自觉。他说，这部县史着眼于"记述与老百姓密切联系的领域"，意欲"更多更生动地显现底层社会的色彩"。基于这种认识，全书中处处体现着对人的生存命运的关切，特别是对普通百姓生存命运的关切；处处蕴含着对贫苦人民生活境遇的关怀，特别是对贫苦农民生活境遇的关怀。而且，不仅关注过去，还关心现在和未来，期望通过书中对旧时代丑恶腐败的鞭挞，对革命者大义大勇的赞颂，发挥评析兴衰成败，总结历史经验，弘扬优良传统，整饬社会风气的现实作用。这种珍视人、关爱人、尊重人、以史为镜、以人为本的人文情怀，诚然为作者的桑梓之情所系，但更重要的是强文祥先生历史见识、人文素养、道德境界的沛然涌流。

写县史本身就是创举，何况写得如此出色。我相信，这部特色鲜明的书必定会在中国县史的编写上展示其学术价值，必定会在帮助人们加深对乾县、对陕西的认识上呈现其重大意义，也必定会在培育热爱故乡故土、弘扬优良传统、优化民俗民风的德性教化上发挥其积极作用。

著书难，著史书更难，它不但要求作者有才、有学，更要求作者有德、有识。唐代史学家刘知几提出史学家应有"才、学、识三长"，清代史论家章学诚主张史学家应有"德、识、才、学四长"。"才"指能力，"学"指知识，"德"指道德，而"识"就是以世界观、历史观为核心的历史智慧。无论是编写国史、省史，还是县史，都需要编著者"德、识、才、学"兼备。我以为强文祥先生真正兼备了这些素养，这不仅是我在读《乾县民国史稿》时明确感觉到的，也是我在与强先生交往中真切感受到的。在我看来，强文祥先生是一位平易而旷达、正直而坦诚、博学而多才、义正而情长的人，为官而无骄饰之气，为文而无虚浮之风，我既乐读其书，更乐交其人，故亦乐为之序。谨勉力而冒昧地写出了上面一些话，以赞此书之价值，以助此书之流传云尔。不知作者和读者以为可否？

(2010年10月15日于西北政法大学静致斋)
[载于《三秦文化研究会年录（2011年）》]

李勇《生命的容颜》序

　　李勇著书既成，索序于余。余观之：该书以生命沉醉论审美体验，以审美体验呈人生境界，以人生境界绘生命容颜。其见解也，视角独特，新意迭出；其风格也，诗意盎然，哲理湛然；其意境也，物我交融，天人贯通。诚佳作也！以文序之，何若以诗赞之。于是题诗曰：

　　　　　文情理趣共氤氲，生命容颜画卷新。
　　　　　沉醉春江花月夜，静观松柏岁寒身。
　　　　　澄怀味象神思远，诗意栖居大地春。
　　　　　境界升华超物我，灵光一片映天人。

　　　　　　　　（2011年2月17日题于西北政法大学静致斋）

2012 年

老子价值观念的现代意义

老子和以老子为代表的道家，既有哲人智慧又有诗人气质，他们以"冷眼向洋看世界"的清醒和"热风吹雨洒江天"的激情，思考宇宙，观照社会，眷注人生，给我们留下了博大精深、诗意盎然的哲学遗产、智慧宝藏。老子留下的是五千言哲理诗，庄子留下了三十三篇散文诗。德国哲学家尼采（1844—1900 年）曾评论《老子》一书说："《道德经》，像一个永不枯竭的井泉，满载宝藏，放下汲桶，唾手可得。"英国当代汉学家彭马田认为："《道德经》……81 章犹如一串圆润的珍珠项链……美奂绝伦。"

老子这智慧的清泉、哲理的珍珠既是我们中国的，也是世界的。老子这智慧的清泉、哲理的珍珠既是古代的，也是现代的。老子这智慧的清泉、哲理的珍珠既是民族的，也是个人的。

那么，老子这位曾任过东周王朝图书馆馆长、大孔子二十岁、孔子曾向他求教、相传在周至楼观台著书的哲人，其价值智慧是什么？它对我们现代人有何意义呢？

一　老子的独立宣言

老子明确地申明他的价值观与众不同、异乎寻常，即与世俗流行的时尚、时髦观念大相径庭。他说：众人都爱凑热闹，而他喜欢淡泊

（"众人熙熙""我独泊兮"）；大家都似乎很明白，而他很糊涂（"俗人昭昭，我独昏昏"）；人们都斤斤计较，而他混混沌沌（"俗人察察，我独闷闷"）；人们都很自满，而他觉得欠缺（"众人皆有余，而我独若遗"）；众人都自以为有本领而他很愚蠢（"众人皆有以，而我独顽且鄙"）。总之他是一个"愚人"（"我愚人之心也哉"）、"顽人"、"鄙人"（"众人皆有以，而我独顽且鄙"）。那么他为什么与众不同呢？因为他崇尚宇宙本体大道，热爱宇宙万物之母（"独异于人，而贵食母"）。就是说他是站在道的立场上考察、衡量和选择价值的。这是老子在《老子》第二十章发表的一篇独立宣言。

二 老子的价值批判

根据这一宣言，老子对世俗价值观进行了批判。《老子》第三章："不尚贤，使民不争；不贵难得之货，使民不为盗；不见可欲，使民心不乱。"《老子》第九章："金玉满堂，莫之能守；富贵而骄，自遗其咎。"《老子》第十二章："五色令人目盲；五音令人耳聋；五味令人口爽；驰骋畋猎，令人心发狂；难得之货，令人行妨。是以圣人为腹不为目，故去彼取此。"《老子》第十八章："大道废，有仁义；智慧出，有大伪；六亲不和，有孝慈；国家昏乱，有忠臣。"《老子》第十九章："绝圣弃智，民利百倍；绝仁弃义，民复孝慈；绝巧弃利，盗贼无有。此三者以为文，不足。故令有所属：见素抱朴，少思寡欲，绝学无忧。"《老子》第五十七章："天下多忌讳，而民弥贫；人多利器，国家滋昏；人多伎巧，奇物滋起；法令滋彰，盗贼多有。"

以上引文都是老子对当时流行的价值观的批判。老子批判的价值包括"圣智""仁义""巧利""富贵""五色""五音""五味""忠孝""尚贤""礼乐""利器""伎巧""法令""难得之货"，等等。他认为这些都是违背大道的负价值，有害而无益（包括儒家的仁义礼乐在内）。

世俗价值最大的危害就是导致人的价值异化和失落。老子认为在他所处的时代，人的伟大价值已经失落了。这种失落的具体表现是物欲横流，诈伪成风，争斗不断，社会危机。首先，当时的人们，私心膨胀，贪得无厌，把自己的私欲看得高于一切，疯狂地追逐物欲、名利、声望、权力，"不知足""不知止"。其次，为了满足物欲，就要靠私智，用技巧，走捷径，于是社会上就形成了一种虚伪、欺诈的风气，所谓"智慧出有大伪"。再次，私欲无厌必然导致争斗，而诈伪智巧又为争斗提供了有力的手段。最后，争斗的结果就造成了严重的社会危机和生存危机。"田甚芜，仓甚虚"，"国家昏乱"，"六亲不和"，"奇物滋起"，"盗贼多有"。在这种条件下，世界处处埋伏着危险，生命随时受到威胁，安全系数极低，性命很难保全，"人之生，动之于死地亦十有三"。总之，人的价值可以说失落殆尽了。老子指出，人的价值失落是历史衰退，社会蜕化的表现。

因而，他严厉批判了世俗中流行的追求富贵、名利、知识、道德、法令、技术、艺术的价值观。

三　老子的价值取向

根据这一宣言，老子在批判的基础上，确立了自己的价值取向——"自然无为"。老子哲学有四大概念：道（60次）、自然（5次）、无为（12次）、无不为（2次）。形成了三大观念："道法自然""道常无为""无为而无不为"。道是本体（"万物之奥""万物之宗"），自然是道的性质和状态，无为是道的方式和态度，无不为是无为的效应和结果。

"道法自然"是老子的哲学纲领，"自然无为"是老子的价值纲领，也是老子价值观之核心。其他价值观皆围绕此纲领、此核心而展开。把握了"自然无为"，理解老子的哲学思想和价值观念就能纲举目张。道家认为，"自然无为"应是人生和社会最高的价值准则。

"道法自然"，意思是道的法则是自然、本性是自然。所谓"自然"绝非指自然界，也非"自然科学"所说的"自然"。自，是自己；然，是如此。"自然"就是自己如此、本来如此的状态、样式。

在老子哲学中"自然"与"无为"是两个角度有别而精神含义统一的概念。一方面，自然是状态词，无为是态度词。"自然"就是自己如此、本来如此的状态、样式。无为不是不作为，而是指不任意妄为、不勉强作为、不胡作非为的态度、方式。这是二者的差异性。另一方面，事物如果采取无为态度就会呈现出自然状态，如果呈现出自然状态就表明它采取了无为态度。这是二者的统一性（例如一个人不故作姿态、不搔首弄姿、不摆架子、不装样子，顺应肌体规律，顺应自己本性，保持本来面目，其状态就会自然）。

老子认为自然状态和无为态度是一切价值的标志和本质，凡符合自然无为标准的东西就是有价值的，就是好的。老子讨论的价值类型很多，但主要阐发的是"无为而治"的政治价值和"无为而生"的人生价值。

（一）"无为而治"的政治价值观

老子认为好的治世原则是遵循大道，自然无为。"为无为，则无不治。"（《老子》第三章）"爱国治民，能无为乎？"（《老子》第十章）具体而言，就是在制度上，不靠强权统治、不靠阴谋权术、不靠法令强制。在方法上不任意干扰、不随便干涉、不搅乱正常的生活秩序、不增加百姓负担。而是顺应民性，顺应生存规律，去治理国家。如烹煎小鱼那样，顺势而行，不乱翻动。在情感道德上，关键在于关爱老百姓，"圣人常无心，以百姓心为心"（《老子》第四十九章）。无为而治的效果是："我无为，而民自化；我好静，而民自正；我无事，而民自富；我无欲，而民自朴。"（《老子》第五十七章）

研究中国经济的专家、卡托研究所副总裁邓正莱（James A. Dorn），1998年发表《中国的前程：市场社会主义还是市场道家？》一文，他指出：中国的前程，在于通过信奉和拓展老子的天道思想而回到本国的自由传统。《道德经》就是中国的自由宪章。老子关于天道、自由与无为的思想，跟亚当·斯密的一样，既是道德的，也是实用的。自发秩序理论创始人、奥地利社会经济学家、1974年诺贝尔经济学奖得主哈耶克（1899—1992年）认为，道家"我无为，而民自化；我好静，而民自正"是其自发秩序理论的经典表述。

(二)"无为而生"的人生价值观

老子认为好的有价值的人生也应该是遵循大道、自然无为的人生。什么是自然无为的人生呢？所谓"自然无为"，指的是一种顺其自然，不强制扭曲自身的存在状态；没有私求，对外界不妄加干预的处世态度；自由自在，不受束缚的精神境界。不强制扭曲是顺应自然的状态，无私求、不妄作是顺应自然的态度，而无束缚的自由则是无私求、不妄作，顺应自然的结果。无为而生的人生态度包括五个方面。

1. 慈俭谦虚

《老子》第六十七章云："我有三宝，持而保之。一曰慈，二曰俭，三曰不敢为天下先。慈故能勇；俭故能广；不敢为天下先，故能成器长。今舍慈且勇；舍俭且广；舍后且先；死矣！夫慈，以战则胜，以守则固。天将救之，以慈卫之。"就是说，慈爱、俭朴、谦虚而不争强好胜，是三种宝贵的品德。慈爱才能勇敢，俭朴才能扩增，不与人争强好胜，才能成为先进。当今之人，失了慈爱只剩下勇敢，失了俭朴只追求扩增，失了谦虚只顾去抢先，离死亡不远了！慈爱，用它来征战就胜利，用它来退守必坚固。上天要拯救的，必以慈爱来护卫保守。《老子》第六十六章云："以其不争，故天下莫能与之争。"

2. 少私寡欲

《老子》第十九章："少私寡欲。"《老子》第七章："天长地久。天地所以能长且久者，以其不自生，故能长生。是以圣人后其身而身先；外其身而身存。非以其无私邪？故能成其私。"就是说，天地之所以能长久，因为它不贪生。同理，人把自己置于最后，他反而在前；把自身置之度外，他反而长存。这正是由于他无私。无私反而成全了他自己。《老子》第四十六章："罪莫大于可欲""咎莫大于欲得"。《老子》第三十七章:"无名之朴,亦将不欲;不欲以静,天下将自定。"

3. 知足不辱

《老子》第三十三章:"知足者富。"《老子》第四十四章:"甚爱必大费;多藏必厚亡。故知足不辱,知止不殆,可以长久。"贪得无厌的人必有大损害,囤积财富的人必有大丧失。所以,知道满足,便不受困辱;知道停止,才能免除危险,可以得享长久的生命。《老子》第四十六章:"祸莫大于不知足;咎莫大于欲得。故知足之足,常足矣。"最大的祸害就是不知足,最大的罪过就是贪婪。所以,以知足为满足的人,其满足是永恒的。《老子》第二十五章:"是以圣人去甚,去奢,去泰。"所以圣人摈弃一切强求的、奢侈的和骄纵的东西。《老子》第八十一章:"圣人不积,既以为人己愈有,既以与人己愈多。"

4. 柔弱不争

《老子》第四十章:"反者道之动,弱者道之用。"《老子》第三十六章:"柔胜刚,弱胜强。"《老子》第四十三章:"天下之至柔,驰骋天下之至坚。"《老子》第五十二章:"见小曰明,守柔曰强。"《老子》第五十五章:"骨弱筋柔而握固。"《老子》第七十六章:"人之生也柔弱,其死也坚强。草木之生也柔脆,其死也枯槁。故坚强者死之徒,柔弱者生之徒。是以兵强则灭,木强则折。强大处下,柔弱处上。"《老子》第七十八章:"天下莫柔弱于水,而攻坚强者莫之能胜,以其无以易之。弱之胜强,柔之胜刚,天下莫不知,莫能行。"《老子》第八十一章:"天之道,利而不害。圣人之道,为而不争。"《老子》第七十三章:"天之道,不争而善胜,不言而善应,不召而自来,繟然而善谋。"《老子》第二十二章:"不自见故明,不自是故彰,不自伐故有功,不自矜故长。夫唯不争,故天下莫能与之争。"《老子》第六十六章:"以其不争,故天下莫能与之争。"《老子》第六十八章:"是谓不争之德,是谓用人之力,是谓配天,古之极。"《老子》第八章:"上善若水。水善利万物而不争,处众人之所恶,故几于道。居善地,心善渊,与善仁,言善信,政善治,事善能,动善时。夫唯不争,故无尤。"《老子》第十章:"专气致柔，能如婴儿乎？"《老子》第五十五章："含德之厚，比于赤子，毒虫不螫，猛兽不据，攫鸟不搏。骨弱筋柔而握固。"《老子》第八十一章："天之道，利而不害。圣人之道，为而不争。"

5. 致虚守静

《老子》第十六章："致虚极，守静笃。""归根曰静。"《老子》第二十六章："静为躁君。"《老子》第五十七章："我好静而民自正。"《老子》第四十五章："清静为天下正。"自然无为的态度对于人的生存和发展有着重要的意义，其意义有四个方面。

其一，自然无为可以"全生保身"，维护人的生命价值。老子珍惜生命，但却反对对生命过分执着的"自贵""自重"的态度，认为只有采取"后其身而身先，外其身而身存"，"以其不自生，故能长生"（《老子》第七章）的自然无为方式，才能达到全生保身的目的。

其二，自然无为可以使人复归纯朴的本性，维护人性的本然状态。他们认为社会文明的发展，使贪欲、争夺、自私、欺诈愈演愈烈，人性已严重地异化，只有顺自然，行无为，人性才能"复归于朴"。庄子称之为"无为复朴"（《庄子·天地》）。

其三，自然无为是达到事业成功、精神自由的途径和方式。老子认为，人的主体能动性不是表现在主观任意的盲目蛮干上，事业的成功也并非取决于人的肆意拼搏和狂妄争斗，而关键在于人能按照道的规律，顺应自然法则去作为，即"辅万物之自然而不敢为"（《老子》第六十四章）。以此方式和态度去行动作为，必然会达到建功立业的目的，即"无为而无不为"（《老子》第四十八章）。

而且，"无为而无不为"是绝对自由的精神境界。庄子说"逍遥乎无为之业"（《庄子·大宗师》），"无不为""逍遥"是自由，"无为"是自然，通过自然无为，就可以达到"物莫之伤""死生无变于己""登高不栗，入水不濡，入火不热"，"乘云气，御日月而游乎四海之外"这种绝对自由的精神境界。

其四，自然无为是实现理想人格的基石。老子的理想人格是圣人，但与儒家的圣人不同,庄子称为"至人"。老子说"圣人抱一(道)为天下式"(《老子》第二十三章),"圣人处无为之事"(《老子》第二章)。如果人们得道,从道,效法自然,奉行无为,就会成为完美的"圣人",达到理想的人格水准。"至人"的基本特征是以"法天贵真"为人生宗旨,以"无己无为"为处世态度,以"用心若镜"为认知方式,以"遗物离人"为独立意志,以"游心无穷"为精神境界。而这一切都体现着自然无为的精神。

总之,自然无为的终极意义、终极关怀是人的价值的提升。而人的价值的提升,就是人的价值异化的克服,也是人的价值的复归。

四 老子价值观的现代意义

老子道家的价值论,无论从其体系的哪个环节看,都富有特色。它是以反命题的形式立足于中国哲学价值论体系中的。儒倡"义以为上",道要"绝仁弃义";墨重"天下之利",道要"绝巧弃利";法贵"权力法治",道要"殚残圣法"。仁义、功利、权力都是"人为"的内容,因此,道家与儒、墨、法"对着干"的实质就是高举自然无为的旗帜,和"重人为"的观念反向而动,背道而驰。道家如此大唱反调,的确有其消极性的影响。历史上中国人身上存在的因循顺应、听天由命、萎靡不振、柔弱退让、安于现状等缺点,就与道家的思想影响有关。

但是,从另一方面看,道家的强烈批判精神,对揭露和认识社会的丑恶现象,重估和翻转传统的价值观念,反对和破除社会的偶像崇拜,都有一定的作用。它的自然无为的价值取向,对于把人们从名缰利锁中解脱出来,从欲火情海中拯救出来,实现精神自由,保养自然生命,也有意义;它的"无为而治"的政治理想,对于抑制封建统治者的严刑峻法、暴力专制、任意干涉,也有好处。总之,道家在一定程度上补救了儒、墨、法价值取向上的偏失,缓解了儒、墨、法价值追求中的张力。具体地说,它以自然价值补救了过分强调人为价值之偏,以个体价值补救了过分强调群体价值之过,以自由价值补救了过分强调规范价值之弊。并以柔弱缓和了刚强,以退让弱化了进取,以淡泊唤醒了痴迷,以旷达放松了拘谨,以宁静安定了躁动。

其现代意义可以概括为三点:(1)老子价值观是我们克服盲目蛮干、胡作非为,搞"建设"、求"发展",从而顺应客观规律,建构和谐社会的宝贵借鉴;(2)老子价值观是我们克服由于物欲膨胀而滋生的个人主义、主观主义、功利主义、享乐主义、消费主义、拜金主义等时代疾患的智慧资源和精神力量;(3)老子价值观("善利万物")对我们保护生态、保护环境有深刻的启示。

德国人尤利斯·噶尔1910年写了《老子的书——来自最高生命的至善教诲》一书,他说:"也许是老子的那个时代没有人真正理解老子,或许真正认识老子的时代至今还没有到来,老子已不再是一个人,不再是一个名字了。老子,他是推动未来的能动力量,他比任何现代的,都更加具有现代意义,他比任何生命,都更具有生命的活力。"[1] 德国学者克诺斯培说:"解决我们时代的三大问题(发展、裁军和环保),都能从老子那里得到启发。"[2] 日本物理学家、诺贝尔奖得主汤川秀树(1907—1981年)于1968年在《创造力和直觉——一个物理学家对东西方的考察》中指出:"老子是两千多年前就预见并批判今天人类文明缺陷的先知。"又说:"老子似乎用惊人的洞察力看透个体的人和整体人类的最终命运。"[3] 比利时学者、耗散结构理论创始人、诺贝尔奖获得者普利高津指出:"道家的思想,在探究宇宙和谐的奥秘、寻找社会的公正与和平、追求心灵的自由和道德完满三个层面上,对我们这个时代都有新启蒙思想的性质。道家在两千多年前发现的问题,随着历史的发展,越来越清

---

[1] 转引自周西华《天高地古鹿邑城老子故里风景名胜解说》,华夏出版社2007年版,第98—99页。

[2] 转引自李世东、陈应发、杨图荣《老子文化与现代文明》,中国社会出版社2008年版,第274页。

[3] 转引自李世东、陈应发、杨图荣《老子文化与现代文明》,中国社会出版社2008年版,第278页。

楚地展现在人类的面前。"①

美国学者蒲克明曾预言《道德经》是未来大同世界家喻户晓的一部书，他说："当人类隔阂泯除，四海成为一家时，《道德经》将是一本家传户诵的书。"②

老子价值观使中华文化、中华民族的价值观结构中重阴、重柔、重无、重自然的价值取向得以确立。从而与孔子儒家重阳、重刚、重有、重人为的观念相辅相成、相反相成，形成了阴阳互补、刚柔相济、有无相生、天人合一的价值体系。老子如月，孔子如日；老子犹龙，孔子如凤，儒道思想精华相成互补就会使中华民族"日月同辉""龙凤呈祥""刚柔相济"。

以人生哲学言之，可以说：儒家要人心安理得地活着，佛家要人心平气和地活着，而道家要人心旷神怡地活着！如果能实现三者的综合统一，则会达到人生的美好境界。

（载《〈老子〉思想与现代社会——曲江楼观"老子文化节"学术研讨会论文集》，社会科学文献出版社2012年版）

---

① 转引自李世东、陈应发、杨图荣《老子文化与现代文明》，中国社会出版社2008年版，第109页。
② 转引自李世东、陈应发、杨图荣《老子文化与现代文明》，中国社会出版社2008年版，第249页。

儒家的道德价值自觉论探析

中国儒家哲学极重道德价值,它不但充分阐述了道德价值的重要性,而且深刻论述了实现道德价值自觉的必要性及其途径和方式。在儒家看来,道德价值有别于其他价值的根本标志就在于它的自觉性,而这种自觉性实现的核心则在于人对道德本质的体认。具体而言,儒家关于道德价值自觉的思考,主要包括下述理论内涵。

一 道德是天命所赋予,"畏天命"是道德自觉的前提

在多数儒家哲人的观念中,天命、天道、天理等概念除了各自特殊性含义有些区别以外,其共同含义是指宇宙万物的本原、根据和普遍法则。它们一般也不具有殷周时所包含的人格神意义,而成为形而上学概念。儒家认为善德(仁义礼智信等)源于天命、天道,是天命、天道所固有的属性、内容在人间的贯彻。

孔子说:"天生德于予!"(《论语·述而》)又说:"文王既没,文不在兹乎?天之将丧斯文也,后死者不得与于斯文也;天之未丧斯文也,匡人其如予何!"(《论语·子罕》)把他自己身上所体现的善德、周道都归于天。后代儒者一直继承着这个基本看法而予以修正或发展。

"亚圣"孟子虽重谈人性、人心,然亦未否定天命这个源头。他说:"仁,天之尊爵也。"(《孟子·公孙丑上》)又说:"有天爵者,有人爵者。仁义忠信,乐善不倦,此天爵也"(《孟子·告子上》),都把善德视

为以天为根源。他还明确指出作为善德价值根源的天命是和人力相对的不受人的意志干扰的客观必然性，所谓"莫之为而为者，天也；莫之致而至者，命也"（《孟子·万章上》）。

西汉儒学大师董仲舒更是把天命看作政治权力、道德价值的终极根源。他不厌其烦地申述这一观点，说得既明确又决断："仁义制度之数，尽取之天"（《春秋繁露·基义》）；"王道之三纲，可求于天"（《春秋繁露·基义》）；"道之大原出于天"（《汉书·董仲舒传》）。

宋儒诸子，虽然对人性善恶的具体说法各有不同，但都认为纯善的价值源于"天命""天理""乾元"。周敦颐说："诚者，圣人之本。'大哉乾元，万物资始'，诚之源也；'乾道变化，各正性命'，诚斯立焉。纯粹至善者也。"（《通书》）张载说：纯善本于天地之性，天地之性"于人无不善"（《正蒙·诚明》）。程颐说："性出于天，才出于气……才则有善与不善，性则无不善。"（《二程遗书》卷一九）朱熹则说："天之生此人，无不与之以仁义礼智之理，亦何尝有不善？"（《玉山讲义》）又说："天地之性，则专指理言"，"性是实理，仁义礼智皆具"。（《朱子语类》卷五）陆九渊虽在许多方面与朱熹立说不同，但在善德价值根源于天这一点上却与朱不谋而合："四端万善，皆天之所予，不劳人妆点"（《陆象山全集》卷三五《语录》）。

善德（仁义礼智信等）既然源于天命、天道，那么人如果确立了"知天命""畏天命"的意识，就可以形成道德的自觉。孔子明确地指出："知命""畏命"是培养道德人格的前提："不知命，无以为君子也；不知礼，无以立也；不知言，无以知人也。"（《论语·尧曰》）孔子又云："君子有三畏：畏天命，畏大人，畏圣人之言；小人不知天命而不畏也，狎大人，侮圣人之言。"（《论语·季氏》）孔子说他自己直到五十岁才真正理解了天命："吾十有五而志于学，三十而立，四十而不惑，五十而知天命，六十而耳顺，七十而从心所欲，不逾矩。"（《论语·为政》）孟子虽重视"知性"，但也强调"知天"："尽其心者，知其性也；知其性，则知天矣。"（《孟子·尽心上》）"知天命"是达到对天命真正理解和体认的认识水平,"畏天命"是怀有对天命敬畏和恐惧的情感状态。

在儒家看来,主体之所以能自觉地汲汲修德,正因为他真正意识到了德乃上天的要求,真切感受到了天命决定自己必须坚守道德,以践行道德为己任。也就是说,既然道德来源于天道——宇宙本体,是由宇宙法则决定的律令,所以道德教化的内容,就是要人知天道、悟天道、存天理,要人知道"天理是仁义礼智的总名",违反道德就是"伤天害理",这样人就会不断提升道德的自觉性。

二 道德是人性所固有的,"知人性"是道德价值自觉的根据

除将天命、天理作为善德根源之外,儒者们还提出将人性作为善德价值的又一重要根据。儒家对人性范畴有两种不同的规定。一是以人性为人的自然生理本能,在这种意义上,他们认为人性是恶的,和动物相去无几。荀子的性恶论指此而言。二是以人性为人类区别于动物的社会性特殊本质,在这种意义上,他们认为人性是善的。以孟子为代表的多数儒家学者,几乎都对这种规定上的人性持相同看法。儒家正是在这一种规定上,把人性作为善德根据的。

孔子的"性相近"说虽未明指人有共同的善性,但从他对"仁""孝"等道德的普遍性的论述来看,他其实也认为人的本性在道德上相近。例如,他说人和犬马对父母皆能有"养",在此点上不能说明人与动物有别,区别在于人对父母不但能养而且有"敬"之德,犬马等动物则无。这就把善德视为人与动物相异的本性。孟子首倡人性善之说,明确认为仁义礼智这些善德,根源于人的本性、本心。他说:恻隐之心、羞恶之心、恭敬之心、是非之心,分别是仁、义、礼、智之"端",是"人皆有之""我固有之""非由外铄"的善性。他又说仁义是人"不学而能""不虑而知"的"良知""良能"。正由于他把人之本性规定为善

的，所以人心就是道德价值的根据，"仁义礼智根于心"（《孟子·尽心上》）。

荀子认为作为自然本能的人性是恶（好利多欲）。然而，就人与动物区别这一点而言，人人也都有为善之可能，"涂之人也，皆有可以知仁义法正之质，皆有可以能仁义法正之具"（《荀子·性恶》）。这里所谓"质""具"，若就荀子对性的规定而言，不是人性，然而若按孟子对性的解说来看，实质上也属于善"端"之类。也就是说，人性中共同具有形成善德价值的可能性依据。不然，荀子主张的"其善者伪也"（《荀子·性恶》）也就失去了任何依据。

董仲舒按照孟、荀二人的思路进行折中，提出了"天生民，性有善质，而未能善"（《春秋繁露·深察名号》）的命题，意谓人性中有善的要素，但不完全是善，因为也有恶的要素。他比喻说："性比于禾，善比于米。米出禾中，而禾未可全为米也；善在性中，而性未可全为善也。"（《春秋繁露·深察名号》）虽则"性未全善"，但"善在性中""米出禾中"，已明确表示人性中包含着善德价值的根据。

宋明儒学中程朱一派，将人性分为受于天理的天地之性和禀于气的气质之性。天地之性（或义理之性）纯善，乃根源于天；而气质之性则有善有恶，"禀气之清者，为圣为贤"（《朱子语类》卷四）。善德价值的部分根据仍在人性之中，另一部分根据则在"天理"。这是一种价值的二元根据论。

至于陆王一派，则主要以人性、人心作为善德根据。陆九渊视心、性、理为一物，仁义礼智"四端""即是本心"，其实也是人的本性。王守仁承其说，进而把仁义礼智等"善端"说成人的"良知"。他说："知是心之本体，心自然会知，见父自然知孝，见兄自然知弟，见孺子入井自然知恻隐。此便是良知，不假外求。"（《传习录》）心之本体是性，"至善者，性也。性元无一毫之恶，故曰至善"（《传习录》）也是以人性作为善德价值的根据。

道德既然根源于人性，那么实现道德自觉的基础就在于人性自觉。

孟子特别强调"知人性"对道德自觉的意义。他说，虽然"善端"是天生于人心的，但人们如果不去认识它、探索它，"善端"就会遗失。孟子把"善端"的遗失称为"放心"。他说："人有鸡犬放，则知求之；有放心而不知求。"（《孟子·告子上》）从而认为自己不具备从善的条件，不能从善，这是自暴自弃。因此，他要求人们"求放心"，在"求放心"的基础上进而做到"尽心"。他说："尽其心者，知其性也；知其性，则知天矣"（《孟子·尽心上》）。通过"尽心"认识人性善，保持人性善，懂得"无恻隐之心，非人也；无羞恶之心，非人也；无辞让之心，非人也；无是非之心，非人也"（《孟子·公孙丑上》），懂得道德是人与动物区别的标志，违反道德就是"丧失人性"。"人之异于禽兽者几希"，这样就会自觉地扩充"善端"、培养善德，将人与动物区别开来，并且进而由"知性"而"知天"，认识人的善性源于天，就会着力于道德的超越性，达到高度的道德自觉。

三 道德是"人为贵"的标志，"知自贵"是道德价值自觉的主体

儒家把人性作为道德的根据，视道德为人性所固有，结果就使道德成了人之为人的标志，人成为道德的主体。所谓"仁也者，人也"（《孟子·尽心下》），"人者，仁也"（《中庸》）。于是，人的价值在于人有道德，就成为儒家哲学最基本的观点。孔子说，人和犬马对其父母"皆能有养"，在这一点上不能说明二者有别；区别在于，人对父母不但有"养"之能，而且有"敬"之德，这"敬"之德，正是动物所不具备的。他还说："民之于仁也，甚于水火。"（《论语·卫灵公》）仁是普通老百姓都需要的。孟承孔说，以为"理义"是人的共同本性，也是人与动物区别的标志，"心之所同然者何也？谓理也，义也。圣人先得我心之所同然耳"（《孟子·告子上》）。"理义"即道德原则。荀子明确指出，人的价值在于道德，他说："水火有气而无生，草木有生而无知，禽兽有

知而无义，人有气有生有知，亦且有义，故最为天下贵也。"（《荀子·王制》）又说："夫禽兽有父子而无父子之亲，有牝牡而无男女之别，故人道莫不有辨。辨莫大于分，分莫大于礼。"（《荀子·非相》）"义""礼"，都是道德规范，是"人之所以为人""人最为天下贵"的标志。

汉代董仲舒论人之价值，坚持了儒家的基本思想，但谈得更为具体，他说："人受命于天，固超然异于群生，入有父子兄弟之亲，出有君臣上下之谊，会聚相遇，则有耆老长幼之施，灿然有文以相接，欢然有恩以相爱，此人之所以贵也。生五谷以食之，桑麻以衣之，六畜以养之，服牛乘马，圈豹槛虎，是其得天之灵，贵于物也。故孔子曰：'天地之性人为贵'。"（《举贤良对策三》）这里不但认为人以"德"为贵，而且认为人以"灵"为贵，从德、智两方面肯定了人的价值。宋代理学大师朱熹则直接把人之"灵"解释为道德理性，与董仲舒以"服牛乘马，圈豹槛虎"为"灵"有所不同。他说："天之生物，有血气知觉者，人兽是也，有无血气知觉而但有生气者，草木是也，有生气已绝而但有形质臭味者，枯槁是也。是虽其分之殊，而其理则未尝不同，但以其分之殊，则其理之在是者不能不异。故人为最灵，而备有五常之性，禽兽则昏而不能备，草木枯槁则又并与其知觉者而亡焉。"（《文集》卷五九《答余方叔》）他以形质、生气、血气知觉、五常之性为特征区分物类，认为人具备五常之性，所以最灵。"五常"即仁义礼智信，朱熹认为它是人的价值标志。直到明末清初的王夫之，仍然坚持这看法，他针对某些儒者认为动物也有仁义道德的观点，特别指出道德是人所特有的。他说，虎狼之父子、蚁蜂之君臣，"成甚伦理"，"彻底显出诚仁、诚知、诚勇，以行乎亲、义、敬、别、信之中，而彻乎食色之内，经纬则备，中心不贰，方是人所以异于禽兽"（《读四书大全说》卷一〇）。

可见，在儒家看来，仁义礼智信等道德不但是人异于物的所在，而且也是"人贵"的标志。当人们认识到"天地之性人为贵"，而道德则是人贵于物的重要标志时，人就会自尊；人自知其自尊；就会自觉地体现道德。梁启超《新民说》云："自尊所以尊人道。"

四 道德是一切价值的统帅，"义而后取"是道德价值自觉的关键

儒家认为人的价值取向是多维的，作为人追求对象的价值是多方面的。然而在人所追求的价值体系之中，仁义道德是最高的价值，是其他一切价值的主导，对一切价值的实现都有统率的功用和意义。

在孔子的价值序列中，"义以为上"——道德价值是高于一切的。道德高于生产：樊迟请学稼，子曰："小人哉，樊须也！上好礼，则民莫敢不敬；上好义，则民莫敢不服；上好信，则民莫敢不用情。夫如是，则四方之民襁负其子而至矣，焉用稼？"（《论语·子路》）道德高于经济、军事："子贡问政。子曰：'足食，足兵，民信之矣。'子贡曰：'必不得已而去，于斯三者何先？'曰：'去兵。'子贡曰：'必不得已而去，于斯二者何先？'曰：'去食。自古皆有死，民无信不立。'"（《论语·颜渊》）道德高于利益："君子喻于义，小人喻于利"（《论语·里仁》），"君子怀德，小人怀土"（《论语·里仁》）。道德高于政法（行政、法律）："道之以政，齐之以刑，民免而无耻；道之以德，齐之以礼，有耻且格。"（《论语·为政》）道德高于知识："弟子，入则孝，出则悌，谨而信，泛爱众而亲仁。行有余力，则以学文。"（《论语·学而》）道德高于艺术：子曰："人而不仁，如乐何？"（《论语·八佾》）道德高于宗教："子曰：务民之义，敬鬼神而远之，可谓知矣。"（《论语·雍也》）

当然，这并不是说孔子完全否认生产、经济、利益、政法、军事、知识、艺术、宗教等价值，但却充分说明，儒家认为在整个价值体系里，仁义道德处于最高层次，居于至上的地位。

儒家不仅认为仁义道德处于最高层次，居于至上地位，而且认为处于至高无上地位的道德价值具有对其他价值的统帅作用。

（一）统帅认知价值

儒家认为仁义之德对人的认识和求知具有重要意义，道德是知识的

统帅，只有具备高尚的道德情操，才能取得知识，增进才学。《论语》记载子贡对孔子求知的评价时说："子禽问于子贡曰：'夫子至于是邦也，必闻其政，求之与？抑与之与？'子贡曰：'夫子温、良、恭、俭、让以得之。夫子之求之也，其诸异乎人之求之与？'"（《论语·学而》）意谓孔子靠道德情操的高尚才取得了知识。不但求知依赖于德，巩固知识也要靠德，孔子说："君子不重，则不威，学则不固。"（《论语·学而》）又说："知及之，仁不能守之，虽得之，必失之。"（《论语·卫灵公》）道德不但是致知的基本条件，而且儒家认为仁义道德本身就是知识、学问。"子夏曰：'贤贤易色；事父母，能竭其力；事君，能致其身；与朋友交，言而有信。虽曰未学，吾必谓之学矣。'"（《论语·学而》）修德即求学，好德即好学。用孔子的话说，就是"君子食无求饱，居无求安，敏于事而慎于言，就有道而正焉，可谓好学也已"（《论语·学而》）。朱熹说："学者须是革尽人欲，复尽天理，方始是学。"（《朱子语类》卷一三）这就把仁义道德促进认识的价值夸大到了取代认知价值的地步。

（二）统率审美价值

仁义道德所陶冶的精神境界，所锻铸的理想人格，所培养的品质情操，不但是善，而且是美。仁义道德有引起人们审美感受的功能。从孔子提出"里仁为美"的说法之后，历代儒家哲人都对儒家道德进行美化，并弘扬其审美价值以陶冶人心。孟子明确提出"理义"（仁义道德）是人"心之所同然者"，它具有"悦我心"的美感，如同美味之悦口、美色之悦目、美声之悦耳一样（《孟子·告子上》）。他还认为"乐"之美的本质正是从仁义道德中产生的，爱好仁义道德即可进入"足之蹈之手之舞之"的美的境界（《孟子·离娄上》）。至于具有高尚道德的人格，更有极大的审美愉快和极高的审美价值，即所谓"君子有三乐"（《孟子·尽心上》）；"仁义礼智根于心"则可以使人的形体"生色"、目光"了焉"（明亮）而表现出美，就是指此而言。孟子对道德人格审美价值的高扬，是儒家对仁义道德的审美价值评价的代表性言论。后来，董仲舒提出的"仁之美者在于天；天，仁也"（《春秋繁露·王道通三》），朱熹所谓君子之"极既定于内"，则其形于外者"灿然"，都是这种价值观的发展。

（三）统率政治价值

仁义道德对于治理国家、巩固政权、统治人民的价值功能，儒家学者们都予以高度的评价。他们着重从三个方面陈述道德价值在政治机制中的巨大作用。一是"尚贤"，即选择、培养、保护有仁义之德的统治者掌握政权。通过"上好礼则民莫敢不敬，上好义则民莫敢不服，上好信则民莫敢不用情"（《论语·子路》），"上好礼则民易使也"（《论语·宪问》）的表率、感召作用来实行统治。因为"君子之德风，小人之德草，草上之风必偃"（《论语·颜渊》），这是一条规律，所以"子（指当政者）欲善而民善矣"（《论语·颜渊》）。孔子对季氏说："政者，正也。子帅以正，孰敢不正？"（《论语·颜渊》）只要统治者有道德，道德的政治作用就可以发挥出来。二是"德政"，即把道德原则作为政治原则、治世政策，就能治国平天下，这就是孔子说的"为政以德，譬如北辰，居其所而众星共之"（《论语·为政》）。实行"德政"的具体内容，儒家讲得很多，孔子本人就提出过一些基本原则，后世儒者进一步承而继之，扩而充之。例如，"子曰：道千乘之国，敬事而信，节用而爱人，使民以时。"（《论语·学而》）又如，"子曰：能以礼让为国乎，何有？不能以礼让为国，如礼何？"（《论语·里仁》）又如，"子曰：尊五美，屏四恶，斯可以从政矣"（《论语·尧曰》）。孟子进而把用仁义治国的政治制度称为"仁政""王道"，主张"以德服人"。董仲舒则直接把道德原则说成政治原则，认为君仁臣忠、父慈子孝、夫义妇顺是"王道之三纲"，是封建政治最根本的原则。三是"教化"，即用仁义道德教育人民、引导人民、感化人民以取得维持政治统治的效果。儒家认为道德教化是"治民之本"，"教定则正矣"（《大戴礼记·王言》）。孔子说："道之以德，齐之以礼，有耻且格"（《论语·为政》）；"不教而杀谓之虐"（《论语·尧曰》）。孟子认为："善政不如善教之得民也。……善教得民心。"（《孟子·尽心上》）

通过这些途径，道德的政治价值就会充分体现出来，由此就能实现国家的强盛、政治的清明、社会的安定，此即所谓"恃德者昌"。儒家提出的修身—齐家—治国—平天下的修养程序，就是将道德价值扩充发展到政治价值的过程，充分强调了道德价值对政治生活的决定作用。

（四）统率社会价值

儒家不但认为道德可以"为政"，而且还认为仁义道德是维护人类社会的根据，是社会存在和发展的根本条件，具有极高的社会价值。荀子是提出这种观点的代表，他说："（人）力不若牛，走不若马，而牛马为用，何也？曰：人能群，彼不能群也。人何以能群？曰：分。分何以能行？曰：义。"（《荀子·王制》）就是说，人之所以异于禽兽，并能役使其他动物，原因在于人能组成社会（"能群"）。人之所以能组成社会，原因在于人能以礼划分社会等级，这种等级制之所以能够实行和保持，其原因是人有仁义道德。在荀子看来，伦理道德（礼义）是人形成异于动物、战胜自然的社会组织的根据。道德的社会价值不是很明显地揭示出来了吗？

总之，儒家认为道德在人类社会生活中起着决定性的作用，在人所追求的价值系统中，作为道德价值的"善"是统摄和支配其他价值的统帅。所谓"义重于利""德高于力""学以成德""诗以言志""文以载道""技以扬善""智知善恶""史寓褒贬"等观念，就是儒家关于善德价值支配各种文化价值的精练表述。因此，要提高人们的道德自觉，就必须引导人们确立"义而后取"之价值选择原则，正确处理道德价值与其他价值的关系。而这一价值选择原则的实质就是以是否符合道德为其他价值的取舍标准，其宗旨则在于以价值选择（"取"）维护道德价值的至上性。儒家认为，在现实生活中，坚守"义而后取"是道德价值自觉的关键。孔子提倡"杀身成仁",孟子主张"舍生取义",就是"义然后取"这一原则的贯彻。

综上所述,儒家的道德价值自觉论,其内容要旨可以概括为以天佑德、以性生德、以人立德、以取守德。若进而分析,则可发现这种道德价值自觉论体现了三个特征。

一曰天道与人道合一。儒家认为宇宙本体与人类本性是相统一、相融通的,而道德价值即统一的枢纽和融通的中介。孟子云:"尽其心者,知其性也;知其性,则知天矣"(《孟子·尽心上》),天和性统一于"人心"。《中庸》云:"天命之谓性,率性之谓道,修道之谓教",天和性统一于"人道"。《周易·系辞》云:"一阴一阳之谓道,继之者善也,成之者性也。"道和性统一于"善"。程颢云:"心即性也,在天为命,在人为性,论其所主为心,其实只是一个道。"(《二程遗书》卷一八)天和人统一于"道"。而"心"和"道"的内容即仁义礼智等道德价值。这样,善德价值就成了"天人合一"的枢纽。既然道德来源于、根据于宇宙本体和人性,所以具有必然性、绝对性,是只能遵循、不能违背的律令。

二曰实然与应然贯通。儒家认为,道德既是人异于物——"人性"的实然本质,也是人贵于物——"人贵"的应然标志。在道德上,人的事实存在与价值存在相贯通。在天地生物中,人是异于动物的事实存在,所以为人;人又是超越动物的价值存在,所以高贵。所以,道德自觉就成为人认识实然之性和体现应然之贵的贯通。人自知其异于动物,贵于动物,就会具有超越意识,就会自尊;人自知其自尊,就会自觉。因为道德超越了功利,所以高尚,当人自知其"高贵",有了自尊心,方能趋"高尚",达"自觉"。

三曰本体与主体互化。在儒家看来,道德既是天道、天理的内容(本体),又是人固有的属性(主体),而道德的实现既依赖于宇宙法则(本体)的贯彻,又依靠于人的修养和选择(主体)。于是,儒家所追求的道德自觉就成为本体主体化、主体本体化二者相统一的过程。

由于这些内涵和特征，就使儒家的道德自觉论在现实中发挥了比通过神灵启示以实现自觉的道德神启论和通过知识传授以实现自觉的道德认知论更有效的功能。它所蕴含的智慧对于当今社会的道德建设和道德修养，仍然具有其可资借鉴的重大意义。

（载《孔子研究》2012 年第 5 期）

龙文化的价值隐喻和精神象征

龙是中华民族的原始图腾和象征符号。在龙文化中蕴含着中华民族、中华文化的许多密码，价值意蕴和精神内涵两大方面就是龙文化的重要内容。由于龙是中华文化的象征符号，它既不是实际物体，也不是观念体系。所以，龙文化中的价值意蕴和精神内涵是以隐喻和象征的形式表达的。这是龙文化与其他实物文化和观念文化不同的突出特征。

一 龙的价值隐喻

价值意蕴指的是价值意识、价值观念。龙文化中包含着中华民族价值意识和价值观念的诸多基因。成语"龙凤呈祥"就是对龙凤文化价值含义的概括表达。"龙凤呈祥"语出《孔丛子·上·记问》："天子布德，将致太平，则麟凤龟龙先为之祥。"意谓龙凤龟麟等神异之物，是祥瑞吉庆的象征。后来人们用龙凤呈祥表示某种事物或情状令人有吉利喜庆的感觉。吉利喜庆感觉就是价值意识，凡是有价值之物必然会给人带来吉利喜庆。那么，龙作为一种形象如何表达价值意识呢？它表达价值意识的方式是隐喻。就是说中华民族常用龙暗喻、暗示某种价值。这种隐喻式的心理行为、语言行为和文化行为，是龙表达价值的基本方式。龙凤所呈的"祥"——价值都是通过隐喻表达的。龙隐喻着什么价值呢？

（一）形胜的地域和奇异的自然景观价值

如人们常用"龙盘虎踞"或"虎踞龙盘"等语，隐喻蜿蜒起伏、气象雄壮、奔放崔嵬的山势和地形。特别是多用以喻指南京。晋张勃《吴录》中载:"刘备曾使诸葛亮至京,因睹秣陵山阜,乃叹曰:钟山龙盘,石城虎踞,帝王之宅也。"(《太平御览》卷一五六)毛泽东诗云:"虎踞龙盘今胜昔,天翻地覆慨而慷。"也用"虎踞龙盘"比喻南京形势。除喻指南京外,也有以"龙盘虎踞"形容骊山形势的,如唐许浑《途经秦始皇墓》诗云:"龙盘虎踞树层层,势入浮云亦是崩。"此外还有"龙泉""龙潭""龙岩""龙洞"等隐喻,指称奇异、美妙的自然景物。

(二) 尊贵的社会地位价值

例如"鼎成龙去"的传说标志人文始祖轩辕黄帝曾乘龙飞升。《史记·封禅书》:"黄帝采首山铜,铸鼎于荆山下。鼎既成,有龙垂胡髯下迎黄帝。黄帝上骑,群臣后宫从上者七十余人,龙乃上去。"后来"鼎成龙去"也喻指帝王去世。而"飞龙在天"则比喻帝王在位。《易·乾》:"九五,飞龙在天,利见大人。"孔颖达疏:"谓有圣德之人得居王位。""凤附龙攀"比喻依附高贵社会地位的人,也比喻依附帝王权贵建功立业。汉扬雄《法言·渊骞》:"攀龙鳞,附凤翼。"此外"真龙天子""龙位""龙庭"等词都表示帝王及其权位。而皇帝的容颜称"龙颜",皇帝的鼻子叫"龙准"。

(三) 杰出人物的价值

春秋末年,人们开始把有才能、有本领的人比作龙。例如,孔子就曾经把老子比作龙。战国末年,人们把秦始皇称为"祖龙"。封建时代,皇帝自命为真龙天子,将龙崇拜的这种文化含义窃为己有。现在,中国人自称"龙的传人"。成语中有很多用龙隐喻杰出人物。例如,用"人中之龙"比喻人中豪杰。用"龙飞凤翔"隐喻圣人或英雄、豪杰兴起。用"龙驹凤雏"隐喻英俊而有才华的少年。《晋书·陆云传》:陆云六岁能属文,性清正,有才理。"幼时吴尚书广陵闵鸿见而奇之,曰:'此儿若非龙驹,当是凤雏。'"用"龙蟠凤逸"隐喻贤能之人的隐匿不仕。用

"云起龙骧"隐喻英雄豪杰乘时而起。用"藏龙卧虎"隐喻潜藏着的杰出人物。希望自己的子女能在学业和事业上有成就叫"望子成龙"。称自家才貌双全的女婿或誉称别人的女婿叫"乘龙佳婿"。

（四）珍美的物品价值

用"龙肝凤髓""龙肝凤脑""龙肝豹胎"喻指极难得的珍贵食品。用"烹龙炮凤"形容菜肴极为丰盛、珍奇。此外，灯有"龙灯"，船有"龙舟"，虾有"龙虾"，昆虫有"龙虱"，草有"龙须草"，香有"龙涎香"，面有"龙须面"，茶有"龙井"，水果有"龙眼"，药有"龙脑""龙骨""龙胆"，帖有"龙凤帖"，榜有"龙虎榜"，饼有"龙凤饼"，刨床有"龙门刨"，产品有"龙头产品"。这些美名，都是珍美物品价值的隐喻。

（五）优秀的艺术价值

龙也隐喻多种艺术价值，如"画龙点睛"一语，原是形容梁代画家张僧繇作画的神妙，后多比喻写文章或讲话时，在关键处用几句话点明实质，使内容生动有力；"龙跳虎卧"比喻文笔纵逸雄劲，"矫若惊龙"形容笔势刚健或舞姿婀娜。至于以龙隐喻书法的艺术价值则更多了，形容书法飘逸精妙则谓之"龙飞凤舞"，形容书法之流动潇洒则曰"游云惊龙"，形容书法之气势奔放则谓之"龙蛇飞动"，等等。

（六）精神仪态的价值

龙作为人的精神仪态价值的隐喻，在龙文化中也非常丰富。"龙骧虎步""龙骧虎视"，或形容人的气概威武，或比喻人的雄才大略。"龙行虎步"原形容帝王的仪态非凡，后也形容将军的姿态英武。《东观汉记·光武皇帝纪》用"龙举云兴"形容东汉光武帝之风度威仪："帝既有仁圣之明，气势形体，天然之姿，固非人之敌，翕然龙举云兴，三雨而济，人无能名焉。"唐李郢《上裴晋公》诗用"龙马精神"比喻大臣老而弥坚的精神，"四朝忧国鬓如丝，龙马精神海鹤姿"。现在已通用于隐喻人的精神旺健。《北齐书·高昂传》以"龙眉豹颈"隐喻勇士高昂的威武形象："昂字敖曹，乾第三弟。幼稚时，便有壮气。长而倜傥，胆力过人，龙眉豹颈，姿体雄异。"《水浒传》用"龙眉凤目"描写人相貌的不同寻常："马上那人，生得龙眉凤目，皓齿朱唇，三牙掩口髭须，三十四五年纪。"此外，以"生龙活虎"形容人的活泼矫健、富有朝气，"龙腾虎跃"形容人的动作矫健，奋发有为。

（七）智慧谋略价值

称谋略为"龙韬虎略"或"龙韬豹略"，称有智慧的诸葛亮为"卧龙先生"。

由于这种隐喻，龙的形象就会引发、启示中华民族去感知、体验、想象、理解和谈论许多价值事物，从而成为中华民族表达自己价值意识的独特方式。

二　龙文化的精神象征

龙文化不但有价值意蕴而且有精神内涵。精神内涵就是指龙文化所体现、呈现的中华民族的精神追求和精神特质。而龙体现和呈现这种精神特质的方式不是叙述、论证，而是象征。象征就是借助于某一具体事物的外在形象，寄寓某种深邃的思想、观念，或表达某种富有特殊意义的事理、精神。象征的本体形象和象征的意义之间本没有必然联系，但通过对象征物形象特征的突出描绘，观赏者会产生由此及彼的联想，从而领悟到象征物所要表达的含义。龙作为中华民族的象征物，作为中华文化的象征符号，它表达着什么精神意蕴呢？

（一）和合精神

龙的起源说法不下十几种。比如蛇说、鱼说、恐龙说、鳄鱼说、闪电说、云说等。影响甚广的是综合说。综合说认为龙形象是由多种动物和合组成的。《尔雅翼》云：龙者鳞虫之长。王符言其形有九似：头似牛、角似鹿、眼似虾、耳似象、项似蛇、腹似蛇、鳞似鱼、爪似凤、掌似虎，是也。其背有八十一鳞，具九九阳数。其声如戛铜盘。口旁有须髯，颔下有明珠，喉下有逆鳞。头上有博山，又名尺木，龙无尺木不能升天。呵气成云，既能变水，又能变火。另一说是："嘴像马、眼像蟹、须像羊、角像鹿、耳像牛、鬃像狮、鳞像鲤、身像蛇、爪像鹰……"还有一说是："头似驼、眼似鬼、耳似牛、角似鹿、项似蛇、腹似蜃、鳞似鲤、爪似鹰、掌似虎。"台湾画师相传的画龙口诀，也相当有趣："一画鹿角二虾目、三画狗鼻四牛嘴、五画狮鬃六鱼鳞、七画蛇身八火炎，九画鸡脚画龙罢。"闻一多先生在《伏羲考》一文中说：龙这种图腾，"是只存在于图腾中而不存在于生物界中的一种虚拟的生物，因为它是由许多不同的图腾糅合成的一种综合体"；是"蛇图腾兼并与同化了许多弱小单位的结果"。具体而言，"龙的形象是在蛇的基础上，接受了兽类的四脚、马的头、鬣的尾、鹿的角、狗的爪、鱼的鳞和须"综合形成的。综合形成的龙图腾，深刻体现了中华民族崇尚和合的精神品格。

（二）刚健精神

《春秋玄命苞》曰："龙之言萌也，阴中之阳，故言龙举而云兴。"成语"龙精虎猛"比喻精力旺盛，斗志昂扬。中国的《易经》是一本奇书，六十四卦之首的"乾卦"，上卦下卦都是乾，所以卦形是"上乾下乾"。乾卦取象于龙，爻辞是以龙为象而展开的："初九：潜龙，勿用。九二：见龙在田，利见大人。九三：君子终日乾乾，夕惕若厉，无咎。九四：或跃在渊，无咎。九五：飞龙在天，利见大人。上九：亢龙，有悔。用九：见群龙无首，吉。"乾卦的六爻均为阳爻，是纯阳至刚的天的象征，其最基本的性质就是"健"。所谓"健"就是刚健有为，自强不息。《春秋玄命苞》曰："龙之言萌也，阴中之阳，故言龙举而云兴。"成语"龙精虎猛"比喻精力旺盛，斗志昂扬。可见，龙象征着中华民族的刚健精神。

（三）济世精神

龙在中国人的心目中有着极其崇高的地位，古时认为龙是天子的象征，是祥瑞之物，更是和风化雨的主宰。很早以来，人们都把龙当成了掌管雨水的水神。山西襄汾陶寺遗址出土了一种四千多年前的彩陶盘，盘底绘制了一条口衔麦穗的蟠龙。从中可以看出，当时这里的人们已经把龙当成了掌管雨水的水神，向它祈求风调雨顺、五谷丰登。这是迄今为止我们所发现的可以用来说明人们把龙当作水神进行崇拜的最早材料。《左传·昭公二十九年》曰："龙，水物也。"《淮南子·地形训》曰："土龙致雨。"高诱注曰："汤遭旱，作土龙以象龙。云从龙，故致雨也。"《说文解字》在解释"珑"字时说，"祷旱玉也，为龙文。从玉从龙"。这些材料充分说明，古人确实曾经把龙当作水神进行崇拜。我国民俗至今仍然把龙当作水神进行崇拜。民间传说，每逢农历二月初二，是天上主管云雨的龙王抬头的日子；从此以后，雨水会逐渐增多起来。因此，这天就叫"春龙节"。各地龙神庙都是用来祈雨的。民间流行这样两句谚语："二月二，龙抬头；大仓满，小仓流"；"金豆开花，龙王升天；兴云布雨，五谷丰登"。

（四）自由精神

《周易·乾卦》曰："云行雨施，品物流形，时乘六龙。"又《坤卦》曰："龙战于野，其血玄黄。"《管子》曰："龙被五色而游，故神。欲小则如蚕蠋，欲大则函天地，欲上则陵云，欲沉则伏泉。"又《文言》曰："云从龙。"又《说卦》曰："震为龙。"《易通卦验》曰："立夏，清风至，而龙升天。"《庄子》曰："孔子见老聃，归，三日不谈。弟子问曰：'夫子见老聃，亦得何规哉？'孔子曰：'吾乃今于是乎见龙，龙合而成体，散而成章，乘乎云气，养乎阴阳。余口张而不能嗋，予又何规老聃哉？'"《说文》曰："龙，鳞虫之长。能幽能明，能小能大，能短能长。

春分而登天，秋分而入渊。"《三国演义》第二十一回《曹孟德煮酒论英雄》有如下描述："随至小亭，已设樽俎：盘置青梅，一樽煮酒。二人对坐，开怀畅饮。酒至半酣，忽阴云漠漠，聚雨将至。从人遥指天外龙挂，操与玄德凭栏观之。操曰：'使君知龙之变化否？'玄德曰：'未知其详。'操曰：'龙能大能小，能升能隐；大则兴云吐雾，小则隐介藏形；升则飞腾于宇宙之间，隐则潜伏于波涛之内。方今春深，龙乘时变化，犹人得志而纵横四海。龙之为物，可比世之英雄。玄德久历四方，必知当世英雄。请试指言之。'"可大可小、可隐可现、能短能长、凌云沉泉、腾宇潜波，都是对龙的自由精神的生动描绘。

综上所述，可以看到，龙作为价值隐喻和精神象征，不但内涵丰富，而且意义重大。它所隐喻的形胜的自然价值、尊贵的社会价值、杰出人物的价值、珍美的物品价值、优秀的艺术价值、精神仪态的价值和智慧谋略的价值，它所象征的和合精神、刚健精神、济世精神、自由精神是龙文化的核心内容，是中华文化的宝贵的精神遗产，也是我们当今在建设核心价值体系和振兴中华民族精神中，应该进一步发掘、汲取的重要精神资源。其中蕴含的优秀精华，值得我们深刻认识，着力继承，大力弘扬。

（载《西北人文科学评论》第 5 卷，陕西人民出版社 2012 年版）

中国哲学普遍价值的
内涵及其意义

学术界普遍认为，哲学特别是西方哲学从19世纪末20世纪初以降发生了重大转向。这种转向的特征标志是什么？人们说法不一，或曰语言转向，或曰实践转向，或曰人文转向，或曰文化转向，或曰价值转向，或曰非实体转向，最近又有身体转向的说法。虽然表述方式不同，但都认为现代哲学已经超越了古代的本体论哲学和近代的认识论哲学。那么，进入21世纪以后，当代哲学又发生了什么变化呢？是继续处于上述转向的过程中呢？还是出现了新的动向？笔者认为，在全球化的时代背景下，哲学在继续探讨传统与现代关系问题的同时，又面临着如何处理人类与民族、全球与本土关系的新问题。就中国传统哲学而言，它的现代化转型和它的世界化进程交织并进。如果说它的现代转型过程从20世纪初期就开始了，那么它的世界化进程则是进入21世纪后才明确突现出来的新课题。这一重大课题包含两个层面的意义，一是以自身固有的特色（包括独特的本体意识、思维方式和价值观念）为世界文化的多元图景提供独特的智慧风采；二是以自己特殊性中蕴含的普遍性内容为普遍价值的构建提供可以共享的智慧资源。这就必须深入探索中国传统哲学中的普遍价值的内涵及其意义。

这里我以张载哲学为例，来分析中国传统哲学中的普遍价值的内涵。

一 普遍价值的最高标准——"通天下志"

普遍性与特殊性关系是辩证法的精髓，普遍性存在于特殊性之中

（但普遍性不等于特殊性），特殊性中包含着普遍性（但特殊性不能完全进入普遍性），普遍性与特殊性在一定条件下可以互相转化，这是普遍性与特殊性关系的基本原理。按照普遍性与特殊性关系的方法论来分析普遍价值，普遍价值并不是一个难以说明的概念。所谓普遍价值就是人类共同认可、共同追求的价值，它并不是某种特殊文化价值（例如西方文化价值）的普世化，也不是毫无实际内容的空洞抽象。而是贯通于不同民族、不同国家的特殊价值之中的共同性价值，是异中之同、殊中之共，即特殊性中包含的普遍性。普遍价值的主体不是某一个人，也不是某一民族和国家，而是人类，或曰"天下人"。张载对天理的规定体现了他对普遍价值标准的深刻理解。他说："所谓天理也者，能悦诸心，能通天下之志之理也。能使天下悦且通，则天下必归焉。"（《正蒙·诚明》）又云："一人私见固不足尽，至于众人之心同一则却是义理，总之则却是天。"[①] "悦天下心""通天下志""众心同一"正是普遍价值的本质特征。在张载看来，"天理"就是以"天下人"为主体的普遍价值。这里的关键问题不在于以"天理"为普遍价值是否正确，而在于他对普遍价值标准的规定。也就是说，在张载看来，凡能"悦天下心""通天下志"的价值就是普遍价值。这种思维方式无疑是十分深刻的，至今仍有其合理性内核。

二 普遍价值的形上根据——"万物一源"

张载认为普遍价值之所以可能，根源于人类的共同本性。他说：天地之性是人的共性，气质之性是人的殊性，而天地之性正是普遍价值的根据。"性者万物之一源，非有我之得私也。惟大人为能尽其道，是故立必俱立，知必周知，爱必兼爱，成不独成。"（《正蒙·诚明》）天地之性不是某一个体所独有的，是所有人的共同本源，而这就决定了人们不

[①] （宋）张载：《经学理窟》，载《张载集》，中华书局1978年版，第256页。

应该局限于仅以一己私意为取向的狭隘的价值视野，而应该具备关怀万物、关爱他人的宏大价值情怀，做到"立必俱立，知必周知，爱必兼爱，成不独成"（《正蒙·诚明》）。正由于天地之性是普遍性的，所以以此为形上前提，就会为普遍价值建立根据，所谓"至于命（'天命之谓性'——引者注），然后能成己成物，不失其道"（《正蒙·诚明》）。

三 普遍价值的核心内涵——"民胞物与"

以"天地之性"为根据，以"悦心通志"为标准的普遍价值，其核心内容是什么呢？就是"民胞物与"的崇高道德。张载云："乾称父，坤称母；予兹藐焉，乃混然中处。故天地之塞，吾其体；天地之帅，吾其性。民，吾同胞；物，吾与也。"（《正蒙·乾称》）既然人与我、物与人，都生在天地之间，都秉有天地之性，所以每个人都应该以万民为同胞，以万物为朋友。这种道德价值源于天地之性，又能"悦天下心""通天下志"，因此是普遍价值。

其实，张载所谓"民胞物与"就是人对人以及人对自然万物的关爱情怀。从人类文化史、哲学史来看，这种关爱情怀的确具有普世性。无论是基督教文化、儒家文化、道家文化，还是佛教文化，虽有其差异，但都把"爱"作为崇高的道德和善，西方基督教讲"博爱"，中国的儒家讲"仁爱"，墨家讲"兼爱"，道家老子说"一曰慈，二曰俭，三曰不敢为天下先"。"慈"也是爱，佛家讲"慈悲"，大慈大悲也是爱，有爱才有慈悲，因为它认为人生是苦的，所以爱人是一种慈悲性的爱。虽然在不同文化中爱是有差异的，但异中有同。各种文化之所以都提倡和弘扬爱的情感、爱的道德，是因为人类本身是一个群体性存在，是一个"类"的存在，人和人之间必须有一种相爱的情感、相爱的纽带，才能维系群体、维系人类的生存，人类才能存在于这个世界上。普遍价值之内涵应从这里深入下去、扩展开来才能理解。因此，就中国文化而言，儒家的仁爱就是蕴含普世性的价值观念。就具体内容来说，儒家有两个道德价值命题可以作为普世伦理。一个就是孔子提出的"己所不欲，勿施于人"，这是现在世界上很多政治家、哲学家、文化人都认同的观念。第二个就是张载提出的重要命题"民胞物与"。这个命题不仅讲了人和人之间应该建立的友爱关系（"同胞"），而且还讲了人与物之间应该建立的和谐关系（"朋友"），体现了人类当今应该树立的共同的价值观念。因此可以说，"仁"是儒家的爱，"慈"是道家的爱，"悲"是佛家的爱，"兼爱"是墨家的爱，"博爱"是基督教的爱，爱是普世伦理，是中西文化的重要共识。

四 普遍价值的理想境界——"太和之道"

张载《正蒙》以《太和》篇冠首。"太和"就是至高无上的和谐。"太和"既是张载对太虚本体状态的描绘，又是张载追求的最高理想境界。因此他说"太和所谓道"（《正蒙·太和》）。"太和"一词出于《周易·彖传》对乾卦功能的赞颂，本义就含有深厚的价值意蕴。张载称"太和"为"道"就从本体和价值的统一上赋予了"太和"以崇高的地位。他说："语道者知此，谓之知道；学《易》者见此，谓之见《易》。"这种至高无上的和谐，就是张载追求的普遍价值的理想境界。在张载看来世间的万事万物虽然存在着种种矛盾、对立和斗争，但终归会化解矛盾，实现和谐。"有象斯有对，对必反其为；有反斯有仇，仇必和而解。"（《正蒙·太和》）

五 实现普遍价值的自觉精神——"大心体物"

对于实现普遍价值，张载也有所思考，他认为首先要有"大心体物"的自觉精神。"大其心，则能体天下之物，物有未体，则心为有外。世人之心，止于见闻之狭；圣人尽性，不以见闻梏其心，其视天下无一物非我，孟子谓尽心则知性知天以此。天大无外，故有外之心，不足以合天心。"(《正蒙·大心》)就是说要超越个体狭隘的见闻和私心,宏大其心境体察万物、承载万物、关爱万物,与天心合一,就能达到"体物未尝遗"(《正蒙·诚明》),"视天下无一物非我"的普遍价值境界。

由此可见,张载的哲学蕴含着深刻的普遍价值意识,他以人性与天性、人道与天道、人心与天心合一的运思方式,论述了普遍价值的可能性和现实性。而张载的这些意识和观念在中国传统哲学中并非绝无仅有,它广泛存在于中国传统哲学之中。例如,孔子以人"性相近",论证"仁者爱人","己所不欲,勿施于人"的可能性;孟子以"恻隐之心,人皆有之;羞恶之心,人皆有之;恭敬之心,人皆有之;是非之心,人皆有之",论证"仁义礼智"价值的普遍性;墨子以"天志"为根据,论证"兼爱"道德的普适性;老子以"道"本体推论"自然—无为"的普遍意义,与张载从"性者万物之一源"出发,论证"立必俱立,知必周知,爱必兼爱,成不独成"的应然原则有共同的运思方式。王夫之提出的"人欲之各得,即天理之大同;天理之大同,无人欲之或异"(《读四书大全说》卷四),"天下之公欲即理也"(《张子正蒙注》卷四)等重大命题中以"公欲为天理"的思想,与张载以"通天下志为天理"(《正蒙·诚明》)的观念,都是对普遍价值("天理")的标准("公欲""通志")的深刻洞察。

中国哲学中的普遍性价值意识,是中华民族精神慧命中的思想光辉。重新发掘它的内涵,不但对于我们重新认识中国传统哲学的特点有重大意义,而且对于我们构筑当今时代的普遍价值有重大功能。因为这些思想观念可以为人类构建普遍价值提供宝贵的智能资源,犹如西方哲学和其他东方哲学也会提供这种宝贵资源一样。从哲学转向的视角来考察,在以民族性价值的保持来维护中国哲学智慧特色的同时,更着力以普遍价值的开拓将本土原生智慧纳入世界哲学洪流,必然是中国传统哲学的生存之路和价值之维。

(载《第十三届国际场有哲学学术研讨会论文集》,香港圆玄学院出版社2012年版)

2013年

苏武精神研究的新开拓
——评《苏武精神与儒家伦理》

看到苏振武教授的新作《苏武精神与儒家伦理》在人民出版社出版，不禁万分欣喜。苏武是中国西汉时期杰出的外交家和民族英雄，他出使匈奴羁留十九年持汉节不变的感人事迹千百年来广为流传，脍炙人口。记得少年时看秦腔《苏武牧羊》，那激越昂扬的演唱吸引着我，使我十分欣赏苏武的高尚人格；青年时读温庭筠《苏武庙》诗，那悲壮沉郁的深情感动着我，使我非常崇敬苏武的爱国精神；壮年后看班固《汉书·苏武传》，那浩然正气和铮铮风骨震撼着我，使我更加看重苏武精神在当今社会的现实功能。不容否认，在中华两千多年的历史上，苏武精神如洪亮的号角，一直感召、激励着中华民族的爱国深情；如雄伟的丰碑，永远铭刻、赞颂着中华民族的道德良知！但是，对于苏武精神的学术研究，长期以来却付之阙如，乏善可陈。譬如苏武精神是如何形成的，其与儒家伦理之间具有怎样的关系？苏武文化为什么经久不衰，苏武精神和苏武文化之间又是一种什么样的关系？如何将彰显苏武精神与提升民族精神有机融合，使其成为增强国家文化软实力的积极要素？等等，都还没有从学理的层面予以系统而深入的分析。在这种情况下，作为国内首部从哲学、文化学和伦理学角度对苏武精神进行系统研究的专著——《苏武精神与儒家伦理》的问世，无疑具有填补空白、开拓新域的重要学术价值。

初读此书，觉得它具有四个鲜明特色。一是史论结合，古今贯通。该书首先回顾了苏武生平与所处时代，揭示了苏武精神形成的历史背景；接着论述了先秦至汉初儒家人学之发展与儒家国格伦理的形成，奠定了探索苏武精神成因的理论基础。然后从儒家人格伦理与苏武崇高人格、儒家国格伦理与苏武爱国精神两个方面论述了儒家伦理与苏武精神的辩证关系。进而又通过苏武文化的历史传播阐述了苏武精神的历史影响，分析了当前发掘和弘扬苏武精神对于清醒民族道德良知、构建社会主义核心价值体系的现实意义。

二是主旨宏远，观点独到。作者从道德价值诉求上把儒家伦理分为国格伦理和人格伦理两个层面，认为国格伦理的价值指向是爱国主义和民族气节，人格伦理的价值指向是崇高人格和个人志节。作者认为儒家人格伦理形成于先秦时期，集中体现在孔子的"杀身成仁"和孟子的"舍生取义"等观念中，正是受这种伦理的道德熏陶与精神支撑，苏武在羁留匈奴十九年间才能置生死于度外，视富贵如浮云，忍饥寒，冒风险，展现出大无畏的英雄气概，成就其伟大的人格志节；认为儒家国格伦理形成于西汉前期，集中体现在董仲舒的"无辱宗庙，无羞社稷"，司马迁的"忠臣不先身而后君"，"正道直行，竭忠尽智以事其君"，"先国家之急而后私仇"等观点中，正是受这些国格伦理思想的道德熏陶与精神支撑，才坚定了苏武对西汉王朝和大汉民族的无比忠心，成就了在大节道义上的爱国精神和民族气节。从而阐明了这样的主旨：儒家伦理铸就苏武精神，苏武以自己的人生践行、彰显和提升了儒家伦理，苏武文化的传播就是弘扬儒家优秀文化。这些观点，既是对苏武精神准确的文化把握，也是对儒家伦理与苏武精神内在关系的独到阐发。

三是方法辩证，资料翔实。作为一部研究历史人物的著作，该书在方法论上首先坚持了知人论世的唯物史观，在历史背景、社会环境的基础上认识和分析人物。同时自觉运用辩证的思维方法，分析了儒家伦理与苏武精神的内在关系，认为儒家伦理铸就苏武精神，苏武精神彰显和提升了儒家伦理。分析了苏武精神内在构成的两个方面之间的关系，认为苏武的民族气节和个人志节，即爱国精神和崇高人格这两个方面是相辅相成的，民族气节决定着个人志节，个人志节实现着民族气节，没有爱国精神和民族气节这个根本的方面，就谈不上人格和志节；反之，没有崇高人格和个人志节，也难以体现爱国精神和民族气节，从而既保证了观点的全面性，也强化了见解的深刻性。为撰写此书，作者查阅了许多历史文献，做了大量的走访和资料搜集，从而使理论探索和学术观点都具有翔实的史料根据。

四是语言晓畅，感情深沉。在文字表达方面，该书也很有特色，无论是事实叙述还是理论阐发，都晓畅通达，清晰明确，具有很强的可读性。特别可贵的是，作者是苏武的直系后裔，祖祖辈辈为苏武扫墓两千多年，目前还担任世界苏姓宗亲总会中国大陆联络处主任和《世苏武功通讯》的主编，这种血缘上的关系和工作上的缘由，使作者在研究中和写作时，始终怀着对先祖的崇高敬意和深厚情感，思绪传神，笔端生情，将这种敬意和情感蕴含于著述之中，流动于行文之内，从而使该书具有一种独特的感染力。

冰冻三尺，非一日之寒。该书中鲜明特色的呈现和创新观点的提出，亦非一日之功，是作者长期学术积累的成果。我和苏振武教授相识有年，深知系统深入地研究和弘扬苏武精神，切实有效地发掘和保护苏武文化，一直是他的人生愿望，并为此付出了辛勤的汗水。他于2008年6月筹划并主持召开了由咸阳市人民政府、宝鸡文理学院和世界苏姓宗亲总会联合主办的"首届苏武精神与现代社会国际学术研讨会"，对推动苏武研究具有划时代的意义；于2009年2月主编出版了《汉之魂：苏武精神及其当代价值》论文集（人民出版社），奉献了首部对苏武精神进行学术研究的著述；于2011年获批成立了"陕西省哲学学会苏武文化研究专业委员会"，并担任会长，打造了首个苏武研究的学术平台；于2010年以"苏武精神研究"为题申报了陕西省社会科学基金项目并获得通过，首次使苏武研究进入政府社会科学规划视域；于2011年应邀撰写了《苏武世家》一书（三秦出版社出版），首次研究苏武家世的源流变迁；他还撰写并发表了数篇研究苏武的学术论文，在他主持的几次学术论坛上就苏武精神和苏武文化进行了学术发言；如今，他又以苏武文化研究会为平台，启动从"苏武精神学术研究""苏武文化文献研究""苏武世家人物研究""苏武文化遗产保护与发掘"等方面的系列研究……所有这些，无不体现出苏振武教授对苏武研究的执着精神、不懈努力和积极成果。

我相信，作为首部对苏武精神进行系统研究的著作，《苏武精神与儒家伦理》的问世，不仅具有开拓苏武研究新领域的学术价值，而且对于弘扬爱国主义、振奋民族精神、建设社会主义核心价值体系，也会发挥积极而重要的作用。

[载《宝鸡文理学院学报》（社会科学版）2013年第1期]

苏武精神与关学精神

文化的本质是"人化",文化的功能是"化人"。一个历史人物,当他的事迹和精神,经过后人的纪念和弘扬而成为一种文化的时候,就会发生广泛而深远的历史影响,就会发挥潜移默化的"化人"功能。西汉前期杰出的外交家、爱国主义者、名垂千古的民族英雄苏武(公元前140—前60,字子卿,陕西长安杜陵人),他的英勇事迹、崇高人格和坚贞品德经过长期的历史积淀和主体弘扬,已经凝结成中华文化的优秀成果——苏武文化。苏武文化的灵魂是苏武精神,苏武精神的本质是爱国主义精神。然而,苏武的爱国主义精神却有自己的鲜明特色。它是由使命意识、人格气节、道德情怀构成的爱国主义精神。其中,勇于担当、不辱所负的使命意识是其标志;坚贞不屈、大义凛然的人格气节是其灵魂;公而忘私、忠心不渝的道德情怀是其根基。可以说,"勇""贞""忠"三位一体构成了苏武爱国精神的内容。

苏武精神与苏武文化孕育于关中,当它形成以后,又对关中文化和关中人格产生了深刻影响("化人")。北宋以降由张载创立并流行于关中的关学学派,其重要特色之一就是重道德礼教、重人格气节。而这一特点与苏武精神的长期熏陶和苏武文化的长期培育,有着密切关系。苏武精神与苏武文化对关学学者的影响主要包括三个方面。

一 勇于担当的使命意识

曾子曰:"可以托六尺之孤,可以寄百里之命,临大节而不可夺也。

君子人与？君子人也！"又云："士不可以不弘毅，任重而道远。仁以为己任，不亦重乎？死而后已，不亦远乎？"（《论语·泰伯》）意思是说：一个君子、一个士人，应该具有宽宏坚忍、临危不惧的崇高品质，承担重任，肩负使命，勇往直前。充分表达了儒家所赞美的勇于担当的使命意识。而勇于担当、忠于任务、不辱使命、恪尽职守正是苏武精神的首要标志。据《汉书·苏武传》载：苏武出使匈奴是在汉与胡连年战争期间，武帝为了赢得和平，维护国家安全，"乃遣武以中郎将使持节送匈奴使留在汉者，因厚赂单于，答其善意"。苏武承担的是维护和平、保卫国家安全的崇高使命。为了实现这一使命，他严守职责，不干预匈奴内部事务；在面临羞辱时，面对迫降时，几次欲以自杀来维护国格的尊严、保持使命的崇高。他说"屈节辱命，虽生，何面目以归汉？"（《汉书·苏武传》）在他流放于北海牧羊期间，他总是手持象征使命的符节，行止起卧，从不离身，致使符节上的牦牛尾全部脱落，所谓"杖汉节牧羊，卧起操持，节旄尽落"。回国后，朝廷大臣称赞其"奉使不辱命"（《汉书·苏武传》）。

苏武这种勇于担当、忠于职守的使命意识，对后代关中学人影响极为深远。关学创始人、宋明理学奠基人张载就是一个有自觉的学术使命意识的哲学家，他把自己哲学的学术使命高度概括为"为天地立心，为生民立命，为往圣继绝学，为万世开太平"。意思是说：他要以哲学揭示宇宙的本质和规律并进而确立人在天地间的主体地位（人是天地之心）；以哲学来探索人生的价值理想和精神家园，从而为广大民众确立一个安身立命之所；以哲学来继承和发扬面临危机的圣贤之学，承续中华文化的优秀传统；以哲学为人们设计一个万世太平、永远美好的理想社会。张载将自己的一生奉献给了这一崇高的使命。关学的后继者们，大都以这种使命意识来自励，无论他们在哲学思想上持什么观点，他们对自己的学术使命都有高度自觉。张载的弟子吕大临说他要"以教化人才、变化风俗为己任"。明代关中硕儒吕柟说他倡明圣学的意义在于"上对天心""下通民志"，为人间开"太平之业"。

生活于明万历年间被时人誉为"关西夫子"的著名理学家冯从吾，是关中书院的创立者，主持关中书院20余年，培养弟子5000余人。他办学讲学的目的非常明确，"开天辟地在此讲学，旋转坤乾在此讲学，致君泽民在此讲学，扶正变邪在此讲学"，"千讲万讲，不过要大家做好人，存好心，行好事"。明末清初被尊为"海内三大名儒"之一的李二曲，终生以"明学术，正人心"为自己的崇高使命，他说："大丈夫无心于斯世则已。苟有心斯世，须从大根本、大肯綮处下手，则事半而功倍，不劳而易举。夫天下之大根本莫过于人心，天下之大肯綮莫过于提醒天下人之心，然于醒人心，惟在明学术。此在今日为匡时第一要务。"他认为，学术乃"生人之命脉，宇宙之元气，不可一日息焉者也"。正由于有这种自觉的使命感和责任感，关学学者们大都把个人的学术活动与国运民命、匡时救世紧密结合起来，以"主持名教，担当世道"（李二曲语）为己任，使自己既成为学者，也成为社会历史价值的承担者。当然，这些思想家、学问家所承担的使命，与苏武作为外交家所肩负的使命本身是有区别的，但就其都具有自觉使命意识和强烈的责任感，都具有勇敢坚毅的担当精神而言则是完全一致的，而且就历史继承而言，关学精神与苏武精神显然是一脉相承的。关学学者无疑是对苏武精神的继承和弘扬。

二 坚贞不屈的人格气节

在极端困难、极其艰苦的环境中保持自己的民族气节和人格操守，坚定不移、坚强不屈、坚贞不渝、毫不动摇，是苏武精神最可宝贵的核心。"富贵不能淫，威武不能屈，贫贱不能移"是对苏武坚贞精神的最好写照。

苏武在匈奴曾被多次迫降、诱降、劝降而意不为动，曾受饥寒交迫、贫病交加、风刀霜剑、冰天雪地的折磨而志不可摧。《汉书·苏武传》记载：他面对强暴威逼而"引刀自刺"；面对刀剑威胁而岿然"不动"；

面对富贵利诱而凛然"不应"。匈奴"幽武置大窖中,绝不饮食。天雨雪,武卧啮雪与旃毛并咽之,数日不死。匈奴以为神,乃徙武北海上无人处,使牧羝,羝乳乃得归"。"武既至海上,廪食不至,掘野鼠去草实而食之。杖汉节牧羊,卧起操持,节旄尽落。"苏武的民族、人格操守,被单于"壮其节",被时人赞为"义士",晚年被君主尊为"著节老臣"。

苏武的这种坚贞节操,也对关学学人影响深远。关学学者,大都治学与做人并重,努力把真理追求和人格追求相统一。他们不但在学术研究上,作出了杰出贡献;而且在砥砺节操、锻铸人格方面,为学人们树立了崇高的榜样。崇尚节操的精神也是由张载开风气之先的,张载中年时代,正是王安石任宰相行新法之际,对王安石的新法,张载在政治上是基本赞同的,但由于他是北方学者,在"南北异乡,用舍异道"的风气盛行之时,他又不能不同"旧党"多有联系,而与"新党""语多不合"。加之其弟张戬(当时任监察御史)与王安石矛盾尖锐,使张载深感不安,觉得"时已失,志难成"。为了不卷入新旧党派之争,他毅然托病辞职,"谒告西归",隐于"人不堪其忧"的穷乡僻壤,讲学著述为生,"处之益安",其高尚气节,为时人所称道。

明代的关学学者大多走的是因"学著"而后为"官",又因不愿与黑暗势力同流合污再"辞官"而为"学"的人生道路。吕柟(1479—1542年,字仲木,号泾野,高陵人)曾两度辞官还乡,杨爵一次辞官,一次被罢官,冯从吾曾三次辞官,一次被罢官。在关中书院讲学时,也始终坚持德教为先的原则,提出"讲学即讲德",制定《书院会约》,规定了各种礼仪,着力于培养学生具有"粹然之养,卓越之识,特然之节"的真人品。他说:"学者须是有一介不苟的节操,才得有万仞壁立的气象。"这种从因"学"而"官"到辞"官"为"学"的曲折道路,也是关学学者自觉保持崇高节操的突出表现。

明清之际的关学家们,在天崩地裂、朝廷更迭的历史风浪中,也表现了可歌可泣的民族气节和坚贞卓绝的人格精神。李因笃(1631—1692年,字天生、子德,号中南山人,富平人)深感亡国之痛,矢志反清复明。被诏举为官时，力辞不赴，以死抗拒，后被迫受命不到一月，即以母老无依为由上书37次，终被获准回家养母。李柏（1624—1694年，字雪木，眉县人）在改朝换代之后，隐居太白山中，躬耕田亩，攻读诗书，当朝廷由地方贡举他出仕时，断然拒绝。与黄宗羲、孙奇逢并称"三大儒"的李颙（1627—1705年，字中孚，号二曲，周至人），在极端艰难的环境中，自奋自立，"超然于高明广大之域""自拔于流俗之上"，安贫乐道，终生不仕，明亡之后，坚持强烈的民族气节不肯臣事清廷，与顾炎武交往论学，共图复明大计。康熙时，他被举荐为"博学鸿儒"，在官府的威逼利诱下，自称病笃，坚决不就任，甚至以死相抗，绝食六日。此后，屏居土室，反锁家门，拒不外出。康熙至陕时又欲召见，他以病恳辞不赴。

三 公而忘私的道德情怀

先秦时期的"士"有一显著的品德就是无"恒产"，而有"恒心"。所谓"恒心"就是超越一己利害之上的"公心"。具体而言，就是以国家、民族利益为重，个人私利服从国家公利，当国家利益与个人利益发生冲突时，为了维护国家民族的根本利益，心甘情愿、毫不犹豫地牺牲个人利益。这种公而忘私的情怀是苏武十分宝贵的道德品质，也是他勇于担当的使命意识和坚贞不屈的人格气节的道德基础。苏武在匈奴时，最难对待的劝降不是匈奴君臣，而是因战败投降匈奴的他的老朋友李陵。史载苏武出使匈奴的第二年，李陵投降匈奴，不敢访苏武。后来，单于派遣李陵去北海，为苏武安排了酒宴和歌舞，伺机劝降。李陵劝降的方式是：一方面以亲属的不幸遭遇来打动苏武心灵，另一方面以"人生无常"的消极悲观人生观来动摇苏武的信念。他向苏武介绍了苏武的兄弟自杀、老母亡故、妻子改嫁、儿女生死未卜等家人不幸的遭遇，并以说明人生无常，要苏武不必为执着于"信义"而自讨苦吃。对此，苏武却义正词严地说：为朝廷尽忠是臣子义不容辞的责任，"常愿肝脑涂地，今得杀身自效，虽蒙斧钺汤镬，诚甘乐之。臣事君，犹子事父也。子为父死，亡所恨。愿勿复再言"。在传统封建社会，君主是国家的代表，忠于君主与忠于国家往往具有内在的一致性。可见，苏武所表达的道德信念就是忠而为国、公而忘私。这种崇高的道德信念，在宋明时期的关学学者身上得到了新的阐释和弘扬。

张岱年先生曾云："以礼为教"是张载关学的重要特点，后来的关学后继者，"大多传衍了以礼为教的学风"。关学的"以礼为教"，约有二义：一是崇尚古代的礼制，二是重视道德的教化。关学创建者张载把"礼"和"德"贯通，由"崇礼"引申到"贵德"，并在"贵德"上将理论与实践贯通。张载一生关心国家前途和命运，少年时代为了保卫国家，他向邠人焦寅学习兵法，并曾想组织兵力对西夏作战，解除西北边患，21岁时上书延州知府范仲淹，提出"边议"九条。走上治学道路之后，他依然关心国家的军事、政治，不把"道学"与"政术"视为"二事"。在他38岁至50岁的十二年为政期间，"躬行礼教""敦本善俗"，建立了卓著的政绩。晚年回到故乡横渠镇著书讲学时期，一方面与弟子们读书论学、著书立说，另一方面仍联系实际、关心时政、体察民情，试验井田。更在理论上提出了自己的道德理想和精神境界。

后来关学学者多能继此大公无私的道德高风，明代吕柟、杨爵、冯从吾等人不但在学术上弘扬道德，倡"仁心""善心"之说，立"正己""正心"之本，而且身体力行，躬身践履，养成了高尚的道德品质。他们少年笃学，刻苦攻读，孜孜不倦，进德修业，志在圣贤。或以"文必载道，行必顾言"为准则（吕柟），或以"做天下第一等人，为天下第一等事"为鸿志（杨爵），或以"个个人心有仲尼"为箴言（冯从吾）。

入朝为官时，他们刚正不阿，忠肝义胆，不畏权贵，直言敢谏，"直声震天下"。吕柟先后因上疏武宗、世宗"亲政""兴礼""勤学"，几乎被权倾朝野的宦官刘瑾杀头，曾经被皇帝下狱、贬官。杨爵（1493—1549年，字伯修，号斛山，富平人）因上疏批评皇帝"任用非人，兴作未已，朝讲不亲，信用方术，阻抑言路"而被世宗两度入狱究治，在狱中数年，被毒打折磨得屡濒于死而素志不移，泰然自若，最终被削职为民。冯从吾（1556—1626年，字仲好、号少墟，长安人）任御史时，坚决与贪官污吏做斗争，冒死直谏指责神宗"朝政废弛"，两度被罢官，多次受宦官诬陷，而不改其节。在关中书院讲学时，也始终坚持德教为先的原则，提出"讲学即讲德"，制定《书院会约》，规定了各种礼仪。

任职地方时，他们勤政廉洁，不收贿赂，拒收馈赠，兴利除弊，秉公执法。如吕柟为解州判官时"善政犁然"；杨爵任河南监察御史时，反对朝廷横征暴敛；冯从吾在河南长芦负责监政时，严厉打击不法商贾及税吏。

无论在朝廷任职还是在地方为官，这些人都身体力行着为公献身、为国尽忠、为民请命的崇高道德精神。

关学学者的使命意识、坚贞气节和崇高品德，受到当时士人和后代史家的高度赞颂。例如赞吕柟为"真铁汉""真祭酒""当代师表""家之孝子，乡之善人，国之忠臣，而天下之先觉天民也"（《关学论》）；誉杨爵为"直节精忠，有光斯道"（《关学论》），"万古清香雪里梅"；称冯从吾为"关西夫子"，"直声震天下"；颂李二曲为"天之北斗，地之泰山"，"志操高洁"。而探寻其精神和文化渊源，无疑与苏武精神之影响有关。苏武文化从本质上说是一种精神文化，在汉以后的漫长岁月里，苏武精神哺育了许许多多的仁人志士的心灵。关学学者的坚贞气节和高尚人格也必然从苏武精神中汲取营养。《明儒学案》说：关学学者"多以气节著"，并追究其原因为"风土之厚，而又加之学问者也"。就是说，"学问"深，是其主观原因；"风土厚"，是其客观原因。而所谓"风土厚"，就是有积淀深厚的地域文化资源作为精神营养。苏武文化及精神正是关中积淀深厚的地域文化资源的有机构成部分。包含苏武文化在内的关中深厚的历史文化积淀，曾经是关学学者的精神营养，也是我们今天培育崇高精神和优秀品德的宝贵资源。让我们无限珍惜、充分汲取这一精神宝库吧！

（此文载于《人格·气节·民族魂》，人民出版社2014年版）

论张载"民胞物与"价值观的普适性

儒家价值观具有普适性。儒家价值观的普适性是指儒家价值观所具有的普遍适用的性质。儒家的一些价值观念如"仁者爱人""义而后取""己所不欲，勿施于人""己欲立而立人，己欲达而达人""仁民爱物"等，无论对于古代还是现代，中国还是世界，都具有其普遍的适用性。儒家价值观有无普适性是儒家观念能否继承、能否推广的根据。早在20世纪50年代末，冯友兰先生就在《光明日报》（1957年1月8日）上发表《中国哲学遗产的继承问题》一文，提出了"抽象继承法"。而"抽象继承法"的核心观点就是中国传统哲学的一些命题既有抽象意义又有具体意义。其实，这也就是我们所说的普适性与特殊性的关系问题。本文拟以张载"民胞物与"的价值观为例，来论述儒家价值观的普适性。

张载是北宋时期的重要哲学家，也是宋明理学的奠基人之一。张载哲学既有浑厚严谨的风格，又有恢宏博大的气象，"民胞物与"就是其哲学精神的集中体现。"民胞物与"是张载在《西铭》（又名《订顽》）一文中提出的。《西铭》面世后，受到了当时和后代儒家学者的高度赞誉，并产生了深远影响。程颢云："《订顽》之言，极醇无杂。秦汉以来，学者所未到。"（《二程遗书》卷二上）又云："子厚有如此笔力。他人无缘做得。孟子以后未有人及此。"又云："《订顽》一篇，意极完备，乃仁之体也。"（《二程遗书》卷二上）朱熹曰："《西铭》首论天地万物与我同体之意，固极宏大。"（《文集》卷四九《答廖季硕第一书》）王夫之云："窃尝沉潜体玩而见其立义之精。……真孟子以后所未有也。"(《张子正蒙注·乾称》)"民胞物与"几乎成为宋明以降儒家学者所一致认同和共同追求的人生境界和社会理想。当然,"民胞物与"不是一种事实认知,而是一种价值构建。作为一位"善于造道"的哲人,张载构建的民胞物与价值理想,表现了宏大而深刻的理论思维,从而使这一理想具有十分重要的普适性意义。

一 "民胞物与"理想的观念综合

《西铭》是从儒家经典中摘录文句,编纂、改写而成的,几乎每一句都有原典依据。张载以"民胞物与"为轴心,利用这些典籍中的文句,写成了一篇浑然一体的文章。他所依据的典籍包括《周易》《诗经》《中庸》《论语》《孟子》《左传》《礼记》《颜氏家训》等。由此可以看出,《西铭》一文具有文献综合的特征。然而,文献资料的综合仅仅是形式,其中深蕴的是思想观念的综合性。这种综合是以儒家思想为主干,汲取、借鉴其他学派而形成的,其主要内容包括四个方面。

(一) 对《周易》《中庸》"天人合一"观念的继承

《周易》云:"大人者,与天地合其德";又云:"乾,天也,故称乎父;坤,地也,故称乎母。"(《说卦传》) 又云:"穷神知化,德之盛也。"(《系辞传下》)《中庸》云:"天命之谓性,率性之谓道。"又云:"夫孝者,善继人之志,善述人之事者也。"这些"天人合一"的重要观念是张载建构"民胞物与"理想的形而上学渊源。

(二) 对儒家"仁民爱物"思想的发展

仁爱思想是儒家伦理道德的核心,孔子主张"仁者爱人",强调"泛爱众"。孟子曾用精练的语言对儒家的"仁爱"思想做了如下概括:"君子之于物也,爱之而弗仁;于民也,仁之而弗亲。亲亲而仁民,仁民而爱物。"(《孟子·尽心上》) 在"仁民"方面,孟子提出"老吾老,以及人之老；幼吾幼，以及人之幼"，并主张对鳏、寡、独、孤等"天下之穷民而无告者"应予以关怀。"民胞物与"直接继承了孔、孟"仁民爱物"的思想，并把"仁民爱物"的道德要求提升到了"民胞物与"伦理价值的高度，使道德论命题转化为价值论命题。

（三）对墨子"兼爱"说的汲取

虽然程颐、朱熹都认为张载在《西铭》中明确划清了儒家与墨家的界限，程云：《西铭》"岂墨氏之比哉？"（《答杨时论西铭书》）朱曰：《西铭》"不流于兼爱之弊"（《西铭解》），但这种看法是很不全面的。诚然，张载在仁爱观上坚持了儒家"推己及人""爱有差等"的立场，但他并不排斥墨家的"兼爱"说。他明确主张"立必俱立，知必周知，爱必兼爱，成不独成"（《正蒙·诚明》）。即使在《西铭》中，他也从乾父坤母推出"民胞物与"的运思路径，内在地包含着人应该平等的、普遍的、相互的爱这一思想，而这种思想正是墨家"兼爱"说的本义。在张载看来，在宇宙论、天道观的层面上人应该奉行"无差等"的"兼爱"，而从社会、政治的层面上人应该实行"有差等"的"仁爱"。在此基础上，张载企图将二者调和起来。如果用程朱理学的概念解释，"无差等"的"兼爱"是"理一"，"有差等"的"仁爱"是"分殊"。所以，张载不但没有排斥而且汲取了墨家的思想。

（四）对道家"天地与我并生，万物与我为一"天人观的借鉴

不仅对墨家，张载对道家也有所借鉴，这突出地表现在借鉴道家的天人观上。老子说："人法地，地法天，天法道，道法自然。"（《老子》第二十五章）庄子曰："天地与我并生，万物与我为一。"（《庄子·齐物论》）都具有天人合一的深刻含义。尽管老庄"自然无为""有生于无"的观念为张载所不取，但对他们天人合一的思想张载并未否定，反而有所借鉴。例如，他说："天性在人""性与天道合一""性与天道不见乎小大之别也"。又说"我体物未尝遗，物体我知其不遗也"（《正蒙·诚

明》)。这与庄子"天地与我并生,万物与我为一"的思想显然有相通之处。特别是"民胞物与"与《庄子·天地》"爱人利物之谓仁"更有着价值观念的一致性。

张载理论渊源的综合性表明,"民胞物与"是综合吸取了以儒家为主体的诸多传统哲学精神而构建的,而这种理论渊源的综合性又为其价值思维的融会贯通特征奠定了历史文献基础,也为其理想的恢宏高远境界提供了丰厚的思想资源和精神营养。

二 "民胞物与"理想的融通思维特征

"民胞物与"作为一种价值理想,不但在理论渊源、文献选取上具有综合性,而且在价值构建的思维方式上具有融通性。价值思维的融通性就是把天道与人道、道德与伦理、敬天与孝亲、社会理想与人生价值融会贯通,形成一个统一的价值理想境界。

(一) 天道与人道的融通

本体论与价值论的融通是中国传统哲学的基本特征,这一特征在张载哲学中体现得尤为鲜明。他提出的"民胞物与"理想,其内涵是"人道",即人应该以广大民众为同胞兄弟,以世间万物为朋友同伴,这显然是一种价值理念,属于"应然"论域。但张载却不是简单地直接地从应然层面立论,而是从天道(本体论)入手进行哲理性论证,为其提供必然性根据。其运思路径是:首先,他指出天地是人的父母,人秉承天地之气而成体,秉承天地之性而成性,人融合天地之气、性而处于天地之间,因此人与天地是浑然一体的。所谓"乾称父,坤称母;予兹藐焉,乃混然中处。故天地之塞,吾其体;天地之帅,吾其性"(《正蒙·乾称》)。接着,他从天人合一推论出人与人、人与物之间的共性。他说:既然人、物都是天地所生,在这一点上人与人、人与物、物与物在本性上是共同的。所谓"性者万物之一源"。进而,他从人、物的共性推论出人与人、人与物在本性上的平等地位。最后，他才得出人与人之间应该是同胞兄弟关系、人与物之间应该是同伴朋友关系的结论。由此不难看出，张载由"天道论"推出"共性论"，再依次推出"平等论"，最后才推出"民胞物与"论。由于"天"——"太虚"在张载哲学中是一个具有本体论含义的命题（"由太虚有天之名"），所以，这一推论过程充分体现了张载以本体论论证价值论、将本体论与价值论相贯通的运思路径。

然而，这只是其价值思维的第一个逻辑环节，在提出"民胞物与"理想之后，张载又将此价值的实现升华到与天合一的高度。在他看来当人一旦实行了"民胞物与"的原则，也就达到了与天合德的境界。所谓"圣，其合德；贤，其秀也"，所谓"存，吾顺事；没，吾宁也"，就是说，当人们实践了"民胞物与"，那么人的人格、德性、生存、死亡，就都达到了顺应天命、与天合一的状态。所以，程颢说："《订顽》立心，便达得天德。"（《二程遗书》卷五）王夫之说："希圣友贤，成身以顺亲，即所以顺天。"（《张子正蒙注·乾称上》）

于是，天道既是"民胞物与"的根据又是对"民胞物与"的升华；"民胞物与"既是天人合一的落实又是天人合一的体现。本体境界与价值理想达到了高度的融会贯通。

（二）伦理与道德的融通

伦理与道德既有联系又有区别。以联系言，二者都是处理人际关系的准则，在这一点上二者可谓"异词同义"；以区别言，伦理着重指的是人与人之间的关系状态和这种关系应体现的原则，而道德则指的是一个个体人在处理人际关系时应遵守的规范。二者的含义是有差异的。张载的"民胞物与"其本身意蕴是伦理价值。它指的是人与人之间应该建立一种同胞兄弟关系，人与物之间应该形成一种同伴朋友关系。而这种伦理关系要通过个体的道德来体现。于是，张载提出：人应该奉行"仁爱"（包括爱人和爱物）道德规范，以此规范来处理人人关系和人物关系；人应该奉行"孝敬"道德规范，以此规范来处理父子关系。为了具体化、楷模化孝的道德规范，张载列举了古代的几个代表人物，如大禹、颖考叔、帝舜、申生、曾参和尹伯奇。这些人物实践的道德其核心是一个"孝"字。由于在儒家思想中，仁德与孝德二者有内在的统一性。孔子云：孝悌乃仁之本，即孝德是仁德的根基。所以，张载通过孝德的阐发来弘扬仁德。孝德和仁德是个体处理伦理关系的道德规范，而"民胞物与"则是通过仁德、孝德的实行而建立的伦理关系。这也就是说，一个人，如果做到了仁、孝，就表明他是以民为胞、以物为友的，换言之，一个人，如果以民为胞、以物为友，他必然在道德上奉行的是仁和孝。由此可见，在"民胞物与"理想中，张载把"民胞物与"的伦理价值与仁、孝的道德价值统一了起来，而且在这种统一中，张载把伦理价值放在了主导地位，以伦理价值为目标而统摄道德价值，以道德价值为载体而体现伦理价值，从而提高了伦理的价值地位。黑格尔曾经指出，道德是主观的，而伦理是在它的概念中的抽象的客观意志和同样抽象的个人主观意志的统一。由此他认为伦理高于道德。德国哲学家哈贝马斯也认为，义务、正义是与道德联系在一起的，而善是与伦理联系在一起的。伦理的价值层次比道德高。以此观之，张载以"民胞物与"的伦理统摄仁、孝道德，以实现伦理与道德的统一，是十分深刻的见解。

（三）敬天与孝亲的融通

"民胞物与"不但蕴含着伦理与道德的统一，而且在道德领域中，其思维也甚为深邃、恢宏，别有会心。这突出表现在他把敬天与孝亲相贯通。孝在儒家的道德谱系中本是侍奉父母之德，它似乎与实现"民胞物与"的伦理价值并无直接联系。然而，在张载看来，事父之道就是事天之道，如果能如以孝事父那样也以孝事天，即"述天之事""继天之志"（"知化则善述其事，穷神则善继其志"），那么，就必定会遵循源于天道的"民胞物与"价值原则。于是，敬天与孝亲就成了实现民胞物与的道德条件，二者在"民胞物与"的价值理想中融为一体。也就是说，人对天的尊敬和人对人的关爱是统一的，正如王夫之所云："守身以敬亲而事天，则悦亲而乐天，无小大之异也。"（《张子正蒙注·乾称上》）。敬天与孝亲的融通，使民胞物与的价值境界超出了家庭伦理的层次，也超出了人类社会的范围，而达到了人与天地万物、人类与自然、人与整个宇宙和谐相处的境界。

（四）社会理想与人生价值的融通

"民胞物与"的理想既是美好社会的构建原则，也是美好人生的设计原则。"民胞物与"的社会化秩序和社会性关系的基本原则是礼制与仁德，具体内涵是："大君者，吾父母宗子；其大臣，宗子之家相也。尊高年，所以长其长；慈孤弱，所以幼其幼；圣，其合德；贤，其秀也。凡天下疲癃、残疾、惸独、鳏寡，皆吾兄弟之颠连而无告者也。"（《正蒙·乾称》）这种社会虽然也有尊卑等级的差异，但其关系的实质是同胞兄弟关系，是家庭秩序和关系的放大，因此，具有内在的平等性与和谐性，体现了浓厚的人文精神。按照儒家家国一体的价值逻辑，治国基于齐家，齐家基于修身。修身、齐家、治国、平天下的价值实现在逻辑次序上是递进的，而在价值本质上是同一的。既然"民胞物与"是社会原则，当然也是人生原则。就人生价值而言，"民胞物与"的基本价值准则是为仁与合天，具体内容包括三个方面：一是仁者爱人，所谓"尊高年""慈孤弱"、怜"疲癃、残疾、惸独、鳏寡"；二是孝亲为本，如大禹、颖考叔、帝舜、申生、曾参和尹伯奇那样奉行孝道；三是养性合天，即"存心养性""不愧屋漏"，"述天之事""继天之志"，"于时保之""乐且不忧"。特别是要以顺天修己的态度对待人生处境，"富贵福泽，将厚吾之生也；贫贱忧戚，庸玉汝于成也"（《正蒙·乾称》），以顺应天道的方式对待生死，"存，吾顺事；没，吾宁也"（《正蒙·乾称》）。可见，"民胞物与"体现了社会理想与人生价值的融通。而这种融通消解了个体与社会群体的价值隔膜，实现了群与己在核心价值上的认同。

三 "民胞物与"理想的普适意义

通过融通性思维,张载所构建的"民胞物与"理想蕴含着深刻而丰富的价值内容。这些价值虽然有其局限性,但其核心精神却具有超越民族、超越历史的普遍性,此即其普适意义。特别是对当今时代而言,其普适意义显得尤为重要。

(一)张载对普适价值的认识

张载对我们今天所说的普适价值或价值普适性有较为自觉的意识。这种意识包括三个方面。首先,普适价值的特征。普适价值是人类共同认可、共同追求的价值,它并不是某种特殊文化价值(例如西方文化价值)的普世化,而是贯通于不同民族、不同国家的特殊价值之中的共同性价值,是异中之同、殊中之共。张载对天理的规定体现了他对普适价值标准的深刻理解。他说:"所谓天理也者,能悦诸心,能通天下之志之理也。能使天下悦且通,则天下必归焉。"(《正蒙·诚明》)又云:"一人私见固不足尽,至于众人之心同一则却是义理,总之则却是天。"(《经学理窟》)"悦天下心""通天下志""众人之心同一"的价值,亦即天下人都喜悦的、都赞同的、都追求的价值,这正是普适价值的本质特征。在张载看来,"天理"就是普适价值。其次,普适价值的功能。张载说:天理"能使天下悦且通,则天下必归焉"(《正蒙·诚明》)。就是说,"悦天心""通天志"的普适价值具有凝聚人心、统一志向的功能。最后,普适价值的根据。张载认为普适价值之所以可能,根源于人类的共同本性。他说:天地之性是人的共性,气质之性是人的殊性,而天地之性正是普适价值的根据。"天性在人,正犹水性之在冰,凝释虽异,为物一也。"(《正蒙·诚明》)"性者万物之一源,非有我之得私也。惟大人为能尽其道,是故立必俱立,知必周知,爱必兼爱,成不独成。"(《正蒙·诚明》)天地之性并不是某一个体所独有的,是所有人的共同本源，这就决定了人们不应该局限于仅以一己私意为取向的狭隘的价值视野，而应该具备关怀万物、关爱他人的宏大价值情怀，做到"立必俱立，知必周知，爱必兼爱，成不独成"（《正蒙·诚明》）。正由于天地之性是普遍性的，所以以此为形上前提，就会为普适价值建立根据。

（二）"民胞物与"理想的普适价值内涵

以"天地之性"为根据，以"悦心通志"为标准的普适价值，其内容是什么呢？就是"民胞物与"的崇高理想。既然我与人、人与物，都是天地父母所生，都禀有天地之性，所以每个人都应该以万民为同胞，以万物为朋友。这种价值理想源于天地之性，又能"悦天下之心""通天下之志"，因此是普适价值。

民胞物与理想作为普适价值，其人性基础是平等的天地之性，其核心内涵是人与自然的和谐、人与人的和谐以及人内心的和谐，其道德支柱是爱（包括爱人、爱物、孝亲、敬天），其最高境界是天人合一。可以说平等、博爱、和谐是"民胞物与"理想中的三大价值，而这三大价值在当今时代无疑是有普适意义的。当然，在张载"民胞物与"的价值观念中也包含着一些局限性，主要是等级观念、宗法思想和顺命意识。张载把平等博爱与等级仁爱、宗法秩序与社会和谐、立命精神和顺命意识调和在一个价值体系之中。今天，我们要扬弃这种价值体系中的等级性、宗法性和消极顺命的糟粕，吸取其平等、博爱、和谐等普遍性的精华，并赋予其现代性的内容，以使其实现向现代价值的转化。

（三）"民胞物与"理想的现代意义

概言之，"民胞物与"理想的现代意义在于，它所蕴含的普适价值能为当今时代建立人与自然的和谐关系、建立人与人的和谐关系以及建立人内心的和谐关系提供价值资源和思想借鉴。

孔子提出"己所不欲，勿施于人"的道德要求，显然是以人有相同欲望的认识为前提的。孟子则明确提出了"饮食男女，人之大欲存焉"，

"人同此心，心同此理"，"（仁义礼智四端）人皆有之"的人欲、人性共同论。这些观念就是张载"悦天下之心""通天下之志""天地之性"的思想来源。张载以及儒家论述价值普适性的思路与西方诠释学的"精神同质论"颇有相似之处。诠释学家阿斯特认为，我们之所以能够理解古人的精神和生命，是因为我们的精神和生命与古人是同质的。他说："如果我们的精神在其自身和在根本上并不与古代的精神相同一，以致只能暂时地和相对地理解这个对它是陌生的精神，那么我们将既不理解一般的古代，也不理解一部艺术作品和文本。"[①] 后来狄尔泰在1900年发表了更加明确的论断："诠释者的个性和他的作者的个性不是作为两个不可比较的事实相对而存在的：两者都是在普遍的人性基础上形成的，并且这种普遍的人性使得人们彼此间讲话和理解的共同性有了可能。"[②] 虽然西方诠释学的"普遍人性"与儒家的"共性""同欲"论存在着一定的差别，但二者又有共同点，就是古人和今人都是属于人类这个大的范畴，有着共同的心理结构，所以精神上可以沟通，价值上可以普适。

（载《华夏文化》2013年第3期）

[①] [德] G.弗里德里希·阿斯特：《语法学、诠释学和批评学的基本原理》，载洪汉鼎《理解与解释——诠释学经典文选》，东方出版社2001年版，第2—3页。

[②] [德] 威廉·狄尔泰：《诠释学的起源》，载洪汉鼎《理解与解释——诠释学经典文选》，东方出版社2001年版，第90页。

论先秦法家的价值体系

法家是先秦时期的重要学术流派，是中国古代典型的政治哲学家。法家的政治主张，概括言之，包括法、术、势三大方面。在韩非之前，商鞅重法，申不害重术，慎到重势，韩非做了批判总结，认为三者缺一不可，提出了法、术、势相结合的系统理论。法，指由君主统一公布施行的法律、法令；术，指君主的统治术；势，指君主的权势、势力。三者各自虽有相对独立的价值，但对于君主而言"皆帝王之具也"①，都是君主权力的表现，也是维护君主权力的工具，都是为封建君主统治臣下和劳动人民服务的。因此，在法家的价值系统中，君主处于最高的层次，居于核心的地位，而作为"帝王之具"的势、法、术则属于较低的层次。或者说，君主是"目的性"价值，法、术、势是"工具性"价值，其价值层次的逻辑结构为：术→法→势（权）→君。概括言之，可称为"权力法治价值系统"。借用法家的话来表述，就是"秉权而立，垂法而治"②，"抱法处势则治，背法去势则乱"③。

法家对于君主权力（包括法治）价值的论述，在中国哲学史上可以说是最为系统的，他们对于君权的各种构成要素几乎都涉及了，下面我们着重就法家的君主论、权力论、法治论和治术论四个方面，来叙述其价值取向。

---

① 王先慎：《韩非子集解》，中华书局1998年版，第397页。
② 蒋礼鸿：《商君书锥指》，中华书局1986年版，第61页。
③ 王先慎：《韩非子集解》，中华书局1998年版，第392页。

一　君主是神圣的化身

法家为了崇尚君主，把他说成人间的最高价值，所采取的办法是，赋予君主以超越性的品格。这种超越性并不在于把君主描绘成超人间的神灵，如汉代董仲舒的君权神授说所鼓吹的那样，而是认为君主具有超越一般人的聪明才智和治世能力。《管子·君臣下》云："神圣者王，仁智者君，武勇者长，此天之道，人之情也。"① 就是说，神圣、仁智、武勇是君主的基本特征，也就是君主的超越性的表现。

为了论证君主的这种超越性价值（神圣），法家学者提出的主要观点包括三个方面。

（一）"同道说"

"道"是道家哲人标志世界根源和本体的哲学范畴，法家继承和改造了这一范畴，并以之比况君主，称颂君主在人间的价值地位。韩非说："道不同于万物，德不同于阴阳，衡不同于轻重，绳不同于出入，和不同于燥湿，君不同于群臣，凡此六者，道之出也。"② 又说："道者，万物之始，是非之纪也。是以明君守始以知万物之源，治纪以知善败之端。"③ "道无双，故曰一。是故明君贵独道之容。"④ 君主与道在地位和功能上都是同格的，道是宇宙间的最高价值，君主也是人间的最高价值。

（二）"救民说"

法家认为，人类历史的发展，在政治上经历了一个由无君到有君的过程。在君主未出现的时候，由于人类与自然的矛盾和人与人之间的矛

---

① 黎翔凤：《管子校注》，中华书局2004年版，第582页。
② 王先慎：《韩非子集解》，中华书局1998年版，第46页。
③ 王先慎：《韩非子集解》，中华书局1998年版，第26页。
④ 王先慎：《韩非子集解》，中华书局1998年版，第46页。

盾的存在，人类处于困难重重、危险不断、生存无条件、安全无保障的境地，正是由于君主的出现，才把人民从这种危难环境中拯救出来，使人类得以延续，社会得以发展。《管子·君臣下》说："古者未有君臣上下之别，未有夫妇妃匹之合，兽处群居，以力相征。于是智者诈愚，强者凌弱，老幼孤独不得其所。故智者假众力以禁强虐，而暴人止；为民兴利除害，正民之德，而民师之。"①《商君书·开塞》也说，在"上世""中世"时，民"爱私则险""力征则讼""无别有乱"，处于种种社会矛盾中不能自拔，当到了"既立君"之后，才改变了以前"民道弊"的状况，使社会发生了变化。《韩非子·五蠹》也说，是有巢氏"构木为巢"，把人民从"不胜禽兽虫蛇"的险恶环境中解救了出来；是燧人氏"钻燧取火"，使人民摆脱了"民食果蓏蚌蛤，腥臊恶臭而害腹胃"的多病困境；是鲧、禹"决渎"，给人民排除了洪水灾害；是汤、武"征伐"，为人民推倒了桀、纣暴政。可见，君主是把人类从自然危害和社会危机中拯救出来的救星。

（三）"为天下说"

"救民说"是从历史进化的角度肯定君主价值的观点，而"为天下说"则是从君主与人民、君主与社会的关系上论证君主价值的理论。法家为了肯定君主的价值，一反殷周以来"民为君"的传统思想，明确提出了"君为民"的观点。《慎到·威德》说："立天子以为天下，非立天下以为天子也。立国君以为国，非立国以为国君也。"②《商君书·修权》继承了这一观点。"尧、舜之位天下也，非私天下之利也，为天下位天下也。"③"天下"表现在什么地方呢？《管子·形势解》做了简明的回答："主者，人之所仰而生也。"即君主是人们生命和生活的根本保障，是人民生存的根本利益所在。韩非也认为君主"立法术，设度数，所以

---

① 黎翔凤：《管子校注》，中华书局2004年版，第568页。
② （战国）慎到：《慎子》，华东师范大学出版社2010年版，第2页。
③ 蒋礼鸿：《商君书锥指》，中华书局1986年版，第84页。

利民萌便众庶之道也"①。这和《管子》的看法是一致的。君主"为天下""利民萌"的观点，似乎提高了民众的价值，而降低了君主的价值，其实并非如此。法家的意思在于，正由于君主是"为天下"的，因此他才更值得尊重，更具有崇高的价值，所谓"有闻道而好为天下者，天下之人也；有闻道而好定万物者，天地之配也"②。"为天下"正是君主具有可以与天地匹配的崇高价值的条件。

（四）"国心说"

君主不但是人们生存利益的凭借，而且还是国家的心脏和灵魂，这是法家关于君主价值的又一重要观点。《管子》说："心之在体，君之位也。"③ 又说："君之在国都也，若心之在身体也。道德定于上，则百姓化于下矣。成心形于内，则容貌动于外矣。"④ 就是说，君主是国家精神和道德的主宰，一个国家的道德原则、意识形态都是由君主决定和形成的，人们只是"遵王之义""遵王之道"，按君主的精神导向行事。如果没有君主，那臣民们就如同没有头脑、没有心灵的行尸走肉一样，无所遵循。法家这一观念，就是要从文化思想、道德意识上维护君主的价值地位。

法家以"同道说"确立了君主的宇宙价值，以"救民说"肯定了君主的历史价值，以"为天下说"论证了君主的社会价值，以"国心说"高扬了君主的精神价值，从而把君主提到了超越于臣民和社会之上的神圣地位。当然，我们不能由此得出结论，说法家完全否定了民的价值，一些法家学者当谈到君主地位的基础时，也非常注意民心的向背。例如《管子·权修》说："赋敛厚，则下怨上矣；民力竭，则令不行矣。"⑤

---

① 王先慎：《韩非子集解》，中华书局1998年版，第396页。
② 黎翔凤：《管子校注》，中华书局2004年版，第42页。
③ 黎翔凤：《管子校注》，中华书局2004年版，第759页。
④ 黎翔凤：《管子校注》，中华书局2004年版，第583页。
⑤ 黎翔凤：《管子校注》，中华书局2004年版，第49页。

《版法》篇也说："民不足，令乃辱，民苦殃，令不行。"① 认为君主的威势如果超出了民力，也会发生危险。但是，他们是在以君主为至上价值的条件下，从维护君主的地位出发，来承认民之价值的。或者说，重民只不过是为了更有效地"尊君"。这和崇尚仁义道德价值的儒家倡导的"民为贵，社稷次之，君为轻"②，"得其民，斯得天下矣"③ 的民本思想，在价值取向上大不相同。当然，儒家也并非不尊君，但他们对民之价值的重视却远远超过了法家。

尊君是法家价值体系的前提和基础，也是法家权力价值观的首要特征。法家所倡导的势、法、术，都是尊君价值观的延伸和表现，都从属于尊君。在法家看来，考察一个国家的政治状况，评价一个国家的价值地位，关键在于考察君主，《管子·霸言》云："观国，观君。"④ 这正是由君主在国家政治生活和社会生活中的价值地位所决定的。因此，法家在肯定君主为神圣的化身，为一切价值之根本的同时，也主张按理想的标准对君主进行评价，他们也常使用"明君""昏君""圣主""乱君"等术语来区分君主的价值品级，并希望有圣明之主，治理天下。表面上看来，这似乎和他们的君主神圣说、君主至上论相矛盾，其实两方面是完全统一的，评价君主的明暗得失、功过是非正是为了维护君主之价值，也正说明了君主在国家政治中处于举足轻重的地位。对昏君的批评和对明主的赞扬，都是为了尊君，而绝不是为了贬君、抑君。

二 "权势"是"胜众"的资本

君主的价值和权力、权势密切相关，君主只有占据权位、掌握权力，才会发挥他在政治生活中的决定作用，成为君主，"凡人君之所以

---

① 黎翔凤：《管子校注》，中华书局2004年版，第127页。
② 焦循：《孟子正义》，中华书局1987年版，第973页。
③ 焦循：《孟子正义》，中华书局1987年版，第503页。
④ 黎翔凤：《管子校注》，中华书局2004年版，第471页。

为君者，势也"①。如果没有权力，君主和一般人也不会有本质性的差别。法家君权价值体系中的第二个重要因素就是权、势。权和势严格分析是有区别的，权指权力，势包括权力、地位和驾驭权力的能力，但二者的含义基本相同，法家也常常混同使用。法家关于权势价值的观点可以用韩非的一句话来概括："势者，胜众之资也。"② 意谓权势是统治臣民大众，控制天下的资本或凭借。具体地说，权势价值的主要内容包括三个方面。

第一，权势是君主地位的保障。慎到说："飞龙乘云，腾蛇游雾，云罢雾霁，而龙蛇与蚓蚁同矣，则失其所乘也。贤人而诎于不肖者，则权轻位卑也，不肖而能服于贤者，则权重位尊也。"③ 龙蛇因乘云雾之势而处于高位，如果云消雾散，只能与蚯蚓同辈，君主依恃权势而居于臣民之上，处于统治地位，一旦失去权势，也只能与匹夫为伍。《管子》说："人君失势则臣制之矣……故君臣之易位，势在下也。"④ 它把势看作维护君位的根本条件，认为君臣权势的转移，必然导致君臣易位。韩非子也持相同看法："人臣太重，必易主位"⑤；"偏借其权势，则上下易位矣，此言人臣之不可借权势也"⑥。总之，法家认为权轻则位卑，权重则位尊，君主的"身之至贵""位之至尊"完全取决于"主威之重，主势之隆也"。⑦

第二，权势是君主威严的基础。威严是指君主能压服人并使人敬畏，感到不可侵犯的气势，它是一种通过态度和仪形表现出来的精神性力量，法家非常重视人主的威严，认为它是制服臣民的必要因素之一，所谓"有威足以服人"⑧。君主的威严气势从根本上说是以权势为基础的。如

---

① 黎翔凤：《管子校注》，中华书局2004年版，第305页。
② 王先慎：《韩非子集解》，中华书局1998年版，第431页。
③ 王先慎：《韩非子集解》，中华书局1998年版，第388页。
④ 黎翔凤：《管子校注》，中华书局2004年版，第305页。
⑤ 王先慎：《韩非子集解》，中华书局1998年版，第24页。
⑥ 王先慎：《韩非子集解》，中华书局1998年版，第117页。
⑦ 王先慎：《韩非子集解》，中华书局1998年版，第24页。
⑧ 王先慎：《韩非子集解》，中华书局1998年版，第224页。

果君主乘势秉权,则"威足以临天下",如果君主丧失了权力,那么他的威严气势就荡而无存。韩非反复指出,"臣乘君,则主失威"①;有时人主无威而"左右太威",原因就在于左右大臣"擅权势而轻重者"。②可见擅权则有威,丧权则失威,权势是君主威严的根基。

第三,权势是统治力量的源泉。这是权势最重要的价值所在。法家指出,统治者要统治臣民、治理天下、征服诸侯,固然要有许多因素和条件,但最根本的是掌握政权,掌握了政权就会有统治力量,驾驭一切、制服一切。慎到说:"贤而屈于不肖者,权轻也,不肖而服于贤者,位尊也;尧为匹夫,不能使其邻家,至南面而王,则令行禁止。由此观之,贤不足以服不肖,而势位足以屈贤矣。"③他认为权势是使一切人屈服的力量。韩非讲得更为充分:"夫马之所以能任重引车致远道者,以筋力也。万乘之主、千乘之君所以制天下而征诸侯者,以其威势也。威势者,人主之筋力也。今大臣得威,左右擅势,是人主失力,人主失力而能有国者,千无一人。虎豹之所以能胜人执百兽者,以其爪牙也,当使虎豹失其爪牙,则人必制之矣。今势重者,人主之爪牙也,君人而失其爪牙,虎豹之类也。"④这是用形象的比喻说明权势是君主制民、驭臣、治世的力量所在。

以上三点,是相互联系、互为条件的,地位、威严、力量既是由权势决定的,又是权势的形成条件。因之,在法家的著作中,"权势""势位""威势""权力"常常联结使用,以表示和我们现在的"权力"一词基本相同的含义。可以说,"位""威""力"是构成法家"权势"价值的三大要素,而"力"又是决定性的要素。正是由于权力,法治、术治才有其形成的基础和发挥作用的前提。

---

① 王先慎:《韩非子集解》,中华书局1998年版,第325页。
② 王先慎:《韩非子集解》,中华书局1998年版,第470页。
③ (战国)慎到:《慎子》,华东师范大学出版社2010年版,第7—8页。
④ 王先慎:《韩非子集解》,中华书局1998年版,第470页。

三 "法制"是治世的法宝

法家重法，世所共知，然而法在法家价值系统中的地位和内涵究竟如何呢？很值得从价值论角度予以探讨。法家所谓法系指由统治者官府制定并颁布的，由国家强制力保证执行的，要求君、臣、民共同遵守的行为规则和制度，其内容以刑赏为主，也包括其他方面的规定。这由法家的论述即可看出。《商君书》云："法者，君臣之所共操也。"①"国皆有禁奸邪、刑盗贼之法。"②《管子》云："法律政令者，吏民规矩绳墨也。"③"杀戮禁诛谓之法。"④《韩非子》云："法者，宪令著于官府，赏罚必于民心，赏存乎慎法，而罚加乎奸令者也。"⑤"法者，编著之图籍，设之于官府，而布之于百姓者也。"⑥可见，法家所说的法和我们今天的"法律"大体相当，他们是中国历史上最早为法这种国家制定的强制性规范做出理论概括的学派。法家认为，法的基本价值就是治国，法"为治之本"⑦，"治强生于法"⑧。他们竭力主张"以法治国"⑨、"以法为教"⑩、"以法为本"⑪。那么，法的价值表现在哪些方面呢？

一曰"公正"。法所体现和代表的是"公利""公义""公心"，它是和私相反的公共规范。韩非明确地称法为"公法"，主张"去私曲就公法""去私行行公法"。⑫他说，法的赏，"必出于公利"⑬；法的罚，

---

① 蒋礼鸿：《商君书锥指》，中华书局1986年版，第82页。
② 蒋礼鸿：《商君书锥指》，中华书局1986年版，第109页。
③ 黎翔凤：《管子校注》，中华书局2004年版，第998页。
④ 黎翔凤：《管子校注》，中华书局2004年版，第759页。
⑤ 王先慎：《韩非子集解》，中华书局1998年版，第397页。
⑥ 王先慎：《韩非子集解》，中华书局1998年版，第380页。
⑦ 蒋礼鸿：《商君书锥指》，中华书局1986年版，第144页。
⑧ 王先慎：《韩非子集解》，中华书局1998年版，第330页。
⑨ 王先慎：《韩非子集解》，中华书局1998年版，第31页。
⑩ 王先慎：《韩非子集解》，中华书局1998年版，第452页。
⑪ 王先慎：《韩非子集解》，中华书局1998年版，第126页。
⑫ 王先慎：《韩非子集解》，中华书局1998年版，第32页。
⑬ 王先慎：《韩非子集解》，中华书局1998年版，第440页。

"以公法而诛之"①。执法的根本原则就是"去私心行公义"②;"明于公私之分"③。变法的根本意图也在于"以变法易俗而明公道"④。正由于法是"义必公正"⑤的规范,因此它才能发挥治世的作用,"公义行则治"⑥,"必以公义示而强之"⑦。法家所谓"公",并非指全体社会成员的利益和愿望,更不是劳动人民的利益和愿望,而是以君主为代表的统治阶级的整体利益和阶级意志,他们直言不讳地说,公乃"人主之公利也"⑧,"人主之公义也"⑨。尽管法家的"公正"具有鲜明的阶级性,但他们首次在历史上提出以"公正"为法的内在价值,无疑是一个杰出的贡献。它和儒家把"公正"作为仁义道德的内在价值一样,都闪耀着永不磨灭的理论光辉。

二曰"平直"。法作为"天下之程式""万事之仪表""国之权衡"⑩,就必须具有平直的性质。"平直"就是对于适用的对象坚持同一标准、平等要求,不偏向、不倾斜、不屈从。韩非说:"椎锻者,所以平不夷也,榜檠者,所以矫不直也。圣人之为法也,所以平不夷,矫不直也。"⑪"法平,则吏无奸。"⑫而要发挥"平不夷、矫不直"的作用,法的执行和法的遵守就应该平而不倾、直而不曲;对所有的人一视同仁,平等相待。《管子》说:"上亦法,臣亦法","法令者,君臣之所共守也"⑬。韩非指出:"绳直而枉木斫,准夷而高科削,权衡县而重益轻,斗石设而多益少。故以法治国,举措而已矣。法不阿贵,绳不挠曲。法

---

① 王先慎:《韩非子集解》,中华书局1998年版,第81页。
② 王先慎:《韩非子集解》,中华书局1998年版,第128页。
③ 王先慎:《韩非子集解》,中华书局1998年版,第128页。
④ 王先慎:《韩非子集解》,中华书局1998年版,第101页。
⑤ 王先慎:《韩非子集解》,中华书局1998年版,第137页。
⑥ 王先慎:《韩非子集解》,中华书局1998年版,第128页。
⑦ 王先慎:《韩非子集解》,中华书局1998年版,第89页。
⑧ 王先慎:《韩非子集解》,中华书局1998年版,第423页。
⑨ 王先慎:《韩非子集解》,中华书局1998年版,第128页。
⑩ 黎翔凤:《管子校注》,中华书局2004年版,第1213页。
⑪ 王先慎:《韩非子集解》,中华书局1998年版,第343页。
⑫ 王先慎:《韩非子集解》,中华书局1998年版,第471页。
⑬ 黎翔凤:《管子校注》,中华书局2004年版,第998页。

之所加，智者弗能辞，勇者弗敢争。刑过不避大臣，赏善不遗匹夫。故矫上之失，诘下之邪，治乱决缪，绌羡齐非，一民之轨，莫如法。"① 这是对法的平等正直价值的高度赞扬，也是对公平执法的要求。法家还认为，官吏的根本职责就是公平执法；只有公平执法、平等守法，才能治国。韩非引用孔子的话说："吏者，平法者也，治国者，不可失平也。"②《管子》也说："君臣上下，贵贱皆从法，此谓大治。"③ 法家这种公平执法，人人守法的观点，虽然还不能说是主张法律面前人人平等，但从其中无疑可以孕育出这一价值观念的萌芽。当然，法是否真正体现"平等"价值，不能只看它对执法、守法的要求，更要看法本身的内容规定。在这方面，法家根本谈不上什么平等了。

三曰"齐一"。法作为标准性、强制性规范，其重要功能和作用就是统一人们的行为，对此，法家也有充分的论述。慎到说："法者，齐天下之动，至公大定之制也。"又说："法以齐之。"④《尹文子》说："齐俗之法，能鄙同异是也。"《管子·任法》说："夫法者，上之所以一民使下也。"《韩非子》也说："设法度以齐民"⑤，韩非还进而指出，如果只凭借武力"使贲、育带干将而齐万民"，并不能达到目的。尽管费了很大的气力，仍然是"民不能齐"⑥；如果务法而治，则"一国可使齐"⑦。法家所说的"齐一"，既不是使人们有平等的权利，更不是让人们有相同的地位，而是指使人人都按法令、法律所规定的标准统一行动，不违背法的规范，从而达到全国上下意志和行为的一致。法家认为这种"齐天下之动"的功能，道德规范是不具有的，因为道德是一种指导性、建议性标准，而法则是一种强制性标准。他们把这种强制性叫作"禁"。

---

① 王先慎：《韩非子集解》，中华书局1998年版，第38页。
② 王先慎：《韩非子集解》，中华书局1998年版，第295页。
③ 黎翔凤：《管子校注》，中华书局2004年版，第906页。
④ （战国）慎到：《慎子》，华东师范大学出版社2010年版，第57页。
⑤ 王先慎：《韩非子集解》，中华书局1998年版，第441页。
⑥ 王先慎：《韩非子集解》，中华书局1998年版，第210页。
⑦ 王先慎：《韩非子集解》，中华书局1998年版，第451页。

韩非说:"古之善守者,以其所重禁其所轻,以其所难止其所易,故君子与小人俱正,盗跖与曾、史俱廉。""明主之守禁也,贲、育见侵于其所不胜,盗跖见害于其所不能取,故能禁贲、育之所不能犯;守盗跖之所不能取,则暴者守愿,邪者反正。大勇愿,巨盗贞,则天下公平,而齐民之情正矣。"① 由于法的"禁",致使盗贼不敢犯,奸邪归于正,所以才能起到"齐民之动""一民之轨"的作用。可见,"齐一"是法所特有的功能价值。

四曰"明分"。"分"即"名分",指人的等级地位、职务身分,以及财物的所属关系,其实质是社会上人们不同的权利范围和界限,所谓"审名以定位,明分以辩类"②,就是对"名分"的简要概括。儒家以礼确定名分,《荀子·王制》云:"分莫大于礼",而法家则认为"明分"是法的基本职能。《商君书·修权》说:"立法以明分,而不以私害法,则治。"③ 法所明的"分",主要有社会等级之"分",即贵贱、君臣、诸侯、大夫各有其位,不得逾越;权力界限之"分",即各级官吏职权皆有范围,"职不得过官"④;职守范围之"分",即各行业皆有其工作的职责和范围,"士不得兼官,工不得兼事"⑤;公私之"分",即国家利益和个人利益的界限;赏罚之"分",即赏有级,罚有等,赏罚级别与功罪相当;在家庭还有父子、夫妻、妻妾、嫡庶等"分"。法家按照法所定的"分",把所有臣民都规定在一定的权利范围之内活动,凡超出法定范围的"越分",就是违法行为,应予制裁。法家认为以法"明分",十分重要。慎到说:"一兔走街,百人追之,贪人具存,人莫之非者,以兔为未定分也。积兔满市,过而不顾,非不欲兔也,分定之后,虽鄙不争。"⑥《商君书》说:"名分未定,尧、舜、禹、汤皆如焉而逐之,名

---

① 王先慎:《韩非子集解》,中华书局1998年版,第202页。
② 王先慎:《韩非子集解》,中华书局1998年版,第47页。
③ 蒋礼鸿:《商君书锥指》,中华书局1986年版,第2页。
④ (战国)慎到:《慎子》,华东师范大学出版社2010年版,第73页。
⑤ (战国)慎到:《慎子》,华东师范大学出版社2010年版,第1页。
⑥ (战国)慎到:《慎子》,华东师范大学出版社2010年版,第6页。

分已定，贪盗不取。"又说："名分定则大诈贞信，民皆愿悫（诚实），而各自治也。"①《管子》云："上有法制，下有分职"②，"明分任职则治而不乱，明而不蔽矣"③。韩非十分强调明公私之分，"私义行则乱，公义行则治，故公私有分"④，"非其分而取者，众之所夺也；辞其分而取者，民之所予也"⑤。"故明主审公私之分，审利害之地，奸乃无所乘。"⑥ 正由于"明分"对维护社会秩序、维持社会安定有重要作用，因此，法家高度肯定和充分赞扬法的这一价值，他们把以法"明分"看作明君圣主的标志之一，"圣人之所以为圣人者，善分民也。圣人不能分民，则犹百姓也。于己不足，安得名圣"⑦。也把以法"明分"看作治理天下的必然之道，"故治天下及国，在乎定分而已矣"⑧，"名分定，势（必然）治之道也，名分不定，势乱之道也"⑨。法家崇尚法的"明分"价值，其政治实质是主张建立等级制度，其阶级目的是维护新兴地主阶级的特权。"明分"在限制旧贵族特权的同时，也就确定了地主阶级特权。可见法家的法不是平等法而是等级法。虽然如此，如果抛弃其特殊内容而吸取其普遍意义，他们提出以法规定人们的权利范围还是十分可贵的，法在这一方面的价值被法家首肯，仍不失为卓见。

以上，我们从四个方面论述了法家的法价值观，如果与现代有的法哲学家（例如美国的博登海默）表述法价值的正义、秩序等概念来比较，可以说，"公正""平直"就是法家所理解的正义价值，"齐一""明分"就是法家所认为的秩序价值。虽然，现在人们对于正义、秩序含义的理解仍有很大分歧，但"公正""平等"属于正义的要素则是普

---

① 蒋礼鸿：《商君书锥指》，中华书局1986年版，第145—146页。
② 黎翔凤：《管子校注》，中华书局2004年版，第560页。
③ 黎翔凤：《管子校注》，中华书局2004年版，第955页。
④ 王先慎：《韩非子集解》，中华书局1998年版，第128页。
⑤ 王先慎：《韩非子集解》，中华书局1998年版，第382页。
⑥ 王先慎：《韩非子集解》，中华书局1998年版，第433页。
⑦ 黎翔凤：《管子校注》，中华书局2004年版，第102页。
⑧ 许维遹：《吕氏春秋集释》，中华书局2009年版，第465页。
⑨ 蒋礼鸿：《商君书锥指》，中华书局1986年版，第146页。

遍看法，"行动意志统一""权利划分明确"是某种秩序的要求，也是一种观点。法家的"公正""平直""齐一""明分"诚然有着鲜明的阶级性，而且其概念的特殊含义也与现代的"公正""平等""正义"等有着差异，但可以肯定地说这些概念的确反映了法家对法的普遍价值的认识，它们的提出是中国哲学史上认识法价值的一个重要环节。

如果这个看法是有道理的，那么我们就可以对法家之所以把"法"与儒家所倡导的"礼"对立起来提出新的解释。中国历史上，从春秋时期开始到战国时期充分展开的"礼法"之争是当时整个政治思想领域论争的焦点。新兴地主阶级的改革（"变法"）就表现为用"法治"取代"礼治"。"礼法"之争的实质从政治上看无疑是守旧与革新，是维护贵族奴隶制与建立封建制的矛盾斗争，这是多数学者都已指出了的。然而从价值观上看究竟是什么问题呢？这却是值得研究的课题。我认为，"礼法"之争的实质是两种价值观的对立。"礼"是夏商周奴隶社会的政治制度、道德规范、礼节仪式的总称，可以说是无所不包的社会生活的总规范。礼的本质就在于维护等级，"礼者……贵贱有等，长幼有差，贫富轻重，皆有称者也"[1]；"礼义立，则贵贱等矣"[2]；"夫礼者，所以定亲疏，决嫌疑，别同异，明是非也"[3]。这都是对礼的主导精神和功能的概括说明。儒家崇尚礼治，主张"为国以礼"[4]、"齐之以礼"[5]、"上好礼"[6]，反对"道之以政，齐之以刑"[7]的法治路线。从价值观上看，是把等级——不平等视为崇高价值，这种等级——不平等的观念，既体现于他们的政治价值之中，也体现于他们的道德价值（例如"忠""孝""三纲"）之中。法家崇尚法治，或主张唯法为治，或主张以法统礼（例

---

[1] 王先谦：《荀子集解》，中华书局1988年版，第347页。
[2] 陈澔：《礼记集说》，凤凰出版社2010年版，第295页。
[3] 陈澔：《礼记集说》，凤凰出版社2010年版，第2页。
[4] （宋）朱熹：《四书集注》，凤凰出版社2005年版，第139页。
[5] （宋）朱熹：《四书集注》，凤凰出版社2005年版，第56页。
[6] （宋）朱熹：《四书集注》，凤凰出版社2005年版，第172页。
[7] （宋）朱熹：《四书集注》，凤凰出版社2005年版，第55页。

如《管子·任法》："仁义礼乐者皆出于法。"①），就是要以"公正""平直"亦即他们所理解的平等观念取代儒家的价值观。虽然在我们看来法家的以法"明分"也是要建立一种等级，但在法家看来，他们的"分"和儒家以"礼"所明的"分"（《荀子·非相》："分莫大于礼"②）绝不相同。他们的"分"体现了平等，儒家的"礼"之"分"则维护了等级特权。事实上，法家在以法明分的同时，主张"法平""壹赏""壹刑"，的确取消了贵族许多世袭特权，改变了"刑不上大夫"③的状况。《商君书》说："所谓壹赏者，利禄官爵抟（专）出于兵，无有异施也。"④就是说贵族没有军功，一律得不到利禄官爵。又说："所谓壹刑者，刑无等级，自卿相将军以至大夫庶人，有不从王令、犯国禁乱上制者，罪死不赦。"⑤就是说贵族官吏和平民，凡触犯法律，一律处罚。这里不是明显地包含着某种平等意味吗？因此，可以说，"法者，天下之至道也"⑥和"礼者，人道之极也"⑦表现了两种价值观的对立和斗争。

四 "术数"是御臣的工具

法家的治道以势为基础，以法为标准，而以术为方法。术（又称"术数"）的理论，是法家关于君主统御、控制群臣的方法的理论。术与法不同，"凡术也者，人主之所执也；法也者，官之所师也"⑧，"法者，编著之图籍，设之于官府，而布之于百姓者也。术者，以偶众端而潜御群臣者也。故法莫如显，而术不欲见"⑨。就是说，法由官府执掌君臣共

---

① 黎翔凤：《管子校注》，中华书局2004年版，第902页。
② 王先谦：《荀子集解》，中华书局1988年版，第79页。
③ 陈澔：《礼记集说》，凤凰出版社2010年版，第18页。
④ 蒋礼鸿：《商君书锥指》，中华书局1986年版，第96页。
⑤ 蒋礼鸿：《商君书锥指》，中华书局1986年版，第100页。
⑥ 黎翔凤：《管子校注》，中华书局2004年版，第906页。
⑦ 王先谦：《荀子集解》，中华书局1988年版，第356页。
⑧ 王先慎：《韩非子集解》，中华书局1998年版，第400页。
⑨ 王先慎：《韩非子集解》，中华书局1998年版，第380页。

守,术由君主独操;法的对象是全体臣民,术的对象是官吏臣属;法要公开,术应暗藏。术既然是君主御臣的方法,一般说来,并不是价值问题,然而在法家关于这些方法的理论中,却体现着价值观的含义,因而从中也能剖析出法家的某些价值观念。

术作为统御群臣的方法,包括对臣属的选任、监督、考核、赏罚等多项内容,而采取的方法则有积极和消极两类。积极的方法指用合理正当的途径进行监察、考核,消极的方法指用阴谋诡计、耍弄权术的手段进行控制监督。消极的方法完全是一种"恶",是剥削阶级本性的表现,谈不上什么价值,然而积极的方法中却包含着一些价值成分。这些价值因素可以从法家对术的本质和作用的论述中看出。韩非说:"术者,因任而授官,循名而责实,操杀生之柄,课群臣之能者也,此人主之所执也。"[1] 又说:"上德无为而无不为也。"[2] "实""能""无不为"就是法家的术所追求的价值。

"实",指官吏的真实活动和实际政绩,即实情和实绩。法家从人性自私利己论出发,认为君臣间的关系是利害关系,必然发生利益冲突,因此臣对君不可能忠诚,总要弄虚作假进行欺骗,将自己的利己打算隐瞒起来。这样,君要掌握真实情况就十分困难,而不了解实情又不利于统治,甚至权力都会受到威胁,这就必须"责实"。"责实"的方法就是"循名而责实",也称为"审合形名""形名参同"。"名"指官职名称,"形"指这一官职所规定应该完成的任务。如果某一官吏按照官职名称的要求,完成了该职所规定的任务,既不少做而失职,也不多做而越分,就是"形名合",就受赏;反之如果他失职或越职,就是"形名不合",就受罚。"形名合"即"名实合",这说明了臣属尽职尽责、实实在在地完成了规定的任务。法家认为这种"循名责实""审合形名"之术,是去除诈伪奸邪,掌握真实情况,监督官吏尽职的好办法,"人主诚明于圣人之术,而不苟于世俗之言,循名实而定是非,因参验而审言辞。是

---

[1] 王先慎:《韩非子集解》,中华书局1998年版,第397页。
[2] 王先慎:《韩非子集解》,中华书局1998年版,第131页。

以左右近习之臣,知伪诈而不可以得安也……百官之吏亦知为奸利之不可以得安也……安危之道若此其明也,左右安能以虚言惑主,而百官安敢以贪渔下?是以臣得陈其忠而不弊,下得守其职而不怨,此管仲之所以治齐,而商君之所以强秦也"①。可见,术所追求的一个重要价值就是"实"。

"能",指官吏的才能和成绩。法家指出,在君主周围,经常有臣属们献计献策、显示才能,但哪些话是有用的?哪些是无用的?哪些言是可信的?哪些是不可信的?谁是真正有才能的?谁是没有才能的?对这些问题,在一般情况下,很难确定,弄得不好就容易让一些别有用心的奸邪之臣或言过其实的无能之辈钻空子。因此就必须"课群臣之能",即对臣属的才能进行考核检验。考核的办法是什么呢?韩非提出"以言授事""以事责功"的方法。他说:"人主将欲禁奸,则审合刑(形)名者,言与事也。为人臣者陈而言,君以其言授之事,专以其事责其功。功当其事,事当其言,则赏。功不当其事,事不当其言,则罚。故群臣其言大而功小者则罚;非罚小功也,罚功不当名也。群臣其言小而功大者亦罚;非不说(悦)于大功也,以为不当名也,害甚于有大功,故罚。"② 就是说,根据臣的言论授他一个官职并让其独立办事,去完成规定的任务("以其言授之事"),同时按照任务的要求考核他的成绩("专以其事责其功")。如果功、事、言三者相当,就赏,三者不相当,就罚。功小于言、功大于言都是不相当,都是罚的对象。用此术就可以判断人臣的真实才能了,也可以使有才能的人敢于说话。这说明,"课能"也是术的重要价值所在。

"无不为",就是有为,而且大有作为。"无为而无不为"本是老子的命题,法家将其继承改造作为一种驭臣之术。法家认为,治理天下,要处理千头万绪的政务,要耗费无穷的智慧、才能、精力,要建立显赫的丰功伟绩,而这些靠君主一个人是根本不可能实现的,况且君主的任

---

① 王先慎:《韩非子集解》,中华书局1998年版,第99—100页。
② 王先慎:《韩非子集解》,中华书局1998年版,第357页。

务并不是处理具体政务。那么，如何解决这一矛盾呢？法家提出了无为之术。它的基本原则是君道无为，臣道有为，只有君无为才能尽臣之能而取得无不为的效果。慎到说："人君自任而躬事，则臣不事事，是君臣易位也，谓之倒逆。"① 因此，他主张"君臣之道，臣事事而君无事，君逸乐而臣任劳。臣尽智力以善其事而君无与焉，仰成而已，故事无不治。治之正道然也"②。申不害说："有道者不为五官之事，而为治主。君知其道也，官人知其事也。"③ 韩非说得更为具体："夫物者有所宜，材者有所使，各处其宜，故上下无为。使鸡司夜，令狸执鼠，皆用其能，上乃无事。"④ 又说："明君无为于上，群臣竦惧乎下。明君之道，使智者尽其虑，而君因以断事，故君不穷于智；贤者敕其材，君因而任之，故君不穷于能；有功则君有其贤，有过则臣任其罪，故君不穷于名。是故不贤而为贤者师，不智而为智者正。臣有其劳，君有其成功，此之谓贤主之经也。"⑤ 由此可见，无为之术的实质在于求"有为"，求"无不为"。慎到说的"事无不治"，申不害说的"五官之事"，韩非说的"智""能""成功"都是"有为"的内容，也即无为之术的价值目标。在先秦哲学中，儒家讲"无为"，道家也讲"无为"，儒家的"无为"是指"德治"价值，道家的"无为"是指"自然"价值，而法家的无为之术则与此二者不同，它追求的是大有作为的"事功"价值。

总之，"实""能""无不为"（有为）是法家驭臣之术中所包含的价值要素。尽管法家的驭臣之术具体说来还有许多方式，但其主要价值取向不外于此。这里我们不必讨论法家术论中是否有可资政治领导、行政管理的借鉴之处，而仅就价值论角度来看，它其中的确有今天也值得重视的积极因素。当然，所有这些，在法家的价值观中都是为君权至上的整体价值观服务的，也是这一价值观体系的

---

① （战国）慎到：《慎子》，华东师范大学出版社2010年版，第5页。
② （战国）慎到：《慎子》，华东师范大学出版社2010年版，第4页。
③ 魏徵等：《群书治要》，商务印书馆1936年版，第630页。
④ 王先慎：《韩非子集解》，中华书局1998年版，第44页。
⑤ 王先慎：《韩非子集解》，中华书局1998年版，第27页。

有机组成部分。

　　以上，我们论述了法家君、势、法、术四大理论中的价值取向问题。这四个部分相互联结、相互作用构成了一个完整的价值体系，其中君主是本位，权势是基础，法制是规范，术数是方法，君权是法术的前提，法术是君权的工具。法家认为君、势、法、术构成的价值系统，是高于道德、智慧、知识等价值的，从他们的"恃势不恃信""贵法不贵义""务法不务德""一法不求智""恃术不恃信"等价值判断中可以明显看出其价值取向的实际目标和对非君权价值的排斥。他们所谓"义""德""信""智""文学"等都是儒、墨竭力崇尚的价值因素。法家旗帜鲜明地表示了他们与儒、墨的价值分野，这充分说明在中国传统哲学中，法家的价值观是有特色的，这种特色形成的根本原因是法家代表了新兴社会阶级的利益，价值取向的不同正是不同利益的集中表现。

［载《法律科学》（《西北政法大学学报》）2013年第4期］

孔子与三秦文化

今天是孔子诞辰。孔子生于公元前551年9月28日（农历八月二十七日），卒于公元前479年4月11日（农历二月十一日）。孔子是儒家学派的创始人。作为伟大的思想家、教育家，作为中华民族的"至圣先师"，作为中华文化的标志代表，孔子对中国历史和中华文化影响巨大而深远。可以说，孔子是中华民族精神故乡里永远飘扬的旗帜，是中华民族精神血脉中永远流淌的基因。因此，不了解孔子就不能了解中华文化和中国人，不懂得孔子就不能实现民族文化自觉，不继承和发扬孔子及儒家文化中的思想精华和智慧成果，就不能实现以中华民族伟大复兴为主题的中国梦。我曾经说过：孔子不一定需要我们，但我们一定需要孔子！

首先我们分析一个重要的历史事件——"孔子西行不到秦"。韩愈在《石鼓歌》中云："孔子西行不到秦，掎摭星宿遗羲娥。"意谓孔子游学未到秦国，这对于他整理文献，编辑《诗经》来说，是采到了星星而遗失了太阳（"羲"）和月亮（"娥"）。是一件很遗憾的事。如俗话所说：是"捡了芝麻，丢了西瓜"。如何看待"孔子西行不到秦"这件事呢？

（1）"孔子西行不到秦"是历史事实。孔子从55岁到68岁周游列国是从鲁国出发，大致走了卫国、宋国、齐国、郑国、晋国、陈国、蔡国、楚国等地，而后返鲁。他西行最远到过今天的洛阳，的确没有西行入秦。

（2）"孔子西行不到秦"的原因。关于孔子"不到秦"的原因，众说纷纭。或曰秦国偏僻落后,孔子鄙视其不堪教化;或曰秦国山高路远,孔子经费短缺,难以成行;或曰路途受阻,孔子身不由己,事与愿违;或曰秦国民风朴实、讲究礼仪,孔子认为无须教化,不必适秦。笔者以为孔子游学列国并无预先设定的周密计划,而是边走边看,且行且住。不到秦国纯属偶然。

(3)"孔子西行不到秦"的意义。关于"孔子西行不到秦"的效应和意义,也是见仁见智,看法不一。

第一,孔子未到秦致使秦文化积淀不足,文化结构单一(只有法家文化),缺乏多元文化交融。

第二,孔子未到秦致使秦地自西周以来的德政传统中断,道德意识薄弱,后代秦人虽国富民强,一统天下,但秦王朝短命,二世而亡。

第三,孔子未到秦使秦国较少保守习气,敢于变法革新,终于富裕强大,灭了六国,统一天下。而孔子到过的国家先后都亡于秦。

从思想文化在多元交融、百家争鸣的过程中发展的规律来看,孔子未到秦对秦地文化和儒家文化都是损失。既是秦人的遗憾,也是孔子的遗憾。从这个意义而言,韩愈"孔子西行不到秦,掎摭星宿遗羲娥"的感慨不是没有道理。"孔子西行不到秦",但不等于孔子及其思想与秦没有关系。

一 周公思想是孔子学说的渊源
——孔子的"梦周公"

孔子虽"身未到秦",而却"心常至秦",甚至魂牵梦绕。孔子晚年,身体渐衰,曾经对学生叹道:"甚矣吾衰也!久矣吾不复梦见周公!"(《论语·述而》)他说自己衰老得太厉害了,好久没有梦见周公了!可见孔子一生经常梦见秦地的周公。孔子梦周公的含义是什么呢?

周公(?—约前1095年)姓姬,名旦,周文王的儿子,周武王之弟,周成王的叔父,西周王朝的创建者之一,西周社会制度的总设计师。

周公因以周地（今陕西岐山北）为其采邑，故称周公，是西周初期的著名政治家、思想家，辅佐武王灭商。武王死后，继承王位的成王年幼，由叔父旦摄政，平定管蔡与武庚叛乱，营建洛邑作为东都，建立鲁国。鲁国是周公之子伯禽的封国，分封之地在"少昊之虚"——曲阜。鲁国的第一代国君是伯禽。所以，在陕西岐山、河南洛阳、山东曲阜，都有历史上遗留下来的周公庙。今岐山县周公庙，相传是周公退位后生活居住的地方。

周公接受了夏、商两代灭亡的教训，提出了许多重要的思想。（1）"以德配天"。既承认"天命"的存在，但又反复强调"惟命不于常"，强调统治者必须修明德行，"以德配天"。（2）"敬德保民"。认识到"民心无常，惟惠之怀"，要取得民心，就要施行德政，关心民众，保护百姓；不能够贪图享乐，要知"稼穑之艰难"。（3）"明德慎罚"。在提倡"敬德"的同时又主张"敬明乃罚"，要有一定的强硬刑罚，但用刑罚需谨慎。（4）"制礼作乐"。实行礼治，建立礼乐制度。

周公思想的核心是一个"德"字。"德"字在华夏思想中占有极其重要的地位，从殷商到西周，"德"字发生了重大演变。甲骨文"德"字的形象是：一个人站在十字路口（"行"字），用一只眼睛对准一根细棍瞄准方向（眼睛上方的一竖"｜"）；所以殷商时代"德"字的意思是"目有所视，方向正直"，即"直"之意，也有"得"之意，还不明确具有"道德"含义。到金文，"德"字（见"何鼎"），眼睛下方画了一个心，表示"一心一意，心有所得"。这说明西周时代"德"的观念由以前的"目有所视"变为"心有所得"，由无心变为有心，是一场观念革命，使"德"字才明确地具有"道德"的含义，而道德乃心灵上的信仰。

周公"尚德""重德"思想是孔子学说的渊源和根据。孔子的"为政以德""仁者爱人""克己复礼"等儒家学派的基本观念就是对周公思想的继承和发展。孔子的"崇德"包括两方面的内容：一是"仁者爱人"，这是道德情感，二是"克己复礼"，这是道德规范。有仁爱感情而无礼的规范就会"乱",有礼制规范而无仁爱感情就会"死"。所以说孔子学说是"管而不死,活而不乱"的"仁礼结构"。"仁者爱人"使人"心安","克己复礼"使人"理得",儒家就是要人"心安理得"地活着。

儒家学派的创始人孔子梦周公的意义在于三个方面。一是表达对周公人格的敬仰。孔子曾说:人"如有周公之才之美,使骄且吝,其余不足观也已"(《论语·泰伯》)。称赞周公曰:"周公成文、武之德,追王大王、王季,上祀先公以天子之礼","周公,其达孝矣乎!"(《礼记·中庸》)二是说明对周公思想的继承和弘扬。他说:"周监于二代,郁郁乎文哉!吾从周"(《论语·八佾》)。三是表明复兴周公创建的西周社会是自己的崇高理想。他说"如有用我者,吾其为东周乎!"

《淮南要略》云:"孔子修成、康之道,述周公之训,以教七十子。"朱熹《论语集注》说:"孔子盛时志欲行周公之道,故梦寐之间如或见之。"正由于孔子与周公的这种关系,后人尊孔子为"至圣",而以周公为"元圣"。

二 秦地儒学是孔子的嫡传
——孔子的秦国弟子

孔子虽然自己游学未到秦国,但不等于他未招收过秦国的学生,不等于儒家思想没有传至秦地。孔子是我国古代著名的思想家和教育家,他的一生在政治上不得意,主要活动在于整理文献和从事教育。据说他的学生先后有3000人,其中出名的即所谓72贤人。这72贤人中有鲁、陈、齐、吴、卫、宋、蔡、秦等国的人。其中有来自秦国者4人。(1)秦祖。秦氏,名祖,字子南。(2)壤驷赤。壤驷氏,名赤,字子徒。(3)石作蜀。石作氏,名蜀,字子明。(4)燕伋。燕氏,名伋,字子思。

孔子西行不到秦,据说与燕伋这位贤人有关。燕伋早年在孔子门下求学,用一根扁担担着老师的书箱周游列国考察,孔子天南海北都走到了，就是没到秦国，应燕伋的邀请，孔子答应进潼关访问。在路上，子路故意放了一包银子测试燕伋，燕伋发现银子，没有去拾，用手指在路上写下"横财不发有德之人"，就走了。这事被孔子知道了，他感慨地对燕伋说："秦国有你这样贤德的学生，老师还有什么不放心呢？"于是孔子拨车返回去了。这就是孔子西行不到秦的原因。

燕伋（前541—前476年），字子思，秦地千阳燕家山（今陕西省宝鸡市千阳县水沟镇水沟村）人。诞生于一个"五世公族"的人家。他天资聪慧，自幼刻苦读书，遵守"父母在不远游"的古训，父母卒后，二十二岁赴鲁拜孔子为师，五年后学成归来，在秦国做了一名小官；三十五岁再赴鲁国继续深造；四十岁返家，弃官在渔阳（今千阳）设坛授教十八年，有教无类，广收门徒，积极传授孔子学说，传播儒学，为秦、陇、川、滇、宁、蒙、新等地培养了一大批人才，推动了当地的教育、经济、文化事业的巨大发展，燕伋是西北大地上的孔子贤徒，"开西秦设馆教学之先河"，并襟土堆筑望鲁台；五十八岁时获悉恩师之子孔鲤去世，三赴鲁国吊唁，并陪伴恩师四年；四年后孔子去世，又为其守孝三年，并与师兄弟帮助孔子抄录编定《六经》、编辑《论语》；燕伋第三次辞鲁返归时已六十五岁，翌年便去世，享年六十六岁。

燕伋一生三赴鲁从师孔子。燕伋为人谦虚诚厚，很受孔子赏识，深得其亲传。伋辞世后历代朝廷对其大加封赠：唐开元二十七年（739），玄宗封伋渔阳伯；宋真宗大中祥符二年（1009），加封伋千源候；明追称"先贤燕子"。山东曲阜孔庙供有燕伋像。

望鲁台高11米，底径35米，四周及广场占地约8000平方米，虽几经沧桑和历史变迁，但保护完好，气势仍旧巍然，形体依然高大。它不但是燕伋用心血日积月累而成的真情台，而且是燕伋以思师、念师、感师、敬师之美德浇铸起来的尊师台。燕伋是中国古代尊师第一人，望鲁台乃中华尊师第一台。

正是燕伋等孔门弟子把孔子的儒家思想传播到了秦国。所以说，秦地儒学是孔子的嫡传。

三 儒学在秦地的发展高峰——北宋关学

孔子创立的儒家文化在秦朝被妖魔化,遭遇"焚书坑儒"之厄运,但很快跨过难关,得到了纠正。秦亡汉兴,儒学在西汉,欣逢武帝采纳董仲舒"独尊儒术"的建议而时来运转,好运连连,成为国家意识、核心价值,并日益被神圣化了。但魏晋隋唐时期,儒学又遇到佛家、道家的冲击,统治地位虽未至摇摇欲坠,也可谓岌岌可危。到宋代儒学复兴,进一步被哲理化了。北宋张载作为宋代理学奠基人之一,以"为天地立心,为生民立命,为往圣继绝学,为万世开太平"为人生宗旨和哲学使命,创立了关学,建构了新的哲学思想体系。至此,孔子儒学在秦地的发展达到了高峰。张载被称为"关中孔子"。

孔子与三秦文化的关系很复杂,儒学在三秦的际遇很坎坷。通过以上对一句诗("孔子西行不到秦")、一个梦("孔子梦周公")、一座台("燕伋望鲁台")、一个学派("关学")的分析,对"孔子与三秦文化"这个题目,可以得出以下结论:(1)周公思想文化是孔子儒学的渊源;(2)秦地儒学是孔子的嫡传;(3)关学使孔子的儒家思想在秦地的发展达到了高峰;(4)周公孔子思想的基本内容是以人为本、以德为魂、以礼为序、以乐为和。其核心是"崇尚道德",这是我们应该继承和弘扬的精华!

孔子和老子创立的儒家、道家文化是中华文化之"双轮""两翼",儒道两家思想在中华文明的天空如日月同辉,在中华文化的伟大复兴中将"龙飞凤舞",在构筑中华民族的精神家园中将"龙凤呈祥"。

(2013年9月28日)

2014 年

中国传统哲学的特质及其形成

中国传统哲学是中华优秀传统文化的核心和灵魂。习近平总书记指出:"培育和弘扬社会主义核心价值观必须立足中华优秀传统文化……使中华优秀传统文化成为涵养社会主义核心价值观的重要源泉。"[1] 习近平总书记强调:"要讲清楚中华优秀传统文化的历史渊源、发展脉络、基本走向,讲清楚中华文化的独特创造、价值理念、鲜明特色,增强文化自信和价值观自信。"[2] 要认清中华文化的独特创造、鲜明特色,必须不断深化对中国传统哲学特质的认识。

一 中国传统哲学之突出特质

中国传统哲学中,价值论渗透于哲学的各个理论领域。无论是建构本体论、认识论、历史观、人生论,还是建构其他哲学理论,中国传统哲学都会将"应然"的原则贯注于"必然"原理之中,形成了本体论、认识论、人性论、历史观与价值论相融通的特质,从而使哲学理论内容呈现为自然与人伦合一、知识与道德融合、宇宙法则与治世规范统一的独特风貌。

---

[1] 《习近平谈治国理政》,外文出版社2014年版,第170页。
[2] 《习近平谈治国理政》,外文出版社2014年版,第170页。

（一）宇宙本体与价值理想的融通

道、气、无、理、心是中国哲学中标志宇宙本体的五大范畴，它们不仅是标志终极存在的本体范畴，而且是本体存在与价值境界相融通的范畴。从本质上说，这五大范畴无一不是万物根源与价值渊源、宇宙本体与价值至境的融通合一。

老子之道，既指天地万物存在的终极根据和必然规律，又指人应该追求的崇高目标和理想境界，所以老子既称道为"万物之奥"，又赞道为"善人之宝"（《老子》第六十二章）。"万物之奥"是本体义、"必然"义；"善人之宝"是价值义、"应然"义。作为宇宙本体，老子认为道是"无形"（"无象"）"无状""无名"的存在；作为价值原则和价值至境，老子赋予道以自然、虚静、柔弱、独立等价值品格，认为它们是利、真、善、美的统一体，是人应该遵循的准则。这种"必然"原理与"应然"原则的合一，是本体价值化和价值本体化的结果。

无是魏晋玄学贵无派所设定的宇宙本体，它是对老子道本体论的改造。何晏之论无，明确将本体与价值合而言之："天地万物皆以无为本。无也者，开物成务，无往不存者也。阴阳恃以化生，万物恃以成形，贤者恃以成德，不肖恃以免身。故无之为用，无爵而贵矣！"（《王弼集校释·附录》）他认为"开物成务""化生""成形"是无的本体功能；"成德""免身"则是无的价值意义；而"贵"乃是对无的价值地位的评定。王弼也提出，"以无为体""以无为用"不但是万物生成的规律，而且是价值实现的通道。故所谓"无物而不由"，"不求而得，不为而成"，既可"得德"，也可"尽德"。（《老子注》）可见，玄学家在"无"中也将价值至境与宇宙本体相融通。

气是中国哲学中源远流长的范畴，儒、道两家皆用之。先秦时期，气还未上升为本体范畴，道家言"自然之气"、儒家言"浩然之气"。"自然之气"是构成万物的原始材料，不具有价值意味，但"浩然之气"则是"配义与道""集义所生"的"至大至刚"的道德精神，纯粹是价值气象。至北宋，气升华为宇宙本体。张载是哲学史上第一位明确地以气为宇宙本体建构气一元论理论体系的哲学家，他认为气是宇宙万物的本根，而无形的"太虚"是气的本然状态，即所谓"太虚无形，气之本体"（《正蒙·太和》）。张载的"太虚之气"本体意义昭然，但也并非无价值意味。他说："太虚之气"是人性和物性的本原，这种本原之性就是"天性"（"天地之性"），而天性是"无不善"的。张载赋予气的本性以纯善、至善的品质，就把本体范畴和价值范畴合而为一了。此外，张载又以"太和""不偏""诚明"等词形容"太虚之气"，也蕴含着鲜明的价值意味。

理作为本体范畴，始于北宋二程，完成于南宋朱熹。朱熹认为理是宇宙本体，"宇宙之间，一理而已。天得之而为天，地得之而为地，而凡生于天地之间者，又各得之以为性"（《朱文公文集》卷七〇《读大纪》）。同时，他又明确地指出，"理便是仁义礼智"，"天理只是仁义礼智之总名，仁义礼智便是天理之件数"。（《朱文公文集》卷四〇《答何叔京》）正由于理是仁义礼智之"总名"，所以理是"至善"，即最高的价值境界。以本体言之，理是"至极""太极"；以价值境界言之，理是"纯善""至善"。故此，价值与本体在理本论中融通得紧密无间，合而为一。

南宋陆九渊、明代王阳明都是心本体论的筑构者，他们提出"宇宙便是吾心，吾心即是宇宙"（《陆九渊集·杂说》），"心者，天地万物之主也"（《王文成公全书·答李明德》），"心外无物，心外无事，心外无理"（《与王纯甫二》）等命题来说明心的本体意义，同时，他们也明确地赋予心以伦理道德的价值内涵。陆九渊认为"仁义者，人之本心也"（《与赵监》），"其本心无有不善"（《与王顺伯（二）》）。王阳明云："心一而已，以其全体恻怛而言，谓之仁；以其得宜而言，谓之义；以其条理而言，谓之理，不可外心以求仁。"（《传习录中》）其又云："至善者，心之本体也，心之本体，那有不善？"（《传习录下》）可见，在心本论中，心既是天地万物之"主"，又是仁义道德之"本"，既是终极的本体又是至善的境界，是本体与价值的合一。

可以看出，中国传统哲学中标志本体的范畴无一不具有价值内涵，无一不是万物根源与价值渊源、宇宙本体与价值至境的融通合一。这种合一，是本体价值化和价值本体化的结果。遵循这种融通合一的思路，中国哲学——特别是儒家哲学——普遍认为，自然界万物都有其自身的价值，金木水火土五行自身就具有仁义礼智信五德；东西南北四方、春夏秋冬四季都有与仁义礼智四德相应的价值内涵。

（二）历史规律与价值追求的融通

在夏、殷时代，中国人的历史观是以"神意为本"的天命史观，春秋时代逐渐转向以"人事为本"的人本史观。自人本史观产生之后，中国哲学家们着力以理性态度思考历史的本质和规律，然而，他们对历史客观规律的思考却从不脱离价值问题，而是用客观历史规律与主体价值追求相融通的思路来说明历史的发展。其中典型的观点有两个。

1. "生意成势"——生存价值与历史趋势的融通

把生存价值与历史规律相融通的代表人物是唐代的柳宗元，他通过"意"和"势"关系的讨论表达了这一思路。柳宗元认为，历史发展并不是由"圣人"的主观意志决定的，而是有着"不得已"的客观必然之"势"。例如，"封建，非圣人意也；势也"（《封建论》），而后代郡县制取代封建制也是历史发展的必然结果。在柳宗元看来，历史发展之客观必然趋势并不是完全脱离人之主体活动的纯粹的外在力量，它虽然不取决于圣人的个人意志，但却体现了人类群体对生存价值的追求。柳宗元把人们这种对生存价值的追求叫作"生人之意"。他说，人们的生存价值追求，引起了获取物质资料的斗争，而正是这种斗争造成了社会历史发展的客观必然趋势。可见，历史之"势"的实质是人类为满足生存需要和维护生存价值而进行主体活动表现出来的必然趋势。历史之"势"虽不由"圣人"的个人之"意"支配，但却"受命于生人之意"（《柳宗元集·贞符序》），因此，某个杰出人物（"圣人"）要在历史上发挥作用，不在于"穷异以为神""引天以为高"，而完全在于"心乎生民"，做到"利于人、备于事"（《柳宗元集》卷二、卷一九）。柳宗元这种"生民之意"以"成势"的观念，鲜明地体现了价值追求与历史法则融通的思路。

2. "同然即理"——公义价值与历史规律的融通

明末清初的王夫之继承发展了柳宗元的"生意成势"观，提出了"人之所同然者即为天"（《读通鉴论》卷七）的光辉命题。王夫之的所谓"天"，即人类历史发展的客观趋势（"势"）和必然规律（"理"）的统一。"理依于势"，"势中见理"，"势字精微，理字广大，合而名之曰'天'"（《读四书大全说》卷九），"天"是历史发展的客观力量的总称。王夫之所谓"人之所同然""民心之大同"即为民众共同的价值追求、价值意向或普遍认同的价值，大体相当于我们现在所说的"公义"，即人们普遍认同的道义。由此不难看出，王夫之的"人之所同然者即为天""民心之大同者理在是"观点，体现了把历史客观法则与人们普遍追求的价值（公义）相融合的思想。更值得重视的是，王夫之对公义，即"人之同然""心之大同"的基础做了深刻揭示，他认为"同然""同心"的基础是"欲之所得"，即人们共同的物质生活欲求的普遍满足。他说："人欲之各得，即天理之大同。天理之大同，无人欲之或异。"（《读四书大全说》卷四）这显然是对柳宗元"生民之意"的进一步发展，于是，普遍的价值追求和普遍的物质利益需要的满足与历史的客观规律达到了高度的统一。

（三）认识过程与价值意蕴的融通

对于中国传统哲学来说，纯粹的、独立的认识活动是不存在的，也是没有意义的。中国古代哲人把求真与闻道、穷理与尽性、致知与崇德视为不可分的统一过程，认为价值意识与认识活动是相互融通、合为一体的。在这种融通中，价值意识在认识中有三种主要表现。

1. 对认识主体的价值要求

中国哲学认为，人们认识客观事物的过程并非自然而然、消极被动的反映活动，而是人的主体性、能动性的发挥过程，所以，为了达到认识真理的目的，不但要顺应认识规律，还要对认识主体有价值要求。所谓对主体的价值要求，就是要求认识主体具有崇高的品德修养，成就崇高的价值人格。早在西周初年，《尚书·洪范》就对认识主体的修养提出了"敬用五事"的明确要求："貌曰恭，言曰从，视曰明，听曰聪，思曰睿。恭作肃，从作乂，明作哲，聪作谋，睿作圣。"这些要求包括了能力和道德两个方面，《洪范》认为，达到这些要求是成为一个好的认识主体的先决条件。后来，孔子提出要成为智者首先得成为仁者，"择不处仁，焉得智"（《论语·里仁》），"知及之，仁不能守之，虽得之，必失之"（《论语·卫灵公》）。孟子也说："不仁，是不智也。"（《公孙丑上》）荀子则提出，认识主体应该有"虚壹而静"的修养，才能把握真理。他说："人何以知道？曰心。心何以知？曰虚壹而静。"（《荀子·解蔽》）迄至宋明理学，儒家对认识主体的修养更为重视，亦更为严格。张载"崇德"，故曰"崇德而外，君子未或致知也"（《正蒙·神化》）；程朱"主敬"，故曰"未有致知而不在敬者"（《伊川语录》）。其实，不仅儒家对认识主体有严格的价值人格要求，即使在认识对象的选择上与儒家有异的道家，也认为认识主体的修养是取得真知的前提。庄子云："且有真人而后有真知。"（《庄子·大宗师》）其所谓真人就是无好恶爱憎之情感，忘生死善恶之区别的人。庄子认为，必有真人之修养而后才能获得真知。由此可见，对认识主体提出价值修养的要求，是中国哲学的重要特征。

2. 认识过程中的价值参与

中国哲学认为，人的认识活动并非纯粹的主观反映客观的超情感和超利害的过程，而是受人的好恶之情、利害之心、苦乐之趣、取舍之志影响的过程；不同的价值意识对认识的方向、得失、正误、深浅、偏全会产生不同的影响。据此，孔子提出应以"乐之"的心境对待认识，他主张"知之者不如好之者,好之者不如乐之者"(《论语·雍也》);孟子提出要以"自得"的态度深造求道,"君子深造之以道,欲其自得之也,自得之则居之安,居之安则资之深,资之深则取之左右逢其源,故君子欲其自得之也"(《孟子·离娄》);荀子提出须从"公心"出发认识事物,认为"公生明,偏生暗"(《荀子·不苟》)。先秦道家的宋钘、尹文学派,注意到了"私欲"对认识的干扰作用,认为利欲熏心的人不可能取得对事物的认识,"嗜欲充溢,目不见色,耳不闻声","夫心有欲者,物过而目不见,声至而耳不闻也"。(《管子·心术上》)这种观点,略似俗语所说的"利令智昏"。与宋、尹学派只看到私欲的消极作用不同,韩非则看到了积极的情感对认识的促进作用。他说:"慈母之于弱子也,务致其福,务致其福则事除其祸,事除其祸则思虑熟,思虑熟则得事理。"(《韩非子·解老》)宋明时代的哲人更是普遍地强调正确的价值意识对于认识的重要,张载有"大其心则能体天下之物"(《正蒙·大心》)的名言;苏洵有"为一身谋则愚,而为天下谋则智"(《审敌》)的警语;程朱以"居敬持志"为"穷理之本";王阳明反对"求其聪明而不知养之以善"(《训蒙大意示教读刘伯颂等》)。这些强调认识过程必有情感、意志等价值意识参与的看法和主张用端正、积极的价值意识促进认识的观点,对中华民族的价值思维和认识观念有广泛的影响。

3. 认识目标中的价值意蕴

中国古代哲学关于认识目标的实现,也不仅仅局限于对客观事物的本质和规律的把握上,而是把事实认知和价值认识以及求真与求善都融通于认识目标之内。所以儒家与道家都把"道"作为最终的认识目标,孔子曰:"朝闻道夕死可矣"(《论语·里仁》);老子说:"惟道是从。"(《老子》第二十一章)孔、老所谓"道"尽管内涵有异,但都是宇宙法则和价值准则的统一,在他们看来,宇宙万物的最后本质和社会人生的终极价值是合而为一的统一体。《大学》一书讲述"为学次第",明确地把"格物致知"的认识和实现人生价值一以贯之地融会贯通,使认识目标从属于价值目标。宋明时期,程朱讲"穷理",陆王讲

"知心"。"理"和"心"既是宇宙本体，又是价值境界，"穷理"和"知心"的指向目标都是真理和价值的合一。可见，在中国传统哲学中，认识的目标中融合着价值意境；追求真理和追求价值是人的认识活动一体之两面。

（四）自然生命与道德价值的融通

中国道家重视人的自然生命，而儒家则重视人的价值生命，故道家主"养生"，儒家主"成人"。"养生"，是为了自然生命的延续；"成人"，是为了价值生命（道德生命）的实现。由于儒家哲学在中国传统思想中处于主导地位，所以自然生命与道德价值的融通就成为中国哲学的突出特征之一。儒家关于生命与道德价值融通的主要观点有三种。

1. "气质之性"蕴含"天地之性"

先秦孟子一派的儒家哲人认为，人的本性是善的，人一生下来就具有先验的道德本性。孟子说："恻隐之心，仁之端也；羞恶之心，义之端也；辞让之心，礼之端也；是非之心，智之端也。人之有是四端也，犹其有四体也。"（《孟子·公孙丑上》）他又说："仁义礼智，非由外铄我也，我固有之也。"（《孟子·告子上》）由于仁义礼智四端是人人生来固有的，所以孟子称之为"良知""良能"。由此看来，孟子言"善端"，指的是人之所以为人的特性，而非指人生来具有的一切本能。这种观点，到了宋明儒学就形成了"天地之性"蕴含于"气质之性"的人性说——"天地之性"是纯善，而"气质之性"有善有不善。张载、二程、朱熹、陆九渊都持此观点。然而，无论是孟子的性善论还是理学家的"气质之性"含"天地之性"的人性论，都给人的自然生命中注入了价值（道德）的种子，从而使价值生命与自然生命相融通。

2. "生以载义"

既然人的自然生命中包含着价值因素，那么，人的自然生命当然就是价值的载体了。明末清初的王夫之提出了"生以载义"和"义以立生"的命题,他说"生以载义,生可贵","义以立生,生可舍"。(《尚书引义》卷五)这就是说,人的生命承担了道义,所以生命是可贵的;道义确立了人生的价值,所以道义是可贵的。王夫之这种观点其实在先秦时代就出现了,荀子曾说:"人有气有生有知亦且有义,故最为天下贵也。"(《荀子·王制》)但是,荀子仅将"生"与"义"并列,只说明了人兼有生命和道义两种因素,并没有指出生命和道义的内在关系;而王夫之从生命和道义的相互联结与相互作用上,阐明了生命和道义的价值,这显然是一种将价值和生命融会贯通的运思方式。

3. "成身成性"

儒家认为,人的一生不只是自然生命的成长过程,同时也是人生价值的开拓、追求和实现的过程。在先秦哲学中,道家追求人的自然生命的延长,弘扬"长生久视"之道,认为生命有宝贵的价值;墨家和儒家都认为人除了重视生命之外,还应重视社会道义价值,并特别指出生命价值是由道义所赋予的,如果离开了道义,生命本身就失去了价值,于是,他们都主张把生命成长和价值追求二者统一起来。尤其是儒家哲人,对这个问题的阐发相当充分。孟子提出,如果以肉体生命为人生的最高价值,那么人就会为了保全生命而无所不为,为了享乐生命而无恶不作。由此,孔、孟提出仁义价值高于生命价值,当仁义与生命发生冲突时,人应该"杀身成仁""舍生取义";人的一生就是弘扬和实现仁义价值的过程,就是"修身、齐家、治国、平天下"的一生。后代儒家都继承和发展了这一基本观点。宋儒张载认为"富贵福泽,将厚吾之生也;贫贱忧戚,庸玉汝于成也";"存,吾顺事;没,吾宁也"。(《正蒙·乾称》)明末王夫之云:"身者道之用,性者道之体。合气质攻取之性,一为道用,则以道体身而身成。大其心以尽性,熟而安焉,则性成。"(《张子正蒙注》卷四)他还认为人生一方面"有仁义礼智以正其德",另一方面"有声色臭味以原其生",两者是"互为体"而不可分割的;人的一生就是在"成身"的过程中"成性",在"成性"的过程中"成身"。张载和王夫之所说的"厚生玉成""成身成性""原生正德"就是生命与价值相融通的人生过程。

上述中国传统哲学中关于价值与本体、价值与历史、价值与认识、价值与生命相互关系的理论表明，中国哲学特别是儒家哲学的理论思维是一种典型的融通性思维。正是由于这几个方面的融通，决定了中国古代的价值类型论中也体现着各类型间相互蕴含、相互融通的观点。儒家以善统真、美，凡是善的价值就是真的和美的；道家以真统善、美，凡是真的价值就是善的和美的。虽然，儒家崇善，道家贵真，价值取向各不同，但其融通真、善、美的思维路径则是相同的。所以说，"必然"原理与"应然"原则融通，乃是中国传统哲学的重要特质。

二　中国传统哲学特质的形成原因

中国传统哲学将"应然"的原则贯注于"必然"原理之中，使哲学具有本体论、认识论、人性论、历史观与价值论相融通的特质。其原因何在呢？笔者认为，中国人的客体主体化的思维方式，是形成这种特质的重要原因。

中国人总是以天人合一、物我合一、主客合一的关系思维方式观照客观世界和客观事物，在言说、命名、把握客体事物时，不是从物的立场去以物观物，而是从主体人的立场和本位出发，以人观物、以人名物。如此，即赋予了物以人的意味，赋予了客体以主体含义，使客体存在主体化——这是一种客体主体化的思维方式。

许多哲学抽象范畴的文字本义，充分体现了这种思维方式。如"道""理""无""气""心""物"等哲学范畴的字义都是如此。

"道"的本义为人行走的路径。《说文》曰："道，所行道也……一达谓之道。"《释名》曰："道，蹈也。言人所践蹈。"《庄子·齐物论》曰："道，行之而成。"后来，道引申为方法、途径，进而抽象提升为宇宙本体、本源和规律、法则。

"理"的本义为治玉，即顺着纹路把玉从石中剖分出来。《说文》

曰："理，治玉也……顺玉之文而剖析之。"引申为管理、治理，又引申为事物的条理、准则，进而抽象为规律、法则及宇宙本体。

"气"的本义为云烟，《说文·气部》的解释是"气，云气也"。后来引申为气体，又引申为预示人生际遇吉凶之气象；又引申为人呼吸时出入的气息，再引申为人的精神状态如气概、志气、作风等，最后抽象为形成宇宙万物最基本的物质材料，进而升华为宇宙本体。在其演化过程中，由于"气"做了偏旁，其义则借用"氣"字来表示。而"氣"的本义则为馈送人的粮草，《说文》米部的解释为"馈客刍米也"。由此可见，"气"的字义与人相关。

"无"的本字是"無"，本义为消亡、死亡、逃亡。《说文》曰："無，亡也。"而"亡"的本义是挖去眼睛的人，即盲人。后"無"被引申为没有，与"有"相对。其在《老子》中抽象为哲学概念，如"有生于无"；在魏晋玄学中成为本体范畴。

"心"的本义为人的心脏、心灵，《说文·心部》的解释为"心，人心。在身之中"。后来引申为头脑、思想，内心、精神，心思、心性，中央、内部等义。上升为哲学概念后，"心"特指一切精神现象。陆王心学以"心"为宇宙本体范畴。

"物"的本义是杂色牛，引申为万物，《说文·牛部》的解释为"物，万物也。牛为大物，天地之数，起于牵牛。故从牛"。后引申为具体的东西，又引申为事，上升为哲学概念则表示一切客观存在的东西。

从"道""理""无""气""心""物"等字在上升到哲学范畴之前的含义（本义、引申义）可以看出，它们的字义中已经蕴含着与人相关之义。此即客体事实主体化的意义特点，这种字义特点充分体现了客体主体化的思维方式。由于价值的本质即事物对人的意义，所以此种思维方式上升为哲学范畴之后，为融通价值与事实开辟了道路。这些范畴中融通价值与事实的方法，主要是将利、真、善、美、吉、祥、福、贵等价值因素与客体事物的属性相统一，甚至将主体人的价值意识，如情感、意志、信念、理想、德性、情操、美感等，贯注于客体事物。如果说，西方哲学中的一些哲学家是在承认事实客观性和肯定价值主观性的主客二分的思维支点上将价值与事实分离开来，那么，中国哲学则是在把客体主体化和主体客体化的思维方式基础上将价值和事实相融通。

三 中国传统哲学特质的重大意义

中国传统哲学这种"必然"与"应然"相融通的价值论特质有着重要的学术和文化意义。

（1）相融通特征的突出优点是克服了价值与事实、"实然"与"应然"相割裂、相对立的思维局限，故中国传统哲学中没有"由事实判断推不出价值判断"的所谓"休谟问题"。

（2）相融通的重大意义是形成了中国传统哲学的人本宗旨。中国哲学没有孤立的宇宙本体探索，没有单纯的客观知识追求，也没有"怪力乱神"的宗教旨趣，实现人的价值是它的最高宗旨。其本体论并非以宇宙的本质为认识的根本目标，而是借"天道"以明"人道"；其认识论并非以认识的来源和规律为探讨的最终归宿，而是借"知行"以说"道德"；其方法论并非以世界的运动过程和规律为研究的至上兴趣，而是借"阴阳"以言"治平"；其历史观也并非以历史发展的客观必然性为思考的终极意义，而是借"理势"以论"至治"。

（3）相融通的重要作用是锻铸了中国哲学的实践性品格。中国哲学的形上之道、抽象之理、玄远之思等"必然"原理固然都有其相对独立的内容和意义，但归根结底是都服务于实现"应然"原则的实践活动。《周易·系辞》云："一阴一阳之谓道，继之者善也，成之者性也。"形上的必然之道的意义在于，指导人的"继之""成之"的实践活动，而实践活动的目的是实现应然之"善"。这种"继道为善"和"成道为性"的理念，是中国哲学的突出优势。

中国传统哲学融通性特征的最大缺陷是将价值泛化，即以价值存在掩盖客观事实甚至取代客观事实，以价值评价制约事实认知甚至代替事实认知。

总之,对中国传统哲学和传统文化,我们应该认识其特质,克服其局限,弘扬其优势,使其成为实现中国梦的宝贵智慧资源。

[载《哲学与当代精神理论研讨会暨2013年哲学学会年会论文集》(2013年12月16日);《"生态哲学与当代社会"学术研讨会论文集》(2014年7月13日)]

永远不能离别的精神家园

党的十八大以来，习总书记发表了一系列重要讲话，其中关于中华传统文化特质和弘扬中华优秀传统文化的重要性的论述，表现了党对传统文化认识的新高度，标志着党的文化自觉的新境界。这种新认识和新境界可以概括为：优秀传统文化是中华民族永远不能离别的精神家园。

传统文化是实现中国梦的精神支撑。实现中华民族的伟大复兴，是中华民族近代以来最伟大的梦想。而实现中国梦，必须走中国道路，必须弘扬中国精神，必须凝聚中国力量。中国精神就是以爱国主义为核心的民族精神和以改革创新为核心的时代精神。而民族精神深蕴于中华传统文化之中。可以说，传统文化是中国梦的精神支撑。

传统文化是中国特色社会主义的历史渊源。实现中国梦，必须坚持和发展中国特色社会主义，对中国特色社会主义必须从科学社会主义理论逻辑和中国社会发展历史逻辑的辩证统一的高度来理解和认识。习总书记在多次讲话中，运用这一辩证思维，提出"中国特色社会主义道路是在对中华民族5000多年悠久文明的传承中走出来的"，"中国特色社会主义根植于中华文化沃土"，"有着深厚历史渊源"。

传统文化是最深厚的文化软实力。相对于由经济、科技、军事实力等表现出来的"硬实力"，"软实力"则是以文化和意识形态吸引力体现出来的。一国的文化、价值观念、社会制度、发展模式的国际影响力与感召力即为"软实力"。"硬实力"和"软实力"二者结合组成一个国家的综合国力。一个国家的崛起，从根本上说，在于它的综合国力的全面提升。而文化软实力更是衡量一个国家内涵的重要指标。

传统文化是培育社会主义核心价值观的重要资源。一个民族牢固的核心价值观，都有其固有的根本。中华传统美德是中华文化的精髓，蕴含着丰富的思想道德资源。深入挖掘和阐发中华优秀传统文化讲仁爱、重民本、守诚信、崇正义、尚和合、求大同的时代价值，使中华优秀传统文化成为涵养社会主义核心价值观的重要源泉。

传统文化是治国理政、克己修身的经验宝库。中华文化凝结着宝贵的历史经验。习总书记指出：中国历史是中国人民、中华民族坚持不懈的创业史和发展史，蕴含着十分丰富的治国理政和个人克己修身的宝贵历史经验。我们要善于借鉴历史上治理国家和社会的各种有益经验，继承中华民族在漫长历史发展进程中形成的优良传统，从中汲取思想精华，结合新的实践不断发扬光大。

传统文化是升华精神境界的智慧源泉。中华传统文化体现了中华民族的精神追求，凝结着丰富而渊深的人生智慧。习总书记明确指出：优秀传统文化是中华民族永远不能离别的精神家园。通过学习中华民族优秀的传统文化和高尚的精神追求，可以获得精神鼓舞，升华思想境界，陶冶道德情操，完善优良品格，培养浩然正气，做到自重、自省、自警、自励，认真践行全心全意为人民服务的根本宗旨。

（载《陕西日报》2014年11月15日第5版）

2015 年

中国传统哲学的修养智慧

是时候了,让我们重新来谈论修养,重新来回望中国传统的修养智慧。

自20世纪"文革"时期批判刘少奇《论共产党员的修养》以来,中国人已极少谈修养了。本来,修养是中华民族传统文化传统伦理的重要内容,而被批为唯心主义意识之后,修养逐渐被否定、被淹没、被遗忘了。"文革"中人们忙于"斗争"、忙于"打倒",不讲修养;"文革"后人们忙于"致富"、忙于"赚钱",也不讲修养,以致民族精神沦落、道德沦丧。正如黑格尔所言:"世界精神太忙碌于现实,太驰骛于外界,而不遑回到内心,以徜徉于自己原有的家园中。"[1] 今天,随着我们对传统文化重大意义认识的深化和对中国人道德和人格退化的担忧,修养的意义和价值被重新发现、重新肯定。

2014年9月24日,习近平总书记在纪念孔子诞辰2565周年国际学术研讨会上发表讲话时说:"当代人类也面临着许多突出的难题,比如,贫富差距持续扩大,物欲追求奢华无度,个人主义恶性膨胀,社会诚信不断消减,伦理道德每况愈下,人与自然关系日趋紧张,等等。要解决这些难题,不仅需要运用人类今天发现和发展的智慧和力量,而且需要

---

[1] [德] 黑格尔:《哲学史讲演录》第1卷,贺麟、王太庆译,商务印书馆1983年版,第1页。

运用人类历史上积累和储存的智慧和力量。"① 中国历史上积累和储存着哪些智慧呢？2014年10月13日，习近平总书记在主持政治局第十八次集体学习的讲话中又强调："我国古代主张民为邦本、政得其民，礼法合治、德主刑辅，为政之要莫先于得人，治国先治吏，为政以德、正己修身，居安思危、改易更化，等等，这些都能给人们以重要启示。"② 充分肯定了传统文化中"正己修身"的宝贵智慧。

一　修养是灵魂的炼金术

人的成长、完善要通过教育、熏陶、实践、修养四种方式。修养是什么？修养有什么特征？

（一）修养之含义

"修养"是"修身"和"养性"两个词的合称。"修"指雕琢、修理，"养"指培养、养成。二者都属于先秦哲人所说的"修身"（修养身心）范畴。孔子讲"修"，但未使用"修身"一词，"修身"最早见于《墨子·非儒》："远施周偏，近以修身。"此后先秦典籍多有，如《易·复》："象曰：不远之复，以修身也。"《大学》以"修身"为八条目之一。《孟子·尽心上》曰："存其心，养其性，所以事天也。""修身以俟之，所以立命也。"《荀子·修身》："以修身自强，则配尧禹。"墨子、荀子都写有《修身》篇，汉代扬雄也写有《修身》篇。而"修养"一词，最早见于朱熹《近思录》引程颐说："修养之所以引年……皆工夫到这里，则有此应。"总之，修养指的是通过内心反省、个人践履，实现其道德、人格、精神境界的自我提升和自我完善的活动。

---

① 习近平：《在纪念孔子诞辰2565周年国际学术研讨会暨国际儒学联合会第五届会员大会开幕会上的讲话》，人民出版社2014年版，第6页。
② 习近平：《牢记历史经验历史教训历史警示，为国家治理能力现代化提供有益借鉴》，《人民日报》2014年10月14日第1版。

（二）修养之特点

（1）自我性——个体自己为主体也为客体的活动，不同于学校教育和社会改造，都以他者为主体，以自己为客体。修养比教育更能体现道德主体性。孔子总是要求学生以自我为主体进行自修其身的"修己"活动，如"修己以敬""修己以安人""修己以安百姓"（《论语·宪问》）；总是要求学生从自身出发，以自己为主体，思考和养成高尚道德，如"其行己也恭"（《论语·公冶长》），"己所不欲，勿施于人"（《论语·颜渊》），"己欲立而立人，己欲达而达人"（《论语·雍也》），"克己复礼为仁"（《论语·颜渊》），"行己有耻"（《论语·子路》），"为仁由己"（《论语·颜渊》）。他特别提出"君子求诸己，小人求诸人"（《论语·卫灵公》），"古之学者为己，今之学者为人"（《论语·宪问》）。孟子也强调修养的自我性，如"庠者，养也"（《孟子·滕文公上》），"我善养吾浩然之气"（《孟子·公孙丑上》）。

（2）内省性——以精神内部为活动范围，以精神内视、内省、反省、反思为活动方式。《大学》云："如切如磋者，道学也。如琢如磨者，自修也。"朱熹注云："自修者，省察克治之功。"可见自修不同于以外在事物为对象的实践活动。古人称修养是"内圣"之事，治国是"外王"之事。西方哲人苏格拉底说"认识你自己"，也与中国儒家谈的修养有共性，都是期望通过反思达到对自己的局限和不足的高度自觉。然而也有相异之处：西方哲人着眼于认识自己知识的局限性，中国哲人着眼于认识自己人性（道德）的局限性。

（3）道德性——修养活动的主题是道德提升，不同于以知识增长为主题的学习活动。孔子说："德之不修，学之不讲，闻义不能徙，不善不能改，是吾忧也。"明确以"修德"为修养主题。《大学》之"八条目"曰"格物、致知、诚意、正心、修身、齐家、治国、平家下"，明确地把"致知"与"修身"区分开来。老子曰"为学日益，为道日损"（《老子》第四十八章），也明晰地区分了德性修养与知识学习的不同。

2014年9月16日，首都高校科学道德和学风建设宣讲教育报告会在人民大会堂举行。92岁高龄的最高科学技术奖得主、著名建筑学家吴良镛院士拄着拐杖，在工作人员的搀扶下，一步一步缓缓走上了人民大会堂的报告台。面对首都近6000名新入学的研究生，他以"志存高远，身体力行"为题做了35分钟的报告，吴良镛说自己不讲大道理："我作为一个建筑学人，自1946年执教于清华大学，至今已经68年，我只想将一些通过自己亲身经历所得到的体会跟同学们讨论。"他就自己对于理想与励志、选择、坚持、榜样、顿悟的感受、理解与现场学生进行了交流。针对当下社会存在的学术腐败、学术不端等现象，吴良镛院士还提出了将科学伦理转化为实践的要求，鼓励台下的研究生加强信念、探索广阔的学术新天地。吴良镛坚持站着做完了报告。工作人员怕出现意外专门搬了把凳子坐在吴老身后。但放眼台下，就在报告过程中，大批后排的学生一片片"倒"下，趴在桌上睡去。有不少网友抨击这些学生对吴老没有最基本的尊重，也有网友对这些学生表示理解，并反问："如果他讲得有意思、有激情，会有人睡吗？"这些睡觉者和为睡觉辩护的人，不懂得修养与求知不同，仅以求知而论，若报告无新知、无趣味，可以不听甚至可以睡觉，但以德性修养言，这是缺乏敬老之德、尊师之德和礼貌素养、文明素养的恶劣表现。既有辱于斯文，又有辱于自己的人格。教学活动是师生共同参与的求知、修身的过程，老师的主导作用诚然重要，学生的自觉学习、主动参与特别是自我修养也非常重要。不认真教学、不关心学生的老师不能搞好教学，不尊师重道、不严于律己的学生也不能实现教学。

（4）心灵性——意识、精神、心灵是修养的动力。修养不是以事业为目标的物质性实践活动，而是以精神动力、心灵动力进行的自我反省、审视、检查、批评、忏悔、改造、更新活动，是扪心自问、抚心自省，是灵魂深处的澄心静虑、洗心革意，更是内心自觉经历的精心励志、回心转念的过程，是个人灵魂深处的自我革命。

自我性是修养活动的主体特点，内省性是修养活动的方式特点，道德性是修养活动的宗旨特点，心灵性是修养活动的动力特点。由这些特点看来，修养是灵魂的"炼金术"。

二 修养是自我完善的需要和标志

人为什么要进行修养？修养的意义何在？

（一）修养是人性完善的需要

孟子曰："存其心，养其性，所以事天也。""修身以俟之，所以立命也。"（《孟子·尽心上》）儒家认为人的本性是完善的，而具体人的人性现状是有缺陷的。只有通过修养才能补救个体人性之缺陷而复归本性——天性（复性）。朱熹《大学章句序》："盖自天降生民，则既莫不与之以仁义礼智之性矣。然其气质之禀或不能齐，是以不能皆有以知其性之所有而全之也。一有聪明睿智能尽其性者出于其间，则天必命之以为亿兆之君师，使之治而教之，以复其性。此伏羲、神农、黄帝、尧、舜所以继天立极，而司徒之职、典乐之官所由设也。"

（二）修养是品德优化和精神境界提升的需要

孟子曰："古之人，得志泽加于民；不得志，修身见于世。穷则独善其身，达则兼善天下。"（《孟子·尽心上》）这是说如果从政的志向实现了，就为百姓谋利益；如果没有实现就加强修养，以高尚之美德挺立于人世。"达"了，则实现自我与众人的"兼善"，"穷"了，则实现个体自我的"独善"。修养虽是自我反思、自我改造，表面上看似以自己为敌，但却不是为了否定自我、打倒自己，而是为了关爱自己、美化自己。人人都爱美，但很多人只懂得外表美、形体美，而不知内心美、精神美。如果说，美容是外表的美化，那么修养就是精神的美化。

（三）修养是知识升华为智慧的需要

知识只有升华为智慧，才能对人生有意义、有价值。知识升华为智慧有两个条件：一曰对知识融会贯通，二曰对知识体认领悟。融会贯通是知识的一体化，体认领悟是知识的人格化。而知识的人格化必须通过修养工夫。只有如此，才能使知识有生命力。朱熹说，知识升华到智慧，乃是"知之至"，即知识的最高境界。朱熹《大学》注云："盖人心之灵莫不有知，而天下之物莫不有理，惟于理有未穷，故其知有不尽也。是以大学始教，必使学者即凡天下之物，莫不因其已知之理而益穷之，以求至乎其极。至于用力之久，而一旦豁然贯通焉，则众物之表里精粗无不到，而吾心之全体大用无不明矣。此谓物格，此谓知之至也。"

（四）修养是参与社会活动和承担社会责任的需要

人是社会性存在，所以古语云"人生在世"。人生既然在世，总是要以不同程度、不同方式参与社会活动、承担社会责任。或齐家，或治国，或平天下。而修身是齐家、治国、平天下的基础。孟子也说："修其身而天下平。"（《孟子·尽心下》）

（五）修养是人的自我完善能力证实的需要

孟子说"人皆可以为尧舜"（《孟子·告子下》），荀子说"途之人皆可以为禹"（《荀子·性恶》），王阳明说"满街人都是圣人"（《传习录下》）。就是说人应该而且能够达到完善境界。而人的这种完善化程度和完善化能力必须通过修养才能证实。社会实践的成功能够证明人有改造自然、改革社会的能力，却不能证明人有自我改造、自我更新、自我提升的能力。而修养能使人性善化、人格美化，从而可以证明每个人有自我完善的能力。所以《大学》云："自天子以至于庶人，壹是皆以修身为本。"神话传说中，动物经过"修炼"可以为人，例如《白蛇传》中的白素贞，就是由白蛇经五百年修炼而成的；人经过长期修炼又可以成"仙"。人是动物的提升，仙是人的提升，而提升层次必须经过"修"。

总之，修养是为了实现人之为人的提升和完善，达到完善的人性、完美的人格、崇高的境界。修养决定品质，品质决定人格，人格呈现魅力。

刘少奇在《论共产党员的修养》中深刻地说明了修养对于个人提高和改造的重要意义："革命者要改造和提高自己，必须参加革命的实践，绝不能离开革命的实践；同时，也离不开自己在实践中的主观努力，离不开在实践中的自我修养和学习。如果没有这后一方面，革命者要求得自己的进步，仍然是不可能的。"又说："你们在学校中受着同样的教育和训练，然而由于你们各有不同的品质，不同的经验，不同的主观努力和修养，因而你们就可能获得不同的甚至相反的结果。因此，革命者在革命斗争中的主观努力和修养，对于改造和提高革命者自己，是完全必需的，决不可少的。"

三　修德立人是修养的主题

古代哲人谈修养内容，包括修德、修业（《易·乾》："君子进德修业"）、修学（《汉书·董仲舒传》："终不治产业，以修学著书为事"）、修容（《礼记·檀弓下》："曾子与子贡入于其厩而修容焉"）等诸多方面，但核心主题是修德。先哲之所以以修德为修养的第一主题，原因有三个方面。

（一）道德是人生价值确立的根本

《左传》云："太上有立德，其次有立功，其次有立言。此之谓三不朽。"

（二）道德是才能、知识的统帅

孔子曰："智及之，仁不能守之，虽得之，必失之。"（《论语·卫灵公》）墨子曰："君子战虽有陈，而勇为本焉；丧虽有礼，而哀为本焉；士虽有学，而行为本焉。"（《墨子·修身》）《资治通鉴》云："才者，德之资也；德者，才之帅也。"熟语云："小胜凭智，大胜靠德。"

（三）德性是事业成功的基础

《孟子·告子上》："有天爵者，有人爵者。仁义忠信，乐善不倦，此天爵也；公卿大夫，此人爵也。古之人修其天爵，而人爵从之。今之人修其天爵，以要人爵；既得人爵，而弃其天爵，则惑之甚者也，终亦必亡而已矣。"

所以孔子认为，对于君子来说，修德是最重要的："德之不修，学之不讲，闻义不能徙，不善不能改，是吾忧也。"（《论语·述而》）

四 修养的方式和途径

（一）"人为至贵"意识是修养的前提

"人为至贵"指人是天地间至高无上的存在，具有最为宝贵的价值。春秋战国时期，中国人形成了"人为至贵"观念，很多哲人都提出和阐释了"天地之生人为贵"这一伟大思想。

《尚书·泰誓》："惟人万物之灵。"《礼记·礼运》："人者，天地之心也。"孔子："天地之性（生）人为贵。"（《孝经》载孔子语）荀子："水火有气而无生，草木有生而无知，禽兽有知而无义，人有气有生有知，亦且有义，故最为天下贵也。"（《荀子·王制》）此后，"人贵"观念影响广泛而深远。扬雄："物之所尊曰人。"（《太玄·玄文》）班固："人者，天之贵物也。"（《白虎通义·三军》）许慎："人，天地之性（生）最贵者也。"（《说文解字·人部》）王充："人之在天地之间也，万物之贵者也。"（《论衡·诘术》）

知"自贵于物"就是自觉认识到人的崇高地位和价值。认识"人为至贵"就会严于"人禽之辨"，把人与动物区分开来。那么，人为什么贵？因为人异于物、高于物。而人异于物、高于物的标志是什么呢？就在于人有道德。孟子曰："人之异于禽兽者几希，庶民去之，君子存之。"（《孟子·离娄下》）就是说，人区别于禽兽的地方只有很少一点点，一般的人容易丢弃它，而君子会自觉地保存它。这"几希"就是"仁义礼智"的道德（孟子称之为"善性"）。

确立"人贵"观念，知道自己是人不是动物；知道人与动物的差别很小，就会提高以德立人、以修立德的自觉性和警觉性。也就是说会提高人的自我道德修养和人格提升的自觉性。董仲舒对此有明确论述："知自贵于物，然后知仁义；知仁义，然后重礼节；重礼节，然后安处善；安处善，然后乐修理；乐修理，然后谓之君子。"把"人贵"思想的自觉性视为人进行道德修养，做到"爱人""立人""达人"，成为"君子"人格的起点。当人们认识到"天地之性（生）人为贵"，而道德是人贵于物的重要标志时，人就会自尊，人自知其自尊，就会自觉地体现道德。所以梁启超《新民说》云："自尊所以尊人道。"

（二）"诚意正心"是修养的基础

《大学》："所谓诚其意者，毋自欺也。如恶恶臭，如好好色，此之谓自谦。故君子必慎其独也。"朱熹注云："言欲自修者知为善以去其恶，则当实用其力。"《大学》："所谓修身在正其心者：身有所忿懥，则不得其正；有所恐惧，则不得其正；有所好乐，则不得其正；有所忧患，则不得其正。心不在焉，视而不见，听而不闻，食而不知其味。此谓修身在正其心。"朱熹注云："盖是四者，皆心之用，而人所不能无者。然一有之而不能察，则欲动情胜，而其用之所行，或不能不失其正矣。心有不存，则无以检其身，是以君子必察于此而敬以直之，然后此心常存而身无不修也。"诚意就是老老实实的态度，不自欺欺人；正心就是端端正正的动机，能专心致志。儒家由诚意正心进而提出主敬、守静、定性、慎独等修养态度，正如《大学》所说："知止而后有定，定而后能静，静而后能安，安而后能虑，虑而后能得。"

（三）"以理制欲"是修养的关键

"节欲"是中国传统文化中精神修养论的关键。先秦儒、墨、道、法各派哲学都主张节欲：老子："见素抱朴，少私寡欲。"(《老子》第五十七章）孔子："从心所欲，不逾矩。"(《论语·为政》）孟子："养心莫善于寡欲。"(《孟子·尽心下》）墨子："去其无用之费。"(《墨子·节用》）庄子："同乎无欲，是谓素朴，素朴而民性得矣。"(《庄子·马蹄》）荀子："以道制欲，则乐而不乱。"(《荀子·乐论》）韩非："任理去欲，举事有道。"(《韩非子·南面》）

从个体修养而言，"节欲"观的主要意义体现在三个方面。（1）节欲是对主体需要的调适：将人的需要从低级层次调适到高级层次。《老子》指出："五色令人目盲。五音令人耳聋。五味令人口爽。驰骋田猎，令人心发狂。难得之货，令人行妨。"(《老子》第十二章）"祸莫大于不知足，咎莫大于欲得。"(《老子》第四十六章）（2）节欲是对人生境界的提升：物质欲望是最低境界，节欲可将人生境界提升到更高的道德境界和天地境界。孔子说："君子谋道不谋食……君子忧道不忧贫。"(《论语·卫灵公》）"君子食无求饱，居无求安；敏于事而慎于言，就有道而正焉，可谓好学也已。"(《论语·学而》）又说："士志于道，而耻恶衣恶食者，未足与议也。"(《论语·里仁》）（3）节欲是对人格价值的升华：通过节欲养成高尚人格。孟子认为，只有用道德理性节制耳目口腹之欲，才会成为品格高尚的"大人"。他把道德理性称为"大体"，而把耳目口腹之欲称为"小体"，谓"从其大体为大人，从其小体为小人""先立乎其大者，则其小者弗能夺也。此为大人而已矣"。(《孟子·告子上》）

道家的人格理想以"至人""真人"为标志，认为"私欲"深重的人，绝不会达到"圣人""真人"的境界。庄子曰："其嗜欲深者，其天机浅。"(《庄子·大宗师》）又曰："恶、欲、喜、怒、哀、乐六者，累德也。"(《庄子·庚桑楚》）因此主张只有"寡欲""节欲"，才能成为"至人""真人"。老子说"圣人处无为之事"(《老子》第二章），庄子也说"至人无为"(《庄子·知北游》）。所谓"无为"，就是内无私欲，外无索取；对己无所求，对人无所争。

可见，儒家和道家都把"节欲""寡欲"作为进行德性修养、实现人格价值的基本途径。

这几方面可以概括为一点，就是确立和提升人的价值主体地位。价值需要的调适、价值取向的引导、价值人格的升华都是为了使人超越生物性和远离自然性，由自然的人变为社会的人，由自在的人变为自觉的人，由生存的人变为发展的人，从而保持其"天地之性人为贵"的价值地位。人的生理性需要和物质性追求，尽管是必要的需求，却不是高层次的需求。只有道德生活、精神境界、自由意志、美好理想（包括人格理想和社会理想），才是人之所以为人的根本标志。

明末清初的王夫之指出，"食色之欲"并不能区分人与动物，只有道德理性才是人异于动物之所在："《中庸》说'诚之者，人之道也'，方是彻底显出诚仁、诚知、诚勇，以行乎亲、义、敬、别、信之中，而彻乎食色之内，经纬皆备，中正不忒，方是人之所以异于禽兽。"（《读四书大全说》卷九）

"理欲"关系的外在表现就是"义利"关系，因此"以理制欲"的内心修养在价值取向上的要求，就是"以义导利""义然后取"。"义然后取"是价值观修养的基本内容。程颢："大凡出义则入利，出利则入义，天下之事，惟义利而已。"（《程氏遗书》卷一一）朱熹："义利之说，乃儒者第一义。"（《朱文公文集》卷二四《与延平李先生书》）"义"指道义、道德，"利"指利益、功利。义利关系即道义、道德与利益、功利的关系。义利关系是传统价值观的核心问题。

儒家义利观的基本观点：是"义重于利""义然后取"。孔子提出"义以为上""义然后取""见利思义"。"富与贵，是人之所欲也，不以其道得之，不处也。"（《论语·里仁》）"不义而富且贵，于我如浮云。"（《论语·述而》）孟子主张"去利怀义"，荀子主张"先义后利""重义轻利"，董仲舒主张"正其谊（义）不谋其利，明其道不计其功"，都是对孔子思想的继承和发展。

儒家为什么认为义重于利，主张见利思义、义然后取呢？第一，义利之辨是君子小人之辨。孔子提出"君子喻于义,小人喻于利"(《论语·里仁》)。孟子曰:"鸡鸣而起,孳孳为善者,舜之徒也;鸡鸣而起,孳孳为利者,跖之徒也。欲知舜与跖之分,无他,利与善之间也。"(《孟子·尽心上》)第二,义利之辨是养心与养体之辨。董仲舒从养生即生命的存在上论证了义利的价值:"天之生人也,使人生义与利:利以养其体,义以养其心。心不得义不能乐,体不得利不能安。义者心之养也,利者体之养也。""体莫贵于心,故养莫重于义。"(《春秋繁露·身之养重于义》)

这种价值观念也包含着修炼道德品质、提升精神境界、培养高尚人格和协调社会关系的合理因素。特别在物欲横流、道德沦丧、享乐至上、信仰失落的特定历史条件下,它的积极作用更为明显。

(四)"自省自反"是修养的方式

自我省察、自我反省是儒家倡导的道德修养的根本方式。孔子:"见贤思齐焉,见不贤而内自省也。"(《论语·里仁》)又曰:"内省不疚,夫何忧何惧?"(《论语·颜渊》)孟子:"君子所以异于人者,以其存心也。君子以仁存心,以礼存心。……其自反而仁矣,自反而有礼矣。"(《孟子·离娄下》)荀子:"见善,修然必以自存也;见不善,愀然必以自省也。"(《荀子·修身》)就是说,看到善良的行为,一定一丝不苟地拿它来对照自己;看到不好的行为,一定心怀恐惧地拿它来反省自己。

(五)"以名矫实"是修养的路径

公元前489年(周敬王三十一年、鲁哀公六年),时年63岁的孔子最后一次来到了卫国,这时孔子的弟子多仕于卫,卫君也有让孔子为政的意思。于是子路就问孔子:"卫君待子而为政,子将奚先?"孔子答曰:"必也正名乎!"子路对这个回答好像不以为然,他反驳说:"有是哉,子之迂也!奚其正?"孔子看子路是这个反应也很生气,马上厉声道:"野哉,由也!君子于其所不知,盖阙如也。"他很严肃地对正名做了进一步的解释:"名不正,则言不顺;言不顺,则事不成;事不成,则礼乐不兴;礼乐不兴,则刑罚不中;刑罚不中,则民无所措手足。故君子名之必可言也,言之必可行也。君子于其言,无所苟而已矣。"(《论语·子路》)《论语·颜渊》载:"齐景公问政于孔子。孔子对曰:'君君,臣臣,父父,子子。'"即要求君、臣、父、子都要名实相符,各尽自己的职责、各行自己的道义。对于君、臣、父、子个人而言,就是按名分所包含和规定的道德原则、道德规范来约束要求自己,进行修养,达到以名正实,实符合名。

汪奠基在《中国逻辑思想史》中指出:"孔子的正名思想,事实上包括这两方面,一为'正形名'的名实概念,一为'正名分'的伦理规范意义。……前者是'事实判断'问题,后者则是'价值判断'问题。"他还认为:"孔子的'正名'思想旨在使君臣各尽其职、各行其道,建立有序的社会政治秩序和社会生活秩序,这客观上有利于社会安定和经济发展。"①

可见,"正名"的实质是以名来"正实""矫实""责实",具有德性修养的重大意义。每个人都应按身份、职务、角色的规定进行修养,使名、实相符,从而实现官、民、干、群、父、子、师、生等各行其道。

借鉴以上方式,我们现代修养的目标是什么呢?习近平总书记2014年3月9日在参加十二届全国人大二次会议安徽代表团的讨论时说:作风建设永远在路上。各级领导干部都要既严以修身、严以用权、严于律己,又谋事要实、创业要实、做人要实。严以修身,就是要加强党性修养,坚定理想信念,提升道德境界,追求高尚情操,自觉远离低级趣味,自觉抵制歪风邪气。

[载《西北大学学报》(哲学社会科学版)2015年第4期;《传统哲学的修养智慧》,载《西北人文科学评论》第8卷,陕西人民出版社2015年版]

---

① 汪奠基:《中国逻辑思想史》,武汉大学出版社2012年版,第109页。

论儒家"义"价值观的现代意义

"义"是中国哲学中具有重要地位的价值概念,中国传统哲学关于"义"的论述十分丰富,先秦儒、墨、道、法各派都谈到"义"的问题。在儒家哲学中,"义"处于非常重要的地位,形成了独特的"义"价值观。

一 "义"的价值地位

"义"字在文字学中有"威仪"、"情谊"、"意义"、"道义"、姓氏等多种含义,但只有具有"道义"这种含义的"义"才属于价值概念。在儒家的价值体系中,"义"具有非常重要的地位。

(一)"义"是裁制天下事物的准则

《礼记》引孔子语曰:"仁者,天下之表也;义者,天下之制也"(《礼记·表记》)。意谓:仁是天下的仪表,义是裁决天下事物的准则。

(二)"义"是人应该遵循的原则

孟子曰:"仁,人心也;义,人路也。舍其路而弗由,放其心而不知求,哀哉!"(《孟子·告子上》)《韩诗外传》亦云"义,人路也"。《易传》云:"义,人之正路也。"(《系辞下》)西汉扬雄曰:"义,路也。"(《法言·修身》)"义"为路,就是认为义是人的一切行为应该遵循的道路和原则，是不可须臾离开的。

（三）"义"是治理国家的法则

《吕氏春秋·孟春纪·贵公》曰："无偏无颇，遵王之义。"高诱注云："义，法也。""义"是先王治国安邦的总法则，是治理国家必须遵守的。

总之，在儒家看来，"义"对于人间事物、人生言行、国家治理而言，都是至高无上的总原则。其价值地位是不可动摇的。如果说，仁对于儒家来说是道德之灵魂的话，那么义对于儒家而言则是道德的总原则、总纲要。

二 "义"的价值特性

在传统儒家哲学中，"义"作为价值的主要特性有四个方面。

（一）适宜性

"义，宜也。"（《易·乾·文言》："利者，义之和也"，惠栋述；《书·泰誓上》："同德度义"，蔡沈集传；《论语·公冶长》："其使民也义"，黄侃疏。）《释名》："义，宜也。裁制事物，使合宜也。""义者，谓宜在我者。"（《春秋繁露·仁义法》）宜，就是适宜、恰当、合适的意思。"义"的首要特性是对人（主体）的适宜性。

（二）正当性

"义谓所守之正。"（《孟子·尽心上》："尊德乐义"，朱熹集注）"义，正事也。"（《礼记·少仪》："问卜筮曰：义与志与"，郑玄注）"正"即"正当""公正"。以"正"释"义"，表明了"义"本身就是公正性原则，所以在古代典籍中，很少用合成词"正义"一词，因为只说一个"义"，便包含"正"在内。也就是说"义"即"正义"。作为合成词的"正义"一词，最早见于《荀子》："正利而为，谓之事；正义而为，谓之行。"(《荀子·正名》)"不学问，无正义，以富利为隆，是俗人者也。"(《荀子·儒效》)

（三）公平性

隋王肃在注释《孔子家语·执辔》"以之道则国治，以之德则国安，以之仁则国和，以之圣则国平，以之礼则国安，以之义则国义"中的"义"字时，明确指出"义，平也"。"义"的公平含义，古代常与刑罚处置的公平无偏相联系，所以王肃在上述注文中说："义，平也。刑罚当罪则国平。"

（四）善性

"义者，善也。"(《诗·大雅·荡》："而秉义类"，朱熹集注)"义，善。"(《诗·大雅·文王》："宣昭义问，有虞殷自天"，毛传)。以"善"释"义"，是对义作为价值的综合确定。上述适宜、正当、公平等含义，都是善的表现，都属于善的具体内容。

三 "义"的价值意蕴

具有宜、正、平、善诸特性的"义"，包含些什么价值呢？儒家哲学认为"义"具有丰富的价值意蕴。

（一）"义者天理之所宜"——"义"的宇宙价值

首先，义是宇宙的必然之理和当然之则。荀子明确指出"义，理也"(《荀子·大略》)。汉代贾谊也说："义者，理也"(《新书·道德说》)。清代王引之《经义述闻》亦云"义者，理也，道也"(《经义述闻·易·其义不穷困矣》)。清代朱右曾也有相似观点，所谓"循理而处事曰义"(《逸周书·文儆》："义惟生仁"，朱右曾集训校释)。朱熹则以天理的适宜性、当然性为义:"义者,天理之所宜。"(《论语·里仁》:"君子喻于义",朱熹集注)朱熹弟子蔡沈为《尚书》作注释,在解释"惟德惟义"一语时,既采用了老师"义者,理之宜也"的说法(《书·毕命》,蔡沈集传),又将天理之当然与人行之适宜结合起来,提出了一个天人合一的命题:"义者,理之当然,行而宜之之谓。"(《书·高宗肜日》:"典厥义",蔡沈集传)

从天理以及天理之宜的高度阐发"义"之价值,其实质是赋予了"义"以宇宙价值的意蕴。把"义"视为宇宙必然原理中固有的当然之则。儒家这种以"义为天理之宜"的观念,与道家老子的天道观念是相通的。《老子》第七十七章云:"天之道其犹张弓与。高者抑之,下者举之。有余者损之,不足者补之。天之道,损有余而补不足。人之道则不然,损不足以奉有余。"老子认为"损不足以奉有余"的不正义、不公正,只是人间的现象,而"天之道"必然是"损有余而补不足"。中国哲学中这种"义者天理之所宜","天之道,损有余而补不足"的观念与古希腊哲人赫拉克利特、阿那克西曼德等人的朴素的"宇宙正义"思想,可谓"英雄所见略同"。

(二)"义为立德之本"——"义"的道德价值

在儒家哲学中作为道德的"义",有两层含义。一是作为道德的总称,二是作为具体的德目。作为道德总称,"义"常与"利"相对而说;作为具体德目,"义"常与"仁"并举而言。

孔子言"义",多用作德之总称,如"君子喻于义,小人喻于利"(《论语·里仁》),"君子义以为上"(《论语·阳货》),"行义以达其道"(《论语·季氏》)。

荀子也以"义"为道德的同义语。然而,他却从人异于物、人贵于物的高度,对"义"的道德价值进行了深入独特的阐明。他说:"水火有气而无生,草木有生而无知,禽兽有知而无义;人有气、有生、有知,亦且有义,故最为天下贵也。"(《荀子·王制》)就是说,水火有气却没有生命，草木有生命却没有知觉，禽兽有知觉却不讲道义；人有气、有生命、有知觉，而且讲究道义，所以人之价值是高于天地间一切存在物的，人是天下最宝贵的存在。

孟子言"义"，多指谓具体德目。例如"仁，人之安宅也；义，人之正路也。"（《孟子·离娄上》）孟子之后，儒家以仁义并举而言道德，就很普遍了。《周易·说卦传》曰："立人之道，曰仁与义。"汉赵岐曰"义，谓仁义，可以立德之本也"（《孟子·公孙丑上》："配义与道"，赵岐注）。《玉篇·我部》云："义，仁义也。"

然而，"仁""义"同谓道德，其具体含义有别。孟子曰"亲亲，仁也；敬长，义也"（《孟子·尽心上》）。又曰"恻隐之心，仁之端也；羞恶之心，义之端也"（《孟子·告子上》）。后代学人对此做了进一步阐发。《礼记·乐记》曰"见利而让，义也"。晋范宁《春秋穀梁传注疏》对"古之贵仁义"注曰："射以不争为仁，揖让为义。"晋范望注《太玄·玄文》曰："施之为义。"唐李贤注《后汉书·安帝纪》："贞妇有节义十斛"一语时曰"义，谓推让"。认为揖让、推让、施舍乃"义"德的内涵。

韩愈在《原道》一文中说："博爱之谓仁，行而宜之之谓义。"把"义"视为人的合宜的道德行为。这些合宜的道德行为有哪些具体表现呢？"宜"即得当，言行举止，不出格，不失礼，不越轨，尽其本分。

由于义是人们赞赏的高尚道德，所以宋洪迈在《容斋随笔》中说："至行过人曰义，义士，义侠，义姑，义夫，义妇之类是也。""禽畜之贤者，则有义犬，义乌，义鹰，义鹊。"

（三）"义以分则和"——"义"的社会价值

"义"不但是重要的道德价值，而且是维系社会群体的纽带，具有重要的社会政治价值。对此，认识得最早的当属墨子，而阐发得最深入的则是荀子。

墨子首先将"义"从道德范围扩大到社会政治领域。他说："义者，善政也。"(《墨子·天志中》)又说:"今用义为政于国家,人民必众,刑政必治,社稷必安。所谓贵良宝者,可以利民也,而义可以利人。"(《墨子·耕柱》)明确以"义"为"善政"的原则和标准。

孟子论"义",主要从道德着眼,但也涉及义的社会价值。孟子曰:"人皆有所不忍,达之于其所忍,仁也;人皆有所不为,达之于其所为,义也。人能充无欲害人之心,而仁不可胜用也;人能充无穿逾之心,而义不可胜用也;人能充无受尔汝之实,无所往而不为义也。"(《孟子·尽心下》)意思是说,人人都有不忍心干的事,把它推及他所忍心去干的事上,就是仁;人人都有不肯去干的事,把它推及他所肯干的事上,就是义。一个人能把不想害人的心理扩展开去,仁就用不尽了;一个人能把不愿扒洞翻墙(行窃)的心理扩展开去,义就用不尽了;一个人能把不愿受人轻蔑的心理扩展开去,那么无论到哪里,(言行)都是符合义的了。张岱年先生说:"'无穿逾'即尊重别人的财产;'无受尔汝'即自尊自重。……孟子所谓'义'含有尊重人与己相互之间权利与义务之意。"[①]

先秦儒家中,对义的社会价值阐述得最深入、最系统的当属荀子。他提出:(1)义是确立人的权利界限的标准。荀子云:"(人)力不若牛,走不若马,而牛马为用,何也?曰:人能群,彼不能群也。人何以能群?曰:分。分何以能行?曰:义。故义以分则和,和则一,一则多力,多力则强,强则胜物,故宫室可得而居也。故序四时,裁万物,兼利天下,无它故焉,得之分义也。"(《荀子·王制》)在荀子看来,人不但高贵而且有能动性,能动性的来源则是人的社会性("能群")。那么,人为什么能结成社会、形成社会性呢?荀子认为是因为人有"分"。"分"在当时指的是人的等级名分,其内涵即每个人被确定的权利界限,而这种权利界限之所以能被人们认同、认可、遵守,正在于人的"义"。"分何以能行?曰:义。"在这里,荀子把"义"视为确立人的名分即权

[①] 张岱年:《中国古典哲学概念范畴要论》中国社会科学出版社1989年版。第162页。

利界限的标准和关键。以"义"作为确立等级名分的标准,《大戴礼记》也有类似的看法,它说:"义者,所以等贵贱,明尊卑。"(《大戴礼记·盛德》)按荀子的思维逻辑,正因为有"义"的标准,人的名分——权利界限才能确立;因为权利界限确立,人才能结成和谐统一的社会群体;人能形成和睦统一群体,力量就大;力量大了,就强盛;强盛了,就能胜物。可见,荀子把"义"作为人形成社会、具有能动性的前提。(2)建立礼义是治国的开端。由于"义"在形成社会中起着如此重要的作用,所以荀子指出建立礼义是治理国家的开端。他说:"天地者,生之始也;礼义者,治之始也;君子者,礼义之始也。"(《荀子·王制》)"义以分则和"实在是关于"义"之社会价值的重大命题。

(四)"义公天下之利"——"义"的利益价值

在道德价值领域,古代哲学常常"义"与"仁"并举,而"义"与"利"对言。作为中国传统价值观的基本问题的"义利之辨",讨论的就是伦理道德与物质利益的关系问题。在关于这一问题的历史争论中,占主导地位的是儒家"义重于利""先义后利""以义导利"的观念。

然而,除此之外,还有一种观点值得发掘和研究,就是从物质利益的角度阐发义的价值。这种观点不但不认为"义"与"利"是矛盾对立的,而且还认为"义"的功能和作用应该从"利"的意义上来确立。例如:"义,利也。"(《易·系辞上》:"六爻之义",焦循章句;《墨子·经上》《经说下》)"义,利之本也。"(《左传·昭公十年》《大戴礼记·四代》)也就是说,"义"的价值正在于实现"利"。显然,这种观点已超越了仅以"义"为道德范畴的视阈。这种观点的主要代表有三个方面。(1)义的价值在于利物。"利物为义。"(《孝经·三才章》:"地之义也",唐玄宗注)"利己曰利,利物曰义。"(《中说·周公》:"天下皆争利弃义",阮逸注)"见利而让,义也。"(《礼记·乐记》)《易·乾卦》:"利物足以和义。"《易·乾·文言》:"利者,义之和也。"孔颖达疏曰:"言天能利益庶物,使物各得其宜而和同也。"(2)义的价值在于宜利。"义者，利之宜。"（《左传·昭公二十五年》："地之义也"，杜预注）（3）义的价值在于尽利。"义谓变通以尽利也。"（《易·系辞下》："精义入神"，焦循章句）"夫义者，利之足也。"（《国语·晋语二》）

然而对"义"的利益价值阐发得最深刻的，是北宋的大哲学家张载。张载通过对身之利、国之利与民之利的辨析，明确而尖锐地指出"利诚难言，不可一概而言"，"利于民则可谓利，利于身，利于国皆非利也"（《性理拾遗》）。进而提出了"义公天下之利"的重要命题。他说："仁统天下之善，礼嘉天下之会，义公天下之利，信一天下之动。"（《正蒙·大易》）也就是说，义的根本价值在于实现民众之公利。因而，凡为民众公利而奋斗就是"义举"，凡为百姓公利而献身就是"尽义"。

因此，人们把用来周济公众的场所，称为"义"，宋洪迈在《容斋随笔》中曰："与众共之曰义，义仓，义社，义田，义学，义役，义井之类是也。"把合乎公益的活动称为"义举""义务""义演"，等等，充分表明"义公天下之利"的价值观的深远而广泛的影响。

（五）"禁民为非之谓义"——"义"的法律价值

"义"在社会政治领域中，还有一个重要价值就是裁断善恶、是非、功罪的准绳，类似于当今的法律价值。

《周易·系辞下》指出："天地之大德曰生。圣人之大宝曰位。何以守位曰人。何以聚人曰财。理财正辞，禁民为非曰义。"意思是说：圣人治理财物，端正言论名分，禁止百姓为非乱法，这就是"义"。唐孔颖达疏曰："禁约其民为邪僻之事，勿使行恶，是谓之义。"（《周易正义》卷八）其他典籍中，也有诸多相类的论述。如："奉上之道，禁民为非之谓义。"（《左传·僖公二十七年》："义之府也"，孔颖达疏）"禁暴救乱曰义"（《吴子·图国》）"除去天地之害谓之义"（《礼记·经解》），"义者，所以除去不宜"（《管子·侈靡》："上义以禁暴"，尹知章注）。都明确把禁止百姓为非作歹、违法犯罪作为"义"的重要价值。

为了实现"义"的这一重要价值，管子提出不但要使百姓知德，还要使百姓知"义"。这就必须充分发挥"义"引导百姓行为的作用,使其以避刑戮、以备祸乱,从而维护社会秩序的安定。他列举了"义"在引导百姓行为方面的七大功能:"民知德矣,而未知义,然后明行以导之义,义有七体,七体者何?曰:孝悌慈惠,以养亲戚;恭敬忠信,以事君上;中正比宜,以行礼节;整齐撙诎,以辟刑戮;纤啬省用,以备饥馑;敦蒙纯固,以备祸乱;和协辑睦,以备寇戎。凡此七者,义之体也。夫民必知义然后中正,中正然后和调,和调乃能处安,处安然后动威,动威乃可以战胜而守固,故曰义不可不行也。"(《管子·五辅》)"义"在引导百姓行为方面的这七大功能,其宗旨是引导百姓"中正","中正"了就不会"为非"。

从上述"义"的基本价值可以看到:在中国传统儒家哲学中"义"的价值意蕴是广阔而深刻的。其内容与现代的"正义"观有许多相似相通之处,完全可以作为当今培育"平等""公正"等价值观的智慧资源,值得我们深入发掘、认真继承、大力弘扬。

(2015 年 12 月 19 日)

仁者乐山，智者乐水

——中华传统旅游观的现代启示

举办以"文化使蒲城旅游更具魅力"为主题的蒲城县文化旅游产业发展研讨会是很有见识的大气魄、大手笔。然而，这一主题可以从多视角予以阐发。现以传统旅游观为切入点，略陈管见。中华文化历史悠久、积淀深厚、博大精深、内涵丰富，具有鲜明的特色。它的旅游观也独树一帜。了解和掌握中华传统的旅游观对于我们现今开展旅游活动、创办旅游事业有着极其重要的意义。正如治国理政需要从优秀传统文化中吸收智慧资源一样，发展旅游事业也需要从传统中汲取营养。那么，中国传统旅游观的内涵和特色是什么呢？这种旅游观对于我们发展旅游事业有什么重要启示呢？

一 中华传统文化的旅游本质观

中华传统文化、古代哲人对旅游活动的思考，饶有意味。对于什么是旅游，他们也有明确的看法。旅游一词最早可以追溯到南朝（宋齐梁）时沈约（441—513）《悲哉行》中"旅游媚年春，年春媚游人"的诗句。据统计，以旅游为题的诗在《全唐诗》中，共6篇，它们是贾岛的《旅游》、李群玉的《旅游番禺献梁公》、李昌符的《旅游伤春》、高适的《东平旅游奉赠薛太守二十四韵》、王建的《初冬旅游》、刘沧的《春日旅游》；而旅游一词在《全唐诗》中出现过22次。我国古代的经典辞书中未发现有"旅游"一词出现过。至于"旅行"一词则出现较早,它有结伴而行或作客远行之意,其史料有《礼记·曾子问》:"三年之丧练,不群立,不旅行。"此外,西汉刘向《说苑·辨物》:"麒麟……不群居,不旅行。"和现代旅游意义相通的词还有"游"。如《尚书·大禹谟》:"罔游于逸。"《诗经·国风·泉水》中说:"驾言出游,以写(泻)我忧。"《庄子》中,"游"字就出现了百次之多。

旅游之"旅",在此含义单纯,即离家出行、异乡作客之谓,而旅游之"游"字,则含义较丰。一曰玩赏适情。如《诗·大雅·卷阿》:"岂弟君子,来游来歌。"《论语》:"志于道,依于仁,据于德,游于艺。"《礼·少仪》:"士依于德,游于艺。"其中"游"字皆是此义。二曰闲散休憩。如《礼·王制》:"无游民。"《荀子·成相》:"臣下职,莫游食。"其中"游"字皆是此义。三曰悠然自适。如《诗·小雅》"慎尔优游"。其中"游"字是此义。四曰自由自在。如《庄子·逍遥游》中的"游"字是此义。

由此看来,中国传统文化认为旅游是人们离家出行后所进行的闲暇性、娱乐性、愉悦性和自由性活动。所以,与"游"字组成的词充分体现着旅游的这些特点,如游逛、游览、游乐、游玩、游戏、游兴、游历,闲游、浪游、畅游、漫游、神游等。

当今学术界的旅游本质观,大体有经济学、文化学和人类学三派观点。经济学观点将旅游活动定性为经济活动或消费活动;文化学观点将旅游活动界定为一种文化活动、审美活动、娱乐活动、休闲活动或一种生活方式;人类学观点从"反结构现象"的象征仪式角度诠释着旅游的本质。如果以当今学界的旅游本质观来考察中国传统固有的旅游观,可以说中国传统的旅游观不是经济学观点,更非人类学观点,而与文化学观点较为接近,然而也不尽同于文化学观点。特别是道家以自由自在论"游"的观念,就与文化学观点有别。倒和当代以"身心自由体验"为旅游本质的哲学旅游观有相似之处。

二 中华传统文化的旅游价值观

作为人们离家外出所进行的闲暇性、娱乐性、愉悦性和自由性的旅游活动。其价值是什么呢？中华文化认为，旅游有四个方面的价值。

（一）求知价值

中国古代的知识人，把求知视为人生的重要精神生活。但对求知而言，旅游与读书具有同等重要的意义，因为旅游是开阔眼界、增长见识的重要途径。郦道元为了写《水经注》，先后两次随北魏孝文帝出游，历时两年，行程万里，不仅考察了沿途的山山水水，所到之处，还拜访许多耆老宿绅，参观许多历史遗迹，使他大开眼界，头脑里充斥了大量前所未闻的新鲜材料，为他日后撰写《水经注》奠定了坚实的基础。徐霞客若不是游遍中国，哪有洋洋60万言的《徐霞客游记》？司马迁为了写《史记》，青年时代不仅刻苦读书，翻阅了大量的历史著作，还壮游江淮，实地考察访问，在旅游中获得大量资料和知识。所以古人说"读万卷书，行万里路"。

（二）修德价值

将旅游与人的精神生活、道德观念联系起来，赋予自然景物以某种伦理道德意义，然后又以自然景物比喻或象征人的道德，促进人的道德修养，提升人的道德境界，是中国传统旅游价值观的一项重要内容。尤其在儒家哲学中，这一观念相当突出。

孔子说"知者乐水，仁者乐山"，"岁寒然后知松柏之后凋也"。（《论语》）以自然界的山、水、松、柏比喻人的仁、智、坚贞等道德，说得尽管简单，却开启了"比德"的先路。荀子则系统地论述了儒家这一价值观念。《宥坐》篇记述了孔子与子贡关于"观水"的对话："孔子观于东流之水。子贡问于孔子曰：'君子之所以见大水必观焉者，是何?'孔子曰:'夫水大,偏与诸生而无为也,似德。其流也埤下,裾拘必循其理,似义。其洸洸乎不淈尽,似道。若有决行之,其应佚若声响,其赴百仞之谷不惧,似勇。主量必平,似法。盈不求概,似正。淖约微达,似察。以出以入,以就鲜絜,似善化。其万折也必东,似志。是故君子见大水必观焉。'"见水必观,并不在于水有灌溉田地的功利价值,也不在于水有供人饮食的养生价值,更不在于水有浩浩荡荡的审美价值,而在于它可以比喻人的德、义、道、勇、法、正、察、善化、志等一系列道德品质。

《法行》篇又记述了孔子与子贡关于"贵玉"的对话:"子贡问孔子曰:'君子之所以贵玉而贱珉者,何也?为夫玉之少而珉之多邪?'孔子曰:'恶!赐!是何言也!夫君子岂多而贱之,少而贵之哉!夫玉者,君子以德焉。温润而泽,仁也;栗而理,知也;坚刚而不屈,义也;廉而不刿,行也;折而不挠,勇也;瑕适并见,情也;扣之,其声清扬而远闻,其止辍然,辞也;故虽有珉之雕雕,不若玉之章章。《诗》曰:"言念君子,温其如玉。"此之谓也。'"(《朱子语类卷·卷第八十七》)玉之贵,不在于其价昂贵,可以谋利;也不在于其色美丽,可为装饰;而在于它可以比喻君子的仁、智、义、行、勇、情、辞等道德品质和道德言行。

荀子的"比德"论,是对于自然之道德价值的明确论述,后世儒者,多承其说,解释之、扩充之、发挥之、弘扬之。董仲舒《春秋繁露》、韩婴《韩诗外传》、刘向《说苑》等著作,都有关于"比德"的论述。这里仅以刘向《说苑·杂言》中的两段话为代表:"'夫智者何以乐水也?'曰:'泉源溃溃,不释昼夜,其似力者;循理而行,不遗小间,其似持平者;动而之下,其似有礼者;赴千仞之壑而不疑,其似勇者;障防而清,其似知命者;不清以入,鲜洁而出,其似善化者;众人取乎,品类以正,万物得之则生,失之则死,其似有德者;淑淑渊渊,深不可测,其似圣者;通润天地之间,国家以成:是知之所以乐水也。'《诗》云:'思乐泮水,薄采其茆,鲁侯戾止,在泮饮酒。'乐水之谓也。'""'夫仁者何以乐山也？'曰：'夫山崔嵬，万民之所观仰，草木生焉，众物立焉，飞禽萃焉，走兽休焉，宝藏殖焉，奇夫息焉，育群物而不倦焉，四方并取而不限焉，出云风通气于天地之间，国家以成：是仁者所以乐山也。'《诗》曰：'太山岩岩，鲁侯所瞻。'乐山之谓矣。"

这两段话，通过解释孔子"智者乐水，仁者乐山"，阐述了山水的自然形象、自然特性可以成为人的道德比喻和道德象征的观念。

直至宋明理学，哲学家仍然对自然的"比德"价值津津乐道，他们通过注疏儒家典籍，继续表述这一思想。朱熹在解释"智者乐水，仁者乐山"时，把人的道德天理化，于是自然山水也就成了"理"的象征。他说："知者达于事理而周流无滞，有似于水，故乐水；仁者安于义理而厚重不迁，有似于山，故乐山。"（《论语集注》卷三）"德"的含义变成了"理"，但自然的"比德"价值仍然得到了肯定。这表明，自然形象可以象征和比喻儒家所主张的多种道德规范，"比德"价值之内涵可以随着儒家道德理论的发展而变化。

儒家关于自然"比德"价值的观念，不但对中国传统文化影响甚大，伦理学史、美学史、文学史和艺术史中都包含着这一观念的丰富内容。屈原之"桔"、陶潜之"菊"、李白之"月"、杜甫之"马"、柳宗元之"山水记"、周濂溪之"爱莲说"、陆放翁之"咏梅诗"、郑板桥之"兰竹画"，都是按照"比德"观念创造的艺术形象。即使在日常生活中，人们也习惯于以这种价值观念对待自然景物。而且这种价值观念成了指导中国人在旅游活动中观照自然景物的指导观念。

（三）审美价值

儒家并不否定旅游的审美意义，《论语》中孔子和其学生曾点就曾有过这样的对话："子曰：'点，尔何如？'鼓瑟希，铿尔，舍瑟而作。对曰：'异乎三子者之撰。'子曰：'何伤乎？亦各言其志也。'曰：'莫春者春服既成；冠者五六人，童子六七人，浴乎沂，风乎舞雩，咏而归。'夫子喟然叹曰：'吾与点也。'"这表现了孔子对生机勃勃的春天里，充满生命活力的万物的和谐美好景象的欣赏。

尽管儒家哲人也肯定旅游的审美价值，但更多关注旅游的道德修养价值。道家哲人则注重旅游的审美价值，以自然景物为单纯的审美对象。先秦庄子多次谈到"天地之美"，并大量描绘了自然界的美丽景观。他以审美的眼光，看待自然景观的价值，说："山林与！皋壤与！使我欣欣然而乐与！"（《知北游》）他甚至认为哲学的任务就是"析万物之理，判天地之美"。

到了魏晋南北朝时期，对自然景观的审美价值的认识有了进一步的发展，许多哲学家和文学艺术家，不但突破了以自然为生存条件的功利观念，而且也超越了以自然为道德象征的道德观念，把自然界景观作为独立的审美对象加以欣赏，从自然界的壮丽景色和活泼生机中，寻求情感的愉悦，寄托精神自由的理想。在玄学家们看来，自然景物的审美价值有两个方面。

第一，品藻人物。玄学家们以自然景物为人的才情风貌的象征，品藻人物，评价人格。从《世说新语》的记述来看，当时以自然形象比拟人物成为一种风尚。如"王武子、孙子荆各言其土地人物之美。王云：'其地坦而平，其水淡而清，其人廉且贞。'孙云：'其山嶵巍以嵯峨，其水㳽渫而扬波，其人磊砢而英多。'"（《言语》）又如，"世目李元礼，谡谡如劲松下风。""时人目王右军，飘如游云，矫若惊龙"，"时人目夏侯太初，朗朗如日月之入怀；李安国，颓唐如玉山之将崩"。王形茂"濯濯如春月柳"；会稽王"轩轩如朝霞举"；"嵇叔夜之为人也，岩岩若孤松之独立，其醉也，傀俄如玉山之将崩"。这种品藻，或形容貌，或标才情，或赞风韵，都以自然物为人物美的范本，与儒家"比德说"已大异其趣。

第二，开涤人情。魏晋哲人们认为自然美的价值，表现在主体上就是情感愉悦。人通过对自然景物的欣赏，获得一种情感上的满足。因此，纵情山水成为当时名士们的好尚。《世说新语》记曰："王司州至吴兴印渚中看，叹曰：'非唯使人情开涤，亦觉日月清朗'"（《言语》）；"简文入华林园,顾谓左右曰:'会心处不必在远,翳然林水,便自有濠濮间想也,觉鸟兽禽鱼,自来亲人'"(《言语》);"王子敬云:'从山阴道上行,山川自相映发,使人应接不暇。若秋冬之际,尤难为怀'"(《言语》);"袁彦伯为谢安南司马,都下诸人送至濑乡。将别,既自凄惘,叹曰:'江山辽落,居然有万里之势'"(《言语》)。从这些记述可以看出,山川林泉之美与人的情怀息息相关,自然景物成了触发、开启人的情感源泉的阀门,人也使自然染上了悲喜哀乐的情感。正如文论家们所说的:"登山则情满于山,观海则意溢于海"(刘勰);"尊四时以叹逝,瞻万物而思纷;悲落叶于劲秋,喜柔条于芳春"(陆机)。

(四)"畅神"价值

在旅游中自然美不但可以使人情感愉悦,而且还会使人精神超越,实现自由。写下名垂千秋的《史记》的司马迁,早年"览潇湘,登会稽,历昆仑,周览名山大川,而其襟怀乃益广"。"襟怀乃益广"者,心胸开阔、精神超越也。魏晋人物,多追求如庄子所说的"以游无穷"的精神境界,他们认为通过旅游观赏自然是达到这自由境界的途径。《世说新语》载,阮孚读到郭景纯描写自然之美的诗句"林无静树,川无停流"时说:"泓峥萧瑟,实不可言。每读此文,辄觉神超形越。"(《文学》)荀中郎在京口,登北固望海时说:"虽未睹三山,便自使人有凌云意。"(《言语》)。他们都从自然山川中追求对于世俗人间的"神超形越"。不仅如此,玄学家们还由追求精神自由进而实现对玄理的体认和领悟,叫作"以玄对山水"。孙绰《太尉庾亮碑》中对此有所记述:"公雅好所托,常在尘垢之外,虽柔心应世,蠖屈其迹,而方寸湛然,固以玄对山水。""玄对山水",也是一种超越,不仅是实现精神自由,而且是从"尘垢"中解脱出来,进入抽象的哲理境界。

对魏晋时代的自然审美价值观,南朝时的宗炳在《画山水序》中做了理论上的概括,他把儒家"仁者乐山"和道家"游心物外"的思想融合起来,将上述观念提高到了哲学价值论的高度。他说:"圣人含道映物,贤者澄怀味象。至于山水,质有而趣灵,是以轩辕、尧、孔、广成、大隗、许由、孤竹之流,必有崆峒、具茨、藐姑、箕、首、大蒙之游焉。又称仁智之乐焉。夫圣人以神法道,而贤者通,山水以形媚道,而仁者乐,不亦几乎?"又云:"峰岫峣嶷,云林森眇,圣贤映于绝代,万趣融于神思。余复何为哉?畅神而已。神之所畅,孰有先焉?"在宗炳看来,"澄怀味象""畅神而已"是贤者必然具有的一种自然审美价值观。这种观点,对以后的旅游观有深远影响。李白诗云:"人生在世不称意,明朝散发弄扁舟","五岳寻仙不辞远,一生好入名山游"。就是对旅游的精神超越价值的诗意表达。白居易在《读谢灵运诗》中云:"谢公才廓落,与世不相遇。壮士郁不用,须有所泄处。泄为山水诗,逸韵谐奇趣。大必笼天海,细不遗草树。岂惟玩景物,亦欲摅心素。""寻仙""摅心"就是李白、谢灵运的山水旅游的精神追求。佛教更是以超越世俗,走出红尘为旅游价值取向的。所以说"天下名山僧占多"。

总而言之,中国传统旅游观基本上没有功利价值取向,以古代士人看来,秀美山水等自然旅游资源,是大自然的赐予,可由人人共享,是不能用来买卖的。所谓"清风朗月不用一钱买"也。旅游,其真正价值是使人获得一种身与心的洗礼,即获得一种求知的满足、道德的升华、美感的愉悦、精神的超越。这种旅游价值观,充分体现了中国传统哲学的"天人合一"智慧。如果说主要以认识为价值取向的西方旅游重在寻求心灵的惊异和刺激,那么主要以道德为价值取向的中华旅游则重在寻求心灵的愉悦和感动。于是在中华传统旅游观的影响下,传统旅游事业发展的内在机制就是将自然景观人文化,人文景观道德化,物质资源精神化,历史遗产心灵化。在国外旅游,看到月亮就只是月亮,而在中国旅游,人文景观自不必说,所有的自然景观都是文化。看到月亮就不仅是月亮还有它承载的文化。月亮承载的是嫦娥奔月的神话,是"人有悲欢离合,月有阴晴圆缺,此事古难全"的哲理,是"举头望明月,低头思故乡"的乡思,是"但愿人长久,千里共婵娟"的亲情。

三　中华传统旅游观的现代启示

　　旅游是随着历史的发展而不断发展的，现代社会的紧张生活使人们对休息、闲暇的权利，以及对自我发展的精神渴求日渐突出。旅游业已成为世界第一大产业，我国旅游业已进入大众化发展的阶段。在此发展态势下，我们既要关注旅游业的经济功能，更要关注其越来越重要的社会文化功能。在旅游文化日益升值的趋势下，中华文化以求知、修德、审美、"畅神"为内容的人文性旅游价值观，对我们现今开展旅游活动，发展旅游产业，无疑具有极其重要、非常深刻的启示意义。

　　（1）以人文因素注入自然景观，发掘人文景观的道德内涵，是提升旅游业文化品位的基本思路。深入挖掘地域文化的内涵是形成景区特色的基础。能否将资源文化的内涵集中揭示出来是决定景区开发成功与否的关键，有文化，整理出来，揭示出来，就能形成景区的特色和魅力，就有广阔的前景。泰山、华山、衡山、嵩山、恒山五岳成为旅游名山，岳阳楼、鹳雀楼、黄鹤楼、滕王阁成为旅游名楼，其中凝聚着宝贵的旅游智慧，值得借鉴。

　　（2）重视发挥旅游资源的知识传播、道德教化、心灵美化、精神升华功能，从而提升本地居民和外来游客的人文素质，是旅游产业的终极关怀。为此，旅游景区应遵循尊重历史，符合特色；展示准确，不搞附会；杜绝迷信，弘扬科学的文化内涵所展示的方法论原则。

　　（3）培养热爱本地文化、熟悉本地旅游资源和历史、善于口头表达的讲解人才，是展示景观人文内涵的重要条件。

　　（4）保持历史文物类景点的本有风格和特定环境，不兴建与古典建筑风格不协调的现代建筑，保护景观文化氛围。旅游景区服务设施的设置应以景观的文化内涵为背景，实用与艺术并重，统一构思，精心设计。

　　祝蒲城县的旅游文化产业发展和社会全面发展取得辉煌的成绩。

（2015 年 1 月 15 日）

吕氏《乡约》的价值观及其影响

宋代熙宁年间（1068—1077），北宋学者吕大钧著《乡约》，并同其兄大忠、大防，弟大临在蓝田家乡大力倡行。这是我国古代社会第一则成文的乡规民约。

《乡约》包括"德业相劝""过失相规""礼俗相交""患难相恤"四部分内容。用通俗的语言规定了调整邻里乡党关系的准则规范，修身、立业、齐家、交游的行为规则，及过往迎送、婚丧嫁娶等种种礼仪俗规；号召乡民和睦相处、患难相济；提倡礼让和节俭。《乡约》体现了儒家的重要价值观念。

（一）崇德广业的人生价值目标

《乡约》第一部分为"德业相劝"，这是乡约的纲领，是其倡导的核心价值。"德谓：见善必行，闻过必改，能治其身，能齐其家，能事父兄，能教子弟，能御僮仆，能事长上，能睦亲故，能择交游，能守廉介，能广施惠，能受寄托，能救患难，能规过失，能为人谋事，能为众集事，能解斗争，能决是非，能兴利除害，能居官举职。""业谓：居家则事父兄，教子弟，待妻妾，在外则事长上，接朋友，教后生，御僮仆。至于读书、治田、营家、济物、好礼、乐、射、御、书、数之类，皆可为之。"体现了儒家"立德、立功、立言"（《左传》）和"崇德广业"（《周易·系辞》）的价值目标。

（二）尊人修己的人格价值原则

在"过失相规"中，明确指出过失有三大类："过失谓：犯义之过六，犯约之过四，不修之过五。"这三类过失的实质是既不尊重他人人格，也不修养自己人格。如六种"犯义之过"，包括殴人、骂人、害人、侮人、凌人、陷人、叛人、诬人、毁人、伤人、欺人等，都是不尊重、不关爱他人人格的行为；五种"不修之过"包括"交非其人""游戏怠惰""动作无仪""临事不恪""用度不节"等，都是不珍视、不尊重自我人格，不进行自我人格修养的表现。体现了儒家"天地之性人为贵"，"仁者爱人"，"己所不欲，勿施于人"，"己欲立而立人，己欲达而达人"的价值观念。

（三）崇尚礼仪的人际价值规范

《乡约》提出"礼俗相交"的社会交际和人际交往的规范。特别明确规定了婚姻葬祀之礼的具体名物、数量、礼仪，以及宾仪、吉仪、嘉仪、凶仪等二十三种礼仪守则，体现了儒家崇尚礼制的社会价值理想和以礼化俗的礼教精神。

（四）"患难相恤"的人道价值关怀

《乡约》明确提出了"患难相恤"的条款。并具体说明了在七种患难上要相互帮助。"患难之事七。一曰水火，小则遣人救之，大则亲往多率人救之，并吊之耳。二曰盗贼。居之近者同力捕之，力不能捕则告于同约者，及白于官司，尽力防捕之。三曰疾病。小则遣人问之，甚则亲为博访医药，贫无资者，助其养疾之费。四曰死丧。阙人干，则往助其事，阙财则赙物，及与借贷吊问。五曰孤弱。孤遗无所依者，若其家有财，可以自赡则为之处理，或闻于官，或择近亲邻里可托者主之，无令人欺罔。可教者，为择人教之，及为求婚姻。无财不能自存者，叶力济之，无令失所，若为人所欺，同众人力与办理，若稍长而放逸不检，亦防患约束之，无令陷于不义也。六曰诬枉。有为诬枉过恶，不能自申者，势可闻于官府则为言之，有方略可以解则为解之，或其家因而失所者，众以财济之。七曰贫乏。有安贫守分，而生计大不足者，众以财济之，或为之假贷置产，以岁月赏之。"

"凡同约者，财物、器用、车马、人仆皆有，无相假，若不急之用，及有妨者亦不必借，可借而不借，及逾期不还，及损坏借物者，皆有罚。凡事之急者，自遣人遍告同约，事之缓者，所居相近及知者告于主事，主事遍告之。凡有患难，虽非同约，其所知者，亦当救恤，事重则率同约者共行之。"

乡约的推行使封建教育深入社会最底层。它既是一种政治约束，又是一种教育约束。

由于吕氏兄弟的大力提倡并身体力行，蓝田乡约之治在北宋时颇有影响，不仅使蓝田民俗淳朴，而且影响"关中风俗为之一变"。北宋教育家张载赞扬道："秦俗之化，和叔（大钧字）有力。"程颐称其"任道担当，风力甚劲"。后经南宋朱熹增删修订，《吕氏乡约》遂成为中国封建教育的正统教材，同朱熹的《白鹿洞教条》等教育经典一起支配了后来的封建教育活动。明代冯从吾曾说吕氏"乡约今为令甲"。王守仁在南昌讲学时曾仿《吕氏乡约》制定推行《南赣乡约》。四吕之后倡行乡约者，在蓝田亦代不乏人。明代关中理学学者王之士（蓝田县城西关人），曾倡立乡约组织十二会，宣传讲解，规劝履行，并率族人先行立模，慕名前来"问道学礼者迹满户外"。一时"蓝田美俗复兴"，王被称为"四吕复出"。明万历时，县东柳庄寨（今李后乡柳家村）村民捐修约亭，并铸乡约铁钟一口，钟文铭《吕氏乡约》，"文革"时此钟被毁。同治三年（1864），知县濮斗衡刊印《朱子增损吕氏乡约》遍发乡民遵行。中华民国初，牛兆濂在四吕当年读书讲约的故地——芸阁学舍讲学，《吕氏乡约》是基本教材之一，每遇晨昏诵读讲解，每月朔望两日亲率学生习礼演仪，时间长达八年，学生遍布陇、陕、晋、豫诸省以至于朝鲜，盛期达数百人。第二次国内革命战争时期，梁漱溟也仿《吕氏乡约》在山东邹平等十七县推行"乡农教育"。清末民初，蓝田县乡村仍盛行乡约组织，直到1934年国民党推行保甲制，才不再议举乡约了。

（2015年8月13日在《吕氏乡约》学术研讨会上的发言稿）

孔子的周公梦
（学术报告记录稿）

同学们晚上好！非常高兴来到正心大讲堂，和各位同学进行学术交流，我与大家交流的题目是"孔子的周公梦"，中国人在历史上有很多梦，其中有一种梦历史久远，影响深远。就是今天我们讲的孔子的周公梦。

今天，关于孔子的周公梦我主要讲三点。第一，我要讲关于它的影响。第二，讲它的含义。第三，讲它对我们的启示。

首先，我强调一下孔子的周公梦在中国历史上的影响、地位。中国自古以来就有形形色色的梦，但是在民间流传比较广泛的有四大梦。第一个梦就是孔子的周公梦；第二个梦是庄子的蝴蝶梦；第三个就是卢生做的黄粱美梦；第四个是唐代小说《南柯太守传》中记载的南柯一梦，毛泽东诗词"蚂蚁缘槐夸大国，蚍蜉撼树谈何易"讲的就是这个梦。

这四个梦的含义是不一样的，孔子的周公梦是一个政治性的梦；庄公的蝴蝶梦是一个哲理性的梦，他讲的是一个哲学性问题；卢生做的黄粱梦和淳于棼做的南柯梦是关于人生意义的梦，因此这里有三类梦，一类梦是政治梦，一类梦是哲理梦，一类梦是人生梦。在这三类梦当中，真正做了梦的是孔子的周公梦，而黄粱梦、南柯梦都是小说中的，无从考证。因此四类梦当中只有孔子的周公梦是孔子实实在在地做了的梦，是一个真实的梦，有人说这是一个靠得住的梦，因此把周公梦作为"华夏第一梦"也是有道理的。作为"华夏第一梦"的周公梦由于它的久远性、真实性、政治性，内容非常庄重，具有真挚性同时又有思想性。这个梦记载在孔子的学生编的《论语》中，关于孔子的周公梦是这样记述的，子曰："甚矣吾衰也！久矣吾不复梦见周公。"孔子说我现在已经很衰老了，长时间我都没有再梦见周公，这是一个七十多岁老人说的话，那么由孔子对自己周公梦的感慨，这样一种叹息表明孔子这一生是经常梦见周公的，他把自己不再梦见周公作为一种年老体衰的征兆，不再梦见周公说明他已经很衰老了。

孔子的周公梦在中国文化上以及在民间广为流传，形成了广泛而深刻的影响，这个梦的影响主要有三点。

第一，人们经常用这个梦来比喻对有道德、有崇高人格的先贤的缅怀和仰慕。有很多思想家、学者、文学家用这个梦比喻对先贤崇拜的感情，他们即使不做这个梦也说做了这个周公梦，以此来崇拜贤者。

第二，人们用周公梦来表达所有的梦，如把我昨晚做梦了，说成我梦见周公了。本来周公是一个人物，现在变成了一个普遍性的代名词，把做梦就叫作"梦周公"，把梦和周公梦这两个普遍的和特殊的东西混为一体，所以把周公梦变成了所有梦的代名词，而且普遍化的程度不仅如此，人们竟然把睡觉叫作梦周公，不管做没做梦只要睡了一觉就说梦了一场周公，这样周公梦就成了睡觉的代名词，第二个影响说明周公梦在人们心中的地位绝对化了——它可以作为梦的代名词也可以作为睡眠的代名词。

第三个影响是它的神秘化，我们知道中国人对梦有解释的习惯，而且对这种解释有一套理论，表达这套理论的有一本著名的书籍叫作《周公解梦》，这本书在很多书店都能看到，过去在民间流传，不登大雅之堂，但是它是解梦的一个系统性的理论，它对人们在生活中的梦进行诠释，把这些解释汇编起来用了一个名称就是"周公解梦"，不管是什么样的梦在《周公解梦》中都能得到一种解释，因此我想周公梦在人们心中的影响是非常深远的。

那么为什么这个梦有如此深远的影响？在中国古代，我觉得有两个非常值得研究的梦——一个就是孔子的周公梦，另一个就是庄子的蝴蝶梦。可是蝴蝶梦的影响远远不及周公梦，这就是因为庄子的蝴蝶梦是一个哲学梦，它的含义是很难理解的，同学们可以去看庄子的《齐物论》，最后一段关于蝴蝶梦的记载，庄子不知道是他梦见了蝴蝶还是蝴蝶梦见了他，这二者谁在做梦是说不清楚的。于是，庄子说："此之谓物化。"蝴蝶梦庄子还是庄子梦蝴蝶，这个事情本身就费解，很难理解，再加上有一个抽象的概念——物化，所以通常老百姓对这个梦是说不清，理解不了的，其流传也就没有周公梦这样广泛。因此，通俗化是周公梦广为流传的很重要原因。

讲孔子的周公梦就要了解一下周公，周公（生卒年不详）生活于公元前1100年前后。姓姬名旦，周文王第四子，周武王之弟。封于周邑，故称周公。周这个地方在中国现在的陕西省岐山县偏北，叫作周原，这就是周公当时的封地，那么对于西周社会发展来讲，这个著名的政治家、思想家，他一生的主要工作是什么呢？他干了几件重大的事情。第一，辅佐周武王灭商，他亲自参加了灭商的一系列重大的政治、军事活动。第二件大事是辅佐成王，这个事情在历史上是开创性的，就是他来摄政，帮助成王，是代理国王的角色。等成王年长以后可以做出一些决策来治理国家时，他就把政权交还给成王，这是第二件大事。这件事对周公有很大的影响。我刚讲了他几乎是代替者，是代理国王的角色。在这种情况下就有很多议论了，特别是在贵族里面，很多人都怀疑他是不是想篡权，是不是要先辅佐、先摄政然后再取而代之？后来白居易在《放言》里面写了一句诗"周公恐惧流言日"，指的就是这件事情。周公听到这些流言蜚语之后内心感到惊恐不安。他的心思只是辅佐而不是篡位，可是得不到人们的理解。在辅佐之前周公把他关于政权建设的整体的安排写了一段话，放在一个金盒子里面，在那里面他说明辅佐至成王年长可以处理朝政时，马上让出政权。后来，成王发现了盒子里面的周公的文章，大为感动，才消解了心中的疑虑。第三件事情，周灭商后不久，管、蔡与武庚联合作乱，史称"三监之乱"。周公亲自平定了"三监之乱"，安定了社会秩序，稳定了商人的贵族，这也是一件较大的事。第四件大事，就是亲自建立东都洛邑（今洛阳）。"三监之乱"以后周公看到东方的局势不安定是一个很大的社会问题。于是他建议君主在东方建立第二首都，就是东都洛邑（今洛阳）。后来周公就亲自营建了东都。第五件大事，帮助他的儿子建立鲁国。周公的儿子叫伯禽。当时他的封地就是现在的曲阜，在周公的指点下伯禽建立了鲁国。鲁国继承了西周的政治体制和思想观念。为什么儒家思想会在鲁国创立？这里有内在的联系。最后一件大事，周公制礼作乐设计了西周的礼乐制度，正因为周公在历史上有这些卓越的贡献，而且很多业绩都是创建性的，凝结着周公的政治智慧。所以他去世以后周人在纪念他，周的后继者也在纪念他。

我们了解了周公这个人，再去看孔子梦周公的意义在什么地方，就不难理解了。我把这个意义概括为三点。

第一是孔子梦周公表现了孔子对周公道德人格的敬仰。《论语》当中记载孔子赞美周公有一句话："周公之才之美使骄且吝，其余不足观也已。"《礼记》当中还记载："周公成周文王周武王之德。"可见周公实现了、成就了、体现了周文王、周武王的德，"周公其达孝"是孝的最高境界，因为他不只是赡养了他的长辈，而且有崇高的道德，这才是孝的最高境界。所以孝的最高境界，不在于财产的继承，也不在于生活上的赡养，甚至不在于事业的持续，而在于美德的体现和弘扬。周公梦是贤人之梦，是梦贤人。

第二是表现了孔子对周公德治思想的弘扬。孔子认同周公的许多重要思想，对于周公，他是认同的，他是赞赏的，他是继承和弘扬的。我们上边着重介绍了周公的功业，实际上是贡献，在创建这些功业的过程当中，周公的思想灵魂是关键，周公的思想指导他的政治活动。

周公的思想可以概括为四点。一是以德配天的思想，简明地说，就是道德配合天命，人的崇高道德配合着天的使命，讲的是统治者如何得到政权和享有政权，统治者得到政权和享有政权的根据从夏商以来都是天命，当时的国王和大臣们，也包括普通的民众都认为这个王朝的国王能够享用政权，能够做一国之主，是因为天赋予了他权力，君权神授，这是一个传统观念，也是一个基本认识。直到商代后期都是这种看法，王权是由天命决定的。可是，西周初年的统治者——文王、武王、周王，对这个观念做了修正，也不是全面地颠覆，而是修订。他们认为，固然天命很重要——天命对于一个统治者享有政权，具有非常重要的作用——但是，天命不是唯一的权力来源，不是唯一的支撑点，统治者能不能享有政权、掌握政权，还有一个重要的因素：是否具有高尚的道德。因此，西周初年的政治家、思想家提出了一个命题：以德配天，政权的设立、巩固和实施，要有两个条件，一个根据是天命，另一个根据是仁德，这完全是一个新观念。周以前的统治者没有这个观念，他认为天命是永恒的，我们这个统治阶层应该祖祖辈辈享有这个权力。而西周的统治者把这个观念进行了修正：天命是无常的，不是永恒的。无常就是天命是有选择的、可以变化的。这个观念在中国哲学思想、政治思想、道德思想上都具有重大意义。从哲学上来讲，这里确立了人的主体性，或者说提出了人的主体性，人在社会生活、政治生活中是有重要作用的。从政治上来讲，一个统治集团能否掌握政权取决于统治者本身的素养和素质，一方面是天授予，一方面是人的素养、素质的问题。因此，人的条件是能否掌握政权的重要原因。从道德上来讲，提升了道德的重要作用。这是第一个观念，以德配天，给统治者提出了道德修养的要求，不能坐享天成，坐等天命是不行的，必须发挥自己的能动性，修养自己的人格，养成自己的品德，预备这样的条件来承担这个权力的使命和责任。这里面包含着一个重大的政治思想转换问题，同学们想，这里面也包含着一个重大的政治没落问题。周是西边的一个小王国，势力单薄，面积狭小，经济落后，要推翻人家商王朝谈何容易。不但力量不行，还必须讲出道理来，你凭什么要推翻人家，你要制造舆论让人们相信，让人们拥护你，这样普通的老百姓才能跟着你去推翻商王朝。因此周公制造了这个舆论，说明了商王朝的统治地位不是天经地义的，同学们想一想，周武王带领一支部队去讨伐商人，在兵临城下的时候，商人也出兵，两军对峙的时候，大概周围都宣传这个思想，所以，商代很多战事出现倒戈,"反戈一击"个词就是从这来的,我们看这个理论,从政治上来说是非常庄重的,那么,以德配天这个命题,需要追问的是,这个德指的是什么,或者是,怎样才算道德高尚,怎样才算是有道德?

这就引出第二条,敬德保民。敬德的内涵就是保民,保护老百姓,关爱老百姓,给老百姓带来好处,带来利益,这叫保民。保民就是道德,保民就是敬德,保民是道德的内容,道德是承受天命的条件,周公认为,不但天命无常,而且民心也无常,民心为什么无常?一个统治者,一个领导者,你关怀老百姓,老百姓的心就向着你,你不关心他,不能给他带来利益,不能给他带来好处,不关心他的生活,不关心他的生存,不关心他的疾苦,他就会背离你。周公反复要求成王敬德保民,后来,他的儿子要到鲁国,他反复要求,不能够贪污、享受,不能够搞奢侈化,要知家事之艰难;一粥一饭,当思来之不易,这就是后人诗里写的粒粒皆辛苦。因此呢,他要求统治者要过朴素的、清廉的生活,这样,才能够关爱老百姓,这才叫敬德保民。那么,既然保民是道德的内容,保民又和承受天命是什么关系?把统治者夹在天和民的两种力量之间,这就是周公的政治智慧。我想他是辅佐成王,维护成王的政权的时候想出来的。一头是天,一头是民,这两个方面,如果都要把它们处理好,既要敬天,也要保民,这不是一件很难的事情吗?周公说其实并不难。为什么不难呢?天意和民心是通的,天意和民心是一回事,用周人的话来说"老天爷的情就是老百姓的情",老天爷在看就是老百姓在看,把天意和民心这样统一在一起,同学们想一想,这是不是一种智慧,非常伟大而深刻的智慧。民就是天,天意在什么地方呢,天意就在民心当中。在当时,把民心的价值地位提高到这样一种天命的高度,等于说他把民心提到了天意的高度,把天意落实在民心上,他要求统治者这样来处理和老百姓的关系、和天的关系,这就是敬德保民和以德配天的奥妙所在。

政治智慧中光要德不行,光关爱老百姓还不行,治理国家还要有规范,还要有制裁,还要有约束。所以第三,明德慎罚,就是要在弘扬道德的同时运用刑罚,但是在运用刑罚上,周公提出一个原则,就是慎,要谨慎，道德的要求提出来了，同时也有了相应的法律规范的要求。

第四个重要的思想，就是制礼作乐，咱们说中国是礼仪之邦、礼乐之邦。而礼仪制度，从夏代到商代，一直有礼，但是是周人把礼制度化、体系化了。既有礼，又有乐，礼乐之都，是周公建立的西周的特点，就是以礼乐为核心，实行礼制。我们看古代的三纲。它是把一种等级关系确立在人际的一种上下、尊卑关系当中，父子是这样，夫妻也是这样。所以我们中国人有尊君、尊敬长辈、尊敬父兄、尊敬师长的传统。这些观念由来已久，这就是礼引起的关系。这个是礼。那么乐是干什么的呢？从某种意义上来讲，乐处理的是横向关系，亲戚关系。横向的关系要和谐。当然，上下关系也要和谐，但这里强调的是横向的关系，人际关系，是用音乐以及音乐制度、音乐精神来处理横向的社会关系、人伦关系。这样，礼定非，乐以促和，礼来君君，乐来亲戚，既有尊卑上下的等级秩序，又有和睦相处的社会关系，这个社会就安定了、有序了、和谐了。固然夏商都有礼，但是礼在这里秩序化、系统化、完整化。这是周公在西周初年所设计的一种非常进步的制度。

对于周公的这些思想及思想所体现的精神，孔子给予了高度评价，而且他也十分赞成。孔子讲，他说："周鉴于二代，郁郁乎文哉！吾从周。"这就是《论语》当中的话。"鉴于二代"，"二代"指的是夏和商。他说周人借鉴了、兼顾了夏商二代的长处，综合了他们的长处和优点，因此建构了一个丰富多彩、郁郁葱葱、富有文化文明的社会制度、社会秩序。"郁郁乎文哉"就是丰富多彩的，这样的典章制度，多么的丰富多彩！他说我追随这样的思想，"吾从周"。他又说："文王既没，文不在兹乎？"文王死了以后，周人的那些文化思想传统以及典章制度的传统不正是在我这个地方吗？他的意思是说，孔子说他继承了这个思想，根据周公的这些德治思想，孔子把它加以发展，建立了自己的仁学思想体系。仁学思想体系的传统概念有两个字：一个"仁"，一个"礼"。"仁者爱人""克己复礼"，孔子思想的这个体系就是周公这样的体系。

第三个意思是表现了孔子对复兴周公创建的西周社会的坚定信念。

孔子所处的时代和周公所处的时代相差多久？周公生卒年月不详，现在有些学者说周公去世的这一年约是公元前1015年。所以周公活动的时间就是公元前1100年左右，而孔子生于公元前551年，相差500年左右。那么，孔子所处的这样的一个时代的特点是什么呢？天下大乱，礼崩乐坏，当时的礼乐制度已经荡然无存了，周天子已经没有什么权威了，孔子说：礼乐征伐不"自天子出"，而"自诸侯出"。各诸侯国都趁乱发号施令，有的甚至挟天子以令诸侯。但是孔子面对着这个纷争的、混乱的时代，他追求的社会理想仍然是西周，就是周公所建立的那样一种美好的社会。他把这个作为自己的一个坚定的信念，要重建西周这样的社会，他把这个作为自己一生的崇高理想，他说西周的社会是"礼乐征伐自天子出"，有最高的领导，整个社会制度是由天子来建立的，各诸侯国不能各行其是。他崇敬周公所建立的那个礼乐制度，在《论语·尧曰》篇中有一段文字，据学者研究虽然是孔子讲的，但却是他引用的周武王的话。周武王这段话说什么呢？就是说周人的社会有些什么特点。那么通过这个引用来看，周人的特点是周人是享有天命，但是周人更重视的是"善人是富"，讲究帮助人、关心人、爱护人。这个"善"在这里是动词，是与人为善的意思。周人把给人带来好处、带来利益，给人以关怀爱护看作它最宝贵的财富。"善人是富"是说，虽然我周围有许多亲人，这个对我来讲固然也是资源，但是周公讲，不如仁人，不如与道德高尚的人比邻，"虽有周亲，不如仁人"。同时还讲到"百姓有过，在予一人"，国家没有治理好或者说老百姓出了这样那样的差错和问题，例如我们现在有些老百姓不讲道德，极其不守法纪，做出种种坏事、恶行，统治者如何看待呢？"百姓有过，在予一人"，是我没有管理好，我没有教育好，我当表率没有当好，这就是西周统治者的一种责任感、使命感，一种理念。"百姓有过，在予一人"，《尚书·泰誓中》的一段话，孔子把他原原本本地抄下来了，然后后面又说了一段话，说："宽则得众，信则民任。"宽容、宽厚就可以得到群众的拥护，讲信用就可以得到老百姓的信任。"敏则有功，公则说"，处理事情干脆利落、讲究效率，这样就会形成很好的业绩，应该这样处理事情。处理事情要大公无私、要正义，这样就会得到老百姓的拥护，大家感到高兴。这一段话就是孔子对西周的评价。（引文见《论语·尧曰》）孔子在《论语》中说西周时代人才辈出、人们的道德高尚，道德高尚到什么程度呢？"周之德，其可谓至德也已矣。"（《论语·泰伯》）他说周人之德到达了至高无上的境界。鉴于这个社会有这样的特点，因此他说"无其用，无其用我者无其为东周乎？"他周游列国，希望有人能重用他，能听信他讲的这一套政治理想，发挥他这一套治国的理论和才能。如果说有人用他的话，他要把东方这些国家完全西周化，就是"无其为东周乎"。建立一个像西周一样的东方之国，这就是孔子的理想。因为他崇尚西周这样的社会制度，他认识到西周这种制度的优越性，所以他要在周公500年之后的春秋末期来复兴西周的那样一种美好的治国理想。他对这个充满着坚定的信念，他这个信念坚定到什么程度，他是"知其不可为而为之"，他从自己的主观愿望出发，我就认为那个很美好，我就一定要实现它。反正我要把我自己这个信念付诸实践、付诸努力，把它实现出来。尽自己最大的努力做，万一实现不了，他说"道不行，乘桴浮于海"。那么我就驾着一条小船去大海里面浮着，这就是孔子梦周公的意义，我把它概括为这样三点：第一点：人格崇拜；第二点：思想弘扬；第三点：理想信念。要重现西周这样的社会理想，这大概就是孔子一生要梦周公的原因和意义所在。

　　最后我要来讲孔子周公梦的启思。我们现在来讲孔子的周公梦，来分析梦的含义，对于我们今天有什么意义呢？我们可以从孔子周公梦的意义当中引申出生发出许多，可以不断地加以引申、不断地加以联想、不断地加以推论。但是我想可能有两点是最重要的。第一点是我们要认识儒家思想的特点和周公思想的内在关系，这样有助于我们理解孔子的思想，也有助于理解周公的思想，更有助于我们理解从西周初年以来形成的中华文化的源头。所以第一点是孔子的思想是对周公儒家思想的继承和发展，它吸收的是周公的教训、周公的理念。孔子用这些来教育他的学生。孔子为什么会梦周公呢？孔子盛时致力于行周公之道，盛时是相对于衰时而讲的。因为孔子叹息他不再梦周公是他年迈以后的事情，在没有衰老时，他要行周公之道，所以梦寐之间就会见到他，这表达了孔子对周公思想的一种继承关系。那么通过对儒家思想的渊源考察，我们可以认识到它和周公思想的内在渊源关系。孔子的思想也有它的来源，孔子的思想在创建过程中继承了当时诸多的思想文献资料，包括周公思想在内，还有西周很多青年政治家的观念，把它们综合起来创建了儒家的人生体系。这样的渊源的追溯使我们感觉到儒家思想是中华文化的原点、中华思想文化的根基和根源，它是一脉相承的。当然也使我们认识到孔子的思想为什么会创建在鲁，在周公500年之后，在鲁国把它建立起来，因为鲁国是周公儿子的封地。鲁国继承了周代许多文物典章制度，给孔子思想的真正创建提供了一个历史背景和文化资源。同时我们也可以理解我在陕西省图书馆讲座的题目"孔子与三秦文化"。孔子周游列国是没有到达陕西的，那么他与陕西传统的地域文化是什么关系？虽然孔子未到秦地，但秦地历史上的思想资源就是周公思想。不论是从思想的体系上还是从儒家思想的历史和地域特征上来看，我们都可以通过孔子的周公梦寻找启示。所以这个梦还是可说的，还是有必要说的。第一点启示是思想史的启示；第二点是人生启示。孔子一生都为实现他的周公梦，实现他青年时代树立的崇高理想而奋斗，是我们更是青年一代学习的榜样。《论语》记载孔子讲他自己是"默而识之，学而不厌，诲人不倦，何有于我哉"，他是个怎样的人呢？可以看出他是一个安静的、认真学习的、认真体会的人。静下心来，认真地学习，不但学习一次两次，得反复学习，毫不厌倦，学而不厌，而且愿意把自己的道理传授给他的学生，诲人不倦。"何有与我哉"，除过这些之外再没有什么，这是他的学习精神。《论语》记述有一个人叫作叶公，叶老先生问孔子的学生子路"你的老师是个什么样的人？你了解你的老师吗？他是个什么样的人？"子路不对，是因为子路回答不上来，不知道该如何说。孔子告诉他："子路，你就告诉他，我的老师为了他的理想发愤忘食，非常勤奋刻苦努力但是又非常乐观，乐以忘忧。这样既勤又乐，一直到老，不知老之将至"。可见这一段话是孔子老年时告诉他的学生的。当然孔子关于他自己如何对待他的理想，如何通过理想来要求他努力学习或者要求他不断推行他的学术，有过许多论述。比如说"知之者，不如好之者，好之者，不如乐之者"就是说我们学习一种东西、一种内容、一门课程，你了解知道它不如你喜欢它。"知之者，不如好之者"，好是喜欢、爱好的意思。你喜欢它、爱好它，不如你学习的时候或者跟它在一起时感到快乐，"好之者，不如乐之者"。他讲到他一生对待学习、对待事业的这种境界，"知之"为最低境界，了解他对周公思想也罢，对历代传下来的文化典籍也好，对一门知识也罢，第一境界是掌握它、理解它、"知之"。第二个境界是好之者，爱好它，喜欢它，培养了和它深厚的情感，我喜爱学习，我热爱它，这是"好之"。第三境界是乐，我达到了和它在一起，达到了学习它的目的的这个过程，是一个快乐的过程。这样就是一个最高境界。我觉得知之、好之、乐之是孔子为实现他的周公梦而设定的三大精神境界，或者说是三大层次境界。无论是两个"不"，即"学而不厌，诲人不倦"，还是两个"忘"，即"发愤忘食，乐以忘忧"，还是三个境界，都是为了实现他青年时代确立的理想而养成的一种孔子精神。那么回过头来再想，孔子说"十有五"："吾十有五而志于学，三十而立"。十五岁励志来学习，来学好。"三十而立"并不是说三十岁才会走路，不是三十岁才会站立，这"三十而立"是什么意思呢？是确定他的人生境界、确立他的人生理想、确定他的人生价值定位。这个理想应该在青年时代就确立，所以孔子的周公梦给予我们的启示是非常现实的。我祝愿同学们在学习的过程中，也由"知之"境界上升到"好之"境界，由"好之"境界上升到"乐之"境界。北宋的哲学家张载讲：人生的起点、基点就在于"和、乐"二字。既和谐又快乐，所以他将讲"和、乐，道之端乎"（《正蒙·诚明》），人生之道之端乎。在这一点上，"和、乐"既是起点，又是终点。祝愿同学们达到一种好之、乐之的境界。谢谢大家！

主持人：非常感谢赵老师为我们带来这场使人受益匪浅的讲座。听了赵老师的讲话，我个人的感受就是：孔子的周公梦同他的人生理想是一致的，有些人之所以非同寻常，就是因为他的人生中有一个梦想并努力着。相信大家肯定也是感触良多，所以如果同学们有什么问题或者有什么想法，可以举手来跟我们的老师交流。

同学甲：老师好，我是来自哲社院的2012级的学生。您刚才提到的张载，他特别重视中庸，尤其是中庸理论。他在《正蒙·诚明》篇里说："诚明所知，乃天德良知。""性与天道合一，存乎诚。"《中庸》里也说："诚者，天之道也；诚之者，人之道也。"我的问题就是：天道与人道，何者为天道，何者为人道？以及天道与人道之间的关系。还有就是张载提出的"民胞物与"，就是"民吾同胞，物吾与也"，当今世界随着科技与经济的发展，国与国之间、人与人之间、人与自然之间关系越来越尖锐，我想请您解释一下张载"民胞物与"思想对我们的影响。

老师：关于天和人的关系问题，在中国哲学史上是一个基本问题。就拿你提出的张载的关于"诚"的这个问题的思想来说，这句话的意思是这样的：张载说："诚者，天之道也；诚之者，人之道也。"这其实是张载引用的话。"诚者，天之道也"，这个"诚"字，在儒家思想里头有这样几个含义：一个是实在性、实存性，同时它还有道学的含义，诚信、诚实的含义。对天道来讲，天道的特性、天道的根本是实在性或者实存性，而人道是体现这种实在性的。通过自己的行为、观念、知行把它体现出来，此之为"诚之者"。把这个"诚"体现出来，就是人道。把它加以体现、加以实现，把天道的这种实在性通过人的行为、人的实践、人的活动体现出来，就是"诚之者"。由此可见，天和人的关系：天是一个实存性的、必然的，人是一个能动的、应然性的，二者的关系可以这样理解。刚才这位同学还问到"民胞物与"和天人关系，这个问题我觉得是一个很有意义的问题。张载讲"民胞物与"，是当今世界亟待推广和弘扬的大问题。"民胞"就是老百姓都是我的同胞，"物与"就是万物都是我的朋友。张载要实现的理想，即"民胞物与"。人和人的关系是兄弟关系，人和物的关系是朋友关系。在这个命题里头，把人和人、人和物的关系都概括起来了。人和人、人和物的和谐，为什么人和人应该是兄弟关系，人和物应该是朋友关系？应为天人合一。张载是这样论证的：天是我们的父亲，天者，乾也，乾就是天，乾称父；大地是我们的母亲，坤称母。那么天地之间是什么？人和物，人和人。中间这一段话，他来写人的："乾称父，坤称母。予兹藐焉，乃浑然中处。"(《正蒙·乾称》) 我是一个渺小的存在者，住在天地的中间。浑然中处，把天地之性都混在自己的身上，住在天地的中间。"天地之塞，吾其体；天地之帅，吾其性。"(《正蒙·乾称》) 天地之塞就是天地之间的物质之气，构成了我的形体、肉体；天地之帅就是天地之性，天地之性构成了我的德性。人就是这样一个存在。那么中间这段话讲完之后，下面一段话是："民吾同胞，物吾与也。"这是张载做出论证的一种过程。因为天是父亲，地是母亲，人都是天地所生。你是天地所生，我也是天地所生，我们都是天地的儿子，天地的儿子不应该是兄弟吗？所以"民吾同胞"。人是天地所生，物也是天地所生，万物都是天地所生；天地不仅是人的父母，也是万物的父母。人和物都是父母所生，那么我们不应该是朋友吗？所以张载用"天人合一"论证了"民胞物与"，就是这样。

主持人：我们还有一个提问的机会，有没有人想要提问？

同学乙：老师，我想问一下，孔子他一生遇到了那么多的困难，但是他为了践行自己的信仰，还必须克服这些困难，您认为他能够克服这些困难的支撑是什么？还有就是一个人有了自己的信仰梦想，之后他如何能够一丝不苟地、坚持不懈地践行下去，您认为这种本体支撑或者是强大的支撑的根据是什么？是什么能让人做到这样？

老师：好！好问题！这个支撑点是什么呢？就是孔子认为自己是一个人，对人的认识是孔子确立自己的理想，并为这种理想毕生奋斗、不懈奋斗的动力之源。为什么这样说呢？孔子讲过一句话："鸟兽不可与同群。"什么意思呢？人不是动物。人和动物是不能同群的，人就是人，人不像动物那样生存，为了简单的解决衣食问题而没有其他任何追求。

这种境界是动物的境界，后来冯友兰先生把它叫作"自然境界"。如果人是这样一种人，那么他认为人活着是无聊的，吃饱、穿暖，这样让他能活得时间长，这个是物质性的追求，冯友兰把它叫作"自然境界"。这种境界的人对人生是没有理解的，没有觉悟的，不认识人之为人的本质。儒学哲学家在这个问题上非常清醒，人不是动物。那么人不是动物的标志是什么？——他有自己的超越性追求，超越物欲之上、饮食之上的形而上的追求，这才是人的本性所在。当然，对这个超越性，各派哲学的理解是不一样的。儒家的基本理解是道德超越，道德是高于物欲的，道德追求是高于物欲追求的。人有了崇高的道德，就把自己和动物区分开来，就把自己从动物中超越了出来。道德越高尚，离动物越远；离动物越远的人，精神性的追求就越崇高，形而上的特征就越鲜明。孔子，孟子就是这样的，所以他们就讲究仁、义，这是人之为人的标志，人和动物是以这个来区分的，你看后来孟子讲"仁者，人也"，这个超越性的追求是非常重要的，就是人是有理想的。如果没有理想，整天满足于物欲的追求，除此之外没有任何咱们所说的梦想、理想、信仰的话，那么人和动物是没有区别的。所以你说他这个支撑点是什么？我觉得支撑点就是他对于人之为人的认识、启悟，或者叫觉解，他觉悟了，他知道人和动物的不同。人是高于动物的，人是贵于动物的。后面董仲舒把这一点概括了，他说你要让人有高尚的道德，要有理想，怎么讲？要让人"知自贵于物"讲得非常好，要让人知道自己不是动物，自己比动物可贵。"天地之生，人为贵"，这个话就是孔子讲的，《孝经》记载：孔子自言"天地之生，人为贵"。这个话可以回答你刚才提出的问题，为什么人要有理想？当然，道德本身就是一种超越性的，还有人种种的美好理想，就是因为人是超越性的，这就是人的价值，人的可贵之处。为此，我们每一个人应该有这样的觉悟：人为万物之灵，这是第一个觉解；人是天地之心，天地本没有心，动物也没有心，只有人有这个心，这是第二个觉解；第三，天地之生人为贵，这是第三个觉解。有了这三个觉解，你就有了支撑人生的理想的原动力。这是一个很深刻的关于人生的哲学的问题。这三句话，中国人在春秋战国时期就已经形成。春秋战国百家争鸣，各派学者争论的问题很多，分歧非常严重，但是，在一个问题上，大家的凝聚力、共同点，是非常清楚的，就是立人。就是要把人的价值，要把人之为人的主体性确立起来。关于这一点，我在《价值的历程》专门写了这个问题，我认为这个问题是我对春秋战国时代百家争鸣的一个新认识。儒、墨、道、法各派都要立人，但是路径不一样、方式不一样。儒家以道德立人，道德越高尚，人的主体性越能被建立；道家是以自然、自由立人，你的精神自由了，人之为人才能确立。你看《庄子》的第一篇就是《逍遥游》。老子讲什么？老子讲"道法自然"。可是墨家说这个也不行，人首先要劳动，人不劳动不能体现人的主体性，动物不需要劳动，人是靠劳动生存的，这就是墨家的观点。劳动使人将自己和动物区分开来，把人之为人的标志确定起来。而法家韩非、商鞅的思路是什么呢？人不能胡作非为，人要遵守法律规范，人能够遵守社会规范，就是像人的样子，不然的话就是动物。所以法家讲以法治国，在他们看来人一遵守规范，人就像人了。这就是各家分歧的地方了，但是共同的地方就是要把人确立起来，要成人。教育的根本宗旨就是要成人，把人养成。如果我们在知识的学习上掌握了很多丰富的知识，甚至在能力的培养上养成了许多卓越的能力，但是唯有在人之为人上没有觉解，在成人上没有把自己养成，这样的教育就失去了教育本来的意义。所以，教育的宗旨就是成人，我们学习的宗旨也是成人。

（2013年12月6日在延安大学做学术报告《孔子的周公梦》）

2016年

传统文化：构建中国特色哲学社会科学的宝贵资源

习近平总书记在哲学社会科学工作座谈会上的讲话，明确提出了加快构建中国特色哲学社会科学的宏伟任务，并深刻指出，只要我们善于融通古今中外各种资源，特别是善于融通马克思主义、中华优秀传统文化和国外哲学社会科学三大资源，坚持不忘本来、吸收外来、面向未来，就能构建出中国特色的哲学社会科学。文化自信之所以是构建中国特色哲学社会科学更基本、更深沉、更持久的力量，根本原因在于，绵延几千年的中华文化，是中国特色哲学社会科学成长发展的深厚基础，为构建中国特色哲学社会科学提供了十分宝贵的资源。

一 使命意识的高度自觉

中国传统的学者和士人有自觉而崇高的使命意识。自古以来，我国知识分子就培植了运用自己的学问和思想认识世界、造福人民、传承文化、优化社会的担当精神和使命意识。孔子以周文化的继承者自居，声称："文王既没，文不在兹乎？天之将丧斯文也，后死者不得与于斯文也；天之未丧斯文也，匡人其如予何？"（《论语·子罕》）自觉地以延续历史文化为自己的使命。并明确提出"人能弘道，非道弘人"（《论语·卫灵公》）的主体意识和"士不可以不弘毅，任重而道远"（《论语·泰伯》)的担当精神。孟子决心以"正人心，息邪说，距诐行，放淫辞，以承三圣（禹、周公、孔子）"（《孟子·滕文公下》）为自己的文化使命，并以"如欲平治天下，当今之世，舍我其谁也"（《孟子·公孙丑下》）的责无旁贷的责任感自许，以"穷则独善其身，达则兼济天下"的坚定志向自律。荀子明确把解除陷于"道之一隅"的任务作为职责，撰《解蔽》篇，启示人们认识道的整体。诗人屈原既抱有"哀民生之多艰"的人文情怀，又坚持"路漫漫其修远兮，吾将上下而求索"的真理探索精神。汉代知识分子也多"有澄清天下之志"，特别是"欲以天下风教是非为己任"（《后汉书·李膺传》）的浓厚意识。

宋代以降，随着理学的兴起，儒家的使命意识和担当精神愈加自觉和高远。理学的奠基者、关学的创始人——张载提出的"为天地立心，为生民立命，为往圣继绝学，为万世开太平"（《张子全书·近思录拾遗》），不但是个人学术使命的概括，而且成为其后广大知识分子使命意识的高度凝练和精辟表达。明末清初，顾炎武提出"天下兴亡匹夫有责"（《日知录·正始》："保天下者，匹夫之贱与有责焉耳矣。"），王船山呼吁"存人理于天下者，非士大夫之责乎？"（《读通鉴论》）传统学者和士人立志向、重使命、勇担当的优良传统，是中华文化和民族精神的宝贵财富，对当代中国哲学社会科学工作者仍然是深刻的启示和强大的激励。正如习近平总书记说的："自古以来，我国知识分子就有'为天地立心，为生民立命，为往圣继绝学，为万世开太平'的志向和传统。一切有理想、有抱负的哲学社会科学工作者都应该立时代之潮头、通古今之变化、发思想之先声，积极为党和人民述学立论、建言献策，担负起历史赋予的光荣使命。"①

二 思想智慧的深厚积淀

中国传统思想学术，早在春秋战国时期就产生了儒、释、道、墨、

---

① 习近平：《在哲学社会科学工作座谈会上的讲话》，《人民日报》2016年5月19日。

名、法、阴阳、农、杂、兵等各家学说，从先秦至清末经历了多次思想的繁荣时期，涌现了一大批哲学家、思想家、史学家、文学家、法学家、政治学家、经济学家、教育学家、军事学家，凝结了一系列独具特色、含义深邃的思想观念。其中，最具有代表性的思想观念有四个方面。

（一）"天人合一"的整体观念

所谓"天人合一"，就是认为人与天地自然、人与天性天德是互相依存、互相贯通、互相统一的整体，人与天共处于宇宙统一体中。《老子》云："人法地，地法天，天法道，道法自然。"《论语》载孔子云："天生德予余。"《中庸》云："人与天地参""参天地之化育"。《孟子》云："尽其心者，知其性也；知其性，则知天也。"《庄子》云："天地与我并生，万物与我为一。"《易传》云："大人者与天地合其德，与日月合其明，与四时合其序，与鬼神合其吉凶。"北宋张载总结以前的天人合一思想，明确概括出了"天人合一"的哲学命题。云："天人合一存乎诚。"中国古代也有少数哲学家认为天人相分，如荀子、刘禹锡等，但不占主流。"天人合一"思想是中华文化与西方文化区分的重要标志。拉兹洛说，中国文化正是认为"人类是地球上生物圈中的自我维持和自我进化的自然系统中的一个有机组成部分"，而"西方的主流文化认为人是为了自己的目的才征服并控制自然的"。[①]

（二）"保合太和"的和谐观念

中华文化认为宇宙是一整体，但这个整体既不是无差异性、无矛盾性的僵死凝固的绝对同一体，也不是无统一性、无依存性的绝对斗争体，而是一个和谐体。

《周易·乾·象辞》："乾道变化，各正性命，保合太和，乃利贞。"意为保持聚合元气的至高无上的大和谐，就会顺利通畅（利）、坚固不

[①] ［匈牙利］拉兹洛：《决定命运的选择》，生活·读书·新知三联书店1997年版，第77页。

移(贞)。北宋张载撰《正蒙》,首篇为"太和篇",曰:"太和所谓道,中涵浮沉、升降、动静、相感之性,是生氤氲、相荡、胜负、屈伸之始。……不为野马、氤氲,不足谓之太和。语道者知此,谓之知道;学《易》者见此,谓之见易。不如是,虽周公才美,其智不足称也已。"王夫之在《张子正蒙注》中解释说:"太和,和之至也。……未有形器之先,本无不和,既有形器之后,其和不失,故曰太和。"《中庸》说:"中也者,天下之大本也;和也者,天下之达道也。致中和,天地位焉,万物育焉。"《荀子·天论》:"阴阳大化,风雨博施,万物各得其和以生,各得其义以成。"《吕氏春秋·贵公》:"阴阳之和,不长一类,甘露时雨,不私一物,万民之主,不阿一人。"所谓"和",就是事物各种不同的要素相互协调、相互适应、相互平衡,从而共处于一个统一体中的状态。在中国哲学中"和"与"同"是相反的概念,"和"是多样性的协调,而"同"是单一性的重复。公元前六世纪的西周末年,曾经有两次关于"和"与"同"的讨论。一次是周太史史伯与郑桓公的谈话,一次是齐国大夫晏婴与齐侯的对话。《国语·郑语》载史伯对郑桓公说:"夫和实生物,同则不继。以他平他谓之和,故能丰长而物归之;若以同裨同,尽乃弃矣。故先王以土与金木水火杂,以成百物。……声一无听,物一无文,味一无果,物一不讲(讨论)。王(指周幽王)将弃是类(指'和')也而与剸同,天夺之明,欲无蔽,得乎?"《左传·昭公二十年》载齐侯与晏子的"和同之辨"。齐侯问"和与同异乎?"晏子曰:"异。和如羹焉,水火醯醢盐梅以烹鱼肉,燀之以薪,宰夫和之,齐之以味,济其不及,以泄其过,君子食之,以平其心。君臣亦然。君所谓可而有否焉,臣献其否以成其可;君所谓否而有可焉,臣献其可以去其否,是以政平而不干。……(而同)若以水济水,谁能食之;若琴瑟之专一,谁能听之。同之不可也如此!"这两次"和""同"之辨,都深刻地阐发了"和""同"的不同含义,明确提出了"和实生物,同则不继"的哲学观点,确立了"取和去同"的价值主张,并运用这一哲学思想论证了"尚和"的治世原则。

中国哲学认为宇宙是至高无上的大和谐。自然万物都处于一种和谐的关系和状态之中,和谐是自然生存发展的根本法则。

"保合太和"观念决定了中华文化以追求和谐协调为理想,天人合一、群己和谐、性命和谐是最高的善、最高的美。这种和谐追求与西方文化强调人与自然的对立、个人与群体的对立,很不相同。

(三)"生生日新"的更新观念

"生生""日新"是中华文化的又一重要观念。中华文化有其尚变化、主更新的内在素质。凝结着中华文化精神的《周易》就既讲"变易",又讲"生生""日新",所谓"穷则变,变则通,通则久","生生之谓易","天地之大德曰生","日新之谓盛德"。孔颖达《周易正义》释"生生"曰:"生生,不绝之辞……后生次于前生,是万物恒生谓之易也。"来知德《周易集注》释"生生"为"始终代谢,其变无穷"。根据"生生之谓易"的天道,《周易》提出人道的"盛德"、治世的"大业"应该坚持"恒久"、持续的精神,所谓"可久则贤人之德","穷则变,变则通,通则久"。"日月得天而能久照,四时变化而能久成,圣人久于其道而天下化成。"为了达到"恒久其道",《周易》要求人们"彰往察来""藏往知来""安不忘危""存不忘亡"。中国第一部诗歌总集《诗经》也说:"周虽旧邦,其命维新。"此外,孔子要求"温故知新",孟子主张"新子之国",《曲礼》言"新法",《大学》讲"新民"。汉武以后,尽管"天不变道亦不变"的守旧观念占了上风,但变化、创新意识仍不绝如缕,例如北宋哲学家张载就高咏"芭蕉心尽展新枝,新卷新心暗已随。愿学新心养新德,旋随新叶起新知"(《芭蕉》)。连颇为保守的朱熹也还有"旧学商量加邃密,新知培养转深沉"(《鹅湖寺和陆子寿》)的愿望。中华文化不仅内含变化创新观念,事实上,在漫长的延续历程中,随着生产实践、经济发展、社会变革,中华文化也曾发生过许多变化。以学术内容言,先秦子学、西汉经学、魏晋玄学、隋唐佛学、宋明理学、明清实学、近代新学,变异之迹昭然;以文化风格论，先秦活跃、秦汉专制、隋唐开放、明清封闭、近代震荡，变化之象显然。变化中有连续也有间断，有复旧也有创新，有倒退也有进步。诚如鲁迅所说：有新的来了好久而旧的又回潮过去的反复，也有新的来了好久之后而旧的仍不退去的羼杂。正是在这种新旧反复和新旧杂陈的曲折复杂的历史演变中，中华文化延续着它生生不已的文化生命。中华文化的生机在于"其命维新"，即通过不断变化、更新而保持和焕发生命活力。1987年布伦特兰报告提出了"可持续发展"概念，基本含义是：使发展成为"一种满足当代人需要，又不损害子孙后代满足其需要能力的发展"。"生生不息"就是中华文化中蕴含的可持续发展的智慧。

（四）"以人为本"的主体观念

人本思想就是以人为主体、为最高价值、为主导力量的思想。人本思想是中华民族在处理人与自然的关系以及处理人与社会的关系的实践过程中逐渐形成的。因此，人本思想是历史的产物。中国古代的人本思想经历了一个孕育、萌芽、形成的历史过程。这一过程可以大体上划分为三个阶段。

第一，西周时期的"敬德保民"观念——"人本"思想的孕育。西周统治者看到"民心"在一定条件下比"天命"更重要，于是对传统的"神本"观念进行了修正，提出了"以德配天""敬德保民""民之所欲，天必从之"的观念。这种观念虽然还没有动摇天命神权的统治地位，但却强调了人事努力的重要性，认为只要人们敬德保民、做好人事，也就是顺应了神的意志。这就在神本主义的绝对体系中冲开了一个缺口，给人的地位和作用争得了一席之地。

第二，春秋时期的"民为神主"观念——人本思想的萌芽。春秋时期从总体上说是从奴隶制向封建制的过渡时期，这一时期的思想观念与社会制度一样，具有过渡性的特征。其过渡性表现在人本思想的形成史上，就是从以神为本向以人为本过渡。春秋初年的随大夫季梁继承和发挥了西周初年"民之所欲，天必从之"的重民观念，提出了"夫民，神之主也。是以圣王先成民而后致力于神。……民和而神降之福，故动则有成"（《左传·桓公六年》）的观点，同时期的史嚚也提出了"国将兴，听于民；将亡，听于神。神聪明正直而壹者也，依人而行"（《左传·庄公三十二年》）的观念。季梁、史嚚在并不否定神的存在甚至承认神的"聪明"的前提下，大胆申明"民为神主""神依人行"，这是对人本思想的一个重大突破。继此之后，宋司马子鱼也说："祭祀以为人也。民，神之主也。"（《左传·僖公十九年》）宋国叔兴认为"吉凶由人"，与自然灾异无关；郑国子产畅言"天道远，人道迩"，无须祭神免灾。都为人本思想的萌生做出了贡献。

第三，战国时期的"惟人最灵"观念——人本思想的形成。战国时期是封建制度的形成时期，传统社会遇到了严峻的挑战，封建生产关系普遍建立。在社会大变革的历史震荡中，诸子风起，百家争鸣，问天思人，轻命重力，使人的地位和价值、人的力量和作用，受到了进一步的关注和肯定。无论儒家、道家还是名家、法家，无论主张"天人合一"还是主张"天人相分"，都充分肯定了人的主体地位，高度弘扬了人的价值。他们尽管在"人何以为贵"的回答上思路各异，但都认同人是天地间的最"灵"者、最"贵"者、最"大"者这一价值观念。"惟人万物之灵"（《尚书·泰誓》），"人者，天地之心也"（《礼记·礼运》），"人最为天下贵"（《荀子·王制》）三大命题的提出标志着中国哲学人本思想的形成。战国之后，中国哲学的人本思想基本上都是对这三大观念的阐释和发挥。

（五）"止于至善"的道德观念

中华文化的精神是"止于至善"，即达到最高的善的境界。"止于至善"见于《大学》："大学之道，在明明德，在新民，在止于至善。"文化精神是一种文化中具有决定力的价值系统，或者说是一种文化中基本的、整合的价值系统。世界各民族文化的共性，可以说都以追求真善美的价值为共同目标，但不同的文化对真善美的理解各有会于心，对真善美的价值层次安排及其内在联系,颇有不同。中华文化则把"至善"作为最高的价值理想,而其他价值追求都统摄于"善"、服从于"善"。这在作为中华文化主干的儒家文化中表现得尤为明显。在儒家文化的价值系统中,作为道德价值的"善"是统摄和支配"利""权""力""巧""真""美"等一切价值的。"义重于利""德高于力""学以成德""诗以言志""文以载道""技以扬善""智知善恶""史寓褒贬"等观念,就是中华文化关于善的价值支配各种文化价值的精练表述。或者说,是以道德的"善"作为各种文化价值的准则。一方面,中华儒家文化"止于至善"的价值理想,往往对经济之"利"、技术之"巧"、科学之"真"、艺术之"美"重视不够,但另一方面,却对提高人们的道德人格、维持人际关系的和谐,避免沦为物欲的奴隶和陷入宗教迷狂起了积极的作用。

中国浩如烟海的文化遗产中,包含着丰富的哲学社会科学内容,不但为古人认识世界、改造世界提供了重要依据,也为当今构建中国特色哲学社会科学的诸多学科提供了十分宝贵的资源,具有极其重要的意义。

三 思维方式的独特优势

中华传统文化特别是中华传统学术思想中蕴含着独特的思维方式和研究方法,体现了中国人几千年来积累的求知智慧和探索精神。中华传统文化的思维包括整体思维、和合思维、直觉思维、辩证思维、中庸思维等诸多方式。其中尤以"阴阳合德"的矛盾思维和"执两用中"的合度思维最具优势。

"阴阳合德"的矛盾思维方式源远流长,《周易》一书做了集中和充分的阐述。《易经》虽为卜筮之书,但它记述了人们社会生活中的诸多矛盾现象,吉凶、祸福、出入、往来、进退、生死、泰否、损益等。《易传》则将这些矛盾现象用阴阳范畴来概括。《周易·系辞传》提出:

"一阴一阳之谓道,继之者善也,成之者性也";"乾,阳物也;坤,阴物也。阴阳合德而刚柔有体,以体天地之撰,以通神明之德";"立天之道曰阴与阳,立地之道曰柔与刚,立人之道曰仁与义"。阴阳是指事物两种基本的性质和功能,"阴阳合德"是指阴阳两种德性既相反又相成的状态。相反即双方相互对立、相互排斥、相互斗争的状态;相成即双方相互配合、相互转化、相互协调的状态。《周易》认为,阴阳相反相成是普遍存在于一切事物之中的根本法则,所以说"一阴一阳之谓道"。不仅《周易》有此观念,《老子》亦云"万物负阴而抱阳"(《老子》第四十二章),也认为阴阳矛盾乃普遍存在于万物之中。并以诗的语言描绘了矛盾现象的普遍存在:"天下皆知美之为美,斯恶已;皆知善之为善,斯不善已。故有无相生,难易相成,长短相形,高下相倾,音声相和,前后相随。"(《老子》第二章)先秦形成的"阴阳合德"矛盾思维方式,在后代有了进一步的发展和深化。

"执两用中"的合度思维方式也起源甚早,《论语·尧曰》所载,"允执厥中"是尧、舜、禹历代相传的治世方式。后来孔子赞誉说:"执其两端,用其中于民,其斯以为舜乎?"(《礼记·中庸》)"执两用中"一语,即由此而来。"执两"指把握住"过"与"不及"两种倾向,使之不走向极端,"用中"指运用中正、适度的原则。孔子认为认识事物、处理事情,"不及"和"过度"两种偏向,都不能取得正确的认识,也不能获得好的效果,所以,既不能"不及",又要防止"过度",掌握好最适当的度,才能达到最佳的预期效果。这最适当的度,就叫作"中"。正因为只有做到"执两",才能准确地"用中",于是孔子又从"中"的对立面提出了"过犹不及"的命题。"不及"是没有达到"中";而"过"则是超过了"中"。二者趋向虽异,但都违背了事物的度,此之谓"过犹不及"。可见,"执两用中"实际上也是一种在对立的两极把握平衡和统一的辩证思维方式。孔子之后的儒家子思学派,根据孔子"执两用中""过犹不及"思想,撰成《中庸》一文,对"执两用中"的思维方式,进行了深入的阐明,形成了关于中庸思维方式的系统理论。《中庸》将"中"与"诚"联系起来,将"中"与"和"结合起来,形成了"中"为内心之"诚","中"致天地之"和"的哲理思路,提出了"中也者,天下之大本也;和也者,天下之达道焉。致中和,天地位焉,万物育焉"的哲学思想。于是"执两用中"的"中",就成为思维方式、道德境界和宇宙本体三者一体化的哲学境界了。从此,"执两用中"的影响愈益深远。

由此可见,中国传统思维方式,具有辩证思维的鲜明特色和突出优势。对此,著名科学史家李约瑟说:"当希腊人和印度人很早就仔细地考虑形式逻辑的时候,中国人一直倾向于发展辩证逻辑。"①

中华传统思维方式的优点,对于我们构建中国特色哲学社会科学有着极其重要的方法论意义,而且体现这种思维方式的范畴体系和思想体系,也对构建中国特色哲学社会科学具有借鉴价值。正如习近平总书记所说:"中华民族有着深厚文化传统,形成了富有特色的思想体系,体现了中国人几千年来积累的知识智慧和理性思辨。这是我国的独特优势。"②

四 治学作风的优良传统

习近平总书记说:繁荣发展我国哲学社会科学,"要大力弘扬优良学风,把软约束和硬措施结合起来,推动形成崇尚精品、严谨治学、注重诚信、讲求责任的优良学风,营造风清气正、互学互鉴、积极向上的学术生态"③。在学风建设上,中国传统文化也能为我们提供取之不尽的宝贵资源。

中国传统优良学风,内涵十分丰富,就其要者言之,约有数端。

---

① [英]李约瑟:《中国科学技术史》第3卷,科学出版社1990年版,第337页。
② 习近平:《在哲学社会科学工作座谈会上的讲话》,《人民日报》2016年5月19日。
③ 习近平:《在哲学社会科学工作座谈会上的讲话》,《人民日报》2016年5月19日。

（一）修辞立诚

"诚"是儒家思想的重要范畴，既有本体义，也有道德义。对治学而言，儒家认为"诚"是学者的首要修养、基本道德，明确提出"修辞立诚"为治学和著述的道德准则。"修辞立诚"源于《易·乾文言》："修辞立其诚，所以居业也。"本意谓修理文教，立其诚实，则可成就功业。唐孔颖达《周易正义》释云："辞谓文教，诚谓诚实也。外则修理文教，内则立其诚实，内外相成，则有功业可居。"后引申为著述、撰文必须反映事物的实际，表达作者的真情实意，不可弄虚作假，制造伪语浮文。南朝梁刘勰《文心雕龙·祝盟》云："凡群言发华……修辞立诚，在于无愧。"宋程颐云："修辞立其诚，不可不仔细理会。言能修省言辞，便是要立诚。若只是修饰言辞为心，只是为伪也。修辞立其诚，正为立己之诚意。"（《文心雕龙》）明王守仁《传习录》云："凡作文字，要随我分限所及，若说得太过了，亦非修辞立诚矣。"（《传习录》）他们都把"修辞立诚"作为著书立说的根本道德准则。清陆以湉明确地说："修辞立诚，可为撰述者法矣。"（《冷庐杂识·撰述传信》）近世章炳麟更认为"修辞立诚"是学者首要的、根本的学风修养："气非窜突如鹿豕，德非委蛇如羔羊，知文辞始于表谱簿录，则修辞立诚其首也，气乎德乎，亦末务而已矣。"（《文学总略》）

（二）实事求是

"实事求是"是《汉书》作者班固对河间献王刘德治学的评价。刘德是汉景帝刘启的第三子，于公元前155年被封为河间王。刘德为王26载，不热衷于争权夺利，而潜心于聚书治学，致毕生精力于古籍文献的收集与整理。当时，距秦末战乱未久，典籍图书散佚严重，刘德"于灰烬之余，纂亡散篇卷，仅而复存"。为了收集书籍，他不辞劳苦，足迹遍布洛阳、山东、河北等地。凡民间有善书者，或重金购之，或命人重抄。其所得之书有《诗》《左传》《周官》《礼记》等，达数十种。不仅收集，刘德还亲自主持古籍整理，立名儒毛苌、贯长卿为博士，王定为史丞，又广招天下学士参与。对残缺不全、字异文非和不同版本之书，必组织群儒进行研讨辨析、勘误订正、精心校理，然后整理成册，献于朝廷。鉴于刘德的杰出文化贡献和严谨笃实的学风，班固在《汉书》中专门为之立传，其传首就以"修学好古，实事求是"（《汉书·河间献王刘德传》）对其学风给予高度评价。从此，"实事求是"就成了严谨笃实的优良学风的赞美之词。

至20世纪40年代毛泽东对"实事求是"进行了新的解释和发挥，他在《改造我们的学习》一文中指出："实事"就是客观存在着的一切事物，"是"就是客观事物的内部联系，即规律性，"求"就是我们去研究。"求是"就是认真追求、研究事物的发展规律，发现事物的内部联系，以之作为我们工作的向导。他还解释说：学习马克思主义要"有的放矢"，"的"就是中国革命，"矢"就是马克思列宁主义。中国共产党人之所以要找"矢"，就是为了要射中国革命这个"的"。这种态度就是"实事求是"的态度。"这种态度，有实事求是之意，无哗众取宠之心。这种态度，就是党性的表现，就是理论和实际统一的马克思列宁主义的作风。"[①] 这些精辟而深切的阐述，为中华传统的"实事求是"优良学风赋予了丰厚而深刻的哲理意蕴，使其焕发了新的生命，放射出新的光辉。

（三）经世致用

关注现实，关怀人生，学以致用，治国安民，以天下为己任，是先秦儒学的优良传统。孔子教学、游学，著书立说，阐发宣传他的思想，目的就是要改变春秋末年礼崩乐坏的局面，重建他理想中的社会秩序。从而，使儒家思想从其产生之时，就具有强烈的经世致用意识。这对中国的传统学风，影响极其深远。《大学》一书就把"修齐治平"作为统

[①] 《毛泽东选集》第3卷，人民出版社1991年版，第801页。

一的治学之道，予以系统阐述。宋明理学中的一些人热衷于大谈心性，淡化了"经世"精神，于是，明清之际的黄宗羲、顾炎武、王夫之等人重振经世致用的实学学风，反对脱离社会现实、脱离政治的空疏学风，主张"匡时济民""务当世之务"。清初三大儒之一的关学学者李二曲说："学人贵识时务……道不虚谈，学贵实效，学而不足以开物成务，康济时艰，真拥衾之妇女耳，亦可羞已！"（《二曲集》卷七《历代名臣奏议》）颜元说："利济苍生，方是圣贤。"（《颜习斋先生言行录》卷下《教及门十四》）为此，他们还倡导"务质之今日所可行，而不为泥古之空言"（全祖望《亭林先生神道表》）的创新精神，开一代风气，深刻影响了近代学风。总之，经世致用的特点是学用结合，强调理论联系实际，强调为解决社会现实问题服务，强调脚踏实地，注重实效，是中国传统文化特别是儒家文化所培育的优良学风。

（四）知行合一

《礼记·中庸》云："博学之，审问之，慎思之，明辨之，笃行之。"意思是说，治学要学习掌握广博的知识，要善于提出重大问题，要全面谨慎地进行思考，要清晰明了地辨析、判断，要用学得的知识和理论切实指导自己的实践。体现了学问结合、学思贯通、知行统一的学习方式和"学—问—思—辨—行"的学习进程。特别是其提出了知要落实于行，学习要贯彻于实践的优良学风，与《礼记·儒行》所云"儒有博学而不穷，笃行而不倦"的精神是一致的。后代学者反复强调这种知行统一、学行统一的精神和学风。荀子云："不闻不若闻之，闻之不若见之，见之不若知之，知之不若行之。学至于行而止矣。"（《荀子·儒效》）明代王守仁则明确提出了"知行合一"的观念："知是行的主意，行是知的功夫。知是行之始，行是知之成。"（《王文成公全书》卷六）又云："尽天下之学，无有不行而可以言者。"（《王文成公全书》卷二《传习录·中》）王夫之云："学以求知之，求知之者，因将以力行之也。"（《四书训义》卷五）学行结合、知行合一的观点，不仅具有学风意义，而且是古代优秀学者把治学与做人结合起来的关键。因此，它也是学者进行人格修养的重要途径和方式。

修辞立诚、实事求是、经世致用、知行合一是中华文化长期培育的优良学风，继承和弘扬这些优良学风，不仅对于克服当前学界存在的学术造假、学术浮夸、学术不端、学术腐败等不良风气和丑恶现象具有积极意义，而且是我们进行优良学风建设的宝贵资源。只要我们善于汲取、善于利用这些资源，并善于将其与时代精神相结合起来，就能够使其在建设优良学风中发挥作用。实现习近平总书记在哲学社会科学工作座谈会上提出的学风要求："广大哲学社会科学工作者要树立良好学术道德，自觉遵守学术规范，讲究博学、审问、慎思、明辨、笃行，崇尚'士以弘道'的价值追求，真正把做人、做事、做学问统一起来。"①

总之，绵延几千年的中华文化，是中国特色哲学社会科学成长发展的深厚基础。只要我们遵循"立足中国、借鉴国外，挖掘历史、把握当代，关怀人类、面向未来"的思路，加强对中华优秀传统文化的挖掘和阐发，激活其生命力，使中华民族最基本的文化基因与当代文化相适应、与现代社会相协调，推动中华文明创造性转化、创新性发展，围绕我国和世界发展面临的重大问题，着力提出能够体现中国立场、中国智慧、中国价值的理念、主张、方案，就能构建出充分体现中国特色、中国风格、中国气派的哲学社会科学。对此我们应抱有坚定的文化自信。

[原载《西安交通大学学报》（社会科学版）2016 年第 5 期]

---

① 习近平：《在哲学社会科学工作座谈会上的讲话》，《人民日报》2016 年 5 月 19 日。

融通诗心的《波斯短歌行》

青年时读郭沫若译《鲁拜集》，颇觉其与我国传统绝句诗之格调相似，窃憾其翻译却以新诗体为之。五十年后之今日，《波斯短歌行》《莪默绝句集译笺》《莪默绝句百纳集》等三部以我国传统诗体新译之《鲁拜集》由中华书局、华东师大出版社同时推出，此诚《鲁拜集》出版史上之大观，翻译史上之丰碑，而文化史上之空前盛举也。其中尤以中华书局出版的钟锦所译之《波斯短歌行》最为精美、典雅、厚重，其特色鲜明，风格别具。约略言之，优长有三。

一曰诗、画、文、艺之文化，交相辉映。《波斯短歌行》主体为诗，而诗，既有以中国绝句体新译《鲁拜集》之中文诗，又收有费氏结楼于一个半世纪前翻译的《鲁拜集》英文诗。且为了配合译诗，选用了大量珍贵的古波斯细密画，以画面展示《鲁拜集》的诗意内涵。为了阐明诗中奥旨，译者还特为每首诗撰写了严谨、典雅的古文体译文。书中更有用古代文人才士集句之法，集唐人诗句以译外域诗歌之作品，题曰"集句"。虽仅从《莪默绝句百纳集》中选出译者所集的代表作十首，然已既可窥见中国传统诗文艺术样式和古代才士艺术娱乐活动之一斑，亦可由此展现中国传统诗词的深度表现力，实乃中华文化丰富内涵的体现，勿可纯归于笔墨游戏之属。

二曰中外古今之诗心，感发融通。《波斯短歌行》的突出特色和最大贡献是以中国传统七言绝句诗体翻译了波斯11世纪的天文学家、数学家和诗人欧玛尔·海亚姆之诗集《鲁拜集》，该诗集曾被誉为"信仰的归宿，灵魂的良药"而风靡世界，其中文译本颇多。如胡适、郭沫若、闻一多、徐志摩、黄杲炘等，都曾翻译此书。即以七言绝句体译本而言，也有黄克孙、眭谦之译。而钟锦译本，特色安在？以愚读后的感受，概而言之，其一为格律严谨，其二为词语典雅，其三为诗味浓郁，其四为理趣丰饶。因此既充分体现了中国传统诗的形式特点、语言格调和精神风貌，也展现了《鲁拜集》作为诗歌审美对象的丰富意蕴。这实际上是一次新的文化对话与交流，是对《鲁拜集》的重新解读。它为读者提供了可以与其他译本相互比照、相互补充的理解《鲁拜集》的新维度。

而钟锦正因葆有一颗善感之诗心，才能既与古人之诗心相感通，又与外域之诗心相感应，以今人作古诗，以中诗译外诗。于是在不断突破今古、中外的语境差异中，成此佳构，良可赞也！因此，可以说，此译本是古今中外之诗心相互照耀，相互感发，融会贯通，交相辉映的结晶。正如翻译家所云："翻译的光芒是混血的光芒。"①

三曰译道、笺注之学术，开拓创新。《波斯短歌行》诚然是一个有特色的《鲁拜集》新译本，但其价值却并不局限于诗歌和文学，因为它还包含着对一些重要的学术问题的探索。首先关于翻译理论。译者在译序中明确阐述了自己对翻译标准的新见解。其言曰："译事之难，曰信与雅可矣，何必曰达？盖不能达，译何为哉！而有信与雅，达又岂待言？"又曰："其难，则信与雅有不得兼也。"这是对严复提出的"译事三难：信、达、雅"的反思。在此基础上，译者还提出"奴译"与"主译"的辨析，认为"奴译者，尽意于楮墨之内，步趋原作，矜矜其信"，"主译者，着意恒在楮墨之外，曲通彼情，有不能必信焉"。由此而竭力主张为"主译"不为"奴译"。当"信与雅不得兼"时，"宁丧其信，不失其雅。失其雅则为之奴矣"。并认为"诗之译，信为最下矣"②。为了说明"主译"的可贵，译者既把费氏结楼的《鲁拜集》英译的五个版

---

① 语出我国维吾尔族翻译家阿拉提·阿斯木，转引自《文学的可译与不可译》，《中华读书报》2016年8月24日第9版。

② 《波斯短歌行：鲁拜集译笺》，费氏法木晏英译，钟锦译笺，中华书局2016年版，第18页。

本全部收入书中，还将费氏两篇序言和各版注释全部以古文体译为中文。这不但是"主译"论的实例印证，也具有重要的文献价值。其实钟锦的"主译"论和他以传统七言绝句译《鲁拜集》的"主译"实践，其意也并非仅囿于译，还有着更深沉的文化忧思存焉："盖今为之译者，竟尚奴译。文辞既为非类奴，情与思亦必为之奴，浸而吾族类且为之奴矣。"而这，正是钟锦译《波斯短歌行》、编《莪默绝句百衲集》之深意所在。其坚守中华文化主体性的深切情怀，可感可佩！其次关于笺注、关于笔译、关于集句，钟锦都提出了许多别开生面的学术见解。此可参阅书中的几篇序文，此不赘述。

（载《中华读书报》2016年9月28日）

永教北斗耀千秋

——张克忍先生《人生绿洲》读后

张克忍先生乃三秦耆宿，青年时代曾就读于中国人民大学哲学研究生班，毕业后从事大学教育，后献身教育行政领导工作数十年。曾任陕西省高等教育局局长、陕西省老年大学校长等职。阅历丰富，知识广博。在认识社会、感悟历史、洞达世事、练达人情中凝结慧解，著书立说，多有独到见解。历年与先生交往，多次读先生大作，每每与先生交谈，启迪颇丰，受益良多。常为先生名言"求知是我的基础，勤奋是我的力量，立德是我的修身，和谐是我的人际，工作是我的大学，探索是我的道路，育人是我的愿望，奉献是我的人生"所激励。所以，总想写点读先生大作的读后感，以记心得。今借读先生《人生绿洲》之机，成七言律诗一首，并加详注，以志所感。既为抒怀之作，亦为书赞之文。诗云：

解迷补缺志方遒，又筑人生碧绿洲。
水秀山青春烂漫，民胞物与意绸缪。
赞歌乐为公心唱，理想欣随大道游。
头白著书宗旨远，永教北斗耀千秋。

（一）解迷补缺志方遒，又筑人生碧绿洲

先生耄耋之年，笔耕不辍，继2007年出版《人生解谜》、2009年出版《人生补丁》二书之后，又撰成大作《人生绿洲》并付梓。这三部著作的主题及内容是什么呢？作者云："《人生解谜》《人生补丁》两部著

作，阐明了如何解迷人生，如何修正人生，如何完善人生。"而《人生绿洲》"其意在阐明人生绿洲是一个完美的社会形态，是一个不断完善的社会形态，是一个理想的未来，是一个人生完美的追求"。可见，《人生解谜》是一部解答人生问题的"解惑"之书，《人生补丁》是一部指导人生修养的"补缺"之书，而《人生绿洲》则是一部构筑理想的"传道"之书。在《人生绿洲》中，寄托了作者美好的社会蓝图和崇高的人生理想，也表现了作者宏远的志向和劲健的精神追求。

（二）水秀山清春烂漫，民胞物与意绸缪

《人生绿洲》绘制的美好蓝图和崇高理想具有什么特征呢？其一是优美洁净、生态平衡的自然环境，人与自然和谐相处。书中很多章节，对此都有阐述，特别是设立了第三篇第八章"人与自然"，专门论述了这一理念。作者指出，自然界是我们的出生之地，也是我们的生存之地。良好的自然条件，会给人生一个顺利发展的环境，它促进人生健康发展，使人生少受突如其来的灾难；恶劣的自然条件，会给人生发展带来诸多困难，甚至使人生发展形态夭折。而这种恶劣的自然条件，有些是人类自身破坏自然而形成的。保护生态环境是人类的神圣职责。作者特别强调应在人类和自然界之间形成互相存在和互相依赖的"互利"关系。其二是"公平合理，和合共生"的人际关系。书中以广阔视野，多维视角，论述了绿洲人和谐的社会结构和和谐的人际关系。它说："人际间的'公平合理，和合共生'，是一个社会盛世的主要标志。在一个盛世的社会，人际间的'公平合理，和合共生'必然是相互扶持、相互依存、无私奉献、共生共荣的，而且这种关系不断发展，蔚然成风，这是绿洲人所塑造的优化社会机制之一。""公平合理，和合共生"的人际关系理想是作者对中国古代儒家优秀思想的继承和弘扬，孔子的"仁者爱人""讲信修睦""泛爱众"，孟子的"亲亲而仁民，仁民而爱物"，韩愈的"博爱之谓仁"，尤其是张载提出的"民吾同胞，物吾与也"的宏伟命题，都蕴含着和谐人际关系、和谐天人关系和和谐物我关系的伟大智慧。正如张克忍先生所赞叹的，这些经典论述"是中华文化的精髓，中华民族的血脉，中华民族所塑造的人世乐园，是万世不朽之杰作"。在"绿洲"中，自然环境恰似"水秀山清春烂漫"般美好，而人际关系正如"民胞物与意绸缪"般和谐。

（三）赞歌乐为公心唱，理想欣随大道游

《人生绿洲》不但描绘了人与自然和谐相处、人与人和合共生的美好蓝图，而且阐述了人应该树立的价值理念和应该遵循的历史观念。所以，该书绘制的美好蓝图和崇高理想的第三个特征是以奉献为核心的价值观和以公心为核心的道德观。该书指出："绿洲人价观的核心内容是奉献。而且是无私的奉献。它把自己永远视为社会集体中的一员，社会公有制的一员，它把奉献作为人的价值尺度，这是至高无上的，是人类世世代代应该传承的。"而要做到无私奉献则必须树立公心。书中说："天下要和合共生，其要者是要颂扬公。私是人性发展中兽性的残留，公是人性发展中人性的升华……从私心到公心的升华是人性的一次飞跃。"又说："'公'实际上是人们的一个光辉的信念，是人性的升华，而这一支柱是人们心灵中有一个公的高尚存在。"又说："要弘扬大公，这是一个人完善自己的目标，这是一个社会完善自己的目标，也是人类完善自己的目标"，《人生绿洲》真可谓公心的一曲赞歌！特征其三是以大道为内涵的历史观。作者在《人生绿洲》中所构筑的社会理想和人生理想是建立在历史发展规律的基础之上的。书中认为绿洲人健康发展的社会结构，包括社会体制、占有形式、分配形式、财富支配、人群组合、人文形态、教育形态、伦理规范、科技方向、防御体系、协调机构、管理形式等，是以"完善的公有制"为基础的。"依靠公有制的全面推行"，从而实现人人占有财富的公平、人人分配社会财富的公平、人人支配社会财富的公平。"这三个公平是社会公平的基石"，而这种以社会公平为标志并具有发展无限生机的社会结构，"既取决于天道，也取决于人道，更取决于人人自我完善的思想境界"。绿洲人追求的目标，就是"塑造一个天道、世道、人道和个人的自我优化相结合的社会平台"。这一感情与理性相结合的致思路径,真可谓"赞歌乐为公心唱,理想欣随大道游"也!

(四) 头白著书宗旨远,永教北斗耀千秋

张克忍先生老骥伏枥,志在千里,写作不辍,探索不止,白首著书,宗旨宏远。其言曰:太空有"金星"以启示晨昏,天上有"北斗"以指明方向。这两个星体"能给迷路的人们指点方向,启发人们智慧,开发人们的创新思维和完善人们的自我目标";它们"是解救人类灾难的启明星……是开发人类思维的宝藏"[①]。张克忍先生的人生三书,尤其是《人生绿洲》,其宗旨不正是在为人们探寻照耀人生道路的智慧之光吗!

(2015年3月15日于西北政法大学静致斋)

(载陕西省教育厅网站,2016年6月3日)

[①] 张克忍:《人生绿洲》,西安交通大学出版社2013年版,扉页。

经典阅读的意义

一 什么是经典？

所谓经典是历经时间检验，具有典范意义、原创精神和权威价值的作品。它是一个国家和民族集体记忆、情感态度和精神品格的博厚而渊深的表达，也是人类共同的精神遗产。经典是构筑民族精神血脉和文化认同的基本符码。经典的主体是人文经典，人文经典主要是哲学、史学、教育、文学、艺术类的经典著作。经典具有五大特点。（1）历久性——是经得起长期历史检验的著作，不是经不起历史检验的新作，更不是流行一时的时尚作品（如畅销书）。当然在某个时候，某种时尚、畅销书也可能成为经典，某种经典也可能畅销，但畅销的未必是经典，经典著作未必畅销。（2）典范性——是某一学科或某一类型的著作的标准和样板。（3）原创性——其思想、观念、精神是本原性的、创造性的。不是模仿之作、阐释之作、引申之作。（4）权威性——是某个领域里公认的最有地位、最有影响、最可信任、最有威望的著作。（5）渊博性——是内涵丰厚，意蕴宏博，思想渊深的作品。不是单薄、肤浅之作。

例如"四书五经"是儒家经典；《老子》《庄子》是道家的经典；《墨子》是墨家经典；《商君书》《韩非子》是法家经典；《公孙龙子》是名家经典；《孙子兵法》是兵家经典；《史记》《资治通鉴》是历史经典；李白、杜甫的诗，韩愈、柳宗元的文，苏轼、辛弃疾的词，马致远、关汉卿的曲，《红楼梦》等是文学经典；王羲之《兰亭序》是书法经典；《清明上河图》是绘画经典；《高山流水》《梅花三弄》等古曲是音乐经典。所有这些经典，无不具有上述五大特征。

二　为什么要读经典？

经典阅读的必要性和重要性，是由经典的性质和意义决定的。

（一）经典是民族精神的凝结，经典阅读是培育民族精神的重要途径

中华文化以其强大的凝聚力、恒久的生命力和深厚的创造力维护、培育了中华民族，使中华民族自立于世界民族之林。民族精神则是文化特别是观念文化的人格表现。民族精神是由文化观念、文化精神培育起来的，是文化观念和精神的主体表现，文化精神表现在民族主体的活动中就是民族精神，它是一个民族赖以生存和发展的精神支撑。党的十六大报告中说："民族精神是一个民族赖以生存和发展的精神支撑。一个民族，没有振奋的精神和高尚的品格，不可能自立于世界民族之林。"习近平总书记说："中华文明源远流长，孕育了中华民族的宝贵精神品格，培育了中国人民的崇高价值追求。自强不息、厚德载物的思想，支撑着中华民族生生不息、薪火相传，今天依然是我们推进改革开放和社会主义现代化建设的强大精神力量。"①

中华民族精神包含着十分丰富的内容，有着自身的内在结构。大体说来，它包括两方面内容：一是精神活动的方向，即精神活动所追求的理想目标；二是精神活动的方式，即为实现理想目标而采取的态度、途径和方法。中华文化经典尤其是人文经典集中记述了中华民族所追求的理想目标及其为实现理想目标而采取的态度、途径和方法，是民族精神的集中凝结，是一个国家和民族精神品格的标志性符号。《周易·易传》云"天行健，君子以自强不息；地势坤，君子以厚德载物"就是中华民

---

① 《习近平谈治国理政》第 1 卷，外文出版社 2014 年版，第 158 页。

族精神的集中表达。因此，经典阅读是培育民族精神的重要途径。在现今，经典的传承与弘扬既是实现中华民族伟大复兴的重要内容和显著标志，也是实现中国梦的强大精神动力。习近平总书记指出："中华优秀传统文化是中华民族的精神命脉，是涵养社会主义核心价值观的重要源泉，也是我们在世界文化激荡中站稳脚跟的坚实根基。"①

（二）经典是文化基因的载体，经典阅读是认识体悟、继承弘扬中华优秀传统文化基本方式

一般来说，文化是由物质文化、制度文化、观念文化三大要素构成的。其中观念文化是文化的深层核心、文化的活的灵魂。它渗透于物质文化和制度文化之中，决定着整个文化的品格、风貌和特征。从狭义而言，文化仅指观念文化。中华传统文化历史悠久，积淀深厚，人文经典是中华传统文化的载体。所谓载体的含义有二：一是经典本身就是文化遗产、文化成果；二是经典记述了文化的各个组成部分。物质文化、制度文化、观念文化、风俗文化都属于经典记述的内容。哲学经典记述了文化的观念，史学经典记述了文化的发展历程，文学经典记述了文化的形象形态。例如《红楼梦》写有建筑文化、园林文化、服饰文化、饮食文化、医药文化、制度文化、观念文化、诗词文化、节日文化、法律文化等，故被称为"中华文化的百科全书"。所以，人文经典既是中华民族在漫长历史中独特的文化创造，又蕴含着中华民族深厚的文化基因。它所呈现的风格和魅力也成为其不同于其他民族的文化徽章和文化标志，是最易辨识的文化品牌。以文学经典而言，从《诗经》、楚辞到汉赋、唐诗、宋词、元曲以及明清小说，从《格萨尔王传》《玛纳斯》到《江格尔》史诗，从五四时期新文化运动、中华人民共和国成立到改革开放的今天，产生的灿若群星的经典著作是中华优秀传统文化和中华美学精神重要的核心载体。因此，经典阅读，是认识、体悟中华传统文化特征，

---

① 习近平：《在文艺工作座谈会上的讲话》，人民出版社 2015 年版，第 25 页；《十八大以来重要文献选编》（中），中央文献出版社 2016 年版，第 135 页。

吸取中华优秀传统文化，传承中华优秀文化基因的基本方式。

同时，经典阅读也是维护文化安全特别是国民教育体系安全的重要保障。对构建民族价值认同、塑造国家良好形象和提升文化软实力具有重大作用。

（三）经典是人文情怀的结晶，经典阅读对于培育人文情怀有重要价值

人文情怀是确立人的地位、爱护人的生命、尊重人的价值、关怀人的命运的美好情怀和宝贵精神。中华经典中反复申述和阐释"人为万物之灵""人者天地之心""天地之性人为贵""仁者爱人"的伟大理念；并以各种文、史、哲、艺等形式，弘扬"以德配天""以人为本""以民为贵""民胞物与"的思想，彰显人性之善、人情之美、人伦之乐和人际之和的情怀，因此，蕴含着深厚的人文情怀，是人文精神的宝贵结晶。通过阅读经典，对于陶冶仁爱之心，涵养善良之德，构筑全社会的人文关怀，具有极其重要的意义。

当前一些人，人文精神缺失，表现出空虚无聊、浮躁冷漠、急功近利、缺乏爱心的心理疾患。为此，我们必须高扬人文经典的崇高价值，重申人文经典教育和阅读对于健全人格和完善心智的重大意义、对于纠正目前教育中存在的功利主义和实用主义的重要作用。并且，为了更充分地发挥经典阅读对于培育人文情怀的功能，必须处理好专业教育和人文教育的关系，抵制反经典潮流对学生精神生活造成的消极影响。让青年一代真切体验到人文经典中所蕴含的人文精神与人文境界，从而优化其人文情怀，美化其精神世界。

（四）经典是治国之道的积淀，经典阅读对汲取治国历史经验有重大作用

"修身齐家治国平天下"是中华文化的重要内容，以各种形式，蕴含在各类人文经典之中。其中的治国安民之道，历经千百年先哲的思考，

积淀丰厚。例如"天下为公"的"大同"社会就是古代经典中论述的治国的最高理想。《礼记·礼运篇》云:"大道之行也,天下为公,选贤与能,讲信修睦。故人不独亲其亲,不独子其子,使老有所终,壮有所用,幼有所长,鳏寡孤独废疾者皆有所养。"这一治国理念,至今仍有其合理性和感召力。此外,其他经典中也有丰富的治国理念,《尚书》载周公"敬德保民",《老子》言"无为而治",《论语》讲"为政以德",《墨子》言"兼爱交利",《孟子》说"仁政",《荀子》谈"礼治",《商君书》《韩非子》倡"以法治国"。各显特色,各有光彩,哲学经典予以阐发,文学经典予以描绘,至今仍有巨大价值,是我们汲取治国智慧的宝库。

(五)经典是人生智慧的源泉,经典阅读对启迪人生、优化人格、美化人心具有深远意义

人文经典既是一个国家和民族精神探索和理想追求的集体记忆,而且也是作者个体人生体验、思想情感的反映。所以,人文经典是人生智慧的宝贵源泉。

人生遇到的问题,都可以在经典中找到启迪,如事业和生活、顺境和逆境、梦想和期望、恩和怨、爱和恨、生与死、祸与福、荣与辱等关系问题,经典中都有着深入的思考;人生应持的态度,都可以在经典中获得启示,如中华经典中饱含的"刑天舞干戚,猛志固常在"的开拓勇气,"路漫漫其修远兮,吾将上下而求索"的执着追求,"人生自古谁无死,留取丹心照汗青"的英雄气概,"大鹏一日同风起,扶摇直上九万里"的壮志豪情,"先天下之忧而忧,后天下之乐而乐"的忧患意识,"长太息以掩涕兮,哀民生之多艰"的悲悯精神,"沉舟侧畔千帆过,病树前头万木春"的改革气魄等,都闪耀着人生智慧的光芒;人生应有的美德,都可以通过读经典来培育。中华经典中关于健康人格、关于担当精神、关于崇高品德的论述丰富渊深,源远流长。"君子义以为上","君子坦荡荡,小人长戚戚","温良恭俭让"的人格风范,"为天地立心,为生民立命,为往圣继绝学,为万世开太平"的使命意识,"与人为善""仁者爱人""诚信守约""谦恭礼让"的崇高品德,都是美德培育的宝贵营养。长期的经典阅读可以养成健康人格,可以养成担当精神,可以养成友善诚信和谦虚礼让的美德。而且,经典所蕴藏的永恒和超越性的人生智慧,不仅能陶冶人的性情、净化人的心灵,而且还能启志、励行,使人远离浅薄、轻浮,亲近深刻、精致,从而养育出好的素养,也可养育出好的学风与文风。

总之,阅读经典对构筑人类心灵,启示人生智慧,化育人格素质,升华人生境界有着其他社会文化元素不可替代的特殊作用。2013年3月7日习近平总书记在中央党校讲话时说:"传统文化博大精深,学习和掌握其中的各种思想精华,对树立正确的世界观、人生观、价值观很有益处。学史可以看成败、鉴得失、知兴替;学诗可以情飞扬、志高昂、人灵秀;学伦理可以知廉耻、懂荣辱、辨是非。"这是对阅读中华人文经典之人生意义的精辟阐发。

三 怎样读经典?

(一)存敬畏之心,恭恭敬敬地读

经典是中华文化的荟萃,是民族精神的命脉,所以阅读经典首先要对经典怀抱敬畏之心,不可轻慢,更不能轻侮。一切对经典缺乏敬畏,采取极不严肃的轻薄态度,如"戏说""大话""恶搞"等,都是错误的。敬畏之心,是恭恭敬敬阅读的前提,是阅读有所收获、有所受益的先决条件。毛泽东是一位富有批判精神的革命家,但对经典却怀有深厚的情感和庄重的敬畏。对毛泽东来说,读经典是一种精神存在和思想升华的必要方式,是一种人生态度,是一种历史责任。在阅读中,同古今中外的人、事、理进行"对话和交流",他觉得是很愉快的体验,能够实现求知的心理期待,得到智慧愉悦和审美满足,然后是如鱼得水,运用所学所读的东西。存敬畏之心,恭恭敬敬地读,并非对经典的迷信,也并不是排斥分析态度和批判精神，而是要以严肃、庄重、端正、认真的态度对待经典。

（二）从目录入手，清清楚楚地读

中国古代典籍浩如烟海，经典著作也丰富多彩，要通过目录学，了解"家底"，探索路径，选择合兴趣的著作。掌握循序渐进的方法，犹如掌握导游图去旅游，使自己有通览而清晰的眼光。为了方便青年学子读经典，朱自清先生1942年写了《经典常谈》，1946年由文光书店刊行，1980年由生活·读书·新知三联书店重刊。《经典常谈》要言不烦、提纲挈领地介绍了华夏文化，数千年典籍的精粹，包括"说文解字""周易""尚书""诗经""三礼""春秋三传""四书""战国策""史记汉书""诸子""辞赋""诗""文"十三篇，系统地叙述了中国古代文学的发展与历史脉络。该书是阅读、研究中国古代文学、历史、哲学的一本入门书。一部小书，历经数年而成，可见作者一丝不苟、精益求精的态度。《经典常谈》全书对经典的梳理与讲解，不仅知识介绍简洁精辟，文字表达也通俗流畅。重要的目录学著作还有张之洞著的《书目答问》，永瑢等编的《四库全书总目提要》。

（三）求常新之义，反反复复地读

经典著作要熟读、精读、反复读。毛泽东提倡读经典要"三复四温"。他对自己喜欢的书，总是一遍又一遍地研读。《共产党宣言》他就看了一百多遍。《红楼梦》他至少读过十种版本。《史记》《资治通鉴》他通读过数遍。其中不少精彩的文章他都能背诵如流。他说到自己读《共产党宣言》的情况："遇到问题，我就翻阅马克思的《共产党宣言》，有时只阅读一两段，有时全篇都读，每阅读一次，我都有新的启发。"对喜欢的文史哲经典，他同样经常读。同一本书，反复读，因每次阅读背景不同、任务不同、心境不同，理解和发现也会有所不同。在他留存的一些书籍上，便写有"某年某月起读""某年某月再读"这样的字迹。

著名数学家苏步青主张读经典书要多读、精读、反复读。他读书时，第一遍一般先读个大概，第二遍、第三遍逐步加深理解。他就是这样来读《红楼梦》《西游记》《三国演义》的。他最喜欢《聊斋》，不知反复读了多少遍。起初，有些地方不懂，又无处查，他就读下去再说，以后再读就逐步加深理解。心理学认为，信息经常重复刺激大脑，不仅能使记忆加强，而且还能加深理解。

（四）用辐射之法，由点到面地读

辐射之法有两种。一是从一本著作辐射开去，阅读它所涉及的其他书籍和知识。毛泽东1957年12月读《楚辞》，一次就对五十余种古今对《楚辞》有价值的注释和研究书籍进行了对比阅读。在1959年读《老子》就对照比较读了关于《老子》的书十几种。二是从某一问题辐射开去，阅读阐述这一问题的多种书籍。毛泽东习惯把叙述相同题材但观点不同甚至相反的书对照起来读。例如，他读美国历史，就找不同作者、不同立场的美国历史著作对照起来读。毛泽东还一直强调，要阅读一些和自己的观点不同，甚至观点相反的书。著名语言学家、教育家夏丏尊总是以精读的文章或书籍为出发点，然后向四面八方辐射，由精读一篇文章带读许多书，有效地拓宽自己的知识视野。例如，他读陶渊明的《桃花源记》，就用了辐射法。《桃花源记》是晋朝人写的，要知道这篇文章在晋朝文学中的地位以及晋朝文学的概况，就去翻阅中国文学史；文中的"桃花源"实际上表现了作者的一种乌托邦思想，于是找一本英国人莫尔写的《乌托邦》来对照着读；这篇文章属于记叙文一类，想弄清楚记叙文的格式，就去翻看有关记叙文写法的书；此外，为了了解作者陶渊明其人其事，还阅读了《晋书·陶潜传》。辐射阅读既有益于开阔视野、启发思维、发现新知，又有利于对经典著作的深入理解。

（五）写心得体会，学思结合地读

毛泽东读书特别善于学思结合。尤其是在他读历史书时，不仅要反复阅读书上的内容，同时还要研究当时的历史背景、时代特征、作者生平、写作动机等。他以自己特有的价值观、人生观、世界观来品评事件人物，从中鉴取兴亡之道，总结为政方略，悟出新的思想和观念。勤动笔墨是毛泽东读书的一大特点，也是极有价值的一种方法，他一生不动笔墨不读书，把自己读书的心得体会，批注到书本的字里行间。在湖南省立第一师范学校上学时，他读过的德国人泡尔生著的《伦理学原理》，写批注达12000多字。在《毛泽东哲学批注集》中，他留下了27604个字，这些批注，就是他读书心得的真实记录。明末清初著名学者、大思想家顾炎武勤于读书思考，勤于撰写笔记。其代表作《日知录》，就是一部经年累月、积金琢玉的大型学术札记，是顾炎武在读书的过程中"稽古有得，随时札记，久而类次成书"的著作。其书以明道、救世为宗旨，囊括了作者全部学术、政治思想和经世、修身理念。

（六）升主体境界，在书中读自己，高度自觉地读

读经典的真正意义在于它本身就是人生活动的重要方面，是人生内含的必需因素。法国文学家罗曼·罗兰说过："从来没有人读书，只有人在书中读自己，发现自己或检验自己。"① 这是罗曼·罗兰在自己的读书生活中的真切体会，也是他对读书真谛的深刻揭示。

罗曼·罗兰从小喜欢读书，特别是读经典。少年时代就读了莎士比亚等优秀作家的著作，甚至在投考高等师院的紧张学习中，仍泛读古今文学名著并重读莎士比亚，以致两次投考失败。他说："我把整个的时光给了莎士比亚，我把他整个吞下去了。或者，不如说我被他整个吞没了。"② 一次，他偶然在书摊上发现荷兰哲学家斯宾诺莎的著作，读后大为振奋，他说仿佛一道灵光，"令人神昏目眩！……我的囚笼砸碎了"，"光辉的答复就在这里，它回答了我自童年来就紧紧抱着不撒手的司芬

---

① 转引自罗大纲《论罗曼·罗兰》，上海文艺出版社1979年版，第294页。
② 转引自罗大纲《论罗曼·罗兰》，上海文艺出版社1979年版，第21页。

克斯之谜"①。后来,他又被托尔斯泰强烈吸引,惊呼"终于发现了一个活的莎士比亚!这位征服者使我俯首帖耳,让他架走;使我在热爱与兴奋的激情中,气都喘不过来"②。罗曼·罗兰之所以觉得被莎士比亚"整个吞没了",感到斯宾诺莎把他的"囚笼砸碎了",愿意在托尔斯泰面前"俯首帖耳""让他架走",就是因为他在这些大师的书中"读自己""发现自己""检查自己"!

在书中读自己,就是把书作为心灵的一面镜子。在阅读中,用书中所包含的崇高思想、高尚道德和伟大精神,来观照自己、度量自己,从而达到对自我的深刻认识和正确判断,实现对自我的重新发现和重新校正。一个人在生活中往往容易把注意力投向外界、面向客体,面对自己的心灵则处之以常、安之若素,很少反视、反观和反思。于是,对自我的认识常常是盲目的。在读书时若能自觉地让自己的心灵和书中人物的心灵相碰撞,把自我的灵魂和那些杰出思想家、文学家、科学家的灵魂相比照,就会对自己有一个重新的认识和检验,甚至会发现一个新的自我。

在书中读自己,就是把书作为自己的精神营养。在读书中,用人类所创造的丰富知识、灿烂文化和宝贵经验来滋养自己、充实自己,从而使自己的视野更开阔,思想更活跃,精神更丰富,才能更优化。好的书籍,犹如一座宝库,只要我们勤于采撷,勇于开发,善于获取,就会由空虚走向充实,从贫乏变为富有。正如16世纪法国著名思想家和散文家蒙田说的"人要有三个头脑,天生一个头脑,从书中得来一个头脑,从生活中得来一个头脑"③。可见,从书中求智慧,从生活中积经验,自我就会具有"三头六臂"般的本领和神通,这无异于"自我"生命的增长。

从书中读自己,就是把书作为自己精神境界和人格品位升华的阶梯。

---

① 转引自罗大纲《论罗曼·罗兰》,上海文艺出版社1979年版,第293页。
② 转引自罗大纲《论罗曼·罗兰》,上海文艺出版社1979年版,第21页。
③ 金峰编:《影响一生的名人名言录》,哈尔滨出版社2005年版,第149页。

在读书中，让自己的心灵与书中那些真、善、美的人物和真、善、美的境界相互贯通，彼此交融，休戚与共。让那一颗颗火红的心激励自己，让那一缕缕清澈的思牵引自己，让那一束束生命的光照亮自己，让那一股股来自历史长河深处和来自时代海洋底层的智泉圣水荡涤自己的灵魂。经过这样的涵泳陶冶、潜移默化，久而久之，书就会为我们悬架起一座精神的长虹，使自己的灵魂得到净化，人生境界得到升华。当此之时，自己就像经历了一次蝉蜕，功利不计，宠辱皆忘，物我同化，天人合一，达到超俗脱庸的境界了。这样读书，可谓读出了一个新的"自己"。

总之，在书中读自己，就是通过读书发现自己、充实自己、升华自己。先秦儒学大师荀子说："古之学者为己，今之学者为人。君子之学也以美其身。"（《荀子·劝学》）"为人"就是向人炫耀博识、卖弄学问，"为己"就是充实自己、升华自己、美化自己。南宋陆九渊说"六经皆我注脚"。荀子说的读书"为己""以美其身"，陆九渊说的"六经注我"和罗曼·罗兰"从书中读自己"，意思是一致的。可见，古今中外的哲人、学者，都认为读书的真正意义在于"在书中读自己"，通过读书"美其身"。

（载《西北高教评论》第2卷，中国社会科学出版社2016年版）

2017 年

论关学经世致用的实学价值观

在宋代理学的濂、洛、关、闽四派中，关学是最具求实精神的学派。张载明确主张"学贵于有用"①。所谓"有用"，就是对于治国理政、定邦安民有应用价值，即所谓"经世致用"也。北宋二程赞关学云："关中之士，语学而及政，论政而及礼乐兵刑之学，庶几善学者。"②明代王廷相云："《正蒙》，横渠之实学也。致知本于精思，力行本于守礼。精思故达天而不疑，守礼故知化而有渐。"（《慎言》卷一三《鲁两生篇》）清初黄宗羲称赞张载弟子蓝田"三吕""务为实践之学"（《宋元学案·吕范诸儒学案》）。今人张岱年说："关学和洛学，两派的学风颇不相同。关学注意研究天文、兵法、医学以及礼制，注意探讨自然科学和实际问题。……洛学则专重内心修养，'涵泳义理'，提倡静坐，时常'瞑目而坐'。"③可见，关学持有经世致用的学术价值观念，具有力行践履的治学精神，是历代学者、史家之共识。

关学的实学价值取向由宗师张横渠先生导其源，由历代后继学者扬其波，绵延不绝，传衍不止，历时八百年之久，形成了关学鲜明而突出

---

① （宋）程颢、程颐：《河南程氏粹言》卷1，载《二程集》，中华书局1981年版，第1196页。

② （宋）程颢、程颐：《河南程氏粹言》卷1，载《二程集》，中华书局1981年版，第1196页。

③ 张岱年：《关于张载的思想和著作》，载（宋）张载《张载集》，中华书局1978年版，第12页。

的精神品格，至今仍能穿过历史的云雾，闪耀其不灭的光辉。综观关学"经世致用"的实学价值取向，约包括四个方面的重要内容。

一 "躬行礼教"的学术主旨

张载认为实现"礼"才可谓之"实事"。他说："惟礼乃是实事，舍此皆悠悠。"① 王廷相之所以将张载归于实学的一个重要理由也在于他"力行本于守礼"，清初黄宗羲曰："关学世有渊源，皆以躬行礼教为本。"（《明儒学案·师说》）可见"躬行礼教"是张载自觉而明确的学术宗旨。

张载极为重视《周礼》，他认为《周礼》体现了儒家的实学精神。他说，"《周礼》是的当之书"②，"学得《周礼》，他日有为却做得些实事"③。

张载的礼学，一方面是理论研究，另一方面是社会实践。以理论言，他提出周礼对治世有重大意义。他说宗法制的意义在于"管摄天下人心，收宗族，厚风俗，使人不忘本，须是明谱系世族与立宗子法。宗法不立，则人不知统系来处。……宗法若立，则人人各知来处，朝廷大有所益"④。井田制的意义在于"治天下不由井地，终无由得平。周道止是均平"⑤。

以实践言，一是他竭力进谏宋神宗"渐复三代"⑥之礼治，曰："为政不法三代者，终苟道也。"⑦ 二是他尽力"以礼立教""以礼成德""以礼教学者"。把"礼"作为教书育人的基本功。三是他着力进行"周

---

① （宋）张载：《礼记说》，辑自《礼记集说》卷1《曲礼上》第一，《通志堂经解》，清同治粤东书局刻本。
② （宋）张载：《经学理窟·周礼》，载《张载集》，中华书局1978年版，第248页。
③ （宋）张载：《经学理窟·学大原上》，载《张载集》，中华书局1978年版，第282页。
④ （宋）张载：《经学理窟·宗法》，载《张载集》，中华书局1978年版，第258—259页。
⑤ （宋）张载：《经学理窟·周礼》，载《张载集》，中华书局1978年版，第248页。
⑥ （宋）吕大临：《横渠先生行状》，载《张载集》，中华书局1978年版，第382页。
⑦ （元）脱脱等：《宋史·张载传》，载《张载集》，中华书局1978年版，第386页。

礼"的社会实验。张载中进士后,先后任祁州(今河北安国)司法参军、云岩(今陕西宜川境内)县令、著作佐郎、签书谓州(今甘肃平凉)军事判官等职。吕大临在《横渠先生行状》中记载,张载为云岩县令时,办事认真,政令严明,"政事大抵以敦本善俗为先"①,推行德政礼教,重视道德教育,提倡尊老爱幼的社会风尚。每月初一召集乡里老人到县衙聚会,常设酒食款待,席间询问民间疾苦,提出训诫子女的道理和要求。县衙的规定和告示,每次都召集乡老,反复叮咛到会的人,让他们转告乡民,因此,他发出的教告,即使不识字的人和儿童都没有不知道的。在渭州,他深受环庆路经略使蔡挺的尊重和信任,军府大小之事,都要向他咨询。他曾说服蔡在大灾之年取军资数万救济灾民,并创"兵将法",推广边防军民联合训练作战,还提出罢除戍兵(中央军)换防,招募当地人取代等建议。此时他还撰写了《经原路经略司论边事状》和《经略司边事划一》等文。

居眉县时,他与弟子在自己的家乡横渠镇大胆进行了井田制的试验。虽至逝世时也未取得成果,但充分体现了他躬行礼制的践履精神。通过实践,张载总结出了一些重要的为政原则,如"为政者在乎足民"②,"利于民则为利,利于身利于国皆非利也"③,"为政不以德,人不附且劳……为政必以身倡之"④,等等。

基于躬行礼教的学术主旨,张载明确反对空谈义理的治学路径。他说:"世人取释氏销碍入空,学者舍恶趋善以为化,直可为始学遗累者薄乎云尔,岂天道神化所同语也哉!"⑤ 张载躬行礼教的为学主旨,为关学的实学传统奠定了基础。张载的弟子吕大忠、吕大钧、吕大临都"务为实践之学,取古礼,绎成义,陈其数,而力行之"(《宋元学案·吕范诸儒学案》,上海中华书局四部备要卷三一)。尤其是为推行礼教,共同

---

① (宋)吕大临:《横渠先生行状》,载《张载集》,中华书局1978年版,第382页。
② (宋)张载:《正蒙·有司》,载《张载集》,中华书局1978年版,第47页。
③ (宋)张载:《张子语录·语录中》,载《张载集》,中华书局1978年版,第323页。
④ (宋)张载:《正蒙·有司》,载《张载集》,中华书局1978年版,第47页。
⑤ (宋)张载:《横渠易说·系辞下》,载《张载集》,中华书局1978年版,第219页。

编修《吕氏乡约》,"用礼渐成俗",使关中民风为之一变。明代以后,关中学人如薛敬之、吕柟、冯从吾、马理、李颙等,多能"执礼如横渠"(《关学编》卷四),继承和弘扬了张载躬行礼教的优良传统。故清初张履祥说:"关中之教,以知礼成性为先。"(《杨园先生全集》卷五《与何商隐》)

二 "学贵有用"的价值取向

张载有"学贵于有用"[①]的自觉价值意识。从少年时代起就怀有经世致用、建功立业的远大抱负,不把"道学"与"政术"视为"二事"。当时西夏常对西部边境侵扰,宋仁宗康定元年(1040)初,西夏入侵,庆历四年(1044)十月议和。朝廷向西夏"赐"绢、银和茶叶等大量物资。这对"少喜谈兵"的年仅二十多岁的张载刺激极大,打算联合精兵术的郴县人焦寅组织民团去夺回被西夏侵占的洮西失地,并向当时任陕西经略安抚副使、主持西北防务的范仲淹上书《边议九条》,陈述自己的边防建议。范仲淹在延州(今延安)军府召见了张载,一方面赞扬了他建设边防的主张和收复失地的志向,另一方面劝告他读《中庸》,研究儒家经典,弘扬名教。张载听从了范仲淹的劝告,回家刻苦攻读《中庸》,后又遍读佛学、道家之书,觉得这些书籍都不能实现自己的宏伟抱负,又回到儒家学说上来,经过十多年的苦读深思,逐渐建立起自己的学说体系。吕大临在《横渠先生行状》一文中记述道:"因(范仲淹)劝读《中庸》。先生读其书,虽爱之,犹未为足也,于是又访诸释老之书,累年尽究其说,知无所得,反而求诸《六经》。"[②] 这一治学经历表明张载的学术价值取向是经世致用的儒学标准,以此对佛老的空寂之学进行了反思和批判。

[①] (宋)程颢、程颐:《河南程氏粹言》卷1,载《二程集》,中华书局1981年版,第1196页。

[②] (宋)吕大临:《横渠先生行状》,载《张载集》,中华书局1978年版,第381页。

张载对佛老的批判，虽然立足于"太虚即气"的本体论，但其宗旨则是"体用合一"的价值论。他指出老子"有生于无"的自然之论和佛教"幻化世界"的唯心之论，有四大弊端。

第一，"知体而昧用"。他说佛老"略知体虚空为性，不知本天道为用"①，又说："释氏妄意天性而不知范围天用，反以六根之微因缘天地。明不能尽，则诬天地日月为幻妄，蔽其用于一身之小，溺其志于虚空之大，所以语大语小，流遁失中。"②就是说，佛老"知体而昧用"，割裂了体用关系，致使"体用殊绝"。

第二，"得天而遗人"。他说佛老认为"物与虚不相资，形自形，性自性，形性、天人不相待而有"③，在天人统一中"辄生取舍"，其结果是"得天而遗人"。④

第三，"诚而恶明"。他说"释氏语实际，乃知道者所谓诚也，天德也。其语到实际，则以人生为幻妄，有为为疣赘，以世界为阴浊，遂厌而不有，遗而弗存。就使得之，乃诚而恶明者也"⑤。

第四，"否定有为"。他指出：佛老"不识有无混一之常"，空谈天道性命，"入德之途，不知择术而求"，以为"圣人可不修而至，大道可不学而知"，"以有为为疣赘"，完全否定了人生的积极有为。

而这四大弊端造成的严重社会恶果是"人伦所以不察，庶物所以不明，治所以忽，德所以乱，异言满耳，上无礼以防其伪，下无学以稽其弊"⑥。

由此可见，张载认为佛老"离用言体""遗人说天""诚而不明""无而不有"的学说取向完全背离了儒家"体用统一""天人合一""诚明贯通""有无混一"的学术路线。而其要害是违背了经世致用的学术

---

① （宋）张载：《正蒙·太和》，载《张载集》，中华书局1978年版，第8页。
② （宋）张载：《正蒙·大心》，载《张载集》，中华书局1978年版，第26页。
③ （宋）张载：《正蒙·太和》，载《张载集》，中华书局1978年版，第8页。
④ （宋）张载：《正蒙·乾称》，载《张载集》，中华书局1978年版，第65页。
⑤ （宋）张载：《正蒙·乾称》，载《张载集》，中华书局1978年版，第65页。
⑥ （宋）张载：《正蒙·乾称》，载《张载集》，中华书局1978年版，第64页。

价值观。所以对佛老的批判实质是对儒家经世致用学术宗旨的坚守。

张载的这种"经世致用"的求实精神,也基本上为后代的关学家们所继承和发扬。从宋末至清初,关学学者们无论是入仕为官,还是著书讲学,都表现了求实尚用的可贵精神。元朝统一后,朱子之学北传入关,为关学复起创造了条件,尽管当时的关学受到了朱学的影响,但仍然保持着张载的"实学"学风。杨奂、杨恭懿、同恕诸人,治学总是从"志于用世"出发,"指陈时病""耻为章句",其著述"往往有关名教"。明代关学中兴,学者们虽然受到朱、王二学浸染,但其实学之风,持而不坠。吕柟、杨爵、马理、冯从吾这些代表人物,都不以"空谈性命"为尚,而是以"学贵力行""体用一原"为宗。明清之际,随着实学思潮的激荡,关学学者,在这时代思潮的大合奏中,又一次高奏起"经世致用"的乐章。

李因笃提出,研究经学的目的是通晓治国之道,有裨于国计民生。据此,他在自己的学术著作中,结合现实,针砭时弊,陈献良策。例如,对于以科贡之法还是以选举之法选拔人才这一问题,他的看法是"天下必无无弊之法,善用之可也"[①]。

李颙更是以"开务成务,康济时艰"为己任,提出"儒者之学,明体适用之学也"的重要思想。他说:"明体而不适用,便是腐儒;适用而不明体,便是霸儒。既不明体,又不适用,便是异端。"又说:"道不虚谈,学贵实效","立身要有德业,用世要有功业"。[②] 为了经世实用,他于政治、军事、律令、农田、水利、天文、地理无不广泛涉猎。

针对当时士风"徇华废实"的颓风,李二曲提出,作为价值主体的知识分子应该具有一种"实实体究,务求有用"的求实精神。他说:"行步要脚踏实地,慎勿凭虚蹈空,若低视言行,而高谈性命,便是凭

---

① 转引自李钟善等主编《陕西历代教育家评传》,陕西人民教育出版社 1994 年版,第 179 页。

② 转引自李钟善等主编《陕西历代教育家评传》,陕西人民教育出版社 1994 年版,第 201—202 页。

空蹈虚,究非实际。"(《四书反身录·论语》)又说,孔子的弟子们都以实用之学而自信,也皆以实用之学而成功,所以才真正发挥了儒者的济世作用。他们"兵农礼乐,大以成大,小以成小,平居各有以自信"(《四书反身录·论语》)。今日的儒者,也应该继承和发扬这种求实传统,如果不是"超然于世务之外,潇洒自得"地去做隐士,"便应将经世事宜,实实体究,务求有用",或兵、农、礼乐"三者咸兼",或"仅有其一"。这样,"一旦见知于世,庶有以自效,使斯世见儒者作用,斯民被儒者膏泽,方不枉读书一场"(《四书反身录·论语》)。而如果对"生民之休戚,兵赋之机宜,礼乐之修废,风化之淳漓,漠不关心",只会"寻章摘句,以文字求知",那么,"一登仕途,所学非所用,所用非所学",不但自己困惑,而且"国家不得收养士之效,生民不得蒙至治之泽也"(《四书反身录·论语》)。

三 "致知精思"的认识方式

王廷相评判横渠为实学,除"力行守礼"之标准之外,另一重要标准是"致知本于精思"。就是说,张载的致知是以对事物的深入思考为基础的。这是对张载认识方式上之实学特色的概括。张载实学精神在认识方式上的体现主要有三点。

首先,他承认"物"和"理"对于人的客观性,说:"今盈天地之间者皆物也","万物皆有理","理不在人皆在物"。[①] 就是说"理"是客观事物自身的"理",它是不依赖于人心而独立存在于客观事物之中的。

其次,他认为外在事物是认识的基本前提,人的认识是对外在世界的认识。"感亦须待有物,有物则有感,无物则何所感!"[②] "人本无心,

---

[①] (宋)张载:《张子语录·语录上》,载《张载集》,中华书局1978年版,第313页。
[②] (宋)张载:《张子语录·语录上》,载《张载集》,中华书局1978年版,第313页。

因物为心。"①

最后，他认为人们要获得知识应通过感官接触外物。他说："有知有识，物交之客感尔"②；"人谓己有知，由耳目有受也"；"见闻所知，乃物交而知"。③

张载在认识方式上，虽然肯定了感性认识的价值，但也揭示了其局限性。他说："今盈天地之间者皆物也，如只据己之闻见，所接几何？安能尽天下之物？"④ 因此它更强调超越感性认识的"德性之知"，大力弘扬"大心体物""穷神知化"这种理性思维方式的重要意义。

张载这种认识方式在具体的治学过程中有两方面表现。一方面，他比较重视探讨自然科学和实际问题，注意研究天文、医学、兵法和礼制。例如在天文学方面他就发展了西汉以来的地动说。另一方面，使他养成了一种刻苦考索的深思精神。吕大临在《横渠先生行状》中记述张载的深思精神云："（先生）终日危坐一室，左右简编，俯而读，仰而思，有得则识之，或中夜起坐取烛以书，其志道精思，未始须臾息，亦未尝须臾忘也。"⑤ 程颐谈到张载这种考索精神时说："以大概气象言之，则有苦心极力之象，而无宽裕温和之气，非明睿所照，而考索至此，故意屡偏而言多窒。"⑥ 虽为批评之语，然亦反映了张载的思考精神。

张载"致知本于精思"的认识方式与洛学专注内心修养、涵泳义理，提倡瞑目而坐、凌空而思的运思方式形成了鲜明的对比。

张载感物致知、精思苦索的认识方式所体现的，正是儒家"格物穷理""学思统一"的认识传统。而这种传统的内在核心全在于求实、致用。张载在注解《周易·系辞传下》时强调"精义入神须从此去，预则

---

① （宋）张载：《张子语录·语录下》，载《张载集》，中华书局1978年版，第333页。
② （宋）张载：《正蒙·太和》，载《张载集》，中华书局1978年版，第7页。
③ （宋）张载：《正蒙·大心》，载《张载集》，中华书局1978年版，第24页。
④ （宋）张载：《张子语录·语录下》，载《张载集》，中华书局1978年版，第333页。
⑤ （宋）吕大临：《横渠先生行状》，载《张载集》，中华书局1978年版，第383页。
⑥ （宋）程颢、程颐：《答横渠先生书》，载《河南程氏文集》卷9，《二程集》，中华书局1981年版，第596页。

事无不备，备则用利，用利则身安。凡人应物无节，则往往自失，故要在利用安身，盖以养德也。……'精义入神以致用'谓贯穿天下义理，有以待之，故可致用"①。又说："吾学既得于心，则修其辞命，辞无差，然后断事。断事无失，吾乃沛然。精义入神者，豫而已矣。"② 可见，"利用安身""断事无失"是张载致知、精思的终极目标。而这一目标的实现，在他看来，才是真正的"精义入神"。由此就不难理解刘玑为什么认为《正蒙》一书"凡造化人事，自始学以至成德，《大学》之所谓'格物致知'，《孟子》之所谓'尽心知性'，无不备于此矣"③。也不难理解王廷相为什么把"致知本于精思"作为张载实学的重要标志了。

张载"致知精思"的认识方式，后代关学学者多有弘扬。例如明代关学大儒吕柟，提出"即学即事，即事即学"的致知主张，认为人应该以格物为穷理，在事事中求理。"从见闻之知，以通德性之知。"（《明儒学案》卷八《河东学案下》）"从下学做起"，把"做事"与"做学"统一起来。他说，"今人把事做事，学做学，分作两样看了，须是即事即学，即学即事，方见心事合一、体用一源的道理"④。为此，他提倡广见博闻，"四方上下山川草木皆书册"（《端溪问答》）。他说："格物"的"物"并不是"泛然不切于身"的东西，而是"凡身之所到，事之所接，念虑之所起，皆是物，皆是要格的。盖无一处非物，其功无一时可止息得的"。那么"格物"所要穷究的"理"究竟存在于何处呢？吕柟指出："天下无一事非理，无一物非道，如《诗》云：'洒扫庭内，惟民之章。'夫洒是播水于地，扫是运帚于地，至微细的事，而可为民之章。故虽执御之微，一贯之道便在是也。"就是说在形而下的事物之中就蕴含着所以然之理，"天理不在人事之外，外人事而求天理，空焉亦矣"（《四书因问》）。

---

① （宋）张载：《横渠易说·系辞下》，载《张载集》，中华书局1978年版，第216页。
② （宋）吕大临：《横渠先生行状》，载《张载集》，中华书局1978年版，第383页。
③ （宋）张载：《正蒙会稿序》，载《张载集》，中华书局1978年版，第406页。
④ （清）黄宗羲：《明儒学案》卷8，中华书局1985年版，第150页。

进而吕柟指出，格物穷理必须通过躬行实践。"学者虽读尽天下之书，有高天下之文，使不能体验见之躬行，于身心何益，于世道何补？"（《泾野子内篇》卷一〇）"看书必要体贴见之于行"，五经四书"行后方能熟"。（《泾野子内篇》卷七）

故《关学编》论吕柟云："格物为功，而以准之以礼。重躬行，不事口耳。……关中之学自横渠张子后，惟先生为集大成云。"（《关学编·泾野吕先生传》）

四 "学为圣人"的教育目标

张载及关学在教育目标上也体现着实学的价值取向，这主要表现为三点。

一是"学为圣人"。张载认为治学的意义并非局限于求知，而其根本宗旨在于修德育人，培育圣人人格。他说："然而得博学于文以求义理，则亦动其心乎？夫思虚不违是心而已，'尺蠖之屈，以求伸也；利用安身，以崇德也'，此交相养之道。夫屈者所以求伸也，勤学所以修身也，博文所以崇德也，惟博文则可以力致。"[1] 又说："学者当须立人之性。仁者人也，当辨其人之所谓人。学者学所以为人。"[2] "充其德性则为上智，安于见闻则为下愚。"[3] 张载讲学，对弟子"多（每）告以智礼成性变化气质之道，学必如圣人而后已"[4]。并特别强调："知人而不知天，求为贤人而不求为圣人，此秦汉以来学者大蔽也。"[5]

二是学做实事。他认为学做圣人并非只在内心做修身养性工夫，而

---

[1] （宋）张载：《经学理窟·气质》，载《张载集》，中华书局1978年版，第269页。
[2] （宋）张载：《张子语录·语录中》，载《张载集》，中华书局1978年版，第321页。
[3] （宋）张载：《张子语录·语录上》，载《张载集》，中华书局1978年版，第307页。
[4] （宋）吕大临：《横渠先生行状》，载《张载集》，中华书局1978年版，第383页；《宋史·张载传》，载《张载集》，中华书局1978年版，第386页。
[5] （宋）张载：《宋史·张载传》，载《张载集》，中华书局1978年版，第386页；（宋）张载：《朱轼康熙五十八年本张子全书序》，载《张载集》，中华书局1978年版，第396页。

是要学会做事。他说:"学者欲其进,须钦其事,钦其事则有立,有立则有成,未有不钦而能立,不立则安可望有成?"① 就是说学者能"钦其事"才可望有立有成。他之所以重视学习周礼正是为了"做实事"。他说:"学得《周礼》,他日有为却做得些实事。"② "钦其事""做实事",都是实学学风的重要取向。

三是承担使命。张载认为治学要有自觉的使命意识,应追求和实现治学的崇高理想。他明确提出"为天地立心,为生民立命,为往圣继绝学,为万世开太平"(《宋元学案·横渠学案》)这一伟大使命和崇高理想。那么,这一学术使命的价值内涵是什么呢?所谓"为天地立心"即通过治学和教育培养伟大人格。《礼记·礼运》云:"人者,天地之心。"张载说:"天无心,心都在人之心。"③ "为天地立心"实质是为天地"立人"。所谓"为生民立命",首先是通过治学和教育让当政者明白和实现百姓的生存之道。张载说:"故为政者在乎足民,使无所不足,不见可欲而盗必息矣。"④ 又说:"利于民则可谓利,利于身利于国皆非利也。"⑤ 生存条件乃"民命"之所系,所以是"立命"的首要内容。同时也要让百姓明白人性之道和人伦之道。《中庸》云:"天命之谓性,率性之谓道。"张载说:"人伦,道之大原也。"⑥ 可见"为生民立命"实质是为"生民"立生存之道和人伦之道。所谓"为往圣继绝学",就是通过治学和教育继承和弘扬被佛老冲击而濒于中绝的儒家的经世致用之学。所谓"为万世开太平",通过治学、教育和实践开辟通往万世太平盛世的道路。可见,"横渠四句"蕴含着深刻的实学价值取向,而并非空洞虚幻的追求目标。

明代冯从吾以张载的使命意识为指引,长期讲学于关中,力辨儒佛

---

① (宋)张载:《经学理窟·义理》,载《张载集》,中华书局1978年版,第273页。
② (宋)张载:《经学理窟·周礼》,载《张载集》,中华书局1978年版,第248页。
③ (宋)张载:《经学理窟·诗书》,载《张载集》,中华书局1978年版,第256页。
④ (宋)张载:《正蒙·有司》,载《张载集》,中华书局1978年版,第47页。
⑤ (宋)张载:《张子语录·语录中》,载《张载集》,中华书局1978年版,第323页。
⑥ (宋)张载:《张子语录·语录下》,载《张载集》,中华书局1978年版,第329页。

异趣,发扬张载学圣人、做实事的崇高精神,坚守关学躬行实践、经世致用的优良传统。提出"本原处透彻,未发处得力"(《明儒学案·甘泉学案五》),"敦本尚实","深造以道"的教育主张;确立"做好人、存好心、行好事"(《学会约·谕俗》)的教育宗旨。

顾炎武说:"天生豪杰,必有所任,如人主于其臣,授之官而与以职。今日者拯斯人于涂炭,为万世开太平,此吾辈之任也。仁以为己任,死而后已。"① 李二曲在为弟子所口授的《授受纪要》中强调要像张载"四句"所说的那样立志做人,那样"立身要有德业,用世要有功业。……志不如此,便不成志;学不如此,便不成学;做人不如此,便不成人"。按照张载名言去治事,才是"天下第一等事"。朱轼在康熙五十八年本《张子全书·序》中引用了张载"四句"名言之后感慨地说:"卓哉张子,其诸光辉而近于化者欤!若其所从人,则循循下学。"由此可见,张载提倡的"为天地立心,为生民立命,为往圣继绝学,为万世开太平",实际上已经成为明清儒者所共同认可并立志为之奋斗的实学目标和所追求的价值理想。

"学为圣人"、学做实事和承担使命构成了关学求真务实的教育目标及其学术价值理想的基本内容。

"实学"一词,出现于唐代(据学者考证,其最早见于《旧唐书·杨绾传》),后世学人亦多用之。从总体历史角度考察,"实学"的提出有两方面的针对性,一是针对一些知识分子"争尚文辞"的浮华之风,二是针对释老之学"空虚玄妙"的虚无之论。针对这两种倾向,实学倡导者们提出的学术价值取向是:在坚持儒家体用贯通和天人合一的理论原则的基础上,确立和实现以修德、治世为内涵的经世致用的学术宗旨。王廷相之言"实学"正是坚持了这一观念。他说:"夫《六经》之论述,非文之经,则武之纬,而孔子夹谷之会,立谈之斯儒者之实学也。"(《王氏家藏集》卷三〇《策问》)他尖锐批评违背实学价值取向的学

---

① (清)顾炎武:《亭林文集》卷三《病起与蓟门当事书》,载《顾亭林诗文集》,中华书局1983年版,第48页。

风："夫何近岁以来，为之士者，专尚弥文，罔崇实学，求之伦理，昧于躬行；稽诸圣谟，疏于体验；古之儒术，一切尽废；文士之藻翰，远迩大同。已愧于明经行修之科，安望有内圣外王之业？"（《浚川公移集》卷三《督学四川条约》）由此看来，王廷相认为实学有以下特征：一是躬行伦理，二是体验圣谟，三是崇尚儒学，四是文武兼备。而张载关学的价值取向正体现了这种精神。所以王廷相说"横渠之学，乃实学也"。

由此不难看出，称张载关学为"实学"，指的不是它的学术理论体系的性质，也不是它作为独特学派的特点，更不是认为它是一个独立的学科，而实质上是从学术的价值取向上界定其为实学的，亦即指的是它的学术价值取向的特征。这种价值取向包含着唐以来倡导"实学"者的共同价值追求，表现了一种独特的治学价值观。关学自张载创建以降，学术思想曾几经变化，但尚真、崇实、主行、贵用的学术价值取向，即经世致用、开物成务的实学价值观，一直传承不息，坚守未渝，形成了关学宝贵的学术传统和治学精神。它不但在宋明理学中独放异彩，也在整个中国的思想史、学术史上放射着光辉。在倡导实事求是的今天，这种精神仍然是值得继承发扬的。

［载《陕西师范大学学报》（哲学社会科学版）2017 年第 2 期］

先秦"尚新"说的价值观意蕴及其现代意义

创新精神是中华民族的鲜明禀赋,崇尚革新、创新、立新,是中华文化的优良传统。先秦哲学中的"尚新"思想、"尚新"意识,内容丰富,含义深邃,包含着深湛的价值观意蕴。几乎各派哲学,都对"尚新"有所言说。其中蕴含的比较重要而又影响深远的价值观,约有四端。

一 "新命"价值观

《诗经·大雅》首篇《文王》一诗,相传为西周初年周公所作,诗的主旨是歌颂周文王的崇高品德和创建周王朝的功绩,其诗第一章云:"文王在上,于昭于天。周虽旧邦,其命维新。"意谓文王之神灵在高天之上,在天上光明显耀;周虽是一古老的邦国,但其命却是新的。关于此章诗中"周虽旧邦,其命维新"两句的含义,历代学者的解释甚多。《毛诗序》说,其诗颂"文王受命作周也"。《郑笺》说,其意为赞文王"受天命而王天下,制立周邦"。唐代孔颖达注疏曰:"周虽是旧国,其得天命,维为新国矣。"可见,"周虽旧邦,其命维新"的本义是说文王建立新王朝是天帝意旨,是得天命而兴国。然而,按照周人"天命无常""唯德是从"的政治逻辑,文王之所以能承受新的天命,是因为文王具有敬德保民的高尚品德和治国安民的卓越才能。正是这种贤德之人承担了崇高使命,使旧邦焕发出新的气象,具有了新的生机。郑玄曰:"文王初为西伯,有功于民,其德著见于天,故天命之以为王,使君天下也。"就是说，因为文王的其功在民，其德著天，才使得当时的周邦不断强盛，旧邦焕发了新生命；正由于贤德的执政者使旧邦有了新生命，所以才受到天命的护佑。于是，"天命"之"新"与执政者的"使命"之"新"、国家的"生命"之"新"就在诗中融为一体了。正因为如此，"周虽旧邦，其命维新"的诗句，就可以解释为：一个历史悠久的国家的生命力，完全在于革新、创新，革新、创新是一个政权的生命力之所在。后代的思想家、政治家也多是在这种"崇尚革新"的价值意义上引用这一诗句的。如孟子对滕文公说："诗云：周虽旧邦，其命维新。文王之谓也。子力行之，亦以新子之国。"（《孟子·滕文公上》）意谓如果遵循周文王的治国路线，努力实践，就可以使你的国家呈现新气象。荀子也说："故国者，世所以新者也。"（《王霸》）意谓一个国家应该随历史发展不断革新。连诗人杜甫也在他的诗中呼吁："异才复间出，周道日维新。"（《别蔡十四著作》）希望唐朝能够出现雄才大略之人，弘扬西周的"维新"精神，重耀大唐的国辉。他们都把"维新"视为宝贵的政治价值，希望一个国家能通过革新而繁荣富强，昌盛久远。

　　历代的改革家更是着力于继承和弘扬"旧邦新命"的"维新"精神。近代的康有为及其支持者之所以把戊戌变法称为"维新"，除了借助日本明治维新的影响之外，更希望利用《诗经》"其命维新"的经典含义来维护和推行其改革方案。因为，"维新"一词不仅比"变法"更能确切地表达彻底变革之意，而且可以借助其"经典"性之价值为革新提供正当理由。康有为在《恭谢天恩，并陈编纂群书，以助变法，请及时发愤，速筹全局》中说："诗曰：'周虽旧邦，其命维新。'……孔子《春秋》明新王之改制，必徙居处，改正朔，易服色，异器械，殊徽号。何为纷纷不惮其烦哉？以为不如是，不能易天下人之心思，移天下人之耳目也。既以诸国并立之势治天下，则当全去旧日一统之规模；既以开创维新之势治天下，则当全去旧时守成之面目。百度庶政，一切更始，于大东中开一新国，于二千年成一新世。"这实在是对"周虽旧邦，其命维新"的价值意蕴的充分阐发。

二 "新知"价值观

先秦哲人不但崇尚"新命"，赞颂政治革新，而且还倡导"新知"，追求认识和知识更新。孔子曾说过他自己"信而好古""述而不作"，今人或误以为孔夫子是一位因循守旧、不求"新知"的人，这其实是很大的误解。孔子十分重视认识的更新和"新知"的学习。他不但有"学而不厌，诲人不倦"这种永不厌倦的学习精神，有"入太庙，每事问"的谦虚态度，而且还明确指出了追求新知的重要性。他说："温故而知新，可以为师矣。"（《论语·为政》）意思是说，能不断温习旧知识，又能不断学习知新，就可以为人师表了。《十三经注疏·论语注疏》对"温故而知新"的解释是："温，寻也。言旧所学得者，温寻使不忘，是温故也；素所未知，学使知之，是新知也。"朱熹在《论语集注》中也解释说："温，寻绎也；故者，旧所闻；新者，今所得。言学能时习旧闻，而每有新得。"他们都认为，"温故知新"体现了孔子对"新知"的崇尚。

在温习已有知识的基础上获取新知识，从温习旧知识中，悟出新道理，是符合学习规律和认识规律的学习技巧和教学技巧。苏联著名教育家苏霍姆林斯基曾说："教给学生能借助已有的知识去获得新的知识，这是最高的教学技巧之所在。"（《给教师的建议》）所以，孔夫子既重旧知又求"新知"的价值观，受到后世学者的广泛赞同，对认识论、教育学产生了极为深远的影响。例如：作为"四书"之一的《中庸》云："君子尊德性而道问学，致广大而尽精微，极高明而道中庸，温故而知新，敦厚以崇礼"，以"温故知新"为君子的素养。《汉书·史丹传》云："凡所谓材者，敏而好学，温故知新"，以"温故知新"为才士的品质。《汉书·成帝纪》云："儒林之官，四海渊源，宜皆明于古今，温故知新，通达国体，故谓之博士"，以"温故知新"为博士的条件。由此可见，"新知"价值是传统"尚新"说的重要内涵。

三 "新民"价值观

崇尚"新民"的人格价值是《大学》一书重点阐明的观念。《大学》一开头就说:"大学之道,在明明德,在亲(新)民,在止于至善"("亲民",朱熹认为应是"新民"),明确把"新民"作为大学的三大纲领之一。而且为了突出强调人格更新,《大学》又引经据典,说明"新民"的重要价值。它说:"汤之《盘铭》曰:'苟日新,日日新,又日新。'《康诰》曰:'作新民',《诗》曰'周虽旧邦,其命维新',是故君子无所不用其极。"就是说:商汤时期,"盘铭"上刻着"苟日新,日日新,又日新",《尚书·康诰》要人们"作新民",《诗经》上说:"周虽旧邦,其命维新"。所以,君子应该尽一切努力,持续不断地求新,使自己人格达到完善境界。

《大学》的首段之所以在讲"明明德"后提出"新民",朱熹解释说,是因为"'亲,当作新'。新者,革其旧之谓也,言既自明其明德,又当推己及人,使之亦有以去其旧染之污也"(《大学章句》)。在朱熹看来,人的本性虽然是全善的,是"明德",但现实中存在的人,则"为气禀所拘"和"为人欲所蔽",使本性之善"有时而昏",暗而不明。这就需要通过教化去完成德性的复归,复其本性的"明德"状态,这就是由"旧"转"新"的过程。可见,在朱熹看来,"新民"是大学教育的重要目标。

"新民"价值观到了近代,更被主张改革的人士们竭力提倡和大力弘扬。梁启超办《新民报》、讲"新民说",赋予传统"新民"观念以新的含义。第一,他指出"新民"的目的是推行改革,振兴中国:"本报(指《新民丛报》)取《大学》'新民'之义,以为欲维新吾国,当先维新吾民。"[①] 第二,他提出"新民"的内容是树公德、开智慧:"中国所

---

① 梁启超:《饮冰室合集·集外文》,北京大学出版社2005年版,第75页。

以不振，由于国民公德缺乏，智慧不开。故本报专对此病而药治之，务采合中西道德，以为德育之方针；广罗政学理论，以为智育之本原。"①第三，他强调"新"的含义是改旧增新："新之义有二：一曰淬厉其所本有而新之，二曰采补其所本无而新之。"② 可见，梁启超"新民说"的核心是主张通过学习西方的道德和知识以塑造新人格，实现"维新"理想。梁启超之"新民说"对近现代文化有广泛影响，体现了人们新的文化关怀。陶曾佑就曾以"新民"来阐释文学功能："俯视千春，横眺六极，无文学不足以立国，无文学不足以新民，此吾敢断言者也。"（《论文学之势力及其关系》）

总之，"日新"精神很早就融入理想人格的实现过程，《大学》对"新民"价值的追求，表达了中华文化对于人格提升和人格更新的高度自觉。

四 "新德"价值观

如果说"新命""新知""新民"是具体领域的"新"之价值，那么《周易·系辞》则超越了具体领域，从形而上学的高度，阐明了哲学层次的"尚新"观。这就是"日新之谓盛德"的价值观。

《周易·系辞上》云："一阴一阳之谓道。继之者善也，成之者性也。仁者见之谓之仁，知者见之谓之知，百姓日用而不知，故君子之道鲜矣。显诸仁，藏诸用，鼓万物而不与圣人同忧，盛德大业至矣哉！富有之谓大业，日新之谓盛德，生生之谓易。"为了便于阐明其哲理，先将这段文字的大意解释如下：一阴一阳的相反相生，运转不息，这就是道。继承阴阳之道的就是善，成就阴阳之道的就是性。有仁德的人看见阴阳之道运行不息，即认为是仁，有智慧的人看见阴阳之道相反相生，就认为是智。百姓在日常生活中虽遵循运用此阴阳之道，而并不能深入

---

① 梁启超：《饮冰室合集·集外文》，北京大学出版社2005年版，第75页。
② 梁启超：《新民说》，中州古籍出版社1998年版，第54页。

地认识它，所以君子之道是很少的。阴阳之道显现于仁德，蕴藏于致用，能鼓动万物的生机，而不与圣人同其忧戚。它盛明的德性和伟大的事业，真是达到完美的境界了。富有，就是它建立的伟大事业；日新，就是它具有的盛明德性；生生不息，就是它变易的本质。

由此可见，《系辞》所谓的"新德"，具有四个特征。（1）"日新之德"的主体，并不局限于人而是包括人在内的宇宙大道及天地万物。"日新"不仅是人的道德，也是天地万物所具有的盛大德性。（2）"日新之德"的根源，是"一阴一阳之谓道"，即阴阳矛盾的相反相生、互依互化这一普遍性宇宙规律。天地万物的"日新"是继承阴阳之道的"善"，也是实现阴阳大道的"性"。（3）"日新之德"的内涵，是阴阳大道所创建的包罗万象、丰富多彩、无所不包、无处不在的宏伟业绩。（4）"日新之德"的意义，是旧事物死去和新事物生成的环节，是天地万物创生不止、生生不息的变化过程。所谓"生生之谓易"，张岱年解释"生生之谓易"时说："世界是富有而日新的，万物生生不息。'生'即创造，'生生'即不断出现新事物。新的不断代替旧的，新旧交替，继续不已，这就是生生，这就是易。"[①] 可见，《易传》的"新德"观充分体现了天道与人道的合一、本体与价值的贯通、必然与应然的融会，于是，"新"就具有了形而上的意义，成为天地德性和宇宙价值了。

"新命"是政治价值观，"新知"是知识价值观，"新民"是人格价值观，"新德"是德性价值观。四大价值观共同构成中国传统的"尚新"价值观念，这种"尚新"价值观至今仍有重要的现实意义。

第一，它是鼓舞我们实现民族复兴的精神动力。哲学家冯友兰曾引用"周虽旧邦，其命维新"来表达他的学术志向，他说："阐旧邦以辅新命，余平生志事盖在斯矣。"并以为"旧邦新命""这四个字，中国历史发展的新阶段足以当之"[②]。1980年冯先生在《中国哲学史新编》第1

[①] 张岱年：《张岱年全集》第5卷，河北人民出版社1996年版，第228页。
[②] 冯友兰：《康有为"公车上书"书后》，载《冯友兰自选集》，首都师范大学出版社2008年版，第9—10页。

册自序里说：“在解放之后，我时常想：在世界上中国是文明古国之一，其他古国，现在大部分都衰微了，中国还继续存在，不但继续存在，而且还进入了社会主义社会。中国是古而又新的国家。《诗经》上有句诗说：'周虽旧邦，其命维新。'旧邦新命，是现代中国的特点。"① 显然，他认为现代中国正处在实现中华民族伟大复兴的历史时期，"周虽旧邦，其命维新"的"尚新"观念是我们实现中华民族伟大复兴的精神动力。

第二，它是启发我们思想解放的智慧源泉。2008年3月18日上午，十一届全国人大一次会议闭幕后，时任总理的温家宝在人民大会堂会见中外记者并回答记者提问时说："我想集中回答一下关于解放思想这个问题。一般的道理大家都知道。我想从中国的文化、传统和历史上讲一点自己的看法。我一直很重视两句话：一句话来自《诗经》，一句话来自《诗品》，就是'周虽旧邦，其命维新'，'如将不尽，与古为新'。"他认为中国传统的"尚新"思想可以启发我们不断解放思想。

第三，它是激励中华民族不断创新、不断前进的思想资源。2014年6月9日，习近平总书记在中国科学院第十七次院士大会、中国工程院第十二次院士大会上的讲话中说："中华民族是富有创新精神的民族。我们的先人们早就提出：'周虽旧邦，其命维新。''天行健，君子以自强不息。''苟日新，日日新，又日新。'可以说，创新精神是中华民族最鲜明的禀赋。"② 深入阐述了创新精神在国家民族发展中的重要意义，提出要弘扬中华传统文化中的尚新思想资源，以创新驱动社会发展。

（载《唐都学刊》2017年第2期）

---

① 冯友兰：《中国哲学史新编》（1980年修订本），人民出版社1982年第3版，第1页。
② 习近平：《在中国科学院第十七次院士大会、中国工程院第十二次院士大会上的讲话》，人民出版社2014年版，第3页。

构建中国特色哲学社会科学
应从传统文化中汲取智慧

习近平总书记在哲学社会科学工作座谈会上的讲话，明确提出了加快构建中国特色哲学社会科学的宏伟任务，并深刻指出，只要我们善于融通古今中外各种资源，特别是善于融通马克思主义、中华优秀传统文化和国外哲学社会科学三大资源，坚持不忘本来、吸收外来、面向未来，就能构建出中国特色的哲学社会科学。对此我们应该充满信心，坚定自信。我们的自信，包括道路自信、理论自信、制度自信和文化自信，而文化自信是更基本、更深沉、更持久的力量。在党的十九大报告中又重申了加快构建中国特色哲学社会科学的宏伟任务。

文化自信之所以是构建中国特色哲学社会科学更基本、更深沉、更持久的力量，根本原因在于，绵延几千年的中华文化，是中国特色哲学社会科学成长发展的深厚基础，为构建中国特色哲学社会科学提供了十分宝贵的资源。那么，我们构建中国特色哲学社会科学可以从传统文化中汲取哪些智慧资源？

一是高度自觉的使命意识。中国传统的学者和士人有自觉而崇高的使命意识。自古以来，我国知识分子就培养了运用自己的学问和思想认识世界、造福人民、传承文化、优化社会的担当精神和使命意识。孔子自觉地以延续历史文化为自己的使命，并明确提出"人能弘道，非道弘人"（《论语·卫灵公》）的主体意识和"士不可以不弘毅，任重而道远"（《论语·泰伯》）的担当精神。孟子以"如欲平治天下，当今之世，舍我其谁也"（《孟子·公孙丑下》）的责无旁贷的责任感自许，以

"穷则独善其身，达则兼济天下"的坚定志向自律。诗人屈原坚持"路漫漫其修远兮，吾将上下而求索"的真理探索精神。汉代知识分子也多"有澄清天下之志"，特别是"欲以天下风教是非为己任"（《后汉书·李膺传》）的浓厚意识。宋代以降随着理学的兴起，儒家的使命意识和担当精神愈加自觉和高远。理学的奠基者、关学创始人张载提出的"为天地立心，为生民立命，为往圣继绝学，为万世开太平"，不但是个人学术使命的概括，而且成为其后广大知识分子使命意识的高度凝练和精辟表达。传统学者和士人立志向、重使命、勇担当的优良传统，对当代中国哲学社会科学工作者仍然是深刻的启示和强大的激励。习近平总书记说："自古以来，我国知识分子就有'为天地立心，为生民立命，为往圣继绝学，为万世开太平'的志向和传统。一切有理想、有抱负的哲学社会科学工作者都应该立时代之潮头、通古今之变化、发思想之先声，积极为党和人民述学立论、建言献策，担负起历史赋予的光荣使命。"①

二是积淀深厚的思想智慧。中华传统文化源远流长，历史悠久，内容宏大精深，典籍丰厚渊博，其中蕴含着中华民族几千年来生存和发展的宝贵经验，积淀着中华民族观察世界、认识社会、体悟人生的精湛智慧，包含着丰富的哲学社会科学内容，对构建中国特色哲学社会科学具有重要意义。中国传统思想学术，早在春秋战国时期就产生了儒、释、道、墨、名、法、阴阳、农、杂、兵等各家学说，从先秦至清末经历了多次思想繁荣时期，涌现了一大批哲学家、思想家、史学家、文学家、法学家、政治学家、经济学家、教育学家、军事学家，凝结了一系列独具特色、含义深邃的思想观念。如"天人合一"的整体观念、"保合太和"的和谐观念、"生生日新"的更新观念、"以人为本"的主体观念、"止于至善"的道德观念等。这些观念，包含着丰富的哲学社会科学内容，不但为古人认识世界、改造世界提供了重要依据，也为当今构建中国特色哲学社会科学的诸多学科，提供了十分宝贵的资源，具有极其重

---

① 习近平：《在哲学社会科学工作座谈会上的讲话》，《人民日报》2016年5月19日。

要的意义。

三是优势独特的思维方式。中华传统文化特别是中华传统学术思想中蕴含着独特的思维方式和研究方法，体现了中国人几千年来积累的求知智慧和探索精神。中华传统文化的思维包括整体思维、和合思维、直觉思维、辩证思维、中庸思维等诸多方式。其中尤以"阴阳合德"的矛盾思维和"执两用中"的合度思维最具优势。著名科学史家李约瑟说："当希腊人和印度人很早就仔细地考虑形式逻辑的时候，中国人一直倾向于发展辩证逻辑。"① 中华传统思维方式的优点，对于我们构建中国特色哲学社会科学有着极其重要的方法论意义，而且体现这种思维方式的范畴体系和思想体系，也对构建中国特色哲学社会科学具有借鉴价值。正如习近平总书记所说："中华民族有着深厚文化传统，形成了富有特色的思想体系，体现了中国人几千年来积累的知识智慧和理性思辨。这是我国的独特优势。"②

四是特色鲜明的优良学风。习近平总书记说：繁荣发展我国哲学社会科学，"要大力弘扬优良学风，把软约束和硬措施结合起来，推动形成崇尚精品、严谨治学、注重诚信、讲求责任的优良学风，营造风清气正、互学互鉴、积极向上的学术生态"③。在学风建设上，中国传统文化也能为我们提供取之不尽的宝贵资源。修辞立诚、实事求是、经世致用、知行合一是中华文化长期培育的优良学风。继承和弘扬这些优良学风，不仅对于克服当前学界存在的学术做假、学术浮夸、学术不端、学术腐败等不良风气和丑恶现象具有积极意义，而且是我们进行优良学风建设的宝贵资源。只要我们善于汲取、善于利用这些资源，并善于将其与时代精神相结合起来，就能够使其在建设优良学风中发挥作用，实现习近平总书记在哲学社会科学工作座谈会上提出的学风要求："广大哲学社

---

① ［英］李约瑟：《中国科学技术史》第3卷，《中国科学技术史》翻译小组译，科学出版社1978年版，第337页。
② 习近平：《在哲学社会科学工作座谈会上的讲话》，《人民日报》2016年5月19日。
③ 习近平：《在哲学社会科学工作座谈会上的讲话》，《人民日报》2016年5月19日。

会科学工作者要树立良好学术道德，自觉遵守学术规范，讲究博学、审问、慎思、明辨、笃行，崇尚'士以弘道'的价值追求，真正把做人、做事、做学问统一起来。"①

总之，绵延几千年的中华文化，是中国特色哲学社会科学成长发展的深厚基础。只要我们善于进行创造性转化、创新性发展，就能使其在构建体现中国特色、中国风格、中国气派的哲学社会科学的过程中发挥重要作用。

创刊于1957年的《人文杂志》，六十年来坚持正确的办刊方向，秉承"观乎人文、传承文明、彪炳经典、前瞻新知"的高远办刊宗旨，立足于陕西这块历史传统积淀丰厚的文化沃土，把握学术发展的趋势和前沿问题，强化创新意识，坚守论题严肃、内容凝重、文风厚实、编风严谨、版式大方的庄重风格，挺立于中国哲学社会科学刊物之林，为构建中国特色哲学社会科学作出了宝贵贡献，产生了深远的影响。在庆贺六十华诞，迈入新的发展时期之际，祝愿《人文杂志》百尺竿头更进一步，在继承发扬以往办刊经验和办刊精神的基础上，充分发掘和研究优秀传统文化，着力弘扬和阐释传统文化智慧，特别是推进对关学优秀精神和卓越智慧的深入研究，为构建中国特色哲学社会科学，繁荣陕西的哲学社会科学，进一步作出更大贡献。

（载《人文杂志》2017年第11期）

---

① 习近平：《在哲学社会科学工作座谈会上的讲话》，《人民日报》2016年5月19日。

文化自信的传统根基

文化自信是文化主体在对自己民族文化的正确认识的基础上，所确立的对自己民族文化优势的坚定信任，对自己民族文化生命力的坚实信念，以及对自己民族文化生存和发展的光明前景的坚强信心。中华民族的文化自信是中华民族发展、前进和强盛的最深厚的精神力量。习近平总书记说："坚定中国特色社会主义道路自信、理论自信、制度自信，说到底是要坚定文化自信。文化自信是更基本、更深沉、更持久的力量。"① 又说："文化自信，是更基础、更广泛、更深厚的自信。"② 那么，文化自信的传统根基是什么呢？就是中华传统文化的鲜明特征和突出优势。

一 "续而不断"的文化传承

中华文明是古代世界上为数不多的具有独立起源的文明之一，又是四大古代文明中唯一没有中断、一直绵延持续的文明。远在五千年前，中华人文初祖轩辕黄帝就开始了伟大的文化制造，相传黄帝时代创造了文字，发明了舟车、屋宇、衣裳、弓矢、养蚕、医术、算术、音律、历法，使中国开始进入文明时代。夏商周三代是中国古代文明由兴起到繁

---

① 习近平：《在哲学社会科学工作座谈会上的讲话》，《人民日报》2016年5月19日；《习近平谈治国理政》第2卷，外文出版社2017年版，第339页。
② 习近平：《在庆祝中国共产党成立95周年大会上的讲话》（2016年7月1日），人民出版社2016年7月版，第13页。

盛的重要时期,夏商周之后,历经春秋战国、秦、汉、魏、晋、隋、唐、宋、元、明、清以至于现代,中华传统文化持续不断、绵延连贯地代代传承,经过了几千年曲折而漫长的发展历程。

二 "博而不浅"的文化成就

中华文化创造了博大辉煌的文明成就,积蓄了丰厚渊深的思想智慧,为人类文明作出了重大贡献,产生了极其深远的影响,至今仍使世人惊叹、倾慕。以科技文化而言中国以火药、指南针、造纸术、印刷术四大发明称著于世。中国古代科技文化走在世界前列的成就不胜枚举,英国著名学者李约瑟曾列举了26项中国技术发明成果向西方的传播和在时间上的领先地位,同时指出"还有许多例子可以列举"。美国学者德克·卜德也在《中国物品西传考》中说:"从公元前200年到公元1800年这两千年间,中国给予西方的东西超过了她从西方所得到的东西。"[1] 不仅是科学技术,在文学、艺术、史学、哲学诸精神文化领域,中华民族同样创造了许多博大精深的作品。习近平总书记在纪念孔子诞辰2565周年国际学术研讨会上的讲话中列举了中华传统文化中蕴含的诸多重要思想[2]:关于道法自然、天人合一,关于天下为公、大同世界,关于自强不息、厚德载物,关于以民为本、安民富民乐民,关于为政以德、政者正也,关于苟日新日日新又日新、革故鼎新、与时俱进,关于脚踏实地、实事求是,关于经世致用、知行合一、躬行实践,关于集思广益、博施众利、群策群力,关于仁者爱人、以德立人,关于以诚待人、讲信修睦,关于清廉从政、勤勉奉公,关于俭约自守、力戒奢华,关于中和、泰和、求同存异、和而不同、和谐相处,关于安不忘危、存不忘亡、治不忘乱、

---

[1] [美]德克·卜德:《中国物品西传考》,载孙西摘译,《中国文化研究集刊》第2辑,复旦大学出版社1985年版,第353、364页。

[2] 习近平:《在纪念孔子诞辰2565周年国际学术研讨会暨国际儒学联合会第五届会员大会开幕会上的讲话》,《人民日报》2014年9月24日。

居安思危等。如此丰富繁盛的文化成就，充分展现了中华民族广阔的文化视野、高超的文化智慧和卓越深厚的文化创造才能。

三 "聚而不散"的文化体系

中华传统文化历史悠久，积淀深厚，丰富多彩，它既有其内在本质的统一性，也包含着具体形态的多样性。例如中华传统文化内部也存在着历史性差异、学派性差异、地域性差异和民族性的差异。中华境内历史上曾经存在过许多部族和氏族，周秦时有华夏和夷狄，两汉时有汉族和匈奴，隋唐时有汉人和胡人，宋元时有汉人、契丹、女真、蒙古，清代时有汉、满、蒙、回、藏，今天仍还有56个民族活跃在中华大地上。不同民族的文化各有其自身特点，各民族文化相互融合、相互渗透，最终形成了包含着多样性的统一文化体系。在这中华文化的统一体系中，跃动着共同的精神命脉，维系着共同的感情纽带，蕴含着共同的文化基因。

四 "定而不乱"的文化特质

保持稳定一贯的文化特质，也是中华文化的重要特征。在漫长的历史进程中，中华文化和异域文化多次发生碰撞、交流，但仍保持着自己的特质。历史上异域文化如中亚文化、波斯文化、印度佛教、阿拉伯文化、西欧文化都曾大规模地输入中国，但是中华文化并没有被全盘外化，而是通过博采众长、兼收并蓄、融会吸收，在丰富自己、发展自己的同时，继续保持着自身特质的稳定性。崇道德、讲礼义、重人本、爱祖国、尚和合、求至善就是中华文化"定而不乱"的文化基因。

五 "强而且健"的文化功能

中华传统文化的形成、发展过程，也是其发挥强大的文化功能的过程。特别是作为传统文化核心的思想观念,对培育民族精神、延续文化生命、构筑价值理想、维护民族团结和国家统一,发挥了极其重要、非常宏大的作用。关于这一点,习总书记进行了深刻阐发:"从历史的角度看,包括儒家思想在内的中国传统思想文化中的优秀成分,对中华文明形成并延续发展几千年而从未中断,对形成和维护中国团结统一的政治局面,对形成和巩固中国多民族和合一体的大家庭,对形成和丰富中华民族精神,对激励中华儿女维护民族独立、反抗外来侵略,对推动中国社会发展进步、促进中国社会利益和社会关系平衡,都发挥了重要的作用。"①

中华文化,将文化传承的连续性、文化成就的博大性、文化体系的统一性、文化特质的稳定性和文化功能的强健性综合为一体,凝练为自身的鲜明特征,这在世界文化史上是绝无仅有的。正是这历史悠久、内涵渊博的优秀传统文化,才奠定了中华民族文化自信的深厚的历史根基。我们要在此深厚的传统根基之上,不断增强和坚定我们的文化自信!

(载《陕西日报》2017年1月10日)

---

① 习近平:《在纪念孔子诞辰 2565 周年国际学术研讨会暨国际儒学联合会第五届会员大会开幕会上的讲话》,《人民日报》2014 年 9 月 24 日。

近代经学的历史借鉴答问

经学到了晚清与中华民国阶段，有什么重要转型？产生了怎样的历史影响？

经学是中国传统封建社会中解释儒家经典，阐明儒家义理，维护儒家价值体系的学问，它是中国儒家学说的核心，中国传统学术的主体，更是封建统治阶级论证其意识形态的主要方式。清代学者把经学分为"今文学""古文学"与"宋学"三派，其中前两者可合称为"汉学"。周予同先生为皮锡瑞《经学历史》一书所作的序中，以对孔子的形象定位之不同，简论三派的区别：今文学家将孔子视为政治家，古文学家将孔子视为史学家，而宋学家将孔子视为哲学家。三家特点，由此可见。

到了近代，由于中国社会发生的大动荡、大变革，产生于西汉、历经了两千余年之经学也发生了重要转型，以庄存与、刘逢禄、龚自珍、魏源为代表的今文经学的兴起是近代经学转型的显著标志。1819年27岁的龚自珍诗云："昨日相逢刘礼部，高言大句快无加。从君烧尽虫鱼学，甘作东京卖饼家。"此诗可以视为龚自珍由古文经学向今文经学转变的宣言，也可以视为经学迈入近代的宣言。以后，经学经过曾国藩等人的"今古兼容""汉宋兼采"的调和，张之洞等人的"中学为体，西学为用"的变通，至康有为以经学论托古改制而使今文经学发展至高峰。辛亥革命前后，章太炎、刘师培等古文经学大师崛起，引西学以释故典，借经义而论革命，批驳今文经学，复兴古文经学，完成了经学的近代转型。经学近代转型的完成也是经学的回光返照。随着五四新文化运动的兴起，引西学以判中学，用新学以批儒学，宣告了传统经学的终结。

经学在近代的转型,其学派的历程为古文—今文—古文;其方法之历程为考据—义理—考据。其内容的演变趋向是:(1)由治学而经世;(2)借释经以论政;(3)引西学以释中;(4)变经学为史学。其精神实质是:为社会变革(改良、革命)找论据、做论证、造舆论。于是传统经学的学术形式中充满着社会革新的政治内容。所谓"旧瓶装新酒"是也。

这种转型产生了两个方面的影响。一是推进了社会变革,经世派、改良派发挥了今文经学"更化改制"的内容和阐发微言大义的特点为改革造舆论;革命派将古文经学重制度、尊史实的理性精神与进化论、辩证法相结合,为排满革命做论证。他们都以自己的方式解释儒家经典,推进了社会变革。二是导致了经学终结。经学随世运而转型,也因世变而衰落,无论今文经学、古文经学,其作为封建制度的意识形态的固有落后性、保守性是一致的。因此,它论证社会变革的过程也是它暴露自身之神秘性、荒谬性弱点的过程。辛亥革命推翻了清朝,使经学失去了封建政治支柱,五四新文化运动的批判使经学失去了主流文化地位,经学走向终结的命运是不可避免的。1912年中华民国教育部取消经学学科。

对于经史关系,近代经学有哪些具有代表性的看法?这些看法对于我们今天认识思想与学术、理论与历史等重要关系有何启发?

经史关系是经学史上的重要问题。周予同先生认为经史关系在两汉以后经历了史附于经、史次于经、经等于史、经属于史四个阶段的演变。近代的经史关系则处于后两个演变阶段。在经学史上,尽管南宋以后就出现了经等于史之论,如元代刘因曾提出过"经史无分"说,明代的王守仁提出过"五经亦史"说,然皆为散言片语,无系统阐发,而清中叶章学诚针对"经学即理学"而提出的"六经皆史"论,则论点鲜明、论述充分、论证清晰,对破除儒家经典之神圣性、化经学为史学起了重要作用,近代以后影响极大。范文澜曾说:"六经皆史"说"把经从神圣的地位上拉下来与史平列,这是有意义的"。近代关于经史关系的重要观点有两个方面。

(1)"经为史书"说。章太炎对"六经皆史"提出自己的解释,指出"经之名广矣""人言六经皆史,未知古史皆经也","经就是古人的史,史就是后人的经"。又说:"今之经典,古之官书。"

(2)"经为史料"说。胡适提出:"(章实斋)先生所说'六经皆史也'其实只是说经部中有许多史料。"吕思勉说:经学的价值仅在于为其他学科提供史料。"视经为国故,加以整理者。……各本所学,求其相关者于经,名为治经,实乃是治此科之学,而求其材料于古书耳。"

由此而实现了"史附于经"向"经属于史"的转向。此乃学术史上的里程碑事件。它不但是学术范式的转型,而且是价值观念的转换。

经史(经书与史书、经学与史学)关系蕴含的问题甚为复杂,包含道与器、理与事、官与师、治与教、真与善等。从价值哲学角度观之,经学的宗旨是建构封建社会的主导价值体系,是求善,而史学的宗旨是记录发生过的真实事实,还原历史的本来面貌,是求真。因此,"史附于经"蕴含的价值取向是"善主导真,真从属善",即价值判断主导事实判断,事实判断服从价值判断;而"经属于史"体现的价值取向则是"真先于善,善服从真"即事实判断是价值判断的基础,价值判断以事实判断为前提条件。因而,"经属于史"——变经学为史学,标志着以求善为至上价值的传统经学的终结,也标志着以求真为最高价值的历史学科的诞生。从此,科学精神成为治学的主导,科学价值成为现代中国的核心价值之一。

然而,对传统学术的研究,只强调求真求实的精神是不够的。即便对于史学研究而言,不仅需要求真求实精神,还需要追求善、美的价值意识,即把历史中蕴含的优秀品德、高尚人格、美好精神、卓越智慧予以发掘弘扬,而对那些丑恶的人和事予以批判。这就必须坚持求真与求善的统一,求真与求美的统一。

今天研究近代经学的发展演变,认识经学在近代总体走向衰落的历史命运，对于构建中国学术话语体系有何重大意义？

中国传统经学作为一种学术类型，作为一种治学范式，在近代走向衰落了，但作为一种历史遗产、文化资源、精神财富，仍然有着宝贵价值和重要意义。经学不但作为历史现象，需要深入研究，而且其中所蕴含的优秀文化精神，也仍然需要发掘、弘扬。即使就学术本身发展的经验而言，近代经学的发展演变，及其总体走向衰落的历史命运，对于我们构建中国学术话语体系也有重要启示。（1）构建中国学术话语体系必须与时俱进，紧跟历史发展的步伐，体现时代精神，倾听实践呼吁，反映人民心声。（2）建构中国学术话语体系必须善于融通古今中外各种资源，特别是善于融通马克思主义、中华优秀传统文化和国外哲学社会科学三大资源。尤其要充分体现中国特色、中国风格、中国气派。（3）建构中国学术话语体系必须继承和弘扬修辞立诚、实事求是、经世致用、知行合一等中华传统学术长期培育的优良治学精神和学风。（4）建构中国学术话语体系必须确立真、善、美统一的价值目标，特别要注意克服"以善蔽真"的唯道德价值的极端化，又要注意防止"以真代善"的唯科学价值的片面性。

（2017年12月27日，《近代经学的历史借鉴答问》）

人类命运共同体与中华传统智慧源

自从 2012 年党的十八大报告正式提出"倡导人类命运共同体意识"以来①，这一概念不断走进人们的视野，向世界传递对于人类文明走向的中国判断和中国主张。2017 年 1 月 18 日，国家主席习近平在瑞士日内瓦万国宫出席"共商共筑人类命运共同体"高级别会议，并发表题为"共同构建人类命运共同体"的主旨演讲。演讲指出："宇宙只有一个地球，人类共有一个家园。让和平的薪火代代相传，让发展的动力源源不断，让文明的光芒熠熠生辉，是各国人民的期待，也是我们这一代政治家应有的担当。中国方案是：构建人类命运共同体，实现共赢共享。"②这是对人类命运共同体理念的最新阐发。

人类命运共同体是站在世界和人类的高度，高屋建瓴地提出来的一份超越民族、国家和意识形态的中国方略。一位外国元首说："习近平主席提出的命运共同体，是一种哲学，是一种价值观的体现。"

建构人类命运共同体的理念是在中华传统智慧的根基上发展起来的，中华传统智慧蕴含着建构人类命运共同体的丰厚智慧资源。"天下一家""通天下志""同天下欲""协和万邦"就是其中最重要的道德意识和价值观念。

---

① 《中国共产党第十八次全国代表大会文件汇编》，人民出版社 2012 年版，第 43 页。
② 习近平主席在出席世界经济论坛 2017 年年会和访问联合国日内瓦总部时的演讲》，人民出版社 2017 年版，第 21—22 页。

一 "天下一家"的仁爱道德观

人类命运共同体所体现的、所需要的首先是一种关心人类生存、关爱人类生命的道德情怀。要充分看到世界各国人民相互联系、相互依存的生存状态,深刻认识人类生活在同一个地球村里,生活在历史和现实交汇的同一个时空里,越来越成为你中有我、我中有你的存在整体。而为了维护和完善这种生存状态,让人们都生活得好,就必须倡导一种互相尊重、互相关怀、互相帮助、互相关爱的道德情怀。这种情怀在先秦时期已经形成了。孔子曰:"四海之内,皆兄弟也。"(《西铭》)《礼记·礼运》曰:"故圣人耐(能)以天下为一家,以中国为一人者,非意之也,必知其情,辟于其义,明于其利,达于其患,然后能为之。"就是说:圣人能够使整个天下像是一个家庭,全体国民像是一个人,并不是凭着主观臆想,而是凭着了解人情、洞晓人义、明白人利、熟知人患、然后才能做到。

张载云:"乾父坤母""民胞物与"["乾称父,坤称母;予兹藐焉,乃混然中处。故天地之塞,吾其体;天地之帅,吾其性。民,吾同胞;物,吾与也。"(《正蒙·乾称》)]就是说,既然人与我、物与人,都生在天地之间,都秉有天地之性,所以每个人都应该以万民为同胞,以万物为朋友。

习近平明确提出"天下一家"的仁爱情怀是人类命运共同体的智慧资源。2017年新年献词中说:"中国人历来主张世界大同,天下一家。中国人民不仅希望自己过得好,也希望各国人民过得好。""我真诚希望,国际社会携起手来,秉持人类命运共同体的理念,把我们这个星球建设得更加和平、更加繁荣。"①

---

① 《国家主席习近平发展二〇一七年新年贺词》,《人民日报》2017年1月1日。

二 "通天下志"的共同价值观

认同和追求共同价值,树立人类共同价值观,是打造人类命运共同体的观念核心。全人类的共同价值是指贯通于不同民族、不同国家、不同个体的特殊价值观之间的共同性的价值观,这是价值世界的异中之同、殊中之共。中国传统哲学中,包含着对人类共同价值的深刻理解,早在先秦时期,墨子就曾提出"一同天下之义"(《墨子·尚同》)。宋明理学家普遍认为天理乃人类的共同价值。例如,北宋哲学家、关学创立者张载,就明确地指出天理具有共同价值的特性。他说:"所谓天理也者,能悦诸心,能通天下之志之理也。能使天下悦且通,则天下必归焉。"(《正蒙·诚明》)又云:"一人私见固不足尽,至于众人之心同一则却是义理,总之则却是天。"(《经学理窟》)在张载看来,天理之所以是人世间的共同价值观,是因为它具有"悦天下心""通天下志""同一众人之心"的特征。我们要打造人类命运共同体,必须探寻"悦天下心""通天下志"的共同价值,世界各国有了共同价值意识,才有可能形成命运共同体。所谓"能使天下悦且通,则天下必归焉"。2015年9月28日,习近平主席在纽约联合国总部出席第七十届联合国大会一般性辩论,并在发表题为"携手构建合作共赢新伙伴,同心打造人类命运共同体"的讲话中指出:"和平、发展、公平、正义、民主、自由,是全人类的共同价值,也是联合国的崇高目标。目标远未完成,我们仍须努力。当今世界,各国相互依存、休戚与共。我们要继承和弘扬联合国宪章的宗旨和原则,构建以合作共赢为核心的新型国际关系,打造人类命运共同体。"[①] 就是说,认同和追求共同价值是打造人类共同体的重要条件。

---

① 习近平:《携手构建合作共赢新伙伴 同心打造人类命运共同体——在第七十届联合国大会一般性辩论时的讲话》,《人民日报》2015年9月29日。

三 "同天下欲"的共同利益观

经济全球化促使人们对传统的国家利益观进行反思。瞬间万里、天涯咫尺的全球化传导机制把人类居住的星球变成了"地球村",各国利益的高度交融使不同国家成为一个共同利益链条上的一环。在这样的背景下,人们对共同利益也有了新的认识。既然人类已经处在"地球村"中,那么各国公民同时也就是地球公民,全球的利益同时也就是自己的利益,一个国家采取有利于全球利益的举措,也就同时服务了自身利益。建设人类命运共同体,必须以合作共赢为基本原则,锻造出超越单个国家利益的利益共同体。

关于天下共同利益,中国传统哲学也有许多深刻见解。墨子说他一生活动的宗旨是"兴天下之利,除天下之害",天下之利是公利,不是某一国、某一家的私利。明末清初大哲学家王夫之,曾指出作为崇高价值目标的天理的有两个利益标准。一是天下各个特殊个体的合理利欲的实现。他说:"人欲之各得,即天理之大同,天理之大同,无人欲之或异。"(《读四书大全说》卷四)二是天下人们共同利欲的实现。所谓"天下之公欲即理也"(《张子正蒙注》卷四)。他认为孟子所说的"可欲之谓善"就是把天下公欲的实现作为最高价值目标。这种"利欲各得即天理"和"公共利欲即天理"是十分深刻的思想。它不但阐明了价值观念——天理与物质利益的相关性,而且阐明了崇高价值目标(天理)实现的标志就是普天之下人们共同利益的满足。这实在是伟大的人道主义精神!清初戴震沿着王夫之的思路,也明确提出:"人伦日用,圣人以通天下之情,遂成天下之欲,权之而分理不爽,是谓'理'。"(《孟子字义疏证·权》)就是说,圣人应该在人们日常的物质生活领域,贯通天下人们的共同情感,实现天下人们的共同欲求。如果权衡各方利益做到了公平而无偏差。那么,就上达于天理了。这种追求和实现天下公欲——天下共同利益的观念,是很值得我们在构建人类命运共同体时认真汲取和借鉴的。习近平 2016 年在建党 95 周年庆祝大会上的讲话中说："推动形成人类命运共同体和利益共同体。"

四 "协和万邦"的国际和谐观

人类命运共同体遵循的国际关系原则是平等、公正与和谐的共存之道。形成和谐的国际关系，实现人类和平，实现共同繁荣，是人类命运共同体所追求的崇高价值理想。中国古代很早就提出的"协和万邦"思想的伟大精神可以成为这种和谐理想的智慧之源。"协和万邦"的最早表述是"曰若稽古，帝尧曰放勋，钦、明、文、思，安安，允恭克让，光被四表，格于上下。克明俊德，以亲九族。九族既睦，平章百姓，百姓昭明，协和万邦，黎民于变时雍"（《尚书·尧典》）。意思是说：考察古代往事，帝尧的名字叫放勋。他敬事节俭，明照四方，善治天地，道德纯备，温和宽容。他诚实尽职，又能让贤，光辉普照四方，以至于天上地下。他能发扬大德，使家族亲密团结；继而把自己的国治理好；进而使各国团结起来，使各国处于和谐的关系之中。而"协和万邦"的国际关系理想，是建立在中国传统的"和实生物""和而不同""执其两端而用其中"的哲学思想之上的，这种哲学思想所追求的宇宙秩序是"致中和，天地位焉，万物育焉"的"保合太和"境界。习近平说："中华文化崇尚和谐，中国'和'文化源远流长，蕴含着天人合一的宇宙观、协和万邦的国际观、和而不同的社会观、人心和善的道德观。在 5000 多年的文明发展中，中华民族一直追求和传承着和平、和睦、和谐的坚定理念。"[1] 习近平说："弱肉强食、丛林法则不是人类共存之道。穷兵黩武、强权独霸不是人类和平之策。赢者通吃、零和博弈不是人类发展之路。和平而不是战争，合作而不是对抗，共赢而不是零和，才是人类社

---

[1] 习近平：《在中国国际友好大会暨中国人民对外友好协会成立 60 周年纪念活动上的讲话》，《人民日报》2014 年 5 月 16 日。

会和平、进步、发展的永恒主题。"①"相互尊重、平等相处、和平发展、共同繁荣，才是人间正道。"② 由此可见，人类命运共同体理念，就是吸收中传统文化中"保合太和""协和万邦"之思想精髓，融化新时代之要求，提炼升华而形成的一种价值观。

总之，仁爱情怀（"同情"）是人类命运共同体的前提，共同价值（"同义"）是人类命运共同体的核心，共同利益（"同利"）是人类命运共同体的基础，和谐和平（"和合"）是人类命运共同体的理想目标，而这些内涵都可以从中华传统文化中汲取智慧源泉。

（2017 年 3 月 25 日）

---

① 习近平：《铭记历史开创未来》，《人民日报》2015 年 5 月 8 日第 1 版。
② 习近平：《在纪念中国人民抗日战争暨世界反法西斯战争胜利 70 周年大会上的讲话》，《人民日报》2015 年 9 月 4 日。

在"立心书屋"揭牌仪式上的讲话

各位领导、各位来宾,同志们、同学们:

今年是西北政法大学 80 华诞,我无论是作为这所大学的一名教师,还是作为毕业于这所大学的一名学生,都感到非常高兴,十分荣幸。这所大学虽然只比我年长 3 岁,而我却在这里生活、工作了 50 多年。可以说,我的人生与她的命运休戚与共、息息相关。所以,我对这所学校怀着无比深厚的感情。

一个人的阅读史,就是他的精神成长史。在西北政法大学生活的半个多世纪中,我的活动和事业,概而言之,就是读书、教书、写书。而为了读书、教书、写书,就不断地求书、借书、买书。于是,积年累月购置收藏了不少图书。我购置图书,并非以藏书为目标,而是为了进行学术研究、适应教学工作、拓展知识视野和升华精神境界。所以,购置每一部书都是经过思考和斟酌的,或是为了研究或解决某个问题,或是为了了解某个领域的动态信息,或是为了追求新知,或是为了陶冶性情、滋润心灵。所以,对于我个人而言,每部书都蕴含着一个思想的故事,都寄托着一份学人的情怀,都是一个鲜活的生命体。我和它们相处的日日夜夜,都仿佛在和古今中外的智者、哲人进行精神对话和心灵交谈。在这样与书相伴而行、相依为命的过程中,不但培植了内心敬书、爱书、惜书、珍书的深厚情感,更重要的是通过读书,充实了心灵,汲取了智慧,拓展了胸襟,美化了精神。人阅读了书,收藏了书,书也陶冶了人,修炼了人。人与书互动互化、相辅相成。所以我体会到,主体性地治学是"六经注我"，主体性地读书是"修炼心性""在书中读自己"。我还体会到，教师是职业定位，学者是事业定位，而读书人是文化定位，要做好教师，做好学者，首先必须先做一个好的读书人。郭齐勇教授说熊十力是"天地间一个读书人"，郭继民教授说马一浮是"天生一个读书人"，他们都有很高的文化品位。对此，我虽不能至，但心向往之！

于是，这些伴随着读书人生命历程、治学经历的书，也就必然生动地体现着一个学者的治学经验、治学精神和治学风格，也就必定深切地凝结着读书人的生命情感。而且，由于个人的治学活动总处于学校的学术环境之中，所以这些藏书也在一定程度上映射着西北政法大学学者的学术情怀、学术传统、校园文化和校风学风。

书因阅读而确定其内在价值，书由阅读而生成其真正意义。为了使体现于个人读书生活中的治学经验供年轻一代学者参考；为了为学校建设学科、创新学术、培养学者、优化学风尽绵薄之力；为了将自己的藏书供学校师生共同使用，充分发挥功能；也为了向建校80周年献礼，以报答母校的教育、培养之恩，我决定将自己的藏书捐赠西北政法大学。

我的决定，得到了家人的一致理解和支持，更得到了学校宋觉书记、贾宇校长、杨宗科校长以及其他领导的充分赞许和高度重视，学校拨专款在图书馆建造专门的阅览室来安置、珍藏这些图书。为了秉承关学宗师张横渠先生"为天地立心"的崇高使命，我特将阅览室命名为"立心书屋"。图书馆还将捐赠的图书登记、造册、编目、钤印。所有这些，都充分表现了学校对于作为知识汇集、智慧结晶、人类文化传承载体的书籍的珍惜，也表现了学校对学者、对读书人的尊重。在此，我向西北政法大学领导、图书馆领导和工作人员营建"立心书屋"以作为我捐献的图书的安身立命之所，表示由衷的谢意！对赞许和关心此举的董小龙书记、王建利厅长、贾宇副检察长等省级领导同志表示由衷的谢意！也对绘张载像赠我的刘亚谏同志，对向"立心书屋"捐赠书法作品的张亚林院长和各位方家，对捐赠玉璧的七九级哲学班全体同学，表示由衷的谢意！

为了表达自己捐赠图书的深切情感，我特意写了一首《捐赠图书有感》之诗：

> 少年志趣在囊萤，慧海茫茫无限情。
> 逝水波催诗笔老，芳园雨润蕙兰清。
> 立心使命承先哲，传火征途望后生。
> 万卷莫愁常寂寞，人间总有读书声。

最后，愿张横渠先生"为天地立心，为生民立命，为往圣继绝学，为万世开太平"的使命精神永远薪火相传！祝西北政法大学的未来前景更加光辉灿烂！

谢谢！

（2017年10月28日）

2018 年

孔子"君子之道"的
人文精神意蕴

君子是儒家思想观念、道德规范的人格形象，也可以说是中华传统文化中体现人文精神的人格形象。张岱年先生就曾借用《易传》描绘君子的"天行健，君子以自强不息；地势坤，君子以厚德载物"来概括中华民族精神。在中华优秀传统文化关于君子的论述中，孔子是古代君子之道的开新者，也是儒家君子之道的奠基者。孔子君子之道的创新性贡献在于赋予了君子以人格含义，赋予君子人格以人文精神，这在中国思想史上具有十分重要的意义。

一 实现了"君子"含义由"有位者"向"有德者"的转化，使君子成为人格主体

君子是孔子思想中的重要概念，在《论语》中"仁"字出现105次，而"君子"一词出现了107次。"君子"一词，本义是指处于社会上层统治地位的贵族（与其对应的"小人"则指下层平民），是一个含有权位性、政治性的概念，虽然也蕴含着社会成员对当权者的道德期望，因而具有一定的道德含义，但主要含义则是指"有位者"（在甲骨文中"君"字本是权杖和口结合的形象）。春秋后期"君子"一词的主要含义逐渐演变为特指具有高尚道德、优秀品质的人，成为含有道德性的人格

概念。在理论上完成这一转变的正是孔子。孔子基本上实现了"君子"一词的含义由"有位"之人向"有德"之人的意义转变，使其成为标志理想人格的概念。在《论语》中出现了107次的"君子"一词，虽然也有些"君子"词义仍然指上层贵族而言，但绝大多数的"君子"词义指的是道德高尚、品格优秀之人。据赵纪彬先生统计，《论语》中指有位的上层贵族而言的"君子"只有12例，其余的"君子"都是在高尚人格的意义上使用的。

所以，我认为孔子实现了"君子"含义向人格方向的转化，为他的思想观念和道德理念确立了人格形象，为儒家的人格理想论奠定了基础。正如辜鸿铭所说："孔子全部的哲学体系和道德教诲可以归纳为一句话，即君子之道。"① 由于孔子对"君子"含义的转化，消解了"君子"含义的贵族性和权力性，使君子由权力主体变为人格主体，使"君子"一词成为标志美好人格的概念。从此，"君子"一词在其后的儒家典籍和其他文献中作为人格标志大量出现，并在社会生活中广泛流行，成为中国人普遍认可和追求的人格风范。君子含义的人格转向，是具有重要人文意义的思想史事件。

二 赋予了君子人格以现实品格，使君子成为人们普遍性的修养目标

"圣人""君子""贤人""仁人""志士"都是孔子称谓理想人格的词语，但其中影响最大的是"圣人"和"君子"。而在孔子的心目中，作为理想，圣人人格是终极目标，是最高境界，对一般人而言是高不可攀、难以企及的。《论语》中"圣人"一词甚少，而且还记述了孔子关于圣人的两种说法。一是说自己不是圣人，如"若圣与仁，则吾岂敢"（《论语·述而》）。二是说他没有见过圣人。《论语·述而》云："圣人

---

① 章鸿铭：《中国人的精神》，海南出版社1996年版，第50页。

吾不得而见之矣，得见君子者斯可矣。"可以看到，孔子认为成为圣人虽是人格修养的美好而神圣的理想目标，但仅少数人能够达到；而君子人格则可以作为绝大多数人通过实际努力可以实现的目标。君子人格目标的现实化，不但使君子在人生成长过程中成了人们普遍追求的目标，成为社会教育的培养目标，而且使君子以及与之对应的小人成了人们在现实生活中广泛运用的评判人格优劣的标准。如"君子坦荡荡，小人长戚戚"，"君子动口不动手"，"观棋不语真君子"，等等。

三 建立了君子人格以"爱人"为核心的道德范式，使君子成为人文关怀的典范

孔子不但赋予了君子人格以现实性的品格，而且描述了君子人格的道德特征，确立了君子人格的道德范式。

（一）"文质彬彬"的道德结构

孔子一生的理想是复兴西周的礼乐制度，他称赞说："周监于二代，郁郁乎文哉！吾从周。"（《论语·八佾》）因此，他十分重视君子的人文素养。孔子认为君子的道德应由"文"和"质"两方面构成，他说："文质彬彬，然后君子。"（《论语·雍也》）"质"是内容，指的是"仁义"道德品质："君子义以为质。"（《论语·卫灵公》）"文"是形式，指的是经典、礼乐等文化知识方面的素养，也包括文雅、庄严、礼貌等风度仪容。在《论语》中，"文"多和"礼乐""仪容"相联系。如"君子博学于文，约之以礼"；"文之以礼乐"；"礼以行之，孙以出之"，"色思温，貌思恭"，"望之俨然，即之也温"；"正其衣冠，尊其瞻视"；等等。司马光说："古之所谓文者，乃诗书礼乐之文，升降进退之容，弦歌雅颂之声。"（《答孔文仲司户书》）孔子认为，君子人格的素养应该是"质"和"文"的全面结合、完美统一，如果过分强调某一方面，而弱化、忽视另一方面，就会出现偏颇、陷入误区、产生弊端。他说：

"质胜文则野,文胜质则史。"(《论语·雍也》)这就是说,质朴的道德胜过礼仪文采就会显得粗野,礼仪文采胜过质朴道德就会流于虚饰。君子人格的道德结构应是"质"和"文"的全面结合、完美统一。后来孟子据此提出了君子的两个"存心":"君子所以异于人者,以其存心也。君子以仁存心,以礼存心。"(《孟子·离娄下》)

(二)"义以为上"的道德原则

孔子主张君子遵循的道德原则是义,他反复申明义作为道德原则对于君子的必要性和重要性。他要求君子以义为内在品质,"君子义以为质,礼以行之,孙以出之,信以成之,君子哉!"(《论语·卫灵公》)以义为至上价值,"君子义以为上"(《论语·阳货》)。以崇义作为与谋利的小人区别的标志,"君子喻于义,小人喻于利"(《论语·里仁》)。以义作为衡量一切行为的价值准则,对人的勇敢行为是否有价值,要以义来衡量,"子路曰:'君子尚勇乎?'子曰:'君子义以为上。君子有勇而无义为乱,小人有勇而无义为盗。'"(《论语·阳货》)对天下的一切人和事是赞成还是批评,没有别的标准,唯义是从:"子曰:君子之于天下也,无适也,无莫也,义之与比。"(《论语·里仁》)

义以为上、重义轻利的价值准则在生活中的贯彻就是努力追求道德品格和精神境界的提高,而不追求物质利益的满足和物质生活的享受。如"君子怀德,小人怀土;君子怀刑,小人怀惠"(《论语·里仁》);"君子谋道不谋食""君子忧道不忧贫"(《论语·卫灵公》);"君子食无求饱,居无求安,敏于事而慎于言,就有道而正焉,可谓好学也已"(《论语·学而》);"君子固穷,小人穷斯滥矣"(《论语·卫灵公》);"君子居之,何陋之有"(《论语·子罕》);等等。

孔子和他的一些弟子也正是以重义轻利的道德价值准则,指导自己的人生。孔子表达自己的人生志趣是:"饭疏食饮水,曲肱而枕之,乐亦在其中矣。不义而富且贵,于我如浮云。"(《论语·述而》)他称赞弟子颜回:"贤哉回也!一箪食,一瓢饮,在陋巷,人不堪其忧,回也不改其乐。贤哉回也!"(《论语·雍也》)在孔子看来,只有确立了重义轻利的价值观,才能在生活中心态乐观、胸怀坦荡。所谓"君子不忧不惧",所谓"君子坦荡荡"是也。这就是后来人们经常赞许的"孔颜乐处"。

孔子为君子确立"义以为上"的道德价值准则,特别是以义利之辨区分君子与小人的思路,对儒家的人格观影响极为深远。后来的儒家一直把重义轻利视为君子人格的基本标志。朱熹说:"义利之说,乃儒者第一义。"(《朱文公文集》卷二四《与延平李先生书》)王夫之云:"君子、小人之大辨,人禽之异,义、利而已矣。"(《读通鉴论》卷一八之六)

必须特别指出,孔子所谓的"君子义以为质""君子义以为上""君子喻于义"等命题中的"义",即作为君子道德原则的"义",并不是和仁、礼、智等具体德目并列的狭义的"义",而是作为道德价值总原则的广义的"义"。在这一道德价值总原则的"义"的统摄下,孔子提出了君子应遵守的一系列具体道德规范,包括仁、义、礼、智、勇、孝、悌、信、和、中、敬等(见《论语》各篇)。几乎囊括了儒家的全部道德规范。但是其根本、其核心则是"爱人"的"仁"德,"君子务本"是务"仁","君子学道"则是"爱人"。可见,君子人格的道德特征,与孔子的道德理念、道德理想、道德思想是完全一致的,因此,君子是孔子道德思想的人格化、形象化,也是儒家道德理论的人格化、形象化。

(三)"学道致道"的道德理想

孔子及其弟子都认为君子追求的理想应该是"道"。《论语》云:"君子学以致其道"(《论语·子张》),"君子学道则爱人"(《论语·阳货》),"君子谋道不谋食""君子忧道不忧贫"(《论语·卫灵公》)。孔子在谈到他自己的人生理想时也曾说:"朝闻道,夕死可矣。"(《论语·里仁》)孔子的"道",其实质内涵指的是道德真理、价值真理。他是把掌握道德真理作为君子的道德理想的。

(四)"行义安民"的道德使命

君子人格不仅要有良好的个人道德修养,还应当具有委以重任、承担崇高使命的能力和精神。孔子说:"君子不可小知而可大受也。"(《论语·卫灵公》)。意思是说,对君子不可着眼于从小节去了解,而可委以重任。可见,在孔子看来,君子应该具有"可大受"的担当精神和责任能力。那么,君子"可大受"的责任和使命是什么呢?第一,弘扬仁义道德于天下的道德责任。"君子之仕也,行其义也"(《论语·微子》),"仁以为己任"(《论语·泰伯》)。第二,承担"安民""托孤"的政治使命。《论语》记载:"子路问君子。子曰:'修己以敬。'曰:'如斯而已乎?'曰:'修己以安人。'曰:'如斯而已乎?'曰:'修己以安百姓。修己以安百姓,尧舜其犹病诸!'"(《论语·宪问》)又载:"曾子曰:可以托六尺之孤,可以寄百里之命,临大节而不可夺也,君子人与?君子人也。"(《论语·泰伯》)由于任务重大、路途遥远,君子必须具备"敬事忠诚"的敬业精神、"敏事慎言"的做事能力和"内省不疚"的优良品质。特别是磨砺自己的坚强意志,以承担重任:"士不可以不弘毅,任重而道远。仁以为己任,不亦重乎?死而后已,不亦远乎?"(《论语·泰伯》)孔子和他的弟子认为,君子只有具备这些精神和能力,才能担重任、承使命,"可大受"。孟子继承发扬了孔子这些观念,突出赞美其"天将降大任于斯人也"的高度自觉的使命意识。

(五)"言必可行"的道德实践

在孔子看来,君子道德之可贵,贵在躬行实践。君子的各种德性、素养、使命只有付之实际行动才可实现。为此,他要求君子谨慎言说、勤勉践行:"君子欲讷于言而敏于行"(《论语·里仁》),"敏于事而慎于言"(《论语·学而》),"先行其言,而后从之"(《论语·为政》),"名之必可言也,言之必可行也"(《论语·子路》)。他认为君子应以言过其行为耻,"君子耻其言而过其行"(《论语·宪问》)。他希望人们以

"躬行君子"为修养目标。在孔子看来,做君子之难,难在躬行实践。他说,在这一方面,他自己也需要不断努力:"文,莫吾犹人也。躬行君子,则吾未之有得。"(《论语·述而》)意思是说:若比文献上的学问,我也许和别人差不多,然而就身体力行做一个君子而论,我还未能达到。孔子认为,君子的各种德性、素养,如果不付诸实际行动,那是没有任何意义的。孔子指出,言行一致,说到做到,是传统美德。他说古人不轻易出言承诺,因为他们以说到而做不到为耻,"子曰:古者言之不出,耻躬之不逮也"(《论语·里仁》)。所以当今君子也应谨记:"有其言,无其行,君子耻之。"(《礼记·杂记下》)这些要求的实质是言行一致的道德实践精神。

以上述五方面构成的道德范式,其核心和灵魂是"君子学道则爱人"的人文情怀。孔子对君子各种道德素质的论述,都是对"爱人"的人文情怀的具体阐发。

四 升华了君子人格的主体性、超越性精神境界,使君子保持"天地之性(生)人为贵"的价值地位

《论语·为政》云:"子曰:'君子不器。'"这是《论语》中最短的一章,却是孔子提出的重大命题。所谓"君子不器",后世诸多儒者认为是指君子不能像器物一样只具有一种用途,只限于一种技能。何晏的《论语集解》,援引包咸之语曰:"器者各周其用。至于君子无所不施。"朱熹则在《论语集注》中进一步明确:"成德之士,体无不具,故用无不周,非特为一才一艺而已。"但从"器"的含义来看,除器皿、才能外,还有工具的含义,如孔子曰:"工欲善其事,必先利其器。"(《论语·卫灵公》)那么"君子不器"也可理解为:君子不能被他人当作没有生命力的工具来使用。"器"还有物的含义,"器者,物象之名"。那么"君子不器"也可理解为:君子不能把自己当作物。总之,"君子不

器"就是君子不能被当成器皿、器具、器物。而且,"器"无论是指器皿、器具、器物,都是形而下者,都是有限性的、功利性的、工具性的存在物品。《易传·系辞上》云:"形而上者谓之道,形而下者谓之器。"由此看来,孔子所谓"君子不器",是要把君子从有限的、被动的形下层面解放出来,升华到"形上之道"的境界。再联系《论语》中反复申述的"君子谋道不谋食","君子忧道不忧贫","君子学以致其道","君子学道则爱人","士志于道","君子上达,小人下达"等语,可以清楚确认这一理解。而相对于有限的、被动的"器"的形下次层而言,"道"的形上境界则是富有主体性、超越性的精神境界。郑玄、孔颖达对《礼记·学记》中的"君子曰:大德不官,大道不器"的诠释,可为我们提供解读的参照。郑玄注云:"(大道不器)谓圣人之道,不如器施于一物。"孔颖达疏云:"大道不器者,大道,亦谓之圣人之道也;器,谓物堪用者。夫器各施其用,而圣人之道宏大,无所不施,故云不器。不器而为诸器之本也。"将君子人格升华到主体性、超越性的精神境界,是孔子人文精神的突出表现,和他"天地之性(生)人为贵"的思想是完全一致的。

"君子不器"人文关怀的实质就是反对把人作为工具理性,而坚守人价值理性的主体地位;防止庸俗化、功利化追求对人格的扭曲,坚持人的形上姿态,保持人格的崇高性,维护"天地之性(生)人为贵"的价值地位。此命题对于维护人的价值的重大意义,甚至可以与康德的"人是目的,不是手段"的命题相媲美。德国社会学家马克斯·韦伯正是以康德的思想对孔子的"君子不器"进行深刻阐释的:"'君子不器'这个根本的理念,意指人的自身就是目的,而不只是作为某一特殊有用之目的的手段。"[1]

总之,孔子的君子之道,是以"君子学道则爱人"的人文关怀为核心的,是以"君子不器"的主体意识和超越精神为目标的,所以,蕴含

---

[1] [德]马克斯·韦伯:《中国的宗教·宗教与世界》,广西师范大学出版社2004年版,第231页。

着深刻的人文精神。它在现今对我们培育新时代的优秀人格有重要的启迪价值。它启示我们培育优秀人格必须追求主体性和超越性相统一的精神境界，涵养关心人、关爱人的道德情怀，防止庸俗化、功利化追求对人格的扭曲，以维护"天地之性（生）人为贵"的崇高价值。

（载《华夏文化》2018年第3期，本文增以"孔子'君子之道'的升新意义及其时代价值"为题，刊发于《唐都学刊》2018年第2期）

从"古今无两"到"勇于造道"

——论关学宗师张载的创新精神

张载是北宋时期伟大的哲学家，但他学无师承，他的哲学是自己经过几十年探求、体会出来的。他自称"学贵心悟，守旧无功"[1]，并说治学应"濯去旧见以来新意""多求新意以开昏蒙"[2]。他一生穷神研究，探索宇宙人生的真谛，著有《正蒙》《横渠易说》《经学理窟》等作，在前代哲学的基础上，"芭蕉心尽展新枝，新卷新心暗已随。愿学新心养新德，旋随新叶起新知"[3]，以"古今无两"的"学问思辨之功"和"勇于造道"[4]的创造精神，为中华民族的智慧宝库作出了重大贡献。关于张载的创新精神，时贤和后儒多有评赞。

范育在《正蒙序》中说：张子之书"有六经之所未载，圣人之所不言"。朱熹说："横渠之学，是苦心得之。"陈亮说："横渠张先生崛起关西，究心于龙德正中之地，深思力行而自得之。"（《陈亮集》卷一四《伊洛正源书序》）张伯行在《张横渠集序》中说："（张载）其学当时盛传于关中……自成一家之言。"王夫之说："横渠学问思辨之功，古今无两，其言物理也，曰：'想孔子也大段辛苦来'，可谓片言居要。"（《读四书大全说》卷七《论语·季氏》篇）又说："张子之学，上承孔孟之志，下救来兹之失，如皎日丽天，无幽不烛，圣人复起，未有能易

---

[1] （宋）张载：《张载集》，中华书局1978年版，第274页。
[2] （宋）张载：《张载集》，中华书局1978年版，第321页。
[3] （宋）张载：《张载集》，中华书局1978年版，第369页。
[4] （明末清初）王夫之：《读四书大全说》卷七，中华书局1975年版，第458页。

焉者也。"① 全祖望评价云："横渠先生勇于造道。"(《宋元学案》)

纵观中国哲学史，审视张载所处的坐标位置及其深远影响，可以说，这些评说，特别是王夫之、全祖望的评价并非过誉溢美之词。张载自觉秉承"为天地立心，为生民立命，为往圣继绝学，为万世开太平"的哲学使命，确实进行了艰苦卓绝的哲学探索和哲学创建。

那么，张载"勇于造道"的创新精神，在哲学上的主要体现是什么呢？

一 创新气学——张载在中国哲学史上创建了比较完整的气一元论哲学体系，把传统气学发展到哲学本体论的新阶段

"气"是中国古代哲学用以表示物质存在的基本范畴。西周末年的伯阳父最早提出了"气"的概念，战国时代，《孟子》《管子》《庄子》《荀子》都讲气，他们认为气是构成一切有形之物、有生之物的原始材料，是生和知的基础。他们或者以气与志、气与心相对，以说明气的物质性；或者以气与生、气与物相连，以表明气的基本性。这虽然已经意识到了气是物质性存在，但还没有把气视为世界的本原，也未以气为哲学的基本范畴。两汉以至隋唐，"气"的观念有所发展，《淮南子》《周易乾凿度》《论衡》（王充）、《天论》（刘禹锡）都对气做了较多的论述，特别是东汉的王充，在其巨著《论衡》中，提出了"天地，含气之自然也"的杰出命题，确立了唯物主义自然观，给天人感应的神秘主义思潮以沉重打击。两汉隋唐时期，气论的基本特点是以气为天地生成的基质，用气说明宇宙万物的形成演变。所以，尽管哲学家们对先秦的气论有很大发展，但依然没有超出宇宙构成论和生成论的范围。张载在前代哲学的基础上，提出了比较细致、系统的气论，建立了较完整的气一

---

① （明末清初）王夫之：《张子正蒙注·序论》，上海古籍出版社2000年版，第81页。

元论哲学体系。张载气一元论哲学体系的理论要点有四个方面。(1) 气是最高的物质存在。不一定有形可见的东西是气,凡有运动、静止,有广度、深度的象,都是气。所谓"凡可状皆有也,凡有皆象也,凡象皆气也"①。(2) 气的变化是有规律的。张载说,"天地之气,虽聚散攻取百涂,然其为理也顺而不妄"②。(3) 气是宇宙统一的本原。"神,天德,化,天道;德其体,道其用。一于气而已"③;"知虚空即气,则有无,隐显,神化,性命,通一无二"④。(4) 气是哲学体系的逻辑起点。张载由气出发,建立了自己的范畴系列,构筑了自己的哲学体系。"由太虚,有天之名;由气化,有道之名;合虚与气,有性之名;合性与知觉,有心之名。"⑤ 本体论、运动论、人性论、认识论,都是"气"范畴的逻辑展开。这样,张载就通过对气的客观物质性、运动规律性、宇宙本原性的明确规定,把气论从宇宙构成论和宇宙生成论发展为本体论,并在"气"范畴的基础上建构了自己的哲学体系,形成了与二程理本论、陆九渊的心本论鼎足而立的唯物主义气本论哲学体系,开创了朴素唯物主义哲学的新阶段。

张载的气一元论本体论哲学是中国封建社会后期唯物主义哲学发展的重大成果,对后代产生了深远影响。明代的王廷相进一步发展了张载的气一元论,详细论述了气是第一性的、理是第二性的理论,他推崇张载"太虚即气"的学说,认为"横渠此论,阐造化之秘,明人性之源,开示后学之功大矣"⑥。尤其是明清之际的唯物主义哲学家王夫之,极力推崇张载,一再宣称是张载气一元论的继承者。说自己平生的志向是"希张横渠之正学",别的唯物主义哲学家如罗钦顺等,事实上也受到张载哲学的影响。从对后代的启迪来看,张载是宋元明清时代唯物主义气

---

① (宋) 张载:《正蒙·乾称》,载《张载集》,中华书局1978年版,第63页。
② (宋) 张载:《正蒙·太和》,载《张载集》,中华书局1978年版,第7页。
③ (宋) 张载:《正蒙·神化》,载《张载集》,中华书局1978年版,第15页。
④ (宋) 张载:《正蒙·太和》,载《张载集》,中华书局1978年版,第8页。
⑤ (宋) 张载:《正蒙·太和》,载《张载集》,中华书局1978年版,第9页。
⑥ (明) 王廷相:《横渠理气辨》,《王廷相集》,中华书局1989年版,第603页。

一元论哲学的开创者。正由于此,他也受到理学中唯心主义者的批评和攻击。

此外,十九世纪以来的国外学者,也对张载的气论高度赞扬。有的说它"是十一世纪关于感应原理的非常明确有力的叙述",长期保持着"它的活力"①,有的称其足以同"现代哲学之父"笛卡尔的"以太""旋涡"说相匹敌。无论其评价是否恰当,都显示了张载哲学的杰出成就和影响。

二 批判佛学——张载从思维与存在之关系问题的视角批判佛学,把对佛学的批判提到哲学本体论的高度,是历史上从哲学层次批判佛教唯心主义的第一位哲学家

佛教从东汉时传入中国以后,一方面与中国固有的想想、文化相融合,另一方面又与中国传统的儒、道哲学相矛盾。东汉以后的思想史,儒、释、道的相反相成是一个十分重要的内容线索。张载以前的许多思想家都对佛教进行过批判,这种批判基本上是从三个层次上进行的。第一个层次是社会批判,主要批判佛教对社会经济的破坏和对政治秩序的扰乱。例如唐初的傅奕,指斥佛教"游手游食""以逃租赋""不惮科禁,轻犯宪章"的严重危害;宋初的李觏列举了佛教"男不知耕","女不知蚕","望逃徭役,弗给公上","民财以殚,国用以耗"等"十害",视佛教为必须铲除的社会毒瘤。第二个层次是道德批判,主要批判佛教对儒家传统伦理道德的背离。例如,唐代韩愈认为,佛教"必弃

---

① [英]李约瑟:《中国科学技术史》第4卷,科学出版社1975年版,第124页。

而君臣,去而父子,禁而相生养之道"①,是根本不谈仁义道德的,所以主张以儒家的"道统",对抗佛教的"祖统"。宋代的孙复、石介、欧阳修等人批佛,也立足于封建道德。第三个层次是思想理论批判,着重批判佛教的思想理论观点。这是深层结构上的批判。

就思想理论的批判而言,也有一个发展过程。魏晋南北朝时期,反佛的思想家们主要针对佛教的因果报应论和神不灭论展开批判,孙盛、戴逵、何承天、郭祖深、范缜、刘峻、朱世卿等人,都是进行这种批判的杰出思想家,尤其是范缜的《神灭论》,在理论上的贡献十分突出,他以"形神相即""形质神用"的命题,唯物地说明了人的精神现象与物质形体的关系,达到了魏晋南北朝时期对佛教理论批判的最高水平。隋唐时期,佛教由于得到官方的支持而盛行,其宗教理论也进一步精致,在这种形势下,虽然有傅奕、韩愈等人慷慨激烈的反佛言论,但他们着重从经济、政治和伦理道德方面用力,对佛教的理论批判相对薄弱,即使涉及一些理论问题,也多是反对因果报应、生死轮回的旧话重提。可见,在宋代以前,对佛教的思想理论批判,特别是世界观批判,无论从广度言,还是从深度言,都是很不够的。张载正是在这样的历史条件下,把对佛教的理论批判提到了新的水平,真正从哲学世界观的高度,剖析了佛教的理论核心。

张载从气一元论出发,主要从三个方面批判了佛教的唯心主义世界观。

(1) 佛教的"一切唯心"论,完全颠倒了物质和精神的本末关系,是主观唯心主义。张载说,佛教"以心法起灭天地""以六根之微因缘天地"②,以为天地日月都是依赖人的感觉、知觉而存在的,这种"以小缘大""以末缘本"的观点,颠倒了天地与人心的大小、本末关系,实质上是以主观精神决定客观物质的唯心主义路线。

---

① (唐)韩愈撰、马其昶校注:《韩昌黎文集校注》卷1《原道》,上海古籍出版社1986年版,第17页。

② (宋)张载:《正蒙·太和篇第七》,载《张载集》,中华书局1978年版,第26页。

（2）佛教的"一切皆空"论，根本割裂了有无、隐显、性形的统一关系，陷入客观唯心论。张载指出，佛教认为"万象为太虚中所见之物"，并"诬世界乾坤为幻化"①，"溺其志于虚空之大"而"梦幻人世"。② 其错误在于"不识所谓有无混一之常"，以为"物与虚不相资，形自形，性自性，形性天人不相待而有"。③ 在张载看来，"虚空即气"，没有什么绝对的虚空，虚与气、有与无、隐与显、性与形，都统一于气。如果像佛教那样把万象说成太虚中的幻影，就必然割裂有与无、虚与气、隐与显、性与形的联系，从而否认山河大地的实在性，走向客观唯心主义，与道家宣扬的"有生于无"如出一辙。

（3）佛教的"神不灭"论和"轮回"说，鼓吹有脱离物质肉体的灵魂存在，违背了唯物主义原则。张载说："浮屠明鬼，谓有识之死，受生循环，遂厌苦求免，可谓知鬼乎？""浮屠极论要归，必谓死生转流，非得道不免，谓之悟道可乎！"④ 张载认为，"鬼神者，二气之良能也"⑤。鬼神只是阴阳二气屈伸作用，气伸为神，气屈为鬼，二者并不是独立的精神。人的灵魂也不过是"生而不离，死而游散"⑥ 的气而已，根本不能脱离物质实体而独立存在，更不能"死生转流"，轮回循环。佛家既然违背了唯物主义，所以不"知鬼"，不"悟道"，是彻头彻尾的"惑者"。

张载的上述批判，始终坚持了气一元论的立场，抓住了思维与存在关系这一根本问题，确实是既有力又精深，达到了很高的思维水平，在发挥唯物主义哲学的战斗性方面，树立了杰出的典范。后代不少批佛的哲学家如罗钦顺、王廷相、王夫之等人，都肯定了张载彻底批佛的理论贡献，并从张载哲学中吸取了丰富的营养和宝贵的经验。正如王夫之所

---

① （宋）张载：《正蒙·太和篇第七》，载《张载集》，中华书局1978年版，第8页。
② （宋）张载：《正蒙·太和篇第七》，载《张载集》，中华书局1978年版，第26页。
③ （宋）张载：《正蒙·太和篇第七》，载《张载集》，中华书局1978年版，第8页。
④ （宋）张载：《正蒙·乾称》，载《张载集》，中华书局1978年版，第63—64页。
⑤ （宋）张载：《正蒙·太和篇第一》，载《张载集》，中华书局1978年版，第9页。
⑥ （宋）张载：《正蒙·动物篇》，载《张载集》，中华书局1978年版，第19页。

云:"横渠早年尽抉佛老之藏,识破后,更无丝毫沾染。一诚之理,壁立万仞。"① "使张子之学晓然大明,以正童蒙之志于始,则浮屠生死之狂惑不折而自摧。"②

三 奠基理学——张载提出了一系列重大的哲学范畴和基本理念,为理学举行了奠基礼,是宋代理学的杰出奠基人

理学(或称道学)是北宋兴起的学术思潮,是儒家学说的新形态。理学的基本特征是使儒学哲理化,为儒家的伦理道德提供一个本体论的依据。理学形成于北宋,成熟于南宋,盛行于明代,成为封建社会后期的统治思想,占据着学术思想的主流地位。在漫长的700年间,学者辈出,成果累累,产生了极其深远的社会影响。

在理学发展史上,张载处于相当重要的地位,他是理学的奠基人之一。学术界认为,"宋初三先生"胡瑗、孙复、石介是理学的先驱,而周敦颐和张载则是理学的真正奠基者。张载作为理学奠基人的主要贡献有三个方面。

(1)提出了理学的一系列基本范畴和命题。"理气""理欲""神化""一两""体用""性命""心性""诚明""理一分殊""天地之性""气质之性""德性之知""见闻之知""天人合一"等范畴和命题,张载都提出了,成为后来程、朱等人完成理学体系的基础。尤其是其认识论、辩证法、人性论、价值论上的创新思想,极其重要,影响深远。

第一,"闻见之知"与"德性之知"的认识论。张载一方面认为人的知识是由耳目闻见接触外界事物取得的,他称这种知识为"闻见之

---

① (明末清初)王夫之:《读四书大全说》卷十,中华书局1975年版,第693页。
② (宋)张载:《张子正蒙注·序论》,载《张载集》,中华书局1978年版,第409页。

知";另一方面又认为耳目闻见不能穷尽天下万物之理,于是便提出了一种超越耳目闻见的知识,他称这种知识为"德性之知"。张载主张从物到感觉和思想的认识路线。

第二,"一物两体"的辩证法。宇宙万物都是由阴阳二气聚合而成的,因此都有阴阳二端对立。正是由于这种阴阳二端的对立、结合,才使事物变化不已,神妙莫测。说:"两不立,则一不可见;一不可见,则两之用息。"① "有象斯有对,对必反其为;有反斯有仇,仇必和而解。"② 张载"一物两体"的发展观,对宋元明清的"一分为二""合二而一"的辩证法,具有时代性的影响,许多哲学家都对此做了说明、发挥,方以智的"合二而一"观,显然从中汲取了智慧。

第三,由"气质之性"回归"天地之性"的人性论。在人性论上,张载提出了"天地之性"与"气质之性"的人性学说,创立了人性二元论。"天地之性"是先天的、纯善的,是体现天理的。每个人生下来之后,具有各自不同的身体条件、生理特点、生活欲望等,这种察气而生与每个人不同特点结合起来的本性,张载称之为"气质之性"。"气质之性"是有善有恶的,是恶的来源。他说:"形而后有气质之性,善反之则天地之性存焉。故气质之性,君子有弗性者焉。"③ 为了恢复先天的善性,就要去掉物欲之蔽,变化气质之性,返回本然的善性。人如果能够变化气质之性,恢复天地之性,就可以为善,成为圣贤君子。因此,张载强调变化气质之性,返回天地之性。张载认为,只有通过克己存心、养心的工夫,即克制物欲之蔽,做到虚心、诚心,才可以变恶为善。只有虚心学习、修养心性,才可以变化气质,成为圣贤。张载"人性二元"论,对后继者的影响尤深,他们以此作为道德规范、政治伦理的思想基础,而做了阐释、论证。

第四,"太和所谓道"的价值观。张载的代表著作《正蒙》首篇为

---

① (宋)张载:《正蒙·太和》,载《张载集》,中华书局1978年版,第9页。
② (宋)张载:《正蒙·太和》,载《张载集》,中华书局1978年版,第10页。
③ (宋)张载:《正蒙·诚明》,载《张载集》,中华书局1978年版,第23页。

《太和》篇，其首句为"太和所谓道"，把古代的和谐价值思想提高到规律高度。认为和谐是宇宙的根本法则。并进而提出"天人合一存乎诚"，"万物一体"，"仇必和而解"，"和乐，道之端乎"等重要价值观命题。

"两种认识""一物两体""两种人性""太和谓道"都是张载精思独创的哲学智慧的结晶，它既显示了张载哲学既有创新开拓的精神，又有深邃精微的思致；既有浑厚严谨的风格，又有恢宏博大的气象。这些思想对中国古代哲学的发展作出了划时代的杰出贡献，为中华民族的智慧宝库增添了宝贵的资源，在中国哲学史上占有重要的地位。可以说，张载的哲学决定了宋元明清时期中国哲学的发展方向。

（2）建构了理学的基本框架。理学的宇宙论、本体论、人性论、认识论、方法论等基本组成部分，张载哲学都论述了，虽然他在这些领域中所持观点和致思方式与程、朱有异，但问题已经提出，规模已经形成。

（3）确立了理学"民胞物与"的道德理想。张载在《西铭》中提出了"天地之塞，吾其体；天地之帅，吾其性。民吾同胞，物吾与也"的理想人生境界，二程之后的理学家，几乎无不推崇备至，认为其"言纯而思备"，"深发圣人之微意"，"真孟子以后所未有也"，并都以此作为理学所追求的价值理想。正由于张载为理学奠定了基础，所以深得以后理学家和统治者的推崇，二程把他与孟子、韩愈相比，朱熹称其学为"精义入神"，说"横渠所说，多有孔孟所未说底"。朱熹编理学史《伊洛渊源录》把张载与周敦颐、邵雍、二程并列，在《近思录》中也选了张载的许多言论。历代统治者也给张载以很高的荣誉，宋理宗封他为眉伯，"从祀孔子庙庭"。元代赵复立周敦颐祠，以张载与程、朱配祀。明清两代，张载的著作，一直被统治者视为理学经典，作为开科取士的必读书，并先后汇入御纂的《性理大全》和《性理精义》。由此足见，张载在理学中的重要地位和深远影响。

四 创建关学——张载在儒学的时代性新形态——理学的群体中,树立了自己鲜明的学术特色和学风特色,形成了关学学派,是宋代理学四大学派之一的关学的创建者和宗师

张载作为理学奠基人、作为著名理学家,既有理学共有的哲学思路和理论内容,又有自己的鲜明学派特色。首先,他主张以气为本体,和程、朱的理本论,陆(九渊)、王(阳明)的心本论,大异其趣。其次,在人性论、认识论、方法论等方面也与程、朱、陆、王有许多差异。最后,张载的学风也有别于理学他派。于是,就成为与周敦颐代表的濂学、二程代表的洛学、朱熹代表的闽学并立的关学学派。张载学无师承,他的哲学是自己经过几十年探求、体会出来的。

从张载哲学及其关学形成和发展的总体来看,它在中国理学史和哲学思想史上具有显著的个性和独特的品格。"关学始终葆其'躬行礼教'、力排二氏(佛道)的'崇儒'宗旨。它以'气本''气化'之学和'精思''实学'之风,同朱学、王学相依相离,鼎足而立,为宋明理学写下了独放异彩的篇章。"[①] 张载哲学,在关中地区影响很大,从学者甚众,一时门生如云,声势颇大,以他为领袖的关学学派就形成了,此后,一直延续到明清之际。所以,张载是关学的创立者。这种独特个性,一方面具有固守传统礼教的局限;另一方面,又有重视自然科学的成果,关心社会现实问题,不尚空谈,力主实践,善于博取,勇于创造的优势。对中国哲学尤其是关中地区思想文化的发展产生了重大影响。关学与二程创立的洛学,是北宋影响最大的两个学术派别。全祖望指出:

---

① 陈俊民:《张载哲学思想及关学学派》,人民出版社 1986 年版,第 32—33 页。

"关学之盛，不下洛学。"（《宋元学案》卷三一《吕范诸儒学案》）陈亮说："濂溪周先生奋乎百世之下，穷太极之蕴，以见圣人之心，盖天民之先觉者也。手为《太极图》，以授二程先生。前辈以为二程之学，后更光大，而从所来不诬矣。横渠张先生崛起关西，究心于龙德正中之地，深思力行而自得之；视二程为外兄弟之子，而相与讲切，无所不尽。世以孟子比横渠，而谓二程为颜子，其学问之渊源，顾其苟然者！"（《陈亮集》卷一四《伊洛正源书序》）后世学者多认为关学与洛学是同时兴起、并列而立的重要学派。张载在关中聚集弟子讲学论道，推行礼教，试行井田，他"学古力行，为关中士人宗师，世称为横渠先生"[①]。司马光在《子厚先生哀辞》中云："当令洙泗风，郁郁满秦川。先生倘有知，无憾归重泉。"张伯行在《张横渠集序》中说："其（张载）学当时盛传于关中，虽自成一家之言，然与二程昆弟首推气质之说，以明性善之本然，而汉、唐以下诸儒纷议之惑泯焉。其有功性教，夫岂浅小哉！"足见关学之盛，影响之大。

张载的哲学创新内容是十分丰富的，对中国哲学史和关中思想文化史的贡献是多方面的，以上所论，仅就其大端言之。但亦足以表明张载哲学及其关学在历史上的重要地位。他创立气本论、气化论哲学体系；批判佛道唯心主义世界观；开辟儒学哲学化的道路，为宋明理学举行奠基礼和建立关学学派，这些历史功绩，将在中华民族的智慧发展史上永放光辉。他培育的力求实践、博学精思、批判创新等优良学风，也将对当代关中文化、学术的发展注入活力。他奉行和倡导的"为天地立心，为生民立命，为往圣继绝学，为万世开太平"的哲人使命精神，更是集中表现了中国传统哲学的精神特质！

由于张载哲学的丰富创新思想和历史贡献，因此受到后世学者的推尊、称赞，这其中尤以中国唯物主义和辩证法的集大成者王夫之为最。在王夫之看来，张载的思想学说，是通天地、贯古今、一天人的穷神、

---

① （宋）张载：《宋史·张载传》，载《张载集》，中华书局1978年版，第387页。

知化、达天德之蕴、救世论之弊、启世人之智的"正学"。基于这种认识，王夫之终身研究、发展张载的思想，以张载思想为宗，建立自己的博大精深的思想体系。王夫之在隐居生活中，依然潜心研究张载的思想，"杜门著书，神契张载，从《正蒙》之说，演为《思问录》内外二篇"（《国史儒林传》）。王夫之的儿子王敔说："自潜修以来，启瓮牖，秉孤灯，读十三经、二十一史及张（载）朱（熹）遗书，玩索研究，虽饥寒交迫，生死当前而不变。"（《姜斋公行述》）王夫之全面总结、阐释、发展了张载的思想。特别是推崇、服膺《正蒙》一书，所以余廷灿说：王夫之"其学深博无涯涘，而原本渊源，尤神契《正蒙》一书，于清虚一大之旨，阴阳法象之状，往来原反之故，靡不有以显微抉幽，晰其奥窔"（《船山先生传》）。王夫之直到临终前自题的墓志铭中还说："抱刘越石之孤忠，而命无从致。希张横渠之正学，而力不能企。幸全归于兹邱，固衔恤而永世。"（《船山先生传》）从王夫之的思想中，可以足证张载思想的历史贡献和重要影响。

［载《文化中国》2018年第1期（总96期）］

和谐价值的追求与人权模式的建构

人权是人类长期追求的理想，更是当前国际社会普遍关心的重大问题之一。然而，由于各国的历史背景、社会制度、文化传统、经济发展状况等因素有巨大差异，因而对人权的思想观念和模式建构，也各有不同。在形成人权观念和人权模式差异的种种因素中，各个民族文化传统价值观念的不同是其中的一个重要因素。因此，我们要在取得重大人权成就的基础上，继续促进中国人权状况的改善和发展，建构与中国特色社会主义相适应的人权模式，就必须深入研究中国文化传统价值观的特点，吸取可供现代借鉴的优秀成分。本文认为，中国传统的和谐价值观，是我们建构中国特色社会主义人权模式的宝贵精神资源，它对于我国的人权理论和人权实践都具有重要意义。

一 中国传统和谐价值观的基本内涵

中国传统文化源远流长、博大精深，包含着特色鲜明、体系完整的价值观念结构。在传统价值观体系中，尊重人的价值是其基点，崇尚道德价值是其主导，而追求和谐价值是其理想目标。先秦诸家虽然对"和"的解释、"和"的重点看法有异，但都认为"和"——和谐是至高的价值理想。《易传》尚"太和"，《中庸》主"中和"，孟子重"人和"，庄子倡"天和"，在追求和谐价值上，其致思取向，可谓殊途同归。此后，从秦汉以至于宋明，哲学家都从先秦的和谐观中汲取营养，继续阐释、发展这种"贵和"的价值观念，从而使中国传统文化中的和谐观念绵延不绝、贯彻始终，并深刻而广泛地影响了中国文化的各个领域，牢固而长久地积淀在中华民族的心理意识之中。

中国古代的和谐观念，其基本的含义是指事物不同要素、矛盾对立双方的结合与统一。西周末年的史伯最早从这种意义上解释和谐，他说："和实生物，同则不继。以他平他谓之和，故能丰长而物归之。若以同裨同，尽乃弃矣。"（《国语·郑语》）意谓"和"是不同事物的结合与统一，而"同"是相同东西的相积与同一。在他看来，不同事物、不同要素在统一中相互作用、相互渗透，是新事物产生的条件和发展的原因，而相同东西的简单相加和同一则将一事无成。后来春秋末的晏婴，具体地把"清浊、大小、长短、疾徐、哀乐、刚柔、迟速、高下、出入、周疏"等相反之物的"相济"称为"和"，并以五味相反相济以成美羹为喻，以说明"和"的价值。可以说，史伯和晏婴对"和"的解释，奠定了中国哲学和中国文化中"和"的基本含义，而他们的和实生物、和羹为美，也开启了中国传统文化对于和的价值的肯定和追求。此后，孔子提出"君子和而不同，小人同而不和"（《论语·子路》），把"和"作为理想人格的体现；有子（孔子弟子）提出"礼之用，和为贵"（《论语·学而》），以"和"为礼制的价值目标；孟子提出"天时不如地利，地利不如人和"（《孟子·公孙丑下》），认为社会群体的"和"的价值高于自然价值；《中庸》提出"中也者，天下之大本也；和也者，天下之达道也。致中和，天地位焉，万物育焉"，以"中和"为崇高的道德价值；荀子提出"义以分则和，和则一，一则多力，多力则强，强则胜物"（《荀子·王制》），认为"和"是社会群体凝聚统一以发挥人的能动性的基本条件。《易传》提出"保合太和，乃利贞"，把达到至极的和谐作为人的最崇高的价值理想。不仅儒家崇尚和谐价值，道家也主张和谐是崇高的价值理想，虽然他们关于和谐的追求，建立在"道法自然"的基础之上，认为达到了自然，才是真正的和谐，所谓"万物负阴而抱阳，冲气以为和"（《老子》第四十二章），"敬之而不喜，侮之而不怒者,唯同乎天和者为然"(《庄子·庚桑楚》)。但是,他们把"和"作为一种美好的理想,却与儒家是一致的。由此可见,先秦的儒、道两派都肯定和谐、崇尚和谐、追求和谐,以和谐为至高无上的价值理想。而后世的哲人们,也都以此为思想基础,进一步充实、发展了传统的贵和价值观。综观中国古代的和谐价值理想,其具体内容包括四个方面。

(一) 天人和谐

天人和谐的重要内涵是指人与自然的和谐。中国古代的哲学家们,大都主张人与自然的和谐相处。在他们看来,人是天地自然所生,是整个大自然的有机组成部分,天生五谷以食人,生丝麻以衣人,虽然人"得天之灵而贵于物","天地之性(生)人为贵,"但是就"得天之养"而言,人与万物是平等的。因此,人应该与天地万物友善相处、和谐相居。宋代哲学家张载提出的"乾父坤母""民胞物与"观念,就是关于人与天地万物和谐相处思想的高度概括。当然,人为了谋求自己的生活资料,必须发挥自己的能动作用,制造工具,改造自然,变革万物;为了改善自己的生存环境,必须发扬自己的创造精神,建立制度,发展文明,超越自然。但是,在中国古代哲人们看来,这种对自然的改造和超越,尽管是人的能动性的表现,是人的生存和发展所必需的,但却不应破坏人与自然的统一,不应打乱人与自然的和谐秩序。因此,中国哲学认为,人对自然的态度应该是在保持人与自然和谐统一的前提下,利用自然、改造自然,而不应在对立的基础上,把自然视为敌对的力量、征服的对象。这种态度,儒家称之为"能尽人之性,则能尽物之性;能尽物之性,则可以赞天地之化育;可以赞天地之化育,则可以与天地参矣"(《中庸》)。也就是说,人改造自然以谋生存的过程是"赞天地之化育"的过程,而不是违天地之化育的过程。这与西方文化把人与自然的关系建立在对立的基础上,主张完全用一种功利的态度去征服自然、战胜自然的观念大相径庭。

（二）群己和谐

关于社会群体与个体以及二者之间的关系，中国传统哲学也从价值的视角进行了观照。儒家哲人虽然也承认个体之价值，认为"匹夫不可夺志"（孔子）、"人人有贵于己者"（孟子），但其价值导向是偏重群体的，即认为个人之价值应该从属于家庭、家族、国家、民族、社会等群体价值。在群重于己的前提下，儒家主张个人与群体应该和谐相处。荀子明确提了"群"的概念，在他看来，人之所以能支配动物，其原因就在于"人能群，彼不能群"（《荀子·王制》）。而人之所以能"群"，就在于人有"义"。"义"是人的道德规范，在群体中，每个人都按"礼义"规范行事，明确自己的权利界限（"分"），就会使人际关系和谐融洽。而人际关系的和谐则是形成社会群体的基本条件。他说："故义以分则和，和则一"（《荀子·王制》），又说："使人载其事而各得其宜，然后使谷禄多少厚薄之称，是夫群居和一之道也"（《荀子·荣辱》）。"各得其宜""群居和一"就是儒家关于群己关系的最高价值理想。它既不同于法家只强调群体价值而无视个人价值的"齐一"思想，更不同于道家只赞赏个体价值而不顾群体价值的"贵己"观念，而是在重群的前提下，着力追求群己和谐的价值取向。

（三）人我和谐

人我和谐是关于自我与他人关系的价值理想，古代哲人有时称之为"兼"与"独"。在中国传统哲学中，墨家贵兼，弘扬"兼相爱""交相利""利人即为"的利他主义；道家贵独，主张"独有之人是谓至贵"的个人主义，甚至提出"拔一毛而利天下，不为也"的利己主义。而儒家则认为，应兼顾人我，把实现自我价值和尊重他人价值统一起来。孔子明确提出"夫仁者，己欲立而立人，己欲达而达人"（《论语·雍也》）；"己所不欲，勿施于人"（《论语·卫灵公》）。其基本含义就是"仁者，爱人"。在孔子看来，只有既尊重自我又尊重他人，既实现自我价值又实现他人价值，人与人之间才会形成和谐的关系。而且，在自我价值与他人价值发生矛盾、冲突的时候，应牺牲自我、成就他人，所谓"无求生以害人，有杀身以成仁"（《论语·卫灵公》）。后来孟子发挥了这一思想，提出在"生"与"义"不能兼得的情况下，应该毫不犹豫地"舍生取义"。孔、孟关于人与我关系的价值理想，得到了后儒的普遍认同。《中庸》云："诚者，非自成己而已也，所以成物也。成己，仁也；成物，智也。"由此可见，传统儒学在人我关系上也主张和谐。在这种和谐的统一体中，儒家强调"贵人贱己""先人后己"（《礼记·坊记》），"舍己从人"（《大禹谟》）的价值原则。

（四）身心和谐

身心和谐指人的肉体和精神的和谐。中国传统哲学认为，人的物质性的肉体和精神性的心灵是相关相应的，相辅相成的。因此，人的生命价值，既体现在身体、生理的健康，也体现于精神、心理的美好。故应使二者相互协调，成为一个和谐的整体。为了实现这种身心和谐的价值，古代哲人们提出，把求生与修德、养形与养神兼顾起来，建立一个整体协和的生活方式，树立一种多要素统一的幸福观念。《尚书·洪范》中，把古代人们的幸福观具体化为"五福"，即"一曰寿，二曰富，三曰康宁，四曰攸好德，五曰考终命"，充分体现了追求身心和谐、形神统一的价值取向。后来，荀子明确地从人的价值的角度，说明了身体素质与心灵素质兼备对于人的重要意义。他说："水火有气而无生，草木有生而无知，禽兽有知而无义，人有气、有生、有知，亦且有义，故最为天下贵也。"（《荀子·王制》）"气"和"生"是人的肉体生命，"知"和"义"是人的心灵内涵，这两方面要素的整合，才形成了人的价值地位。然而，在身心和谐统一的关系中，儒家与道家的侧重点却有差异。儒家重道德价值，故主张"以心主身"，朱熹云："人之一身，知觉运用，莫非心之所为，则心者固所以主于身"（《答张钦夫》）；道家重肉体生命，故追求"长生久视"，庄子曰："为善无近名，为恶无近刑，缘督以为经,可以保身,可以全生,可以养亲,可以尽年。"(《庄子·养生主》)他们各自以自己所侧重的价值要素为主导,来实现身与心的和谐。

总之,和谐是中国传统文化的价值理想目标。这与西方文化以人与自然、个人与群体、自我与他人、灵魂与肉体的对立、冲突为基点来建构价值体系的运思方式大不相同。当然,在西方文化传统中并非没有追求和谐的价值意识,但是由于西方文化的出发点是分裂、对抗和冲突,所以,他们的价值理想建构的方式、运用的手段,乃至对和谐的理解,都与中华文化有重大差异。表现在人权观念上,二者所追求的人权模式自然有别。

二 和谐价值观对于人权模式的意义

中国传统的和谐观念,既是一种价值观念,也是一种思维方式。作为价值观念,它是理想目标;作为思维方式,它是实现理想方法和途径。这两方面,都为我们建构中国特色的人权模式提供了宝贵的精神资源和深刻的智慧启示。

(一)人与自然和谐的观念启示我们把人的生存权、发展权(特别是持续发展权)与保护自然环境、维护生态平衡、珍惜自然资源相统一

对一个国家和民族来说,人权首先是人民的生存权。对于中国来说,由于受帝国主义侵略,人民陷于饥寒交迫的困境之中,人民的生命权、生存权长期没有保证。中华人民共和国成立后,国家独立,又经过五十年的建设,人民的温饱问题基本上解决了。但中国仍然是发展中国家,经济发展水平还比较低,人民生活水平与发达国家相比还有较大差距。加之中国人口众多、资源贫乏、地区间经济发展不平衡,人民的生存权仍然受到威胁。因此,在一个相当长的时期内,维护和改善人民的生存权仍然是我国人权建设的首要任务。在此基础上,还要着力维护和实现国家、民族和个人的经济、文化、社会和政治的发展权,特别是持续发

展权。而为了维护和保障生存权和发展权，就必须集中精力发展生产力，以经济建设为中心，增强综合国力。

发展生产力，搞经济建设，势必要开发自然资源，影响自然环境和自然生态。在当代，由于生产力的迅猛发展，伴随着对自然资源和能源的大量消耗，从而造成生态环境日益恶化的严重问题，不仅存在于发达国家，也存在于发展中国家。在我国，这方面的问题也相当突出。于是，维护生存权利和经济发展权利与保护环境、维护生态平衡和珍惜自然资源之间，就产生了尖锐的矛盾。这种矛盾表现在：（1）为了保障生存权和经济发展权，就必须改造自然、消耗资源、影响环境，而环境的恶化和资源的过度消耗又直接影响人们的生存；（2）为了保障生存和发展权利，就必须保护环境，限制资源开发，而保护环境和限制资源开发又妨碍人们生存权、发展权的实现；（3）保护环境和资源不仅涉及当代人的利益，也关系到未来后代的利益，即可持续的发展权利。由此，污染环境和过度消耗资源，势必产生当代人的生存权、发展权与后代人的生存权、发展权之间的矛盾冲突。

由于这一矛盾的存在，国际社会提出了一项新的人权即环境权利。1972年联合国人类环境会议上通过的《人类环境宣言》提出："环境给予人以维持生存的东西，并为他提供了在智力、道德、社会和精神等方面获得发展的机会。……人类环境的两个方面，即天然和人为两个方面，对于人类的幸福和对于享受基本人权，甚至生存权利本身，都是必不可少的。"并指出，人类"负有保护和改善这一代和将来世世代代的环境的庄严责任"。由此看来，如何处理生存、发展（特别是经济发展）权与环境权的关系，就成为我们建构人权模式必须解决的重要问题。

对此，上述中国传统文化中的天人和谐即人与自然和谐的观念。为我们提供了有益的启示。按照本文上述的中国哲人的天人智慧，人与自然处于有机联系、整体和谐的统一体中，因此人对自然的态度是或"参天地之化育"（儒家），或"法天道之自然"（道家）。尽管前者强调积极参与，后者突出消极适应，态度有异，但其共同点在于维护自然、保护自然。这就为我们建构发展权和环境权统一起来的人权模式提供了思路。中国哲人还把天人和谐观念与大自然的生生不息、人类的生生不息联系起来,认为只有维护大自然的生生不息,人类自身才能生生不息。所谓"生生之谓易"(《周易·系辞》),"天地之大德曰生"(《周易·系辞》)。这就要求我们兼顾当代人的发展和后代人的发展,而且前代人的发展应为后代人的发展创造条件、奠定基础。俗语"前人栽树,后人乘凉",就是此意。可见,天人和谐观念,也是我们处理好当代人的发展权与后代人的发展权之关系即维护可持续发展权的智慧资源。

(二)群体与个体和谐的观念启示我们把维护民族尊严、保卫国家主权、促进人类进步等集体人权和实现个人人权相结合

马克思主义认为,人是社会性的存在,在阶级社会里人也具有阶级性。由此出发,马克思主义认为,人权具有社会性,在阶级社会里人权也具有阶级性。因此,它主张人权应该是集体人权与个人人权的统一。也就是说,一方面,个人是社会的细胞,集体人权应该落实到个人人权上;另一方面,社会是个人生存和发展的条件,没有民族的独立权和国家的主权,个人权利就失去了实现的前提,个人权利在任何时候都离不开集体权利。而且,在二者的统一中,集体权利是基础和本位。

然而,在当代国际社会,除了民族自决权、自然财富和资源主权外,许多集体人权还没有被写进《国际人权宪章》,也尚未被一些国家认可。而且,即使写进宪章的集体人权,也还受到一些国家的践踏。于是如何看待集体人权,如何处理集体人权与个人人权的关系,就成为当代人权斗争的一个重要内容。近年来,一些西方国家极力宣扬、大肆鼓吹"人权高于主权""人权无国界""不干涉内政的原则不适用于人权问题"等理论。从政治上说,这些理论是为谋求和推行强权政治,任意干涉别国内政,侵犯他国主权,实现霸权主义制造借口。从理论上说,这是把个人权利与集体权利对立起来,夸大个人人权否定集体人权的谬论。

由此看来，如何处理好个人人权与集体人权的关系，就具有国际政治斗争和人权理论建构的双重意义。对于处理这一关系，中国传统的群己和谐观念，很值得我们借鉴。依中国哲人之见，社会是群体与个体统一的组织，在这种统一中，群体是基础，群体是前提。因此，他们在肯定和承认个体价值的同时，更重视群体价值，认为个体具有崇高的价值，但是群体的价值高于个体。于是，在他们看来，理想的境界，是在尊重群体价值的前提下实现群己和谐理想，虽然这种观念包含着对个体价值重视不足的偏颇，但它所主张的以群体为本位的群己和谐理想，仍然具有积极的现实意义。近代中国备受帝国主义列强的侵略、压迫和剥削，沦为半殖民地半封建社会，使中国人民深感民族独立、国家主权的宝贵；深知国家独立权是实现个人人权的根本条件。中华人民共和国成立后，中国人民正是在取得了国家独立主权的前提下，才在人权方面取得了举世瞩目的成就。实践证明，只有在马克思主义人权观的指导下，认真继承和发扬传统的群己和谐观念的精华，建构集体人权和个人人权相统一的人权模式，才符合中国的国情和人民利益，也才能与以个人为本位，把个人人权凌驾于国家和民族的集体人权之上的资产阶级人权观划清界限。

（三）自我与他人和谐的观念启示我们在实现人权的过程中应坚持权利与义务的统一

人权是一种普遍的、人人皆可平等享有的权利，也是一种固有的不可剥夺的权利。因此，它包含着广泛丰富的权利内容。在这个意义上，它比公民权的内涵宽泛得多。但是，只要作为一种权利，它总是和义务相互联结的，享有权利的同时就确立了义务的存在，权利普遍和广泛的同时就意味着义务的普遍和广泛。所以，在人权问题上，如何看待和把握权利与义务的关系，就成为一个重要的理论和实践问题。

在人权问题上，权利和义务的关系包括两个层次。一是个人人权的确立与国家在维护、保障个人权利方面所负有的义务的关系；二是个人权利的确立与个人所承担的对他人人权确立的义务的关系。在前一层次的关系中，个人权利的确立要求国家和政府不但不能侵犯人权，而且要采取积极的措施保障个人权利的充分实现。《国际人权公约》中指出："各国根据联合国宪章负有义务促进对人的权利和自由的普遍尊重和遵行。"在后一层次的关系中，每个人权利的确立都要求别人不侵犯自己的人权并承认和尊重自己的人权；同样每个人也应承担承认、尊重和保护他人人权的义务。于是，对个人来说，他既是权利主体也是义务主体，权利与义务在一个人身上是统一的。《国际人权公约》提出："个人对其他人和对他所属的社会负有义务。"将这两个层次的权利义务关系如果通约到义务上，那么，就形成了三项义务的内容，即国家对个人承担义务、个人对国家承担义务、自我对他人承担义务。只有明确和确立了这些义务，人权才可能同时得以确定。

而中国传统文化价值观中，在这方面也有着十分丰富的内容。它不但要求个人对国家承担义务，所谓"天下兴亡，匹夫有责"，而且也要求代表国家的当权者克己奉公、保国爱民。儒家的德治和礼治要求统治者"经国家、定社稷、序民人、利后嗣"（《左传·隐公十一年》），"行仁政"（《孟子》），就是这种义务观的体现。至于对每个人应为他人尽义务的要求，儒家强调得更为突出，它不但要求人们做到"仁者爱人"，而且要求在必要时"杀身成仁"；他既正面提出"己欲立而立人""己欲达而达人"，又从反面提出"己所不欲，勿施于人"。这些要求充分表现了权利与义务相联系，权利以义务为前提，义务高于权利的思想观念。它对于我们在建构人权模式时，把权利义务结合起来、统一起来，无疑具有启发意义和借鉴价值。同时，对于我们批判在人权问题上割裂权利与义务的联系，甚至把二者对立起来，只谈权利，不讲义务的偏颇性，具有积极作用。

（原载《人权论衡》第 1 卷总第 2 期，中国民主法制出版社 2018 年 7 月版）

万紫千红总是春
——改革开放中西北政法大学的多学科发展

学科是高等教育学术系统中的基本组织，是大学赖以生存和发展的核心。一所高校的人才培养质量如何，取决于其学科建设及其专业发展的水平。西北政法大学是一所法学特色鲜明，哲学、经济学、管理学、文学等多学科相互支撑、协调发展的多学科性大学。这种学科结构格局的形成，是改革开放四十年来的巨大成果，是西北政法大学学人努力奋斗的结晶。

西北政法大学在"文革"劫难中曾遭受重创。学校1972年被停办、解体，校园被部队占据，教职工或被分派到陕西诸多高校工作，或被迫离开教育岗位，到省内外从事其他工作，只保留了由几个人组成的留守处，直到1978年经国务院批准复校。学校恢复后的最初十年，设置法律、政治理论两个系，政治理论系包括哲学、经济学两个专业。全校共有法学、哲学、经济学三个学科、三个专业。在百废待兴、万象更新的改革开放初期，这种学科设置具有十分重要的意义，为传统的继承和学校的发展提供了历史性的基础。

一 学统的继承

西北政法大学办学历史颇为悠久，其前身是1937年中国共产党在延安创办的陕北公学。此后历经了延安大学、西北人民革命大学、西北政法干部学校、中央政法干部学校西北分校等时期。在这些历史阶段，形成的学科结构传统都是多学科兼重共荣。陕北公学、延安大学都是多学科并存时代,后来的干校时期,虽然结合形势要求培训干部,但教学所涉及的学科甚为广泛。特别是1958年中央政法干部学校西北分校与西北大学法律系合并,组建西安政法学院时,设置有法律和政治教育两个专业;1959年则设置有哲学、经济学、中共党史、法律、新闻五个专业。我于1960年考入西安政法学院哲学系时学校共有哲学、经济学、中共党史、法律、新闻五个系。1960级是招生人数激增的一个年级,哲学系四个班、经济学系四个班、中共党史系四个班、法律系两个班、新闻系两个班。每班学生大都有五十名左右。全校共招收了八百多名新生。所以,改革开放初期复校时的学科专业设置,是对学校历史上形成的多学科专业设置的继续,是对学校学统优势的继承,具有承前启后的重要意义。

二 学业的奠基

高校的学科与专业是相互依存、相互促进的。学科是科学知识体系的分类,专业是根据社会分工需要而划分的学业门类。也就是说,学科是知识的领域划分,是学问之域;专业是育人的基地划分,是学业之域。由于作为学业门类的专业是在一定学科知识体系的基础上形成的,离开了学科知识体系,专业也就丧失了其存在的合理性依据。因此,西北政法大学在改革开放初期的多学科设置不但继承弘扬了历史上形成的学科结构优势,而且为以后的多学科建设奠定了历史基础,特别是为学校日后的专业设置奠定了学科基础。虽然从学科建设的历史演变过程来看,多学科建设和发展的道路是曲折的,例如,1964年至1972年,哲学、经济学、中共党史、新闻专业停办,学校只留一个法学专业、一个法学学科。1988年政治理论系撤销,哲学、经济学专业停止招生,学校又一次单学科化,只有一个法学专业和学科。但从1989年以后,多学科发展的办学理念日益自觉和明确,多学科、多专业迅速发展。至1999年,学校专业稳步发展到十个。2000年,学校管理体制调整为司法部和陕西省共建，主要由陕西省管理。学校的人才培养从司法领域拓展到服务陕西省经济社会全方位发展的广阔领域。从 2000 年到 2004 年，新增十五个本科专业。2006 年更名为"西北政法大学"后，学校进一步优化学科结构，构建优势突出、特色鲜明、结构合理的学科专业体系。2007 年至 2018 年，学校新增十二个专业。目前，学校共有十八个学院（部），三十三个本科专业。在硕士研究生教育层次，有学术学位授权的一级学科五个，有学术学位授权的二级学科三十四个，专业学位硕士授权点七个。西北政法大学已经成为一所法学特色鲜明，哲学、经济学、管理学、文学等多学科相互支撑、协调发展的多学科性大学，是西北地区法学教育研究中心和人文社会科学研究重要基地，是陕西省重点建设的高水平大学、一流学科建设高校。这种学科结构格局是在改革开放初期复校时的学科专业建构的基础上逐步发展起来的。这种多学科、多专业的结构，有益于扩大学生学习自主权、选择权，也为学生提供了跨学科、跨专业学习，以及自主选择专业和课程的较广阔的知识空间。

三　学术的创新

复校四十年来，在改革开放的伟大历程中逐步形成的法学特色鲜明，多学科相互支撑、协调发展的多学科结构特征，不但促进了专业建设，扩展了人才培养领域，增强了学校服务社会的功能，而且极大地推进了科研繁荣和学术创新，提升了学校的学术创新能力。

一是各学科相互借鉴，开拓了学术研究和创新思路；二是多学科相互交叉融合，促进了新的学术生长点的形成（包括新兴学科的增长点、优势学科群的发展点、重大创新的突破点）；三是多学科相互比较，拓宽了学术创新的视角。

四十年来，我校法哲学研究、法文化研究、价值哲学研究、中华法系研究、人权研究、反恐怖主义研究、文化安全研究、传统文化研究等学术领域的形成，无不是多学科相互借鉴、交叉、交融和汇聚的结果。

从学术队伍的培养和提高而言，多学科发展也产生了积极效应。四十年来，在多学科和多专业的建设发展过程中，我们一方面培养了适应社会诸多领域需要的优秀人才，另一方面也培育了一批从事高校诸多学科、专业的教学和科研工作的优秀学者。现在在西北政法大学从事法学、马克思主义理论、哲学、经济学等教学和研究的中青年学者，很多都是在改革开放时期由西北政法大学自己培养起来的。由于1979年在招收本科生的同时，我们还招收了刑法学、马克思主义哲学、政治经济学三个学科的硕士研究生，他们毕业后多数人从事了高校的教学研究工作，现在大多成为学术带头人，成为学有所长的优秀学者。特别是在学者队伍中，不少人具有学科融合的知识结构，他们或先学习了哲学、经济学，后又转为法学，或先学习了法学后又转向哲学、经济学，因此，容易在学科交叉处或学科边缘地，探寻学术生长点。

四　学风的优化

搞学习、做学问，必须解决好学习目的、学习态度和学习方法三个问题，其中的学习态度问题，直接影响着学习目的的实现，支配着学习方法的运用。学习态度就是学风。养成良好学风，对于学科建设、专业提升、人才培养都具有极其重要的意义。同时，多学科的竞争和借鉴，对于优化学风也意义重大。20世纪80年代，西北政法大学的法学、哲学和经济学三个学科和专业，都在学科建设、专业提升和人才培养中，提出了培育优良学风的要求。我在哲学专业从事本科教学和硕士研究生指导，也结合学科特点，针对学生实际，借鉴其他学科的学风建设经验，提出了"学风十戒"的教育。"学风十戒"是：一曰戒满，满则无求；二曰戒骄，骄则无识；三曰戒惰，惰则无进；四曰戒浮，浮则不深；五曰戒躁，躁则无得；六曰戒急，急则不达；七曰戒粗，粗则易错；八曰戒袭，袭则无创；九曰戒奇，奇则常谬；十曰戒名，名则难实。我给每一届本科生、研究生开课时，都要对学生进行"学风十戒"的教育。

由于20世纪90年代，学界浮躁风气极为严重，危害甚烈，所以在学风教育中，我又突出强调了"戒浮求实"。

学风上的浮，就是停在表面，不求深入，浮光掠影，浅尝辄止。例如读书籍，满足于肤浅的理解；写文章，爱追求浮华的言辞；看问题，停留于浮泛的观察。这种浮而不入、华而不实的学风，会产生许多弊病，严重危害学习。其危害在于：浮则躁——学风浮的人，学习时不专心致志，不安静踏实，坐不住、钻不进、心猿意马、心慌意乱，听讲则充耳不闻，读书则一目十行，作业则草草了事；浮则急——学风浮的人，学习时急于求成，急于达到目的，不循序渐进，不顾学习的质量，只求数量多、速度快，企图走捷径，搞速成；浮则粗——学风浮的人，学习时粗心大意、粗枝大叶、粗手粗脚，不认真、不细密、不严谨，由此造成在阅读、理解、谈论、写作等方面，含混不清，似是而非，常出差错；浮则浅——学风浮的人，对知识的掌握停在表面，知其一不知其二，知其流不知其源，知其然而不知其所以然，抓不住内容的关键，探不到问题的本质，弄不懂知识的真谛。

学风上的浮，是一种志大才疏、眼高手低、头重脚轻、外强中干的坏习气。用这种态度对待学习，不会取得任何真正的收获。没有诚实的态度，企图靠几句夸夸其谈去一鸣惊人，企图靠自我吹嘘去显示才华，企图投机取巧去达到目的，那就是水中捞月、镜里折花，最后落得"黄粱再现"，空空如也。因此应该"戒浮求实"。

"求实"就是对学问采取诚实的态度，实事求是，遵循科学规律，来不得半点虚伪和骄傲；"求实"就要建立坚实的知识基础，重视基本知识的学习、基本理论的掌握、基本技能的锻炼，在掌握知识时，循序渐进，由浅入深，乐意下苦功夫、做笨工作；"求实"就是要养成踏实的作风，踏实刻苦、认真严谨、好学深思、勤学多练、专心致志、耐得住寂寞；"求实"就是严格遵守学术规范，严谨细致，一丝不苟。

古人说："学问之道，惟虚（谦虚）乃有益，惟实乃有功。""戒浮求实"，是治学之大本，是学风的基石，只有在学习上鼓实力、做实事、求实功，才能使自己成为有真才实学的人。

在学科建设中进行学风建设，在人才培养中重视学风教育，不但对于建设一流学科意义重大，而且是培育大学精神、弘扬优良传统的重要内容。西北政法大学建校八十一年来，秉承了老延安大学"政治坚定、实事求是、勇于创新、艰苦奋斗"的优良传统，铸就了"严谨、求实、文明、公正"的校训，倡导"学风十戒"，倡导"戒浮求实"的优良学风，就是对这种大学精神的弘扬和培育。实践证明，"求实"学风和"求实"精神的培育，在人才培养上取得了良好效果。学校毕业的学生正是以"专业扎实、工作踏实、作风朴实、为人诚实"的特点，深受用人单位和社会各界好评。

"却顾所来径，苍苍横翠微"，回顾改革开放四十年来西北政法大学的多学科建设历程，我既为学科建设取得的成绩而欣喜，又为学科建设积累的经验而深思。四十年的经验启示我们做到四点。（1）大学的学科建设、专业设置，应坚持遵循学科发展规律与适应社会需要的辩证统一。不能只强调"需要"，而忽视学科发展规律，更不能凭主观愿望或行政命令随意增减学科，任意兴废专业。充分认识多学科的交叉融合、共生共荣，是现代学科发展的客观规律和必然趋势。（2）大学的学科建设，应坚持学科发展和专业提升兼顾并重、相得益彰。以学科发展为专业提升夯实知识基础，以专业提升为学科发展搭建机构平台。让专业插上学科发展的翅膀而飞翔，使学科立足于专业优化的沃土而繁茂。克服和防止只着眼于专业设置，甚至盲目增设专业而忽视学科建设的功利主义弊端。（3）大学的学科建设，要切实遵循学科分化、融合的发展规律，促进多学科交叉融合。各学科、各专业要大力增强多学科交叉融合的自觉，树立多学科交叉融合的意识，积极探索多学科交叉融合的途径，切实完善多学科交叉融合的机制，形成以优势特色学科为主，各学科交叉融合、协调发展、共生共荣的学科体系。

顺应学科发展潮流，我国高等教育已经跨越了单学科的历史阶段，迈入了多学科、跨学科的发展历程。西北政法大学四十年来的走出单学科迈向多学科的发展是符合学科发展规律和趋势的历史性转变,是在改革开放的伟大进程中取得的历史性辉煌,它必定会在推进当前的一流学科建设中发挥积极作用。

[原载《西北政法大学报》(社会科学版)2018年第10期]

《周礼村落》序

《周礼村落》是中国百村经济社会调查项目的成果之一。这一成果是罗新远教授带领西北政法大学的二十多位学者经过两年多的辛勤努力所完成的。一项研究成果的价值，主要由它的突出特色和重要意义呈现出来。初读此书，我觉得它的特色和意义主要体现在三个方面。

《周礼村落》选取周原大地上的村落，作为中国百村经济社会调查的一个样本，具有十分重要的意义。周原是周人早期的居住地。周人始祖后稷，原居邰（今陕西武功），后迁豳（今陕西旬邑、彬县一带），周太王古公亶父时，开始定居周原，建立周国，部族日臻强盛。其子季历继位后，使周国进一步发展壮大。季历长子姬昌（周文王），为灭商做了充分准备。文王的儿子姬发，推翻了殷商王朝，建立周朝。其弟周公姬旦制礼作乐，为周制度和周文化奠定了基础，也为中国传统文化奠定了基础。周原在今陕西境内，西起汧河左岸，东濒漆水河，北倚岐山，南至渭河，包括今天凤翔、岐山、扶风、武功四县大部分和宝鸡、眉县、乾县、永寿四县的小部分。生活在周原大地的村民深受周文化的熏陶和洗礼，至今仍然保留着浓郁的周文化遗风。《周礼村落》一书通过历史考察和现实调查、文献记载和实物图像，充分展示了周原村落中保存的周文化影响，对我们认识周代的礼乐文化特征，进而认识中华传统文化的原初形态和精神基因，具有重要价值。费孝通先生在《乡土中国》中多处提到"礼""礼治""礼俗社会"，《周礼村落》一书则生动描述了礼乐文化在乡土社会中的具体表现和实际功能，这对推进乡村社会研究的深化无疑也有重要启示。

《周礼村落》沿着周礼村落对周文化的传承和以周文化遗存为依托的民俗旅游业发展两条主线展开论述，既生动描述了二十年来旅游事业的发展历程，更深入揭示了在市场经济条件下出现的传统文化与现代文明、农耕文化与市场经济的矛盾和冲突，以及由此而产生的对周礼村落的深刻影响。该书根据调查资料指出，随着我国市场经济建设的推进，传统文化也受到一定的冲击，周礼村落的文化观念也发生着变化，但由于传统文化在这里积淀较深、生命力较强，所以人们能够把由市场经济形成的利益观念和由周文化传承的道德意识结合起来，形成"功""利"与"德""礼"相融合的价值观念。这是对如何在市场经济条件下发挥优秀传统文化之积极作用的有益探索。

《周礼村落》采用了"政府—市场—社会—文化"四位一体的分析框架，以及经济学、社会学、管理学、历史学、文化人类学、法学、政治学等多学科交叉的研究方法。四维分析框架和多学科研究方法，使周礼村落这一复杂的社会机体的诸多方面构成要素及其性质、特征，得以充分展现，从而使读者获得较全面、较丰富的认识。同时，也为从经济、政治、社会、文化诸方面思考和探索社会主义新农村的建设道路提供了宝贵的启示。

总之，《周礼村落》是一部特色鲜明的田野社会调查的新著，是一部研究中国西部村落社会的力作。对认识中国传统文化在农村的影响，探究乡土中国礼俗社会，推进社会主义新农村建设，具有重要的学术价值和现实意义。

罗新远教授曾师从著名经济学家学习经济学，同时对中国传统文化十分热爱，几十年来他虽然工作岗位多变，但学术情怀历久弥笃。《周礼村落》正是他的学术情怀的凝结，也是他带领的团队辛勤劳作的结晶。在该书即将付梓之际，我对他和他的团队多年耕耘所培育的丰硕成果，表示由衷的赞美和热烈的祝贺。由于在撰述的过程中，新远教授曾就周文化的基本特色、历史传承以及对中国传统文化的影响等诸多问题与我交谈、讨论，所以书成之后，他希望我写一些看法，作为序言。我对周文化没有深入研究，对该书中涉及的经济、社会、旅游产业等问题更是知之甚少，但盛情可感，雅意难却，只好勉力为之。是为序。

(2017年7月6日于西北政法大学静致斋)

(载罗新远等著《周礼村落》，社会科学文献出版社2018年版)

2019年

不忘初心　创造辉煌

中国共产党人的初心和使命，就是为中国人民谋幸福，为中华民族谋复兴。总结七十年的经验，展望新的征程，我们要更深入地认识和理解不忘初心、牢记使命的重大意义。

一是体现了人民群众是社会历史主体的唯物史观。人民性是马克思主义最鲜明的品格。中国共产党一经成立，就义无反顾肩负起实现中华民族伟大复兴的历史使命，团结带领人民进行了艰苦卓绝的斗争，谱写了气吞山河的壮丽史诗。为中国人民谋幸福，为中华民族谋复兴，初心和使命，始终如一。

二是体现了党代表中国最广大人民的根本利益。人民是我们党执政的最大底气，是我们共和国的坚实根基，是我们强党兴国的根本所在。我们党来自人民，为人民而生，因人民而兴，必须始终与人民心心相印、与人民同甘共苦、与人民团结奋斗。

三是体现了全心全意为人民服务的根本宗旨。守初心，就是要牢记全心全意为人民服务的根本宗旨，以坚定的理想信念坚守初心，牢记人民对美好生活的向往就是我们的奋斗目标；以真挚的人民情怀滋养初心，时刻不忘我们党来自于人民、根植于人民，人民群众的支持和拥护是我们胜利前进的不竭力量源泉；以牢固的公仆意识践行初心，永远铭记人民是共产党人的衣食父母，共产党人是人民的勤务员，永远不能脱离群众、轻视群众、漠视群众疾苦。

四是体现了以人民为中心的发展思想。党的十九大报告指出，必须坚持以人民为中心的发展思想，不断促进人的全面发展、全体人民共同富裕。人民对美好生活的向往，就是我们的奋斗目标。正如习近平总书记所指出的，事业发展永无止境，共产党人的初心永远不能改变。唯有不忘初心，方可告慰历史、告慰先辈，方可赢得民心、赢得时代，方可一往无前。不忘初心、牢记使命，才能乘风破浪、再创辉煌。

（载《陕西日报》2019年10月14日）

学问的自得

——在中国传统哲学价值论学术研讨会上的发言

十分感谢刘进田院长和价值哲学研究院举办这次研讨会，使我们有机会相聚！衷心欢迎各位领导和专家学者光临会议，提供思想智慧和学术见解！

这次研讨会的主题是讨论中国传统哲学价值论，会议的宗旨是进一步推动中国传统哲学价值论的研究。推动中国传统哲学价值论的研究，具有重要的学科意义和学术价值。

第一，有益于不断激发价值哲学的学科生命力。改革开放四十年来价值哲学在理论和实践上都取得了巨大发展，发生了重大影响，其学科生命力洋溢于人文社科、社会实践和社会生活各个领域。而这种学科生命力要持续发展，必须不断被激发。激发价值哲学的学科生命力的途径有二，一是汲取实践经验的源泉，二是汲取哲学思想的资源。所谓汲取哲学思想的资源，就是深入研究价值哲学学科的各个分支，包括马克思主义价值论、西方哲学价值论和中国传统哲学价值论。由于中国传统哲学价值论是价值哲学的重要学科分支，所以，研究中国传统哲学价值论是激发其价值哲学学科活力的重要方面。

第二，有益于深化和拓展对中国哲学史的研究。价值论是中国哲学史的重要学科论域，是中国哲学史的核心内容，是中国传统哲学本质特色的体现。因此，深化和拓展对中国哲学史的研究，必须深入研究中国传统哲学价值论。

第三，有益于保持和发展陕西哲学的重要特色和突出优势。价值哲学及中国传统哲学价值论是陕西学者"筚路蓝缕，以启山林"，经过四十年努力而积淀和凝练的哲学学科的重要特色和突出优势，这种特色和优势只有通过学科建设和学术研究才能保持和发展。中国传统哲学价值论研究的推进是保持和发展陕西哲学的重要特色和突出优势的重要途径。

第四，有益于传承和发展西北政法大学中国传统哲学价值论研究的学科基础，进而培育和增强哲学学科的重要特色和优势。经过四十年辛勤的工作，我们在中国传统哲学价值论领域的学科建设、学术研究和人才培养方面已经奠定了较好的基础。这一基础既有学科建设价值，又有学统传承价值。推进中国传统哲学价值论研究对西北政法大学进一步培育和增强哲学学科的重要特色和优势，优化和加强哲学学科建设具有重要意义。

这些意义的实现都需要学者聚焦方向、集中精力、收拾精神、耐得寂寞地进行研究。为了给有志于研究者以参考、借鉴，现概括介绍一下自己几十年来研究的体会心得。

（一）学科论域的自爱之情

中国传统哲学价值论是一个学科论域，而不是一种学说。学科是研究的对象、领域和范围，而学说则是研究者提出的学术见解和学术观点。要形成自己的学说观点，首先要对自己研究的学科论域执着、热爱，每一学科和论域在学科群的构成中皆有其客观位置。而研究者要出成果、有成就，必须有一种主体情感和主观评价。就是要认为自己从事的学科最重要、最宝贵、最美好、最可爱。甚至要持有一种"王婆卖瓜，自卖自夸"的价值观，怀有一种"情人眼里出西施"的痴迷感，才有可能把它做好！我自从选定了哲学专业方向，进而确定了中国传统哲学价值论这一学科论域之后，对它是情有独钟、一往情深、始终不渝、从一而终。我曾有诗云："心中地籁连天籁，眼里情人是美人。"表达的就是对自己选择的学科论域的眷恋自爱之情。一个研究者没有对自己研究对象和领域的执着热爱是不可能做出好成果、取得好成绩的。

（二）学说观点的自知之明

学者在某学科或论域深入研究、辛勤耕耘而获得的学术见解和学术观点的系统化就是学说。简言之，学说就是学者自己的学术见解和学术观点。如果说，一个学者对自己研究的对象和领域无限热爱的话，那么对自己的学说和学术观点的评价则要慎重、清醒和冷静。因为个人的认识总是会有局限的。我研究中国传统哲学价值论形成的学术观点都凝结在自己的著作和论文中。包括中国传统哲学本质上是价值哲学，中国哲学价值论的结构特征、基本原理、观念体系、学派取向、范畴系列、思维方式，中国传统价值观的演变历程、演变规律，中国哲学的本体论、认识论、历史观、人性论中必然与应然的融通，等等。这些观点当然有重要的学术价值和意义。然而，我并不认为这些观点是绝对正确、完美无缺、无懈可击、无疵可求的，而是仅以一家之言、个人之见来看待它，并不断地与前辈学者的已有观点相比较，与当代学者的各种观点相参照。尽力发现它需要拓展、深化、提升、完善的地方，审视它引证资料的充实性，反思它论证逻辑的严密性，斟酌它文字表述的准确性。尽量做到心中自明、心中有数、及时修正、尽力完善。绝不固执己见，避免故步自封。如果说对研究的学科、领域要充满"热风吹雨洒江天"一般的热情，那么对个人的学说观点则应抱着"冷眼向洋看世界"般的清醒和冷静。此之谓学说观点的自知之明。

（三）学术方法的自觉之用

学科论域引导研究的视野，学术观点启示研究的方法。我在传统哲学价值论研究过程中自觉化理论为方法，以价值论为方法研究理论和现实中的诸多问题，都很有收获。中国哲学史的学派特点、发展阶段、思想观点、范畴命题以及哲学家的人生追求、理想目标、终极关怀，如果用价值论方法去观照，会有许多新的发现。例如我用真理与价值相融合的方法研究孔子的"道"，观照各家的理想人格和理想社会，就有很多新的发现，此乃学术方法的自觉之用。

（四）学问心态的自得之乐

当一个学者对自己研究的学科论域保持着自爱的情感、对自己的学术观点达到了自知的认识、对自己研究问题的学术方法达到了自觉的运用，那么他的学问心态就进入自得之乐的境界了。自得之乐的境界就是孔子说的"好之乐之"的境界（孔子："知之者不如好之者，好之者不如乐之者。"《论语·雍也》），就是孟子说的"深造自得"的境界（孟子说："君子深造之以道，欲其自得之也，自得之则居之安；居之安则资之深；资之深，则取之左右逢源，故君子欲其自得之也。"《孟子·离娄下》），就是陶渊明说的"会意欣然"的境界（陶渊明在《五柳先生传》中云："好读书，不求甚解，每有会意，便欣然忘食。"）"自得之乐"就是一个学者在研究学问的过程中，自己学有所得、学有所获、学有所悟之后而感到的快乐、愉悦心态。自得之乐的境界是一个学者学科选择、学说研究、学术应用和学问人生高度统一的境界，是学者的学业追求与人生志趣合一无碍的境界，是学者德与业、道与术、知与行、体与用融会贯通的境界。因此，自得之乐的学问境界是治学的至上境界。我与这种至上境界的距离还相当遥远。但我愿竭毕生之力，不断追求。虽不能至，心向往之！

（载《西北高教评论》第六卷，中国社会科学出版社2019年版）

孔子的弘道思想及其对培育
中华民族精神的意义

孔子一生崇尚道、追求道、推行道，体现了宝贵的弘道精神，而且，孔子关于弘道的论述十分丰富，包含着深刻的弘道思想，这种精神和思想，对培育中华民族精神具有重要意义。

一 孔子之道的含义

孔子对道极其重视，论述道的言论甚多，《论语》中"道"字出现了89次，其中在孔子的言论中使用了59次，在其弟子等他人的言论中出现了30次。在《论语》重要概念出现频率的排序中，仅次于"仁"和"君子"，而位列第三，远多于礼、义、德、智、信、敬、忠、孝等概念（《论语》重要概念出现频率排序："仁"108、"君子"107、"道"89、"礼"74、"学"65、"天"49、"善"42、"文"42"德"40、"信"38、"中"26、"义"24、"智"22、"敬"21、"孝"19、"忠"18、"勇"16、"美"14、"爱"9）。可见孔子对道极其重视。

那么，孔子之道的含义是什么呢？就其在不同语境中的具体含义而言，可以有诸多解释，或释为仁，或释为义，或释为礼，或释为思想，或释为学说，或释为主张。但从哲学抽象的高度，概括言之，孔子之道含有真理与价值双重含义，指的是真理和价值统一的理想境界。《论语·里仁》篇记述了孔子的一句名言："朝闻道，夕死可矣。"这句话中的"道"因具有高度的概括性，所以，以"仁""礼"释之，总感狭窄，以

"学说""主张"解之,总觉浮泛。那么学者是怎样解释的呢?朱熹释为"道者,事物当然之理"。(《论语集注·里仁》)而杨伯峻《论语译注》、杨逢彬《论语新注新译》、李泽厚《论语今读》和其他许多著作都译为"真理"。但此真理与西方纯客观的认识性真理并不相同,所以李泽厚解释说,此"道"虽可译为"真理",而应"作体验人生意义、宇宙价值解"。唐翼明解释说,这个"道""并非是听说了一个什么真理",而是"关于人生乃至宇宙的终极大道理"。(《论语诠解》)由此可见,孔子崇尚的道既指真理也指价值,是宇宙的至上真理和宇宙的终极价值的统一境界。其实朱熹所谓的"当然之理"就是我们现在所说的价值准则。我在《中国传统哲学价值论》一书中曾将孔子之道解释为"价值理想"。

《论语》一书中的"道"字,大都含有真理与价值双重含义。如"本立道生""士志于道""守死善道""人能弘道""道不同不相为谋""君子学以致其道""君子谋道不谋食""君子忧道不忧贫""先王之道""君子之道""古之道""天下有道""天下无道""邦有道""邦无道"等,都可以以真理和价值统一的理想境界解释之。

把孔子之道解释为真理和价值统一的理想境界,是有字义根据的。"道"字的本义是"道路",甲骨文的"道"字形象是人在路上走,《说文解字》云:"道,所行道也。"由"道路"本义,引申出两个重要含义,一是道理,二是道德。道理蕴含着真理,道德即价值,二者都对人有引导、规范的作用。所以,孔子用道统摄真理和价值,是完全符合道字的含义的。

用真理和价值相结合来解释孔子之道,也符合实践的双重尺度的原理。在实际的社会生活中,人们的实践活动总是遵循着真理和价值双重尺度。真理尺度是指人们在实践中所必须遵循的反映了实践对象的客观规律和本质的真理。价值尺度是指人们在实践中所必须遵循的以满足人们需要为内容的特定的价值目标。也就是说,真理指的是主观认识与客观事物的本质和规律的符合,价值所体现的是客观事物与主体需要的符合,所以,真理尺度和价值尺度之统一是合规律性和合目的性的统一。

也可通俗地叫作必然与应然之统一。马克思在《1844年经济学哲学手稿》中就曾阐述了这一重要思想。因此孔子所崇尚、弘扬的包含真理和价值两种含义相结合的道,与马克思说的人在实践中应遵循真理和价值双重尺度的思想是契合的。孔子用道统摄真理和价值,具有十分深刻的意义。其意义在于:它为人的行为确立了应当遵循的真理和价值相统一的尺度。

由此可见,孔子弘道就是弘扬真理准则和价值原则,弘扬真理和价值相统一的理想境界。

二 孔子弘道思想的内容

孔子赋予道的内涵十分深刻,而关于弘道的论述也甚为丰富,概而言之,主要包括弘道的意义、弘道的主体、弘道的方式三个方面。

(一)关于弘道的意义

关于弘道的意义,即为什么要弘道?孔子从道的重要价值和社会的现实需要两方面进行了论述。

1. "此道之美"的价值实现

孔子非常尊崇道的价值,认为道的价值既美好又崇高。以美好言,孔子说,道是很美的。2017年5月29日南昌西汉海昏侯(刘贺)墓出土的竹简中,发现有竹书《论语·知道》篇。据说为失传千年的《齐论语》版本。虽尚待全部释读,但已发现竹简上有"子曰:此道之美也,莫之御也"。可见孔子对道的美好价值的赞赏。以崇高言,道之价值不但高于物质财富、物质生活,而且重于人的生命。在《论语》中,孔子多次谈到道的崇高价值。他说:"君子谋道不谋食","君子忧道不忧贫"。而"朝闻道,夕死可矣"(《论语·里仁》)尤其表明了他对道之终极价值、至上价值的尊崇。道既然是美好而崇高的价值理想,孔子就希望通过努力将道的这种价值在现世中实现出来,于是他大力主张弘道。

2. "天下无道"的危局拯救

在孔子与弟子们的对话中，多次对"天下有道"与"天下无道""邦有道"与"邦无道"进行讨论和辨析。列举了诸多标志、条件，做比较、做区分。那么，孔子认为他当时所处的"天下"，是"有道"，还是"无道"呢？通过《论语·季氏》篇第二节的论述和态度可以看出，孔子指出的"天下无道"的种种表现，都是现实的实际问题，而对"天下有道"的描绘则都是历史回顾。可见，孔子对当时形势的真实看法是"天下无道"。"天下无道"的具体表现，孔子列举了诸多方面，例如，其一，"礼乐征伐自诸侯出"；其二，"陪臣执国命"；其三，"八佾舞于庭"；其四，"君不君，臣不臣，父不父，子不子"；等等。所有这些，之所以是"无道"，是因为它们都背离了孔子所认可的真理标准和价值原则。所以，面对如此危局，孔子才竭力主张"弘道"，希望通过"弘道"来拯救危局，使天下重新回到真理标准和价值原则上来。这与他之所以提出"正名"的主张（见《论语·颜渊》《论语·子路》），理由是一致的。

（二）关于弘道的主体

孔子虽然崇尚道的价值，认为道不但价值地位至高无上，而且对人有指导、规范、制约作用，但他并不认为道是能动的主体，而认为人是主体。他说："人能弘道，非道弘人。"（《论语·卫灵公》）就是说，人能够使道发扬光大，而道不能使人发扬光大。人具有弘扬道的主体性和能动性。孔子以人为主体的"人能弘道"思想和道家老子以道为本体、为主体的思想，是很不相同的。程树德《论语集释》引《论语述要》云："夫子之时，老氏之流曰人法天，天法道，道法自然。曰道无为而无不为，是道能弘人之说也。彼以礼义出于人为而不足贵，而欲不借人力，一任道之自然，究必人事日就退化，是夫子非道弘人之说也。"明确划清了孔子儒家高扬人的主体性与老子道家否定人的主体性的思想界限。

(三) 关于弘道的方式

1. 笃信

"笃信好学,守死善道"(《论语·泰伯》)的笃信坚守态度。孔子认为,弘扬道的首要条件是对道要有笃实诚信的态度,有坚守不渝的信念。他说,"笃信好学,守死善道"(《论语·卫灵公》),就是说,对所弘之道要信仰坚定、勤奋好学、至死不渝、遵循正道。他把笃信与好学结合起来,而将笃信置首;把守死与正道结合起来,而以守死为先。唐文治解释说:"笃信而不好学,恐或流于异说,或堕于空虚;好学而不笃信,恐不得师承,不明宗旨。"又说:"守死而不能善道,是谓徒死;故善道者贵有守死不渝之节,而后吾道可传诸永久。"(唐文治:《论语大义》)孔子的弟子子张也认同老师的主张,着力批评那些"信道不笃"的人。他说:"执德不弘,信道不笃,焉能为有?焉能为亡?"(《论语·子张》)就是说,执行德而不宏大,信仰道而不坚定,人就无足轻重、可有可无。可见,孔子认为信仰是弘道的先决条件,只有抱着"笃信"的态度,才会真心实意、持续不懈地为弘扬道而努力。

2. 立志

"士志于道"的人生理想。孔子明确以追求实现道为人生之终极理想。他在谈到自己的教学纲领时说"志于道,据于德,依于仁,游于艺"(《论语·述而》)。在谈到读书人的责任时说"士志于道而耻恶衣恶食者,未足与议也"(《论语·里仁》)。所谓"士志于道"就是说读书人必须以追求道、实现道为人生理想、人生信念。确立道的人生理想,是弘扬道的前提,因为只有"志于道"的人,才会去学道、去行义,即在人生实践中去弘道。

3. 学道

"学以致其道"的学习目标。既然以追求道、实现道为人生的终极理想,那么人生的学习目标当然就是达到对道的理解和掌握。孔子说"君子学道则爱人",他的弟子子张说"君子学以致其道"(《论语·季氏》）。孔子的"学"包括"学文""学礼""学易""学诗"等，但其根本宗旨是"学以致其道"。所以，"学道"是"博学"的终极目标。也就是说，"学文""学礼""学易""学诗"都是为了掌握真理认识，确立价值观念。

4. 行义

"行义以达其道"的实践作为。孔子关于弘道方式的主张并不仅仅停留于意识活动领域、思想认识范围，还突出地体现于实践和行动上。孔子认为人应该"隐居以求其志，行义以达其道"（《论语·季氏》）。就是说，人可以采取隐居的方式来保持自己的志向，要通过适宜的实际行动，来实现道的理想。尽管在他看来，这样做并不容易。而且，他还清醒地认识到社会理想之道的实现并不完全取决于人的主观努力和奋力实践，还会受到许多客观条件的制约。为此，他有时甚至发出感叹："道之将行也与，命也；道之将废也与，命也。"（《论语·宪问》）意思是说，道能否被推行，在天命而不在人为，即所谓"谋事在人，成事在天"。然而感慨归感慨，孔子的根本主张在于要尽力通过人的实践去实现道，甚至要人们"不成功，便成仁"，"知其不可而为之"。

孔子关于弘道方式的论述，包括了信念、志向、认识、践行四个环节，也体现了情与志、知与行相统一的深刻道理。

三　孔子弘道思想对培育中华民族精神的意义

文化的本质是"人化"，文化的功能是"化人"。黄帝文化、儒家文化都在历史上发挥了极其重要、极其深远的"化人"功能。所谓"化人"，以个体言，就是陶冶高尚人格；以群体言，就是培育民族精神。孔子的弘道思想对于培育中华民族精神，具有五个方面的重要意义。

（一）孔子的弘道思想，培育了中华民族追求理想的精神

以真理与价值相统一为内涵的道，凝结着孔子崇高而美好的理想。

他关于理想社会和理想人格的蓝图在本质上都由道所统摄,也都是道的体现。《礼记·礼运》篇描绘孔子的"大同"社会理想,其首句即云:"大道之行也天下为公",《论语》描述孔子的"君子"人格理想,更是与道紧密相连,如"君子谋道不谋食""君子忧道不忧贫""君子学以致其道""君子……就有道而正焉""君子道者三"等。因此,孔子的弘道思想,蕴含着深厚的树立和追求理想目标的意识,这种意识通过长期的文化心理积淀,培育了中华民族追求理想的精神。

(二)孔子的弘道思想,培育了中华民族"义以为上"的道德精神

孔子的道是真理和价值相统一的理想境界,道的真理内涵是指人们对事物的正确认识,而道的价值内涵则主要指的是道德价值,具体地说是仁义道德。所以,弘道的具体价值指向就是"为仁""行义"。孔子反复申说要人们"好仁""好义""求仁""思义""为仁""行义""志于仁""依于仁""喻于义""用力于仁""见利思义""仁为己任""义而后取""克己复礼为仁"。这种以道德为崇高价值的观念和精神,培育了中华民族尊重道德、坚守道德的优秀精神。

(三)孔子的弘道思想,培育了中华民族以人为本的主体精神

孔子的弘道思想深蕴着鲜明的主体观念,洋溢着浓郁的主体精神,他竭力主张人应该发扬志道、闻道、学道、行道的能动性,尤其是明确提出"人能弘道,非道弘人"的光辉思想。充分肯定和确立了人的主体能动精神。这种思想观念和精神品格,对培育中华民族的主体精神发挥了极其重大的作用。孟子倡导的"天将降大任于斯人也"的使命意识、"大丈夫"气象、"养浩然之气"的主体素养,都是对孔子弘道思想的继承和发展。"人能弘道"的主体思想对治国观念的深远影响则突出体现在以人为本、以民为本的思想中。对此,中国古代哲人有着深刻的认识。《亢仓子·君道》篇曰:"夫国以人为本,人安则国安。"罗钦顺云:"世道之升降,系于人不系于天。"(《四续》)这种"以人为本"的治国理

念是从人与物、人与神的关系来阐发人的作用的,如果从君民关系弘扬人的巨大作用,"以人为本"就成为"以民为本"。孟子云:"民为贵,社稷次之,君为轻。"(《孟子·尽心下》)贾谊云:"夫民,万世之本也,不可欺。"(《新节·大政》)又云:"闻之于政也,民无不为本也。国以为本,君以为本,吏以为本。"(《新节·大政》)对人作为国家兴盛、社会发展、政权巩固的决定因素的充分肯定,是孔子人为主体思想深入发展的一个重要方面。

(四)孔子的弘道思想,培育了中华民族自强不息的奋斗精神

孔子不但认为人具有弘道的能力,而且还特别强调人发挥主体能力的奋斗精神。孔子终生持其志而始终不渝,为其志而奋斗不息。即使遇到困难、遭受艰辛,也坚信自己所守之道的崇高性、正大性,而毫不动摇;即使到了衰弱的晚年,仍然"发愤忘食,乐以忘忧,不知老之将至"(《论语·述而》)。对于实现道的重要内容——"仁",孔子坚信人的能动精神。他说:"为仁由己,而由人乎哉?"(《论语·颜渊》)"仁远乎哉?我欲仁,斯仁至矣。"(《论语·述而》)对于道之理想能否实现,他认为在很大程度上取决于人是否努力奋斗。他说:"譬如为山,未成一篑,止,吾止也。譬如平地,虽覆一篑,进,吾往也。"(《论语·子罕》)《易传》所云,"天行健,君子以自强不息",就是对孔子倡导的自强不息的奋斗精神的精辟概括。这种观念和精神,培育了中华民族的主动性、积极性、能动性和创造性。

(五)孔子的弘道思想,培育了中华民族知行合一的实践精神

上文说到孔子关于弘道方式的主张并不仅仅停留于意识活动领域、思想认识范围,还突出地体现于实践和行动上。可贵的是,他不但提出了这种主张,而且在自己的实践中总是尽力地体现道、贯彻道、落实道。《论语·卫灵公》篇记载了孔子与师冕相见的故事:"'师冕见,及阶,子曰:阶也。'及席,子曰:'席也。'皆坐,子告之曰:'某在斯,某在斯。'师冕出，子张问曰：'与师言之，道与？'子曰：'然。固相师之道也。'"盲人乐师冕来见孔子，走到台阶沿，孔子说："这儿是台阶。"走到座席旁，孔子说："这是座席。"等大家都坐下来，孔子告诉他："某某在这里，某某在这里。"师冕走了以后，子张就问孔子："这就是与乐师谈话的道吗？"孔子说："这就是帮助盲人乐师的道。"孔子在日常生活中既自觉对仁义礼智之道身体力行，又对作为价值理想的社会之道奋力推行，尽管他认为社会理想之道的实现会受到许多客观条件的制约，有时甚至还为此发出"道之将行也与，命也；道之将废也与，命也"（《论语·宪问》）的深沉感叹。但即使如此，他也未停止为实现道而奔走的步履，表现了"知其不可而为之"的坚韧精神。孔子弘道思想及其精神，对培育中华民族知行合一的实践精神，发挥了重大作用。

（2019年3月12日）

立人：中华文化轴心时代的价值主题

春秋战国时期的价值取向不一，儒家崇道德，墨家尚功利，道家法自然，法家重权力，他们在义利、德力、群己、天人等问题上展开了激烈的争论。然而，当时的价值冲突，却并非如《庄子·天下》篇所云："贤圣不明，道德不一"，"皆有所明，不能相通"，"百家往而不返"，而是矛盾中有统一、争辩中有贯通、冲突中有共识。这贯穿于百家之学中的共同趋向、共同价值主题就是立人——确立人的价值。义、利、德、力、群、己等价值取向，都是人的需要的各个侧面的对象化，都是环绕着人这个主体中心而展开的价值维度，这些价值类型的共同的归宿点就在于提升人的价值。

我在《价值的历程》一书中，将这一主题表述为"人道的升值"。"人道"实质上就是人的价值，"人道"的升值即"人的价值"的升值。之所以用"人道"这个概念，是因为在先秦哲学中"人道"一词含有人应该遵守的社会规范的含义，而人应该遵守的社会规范即人的价值具体化。例如，《礼记·丧服四制》："恩者仁也，理者义也，节者礼也，权者智也。仁义礼智，人道具矣。"就是说，仁义礼智是人的价值的全部内容，是人的价值之所在。在春秋战国时期的哲学中，诸子百家的共同价值趋向就是人道的升值，即提高人的价值。那么，这立人——人的价值的升值这一主题是如何展开的呢？

一　在人神关系、人禽关系的反思中确立"人贵"观念

（一）"民为神主"的提出

在孔子儒学形成之前，许多智者就展开了对宗教天命观的批判，关注人事、重视人的价值，形成了一股思想解放潮流。这股潮流，既是对西周时期"敬德保民"的价值观念的进一步发展，又是对百家争鸣时代人道升值思潮的推动。例如，公元前706年，随国的季梁说："夫民，神之主也。是以先王先成民，而后致力于神。"（《左传·桓公六年》）公元前662年，虢国的史嚚说："国将兴，听于民；将亡，听于神。神，聪明正直而壹者也，依人而行。"（《左传·庄公三十二年》）他们虽然没有否定神的存在，但已明确地颠倒了神与人的价值地位，置人的价值于天（神）之上。稍后，周内史叔兴在公元前645年，解释宋国陨石降落、六鹢退飞时明确指出，这种奇异的自然现象"是阴阳之事"，与人事无关，人事的"吉凶由人"。鲁大夫臧文仲在公元前639年，反对鲁僖公打算烧死活人以祭天求雨时说，这种祭天的行为并不能消除旱灾，只有发动人力修理城郭、增产节约才是抗旱的正确途径。叔兴、臧文仲已经把实现价值目标（"取吉""抗旱"）的主体完全转移到了人的身上。值得注意的是，季梁"民为神主"、史嚚"国兴在民"、叔兴"吉凶由人"和臧文仲"旱备在人"的重人观念，都是在同遵从天命的迷信观念的斗争中提出的，这说明人道的升值也是春秋时期价值冲突的核心内容。

（二）"人贵"观念的形成

春秋后期至战国（前403—前221年）时期开展了人禽之辨，通过人禽之辨，形成了"人贵"思想。孔子明确提出"天地之性（生）人为贵"（《孝经》）的伟大思想，并提出了人禽之辨的问题。他说："鸟兽不可与同群，吾非斯人之徒与而谁与？"（《论语·微子》）孟子严于人禽

之辨，通过人禽之异，阐明了人的优越性，确立了人的崇高价值。荀子通过人与物、人与禽的比较，论证了孔子的"人贵"观。他说："水火有气而无生，草木有生而无知，禽兽有知而无义，人有气、有生、有知，亦且有义，故最为天下贵也。"（《荀子·王制》）于是，"人贵"观念在人禽之辨中形成了。同时还形成了与人的价值相关的几个重大命题。《礼记·礼运》云："人者，天地之心也。"《尚书·泰誓》曰："惟天地万物父母，惟人万物之灵。"

二 在学派争鸣中探索实现人的价值的途径和方式

时至春秋末和战国时期，提升人的价值的观念更加活跃，理论也更为系统。儒、墨、道、法四家，都着眼于人的升值，但是对如何提升人的价值，以什么为基点确立人在宇宙中的崇高价值地位，各派学者，视角各异，于是形成了几种不同的人道升值论。

（一）以仁义立人的儒家

孔子虽然承认天命、相信天命，认为"道之将行也与，命也；将废也与，命也"（《论语·宪问》）。"获罪于天，无所祷也。"（《八佾》）并要求人们"知天命""畏天命"，甚至自诩"天生德于予"（《卫灵公》），"天之未丧斯文也"（《子罕》），并自称"五十而知天命"（《为政》），但是，从整个思想倾向来看，孔子并不着重于对天命神灵的依赖，他"不语怪力乱神"，要人们"敬鬼神而远之"，引导人们关心现实的人间生活，说"未知生，焉知死"；"未能事人，焉能事鬼"（《论语·先进》），表现了鲜明的重人意识。《论语·乡党》载：一次马厩失火，孔子退朝归来，急问"伤人乎？"不问马，极其关怀人的生命价值。不但如此，孔子还提出了"天地之性（生）人为贵"（《孝经》）的光辉命题。

"亚圣"孟子也承认天命,说"莫之为而为之者,天也;莫之至而至之者,命也"(《孟子·万章上》),但是孟子从性善论出发,认为人人都生而具有善性——仁、义、礼、智四端,因而"人人有贵于己者"(《告子上》)。他不但重视个人的独立的人格价值,而且特别重视民在国家政治生活中的作用,提出了"民为贵,社稷次之,君为轻"(《尽心下》)这一蕴含着民本精神的光辉思想,影响极为深远。

在先秦儒家中,荀子否定天命观的思想最为鲜明。他认为天是自然现象,并无神秘意志,不值得"大天而思之""从天而颂之"。进而,明确提出人"最为天下贵也"(《荀子·王制》)。

可见,孔、孟、荀都认为"人贵",都明确肯定人的宝贵价值。那么,儒家确立和提高人的价值的支点是什么呢?《周易·说卦》"立人之道曰仁与义"最能概括地表述儒家的人道升值论。意思是说,仁义道德是确立和提升人道即人的价值的轴心和支点,或者说,人的根本价值在于仁义道德。儒家之所以"以仁义立人",原因在于,在儒家看来,第一,仁义是人与万物区别的标志。孔子说,人和犬马对其父母"皆能有养",由此不能区别人与动物,人与动物的区别在于人对父母不但有养之能,而且有"敬"之德,这"敬"之德正是动物所不具备的。荀子明确地以"义"作为人与万物区别的标志,并进而以此为人的价值依据。"水火有气而无生,草木有生而无知,禽兽有知而无义,人有气有生有知,亦且有义,故最为天下贵也。"(《荀子·王制》)第二,仁义是人的共同心理。孟子说:"心之所同然者何也?谓理也义也。圣人先得我心之所同然耳。"(《孟子·告子上》)又说:"恻隐之心,人皆有之,羞恶之心,人皆有之,恭敬之心,人皆有之,是非之心,人皆有之。恻隐之心,仁也;羞恶之心,义也;恭敬之心,礼也;是非之心,智也。"(《孟子·告子上》)。"虽存乎人者,岂无仁义之心哉"(《孟子·告子上》)这是从仁义是人人具有的共性这一角度,说明仁义立人的意义。第三,仁义是人的"安身立命"之所,即人的精神家园。孟子曰:"仁,人心也。"(《告子上》)又曰:"仁,人之安宅也。义,人之正路也。旷安宅而弗居,舍正路而不由。哀哉!"(《离娄上》)仁义就是人的心灵意境、精神境界和生存方式,离开了这一安身立命之所,人就处于失去精神家园的悲哀境地。第四,仁义是人的本质规定。孔子说:"仁者,人也。"(《中庸》)孟子也说:"仁也者,人也"(《尽心下》),"仁,人心也"(《告子上》)。把仁视为人本身,视为人心本身,以仁等于人的等式,表明仁是人的根本价值所在。儒家的上述理论观点明确地告诉人们,人是仁义的载体,仁义是人的本质,人在宇宙中的价值地位就是靠仁义道德支撑的,离开了仁义道德,人的价值大厦就会崩塌。正由于儒家主张"立人之道曰仁与义",所以他们反复要求人们"居仁由义""克己复礼为仁",甚至要人们去"杀身成仁""舍生取义"。认为仁义对于人来说,比生命还要宝贵,"民之于仁也,甚于水火"(《论语·卫灵公》)。希望通过人人养成崇高的仁义道德,以提高人的价值。

(二) 以劳力生人的墨家

墨家一方面承认"天志",一方面又否定"天命";一方面"敬天""明鬼",一方面又"尚功""崇力"。这种矛盾观念,是由墨家处于小生产者的社会地位而决定的。小生产者是劳动者,他们相信劳动的力量、赞扬劳动的伟大,同时他们又深感在社会的汪洋大海之中势单力薄,特别是在争斗激烈、群雄蜂起的大动荡时代,更觉得生计艰难,力不从心。于是,在相信勤劳维生的同时,也希望有超人间的力量("天志")来做自己的坚强后盾,作自身利益的保护者。但是,从总的思想倾向来看,墨家也是着力于人的价值的提升,也是以人道的升值为立论主旨的。

墨家提升人的价值,凝结在其"赖其力者生,不赖其力者不生"的命题中。"力"指劳动,主要是生产劳动;"生"指生存、生活,着重指人的物质生活条件。墨子认为,劳动是人与动物区别的标志,是人类的特点。动物完全靠大自然所赋予的形体和本能进行活动,依靠利用现成的自然条件维持生存,而人则要依靠自身的强力劳动维持生存、进行生活。"今之禽兽,麋鹿、飞鸟、贞虫,因其羽毛以为衣裘,因其蹄蚤以为绔屦，因其水草以为饮食，故唯使雄不耕稼树艺，雌亦不纺绩织纴，衣食之财，固已具矣。今人与此异者也，赖其力者生，不赖其力者不生。"（《非乐上》）

依靠强力劳动维护生存，是人异于动物的特点，因而也是人的价值所在，是提高人的价值地位的根本途径。首先，墨子指出，"力"可以创造丰富的物质财富，特别是粮食和衣物，为人类提供充足的物质生活条件，从而克服饥寒冻馁对人的生命的威胁。"强必富，不强必贫；强必饱，不强必饥"；"强必暖，不强必寒"（《非命下》），"贱人不强从事，即财用不足"（《非乐上》）。如果农夫辛勤劳动，"早出暮入，耕稼树艺"，那就会"多聚菽粟"；如果妇女辛勤劳动，"夙兴夜寐，纺绩织纴"，那就能"多治麻丝"。总之，"以时生财，固本而用财，则财用足"（《七患》）。其次，墨子认为，力可以提高人的社会地位，给个人带来荣耀，即促使个人价值的实现。他说，对于每个人来说，劳动都是确立自身价值的基础，"强必贵，不强必贱"；"强必荣，不强必辱"（《尚同中》）。第三，墨子提出，力也是提升人类社会秩序价值和国家政治价值的杠杆。从历史经验看，"天下之治也，汤武之力也"（《非命下》）；从现实社会看，"强必治，不强必乱；强必宁，不强必危"（《尚同中》）；只有靠社会各级管理者强力劳作，"王公大人，早朝晏退，听狱治政"，"士君子竭股肱之力，亶其思虑之智，内治官府，外收敛关市山林泽梁之利"（《非乐上》），才能"富其国家，众其人民，治其刑政，定其社稷"（《尚同上》）。总之，在墨家看来，人的生存荣通、社会的安宁、政治的优化，都必须通过强力劳动才能实现。

为此，墨子要求人们"强力"劳动，反对"贪于饮食，惰于作务"的懒人哲学；批判"立命怠事"的命定思想。他说，懒惰作风只会导致人的价值失落，天命迷信必然动摇人的价值支柱。人的一切价值的提升，"天下皆曰其力也，也不能曰我见命焉"（《非命中》）。墨子"以力生人"的观点，今天看来，还是相当粗糙的，但他却用劳动观点深刻揭示了人的价值源泉，真正发现了人的价值基础，其开拓之功，可光耀史册。

（三）以大道化人的道家

道家崇尚自然，主张无为，但却并不否认人的价值，而是沿着与儒、墨不同的路径，来提升人的价值。老子认为，人是宇宙间崇高、伟大的存在，"道大，天大，地大，人亦大。宇中有四大而人居其一焉"（《老子》第二十五章）。这里的"大"，非指形体言，乃指价值言，意谓道、天、地、人都是伟大的存在。但是，老子认为，人的伟大，只是就本然言，而非指现实言。若就现实性言，在他所处的时代，人的伟大价值已经失落了。这种失落的具体表现是物欲横流、诈伪成风、争斗不断，充满社会危机。当时的人们，私心膨胀、贪得无厌，把自己的私欲看得高于一切，疯狂地追逐物欲、名利、声望、权力，"不知足""不知止"。而为了满足物欲，就要靠私智、用技巧、走捷径，于是社会上就形成了一种虚伪、欺诈的风气，所谓"智慧出有大伪"。私欲无厌必然导致争斗，而诈伪智巧又为争斗提供了得力的手段。争斗的结果就造成了严重的社会危机，"田甚芜，仓甚虚"，"国家昏乱"，"六亲不和"，"奇物滋起"，"盗贼多有"。在这种条件下，世界处处埋伏着危险，生命随时受到威胁，安全系数极低，性命很难保全，"人之生，动之死地亦十有三"（《老子》第五十章）。总之，人的价值可以说丧失殆尽了。老子指出，人的价值失落是历史衰退、社会蜕化的表现。

为了复归人在宇宙间的伟大价值，道家提出必须效法和遵从大道，以道为人的价值复归的基础。而道的根本原则是"自然无为"，所以效法道就是效法自然。老子说的"人法地，地法天，天法道，道法自然"（《老子》第二十五章）就是道家提升（复归）人的价值的纲领。

道为什么可以提升人的价值呢？其一，道是"上德"境界的体现。老子把"德"分为"上德""下德"两个层次，道是"上德"境界的体现。所以，人如果能与道合一，就可以达到"上德"层次，成为具有最高道德素质的人。其二，道是"圣人"人格的基石。老子说"圣人抱一（道）为天下式"（《老子》第二十三章）；"圣人处无为之事"（《老子》

第二章）。如果人们得道，从道，效法自然，奉行无为，就会成为完美的"圣人"，达到理想的人格水准。其三，守道是事业成功的方式。老子认为，人的主体能动性不是表现在主观任意的盲目蛮干上，事业的成功也并非取决于人的肆意拼搏和狂妄争斗，而关键在于人能按照道的规律，顺应自然法则去作为，即"辅万物之自然而不敢为"（《老子》第六十四章）。以此方式和态度去行动作为，必然会达到建功立业的目的，即"无为而无不为"（《老子》第四十八章）。其四，道是实现社会理想的途径。理想社会是人的价值实现的条件，也是人的价值的表现，道家认为，以道为治世法则，"无为而治"，就会达到"其政闷闷，其民淳淳"，自然素朴，平安自由的社会境界。总之，道是达到"上德"境界、圣人人格、功成事遂、无为而治的唯一正确途径，只有道才会使人的价值得到复归、得到提高。

由于道是人的价值的源泉和动力，所以道家要人们"尊道""贵道""保道""守道""闻道""进道""同于道""从事于道"。而人"同于道""从事于道"的过程，也就是被道所化的过程，老子曰："道常无为而无不为，侯王若能守之，万物将自化"（《老子》第三十七章），"我无为而民自化"（《老子》第五十七章）。庄子曰："泉涸，鱼相与处于陆，相呴以湿，相濡以沫，不如相忘于江湖，与其誉尧而非桀也，不如两忘而化其道。"（《大宗师》）。以道化人，人化于道，就是道家的人道升值论。

道家的人道升值论，与儒、墨所主张的把人从动物提升到人，即从低价值层次提升到高价值层次不同，而是指使人复归到人本来固有的价值特性。而其提升或复归人的价值的支点，既不是作为道德的仁义，也不是作为劳动的力，而是作为宇宙本体的道。这充分表现了道家将本体论与价值论相统一的特征。

（四）以法律治人的法家

法家论人，既不同于孔、孟儒家的人性本善论，也不同于老、庄道家的人性自然论。他们认为，趋利避害、利己谋私、好逸恶劳是人皆有之的本性，"民之情莫不欲生而恶死，莫不欲利而恶害"（《管子·形势解》），"人莫不自为也"（《慎子·因循》），"夫民之性，恶劳而乐佚"（《韩非子·心度》）。法家对人性的这些看法，可以概括为"人性好利论"。

既然人性好利，那么，人与人之间的关系就是赤裸裸的利害关系。韩非对人与人之间的利害关系做了淋漓尽致的描绘，他说，父子之间"用计算之心以相待也"，君臣之间"以计合者也"，君民之间"不养恩爱之心"，夫妻相争"急利甚也"，兄弟相残"其利大也"，医生治病是由于"利所加也"，渔夫持鳝是因为"利之所在"（见《韩非子·六反》《备内》等篇）。总之，一切人际关系都是以利害为基础的，在儒家"父慈子孝，君惠臣忠，兄友弟恭，夫义妇顺，朋友有信"的温情脉脉的"仁爱"纱幕背后，法家却发现了冷冰冰的利欲之争。

人性好利自私，当然谈不上什么价值。那么，如何使人具有价值，又如何提升人的价值呢？有人说，法家不承认人的价值，也不着眼于提高人的价值，甚至还扼杀人的价值。其实，这种看法是表面的。在法家看来，人的争利自私本性固然不可改变，但并不等于容许和放纵人的活动和作为的非价值化。问题在于，怎样"因人之情"即依据人的本性，探索可行的道路，运用合理的方式，使人的活动价值化。法家认为，儒家"以仁义立人"，用道德来确立人的价值是不符合人性的，因而也是行不通的，必须顺应人情，因势导利，才能使人的活动具有价值。既然人皆有趋利避害的本性，那么只有"立民所欲，以求其功"，"立民所恶，以禁其邪"（《管子·君臣上》）；"赏莫如厚，使民利之；誉莫如美，使民荣之；诛莫如重，使民畏之；毁莫如恶，使民耻之"（《韩非子·八经》）。而能发挥这种赏罚功能和作用的，就只能是法律。可见，法家"因人之情"而知"赏罚可用"；知"赏罚可用"而明"以法治人"。这就是法家确立和提升人的价值的独特方式。法是由权力机关所颁布的强制性规范，对于提高人的价值来说，其意义约有三点。一曰明于公私之分,"去私心行公义"。法家认为,法所代表的是"公利""公义""公心",它是和私相反的公共规范。推行法制,把人们的行为和活动纳入法的轨道,就会使公私分明、公义大行。法的赏,"必出于公利"(《韩非子·八经》);法的罚,"以公法而诛之"(《孤愤》)。当人们的"私心"被导向"公义"的范围,就会使"公善"行为受到鼓励和奖赏,使"私恶"损众之人受到惩罚,从而公义得以伸张,行公义者的价值得到确立。尽管法家所谓的"公利""公义"并不是社会的整体利益而是统治阶级、统治者的利益,即"人主之公利",但它所体现的"公法废私"的精神,至今仍有积极价值。二曰弘扬"平直"精神,维护权利平等。法家以法为"天下之程式""万事之仪表",即对于适用的对象坚持同一标准,平等要求,不偏向、不倾斜、不曲从,"法之所加,智者弗能辞,勇者弗敢争。刑过不避大臣,赏善不遗匹夫"(《韩非子·有度》)。这对于维护人们在权利和义务上的平等,确立统一的行为评价标准,无疑具有积极意义。它可保证人们在"不失其平"的法律面前,公平竞争,实现价值。三曰打击邪恶势力,优化社会秩序。由于法是一种强制性规范,因之在对禁暴抑邪,维持正常、安定的社会秩序方面,能起到道德所起不到的作用。法家把这种强制性叫作"禁"。韩非说:"古之善守者,以其所重禁其所轻,以其所难止所易";通过强制性的"禁",使"暴者守愿,邪者反正。大勇愿,巨盗贞,则天下公平"。(《守道》)从而,达到"君子与小人俱正,盗跖与曾、史俱廉"(《守道》),人们都能遵守共同的价值准则,达到共同的价值水平。总之,法的公正、平等、禁邪功能,都表明它是维护人的价值、提升人的价值的有效工具。可见,"以法治人"不但不是对人的价值的损害,恰恰是对人的价值的保护和确立。

然而,法家通过"以法治人"来提升人的价值,究竟着眼于对人的外在行为的制约性端正,而不是善美心灵的升华,也不是精神境界的探索,更不是主体能动性的开发。所以他们所追求的人的价值,是外在的而非内在的,是行为的而非精神的、是低位的而非高层的。因此,与儒、道、墨家的人道升值论比较，就显得强度有余而弹性不足，理性充沛而感性欠缺。

儒、墨、道、法各以其对人的价值的理解和对当时人道现状的估量，提出了自己提升人的价值的主张。见仁见智，乐山乐水，各有千秋，互有短长，综而观之，共同构成了一幅从不同侧面，以不同基点支撑人的价值的宏伟蓝图。从此以后，中华民族就以此为蓝本，不断建构自己的人的价值大厦。

三 "人贵""立人"——人的价值确立的重大意义

"人贵""立人"等关于确立和弘扬人的价值的观念对中华文化产生了深远影响，具有重大意义。

（1）锻铸了中国传统文化的人文主义精神。儒家"人贵"思想锻铸了中国传统文化的人文主义精神，中国传统文化的人文主义精神，凝聚在以下两点，一是以人的样式化育天下，把世界人文化。《易传》云："观乎人文以化成天下。"二是以人的价值规定人的本质（即以"应然"规定"本然"），将本体价值化。东汉许慎《说文.人部》云："人，天地之性最贵者也。"定义是揭示本质的，而本质是无价值意蕴的判断。可是许慎却用"天地之性人为贵"这一价值判断、价值叙述为人下定义。将人之本质价值化。这是一种本体价值化的思维方式。

（2）培育了中国传统道德的人道主义内涵。《论语》记载："厩焚。子退朝，曰：'伤人乎？'不问马。"（《乡党》）这表明孔子高度重视人的价值、关怀人的生命。而这种情怀，正是以"天地之性人为贵"的观念为指导的。朱熹解释《论语》此章时说："贵人贱畜，理当如此。"（《论语集注》卷五）朱熹所谓的"理"，就是"天地之性人为贵"的"理"。传统儒家思想认为只要人们真正确立了"人贵"观念就会去切实地尊重人的价值、热爱人的生命、关注人的利益，做到"爱人""立人""达人"。

（3）赋予了中国传统治国理念的人本主义、民本主义意识。对此，中国古代哲人有着深刻的认识。管子曰："夫霸王之所始也，以人为本。本理则国固。"《亢仓子·君道》篇曰："夫国以人为本，人安则国安。"罗钦顺云："世道之升降，系于人不系于天。"（《四续》）这种"以人为本"的治国理念是从人与物、人与神的关系上来阐发人的作用的，如果从君民关系上弘扬人的巨大作用，"以人为本"就成为"以民为本"。老子云："圣人常无心，以百姓心为心。"（《老子》第四十九章）孟子云："民为贵，社稷次之，君为轻。"（《孟子·尽心下》）贾谊云："夫民，万世之本也，不可欺。"又云："闻之于政也，民无不为本也。国以为本，君以为本，吏以为本。"（《新书·大政上》）根据"以民为本"的政治理念，哲学家们进而提出了"政之所行，在顺民心；政之所废，在逆民心"（《管子·牧民》）的为政之道。总之，对人作为国家兴盛、社会发展、政权巩固的决定因素的充分肯定，是中国古代哲学人本思想的一个重要内容。

传统"人贵"观念的缺陷在于高扬人的道德、忽视人的权利，致使人权、民权意识淡薄。

春秋战国时期的价值争鸣，为中华民族的价值观举行了奠基礼。当时所形成的价值观念体系和提出的价值问题，是尔后价值观念选择和进一步发展的理论基础，是其后两千多年间价值观念的思想源泉。儒、墨、道、法的价值取向，义利、德力、群己、天人等问题的争辩，关于人的价值的种种观点和提升人的价值的种种主张，至今仍在中华民族的文化心理结构中活跃着。在现代化进程中，无论对传统价值观是弘扬还是反思，是继承还是革新，是转换还是重建，春秋战国这"文化轴心时代"形成的价值观念，都是可开发的资源、研读的"元典"。

（2019年6月20日）

画道的自觉

——刘亚谏的《中国画道论》和《画道纵横》读后

自觉是一个人对自己以及自己人生责任、人生意义的正确认识和深入理解。一个人无论从事什么工作，达到自觉性是最重要的（我曾撰文《师道的自觉》）。只有达到自觉才能实现工作的大升华，进入工作的高境界。人常说"贵在自觉"，自觉之所以"贵"，是因为第一，达到自觉很重要，第二，达到自觉不容易！刘亚谏的画论和画作的突出特点和重要意义在于达到了自觉，这种自觉就是画道的自觉。

（1）画道思考和研究的系统化。《中国画道论》和《画道纵横》是亚谏对中国画的绘画哲理的多年思考和研究的结晶，明晰了概念、探索了源流、建构了体系、总结了经验、创新了观点、归纳了资料，资料翔实、思路清晰、论述严谨、视野广阔、文字生动，是画道的理论自觉的表现。

（2）在中华传统文化的大系统、大背景和中西文化的比较中阐释中国画道，是画道的文化自觉。

（3）在总结自己和其他画家的艺术创作经验的基础上论证画道，是画道的实践自觉。

（4）在"道""艺"合一的思路中言说画道，是画道的智慧（哲学）自觉。

刘亚谏同志人生经历丰富，绘画经验坚实，又加之勤奋好学、虚心求教，他的艺术活动的鲜明特点之一就是"道"与"艺"的结合。以中国传统哲学言之就是"知行合一"，以马克思主义哲学言之就是理论与实践的统一。"道"与"艺"的结合、理论与实践的统一，包含理论指导实践和实践体现理论两个方面。从理论指导实践而言，亚谏主张"以道为画（艺）"，说"以道求理，理即通；以道求法，法可生；以道立象，象自出；以道为画，画乃妙！"这是讲画道对画作的指导意义。

从实践体现理论而言，亚谏又主张"以画（艺）体道"，他说"绘画反映着道的精神、理念，不仅表现着'道'，修习着'道'，而且还传播着'道'。"[①] 又说："中国画看起来是在画画，实际上是在画心、画思想，是在求道，是以画的形式表现道的内涵。人们在读画时，不仅读画中表现的景象或形体，更重要的是感受中国画的气韵和精神，体味画中蕴含着的哲学观念。"[②]

通过"以道为画（艺）"和"以画（艺）体道"，来实现"道"与"艺"的统一，是画道即绘画哲学、艺术美学的重大问题。是古今中外的哲学家和艺术家都能关注的问题。是画道自觉的智慧境界、至上境界！

当然画道自觉，并非有一个界限，更非一个终点，而是不断追求和不断探索的过程。可贵的是刘亚谏对此有清醒的认识，他给自己提出的使命是："画道无涯，求索不已！"

（2019年8月23日）

[①] 刘亚谏：《中国画道论》，中国书店出版社2012年版，第5页。
[②] 刘亚谏、从伊：《画道纵横》，西北大学出版社2019年版，第218页。

在"道通八荒——刘亚谏秦岭诗书画巡展"开幕式上的发言

我十分高兴参加"道通八荒——刘亚谏秦岭诗书画巡展"的开幕和观赏！首先我对这次诗书画巡展在西安举办表示衷心祝贺！我觉得，刘亚谏秦岭诗书画巡展的举办具有多重意义。

第一，它是艺术的乡愁。习近平总书记多次说"要记得住乡愁"。所谓乡愁就是远离故乡的人对家乡的眷恋和怀念之情。秦岭是亚谏的故乡，秦岭诗书画是亚谏对于故乡的深切怀念，给予故乡的恩情报答。所以，"秦岭诗书画巡展"是亚谏对于乡愁的艺术表达，对于乡情的艺术诉说。

第二，它是艺术的荟萃。亚谏言说秦岭乡情的艺术形式有绘画、有书法、有诗词、有文赋，各种艺术形式峥嵘竞放、丰富多彩，充分表现了作者深湛的艺术素养和对故乡深厚的情感。

第三，它是艺术的环保。亚谏描绘的秦岭，山青水绿、天蓝云白、林木葱苍、花果繁茂，乃物华天宝之域。是我们热爱的家园，也是我们保护的对象。秦岭绘画的美感，必定能增强人们的环保意识。

第四，它是艺术的标杆。亚谏关于秦岭的艺术作品，特别是绘画作品，标志着作者山水画艺术创作的新高度。它蕴含的绘画哲理、达到的艺术境界、形成的艺术风格、体现的艺术精神，运用的绘画技法，以及其他艺术要素，都为中国画艺术园地，积累了新经验、开辟了新天地、作出了新贡献，既有美术欣赏价值，更有学术术研究价值。

基于此，我对这次画展表示由衷的赞许和支持！为了表达喜悦和赞佩之情，我特吟诗一首：《参观刘亚谏秦岭诗书画巡展有感并赠亚谏同志》，诗云：

> 诗情画意抒乡愁，山自巍峨水自流。
> 磅礴峰峦成锦绣，苍茫石径走春秋。
> 心潮激荡生花笔，艺海昂扬破浪舟。
> 系得中华文脉在，无妨四海作云游！

最后，预祝这次秦岭书画展圆满成功！

（2019 年 8 月 23 日）

从自觉到自信的文化心路

发生在20世纪初的五四新文化运动,至今已逾百年。综观一百年来中华民族的文化心路,概而言之:经历了由文化自觉到文化自信的宏伟历程。作为五四爱国运动思想基础的新文化运动是近代史上一次伟大的思想解放运动,是一次深刻的文化价值重估,因而是中华民族空前的一次文化自觉。

这种自觉表现在对传统文化的反思、批判和对现代文明的接纳、创建两个方面。所谓对传统文化的反思批判就是提出"打倒孔家店"的口号,对封建专制制度利用儒家礼教"杀人""吃人"的残酷本质进行批判。把鸦片战争以来对中国社会落后状态的反思从器物层面、制度层面,深入文化层面。所谓对现代文明的接纳创建就是高举"科学"和"民主"的旗帜,吸取西方的先进文化,接受马克思主义文化,创建中国的现代新文化。

从五四至今的百年间,中华民族通过"中西古今"的思考论辩和"革命救亡"的实践检验,在知行互动中不断提高了文化自觉的水平,进而在此基础上逐渐增强和坚定了文化自信的信念。当今,习近平总书记明确提出"文化自信,是更基础、更广泛、更深厚的自信",这标志着中华民族的百年文化心路已经从文化自觉升华到了文化自信的新时代。文化自信是文化主体在对自己民族文化的正确认识的基础上,所确立的对自己民族优秀文化的坚定信任,对自己民族文化生命力的坚实信念,以及对自己民族文化生存和发展的光明前景的坚强信心。

习近平总书记的"文化自信"论为中华传统文化赋予了崭新的重大

意义和深厚的时代内涵：中华优秀传统文化是中华民族的根和魂，是中华儿女共同的精神基因；中华优秀传统文化是中国特色社会主义道路的历史底蕴，是国家治理体系的历史资源；中华优秀传统文化是涵养社会主义核心价值观的重要源泉，是当代中国人道德优化的丰厚滋养；中华优秀传统文化是我们在世界文化激荡中站稳脚跟的坚实根基，是实现中华民族伟大复兴的中国梦的精神动力；中华优秀传统文化蕴含着具有世界意义的文化精髓，是构建人类命运共同体的智慧资源。

中华民族的文化自信是中华民族发展、前进和强盛的最深厚的精神力量。当中华民族的心路已经从文化自觉演进到文化自信的时代，我们的文化使命就是在文化自觉和文化自信的双向互动、不断提升的过程中实现传统文化的创造性转化、创新性发展。

在从文化自觉到文化自信的百年心路历程中，加拿大文化更新研究中心创办的《文化中国》发挥了积极的作用，它以其敏锐的触角、宏阔的视野、宽容的胸襟和深沉的情怀，构筑了一个文化交流的平台和学术对话的阵地，培育了一座海内外学人研探中华历史文化，进行中外文化比较的学术园林，为中华民族实现文化自觉、激励文化自信作出了重要贡献。在五四运动百年隆重纪念之际，喜逢《文化中国》满百期寿诞之日，为了表达我作为《文化中国》的一位作者和读者的衷心祝贺之情和诚挚敬佩之意，特吟《文化中国百期礼赞》一首，以表寸衷：

圣道洋洋峻极天，探珠琢玉溯源泉。
文心浩荡东西海，视野苍茫中外山。
百卷华章凝史慧，卅年健笔写风烟。
挥毫勇绘新时代，哲海清波汇万川。

（载《文化中国》2019 年第 1 期）

价值论是中国传统哲学的核心
——赵馥洁教授访谈

赵馥洁　孙伟平

孙：请您结合中国价值论的兴起和发展，扼要谈谈自己是如何走上价值哲学研究之路的。

赵馥洁：我 1964 年 7 月于西北政法大学哲学系毕业后留校，从事哲学教学。曾先后在西北政法大学和陕西师范大学任教。从 1979 年 4 月至今，一直在西北政法大学从事中国哲学和传统文化的教学与研究工作。

我从事哲学教学与研究工作近 50 年，可以分为两个阶段。第一阶段是 1980 年以前，主要进行马克思主义哲学的教学和研究；第二阶段是在 1980 年以后，转为从事中国哲学的教学和研究。

20 世纪 80 年代初，价值哲学研究在我国兴起。其兴起的主要原因有四个方面。（1）改革实践的要求。改革的目的是解放和发展生产力，发展生产的目的是满足人民日益增长的物质、文化、精神需要。满足人民需要就是生产的价值和意义。同时，改革过程中出现的效率问题、利益问题、公平问题等都是价值的表现形式。（2）真理标准讨论的深化。在真理标准讨论的深化中提出了诸多问题，如实践的成败标准、实践的目的含义、认识的真实性与认识的合理性、认识性真理与价值真理等问题。这些都引发了对价值问题的思考。（3）异化和人道主义讨论的引发。这两个问题的核心问题是人的价值问题。（4）现代西方哲学思潮的触发。20 世纪 70 年代末至 80 年代初，传入中国的存在主义、尼采哲学、西方马克思主义、弗洛伊德主义都关涉价值问题。

由于这样的背景，学术界发表了许多探讨价值的文章和著作。我自己研究中国传统哲学的价值问题，主要是受了这些文章和著作的启发。例如，1980年，学者杜汝楫在上海《学术月刊》第10期发表《马克思主义论事实认识和价值认识及其联系》，认为关于事实和价值的讨论，在西方哲学史和政治哲学史上占有重要的地位。故而该文在论述事实与价值联系的同时，着重表明何以实践的观点是马克思主义认识论的根本观点。该文强调："社会实践是价值真理的客观标准"，"在马克思主义哲学里，社会实践作为社会事物的真理标准，不论对于事实问题或者价值问题来说，都是适用的。在社会历史的领域里，'真理'这个词本来就有两种含义：或指真实性而言，或指合理性（正当性）而言"。该文引起学界重视，何祚榕特别在《光明日报》（1981年8月8日）发文推介。1982年初，罗国杰在《哲学研究》第1期发表《试论马克思主义伦理学的价值观》一文，从伦理角度阐发价值观。他说："'价值'本来是一个含义很广的范畴。一般来说，它是物质客体、人们的社会实践活动和社会意识现象所具有的一种属性，这种属性体现着这些物质客体、社会实践活动和社会意识现象对一定的社会、阶级和个人所具有的意义。在伦理学上，道德意识、道德规范、道德活动，对人们具有重要的意义，具有重要的价值。某一事物如果它对人们具有几种不同的意义，那么它就具有几方面的价值。"1982年9月18日刘奔、李连科在《光明日报》发表《略论真理观和价值观的统一》一文，提出主客体的矛盾是贯穿实践过程的基本矛盾，真理与价值问题就是在这个基础上发生的。1985年李德顺发表《真理与价值的统一是马克思主义的重要原则》（《中国社会科学》1985年第3期）一文，从人类实践中"两个尺度"有机统一的存在论，分析了真理与价值的辩证关系，并从主体角度来考察这一问题。1985年李连科著的《世界的意义——价值论》由人民出版社出版。该书认为马克思主义哲学应包含价值观点，马克思主义经典作家虽然没有创立一个价值论体系，但却始终没有忽略价值问题，并提出"主体—客体关系问题，是马克思主义哲学的中心问题之一，也是正确了解价值问题的理论前提"①。

特别是北京大学中国哲学史专家张岱年先生的《中国古典哲学的价值论》(《学术研究》1985 年第 7 期)、《中国哲学关于人生价值的思想》(《中国哲学史研究》1987 年第 1 期)等论文,对我启发很大。张岱年先生提出的一个主要观点就是"价值论是中国传统哲学的核心",并在文章中指出了中国古代有哪些主要的价值范畴,并用这些价值范畴来表达中华民族的一种价值观念。他还对我国古代儒、道、墨、法以及两汉、宋明时期学者的人生观和道德价值观做了分析。我受到这些文章,特别是张岱年先生的论文的直接启发,开始研究中国传统哲学中的价值论。

我发表的第一篇研究中国传统哲学价值论的文章是《中国传统哲学的价值观》。该文是为 1987 年 11 月在西安召开的"价值论与价值观念变革"学术研讨会提供的论文,会后收录于《价值和价值观》(陕西师范大学出版社 1988 年版)一书中。该文分析了中国古代哲学家对价值是什么的看法和观点,认为中国古代哲学中蕴含着丰富的界定价值的论述,回答了价值是什么的问题。以往的中国哲学史研究,未对这些宝贵思想予以关注。我当时感到研究中国哲学,有很多路子可走,中国哲学中也有很多问题没有被重点开拓,我觉得的价值问题就是中国哲学里一个非常重要的问题,但是没有很好地研究。从此我就明确地把中国传统哲学价值论作为自己的研究方向,相继发表了《价值论是儒家哲学的核心》(《哲学动态》1988 年第 8 期)、《儒家哲学的价值论》(《人文杂志》1988 年第 3 期)、《儒家的价值目标论》(《西北政法学院学报》1988 年第 3 期)、《论〈易传〉的价值观》(《人文杂志》1989 年第 6 期)等论文,展开了系统的中国传统哲学价值论的研究。1989 年我申报了国家社会科学基金课题"中国传统哲学价值观研究",获准后于 1991 年完成。《中国传统哲学价值论》(陕西人民出版社 1991 年版)就是这一课题的最终成果。

---

① 李连科:《价值哲学引论》,商务印书馆 1999 年版,第 70 页。

孙：您的代表著作《中国传统哲学价值论》是中华人民共和国成立后第一部研究传统价值论的学术专著，请您介绍一下该书的主要内容。

赵馥洁：《中国传统哲学价值论》的内容由"导论"、"价值原理"篇、"学派取向"篇和"范畴系列"篇四部分构成。"导论"部分论述了价值论在中国传统哲学中的地位、中国传统哲学价值论的结构特征、中国传统哲学价值论的理论体系和研究中国传统哲学价值论的意义。"价值原理"篇阐发了中国传统哲学中的价值本质论、价值分类论、价值评价论、人类价值论和自然价值论等关于价值基本原理的内容。"学派取向"篇阐述了中国传统哲学最有代表性的四大学派的价值论特征和体系。即儒学的道德价值论、墨家的功利价值论、法家的权力价值论和道家的自然价值论，对每一学派大都从价值根据论、价值取向论、价值选择论、价值理想论和价值实现论考察其理论体系。"范畴系列"篇系统研究了中国传统哲学中的义利、德力、义生、德智、理欲、公私、群己、天人、真善美九组基本价值范畴。

三篇结构分别从原理、学派、范畴的角度展现了中国传统哲学价值论的基本理论内容。

孙：您在该书中提出了哪些重要学术观点？

赵馥洁：首先，该书提出了一个最核心的观点——中国传统哲学本质上是价值哲学，从而把中国传统哲学的本质特征概括为：自然与人伦合一、知识与道德融合、宇宙法则与治世规范统一、必然原理与应然判断贯通。就是说，中国传统哲学的所有论域都是以价值为宗旨的。传统哲学的本体论并非以宇宙的本质为认识的根本目标，而是借"天道"以明"人道"；传统哲学的认识论并非以认识的来源和规律为探讨的最终归宿，而是借"知行"以说"道德"；传统哲学的辩证法并非以世界的运动过程和规律为研究的至上兴趣，而是借"阴阳"以言"治平"，传统哲学的历史观也并非以历史发展的客观必然性为思考的终极意义，而是借"理势"以论"至治"。就是说，价值论渗透于哲学的各个领域，成为其他哲学问题环绕的核心。

其次，该书提出了中国传统哲学的价值观念体系，其体系是：以人为本位，以道德为主导，以功利和权力为两翼，以"自然无为"为补充，以群己和谐、天人和谐为真善美统一的理想境界的价值观念体系。所谓以人为本位，是指中国哲学价值论把肯定人的价值作为其全部理论的基础，全部理论都是为确立人在宇宙间的崇高价值而展开的。所谓以道德为主导，是指在中国哲学中，道德处于比其他价值更高的层次，并指导和制约着其他价值的选择。所谓以功利和权力为两翼，是指在以道德为主导的前提下，物质利益价值和政治权力价值仍处于重要地位。所谓以自然无为为补充，是指在尊重人的能动作用的前提下，同时强调顺应自然，不任意妄为，以缓冲由于推崇人的能动性而形成的人与自然之间的张力。所谓以群己和谐、天人和谐为真善美统一的理想境界，是指通过上述各价值要素在自身所处的价值层次上发挥作用，从而实现个人、群体、社会之间，人和自然之间的高度和谐，达到真善美统一的理想境界。这个体系把儒墨法道及其所追求的价值结构统一到一个整体之中，指明了它们作为一个要素在整体中的位置和不可或缺的功能关系。

再次，该书揭示了中国传统哲学价值论的辩证本性和独立自足的结构性特征。从宏观全貌的大视野着眼，把传统价值论各学派及其理论主张作为部分和要素放入传统价值论整体中去，揭示出它们之间既互相对立，又互依互赖的辩证关系。中国传统哲学价值论存在于这种整体性的联系之中，并由此规定其性质。

最后，该书还分析了中国传统哲学价值观的一些特征，比较了中国传统价值论与西方价值论的区别。

孙：您认为中国哲学价值论的特点是什么？

赵馥洁： 我在《中国传统哲学价值论》中提出西方哲学比较重视的是价值原理问题的讨论，而中国哲学则不太关注价值原理，不重视讨论价值是什么，而是关注价值规范，重在讨论怎样才有价值，重视现实生活中人的价值活动。根据这一总体观点，我分析了中国哲学价值论的五大特点。

(1) 重视规范。价值理论基本上包括两个层次（或两个部分）。一是价值原理，或叫价值的原理论，它探讨价值的本质、特性、分类、评价等一般性问题，重在解答人们现实生活中所追求的多种多样的价值的共同本质问题；二是价值规范理论，它研究人应该追求什么样的价值，在面临着许多价值对象发生矛盾、冲突的时候，人应该做出什么样的具体选择。由此而论，中国传统哲学的价值论，原理论部分相对薄弱，而规范理论部分却十分丰富。虽然"可欲之谓善"，"不全不粹之不足为美"，"富有之谓大业，日新之谓盛德"，"和为贵"等命题都是对价值的一般本质的规定，在价值分类、价值评价方面也提出了许多深湛的论点，对主体需要也有比较深入的探讨，但从总体上看，哲学家们的主要注意力似乎并不在此，而是着重论述在现实生活中人应该追求什么才有意义，应该怎样生活才有价值。因此，提出了如义利、德力、义生、德智、理欲、公私、群己、天人、真善美等价值规范，进行分析、比较，确定选择方向。在本书中，"价值原理"篇的篇幅相对地少于后两篇，一则由于我对这方面的问题还探讨不够，二则在初步研究的基础上，我发现中国哲学中这方面的内容不及规范理论丰富。当然，此看法能否成立，还有待进一步深入研究。重视价值规范这种现象与整个中国哲学不太着力于形而上学的抽象思考，而特别关注现实生活实际问题这种致思趋向可能有关，这也是一个值得深思的问题。

(2) 多元取向。中国哲学关于实际人生中价值目标的选取是多元的，主要有道德、功利、权力、自然四个方向。儒家尚道德，墨家重功利，道家以自然无为为鹄的，法家以权力法治为目标，这仅就其大者言之，先秦其他各家的价值取向与此四家也不一致，所谓百家争鸣，"各引一端，崇其所善"（《汉书·艺文志》）。而且，在每一家内部，各派也是同中有异，争论不休。汉以后，儒家独尊，百家之学隐而不显，但其思想观念都未中绝消亡。价值取向上的多元现象，尽管受到统治者意识形态一体化的制约，但在哲学理论中却依然存在，当然形式发生了种种变化，如外儒内法、明儒暗道、儒法并举、儒道互用等。纵观中国哲学史，价值取向的多元化是贯彻始终的。

（3）道德主导。在多元取向的结构中，各元之间并不是不分主次、地位均等的。从总体上看，儒家"义以为上"的道德取向事实上占据主导地位，汉以后的儒家独尊是历史事实。由于封建统治者一方面弘扬儒家的价值观念，一方面压抑别家的价值追求，使多数哲学家都以儒家学说为正宗，在价值论上也同样视儒家为准则。即使一些有离经叛道精神的哲人，也往往借儒家的外衣宣扬自己的理想，"明修栈道，暗度陈仓"。真正明目张胆地亮出自己的旗帜，鼓吹与儒家逆向而动、异向而取的，终是少数。而且，更值得注意的是，许多异端思想家所主张的价值观念，虽然不同于儒家的"仁义"至上、"天理"第一，但并不是完全否定道德的价值，而是崇尚某种与儒家不同的道德。所以，无论是以学派取向为"元"，还是以价值类型为"元"，在多元结构中，道德都是主导的一元。

（4）内在冲突。多元取向必然存在内部冲突。价值论史上的义利之辨、德力之辨、理欲之辨、公私之辨、群己之辨、天人之辨等，就是内在冲突的表现。这些冲突从先秦以至清末，源远流长，时起时伏，不绝如缕。以学派而言，儒墨冲突主要表现为义利之辨（当然也有德力之辨），儒家尚义，墨家重利。"义"包括道德原则、政治原则、义务观念；"利"包括功业和物质利益。儒家竭力反对私利，也不太重视公利，墨家则主张兴天下之利。儒法冲突集中表现为德力之辨（当然也有义利之辨），儒家重德贬力，以德治、仁政与力政对立，法家贵力贱德，认为只有强力、暴力才能维持政治统治，道德没有意义。儒道冲突主要集中于天人之辨和群己之辨，儒家重人为，道家崇自然，儒家尚群体团结，道家贵个体自由。儒家虽讲天命，但天命的内容是道德，仍是重人；道家虽重人生，但人生的意义在于顺应自然，仍是尊天。不仅儒道之间有天人、群己之辨，墨、法与道之间也存在天人、群己之辨，墨言人之利，法言人之力，都是重人，墨主"尚同"，法主"齐一"，都是贵群。不仅儒墨之间、儒法之间有义利、德力之辨，墨法之间也有义利、德力之辨，墨家之利指公利而言，为公利即"义"，故也贵义，不同于法家的狭隘功利主义；墨家贵力指劳力言，强力劳动即"德"，并不是非德，不同于法家反道德的暴力主义。所以，法家韩非总是把儒、墨两家拉在一起，进行批判。不仅各学派之间有价值冲突，各派内部，特别是儒家内部也存在着义利、德力、群己、天下以及理欲、公私、义生、德智等问题上的争辩。历史上所谓的正统与异端、正宗与别宗的区分即与上述争论有关。这些冲突，其实是各家各派争取价值观上的主导地位、统治地位的斗争。这种冲突，是中国哲学史上价值观发生历史演变的一个重要动力，也是形成传统哲学价值论观点纷呈、丰富多彩的一个重要原因。

（5）相成互补。取向的多元化不但导致了内部的对立和冲突，而且也促成了各元的相互补充、相互转化。不但墨家以"兴利天下"补充了儒家"重义轻利"的偏颇，道家以"贵无为"缓和了儒家"知其不可而为之"的激进，而且儒家的"义以为上"和法家的"争于气力"，道家的"遗世独立"和儒家的"明分使群"，墨家的"先质而后文"和儒家的"郁郁乎文哉"……也恰好相互补充而构成了统一体的两面。至于玄学中"名教"与"自然"的合一，理学中儒、释、道的融合，一些哲人的价值观念似儒似道（如周敦颐、邵雍），有些学者的价值原则似儒似法（如陈亮、叶适），更是价值取向相成互补的产物。由于这种相成互补作用，促成了中国传统价值系统的内部协调和相对稳定。而且，由于冲突、争论的各方，在批判对方价值观念的同时又吸取对方，在坚持自己价值主张的同时又变通自己，结果就使得各元之间同中有异，异中有同，共同构成了中华民族统一的价值观念体系，并非真的如庄子所说，百家学者"皆有所明，不能相通"（《庄子·天下》），而是矛盾中有统一，争辩中有贯通。

孙：《中国传统哲学价值论》作为第一部研究中国传统哲学价值论的学术专著，从价值论的角度对中国传统哲学进行了新的反思，对中国传统哲学中所蕴含的价值理论进行了专门而系统的研究，它不但弥补了以往对中国传统哲学价值论有所忽视的缺陷，而且拓展了中国哲学史研究的领域，深化了对中国文化的精神实质和特点的认识，也为建设中国特色的社会主义价值观念体系提供了一定的历史借鉴。该书出版后学术界有哪些反映和评价？

赵馥洁：该成果出版后受到哲学界特别是价值哲学界和中国哲学史界学者们的广泛关注。1996年国家哲学社会科学规划办公室曾专门就该成果发《成果要报》向中央领导和有关部门通报该成果的主要内容和学术观点。《人民日报》《光明日报》《陕西日报》《西安日报》《中国社会科学》《哲学动态》《人文杂志》《管子学刊》《理论导刊》等全国14家报纸杂志发表了报道和书评。张岱年、萧萐父、李锦全、李德顺、周桂钿等中国哲学史专家都高度评价了该成果"开拓创新""填补空白"的学术价值。张岱年先生还来信鼓励说："关于中国哲学史上的价值观，我只写了几篇论文，你却写成了一部专著。而且论述深细，可赞！可佩！"该书1994年获陕西省政府社会科学优秀成果奖一等奖，1995年获首届中国国家教委人文社会科学优秀成果奖二等奖。十多年来，很多著作、论文都署名引用了该书的学术观点，一些中国哲学史学科点也将该书列为研究生的重要阅读著作。

孙：在这部著作出版后，您在价值问题研究上又进行了哪些思考和研究？

赵馥洁：这本书只是铺设了我自己研究中国价值哲学的基石。对一个学者来说，必须在自己所从事的专业领域，继续开拓、不断推进，才会保持学术上的生命活力。于是，我在三个方面进行深化研究，一是从历史的角度考察传统价值观的演变历程，从历史演变的角度探讨中国传统价值观念的整个历史脉络，从先秦一直写到五四运动。我以此申报获得了陕西省社会科学基金项目。其最终成果为《价值的历程——中国价值观的历史演变》一书，2006年由中国社会科学出版社出版。

二是探讨了中国哲学中价值论与本体论、认识论、历史观、人生论的融通问题及其所形成的中国传统哲学的特质问题。这方面的成果汇集为《中华智慧的价值意蕴》一书，2002年由中国政法大学出版社出版。

由于这部分成果属于中国传统哲学的价值理论领域，重点是探索中国传统哲学的价值思维方式，所以在《中国传统哲学价值论》再版时，我将其予以修改、充实作为该书的"价值思维"篇，于2012年由人民出版社出版了《中国传统哲学价值论（增订本）》。

三是着重思考和探讨了在全球化背景下中华价值与全球价值的关系问题，以及传统价值观的现代意义问题。对中华民族传统价值观念和世界上其他民族、其他文化的价值观有何共性、有何殊性的问题进行了研究，撰写和发表了多篇论文，也汇编入《中华智慧的价值意蕴》之中。

孙：您关于中国价值观念演变历程的基本观点是什么？

赵馥洁：我认为，中华民族的价值观，其源头可以追溯到夏、殷时代。虽然人作为主体所具有的对象意识和自我意识（即既意识到自己生产、劳动活动的对象，又意识到自身的需要、本性和力量）从人类最初形成的时候就开始确立，价值意识作为人所具有的意识，也是从"人猿相揖别"的时候就萌芽了，但人们要将这些意识形成明确的思想观念则经历了漫长的时间。中华民族从夏代开始进入文明时代，就逐渐形成了比较明确的价值观念，此后经历了殷周奴隶时代、从战国开始至鸦片战争的封建时代和从鸦片战争至辛亥革命的半封建半殖民地时代，价值观念随着社会历史的步伐，不断发生演变，呈现出一个一个的历史阶段。如果我们以每个时期具有时代特色和新意的价值本位观念为标志，可以分为九个阶段。

（1）"敬德"的提出。夏、殷时代，"上帝""帝""帝命""天""天命"的观念是占统治地位的主导观念，在当时的人们看来，"上帝""天命"有"福善祸淫""降之百祥""降年有永"等绝对权威，人间的"祸""善""年"（寿命）等价值都是由天命决定的，而且政治权力的更替、道德规范的制定都取决于"天"。因此，人们都以"受命"为最高的价值目标，以"恪谨天命""祈天永命"为实现价值理想的根本途径。这些神秘的宗教观念，本质上还不是一种真实的价值观念，西周统治者修正了殷商以"天帝""天命"为绝对价值的观念，提出了以"敬德保民"来实现价值,它虽然并没有改变天命观念的主导地位,但却是一种理性的真实的价值观念,标志着中华民族价值观念的自觉,可以说是中国传统价值观的最初形式。

(2)"人道"的争鸣。随着西周末年"怨天"思潮的兴起,怀疑天命、重视人道、向往人间"乐土"的价值观念不断发展,春秋至战国,是中华民族传统价值观的重大变革时代。从春秋初年季梁提出"夫民,神之主也"的观念,颠倒了神与民的价值地位开始,中经春秋晚年子产提出"天道远,人道迩"的论断,到战国时期的百家争鸣,各派思想家几乎都申说了自己的价值观体系。虽然他们的具体价值取向各异,但有一个殊途同归的凝聚点,就是"贵人"。儒家倡道德、墨家言功利、法家重权力、道家崇自然,都是从不同侧面弘扬人的价值。春秋战国时代是中华民族传统价值观的奠基时代,形成了"天地之性(生)人为贵"这一中华民族价值观的主旋律。

(3)"纲常"的树立。秦统一中国,建立了中央集权的封建帝国,从此中国的封建时代延续了两千余年。秦汉时代,价值观变革的最大成果是营造了以君主权力为核心的"三纲五常"价值观念系统,董仲舒"君人者,国之元"的政治思想和"三纲五常"的道德原则以及"罢黜百家,独尊儒术"的文化主张,可以视为以"纲常"价值观统一百家学派价值观念的标志,从此这种价值观一直延续到封建社会的终结,成为传统政治价值观的核心,也是整个价值观体系中的重要观念。

(4)"自然"的崇尚。魏晋是中国历史上一个重大的变化时期,无论经济、政治、文化和整个意识形态都经历了转折,中央集权分解,经学崩溃,"纲常"衰落,随着旧价值的动摇。以门阀士族为代表的地主阶级形成了一种新的价值取向,这就是"任自然"。在崇尚自然的观念的指导下,他们重视对人生的执着和对人格的品评,在人生无常的哀伤和人生短促的喟叹中深藏着对人生、生命、内在人格的强烈欲求和留恋。"对酒当歌,人生几何","努力爱春华,莫忘欢乐时","俯仰自得,游心太玄",都表现了人对自己生命意义的重新发现和把握;对人的才情、气质、风貌的品评，也展示了对人的内在精神人格的赞赏。汉代为君国建功立业的观念和以三纲五常为操守的意识，已不再被一些知识分子看重，价值观念发生了深刻的变化。

（5）"万善"的同归。隋唐时期的价值观，其主导方面仍是沿袭儒家的"三纲五常"。但由于封建制正由前期向后期过渡，新兴贵族与旧日豪门由斗争而趋于联合，意识形态内部也由儒释道三教之争而走向融合，于是在儒家正统价值观继续存在的同时，儒释道三家价值观念兼容并举，"万善同归"。儒家的仁义道德、佛教的般若智慧、道教的生命眷恋形成了鼎立之势。三教鼎立的价值观念格局，大大开阔了人们的价值视野。

（6）"天理"的营造。宋元明时期，价值观演变的标志就是封建伦理道德的升值和强化，道学家们把儒家的道德价值绝对化，提高到了"天理"的高度，以"存天理，灭人欲"的价值标准，确定价值目标、选择价值对象。这个时期的价值观，其核心内容固然是汉以来儒家纲常伦理的旧调重弹，但其价值思维方式和价值实现途径，却吸取了佛、老的思想影响。使封建伦理道德价值既有坚实的本体论依据，又有精巧的哲学思辨形态，从而成为后期封建社会价值观的正宗，"革欲复理""崇义非利""尊王贱霸""循公灭私"就是它的基本信条。

（7）"利欲"的萌动。从明末至清中叶，随着资本主义萌芽的发展和封建社会的衰落，中华民族的价值观又经历了一次变革。针对宋明以来，统治阶级竭力弘扬的道德绝对主义，早期启蒙思潮兴起，李贽、方以智、黄宗羲、王夫之、戴震等思想家和一些文学家，抨击封建专制，批判"以理杀人"，扫荡空谈学风，主张"理存乎欲""欲遂其生""合私成公""且任物情""各从所好"，把人欲、情感、个性的价值，提到了重要地位，使长期被封建统治者压抑、排斥的人的感情、利欲、事功等价值，得到了一定的弘扬。他们甚至把"有情之人"和"有情之天下"作为理想人格和理想社会，的确别开生面，在价值世界中吹进了一股"更新而趋时"的气息，正如史著所云："至正德、嘉靖间而古风渐渺"(《博平县志》),顺情畅欲的新观念,"相率成风"(《博平县志》)。

(8)"人权"的伸张。19世纪初叶,由于资本主义因素的增强和国内外矛盾的激荡,有近代意识的新的价值观念又滋长出来,特别是鸦片战争以后,中国社会出现了"大变局",从而使中华民族的价值观发生了一次深刻的变革。从鸦片战争到五四运动的近八十年间,新的观念层出不穷,但最能体现中国近代时代精神的价值观,就是"尊人权"。太平天国、戊戌变法、辛亥革命都从不同角度,采用不同形式,在不同程度上宣扬了"人权"观念。

(9)"个性"的解放。五四运动高举科学和民主的旗帜,高喊"打倒孔家店"的口号,对传统价值观进行批判。其价值观重估的核心命题是主张个性解放。

孙:根据您的研究,中国价值观的历史演变有哪些规律?

赵馥洁:价值观念属于社会意识形态,它是以人们的利益和需要为依据的,而人们的利益和需要,归根结底是由生产力的发展决定的。所以中华民族传统价值观的演变遵循着社会存在决定社会意识、经济基础决定上层建筑这个普遍的历史规律。同时,上层建筑内部其他因素的变化对价值观念也有影响。其特点有五个方面。

(1)社会经济的发展是价值观演变的最终根源。特别是经济形态的变化,对价值观演变有决定意义。由殷周到战国,价值观由崇天命到尊人道,是奴隶经济向封建经济发展的表现;明末清初和鸦片战争以后重情感、重个性的观念,也是资本主义经济因素发展的观念表现。

(2)国家政治权力对价值观的演变起着重大控制作用。无论是春秋战国之前的天命价值观,还是秦汉以后漫长封建社会中价值观的演变,国家的政治权力都起着重大作用。董仲舒的以君权价值为核心的三纲五常观念,隋唐时代佛教价值观的流行,宋明时代以"存理灭欲"为理论形式的道德价值观都是封建统治者直接倡导并利用行政权力推行的。而一些与封建统治者提倡的价值观相违背的观念,则受到国家权力和舆论的排斥和压抑,秦始皇的"焚书坑儒"、汉武帝的"罢黜百家"、唐武宗的"灭佛"、清朝政府的"文字狱"都包含着对统治者所认为的"异端"价值观念严格限制的意义。

（3）哲学对价值观的演变起着重要的导向作用。中国传统哲学以价值观为核心，以求"应然"为宗旨，探索客观规律（"实然""必然"）的最终归宿是为了给人们提供一个价值导向（"应然"），对社会国家而言是探求"治国平天下"之道，对个人而言是寻求"安身立命"之所，总之是追求理想社会和理想人格。中国哲学的这种特点，使其在中华民族价值观念的形成和演变过程中发挥了十分重要的作用。不仅知识层，即使普通人的价值观念也受着这种哲学的指导。封建社会的文化、教育政策，始终将儒家经典作为教材，就是发挥这种哲学导向作用的突出表现。而普通人的价值意识中深刻地渗透着哲学家所弘扬的价值观念。世俗价值观的主流和占统治地位的哲学价值观是统一的。比较而言，中国古代自然科学的发展对价值观的影响不大。

（4）在封建社会，价值观的演变形式是围绕着一个轴心左右震荡的。儒家倡导的道德价值观在汉以后的封建社会中是中华民族价值观的轴心，其他的价值观念则是围绕着这个轴心震荡的，但始终不能被取代，也不会远离这个轴心。道家的自然、生命价值观，佛家的解脱、智慧价值观，以及明末清初的个性、情感价值观，都在一定历史时期发生过影响，但都从属于并受制于儒家的价值观念。

（5）价值观念演变的内在动力是各种观念连续不断的冲突和斗争。中国古代的关于义利、德力、义生、理欲、天人、群己的价值观争论是贯彻封建社会始终的。

孙：您认为中国价值观的历史演变有些什么特征？

赵馥洁：价值观集中表现着主体对客体的主导和支配能力，即集中表现着人的主体性，价值观念的演变实质是民族主体性的演变。中华民族的主体性在历史上经过了一个由强到弱，再由弱到强的演变过程，宋以前是强化过程，宋至清是弱化过程，辛亥革命以后是复兴过程，并逐渐趋于强化。在这一历程中，中华民族价值观演变所表现主要特征是：

（1）价值观念演变的基点始终以人自身的价值为本位。中华民族不执迷于宗教的彼岸价值，也不执着于物的价值。价值观演变历程上的每个环节都可视为对人的价值的某一侧面的探求和弘扬。因此中国人在近代以前没有发生过人的价值的失落。

（2）价值观的演变的主题基本上以提高人的精神素质特别是道德素质为主题，忽视物质财富价值、自然知识价值和科学技术价值。

（3）价值观念演变的结果是维护了中华民族的群体凝聚和民族生命力的维系。使民族永立于世界民族之林而"其命维新"。

孙：通过中国传统哲学价值论的研究，您对中国传统文化及其哲学的特点有了哪些新的认识？

赵馥洁：认识中国传统哲学的特征是文化自觉的内在要求，自五四以来，中国传统哲学之特质，许多学者都有论述，我通过中国传统哲学价值论的研究，也形成了对中国传统哲学特质的新看法。我先后在《光明日报》《人文杂志》等报刊发表多篇文章阐述这些观点，有的还被《新华文摘》全文转载。我的观点概括而言就是：中国传统哲学本质上是价值哲学。"必然"原理与"应然"原则相融通是中国传统哲学之基本特质。所谓"必然"原理指探讨存在本质、发展趋势、客观过程、必然规律的哲学理论，包括本体论、历史观、认识论、人性论等理论领域；所谓"应然"原则指论述价值观念、价值取向、价值目标、价值理想的哲学思想。在中国传统哲学中这两方面的内容是相融合相贯通的。首先，从传统哲学的提问方式可以清楚地看到这一特征。我举两个例子。其一是《尚书·洪范》记述周武王访问箕子。"惟十有三祀，王访于箕子。王乃言曰：'呜呼！箕子。惟天阴骘下民，相协厥居，我不知其彝伦攸叙。'"其二是《汉书·董仲舒传》记载汉武帝对董仲舒的策问。第一策曰："朕……欲闻大道之要，至论之极。……三代受命，其符安在？灾异之变，何缘而起？性命之情，或夭或寿，或仁或鄙，习闻其号，未烛厥理。伊欲风流而令行，刑轻而奸改，百姓和乐，政事宣昭，何修何饬而膏露降，百谷登，德润四海，泽臻草木，三光全，寒暑平，受天之祜，享鬼神之灵,德泽洋溢,施乎方外,延及群生?"第三策曰:"盖闻'善言天者必有征于人,善言古者必有验于今'。故朕垂问乎天人之应,上嘉唐虞,下悼桀、纣,浸微浸灭浸明浸昌之道,虚心以改。"

周武王、汉武帝向思想家的提问,其问题开端都是"天"的问题、"命"的问题、"大道"的问题、"天人之际"的问题,亦即"必然"意义上的根本原理问题;而归宿都在"彝伦攸叙"问题、"百姓和乐"问题、"政事宣昭"问题、"浸明浸昌之道"问题,即"应然"意义上的价值原则问题。这不仅是对箕子、董仲舒的提问,而是对古代所有哲学家的提问,这可以说是整个中国传统哲学思考和回答的总问题。如果最高统治者只关注玄虚的、神秘的形而上的"必然"问题,而不关心现实的实际的治世济民的"应然"问题,就会受到质疑甚至讽刺。汉文帝召见贾谊,只问"鬼神"是否存在之类的"必然"问题,不问"苍生"如何幸福等"应然"问题,就受到李商隐的讽刺:"宣室求贤访逐臣,贾生才调更无论。可怜夜半虚前席,不问苍生问鬼神。"所以,我们说中国传统哲学的提问方式是由"必然"到"应然",二者相兼顾相贯通。

孙:从理论内容来看,这种"必然"原理与"应然"原则相融通的特质是如何体现的呢?

赵馥洁:"必然"(包括"实然")原理与"应然"原则融会贯通,既是中国传统哲学的提问方式,也是其理论建构的范式。与西方哲学的异隔性、分析性思维方式不同,中国哲学理论思维的突出特征是融合性、贯通性。无论是建构本体论、认识论、历史观、人生论,还是建构其他哲学理论,都将其与价值论相互贯通、相互渗透、相互融合。也就是将"应然"的原则贯注于"必然"原理之各个论域,使价值与本体、价值与历史、价值与人生、价值与认识相融通。

(1)本体存在与价值境界的融通。"道""气""无""理""心"是中国哲学中标志宇宙本体的五大范畴,这五大范畴,都不仅仅是标志终极存在的纯粹的本体范畴,而是本体存在与价值境界相融通的范畴。

"道"是道家建构的宇宙本体,老子最早以"道"为最高的哲学范畴，他的"道"，既指的是天地万物存在的终极根据和必然规律，又指人应该追求的崇高目标和理想境界。所以老子既称"道"为"万物之奥"，又赞"道"为"善人之宝"（《老子》第六十二章）。"万物之奥"是本体义、"必然"义，"善人之宝"是价值义、"应然"义。作为宇宙本体，老子认为"道"是"无形""无象""无状""无名"的存在；作为价值原则和价值至境，老子赋予"道"以自然、虚静、柔弱、独立等价值品格，是利、真、善、美的统一体，是人应该遵循的准则。可见，"必然"原理与"应然"原则在"道"中是融通的。

"无"是魏晋玄学贵无派所设定的宇宙本体，它是对老子"道"本体论的改造。何晏论"无"，明确地将本体与价值合而言之，"天地万物皆以无为为本。无也者，开物成务，无往不存者也。阴阳恃以化生，万物恃以成形，贤者恃以成德，不肖恃以免身。故无之为用，无爵而贵矣！"（《王弼集校释·附录》）"开物成务""化生""成形"是"无"的本体功能；"成德""免身"则是"无"的价值意义。而"贵"是对"无"的价值地位的评定。王弼也提出，"以无为体""以无为用"不但是万物生成的规律，所谓"无物而不由"；而且是价值实现的通道，所谓"不求而得，不为而成"，既可"得德"，也可"尽德"（《老子注》）。可见，玄学家在"无"中也将价值至境与宇宙本体相融通。

"气"是中国哲学中源远流长的范畴，儒、道两家皆用之。先秦时期，"气"还未上升为本体范畴，道家言"自然之气"，儒家言"浩然之气"。"自然之气"是构成万物的原始材料，不具有价值意味，但"浩然之气"则是"配义与道""集义所生"的"至大至刚"的道德精神，纯粹是价值气象。直至北宋，"气"才升华为宇宙本体，张载是哲学史上第一位明确地以气为宇宙本体建构气一元论理论体系的哲学家。他认为气是宇宙万物的本根，而无形的"太虚"是气的本然状态，即所谓"太虚无形，气之本体"（《正蒙·太和》）。张载的"太虚之气"，本体意义昭然，但也并非无价值意味。他说："太虚之气"是人性和物性的本原，这种本原之性就是"天性"（"天地之性"），而天性是"无不善"的。

张载赋予"气"的本性以纯善、至善的品质,就把本体范畴和价值范畴合而为一了。此外,张载又以"太和""不偏""诚明"等词形容"太虚之气",也蕴含着鲜明的价值意味。

"理"作为本体范畴,始于北宋二程,完成于南宋朱熹。朱熹认为理是宇宙本体,"宇宙之间,一理而已。天得之而为天,地得之而为地,而凡生于天地之间者,又各得之以为性"(《朱文公文集》卷七〇《读大纪》)。同时,又明确地指出:"理便是仁义礼智","天理只是仁义礼智之总名,仁义礼智便是天理之件数"(《朱文公文集》卷四〇《答何叔京》)。正由于"理"是仁义礼智之"总名",所以"理"是至善,即最高的价值境界。以本体言之,"理"是"至极""太极";以价值境界言之,"理"是"纯善""至善"。价值与本体在理本论中融通得紧密无间,合而为一。

南宋陆九渊、明代王阳明都是心本体论的筑构者。他们提出,"宇宙便是吾心,吾心即是宇宙"(《陆九渊集·杂说》),"心者,天地万物之主也"(《王文成公全书·答李明德》),"心外无物,心外无事,心外无理"(《王文成公全书·与王纯甫二》)等命题来说明"心"的本体意义,同时,他们也明确地赋予"心"以伦理道德的价值内涵,陆九渊云:"仁义者,人之本心也"(《与赵监》),"其本心无有不善"(《与王顺伯(二)》)。王阳明云:"心一而已,以其全体恻怛而言,谓之仁;以其得宜而言,谓之义;以其条理而言,谓之理,不可外心以求仁。"(《传习录中》)又云:"至善者,心之本体也,心之本体,那有不善?"(《传习录下》)可见,在心本论中,"心"既是天地万物之"主",又是仁义道德之"本",既是终极的本体又是至善的境界,总之也是本体与价值的合一。

由此可以看出,中国传统哲学中标志本体的范畴无一不具有价值内涵,无一不是万物根源与价值渊源、宇宙本体与价值至境的融通合一。这种合一,是本体价值化和价值本体化的结果。遵循这种融通合一的思路,中国哲学特别是儒家哲学普遍认为,自然界的万物都有其自身的价值，金、木、水、火、土五行自身就具有仁义礼智信五德；东西南北四方、春夏秋冬四季都有与仁义礼智四德相应的价值内涵。

（2）历史规律与价值追求的融通。在夏、殷时代，中国人的历史观是以"神意为本"的天命史观，春秋时代逐渐转向以"人事为本"的人本史观。自转向人本史观之后，哲学家们着力以理性态度思考历史的本质和规律。然而，他们对历史客观规律的思考，从不脱离价值问题。而是用客观历史规律与主体价值追求相融通的思路来说明历史的发展。其典型的观点有二。

第一，"生意成势"——生存价值与历史趋势的融通。把生存价值与历史规律相融通的代表人物是唐代的柳宗元，他通过"意"和"势"关系的讨论表达了这一思路。柳宗元认为历史发展并不是由"圣人"的主观意志决定的，而有着"不得已"的客观必然之"势"。例如，"封建，非圣人意也；势也"（《封建论》），而后代郡县制取代封建制也是历史发展的必然结果。然而。在柳宗元看来，历史发展之客观必然趋势并不是完全脱离人之主体活动的纯粹的外在力量，它虽然不取决于圣人的个人意志，但却体现了人类群体对生存价值的追求。柳宗元把人们这种对生存价值的追求叫作"生人之意"。他说，由于人们的生存价值追求，引起了获取物质资料的斗争，而正是这种斗争造成了社会历史发展的客观必然趋势。可见，历史之"势"，实质是人类为满足生存需要、维护生存价值而进行主体活动表现出来的必然趋势。历史之"势"，虽不由"圣人"的个人之"意"支配，但却"受命于生人之意"（《柳宗元之集·贞符序》），因此，某个杰出人物（"圣人"）要在历史上发挥作用，不在于"穷异以为神""引天以为高"，而完全在于"心乎生民"，做到"利于人、备于事"（《柳宗元集》卷二、卷一九）。柳宗元这种"生民之意"以"成势"的观念，鲜明地体现了价值追求与历史法则融通的思路。

第二，"同然即理"——公义价值与历史规律的融通。明末清初的王夫之继承发展了柳宗元的"生意成势"观，提出了"人之所同然者即为天"(《读通鉴论》卷七)的光辉命题。王夫之所谓的"天",即人类历史发展的客观趋势("势")和必然规律("理")的统一。"理依于势""势中见理","势字精微,理字广大,合而名之曰'天'"(《读四书大全说》卷九);"天"是历史发展的客观力量的总称。王夫之所谓的"人之所同然""民心之大同"即民众共同的价值追求、价值意向或普遍认同的价值,大体相当于我们现在所说的"公义"——人们普遍认同的道义。由此不难看出,王夫之"人之所同然者即为天""民心之大同者理在是"的观点,体现了把历史客观法则与人们普遍追求的价值(公义)相融合的思想。更值得重视的是,王夫之对公义即"人之同然""心之大同"的基础做了深刻揭示。他认为,"同然""同心"的基础是"欲之所得",即人们共同的物质生活欲求的普遍满足。他说:"人欲之各得,即天理之大同;天理之大同,无人欲之或异。"(《读四书大全说》卷四)这显然是对柳宗元"生民之意"的进一步发展。于是,普遍的价值的追求和普遍的物质利益需要的满足与历史的客观规律达到了高度的统一。

(3)认识过程与价值意蕴的融通。对于中国传统哲学来说,纯粹的独立的认识活动是不存在的,也是没有意义的。中国古代哲人把求真与闻道,穷理与尽性,致知与崇德视为不可分的统一过程,认为价值意识与认识活动是相互融通、合为一体的。在这种融通中,价值意识在认识中的主要表现有三个方面。

第一,对认识主体的价值要求。中国哲学认为人们认识客观事物的过程并非自然而然的消极被动的反映活动,而是人的主体性、能动性的发挥过程。所以,为了达到认识真理的目的,不但要顺应认识规律,还要对认识主体有价值要求。所谓对主体的价值要求,就是要求认识主体具有崇高的品德修养,成为崇高的价值人格。早在西周初年,《尚书·洪范》篇就对认识主体的修养提出了明确的要求:"敬用五事","貌曰恭,言曰从,视曰明,听曰聪,思曰睿。恭作肃,从作乂,明作哲,聪作谋,睿作圣"。这些要求包括了能力和道德两个方面,《洪范》认为达到这些要求,是成为一个好的认识主体的先决条件。后来,孔子提出要成为智者,首先得成为仁者,"择不处仁,焉得智"(《论语·里仁》);"知及之,仁不能守之,虽得之,必失之"(《论语·卫灵公》)。孟子也说:"不仁,是不智也。"(《公孙丑上》)荀子则提出,认识主体应该有"虚壹而静"的修养,才能把握真理。他说:"人何以知道?曰心。心何以知?曰虚壹而静。"(《荀子·解蔽》)迄至宋明理学,儒家对认识主体的修养更为重视,亦更为严格。张载"崇德",曰:"崇德而外,君子未或致知也"(《正蒙·神化》);程朱"主敬",曰:"未有致知而不在敬者"(《伊川语录》)。不仅儒家对认识主体有严格的价值人格要求,即使在认识对象的选择上与儒家有异的道家,也认为认识主体的修养是取得真知的前提。庄子云:"且有真人而后有真知"(《庄子·大宗师》)。所谓真人就是无好恶爱憎之情感,忘生死善恶之区别的人。庄子认为,必有真人之修养,而后才能获得真知。由此可见,对认识主体提出价值修养的要求,是中国哲学的重要特征。

第二,认识过程中的价值参与。中国哲学认为,人的认识活动并非纯粹的主观反映客观的超情感、超利害过程,而是受人的爱恶之情、利害之心、苦乐之趣、取舍之志的影响的过程。不同的价值意识对认识的方向、得失、正误、深浅、偏全会产生不同的影响。据此,孔子提出应以"乐之"的心境对待认识,他说:"知之者不如好之者,好之者不如乐之者"(《论语·雍也》);孟子提出要以"自得"的态度深造求道:"君子深造之以道,欲其自得之也,自得之则居之安,居之安则资之深,资之深则取之左右适其源,故君子欲其自得之也。"(《孟子·离娄》)荀子提出须从"公心"出发认识事物,他说:"公生明,偏生暗"(《不苟》)。先秦道家的宋钘、尹文学派,注意到了私欲对认识的干扰作用,认为利欲熏心的人不可能取得对事物的认识,"嗜欲充溢,目不见色,耳不闻声","夫心有欲者,物过而目不见,声至而耳不闻也。"(《管子·心术上》)这种观点,略似于俗语所说的"利令智昏"。与宋、尹学派只看到私欲的消极作用不同,韩非则看到了积极的情感对认识的促进作用，他说："母之慈于弱子也，务致其福，务致其福则事除其祸，事除其祸则思虑熟，思虑熟则得事理。"（《解老》）宋明时代的哲人更是普遍地强调正确的价值意识对于认识的重要，张载有"大其心则能体天下物"的名言；苏洵有"为一身谋则愚，而为天下谋则智"的警语；程朱以"居敬持志"为"穷理之本"；王阳明反对"只求其聪明而不知养之以善"。这些认为认识过程必有情感、意志、利心等价值意识参与的看法和主张用端正的、积极的价值意识以促进认识的观点，对中华民族的价值思维和认识观念有广泛的影响。

第三，认识目标中的价值意蕴。中国古代哲学关于认识目标的实现，也不仅仅局限于对客观事物的本质和规律的把握上，而是把事实认知和价值认识，把求真与求善都融通于认识目标之内，儒家与道家都把"道"作为最终的认识目标，孔子曰："朝闻道夕死可矣"，老子说："唯道是从。"孔、老所谓的"道"尽管内涵有异，但都是宇宙法则和价值准则的统一。在他们看来，宇宙万物的最后本质和社会人生的终极价值是合而为一的统一体。《大学》一书，讲述"为学次弟"，明确地把"格物致知"的认识和实现人生价值一以贯之地融会贯通，使认识目标从属于价值目标。宋明时期，程朱讲"穷理"，陆王讲"知心"，"理"和"心"既是宇宙本体，又是价值境界，"穷理"和"知心"的指向目标，都是真理和价值的合一。可见，在中国传统哲学中认识的目标中融合着价值意境，追求真理和追求价值，是人的认识活动一体之两面。

（4）自然生命与道德价值的融通。中国道家重视人的自然生命，而儒家则重视人的价值生命，道家主"养生"，儒家主"成人"。"养生"是为了自然生命的延续，"成人"是为了价值生命（道德生命）的实现。由于儒家哲学在中国传统思想中处于主导地位，所以，自然生命与道德价值的融通，就成为中国哲学的突出特征之一。儒家关于生命与道德价值融通的主要观点有三个方面。

第一，"气质之性"蕴含"天地之性"。先秦孟子一派的儒家哲人认为，人的本性是善的，人一生下来就具有先验的道德本性。孟子说：

"恻隐之心，仁之端也；羞恶之心，义之端也；辞让之心，礼之端也；是非之心，智之端也。人之有是四端也，犹其有四体也。"（《孟子·公孙丑》）"仁义礼智，非由外铄我也，我固有之也。"（《孟子·告子上》）由于仁义礼智四端是人人生来固有的，所以孟子称之为"良知""良能"。由此看来，孟子言"善端"，指的是人之所以为人的特性，而非指人生来具有的一切本能。这种观点，到了宋明儒学，就形成了"天地之性"蕴含于"气质之性"的人性说，"天地之性"是纯善，而"气质之性"有善有不善。张载、二程、朱熹、陆九渊都持此观点。然而，无论是孟子的性善论还是理学家的"气质之性"含"天地之性"的人性论，都给人的自然生命种下了价值（道德）的种子，从而使价值生命与自然生命相融通。

第二，"生以载义"。既然人的自然生命中包含着价值因素，那么，人的自然生命当然就是价值的载体了。明末清初的王夫之提出了"生以载义"和"义以立生"的命题，他说："生以载义，生可贵"，"义以立生，生可舍"。（《尚书引义》卷五）就是说，人的生命承担了道义，所以生命是可贵的；道义确立了人生的价值，所以道义是可贵的。王夫之的这种观点，其实在先秦时代就出现了，荀子说"人有气有生有知亦且有义，故最为天下贵也"（《王制》）。但是，荀子仅将"生"与"义"并列，只说明了人兼有"生命"和"道义"两种因素，并没有指出生命和道义的内在关系，而王夫之从生命和道义的相互联结、相互作用上，阐明了生命和道义的价值，这显然是一种价值和生命融会贯通的运思方式。

第三，"成身成性"。儒家认为，人的一生不只是自然生命的成长过程，而且同时也是人生价值的开拓、追求和实现的过程。在先秦哲学中，道家追求人的自然生命的延长，弘扬"长生久视"之道，认为生命有宝贵的价值。墨家和儒家都认为人除了重视生命之外，还应重视社会道义价值。并特别指出生命价值是由道义所赋予的，如果离开了道义，生命本身就失去了价值，于是，他们都主张把生命成长和价值追求二者统一起来。尤其是儒家哲人，对这个问题的阐发相当充分。孟子提出，如果以肉体生命为人生的最高价值，那么人就会为了保全生命而无所不为，为了享乐生命而无恶不作。由此，孔、孟提出仁义价值高于生命价值，当仁义与生命发生冲突时，人应该"杀身成仁""舍生取义"；人的一生就是弘扬和实现仁义价值的过程，就是"修身、齐家、治国、平天下"的一生。后代儒家都继承和发展了这一基本观点。宋儒张载说："富贵福泽，将厚吾之生也；贫贱忧戚，庸玉汝于成也"；"存，吾顺事；没，吾宁也"（《正蒙·乾称》）。王夫之云："身者道之用，性者道之体。合气质攻取之性，一为道用，则以道体身而身成。大其心以尽性，熟而安焉，则性成"。（《张子正蒙注》卷四）他还认为人生一方面"有仁义礼智以正其德"，另一方面"有声色臭味以原其生"，两者是"互为体"而不可分割的。人的一生就是在"成身"的过程中"成性"，在"成性"的过程中"成身"。张载和王夫之所说的"厚生玉成""成身成性""原生正德"就是生命与价值相融通的人生过程。

上述中国传统哲学中关于价值与本体、价值与历史、价值与认识、价值与生命相互关系的理论表明，中国哲学特别是儒家哲学的理论思维是一种典型的融通性思维。正由于这几个方面的融通，决定了中国古代的价值类型论中也体现着各类型间相互蕴含、相互融通的观点。儒家以善统真、美，凡是善的价值就是真的、美的；道家以真统善、美，凡是真的价值就是善的、美的。虽然，儒家崇善，道家贵真，价值取向不同，但其融通真、善、美的思维路径则是相同的。

所以说，"必然"原理与"应然"原则融通，是中国传统哲学的重要特质。

孙："必然"与"应然"相融通的思维特征有什么重要意义？

赵馥洁：中国传统哲学这种"必然"与"应然"相融通的特质有着其产生的深刻根源，它所蕴含的思维经验和哲学智慧，至今仍有着重要的启示意义。

（1）中国传统哲学"必然"与"应然"相融通特征的突出优点是克

服了价值与事实、"实然"与"应然"相割裂、相对立的思维方式。中国古代的多数哲人，几乎都赋予客观事实以价值意义，都赋予事实判断以价值含义。他们融通价值与事实的方法主要是将主体人的价值意识和价值因素如情感、意志、信念、理想、德性、情操、美感等直接投射到客观事物之上，从而使主体与客体融合为一。如果说，西方哲学中的一些哲学家，是在承认事实客观性和肯定价值主观性的支点上将价值与事实分离开来的话，那么与西方哲学的异隔性、分析性思维方式不同，中国哲学在把客体主体化和主体客体化的基点上将价值和事实相融合、相贯通。中国传统哲学中没有"由事实判断推不出价值判断"的所谓"休谟问题"！

（2）中国传统哲学"必然"与"应然"相融通的重大意义是形成了中国传统哲学的人本宗旨。中国哲学没有孤立的宇宙本体探索，没有单纯的客观知识追求，也没有"怪力乱神"的宗教旨趣，实现人的价值是它的最高宗旨。其本体论并非以宇宙的本质为认识的根本目标，而是借"天道"以明"人道"；其认识论并非以认识的来源和规律为探讨的最终归宿，而是借"知行"以说"道德"；其方法论并非以世界的运动过程和规律为研究的至上兴趣，而是借"阴阳"以言"治平"；其历史观也并非以历史发展的客观必然性为思考的终极意义，而是借"理势"以论"至治"。

（3）中国传统哲学"必然"与"应然"相融通的重要作用是锻铸了中国哲学的实践性品格。中国哲学形上之道、抽象之理、玄远之思等"必然"原理，固然都有其相对独立的内容和意义，但归根结底最终都服务于实现"应然"原则的实践活动。《易·系辞》云："一阴一阳之谓道，继之者善也，成之者性也。"形上的必然之道意义在于，指导人的"继之""成之"的实践活动，而实践活动的目的是实现应然之"善"。这种"继道为善""成道为性"的理念，是中国哲学的突出优势。所以可以说"一阴一阳之谓道，继之者善也，成之者性也"。是"必然"原理与"应然"原则相融通的经典命题。

中国传统哲学价值思维的融通性特征的最大的缺陷是将价值泛化，以"应然"遮蔽"实然"。即以价值存在掩盖客观事实甚至取代客观事实，以价值评价制约事实认知甚至代替事实认知。然而，这种价值思维的突出优势是追求价值与事实、"应然"与"实然"的统一。中国古代的多数哲人，几乎都赋予客观事实以价值意义，都赋予事实判断以价值含义。他们融通价值与事实的方法主要是将主体人的价值意识和价值因素如情感、意志、信念、理想、德性、情操、美感等直接投射到客观事物之上，从而使主体与客体融合为一。如果说，现代西方哲学中的一些哲学家，是在承认事实客观性和肯定价值主观性的支点上将价值与事实分离开来的话，那么中国古代的哲学家则是在把客体主体化和主体客体化的基点上将价值和事实融通的。

孙：您从20世纪80年代以来对中国哲学和中华文化还进行了哪些研究？

赵馥洁：1980年至今近四十年来，除了对中国传统哲学的价值论进行了比较系统的研究以外，我的中国哲学史研究还包括五个方面的内容。一是先秦诸子的研究。我对孔子、墨子、老子、庄子、周易等都有研究论文发表。二是中国儒学史的研究，我参加了赵吉惠教授领头组织和主编的《中国儒学辞典》，并与赵吉惠、郭厚安、潘策共同主编了新中国第一部《中国儒学史》（中州古籍出版社1991年出版），还参加了中国大百科全书出版社出版的《中国儒学百科全书》的撰写工作。三是对张载和关学的研究。我发表了一系列关于张载和关学的学术论文，而且在我担任陕西省哲学学会会长期间，还与有关单位联合举办了几次研讨张载及其关学的全国性、国际性的大型学术研讨会，编辑出版了几部论文集。2013年我担任国家出版基金项目暨"十二五"国家重点图书规划项目、陕西出版资金资助项目《关学文库》编辑出版委员会副主任，参与主持编辑《关学文库》并承担完成了《关学精神论》专著一部。四是和段建海、董小龙合作共同承担完成了教育部重点课题，出版了《爱国主义史论》。五是对中华传统文化的专题研究，特别是对黄帝文化的研究。

从 20 世纪 80 年代以来，我研究中国哲学和中华文化都是以价值论为视角，以探讨价值观为核心的。

孙：请谈谈您对中国价值论研究的展望和今后的研究思路。

赵馥洁：哲学价值论从 20 世纪 80 年代在中国兴起，至今已有 40 年。40 年来，经过哲学界、学术界学者们的持续努力，取得了巨大成就。但价值哲学研究还需要进一步发展。我认为发展的基本途径应该是在知与行相统一、中西马相融通、宏微观相结合中拓展论域、深化原理、提升境界。所谓拓展论域就是对各民族文化、各社会领域、各学科领域、各哲学派别、各哲学分支中的价值问题进行全方位系统性的研究；所谓深化原理就是继续对价值本质、价值特性、价值分类、价值评价、价值选择、价值创造、价值实现等基本原理问题进行深入研究，开展学术争鸣，推进价值哲学的学科发展；所谓提升境界就是把哲学价值论研究提升到优化中华民族的价值智慧、促使社会主义核心价值观全面践行的新境界。就我个人而言，我将继续推进中国传统哲学价值论的研究，由建构体系、描述历程的宏观研究深入对古代哲学家提出的具体价值概念、价值命题、价值观念的微观研究和哲学家价值思想的个案研究，特别是着力思考和阐发这些价值意识和观念的现代意义。近年来，我已研究了孔子的"君子"人格的价值意义、孔子之"道"的价值意蕴、张载之"太和"的价值内涵、横渠"四句"的价值含义等，就是沿着微观性、具体化的思路进行的。我觉得这样可以使研究不断深化。中国传统哲学博大精深，中国传统哲学价值论也是一个无穷无尽的智慧宝库。我希望有更多的年轻学者乐于探索其中所蕴藏的智慧明珠，为升华中华民族的价值智慧提供历史借鉴。

孙：最后，请您谈一谈对于治学的体会吧。

赵馥洁：我大半辈子就是读书、教书、写书，是一个典型的读书人。做学问必须平心静气，独立地进行深入的思考和研究，不能去凑热闹，更不能去出风头，也不能随意跟潮流，要克服浮躁之气。学问不是热闹的事情，治学必须耐得住寂寞。我在《中国传统哲学价值论》增订本

"后记"中曾经说过:"学问乃寂寞之道,著书属寂寞之业。平生治学,创获无多;多年著述,乏善可陈,唯有一点,差可自许,聊以自慰,曰:耐得住寂寞。"

我认为"寂寞之道"包含了三个要素,即静心、平心和乐心。人在做学问,特别是在做哲学研究时,是要进行思考的,人思考时心态要安、心情要静,才能思维。老子说"致虚极,守静笃",荀子说"静而后能思"就是这个道理。所谓"平心"就是要以平淡的态度看待名利和功利。做学问如果以名利为目的,就必然会引起浮躁,而且也会导致诚信的失落,我们一定要淡然处之。我觉得"平"很重要,必须以平常的心境来做学术研究。而"乐心"是一个人处世的最高境界。我认为,一个人自己能够心态快乐,那就是学术研究当中寂寞之道的重要内涵。乐在其中,一个人才不会屈于任何外物,才不会受外在利益的诱惑,从而自得其乐。我们的学术研究成果如果能体现人类的一种真善美的价值,那么这样的成果当然有社会意义。把人类的事业与自己的人生价值统一起来,这样才能保持一种静心、平心和乐心。

(载《价值论研究》2019年第2辑)